유일자와 그의 소유

Der Einzige und sein Eigentum
by Max Stirner

Published by Acanet, Korea, 2023

한국연구재단총서 학술명저번역 648

유일자와 그의 소유

Der Einzige und sein Eigentum

막스 슈티르너 지음 | **박홍규** 옮김

아카넷

사랑하는 연인,

마리 댄하르트*에게

　　　•
　•　•
＊　　마리 댄하르트(Marie Dähnhardt, 1818~1902)는 슈티르너의 두 번째 아내로, 중부 독일의
　　　부유한 루터교 가문에서 태어나 교육을 받았고, 자유로운 생활을 동경하여 베를린에 왔다.
　　　당시 상당한 재산을 소유하고 있었고(최소 1만 탈레의 재물을 가졌다고 하는데, 그 액수는
　　　당시 바그너가 바이로이트에 축제극장을 건설하는 데 필요한 정도였다고 한다), 12세 연상
　　　인 슈티르너와 1843년 10월에 결혼하였으나 행복하지 않은 결혼 생활을 한 지 2년 반 만인
　　　1846년 4월에 헤어졌다. 『유일자와 그의 소유』는 결혼 1주년을 기념하여 출판되었는데, 출
　　　판비의 일부를 아내가 부담했다.

차례

제2부 나

옮긴이 일러두기

1. 이 책은 Max Stirner, *Der Einzige und sein Eigentum*(Leipzig: Verlag von Otto Wigand, 1845)의 우리말 번역이다. 이 책의 제목은 종래 '유일자와 그의 소유'로 번역되었으나 그러한 번역에는 문제가 없지 않다. 먼저 Einzige를 단독자나 단일자, 고독인이나 독생자(獨生子), 자아나 자기, 유아(唯我)나 독아(獨我) 등으로도 번역할 수 있겠으나, 어감상 '유일자'가 무난하다. 그리고 Eigentum에는 경제적 의미의 소유라는 뜻보다 더 넓은 의미, 즉 개인을 다른 개인과 완전히 다르게 만드는 모든 속성, 특성, 경험, 행농, 사물 등의 의미가 포함된다. 그래서 본문에서는 Eigentum을 일률적으로 '소유'로 번역하지 않고 문맥에 따라 달리 번역하였다.

2. 본문에 나오는 다른 단어들도 다양하게 번역될 수 있기 때문에 어떤 것을 선택할지가 항상 문제였다. 가령 슈티르너가 자주 사용하는 Geist는 마음, 정신, 영혼, 지성 등으로 다양하게 번역될 수 있고, Wesen은 존재나

본질로 번역될 수 있다. 또한 Spuck는 유령, 정령, 환상, 사로잡힘, 신들림 등으로 번역될 수 있다. 마찬가지로 Bürger는 부르주아, 시민, 평민, 국민 등으로 번역할 수 있다. 이러한 예는 셀 수 없이 많아서 일일이 설명할 수 없고, 결국 어떤 번역어가 옳은지에 대해 완전한 판단이 불가능하다고 생각하는 탓에 독자들의 판단에 맡길 수밖에 없다.

3. 문장은 가능한 한 직역하는 것을 원칙으로 삼았으나, 원저가 1845년에 나온 책인 만큼 약 200년 전의 독일어 문장을 그대로 옮기면 지금의 우리에게는 이해되기 어렵다고 생각되는 부분이 적지 않아, 그런 부분은 의역하기도 하고 긴 문장은 나누기도 했다. 또 원저에서 인용 근거의 표시가 본문에 들어 있는 것도 각주로 옮겼다. 이 책에는 언어유희적인 문장이나 유머, 풍자, 조롱이나 냉소도 많지만 그런 독일어를 한국어로 옮겨 살려내기란 너무나 어려운 작업이어서 특별한 경우 옮긴이주로 설명하는 것 외에는 생략했다. 이 책의 첫 문장이 "나에게는 모든 것이 아무것도 아니다"이고 이 문장이 다시 책의 마지막에서 반복되듯이, 이 책은 이 문장과 반대로 "모든 것을 의미 있는 것"으로 보고 세상 만물을 관통하는 진리를 찾는, 그야말로 지혜를 사랑하는 철학자들을 조롱하는 책이라고 해도 과언이 아니다. 슈티르너는 궁극적이고 보편적인 지혜는 찾을 수 없고 철학자의 목표는 조롱과 웃음밖에 나오지 않는 헛된 꿈이라는 것을 알고 가장 유쾌하게 조잡한 방식으로 그 점을 조롱하고 비웃었기 때문이다. 그래서 이 책은 정통 철학서로서는 물론이고 학문적인 가치조차 전혀 갖지 못한다고 보아 외면하는 학자들이 많았다. 그렇다고 해서 19세기 초 독일의 일반인들, 특히 서민들이 이 책을 읽고 그런 문장들을 충분히 이해하고 즐겁게 읽었을지도 의문이다. 게다가 거의 2세기가 지난 지금 한국에서 어떤 독자를 대상으로 하여 번역해야 하는가에 대해 고민도 클 수밖에 없다. 이에

최대한 원저의 문장을 살리는 직역을 택할 수밖에 없었다.

   4. 우리말로 번역할 때 애매하다고 생각되는 중요한 개념어에 대해서는 원어를 표시하기도 했으나 최소한에 그쳤다. 원어를 표시하는 경우 최초에 나오는 번역어에만 기입하고, 인명은 원명과 생몰연도를 옮긴이주로 표시했다. 원저에서 》《로 표시된 부호는 ' '으로 바꾸었는데, 인용이나 대화문일 경우에는 " "으로 바꾸었다.

   5. 이 책의 각주는 '원주'라고 표시한 것 외에는 모두 옮긴이의 주이고, 최소한 필요한 주에 그쳤다. 특히 위에서 말한 말장난, 풍자, 조롱, 농담 등을 일일이 해명하는 것은 한국인 독자들에게 무의미하다고 생각해 대부분 생략했다.

나에게는 모든 것이 아무것도 아니다[1]

그것이 무엇이든 내 일이 아닌 것이 있을 수 있을까! 무엇보다도 선한 일, 신의 일, 인류의 일, 진리와 자유와 인간성과 정의의 일. 나아가 내 국민의 일, 내 군주와 내 조국의 일. 그리고 마지막으로 정신의 일 등등, 수

∴

1) 원문은 Ich hab' mein' Sach' auf Nichts gestellt. 이는 괴테가 57세인 1806년에 쓴 시 「헛되다! 헛되고 헛되다!(Vanitas! Vanitatum Vanitas!)」의 첫 행이다. 이를 "나는 모든 것에 무관심하다"라고도 번역할 수 있다. Nichts는 '무(無)'로 번역할 수도 있으나 한글 세대에게는 반드시 익숙한 표현이 아닐 수도 있다는 생각이 들어 '아무것도 아닌 것'으로 번역한다. 그 전문은 다음과 같다.

나에게는 모든 것이 아무것도 아니다.
만세!
그래서 이 세상이 너무 좋다.
만만세!
내 동료가 될 사람은
잔을 덜그럭거리며 술을 다 마시고

∴
입 맞추어 노래해야 한다.

나는 황금에 몸을 맡겼다.
만만세!
그러나 나는 잃었다. 모든 기쁨과 즐거움을
아아, 슬프다!
여기 저기 돈이 굴러다니지만
그것을 가지면
저것이 달아났다.

그래서 추파를 던진 게 여자
만만세!
하지만 있는 것은 슬픔뿐
아아 슬픔!

실패하여 다른 것을 구해도
교묘하게 해도 곧 지겨워
최상의 것은 살 수 없어.

여행에 마음이 갔지만
만만세!
서둘러 고향을 떠나야 했네.
아아 슬프다!
어딜 가도 한숨뿐
하지만 좋은 점은 하나도 없고.
잠자리는 불편하고 음식은 맞지 않고
게다가 나는 이방인.

지위와 명성에 몸을 맡겼네.
만만세!
사람들은 나를 부끄럽게 여기고
아아 슬프다!
설령 유명하게 되어도
마을을 걸어도 무시당하고
무슨 만족인가.

천 가지의 일이 모두 나의 일이다. 단 나의 일만은 절대 나의 일이 되어서는 안 된다고 한다. 그래서 "자신의 일만 생각하는 에고이스트[2]는 안 돼!"라고 한다.

그렇다면 우리가 그 때문에 일할 뿐 아니라 우리를 헌신하게 하고 우리에게 영감을 주는 그들의 일에 그들이 어떻게 관여하는지를 살펴보자.

당신은 신에 대해 많은 심오한 말을 전해 듣고, 수천 년 동안 '신성

∴

그래서 전쟁에 나서서
만만세!
빛나는 승리, 수많은 승리를 얻어
만만세!
적의 땅을 쳐들어가
친구는 다치고 쓰러지고,
결국 잃었네, 나의 다리.

나에게는 모든 것이 아무것도 아니다.
만만세!
세계 전체, 나의 것.
만만세!
노래와 잔치로 하루가 가고
밑바닥까지 술을 마셔
찌꺼기를 남겨서는 안 된다!

2) 에고이스트(egoist)라는 말은 보통 이기주의자로 번역되는데 그 번역어에는 부정적인 의미가 부여되는 반면, 이 책에서 에고이스트라고 함은 그런 부정적인 의미가 아닌 자기주의자나 자아주의자, 즉 자기(자아)를 존중하는 인간을 뜻한다. 슈티르너는 이 책의 제목인 유일자를 에고이스트로 본다는 점에서 일반적인 에고이스트 이해(이기주의자)와는 다르다. 그래서 우리말로 번역하기가 쉽지 않아 에고이스트로 표기한다. 에고이즘도 이기주의라고 번역하지 않고 에고이즘으로 표기한다. 에고이즘은 전체주의나 집단주의나 조직주의가 아닌 개인주의, 개별주의, 개성주의, 자아주의, 자기주의라고도 할 수 있다. 또는 에고센트리즘(egocentrism, 자아중심주의)이라고도 할 수 있다. 개인주의는 모든 개인을 존중한다는 전제위에 서 있기 때문에, 다른 개인을 존중하지 않는 자는 개인주의자라고 할 수 없다. 그런 점에서 개인주의는 자유주의나 평등주의 및 민주주의와도 통한다.

(Gottheit)의 깊이를 탐구했으며' 그 마음을 들여다보았다. 따라서 당신은 의심할 여지없이 우리가 섬겨야 한다고 부름을 받는 '신의 일'에 신이 어떻게 관여하는지 우리에게 말해줄 수 있을 것이다. 그리고 당신은 신의 행동을 숨기려하지 않을 것이다. 그렇다면 신의 일이란 무엇인가? 신이 우리에게 요구하는 것과 마찬가지로 신도 자신과 무관한 일을 자기 일로 삼고 있는가? 진리나 사랑의 일을 신의 일로 삼고 있는가? 이러한 물음이 오해에서 나온 것이라고 생각하는 당신은 분노하며 우리에게 다음과 같이 가르쳐준다. 즉 신의 일이란 물론 진리와 사랑의 일이지만, 신은 그 자신이 진리이고 사랑이기 때문에 그러한 일은 결코 신과 무관한 것이라고 해서는 안 된다고. 그리고 무관한 일을 자기 일로 삼는 한에서는 신도 우리와 같이 불쌍한 벌레와 같다고 하면 당신은 분노한다. '만일 신이 스스로 진리가 아니라고 하면 신은 진리의 일을 스스로 추진하겠는가?' 신은 오로지 신의 일만을 돌본다고 해도 신은 모든 것 안에 있기 때문에 모든 것이 또한 신의 일이라고 한다! 그러나 우리는 모든 것이 아니고 우리의 일은 참으로 작고 시시하기 때문에, 우리는 '더욱 고차원의 일에 봉사'해야 한다. 이제 신은 오로지 자신의 일만을 보살피며 자신에게만 관심을 가지며, 그 자신만을 생각하고 자신만을 바라보며, 신을 즐겁게 하지 않는 것은 모두 저주하는 것이 확실하다. 신은 더 높은 것을 전혀 섬기지 않고 오로지 자신만의 만족을 도모할 뿐이다. 그렇다면 신의 일이란 순전히 에고이스트의 일이 아닌가?

한편 인류는 어떠한가? 그의 일을 우리의 일로 삼아야 할 인류는 어떠한가? 인류의 일이란 가령 누군가 다른 사람의 일이고, 인류는 무엇인가 더 높은 일을 하는 것인가? 아니다, 인류는 오로지 자신만을 바라본다. 인류는 오로지 인류만을 육성한다. 인류는 그 자체가 인류의 일이다. 인류는 자신을 발전시키기 위해 여러 국민과 개인을 인류에게 봉사하도록 노력하게 하고, 인류가 필요로 하는 것을 성취한다면 그들은 감사와 함께 역사의 오물에 내던져진다. 그렇다면 인류의 일이란 순전히 에고이스트의 일이 아닌가?

나는 자신의 일을 우리에게 밀어붙이고자 하는 자들에게, 그들이 우리의 것이 아니라 자신의 일에만 종사하며, 우리의 행복이 아니라 오로지 자신의 행복만을 추구하는 것에 불과하다는 것을 보여줄 필요가 있을까? 진리니 자유니 인간성이니 정의니 하는 것들은 당신이 열정을 가지고 그것들을 섬기기 위해 봉사하는 것 외에 다른 무엇을 추구하는 것인가?

그것들은 모두 뒤에 가서 대단하게 섬겨질 때 찬란해지는 것이다. 단적으로 헌신적인 애국자들에 의해 방어될 때의 국가를 보라. 애국자들은 피투성이 전투나 굶주림과 고난의 싸움에서 쓰러진다. 그러나 국가에게 그것은 무엇인가? 국가는 그들의 시체를 거름으로 삼아 '꽃피는 국가'가 된다! 여러 개인은 '국가의 위대한 일을 위해' 죽고, 국가는 그들에게 그 후 몇 마디 감사의 말을 보내며 축배를 든다. 나는 그것을 값싼 에고이즘의 일종이라고 하지 않을 수 없다.

그러나 술탄[3]이 '자신의 신민'을 너무나 사랑스럽게 돌보는 것을 보라. 그는 순수한 이타심 자체이며, 언제나 그의 신민을 위해 자신을 희생하는 것이 아닌가? 오, 그렇다, 그는 언제나 '자기 신민'을 위해서라고 한다. 그렇지만 한번 시도해보리. 당신 자신을 그들의 것으로서가 아니라 당신 자신의 것으로 보여보라. 그러면 당신은 그의 에고이즘에서 벗어나는 대신 교도소에 갇히게 될 것이다. 술탄은 자신 외에 다른 것에는 아무런 관심이

••

3) 아랍 세계의 군주.

없다. 그는 자신에게 가장 소중한 것이며, 자신이 유일자(Einzige)[4]이고 '그의 것'을 감히 허용하지 않는 사람을 용서하지 않는다.

이제 당신은 이 멋진 본보기들로부터도 에고이스트가 최고로 좋다는 것을 배울 수 있다고 생각하지 않는가? 나는 그것들로부터 교훈을 얻고, 그 위대한 에고이스트들을 더욱 섬기는 대신 스스로 에고이스트가 되는 것을 좋아한다.

신과 인류는, 자신의 일을 아무것도 아닌 것, 즉 자신 외에 아무것도 아닌 것에 두지 않는다. 그러므로 나도 마찬가지로 나의 일을 오로지 나 자신 위에 둔다. 즉 신과 동등하게 나는 다른 모든 것을 아무것도 아닌 것으로 삼는 내 위에, 나의 모든 것인 내 위에, 유일자인 내 위에 둔다.

당신이 확신하는 것처럼 신이나 인류가 스스로 모든 것에서 모든 것이기 위한 내용을 그 자체 속에 충분히 가지고 있다고 한다면, 나에게 별로 모자람이 없고 따라서 자신의 '공허함'에 대해 불평할 것이 없을 것이라고 생각한다. 나는 공허함이라는 의미에서 아무것도 아닌 것이 아니라 오히려 창조적인 무(無)[5], 곧 아무것도 아님에서 나 자신은 창조자로서 모든 것을

∴

4) 유일자란 '유일한 사람'이라는 뜻으로 이 책의 제목에 나오는 말이자 이 책의 핵심 용어이다. 영어로는 individual, unique one, single one, ego라고 번역되기도 한다. 따라서 '개인'이나 '자기'로 번역될 수도 있다. 이는 책 제목에 나오는 '소유(Eigentum)'와도 관련된다. 이 말은 오래전부터 '소유'라고 번역되어 왔지만 사실상 유일성 내지 고유성을 뜻한다고 볼 수 있다. 즉 소유란 그러한 유일성이나 고유성을 갖는다(소유한다)는 것이다. 그러므로 여기에서 말하는 소유가 우리가 흔히 말하는 소유권이나 소유물을 말하는 것으로 오해되어서는 안 된다. 이 점은 슈티르너를 소유주의자 내지 자본주의자로 오해하는 경향이 있는 점과 관련하여 특히 주의해야 할 점이다. 특히 미국을 중심으로 유행하는 자본주의 아나키즘의 원조인 양 슈티르너가 오해되고, 이 책이 그런 사고의 경전인 양 오해되는 경향을 경계하기 위해 이 점을 주의할 필요가 있다.
5) 이는 '부정의 부정'이라는 끊임없는 변증법적 활동을 통하여 현실을 극복하고 끊임없이 창조적인 나(자아)로 회귀하는 과정을 말한다.

창조한다.

따라서 나의 일이 아닌 것은 모두 버려라! 당신은 나의 일이 적어도 '선한 일'이어야 한다고 말하는가? 그렇다면 무엇이 선이고 무엇이 악인가? 나는 그야말로 내 것이고, 따라서 나는 선하지도 않고 악하지도 않다. 그 어느 것도 나에게는 의미가 없다.

신의 것은 신의 일이고, 인간의 것은 '인간의' 일이다. 나의 일은 신의 것도 아니고 인간의 것도 아니다. 그것은 참된 것, 선한 것, 옳은 것, 자유로운 것 등등이 아니라 오로지 나의 것이다. 그것은 일반적인 것이 아니라 내가 유일한 것처럼 유일한 것이다.

나에게는 나를 넘어서는 어떤 것도 없다!

제1부

인간

인간은 인간에게 최고의 존재라고 포이어바흐[1]는 말한다.

인간은 이제 막 발견되었다고 브루노 바우어[2]는 말한다.

그렇다면 이 최고의 존재, 이 새롭게 발견된 것을 더욱 자세하게 알아

보자.

..

1) 루트비히 안드레아스 폰 포이어바흐(Ludwig Andreas von Feuerbach, 1804~1872)는 독일
   의 철학자이다. 베를린대학교에서 헤겔에게 배우고, 헤겔 철학을 급진화한 청년헤겔파(헤겔
   좌파)에 가입하여 기독교를 폐기하려 했다. 그는 이를 신학에 인간성을 부여하고자 한 『기독
   교의 본질(*Das Wesen des Christentums*)』(1841)에서 체계화했다. 슈티르너는 『유일자와 그
   의 소유』에서 포이어바흐의 무신론이 가진 많은 모순점을 공격했다.
2) 브루노 바우어(Bruno Bauer, 1809~1882)는 독일의 신학자이자 철학자로서 청년헤겔파를
   대표한다. 기독교를 인간 주체의 산물로 간주하고 초월적인 하느님을 부정하는 휴머니즘
   적 입장으로 인해 대학에서 쫓겨났으나, 후기에는 보수적인 입장으로 돌아섰다. 슈티르너는
   『유일자와 그의 소유』에서 바우어를 비판했으나 헤겔좌파 중에서는 누구보다도 바우어와 가
   까웠고, 바우어는 슈티르너의 장례식에도 거의 유일하게 참석했다.

제1장
인간의 삶

인간은 세상의 빛을 보는 순간부터 다른 모든 것들과 함께 휩쓸리는 세상의 혼돈을 벗어나려고 자신을 탐구하고 자신을 획득하려고 노력한다.

그러나 유아가 접촉하는 모든 것도 그 유아의 간섭에 대항하여 자신을 방어하고 나름의 독자성을 주장한다.

그리하여 각자가 스스로를 고집함과 동시에 타자와는 끊임없이 충돌하기 때문에 자기 주장의 싸움은 피할 수 없다.

승리인가 패배인가라는 두 가지를 둘러싸고 전투의 운명은 엇갈린다. 승자는 주인이 되고 패자는 부하가 된다. 전자는 패권과 '지배권'을 행사하고 후자는 공포와 외경 속에서 '부하의 의무'를 수행한다.

그러나 둘 다 여전히 적대적이고, 항상 기다리면서 서로의 빈틈을 계속 엿보며 한쪽은 다른 쪽의 약점을 노린다. 자녀는 부모의 약점을 엿보고 부모는 자녀의 약점(가령 두려움)을 노린다. 몽둥이가 인간을 억누르거나 아니면 인간이 몽둥이를 억누른다.

어린 시절, 해방은 사물의 진상을 파악하기 위해, 또는 '사물의 배후'에 있는 것을 파악하기 위해 노력하는 방향을 선택한다. 그럴수록 우리는 약점을 염탐하고자 한다. 그것에 대해 아이들은 어떤 확실한 본능을 가지고 있음이 잘 알려져 있다. 그러므로 우리는 물건을 부수고, 숨겨진 모서리를 뒤지고, 가려져 있거나 금지된 것을 캐보며, 모든 것에 대해 시도해보는 것을 너무나 좋아한다. 그렇게 해서 우리가 일단 사물의 뒤를 밝혀내면 비로소 우리는 확실하게 자신을 알게 된다. 예를 들어, 회초리가 우리의 굴복하지 않는 반항심에 비해 너무 약하다는 사실을 알게 되면 우리는 더 이상 회초리를 두려워하지 않는다. '회초리를 이길 정도로 성장한 것이다.'

회초리 뒤에는 그것보다 더 강력한 우리의 굴복하지 않는 반항심, 우리의 불굴의 용기가 있다. 조금씩 우리는 신비롭고 괴상했던 모든 것들, 신비하게 닳아빠진 회초리의 힘, 아버지의 엄격한 모습 뒷면에 무엇이 있는지 알게 된다. 그리고 그 모든 것 뒤에 우리는 우리의 확고한 정신(Ataraxie)[3], 즉 우리의 강인함과 대담함, 우리의 반항심과 우월함, 그리고 불패의 마음을 본다. 한때 우리에게 두려움과 존경심을 불러일으켰던 것들 앞에서 우리는 더 이상 수줍게 물러나지 않고 확고한 용기를 갖게 된다. 우리가 찾는 모든 것들의 뒤에 우리의 용기와 우월감이 있고, 연장자나 부모의 날카로운 명령 뒤에 우리의 용기 있는 선택 또는 우리의 기지에 충만한 총명함이 있다. 그리하여 우리가 우리 자신을 느껴서 깨닫는 것이 크면 클수록, 이전에는 무적으로 보였던 것이 이제는 점점 작아 보인다. 우리의 속임수, 교활함, 용기, 불굴이란 무엇인가? 그것은 바로 마음(정신)이 아닌가!

∙∙

3) 고대 그리스 철학자들이 말한 아타락시아(Ataraxia)는 부동심이라고도 한다.

상당한 시간을 통해 우리는 나중에 너무 지치게 되는 싸움, 즉 이성에 대한 싸움을 피한다. 가장 아름다운 어린 시절은 이성에 맞서서 싸울 필요가 없이 지나간다. 우리는 이성에 신경쓰지 않고, 그것과 관련되지도 않으며, 이성 따위를 받아들이지도 않는다. 논증에 의해 어떻게 되지도 않고, 선한 논거나 원칙 등에 대해서는 귀담아듣지 않는다. 반면에 구슬리기나 처벌 등에는 저항하기 어렵다는 것을 알게 된다.

이성에 맞서는 엄중한 생사의 싸움은 나중에 나이 들어 새로운 국면을 맞게 되지만, 어린 시절에 우리는 머리를 많이 쓰지 않고 뛰어다닌다.

마음이란 최초의 자기발견이다. 즉 신적인 것, 불가사의한 것, 유령, '숭고한 힘'에서 최초로 신성을 박탈하는 것을 말한다. 신선한 감정, 자기감정을 갖춘 청춘은 더 이상 아무것도 숭배하지 않게 된다. 세계는 오명에 가득 찬 것으로 선포된다. 우리가 세계 위에 존재하는 마음이기 때문이다.

이제 우리는 비로소 지금까지 우리가 마음으로 세상을 바라보지 않고 그저 바라보기만 했을 뿐이라는 것을 처음으로 알게 된다.

우리는 최초로 자연적 위력에 대해 권한을 행사한다. 부모는 자연적 위력으로서 우리를 두렵게 한다. 나중에 우리는 아버지와 어머니는 내버려두어야 하고, 자연적 위력은 모두 분쇄되어야 하는 것으로 간주해야 한다고 말한다. 그러한 위력은 극복되어야 하고 이성적인 인간, 즉 '정신적인 인간'에게는 자연적 위력으로서의 가족 같은 것은 있을 수 없게 되고, 부모나 형제자매 등을 기부하는 것으로 그 모습을 드러낸다. 만일 이들이 정신적이고 이성적인 힘으로서 '다시 태어나는' 것이라고 해도 그들은 더 이상 이전의 모습과는 같지 않다.

나아가 젊은이는 부모뿐만 아니라 일반적으로 인간을 정복한다. 그들은 그에게 어떤 장애가 되지 않으며, 더 이상 고려되지도 않는다. 즉 인간보

다 신에게 복종해야 한다고 말하게 되기 때문이다.[4]

이러한 높은 견지에서 보면 '속세의' 모든 것은 경멸할 만한 것으로 전락한다. 왜냐하면 이 입장이 그야말로 천상적인 것이기 때문이다.

이제 태도는 완전히 뒤바뀌어 아직도 스스로를 마음으로 느낀 적이 없는 소년이 마음 없는 배움 속에서 자란 것에 비해, 청년은 마음의 태도를 갖게 된다. 청년은 사물을 제 것으로 만들려고 노력하지 않고, 가령 역사의 자료를 머릿속에 집어넣기 위해 노력하지 않고, 사물 속에 숨어 있는 생각, 이를테면 역사의 정신을 파악하려고 노력한다. 반면에 소년은 여러 가지 관련성을 이해한다고 해도 관념이나 정신을 파악하지는 못한다. 그러므로 소년은 지식으로 습득할 수 있는 것을 합칠 뿐이고, 선험적이고 논리적으로 처리하지는 못한다. 따라서 이념 등을 추구하지도 못한다.

인간은 어린 시절에 세상의 여러 가지 규범의 저항을 이겨내야 했던 것과 마찬가지로, 이제는 그가 마음에 품는 모든 것에 대해 정신과 이성과 양심의 반대에 부딪힌다. '그것은 비이성적이고 비기독교적이며 비애국적이다'와 같이 말하는 식으로 양심은 우리에게 외치고, 그것이 우리를 두렵게 한다. 우리가 두려워하는 것은 복수의 여신인 에우메니데스[5]의 힘도,

: .

4) 「사도행전」 5장 29절, "사람에게 복종하는 것보다 오히려 하느님께 복종해야 하지 않겠습니까?"
5) 에우메니데스(Eumenides)는 그리스 신화에 나오는 복수의 여신들로 티시포네(Tisiphonē, 살인을 복수하는 여성), 알렉토(Alēktō, 쉬지 않는 여성), 메가이라(Megaira, 질투하는 여성) 등의 세 에리니에스(Erinyes)이다. 대지의 여신 가이아 또는 밤의 여신 닉스의 딸들이라 하며, 우라노스의 성기가 잘렸을 때 대지에 떨어진 피에서 태어났다고 한다. 온갖 죄를 처벌하지만 특히 근친살해에 복수를 가하며, 현세에서뿐만 아니라 죽은 인간에게도 벌을 준다. 지하세계에 사는데, 그 모습은 등에 청동 날개가 있고 눈에서는 피가 흐르며, 머리카락이 모두 뱀이고, 햇불을 손에 든 무서운 처녀로 표현된다. 그 모습이 너무나 끔찍하기 때문에 그리스인들(특히 아테네인들)은 이들의 이름을 직접 부르는 것조차 회피했다. 결국 아테나의 권유

포세이돈[6]의 분노도 아니다. 숨겨진 것을 모두 찾아내어 보는 신도 아니고, 아버지가 흔드는 처벌의 회초리도 아니다. 우리를 두렵게 하는 것은 바로 양심이다.

우리는 '지금 우리의 생각에 의존하게 된다.' 과거에 우리가 부모나 어른들의 명령을 따랐던 것과 마찬가지로 생각의 명령을 따른다. 우리의 행동이 어릴 적에는 부모님의 명령에 의해 결정되는 것과 같이 우리의 사상(이념, 관념, 신념)에 의해 결정된다.

물론 우리가 어렸을 때 이미 사물을 생각하지 않았던 것은 아니지만, 그 사유는 추상적이거나 절대적인 것이 아니었다. 따라서 사상으로서는, 하나의 대자적(對自的) 우주와 하나의 순수한 사고세계에서 논리적 사상으로서는, 아무것도 아닌 것에 불과했을 뿐이다.

요컨대 그것은 우리가 하나의 사물에 대해 갖는 사고 이상이 아니라, 사물에 대한 이러저러한 생각을 둘러싼 것일 뿐이었다. 그러므로 우리는 눈앞에 있는 세계를 신이 만든 것이라고 생각했을지 모르지만, 우리는 '신성 그 자체의 심연' 같은 것을 생각하지 않았고 그것을 '탐구'하지도 않았다. 확실히 '그것이 그 문제에 대한 진리이다'라고까지 생각했을지라도 우리는 진리나 진리 그 자체를 생각하지 않고, 따라서 '신은 진리다'라는 하나의 등식으로 연결하지도 않았으며 '진리 있는 곳에 신성의 심층이 있다' 따위에 마음이 움직이지도 않았다. 그러므로 빌라도[7]는 개별적인 사건에서 '그

로 '자비로운 여신들(Eumenides)'로 변신하였다. 로마인들은 이 여신들을 푸리아이(FURIÆ : 광기) 또는 디라이(DIRÆ)라고 불렀다.
6) 그리스 신화의 12 주신 중 하나로 제우스의 형제이며, 아버지 크로노스를 죽이고 형제와 권력을 분할하여 바다와 강과 샘을 지배하고 지진을 관장했다.
7) 본디오 빌라도는 폰티우스 필라투스(Pontius Pilatus, 재임 26~36)를 말한다. 그는 로마 제국 유대 속주의 다섯 번째 총독으로 예수에게 십자가형을 선고했다.

것에 어떤 진실이 있는지,' 즉 그것이 진실인지를 확인하는 것에 아무런 의문도 갖지 않는 한편, '진리란 무엇인가'라는 순수하게 논리적인 문제, 즉 신학적 질문을 멈추지 않았다.

어떤 사물에 얽매인 사유는 사상으로서는, 절대적 사유로서는 아무것도 아닌 것에 지나지 않는다.

순수한 사유를 발굴해내는 것, 또는 그것에 헌신하는 것은 청년의 기쁨이며, 진리, 자유, 인류, 인간 등 모든 사유세계의 빛나는 모습은 청년의 정신을 계몽하고 영감을 준다.

그러나 그 정신이 본질적인 것으로서 인식된 다음 그것은 여전히 그 정신이 빈곤한지 풍요한지를 구별한다. 따라서 인간은 정신적으로 풍요로워지려고 한다. 그 정신은 자신의 왕국을, 이미 극복한 세계와는 다른 하나의 왕국을 세우기 위해 스스로 퍼져나가기를 원한다. 그러므로 정신은 모든 것의 주인이 되기를 동경한다. 즉 자아는 정신이지만 아직 완성된 정신은 아니므로 먼저 완전한 정신을 추구해야 하는 것이다.

그러나 이제 막 자신을 정신으로 발견한 자아는 자신을 잃어버린다. 왜냐하면 그 자아는 완전한 정신 앞에, 즉 나에게 고유한 것이 아니라 나의 저편에 있는 정신 앞에 엎드려 스스로의 공허함을 맛보게 된다.

확실히 모든 것이 정신에 달려 있다. 그렇다고 모든 정신이 '올바른' 정신이라고 할 수 있는가? 옳고 참된 정신은 정신의 이념이고 '성스러운 정신'이다. 그것은 나의 정신이나 당신의 정신이 아니라 오로지 하나의 이상적인 내세의 정신이고, 그 정신은 '신'이다. '신은 정신적 존재이다.' 그리고 이 내세의 "하늘에 계신 아버지께서 구하는 자에게 성령을 주신다."[8]

..

8) (원주) 「누가복음」 11장 13절.

성년은 세상을 있는 그대로 받아들인다는 점에서 청년과 다르다. 즉 세상의 모든 곳에서 나쁜 것을 보고 그것을 개선하고자 하는 것, 곧 자신의 이상에 따라 그것을 만들고자 하는 청년과 다르다. 성년에게는 자신의 이상이 아니라, 자기 자신의 이해관계에 따라 이 세계와 함께 걸어가야 한다는 생각이 확립되어 있다.

인간이 자신을 오로지 정신이라고 이해하고 정신이라는 것에 자신의 가치를 모두 두고 있는 한(청년이 가장 어리석은 명예를 위해 자신의 생명, 그 '육체적 생명'을 아무것도 아닌 것으로 생각하는 한) 그렇게 오랫동안 지니고 있는 사상, 즉 그가 발견했을 때 언젠가 실현할 수 있기를 바라는 이념을 가지고 있는 것에 불과하다. 다시 말해 가끔 여러 가지 이상을, 실행되지 않은 이념 또는 사상을 가지고 있는 것에 불과하다.

인간은 자신의 육체에 빠져서, 살아 있는 육체의 피붙이로서 자기 자신을 즐기게 되면서 처음으로 — 그렇다고 해도 그러한 자각은 성숙의 연령인 성년에 이르러서야 찾아오게 된다 — 인격적 또는 자아로서의 이해 관심을, 즉 단순한 정신의 그것이 아니라 완전한 충족의, 전인적 만족의 이해 관심을, 에고의 관심을 갖게 된다. 성년과 청년을 비교해보라. 성년은 청년보다도 완고하고 덜 관대하고, 더 이기적으로 보이지 않는가? 그래서 그는 더 나쁜가? 당신은 아니라고 답한다. 성년은 오로지 더 확고해졌을 뿐이다. 또는 당신이 말하는 것처럼 '더 실용적'으로 되었을 뿐이다. 그러나 근본은 타자에게, 예를 들어 신이나 조국과 같은 것에 '열광하는' 청년보다 성년은 자신을 더 중심적으로 만드는 것이다.

그러므로 성년이란 제2의 자기발견을 보여준다. 청년은 자신을 정신으로 발견하고 다시금 보편적인 정신에서, 즉 완전하고 거룩한 정신에서 인간과 인류, 즉 이상이라고 하는 모든 것에서 자신을 상실하는 반면, 성년은 자신을 살아 있는 육체적 정신으로 발견한다.

소년은 비정신적인 것에만 관심을 가지고 있을 뿐이고 생각이 없고 이념도 없다. 청년은 오로지 정신적인 관심만을 갖는 반면, 성년은 신체적이고 개인적이고 에고이스트적인 관심을 갖는다.

소년은 스스로 집중할 수 있는 대상이 없다면 권태감을 느끼게 된다. 왜냐하면 아직 스스로 어떻게 자신을 얽매어야 하는지를 모르기 때문이다. 이에 반해 청년은 대상물을 옆으로 치운다. 왜냐하면 그 대상물로부터 그에게 사상이 생겨나기 때문이다. 그는 자신의 사상이나 자신의 꿈을 상대로 정신적으로 몰두하거나 '그 정신에 점령당했다'라고 한다.

청년은 '외면적임(Äußerlichkeiten[9])'이라는 경멸적인 이름 아래 정신적이지 않은 모든 것을 다룬다. 그럼에도 불구하고 그들이 가장 사소한 외면적인 것(가령 학생 클럽[10]의 관습 등과 같은 형식성)에 집착한다면, 그것은 그가 그 안에서 정신을 발견하고 있기 때문이다. 즉 그것이 자신에게 상징으로 되는 것일 때 그렇다.

내가 사물의 배후에서 내 자신을 정신으로 발견하듯이, 뒤에 나는 사상의 배후에서 스스로를, 바로 그러한 사상의 창조자이자 소유자(Eigner)[11]

∶∙

9) Äußerlichkeiten에는 사소한 것, 피상적인 것이라는 뜻도 있다.

10) 나폴레옹 전쟁 이후에 독일에 종종 등장한 비밀스러운 학생 클럽으로, 독일의 통일이나 보다 민주적인 개혁을 요구했다.

11) 슈티르너가 사용한 소유라는 단어가 슈티르너를 오해하게 하였다. 슈티르너가 사용한 소유라는 단어는 제한적인 의미의 경제적 단어가 아니라 에고이스트와 연관하여 사용된다. 즉 내가 어떠한 개념에 대하여 개인적 흥미를 가질 때, 나는 그것에 손을 뻗어 그 개념을 나의 소유로 만든다는 것이다. 의식적 에고이스트에게 무엇인가를 소유로 만드는 유일하게 결정적인 요인은, 그것을 향해 손을 뻗어 가져올 의지이다. 이러한 에고이스트적 소유의 적극적 확보는 개인 자신의 즐거움을 위한 것이다. 슈티르너에게 다른 사람들도 (상호 간에) 자기 즐거움의 도구가 된다.

로서 발견해야 한다. 사상은 내 머리의 산물이지만, 정신의 시대에 사상은 본래 그것을 낳은 부모인 나의 머리를 뚫고 자라난다. 다시 말해 사상은 열병 속의 환각처럼 나의 주위를 맴돌며 나를 경련시키는 하나의 무서운 힘이다. 사상은 스스로 구체화되고, 즉 육화되고(leibhaftig), 신, 황제, 교황, 조국 등과 같은 유령이 된다. 만약 내가 그 육화를 파괴한다면, 나는 그러한 사상을 다시 나의 육체 속으로 데리고 가서, 나만이 육체를 가지고 있다고 말한다. 그래서 이제 나는 내게 보이는 그대로의 세계를 나의 세계로, 즉 나의 소유로 간주한다. 다시 말해, 나는 모든 것을 나와 연관시킨다.

그리하여 내가 정신이었을 때 나는 세계를 몹시 경멸했다. 하지만 이제 나는 소유자이고, 소유자로서 모든 정신과 이념을 덧없는 것으로 간주한다. 그런 것들은 나를 더는 지배하지 못한다. 이는 어떤 '지상의 권력'도 정신에 대해 하나의 권세가 될 수 없는 것과 마찬가지이다.

소년은 차차 이 세상의 사물의 배후에 이를 때까지는 그러한 사물의 세계에 물질적으로 사로잡혀 있으므로, 그런 의미에서 현실주의적(realistische)이다. 청년은 차차 성년으로, 즉 사물과 사상을 제멋대로 다루고 자신의 개인적인 관심을 모든 것 위에 두는 에고이스트적인 성년으로 성장할 때까지 사상에 관념적으로 도취해 있으므로 그런 의미에서 관념주의적(idealistische)[12]이다. 그렇다면 노년은 어떠할까? 그렇게 되었을 때 그것에 대해 말할 수 있는 충분한 시간이 있을 것이다.

.·.
12) idealistische는 이상주의적이라고도 번역할 수 있다.

제2장
고대인과 근대인

우리 각자는 어떻게 스스로를 발전시켜왔는가? 인간은 무엇을 구하려고 노력했고, 무엇을 극복하고 무엇을 극복하지 못했는가? 인간은 과거에 어떤 목적을 가졌고 현재 추구하고 있는 것은 무엇이며, 그의 정신은 현재 어디에 기울어 있는가? 그 생각은 어떤 변화를 경험했고 그 신조는 어떤 변동을 거쳤는가? 한마디로 어제나 몇 년 전에는 그가 그렇지 않았는데 오늘의 모습은 어떻게 되었는가? 이것을 자신의 기억으로부터 불러내는 것은 다소 쉽고, 특히 다른 인간의 삶의 변천을 보면 자신에게 어떤 변화가 일어났는지를 생생하게 느끼게 된다.

그러면 먼저 우리 선조들이 분주히 움직였던 활동들을 살펴보도록 하자.

1. 고대인

그리스도 이전의 우리 조상들에게 '고대인(Menschen der alten Zeit)[1]'이라는 이름을 붙여주는 관습이 있지만, 우리 경험 많은 인간들과 비교하면 그들은 어린이에 불과하지 않은가 하는 따위의 유치한 말투는 그만두고, 지금까지처럼 우리의 선량한 선조로서 그들을 계속 존경하도록 하자. 그러나 어떻게 그들은 시대에 뒤떨어지게 되었는가? 또 누가 자칭 새로움을 가장해 그들을 능가할 수 있었을까?

우리는 물론 혁명적인 신참자, 자신들의 일요일을 신성화하기 위해 조상의 신성한 안식일을 모독하고, 새로운 기원을 시작하려고 시간의 흐름을 방해한 그 무례한 자손을 알고 있다. 우리가 아는 그는 바로 기독교인이다. 그러나 그는 영원히 젊음을 유지하며, 오늘날에도 여전히 새로운 사람일까? 아니면 과거에 '고대인'이 그에 의해 능가된 것처럼 그 자신도 언젠가 능가될 것인가?

고대의 선조를 땅에 묻은 젊은이를 낳은 것은 분명히 고대의 선조 그들이다. 그러면 그 출산 행위를 엿보기로 하자.

포이어바흐는 "고대인에게 세계는 하나의 진리였다"고 말한다. 그러나 그는 "고대인들은 그 진리가 감추는 세계의 비진리성을 터득하려고 노력했고, 마침내 실제로 터득했다"고 하는 중요한 단서를 더하는 것을 잊었다. 포이어바흐의 그 말이 의미하는 바는 "이 세계는 공허하고 무상하다"

⁘

1) 여기서 고대인이란 기원 이전의 인간을 말하고, 근대인(Menschen der neuen Zeit)이란 기원 이후의 인간을 말한다. 그러므로 '근대인'에서 '근대'란 우리가 보통 근대라고 하는 시대와는 다르다. 이를 원어 그대로 신시대인 등으로 번역할 수도 있으나 우리에게 익숙하지 않은 말이다.

는 기독교의 말과 함께 보면 쉽게 알 수 있다. 즉 기독교인들은 결코 그 신성한 말의 공허함을 절대로 확신할 수 없고, 그것을 영원하고 흔들리지 않는 진리라고 계속 믿는다. 그 깊이가 탐색될수록 그 진리는 더욱 빛나게 나타나고 반드시 승리할 수밖에 없는 것으로 정해져 있는 것이지만, 그것과 유사하게 고대인들은 그들 나름으로 이 세계와 세속의 여러 관계(가령 자연적 혈연)는 진실한 것이고, 그들의 허약한 자아는 그 앞에서 절을 해야 한다고 느끼면서 살아왔다. 그럼에도 고대인들이 가장 높은 가치를 둔 바로 그것을 기독교인들이 가치 없는 것으로 매도한 것이며, 고대인들이 진실이라고 인정한 것에 대해 기독교인은 공허한 거짓이라는 낙인을 찍었다. 조국의 중요성이 사라지고, 기독교인들은 자신을 '지상에 나그네로 사는 이방인'으로 간주하지 않을 수 없게 되며,[2] 소포클레스[3]의 「안티고네」[4]와 같은 예술작품을 낳은 근거가 된 장례라는 성스러운 의식은 보잘것없는 것으로 무시되고("죽은 자로 하여금 죽은 자를 묻게 하라"), 가족의 유대라는 불가침의 진리가 인간들이 한시바삐 그리고 통틀어 결별해야 하는 비진리로[5] 설명되는 것처럼 모든 것이 변한다.

만약 지금 우리가 서로 상반되는 것을 진리로 여기고, 한편으로는 자연적인 것을 진실이라고 하는 반면 다른 한편으로는 정신적인 것을 진실이라고 하고, 또 한편으로는 이 세상의 사물과 연결되는 것을 진실이라고 하

..

2) (원주) 「히브리서」 11장 13절 참조.
3) 소포클레스(Sophocles, 기원전 497~406)는 고대 그리스 아테네의 비극 시인이다. 아이스킬로스, 에우리피데스와 함께 그리스의 3대 비극 시인으로 꼽는다.
4) 「안티고네(Antigone)」는 고대 그리스의 비극 작가 소포클레스가 기원전 441년에 만든 비극이다. 테바이의 왕 크레온과 어린 소녀 안티고네의 갈등을 다루고 있다. 안티고네는 테베의 오이디푸스 왕의 딸이다.
5) (원주) 「마가복음」 10장 29절 참조.

는 반면 다른 한편으로는 천상의 것(하늘이라는 조국, '하늘 위에 있는 예루살렘' 등)을 진실이라고 하는 것을 알게 된다면, 더 나아가 새로운 시대와 부정할 수 없는 반전이 어떻게 고대에서 나올 수 있었는지는 여전히 고려되어야 할 것이다. 사실대로 말하면 고대인 자신은 그들의 진리를 하나의 거짓으로 만들기 위해 노력했다.

먼저 고대의 가장 빛나는 시기의 한가운데인 페리클레스[6] 시대로 단숨에 들어가보자. 당시 소피스트의 유한한 교양이 퍼지고 있었고, 그리스는 항상 엄숙한 중대사였던 것을 잠깐의 기분전환용 오락으로 추구했다.

선조들이 너무나도 오래, 기존의 움직이지 않는 사물의 힘에 과도하게 사육되어서 그 자식들은 여러 가지 고된 경험에 부딪혀 자기를 의식하는 것을 배우지 않을 수 없는 운명에 처해 있었다. 그러므로 소피스트들은 과감하게 뻔뻔한 태도로 "겁내어 당황하지 말라!"고 격려하고 계몽의 교리를 전파하였다. 그리고 "모든 것에 대해 너의 오성(Verstand), 너의 지략, 너의 정신을 작동하라. 뛰어난 오성을 갖는 인간이야말로 이 세상을 가장 잘 헤쳐나가고, 최상의 운명, 최고의 즐거운 삶에 이를 수 있다"고 말했다. 즉 그들은 정신이야말로 인간이 세계에 대처하는 진실의 무기라고 인식하고, 따라서 변증법적 기술의 숙달, 웅변술, 논쟁의 기술 등을 강하게 고수했다. 그러나 그들은 정신을 모든 것에 대해 사용하라고 하면서도 정신을 신성화하지는 않았다. 왜냐하면 그들에게 정신은 아이의 거짓말이나 반항과 같이 수단이나 무기에 불과했기 때문이다. 그들이 말하는 정신이란 썩지

---

6) 페리클레스(Pelicles, 기원전 495~429)는 고대 그리스 아테네의 정치가이자, 웅변가, 장군으로 고대 그리스 시대의 역사에서 가장 유명하고 영향력 있는 인물 가운데 하나이다. 그는 그리스 – 페르시아 전쟁과 펠로폰네소스 전쟁 사이에 지도자로서 아테네의 황금시대를 열었다.

않는 오성 그 자체였다.

오늘날 우리는 그것을 일면적인 지적 교육이라고 부르면서 '오성뿐만 아니라 심성을 배양해야 한다'는 경고를 덧붙이고 있다. 소크라테스도 마찬가지였다. 만약 마음이 여러 자연적인 충동(Trieb)에 사로잡혀 자유롭지 않고, 가장 우연한 내용으로 가득 차 있으며, 비판받지 않은 탐욕으로 변하여 모든 사물의 힘 그대로 남아 있다면, 즉 가장 다양한 욕구의 그릇에 지나지 않는다면, 자유로운 오성이 '나쁜 마음'에 봉사해야 하는 것은 피할 수 없는 필연이 되기 때문이다.

그러므로 소크라테스는, 모든 일에 자신의 오성을 작용하게 하는 것만으로는 충분하지 않고 어떤 것에 오성을 향하게 하는가를 아는 것이 중요하다고 말했다. 우리는 이제 인간은 '선한 일'을 위해 봉사해야 한다고 말하게 된다. 선한 일을 위해 봉사하는 것은 도덕적인 것이다. 그러므로 소크라테스는 윤리학의 창시자이다.

확실히 소피스트의 교리를 끝까지 파고들면, 필연적으로 자기욕망(Begierde)의 가장 맹목적이고 가장 의존적인 노예도 아직 훌륭한 소피스트일 가능성이 있고, 오성의 칼을 갈면서 자신의 천박한 심성에 유리하게 모든 것을 다듬을 수 있게 된다. '좋은 이유'를 전혀 찾지 못하거나 절대로 발뺌하지 못할 수 있는 것은 무엇이 있을까?

그러므로 소크라테스는 다음과 같이 말한다. "자신의 총명함을 존중받으려면 스스로 '순수한 마음'을 가져야 한다." 여기서 그리스의 정신 해방 제2기인 심성 순화의 시기가 시작된다. 제1기는 소피스트들이 오성의 전능성을 선언하면서 종결되었다. 그러나 마음은 여전히 세속적 생각으로 남아 있었고, 언제나 세속적인 욕망에 영향을 받아 세속의 노예로 남아 있었다. 따라서 이 거친 심성은 이제부터 교화되어야 했는데, 그것이 바로 심성

순화의 시대이다. 그러나 심성은 어떻게 순화될 수 있을까? 정신의 이러한 측면인 오성이 달성한 것, 만물과 함께 만물을 넘어 자유롭게 놀 수 있는 능력이 언제나 심성의 미래에 실현되기를 바란다. 모든 세속의 것은 그 전에 완전한 실패로 끝나야 하고, 그래서 마침내 가족, 공동체, 조국 등은 심성을 위해, 즉 행복을 위해, 심성의 행복을 위해 포기하게 된다.

어떤 일에 대해 여전히 마음이 고동친다고 해도 오성은 이미 그것을 포기할 수 있음은 일상의 경험에 비추어 분명하지만, 여기서도 마찬가지로 이미 소피스트의 오성이 옛날부터 지금까지 지배적이었기 때문에 이제 그들은 다행히도 남아 살던 집인 심성에서 쫓겨나기만 하면 되었고, 마침내 그들은 인간과 어떤 관련도 없게 되었다.

소크라테스에 의해 시작되었던 이러한 투쟁은 고대 세계가 소멸하는 날이 되어서야 평화롭게 끝났다.

심성의 도야는 소크라테스로부터 시작하고, 심성의 모든 내용은 검사되었다. 그들의 마지막이자 가장 격렬한 투쟁에서 고대인들은 모든 내용물을 심성에서 내던지고 더 이상 어떤 것에 대해서도 고동치지 않게 되었다. 이것이 바로 회의주의자들[7]의 업적이다. 소피스트 시대에 오성을 둘러싸고 행해진 것과 같은 순화가 이제 회의주의 시대에 이르러 심성에 대해 이루어지게 되었다.

소피스트적 교양은 오성이 더 이상 어떤 것에 대해서도 겁먹지 않고, 심성을 더 이상 무엇에 의해서도 움직이게 하지 않는다는 데에까지 이르

••

7) 그리스 철학자 퓌론(Pyrrhon, 기원전 360~270)이 창시한 학파로 데모크리토스의 가르침을 받아들여 알렉산드로스 대왕을 따라 인도에 가서 바라문 성자들과 만나 대화했다고 전해진다. 인생의 목적을 부동심(아타락시아)에서 구하고 불확실한 것에 대해 판단중지(에포케)를 설교했다. 뒤에 그것은 모든 철학설을 부정하는 의미로 바뀌었다.

렸다.

인간이 세속의 움직임에 휘말리고 세속과의 여러 관계에 사로잡혀 있는 한, 그리고 인간의 심성이 여전히 세속적인 것으로부터 독립하기 위해 고투해야 했기 때문에 고대가 끝날 때까지 그런 상태에 있었던 한에서 인간은 아직 정신이 아니었다. 정신은 육체도 없고, 세계나 육체성과 아무런 관련이 없기 때문이다. 인간에게는 세계도 없고 자연적 기반도 없으며, 오직 정신과 정신적 기반만이 존재한다. 그러므로 인간은 먼저 회의주의적인 교양에서 나타나듯이 완전히 무심하고 무모해져야 한다. 따라서 아무런 교섭도 없이 무세계적인 것으로서, 정신으로서의 자기 감정을 아직 드러낼 정도에 이르지 못해도 세계가 파괴되는 것조차 그에게 영향을 끼치지 못할 정도로 철저하게 세계에 대해 무관심하게 되었다. 이는 인간이 몰교섭적이고 무세계적인 존재로서, 정신으로서 자각한다는 것이 고대인들의 거대한 일의 결말이 되었음을 뜻했다.

이제 세속적인 잡념을 모두 버린 뒤에 비로소 인간은 그 자체가 모든 것의 모든 것이 된다. 그러나 자기를 위한 것이 되고, 정신을 위한 정신이 된다. 더 확실하게 말하면 오로지 정신적인 것만을 생각하게 된다.

고전 고대의 정신 해방의 이러한 두 가지 측면인 오성과 심성은, 기독교에서 말하는 뱀의 지혜와 비둘기의 순수함이라는 것으로 완성된다. 이에 따라 모습도 젊고 새롭게 나타나며, 그 어느 쪽도 더 이상 세속적이거나 자연스러운 것에 두려움을 느끼지 않게 된다.

그래서 고대인들은 정신을 향해 비상하고, 스스로 정신적이 되기 위해 노력한다. 그런데 정신으로서 활동하기를 원하는 인간은 이전에 자신이 향했던 것과는 전혀 다른 과제, 즉 단순한 감각이나 감수성에 주어진 것과 다른, 정말로 정신에 무엇인가를 부여하는 과제에 끌리게 된다. 그래서 오로지 사물의 주인이 되기 위해서만 노력하게 된다. 정신은 오로지 정신적인 것만을 추구하고, 모든 것에서 '정신의 흔적'을 탐구한다. 신앙하는 정신에게는 '모든 것은 신으로부터 나온다'는 믿음의 정신에, 그리고 그것이 기원을 드러낼 정도로만 그 관심을 끌게 한다. 철학하는 정신에게는 모든 것이 이성의 각인으로 나타나며, 그래서 이성이 정신적 내용을 발견할 수 있는 한에서 비로소 그에게 관심을 기울이게 한다.

그래서 고대인들은 비정신적인 것이나 사물과 절대적으로 무관한 정신을 고양시키지 않고, 오로지 사물의 배후와 사물 너머에 존재하는 본질과 사상만을 상대로 하였다. 왜냐하면 그들이 아직 그것을 갖지 못했기 때문이다. 그렇지 않고 그들은 오로지 정신을 얻고자 몸부림치고 갈망하는 경지에 이르렀을 뿐이고, 따라서 강력한 적수인 감각 세계에 대항하여 정신을 갈고 닦았을 뿐이다(그러나 여호와나 이교도의 신들은 아직 '신은 정신이다'라는 개념에서 멀리 떨어져 있었고, 감각으로서의 고향은 아직 '천국'에 발을 들여놓지 않았기 때문에 그들에게 감각적이지 않은 것은 아직 있을 수 없었다). 그들은 감각의 세계에 저항하여, 감각이나 감수성을 잘 알았다. 이러한 고대 세계의 조숙한 자식들인 유대인들은 오늘날까지 더 이상 나아가지 않고, 따라서 손쉽게 사물의 주인이 되어 사물을 자신에게 복종하도록 강요하는 신중함과 강력한 지혜와 오성을 갖추면서, 한편으로 사물의 어떤 것도 고려하지 않는 정신을 발견할 수 없다.

기독교인은 정신적인 인간이라고 자인하기 때문에 정신적 관심을 가지고 있다. 유대인은 사물에 어떠한 가치도 부여하지 않기 때문에 기독교인의 관심을 그 순수한 형태로 이해할 수 없다. 유대인은 순수한 정신성, 가령 종교적으로는 어떤 장치도 없이 그 자체를 증명하고자 하는 기독교인의 신앙에 나타나는 정신성에는 이르지 못한다. 그들의 비정신성으로 인해 유대인은 기독교인과 영원히 분리된다. 왜냐하면 정신적이지 않은 인간은 정신적인 인간에게 이해될 수 없기 때문이다. 이는 정신적이지 않은 인간이 정신적인 인간에게 경멸을 받는 것과 같다. 그래서 유대인들은 오로지 '현세의 정신'만을 가지고 있을 뿐이다.

고전 고대의 감수성과 통찰은, 하늘과 땅처럼 기독교 세계의 정신과 정신성에서 멀리 떨어져 있다.

자기 감정을 자유로운 정신으로 갖는 인간은 이 세상의 사물들에 의해 억압당하거나 불안해하지 않는다. 왜냐하면 그는 그러한 사물들에 아랑곳하지 않기 때문이다. 그래도 만약 누군가가 여전히 그것들을 짐스럽게 느낀다면, 그것은 그가 우매하여 사물에 무게를 두기 때문이다. '즐거운 삶'과 같은 것에 구애받는 것이 그런 경우이다. 자유로운 정신으로 자신을 알고 행동하는 데 모든 것을 집중하는 인간이라면, 자신이 그것 때문에 얼마나 고통을 받았는가에 대해 거의 주의를 기울이지 않으며, 천천히 즐겁게 살기 위해서는 어떻게 해야 하는지에 대해서는 생각조차 하지 않는다. 그는 사물에 휘둘리는 생활의 불쾌함에 번뇌하지도 않는다. 왜냐하면 그는 오직 정신적이거나 정신적인 양식에만 의존하여 살기 때문이다. 그는 무엇을 먹고 마셔야 하는지도 알지 못하고, 먹을 것이 떨어지면 육체적으로 죽는다고 해도 정신으로는 불멸임을 자각하면서 경배나 사념으로 눈을 감을 뿐이다. 그의 삶은 정신에만 몰두하는 영위인 사유이다. 나머지는 그에게 중요하지 않다. 인간은 정신적인 것으로 살아갈 수도 있다. 예를 들어 기도, 명상 또는 철학적 통찰 같은 그의 행위는 언제나 사유하는 것이다. 그런 까닭에 마침내 완전히 명확해진 데카르트[8]는 다음과 같은 문장을 제시

••
8) 르네 데카르트(René Descartes, 1596~1650)는 프랑스의 철학자, 수학자, 과학자, 근대 철

할 수 있었다. "나는 생각한다. 고로 존재한다." 이는 내가 생각한다는 것이 나의 존재 또는 나의 삶이라는 의미이다. 오직 내가 정신적으로 살아 있을 때만 나는 살아 있다. 다시 말해 내가 실제로 정신으로서만 존재하거나 철저하게 정신으로 존재하고, 정신 이외의 나는 존재하지 않는다. 자신의 그림자를 잃어버린 불행한 페터 슐레밀[9]은 정신으로 생성된 모든 인간의 초상화이다. 왜냐하면 정신의 신체에는 그림자가 없기 때문이다. 이에 비하여 고대인들은 얼마나 달랐는가! 그들은 사물의 힘에 대항하여 스스로를 완강하고 인간답게 견뎌야 했다. 그들은 이러한 힘 그 자체를 인정해야 했으며, 가능한 한 그것으로부터 자신의 생명을 보호하는 것 이상은 얻을 수 없었다. 그 뒤에야 그들은 자신들의 '진정한 삶'이 현세의 사물과 싸우면서 살아가는 것이 아니라, '정신적인 삶', 즉 사물로부터 '벗어난' 생활임을 인식하였다. 그들이 이것을 깨달았을 때 그들은 기독교인, 즉 '새로운 인간', 고대인들에 대한 혁신가가 되었다. 그러나 사물을 떠난 정신적 삶은 더 이상 자연으로부터 어떤 영양분도 끌어들이지 못하고 "오로지 사상에 의해서만 영위되는 것"으로, 따라서 그것은 더 이상 '삶'이 아니라 사유가 된다.

그렇다고 해서 가장 정신적인 인간을 마치 생명이 없는 듯이 상상해서

..

학의 아버지, 해석기하학의 창시자로서 합리론의 대표 주자이다. 그가 본인의 대표 저서 『방법서설(*Discours de la méthode*)』에서 "나는 생각한다, 고로 존재한다(Cogito ergo sum)"고 한 말은 계몽 사상의 '자율적이고 합리적인 주체'의 근본 원리를 처음 확립한 것으로 유명하다.

9) 프랑스 대혁명 이후 추방된 프랑스 귀족 아델베르트 폰 샤미소(Adelbert von Chamisso, 1781~1838)가 독일어로 쓴 1814년의 단편소설 「페터 슐레밀의 기이한 이야기(Peter Schlemihls wundersame Geschichte)」의 주인공으로 "당신의 그림자를 악마에게 팔지 마십시오"라는 관용구를 낳았다. 그 소설은 조국을 상실한 자신을 풍자한 것이었다.

는 안 되는 것처럼, 고대인들이 사상이 없었다고 생각해서는 안 된다. 오히려 그들은 모든 것에 대해, 즉 세계, 인간, 신 등에 대해 그 나름의 사상을 가지고 있었고, 이 모든 것을 자각하고자 적극적으로 노력한 것이 분명하다. 그러나 그들은 온갖 생각을 하고 '나름의 사상에 고뇌했다'고 해도 그 자체로서의 사상이라는 것을 몰랐다. 그들을, 기독교가 "내 생각은 너의 생각이 아니다. 하늘이 땅보다 높은 것처럼, 내 사상도 너의 사상보다 더 높다"고 한 것과 비교해보라. 그리고 앞에서 우리 소년기의 생각에 대해 말한 것을 기억해보라.

그렇다면 고대인들은 무엇을 추구했을까? 바로 참된 삶의 향수, 삶의 향락이다! 거기에서 마침내 '진정한 삶'에 이르게 된다.

그리스 시인 시모니데스[10]는 다음과 같이 노래한다. "이승의 인간에게 건강은 가장 고귀한 선이며, 그다음이 아름다움이고, 셋째가 정직하게 얻은 재산이며, 넷째가 젊은 친구들 사이에서 누리는 사교적인 즐거움이다". 이 모든 것들은 삶의 좋은 것, 인생의 즐거움이다. 시노페의 디오게네스[11]는 최소한의 욕구를 가지고 발견한 인생의 진정한 즐거움 이외에 무엇을 추구하였을까? 무슨 일이 있어도 쾌활한 성미 속에서 삶의 즐거움을 발견한 아리스티포스[12]는 또 무엇을 추구했을까? 그들은 밝고 그늘이 없는 삶

..

10) 시모니데스(Simonides, 기원전 556경~468경)는 그리스의 서정 시인으로 이지적이고 명쾌한 시어로 무상감을 주는 간결하고 아름다운 종교적 찬가, 애도가 등의 합창시, 단가 등을 남긴 반면 연애시는 한 편도 쓰지 않았다. 계몽주의 시대에 레싱은 그를 '그리스의 볼테르'라고 불렀다.

11) 디오게네스(Diogenēs, 기원전 400경~323경)는 그리스의 철학자로서 개인적 자유를 위해 세속을 떠나, 가능한 무욕의 자연생활을 이상으로 삼아 모든 사회적 관습을 무시하고 문화적 생활을 경멸했다.

12) 아리스티포스(Aristippos, 기원전 435경~350경)는 그리스의 철학자이며 소크라테스의 제자였다. 북아프리카의 키레네에서 쾌락주의를 전개했다. 지식의 상대성을 기초로 하는 주

의 기분, 쾌활함을 추구하며 '맑은 것'을 추구했다.

스토아학파는 현자를 구현하고자 했다. 즉 삶의 지혜를 가진 사람, 어떻게 살아야 할지를 아는 인간에 이르고자 했다. 그러므로 하나의 참된 삶을 구현하고자 했다. 그들은 세상을 멸시하고 발전을 꾀하지 않으며 세상과 우호적인 관계를 갖지 않는 고립된 삶에서, 타인과 함께 사는 삶이 아니라 삶 그 자체로서의 삶에서 현자를 발견한다. 산다는 것은 스토아학파에게 유일한 것이고, 다른 모든 것은 그들이 보기에 죽어 있다. 반면에 에피쿠로스학파는 생동하는 삶을 요구한다.

고대인들은, 쾌청하고자 하여 즐거운 삶(특히 유대인들은, 아이와 재화로 축복받은 장수하는 삶)을 추구하며, 행복을, 다양한 형태의 쾌적함을 추구한다. 가령 데모크리토스[13]는 그러한 것으로 '두려움과 흥분 없이 평온하게 사는 마음의 평화'를 찬양한다.

따라서 그가 말하고자 한 것은, 그것에 의해 가장 잘 보내고 스스로에게 가장 좋은 운명을 제공하며, 세상을 가장 잘 헤쳐나간다는 것이다. 그러나 그는 이 세상을 벗어날 수 없기 때문에, 그의 모든 활동은 세상을 벗어나기 위한 노력, 즉 세상을 거부하는 데서 비롯된다(거부가 가능하기 위해서는 어떻게든 아직도 세상을 거부할 수 있고, 거부되는 세상이 존재해야 하며, 그렇지 않으면 더 이상 거부할 수 없을 것이므로). 따라서 그는 기껏해야 극도의 해방에 도달하는 정도에 그친다. 요컨대 덜 해방된 자와 정도의 차이만 구별

∴

관주의, 감각주의에 서서 쾌락을 궁극적 선으로 보고 과거에 사로잡히거나 미래를 걱정하지 않고 현재를 있는 그대로 누려야 한다고 가르쳤다.

13) 데모크리토스(Democritos, 기원전 460경~380경)는 고대 그리스의 철학자이며, 물질주의에 바탕을 둔 이른바 원자론을 주장하여 초기 유물론을 완성함과 동시에 후기 에피쿠로스 및 근대 물리학의 발전에 결정적인 영향을 주었다.

할 수 있을 뿐이다. 그가 현세의 감성(Sinnlichkeit)을 죽이고, 겨우 '열반'이라는 한마디 단조로운 속삭임만을 인정하는 것에까지 이른 것이지만, 그럼에도 불구하고 그는 감성적인 인간이므로 본질적으로 구별할 수 없다.

스토아주의적 태도나 인간적인 미덕도 요컨대 현세에 대해서 자기 주장을 하는 것에 귀착하는 것이고, 스토아학파의 윤리학(윤리학이 그들의 유일한 학문이다. 왜냐하면 그들은 현세에 대해 어떻게 처신할 것인가 이상으로는 정신에 대해 아무것도 말하지 않았고, 또 현자는 자연에 대해서 그것을 멀리 해야 한다는 것에 그쳤기 때문이다)은 정신에 대한 학설이 아니라 오로지 현세 거부와 현세에 대한 자기 주장의 학설일 뿐이다. 그리고 이것은 '삶의 부동과 평정'으로 구성되어 있으며, 따라서 로마인의 미덕에서 가장 노골적으로 분명히 나타난다.

로마인(호라티우스, 키케로 등)도 이를 그러한 처세술의 실용철학보다 더 진전시키지 않았다. 에피쿠로스학파가 말하는 쾌락(hēdonē)도 스토아학파가 가르치는 것과 같은 처세술이며, 오로지 더 교활하고 더 기만적인 것에 불과하다. 그들은 현세에 대한 또 다른 대처법만을 가르치고, 현세에 대해 빈틈없는 태도를 취하며, 현세는 적이기 때문에 그것을 속이라고 하는 것에 불과하다.

현세와의 단절은 회의주의 학파에 의해 완전히 관철된다. 현세와 나의 모든 관계는 '무가치하고 진실하지 않다'고 여겨진다. 티몬[14]은 "우리가 이 세상에서 가져오는 지각과 감정에는 어떤 진리도 없다"고 말한다. "진리란 무엇인가?"라고 빌라도는 외친다. 퓌론의 설명에 따르면 세계는 선하지도 악하지도 않고 아름답지도 추하지도 않으며, 그것들은 인간이 세계에 대

---

14) 티몬(Timon, 기원전 320~230경)은 퓌론의 제자이자 회의주의자이다.

해 부여하는 속성일 뿐이다. 티몬은 "그 자체로 어떤 것도 선하거나 악하지 않고, 인간이 이렇게 또는 저렇게 생각하는 것에 불과하다"고 말한다. 즉 현세를 마주하는 것에는 오직 아타락시아(부동심)와 아파시(침묵, 즉 고립된 내면성)만 남는다. 세상에는 '더 이상 인정할 만한 진리가 없고,' 사물은 자기모순에 빠져 있으며, 사물에 대한 여러 생각에는 아무런 차이가 없다(좋은 것과 나쁜 것은 모두 같고, 따라서 어떤 사람이 선하다고 하는 것을 다른 사람은 나쁘다고 본다). 여기서 '진리'라는 인식은 끝이 나고, 그 뒤에는 오로지 인식할 수 없는 인간, 세계에서 더 이상 아무것도 인식할 수 없는 인간만이 남게 된다. 그리고 그 인간은 진리 없는 세상을 있는 그대로 내버려두고, 세계를 더 이상 고려하지 않게 된다.

그래서 고대는 사물의 세계, 세계 질서, 전체로서의 세계로 끝난다. 그러나 세계 질서나 세계의 사물에 속하는 것들은 오로지 자연에 속할 뿐만 아니라, 인간이 자연에 의해 배치된 것으로 인간의 눈에 보이는 여러 가지 관계인 가족과 공동체, 즉 소위 '자연적 유대'라고 하는 모든 관계에 속한다. 이때 정신의 세계와 함께 기독교가 시작된다. 여기에 이르러도 여전히 현세를 경계하는 사람은 고대인, 즉 이교도(유대인 역시 비기독교인으로서 여기에 속한다)이며, 그의 '심성의 즐거움', 그의 관심과 공감, 그리고 자신의 정신에만 이끌리는 인간이 새로운 인간인 기독교인이다.

고대인들이 세계를 정복하는 데 힘쓰고 인간을 타자와의 연결이라는 무거운 철책에서 벗어나게 하려고 노력하면서 마침내 국가의 해체와 사적인 모든 것에 대한 편애에 이르게 되었다. 물론 공동체나 가족 등은 자연적인 유대로서 스스로의 정신적 자유를 제한하는 부담스러운 방해물에 불과하다.

2. 근대인

"누구든지 그리스도 안에 있으면 그는 새롭게[15] 창조된 인간이다. 옛것은 지나갔다. 보라. 모든 것이 새것이 되었도다."[16]

앞에서 '고대인에게는 세계가 하나의 진리였다'고 말했지만, 여기서 우리는 '근대인에게는 정신이 하나의 진리이다'고 말해야 한다. 그러나 여기서도 앞에서와 같이, 근대인은 정신의 진리가 비진리임을 밝혀내려고 노력한 끝에 결국 실제로 밝혀내게 되었다는 단서를 덧붙여야 한다.

고대가 밟았던 것과 유사한 경로를 기독교에서도 찾아볼 수 있다. 즉 종교개혁을 준비할 때까지 오성은 기독교 도그마의 지배 아래 갇혀 있었지만, 종교개혁 이전의 세기까지 소피스트 풍으로 주장하여 신앙의 모든 교리를 가지고 이단적인 장난을 쳤다. 따라서 그 무렵, 특히 이탈리아나 로마의 궁정에서는 '정신만 기독교인답다면, 머리는 어떠해도 좋다'고 했다.

종교개혁이 있기 전부터 사람들은 그런 식으로 교묘한 '말다툼'에 너무 익숙해져 있었기 때문에, 교황을 비롯한 대부분의 사람들은 루터[17]의 출현을 처음에는 단순히 '사제의 언쟁' 정도로만 여겼다. 인본주의는 궤변에 해당하며, 소피스트 시대에 그리스인의 삶이 한창 꽃피던 시대(페리클레스 시대)와 마찬가지로, 인본주의의 시대 또는 마키아벨리즘 시대(인쇄술, 신세계 등)에 가장 빛나는 일들이 생겨났다. 이때 정신은 아직도 기독교적 내용에

∷
15) 독일어에서 neue는 '새롭게'와 '근대'를 함께 뜻한다.
16) (원주) 「고린도 후서」, 5장 17절.
17) 마르틴 루터(Martin Luther, 1483~1546)는 독일의 종교개혁가이다. 본래 로마 가톨릭 수도회인 아우구스티노회 소속 수도 사제였으나, 가톨릭 교리에 반발하여 끝내 파문당하고 독자적인 노선에 투신했다. 현존하는 모든 개신교 교파들이 루터의 영향을 받았으며, 특히 루터의 가르침을 직접적으로 계승하는 교파로는 루터교회가 있다.

서 벗어나고 싶지 않았다.

그러나 마침내 종교개혁은 소크라테스와 마찬가지로 심성 자체를 심각하게 받아들였고, 그 후부터 심성은 눈에 띄게 계속 성장해 비기독교적으로 변했다. 루터와 함께 사람들이 이를 정신에 관련되는 것처럼 생각하기 시작했기 때문에, 종교개혁의 그러한 발걸음은 더욱 나아가고, 심성도 기독교 신앙의 무거운 짐에서 벗어나기에 이르렀다. 심성은 나날이 더 비기독교적인 것으로 변해감에 따라, 자신을 형성한 그 내용을 상실하고 마침내 공허한 사랑만 남게 되었다. 즉 보편적인 인류애, 인간 자체에 대한 사랑, 자유 의식, '자기의식' 등이 그것들이었다.

그리하여 비로소 기독교가 완성된다. 즉 기독교는 그것이 불모가 되어 내용이 공허해졌기 때문에 비로소 완전한 것이 된다. 정말로 무의식적으로 또는 '자의식' 없이 정신에 내용이 몰래 잠입한 경우는 제외하고, 이제 정신이 반대하지 않는 내용은 전혀 없게 되었다. 정신은 침입하고자 하는 모든 것을 냉철하고 무자비하게 비판하며, 더 이상 우정에도 사랑에도 무능력(이전처럼 무의식적으로 또는 기습적으로 습격당한 경우를 제외하고)하게 된다. 그래도 인간에게 사랑해야 할 무엇인가가 있을까? 왜냐하면 인간들은 모두 '에고이스트'이기 때문에 지금 말한 것과 같은 인간은 있을 리가 없고, 오로지 정신뿐이라고 하는 인간은 존재할 리가 없기 때문이다. 그리스도인은 오직 정신만을 사랑한다고 말하지만 현실에서 정신 이외의 다른 아무것도 아닌 인간 따위가 어디에 있을 수 있을까?

신체발부를 가진 살아 있는 육체의 인간을 사랑하는 것은 더 이상 '정신적' 사랑이 아니라 '순수한' 사랑, 즉 '이념적 존중'에 대한 배반이 될지 모른다. 순수한 사랑의 느낌이라고 해도 모든 인간과 친근하게 손을 잡는 그런 친절함으로 간주되는 것은 결코 아니기 때문이다. 도리어 반대로 순수한 사랑의 느낌이라는 것은 어느 누구에게도 따뜻한 정신을 주지 않으며, 그것은 단지 이론적인 관심사일 뿐 개인으로서가 아니라 인간으로서 사람에 대한 관심이자 공감일 뿐이다. 순수한 사랑에서 개인은 혐오감을 느낀다. 왜냐하면 개인은 '에고이스트'이지 인간 일반, 인간이라고 하는 이념이 아니기 때문이다. 그러나 이념으로서 존재하는 것은 단순한 이론적인 관심뿐이다. 순수한 사랑이나 순수한 이론에 인간이 존재한다는 것은 오로지 비판받고 비웃음당하고 철저히 경멸되기 때문에만 존재하고 있는 것이다. 그 이념에서 인간은 광신적인 사제 못지않게 오로지 '오물'이거나 또는 청정한 존재의 '똥'일 뿐이다.

이러한 사심 없는 따뜻한 사랑을 최후의 극단까지 파고든다면 우리는 마침내 기독교인의 사랑하는 정신이란 아무것도 아니라는 것을, 다시 말해서 그 정신이란 하나의 허위라는 것을 깨닫지 않을 수 없게 된다.

여기서 불명확하게 대충 요약하는 것에 대해서는 앞으로 우리가 계속 진행함에 따라 분명하게 밝히겠다.

우리는 고대인들이 남긴 유산을 물려받으면서 근면한 노동자로서 그것을 가지고 가능한 한 많이 활용하도록 하자. 세상은 멸시되어, 우리의 발밑에, 우리와 우리의 하늘 아래 납작 엎드려 있다. 거기에는 세속의 강력한 팔도 들어갈 수 없으며, 감각을 느끼게 하는 세속의 숨결이 거기에 들어가지도 않는다. 세계가 어느 정도로 유혹적으로 보일지 모르지만, 그것은 우리의 감성만 속일 수 있고, 정신은 — 그리고 우리는 진실하고 정신일 뿐이기 때문에 — 결코 유혹되지 않는다. 정신이 사물의 배후에 이르는 것은 사물을 넘어서는 것이고, 사물의 틀에서 자유로워질 때 정신은 하나의 노예 상태를 벗어나 내세적인 자유로운 정신이 된다고 한다. 이렇게 하여 '정신의 자유'가 말해진다.

오랜 노력 끝에 세계를 이탈한 이 정신, 무세계의 정신에 있어서 세계와 현세성을 잃고 뒤에 남는 것은 오로지 정신과 정신적인 것뿐이다.

그러나 그 정신은 오로지 세계로부터 멀어져 있을 뿐이고, 세계로부터 자유로운 존재가 되었다고 해도 실제로 이 세계를 말살하는 것은 아니므로 세계는 여전히 정신에게는 씻을 수 없는 장애물, 즉 악명 높은 존재라는 점에는 아무런 변화가 없다. 그리고 다른 한편으로 정신은 정신과 정신적인 것 외에는 아무것도 알거나 용인하지 않기 때문에, 끊임없이 이 세계를 정신화하고자 하고 세계를 '악명'으로부터 구제하고자 하는 갈망을 가지고 있어야 한다. 따라서 청년과 마찬가지로 정신은 세계 구제나 세계 개선이라는 계획으로 진행된다.

우리가 앞에서 보았듯이 고대인들은 자연적인 것, 세속적인 것, 자연적 세계 질서를 섬겼지만, 그들은 그러한 임무에서 벗어날 수 없는 것인지를 끊임없이 자문했다. 그러면서 그들이 계속 반역의 시도를 새롭게 하여 극단적인 어려움에 이르렀을 때, 그들의 마지막 한숨 가운데, 그들에게는 '세계 초월자'인 신이 태어났다. 그들의 모든 행동은 세속의 지혜(철학)에 지나지 않았고, 세계의 배후를 추구하여 세계를 넘고자 하는 노력 이외의 아무것도 아니었다. 그렇다면 그 뒤를 이은 여러 세기의 지혜는 무엇일까? 근대인은 무엇을 되찾으려 했는가? 그것은 세계의 배후가 더 이상 아니다. 왜냐하면 그것은 고대인들이 이미 추구한 것이기 때문이다. 도리어 그것은 바로 고대인들이 남긴 것, 즉 신의 배후, '정신이라는 것'이고, 정신에 속하는 모든 것, 정신적인 것 너머에 있다. 그러나 '신의 깊은 곳까지도 샅샅이 탐구한다'는 정신 활동은 신의 학문(신학)이다. 그렇다면 고대인이 세속의 지혜(철학)밖에 보여줄 것이 없었던 것과 마찬가지로 근대인은 신학보다 더 멀리 나아가지 않았고, 그렇게 하지도 않는다. 우리는 머지않아 신

에 대한 최신의 반역조차 '신학'의 치열한 노력, 즉 신학적 모반일 뿐이라
는 것을 알게 된다.

(1) 정신

정신의 영역은 엄청나게 넓고, 정신적인 것은 끝이 없다. 그렇다면 정신
이 무엇인지, 고대인의 유산이 무엇인지를 살펴보도록 하자.

정신은 고대인의 출산 진통에서 나온 것이지만, 그들은 스스로 정신이
되어 말하지는 못했다. 그들은 정신을 낳을 수 있었지만, 말을 하는 것은
정신 자신이어야 했다. '태어난 신, 인간의 아들'이야말로 정신이며, 그 신
은 지상적인 것이나 지상의 상황들과 상관이 없고 오로지 정신과 정신적
인 상황들에만 관계 있다는 말을 가장 먼저 내뱉었다.

가령 현세의 어떤 타격에도 무너지지 않는 나의 용기, 그리고 나의 불굴
과 반역이란, 그야말로 현세를 문제삼지 않는 것이기 때문에 이미 완전한
의미에서 정신이 아닌가? 그러나 만일 그것이 정신이라고 한다면, 그것은
여전히 현세를 적으로 보는 것이고, 그 모든 행동은 오로지 현세에 굴복하
지 않는 것에 제한될 것이다! 아니다. 바로 그것이 스스로에게만 관련되지
않는 한, 자신의 세계만을 상대하지 않는 한, 오로지 정신적인 것에만 관
련되는 한, 그것은 자유로운 정신이 아니라, 오직 현세에 집착하는 '현세
의 정신'일 뿐이다. 그 정신이란 자유로운 정신을 말하는 것이고, 그 독자
의 세계에서만 실제의 정신이다. '이 세상'에서, 지상의 세계에서 그것은 하
나의 이방인이다. 오로지 하나의 정신적인 세계에서만 정신은 참된 현실의
정신인 것이다. 왜냐하면 '이러한' 세계는 정신을 이해하지 못하고 이러한
'이국의 처녀'[18]가 떠나지 않도록 하는 방법을 모르기 때문이다.

그런데 이 정신적인 세계는 어디에서 오는 것일까? 정신 그 자체에서 오는 것이 아니라 다른 어딘가에서 왔는가! 정신이 말하는 낱말, 정신이 자신을 드러내는 계시, 그것이 정신의 세계이다. 꿈꾸는 사람이 자신이 만들어낸 환상적 그림 속에서만 살아가고 자신의 세계를 갖는 것처럼, 환자가 독자적인 꿈의 세계를 스스로 만들어내고 그것 없이는 결코 환자일 수 없는 것과 마찬가지로, 정신은 스스로의 정신세계를 만들어내야 하고, 스스로 그 정신세계를 창조할 때까지는 정신이 아니다.

그러므로 그 창조가 그것을 정신으로 만들어내고, 그 피조물에서 인간들은 그 창조자인 정신을 알게 된다. 그 피조물 속에 정신이 살아 있고, 그 피조물이 정신의 세계가 되는 것이다.

그렇다면 정신이란 무엇인가? 정신은 하나의 정신적 세계의 창조자이다! 우리가 정신적인 것을 체현했을 때, 즉 사상이 이미 우리에게도 열람하도록 제공된 이 사상이라는 것이, 그야말로 우리 가운데 생명을 부여하는 것을 보고 비로소 사람들은 당신이나 나에게 정신을 인정하는 것이다. 왜냐하면 우리가 어린아이였을 때, 아무리 고매한 사상에 대한 설명을 들어도 우리는 그것이 자신 속에 재생할 것 같은 것을 바라지도 않고, 또한 가능하지도 않기 때문이다. 마찬가지로 정신도 정신적인 것을 창조할 때에만 정신인 것이고, 정신적인 것 스스로의 창조물을 수반할 때에만 현실의 것이 된다.

그리하여 정신은 그 작품에서 인식되는 것이기 때문에 그 작품이 어떤 것인가를 물어야 한다. 그러나 정신의 작품 또는 정신의 아이는 정신 이외

18) 요한 크리스토프 프리드리히 폰 실러(Johann Christoph Friedrich von Schiller, 1759~1805)의 시 제목.

의 다른 것이 아니다.

만일 내 앞에 유대인, 본토박이 유대인이 있다면, 나는 여기 멈추어 그들이 거의 2천 년 동안 신앙도 없이 지식도 없이 거기에 잠깐 멈춰 있는 그대로 그들을 이 신비 앞에 움직이지 않고 세워둔다고 할 것이다. 그러나 내가 사랑하는 독자인 당신은 순혈의 유대인은 아니기 때문에 ─ 만일 그렇다면 이렇게까지 길을 잃을 리가 없으므로 ─ 여러분을 비웃는다고 나에게 등을 돌릴 때까지 좀 더 함께 길을 가고 싶다.

만일 누가 당신에게 당신이 완전한 정신이라고 말한다면, 당신은 자신의 육체를 단단히 붙잡고 그런 말을 믿지 않으며 이렇게 대답할 것이다. "나는 정신을 소유하고 있음에 의심의 여지가 없다. 그러나 정신으로서만 존재하고 있는 것이 아니라, 하나의 육체를 가진 인간으로 존재한다." 당신은 여전히 당신 자신을 '당신의 정신'과 구별할 수 있을 것이다. "그러나 그것은 당신의 운명이다. 비록 당신이 아직 신체의 속박 속에서 살아가고 있지만, 언젠가는 하나의 '축복받은 정신'이 될 것이다. 하지만 당신이 당신 정신의 미래상을 어떻게 상상한다고 해도 당신은 죽음에 의해 그 몸을 벗어나고, 그래도 여전히 당신 자신을, 즉 당신의 정신을 영원히 지킬 것이라는 것도 마찬가지로 확실하다. 그러므로 당신의 정신은 당신 안에 있는 영원하고 참된 것이며, 당신의 육체는 오직 이 세상의 임시 주거지일 뿐이니, 당신이 떠나거나 다른 것과 교환할 수도 있을 것이다."

이제 당신은 그것을 믿는다! 현재, 실제로 당신은 정신만이 아니라고 해도 언젠가 반드시 죽어야 할 육체로부터 떨어져야 할 때, 당신은 육체를 떠나야 할 것이다. 그러므로 당신은 자신의 고유한 자아를 위해 신중하게 보살펴야 할 필요가 있다. "인간이 온 세상을 얻고도 자기 영혼을 잃는다면 그것이 무슨 소용이 있을까?"[19]

그러나 시간이 흐르면서 기독교 신앙의 교리에 대항하여 제기되는 그 의구심조차, 오랜 세월 동안 정신의 불멸에 대한 당신의 믿음을 강탈해왔다. 당신은 그럼에도 불구하고 한 가지 교리를 떠나지 않고, 여전히 순진하게 하나의 진리를 고수한다. 즉 그 정신이 당신의 더 선한 부분이며, 정신적인 것이 당신 자신에서 더 큰 몫을 요구한다는 것이다. 당신의 무신론에도 불구하고 에고이즘에 대한 분노로 인해 당신은 영혼불멸의 신자들과 함께 한다.

그런데 에고이스트라는 이름으로 당신은 어떤 인간을 생각하는가? 하나의 이념, 즉 어떤 정신적인 것을 위해 사는 대신에, 그것을 위해 개인적 이익을 희생하는 대신에, 이익을 위해 사는 인간이라고 생각하는가? 예를 들어 훌륭한 애국자는 조국의 제단에 자신을 희생물로 바친다. 그러나 조국이라고 하는 것은 하나의 관념에 불과하다는 점은 논쟁의 여지가 없다. 왜냐하면 정신적 능력이 없는 짐승이나 아직 정신을 갖지 못한 아이들에게는 조국이 없고 애국심도 없기 때문이다. 이제 누구든지 자신을 훌륭한 애국자로 증명하지 않으면 조국과 관련되어 자신의 에고이즘을 배반하게 된다. 그리고 이러한 문제는 다른 수많은 경우에도 나타난다. 인간 사회에서 하나의 특권을 이용하는 자는 평등이라는 관념과 대립하는 에고이스트라는 죄를 짓게 되고, 지배권을 행사하는 인간은 자유라는 이념에 반하는 에고이스트로 비난받는 것과 같은 식이다.

따라서 당신이 에고이스트를 경멸하는 이유는, 그가 개인적인 것을 정신적인 것보다 우위에 두고 어떤 이념을 위해 호의적으로 행동하는 것을 보고 싶은 것에 관심이 있기 때문이다. 그가 당신과 다른 점은, 당신이 정

19) 「마태복음」, 16장 26절.

신을 중심으로 삼는 반면 그는 자신을 중심으로 삼는다는 점, 또는 당신이 당신의 자아를 두 개로 나누어 당신의 '본래 자아'인 정신을 그 밖의 무가치한 부분의 지배자에게 바치는 반면, 그는 그러한 이분법을 모르고 정신과 물질에 대한 관심을 스스로 좋아하는 대로 추구하는 데에 있다. 그리하여 당신은 확실히 정신적인 흥미가 전혀 없는 인간만을 비난하고 있다고 생각하지만, 사실은 정신적인 관심을 자신에게 '진실하고 최고의' 관심으로 보지 않는 모든 인간을 저주하고 있는 것이다. 당신은 그녀가 세상의 유일한 미녀라고 단언할 정도로 지금까지 그 미녀를 위해 기사도 봉사를 하고 있다. 당신은 자기 자신에게가 아니라 정신에 따라, 그리고 정신의 소산인 이념에 따라 살아간다.

정신은 오로지 정신적인 것을 창조하는 경우에만 정신으로서 존재하기 때문에, 그 최초의 창조를 돌이켜보도록 하자. 만약 정신이 그 최초의 창조를 일단 완성한다면 그 이후에는 창조의 자연적인 번식이 뒤따를 것이다. 신화에 따르면 그것은 바로, 최초의 인간들이 창조되기만 하면 나머지 종족은 스스로 증식해가는 것과 같다. 반면에 최초의 창조는 '아무것도 아닌 것에서' 나와야 한다. 즉 정신은 스스로의 현실화를 위해서 자기 자신 외에 아무것도 갖지 않는다. 도리어 정신은 아직 그 자체를 가지고 있지 않기에 먼저 스스로를 창조해야 한다. 그러므로 정신의 최초 창조는 그 자체인 정신이 한다. 이 말이 너무나 황당무계하게 들린다고 해도 우리는 매일의 경험으로 그것을 겪는다. 당신은 당신이 사색하기 전에 사색하는 존재인가? 최초의 사색을 창조한 다음에야 당신은 당신을, 즉 스스로 사색하는 자를 창출하는 것이다. 왜냐하면 당신은 당신이 하나의 사색을 시작하기 전에는, 즉 사상을 갖기 전에는 사색하는 존재가 아니기 때문이다. 당신이 당신 자신의 노래를 불러야 당신은 비로소 가수가 되고, 당신 자신의 연설을 시작해야 연설가가 되는 것이 아닌가? 마찬가지로 당신이 정신적인 것을 만들어내야 비로소 당신은 정신이 된다.

그러나 당신이 사상가, 가수, 연설가 등과 당신 자신을 구별하는 것과 마찬가지로 당신도 정신과 당신 자신을 구별하고, 당신이 정신과 동떨어진 다른 어떤 존재라는 것을 매우 분명하게 알고 있다. 그런데 사색에 열중하는 자에게 듣고 보는 것조차 사색의 열정 속으로 쉽게 사라지는 것과 마찬가지로 정신에 열중하면 당신 자신도 사로잡히고, 그리하여 당신은 이제 온 힘을 다해 온전히 정신이 되어 정신에 몰입하기를 갈망한다. 정신은 당신의 이상이고, 결코 도달할 수 없는 내세가 된다. 즉 정신은 당신의 신이라 불린다. "신은 정신이다."[20]

당신이 당신 자신을 극구 반대한다면, 그것은 그러한 당신이라는 존재가 비정신적인 것의 잔재를 벗어나지 못하기 때문이다. 이때 당신은 후회하면서 "나는 정신 이상의 존재이다"라고 말하는 대신 "나는 정신보다 못한 존재이다"라고 말한다. 그리고 이렇게 말한다. "정신은, 순수한 정신은, 정신 이외의 다른 것이 아닌(der Nichts als Geist) 정신은, 모름지기 정신은 나에게는 오로지 생각될 수 있을 뿐이지 나는 실제로 그 정신 자체가 아니다. 그리고 내가 그런 정신이 아니기 때문에, 그것은 나에게 하나의 타자이고, 하나의 타자로 현존한다. 그래서 나는 그 정신을 '신'이라고 부른다."

순수한 정신으로 존재해야 할 정신은 다른 세계의 정신이어야 한다는 것은 사물의 본질에서 나온다. 왜냐하면 나는 그렇지 않기 때문에 정신은 오직 내 밖에만 있을 수 있는 것이고. 하나의 인간은 어떤 경우에도 '정신'이라는 개념으로 완전히 변화되지 않기 때문에 순수한 정신과 같은 정신

20) 「요한복음」, 4장 24절.

은 오직 인간의 밖에, 오로지 인간의 세계를 넘어. 지상이 아니라 천상의 세계에만 있을 수 있다.

자아와 정신에 놓인 이러한 분열에서만, 오직 '자아'와 '정신'이란 하나의 동일한 명사가 아니라 완전히 다른 명사이기 때문에, 자아는 정신이 아니고 정신은 자아가 아니게 되므로, 이것으로부터 우리는 정신이 다른 세계에 살고 있다는 것, 즉 신이라는 것의 필연이 완전히 같은 뜻의 것으로서 분명해진다.

그러나 이것으로부터 포이어바흐[21]가 우리에게 주기 위해 애쓰고 있는 해방이 얼마나 철저하게 신학적인 것인지, 신의 도그마와 같은 것인지를 분명히 알 수 있다. 즉 그가 하는 말은 우리가 우리 자신의 본질을 오인했을 뿐이고, 따라서 다른 세계에서 그것을 찾았을 뿐이지만, 이제 신은 우리 인간의 본질일 뿐이라는 것을 알게 되면 그것을 다시 우리의 것으로 인식하고 그것을 다른 세계에서 다시 이 세계로 옮겨야 한다는 것이다. 정신인 신에게 포이어바흐는 '우리의 본질'이라는 이름을 붙인다. 우리는 '우리의 본질'이 우리와 대립한다는 것을 참을 수 있을까? 우리는 우리가 본질적인 자아와 비본질적인 자아로 분열되어 있다는 것을 참아낼 수 있을까? 우리는 거기서 다시 우리 자신으로부터 추방된 우리 자신을 보는 음울한 불행으로 다시금 되돌아가지 않는가?

변화를 위하여 우리 외부의 신적인 것을 우리 자신 안으로 옮길 경우 과연 우리는 무엇을 얻게 될까? 우리는 우리 안에 있는 그것일까? 우리는 우리 밖에 있는 것과 마찬가지로 작다. 내가 나의 연인이 아니고 나의 이 '다른 자아'가 아닌 것과 마찬가지로, 나는 나의 정신이 아니다. 바로 우리가

••

21) (원주) Ludwig Feuerbach, *Das Wesen des Christentums*(Leipzig, 1843).

우리 안에 사는 정신이 아니기 때문에, 바로 그렇기 때문에 우리는 정신을 우리 밖에 두어야 했다. 정신은 우리가 아니고 우리와 일치하지도 않는다. 따라서 우리는 정신을 우리 외부, 우리와 반대편인 다른 세계에 존재하는 것으로밖에 생각할 수 없었다.

절망적인 힘을 가지고 포이어바흐는 기독교의 총체적 본질을 부여잡으려고 한다. 그것을 버리지 않고, 아니 자기 자신에게 끌어들이고, 그것을 끌어들이기 위해, 오랜 세월 그 천국에서 마지막 노력으로 그것을 영원히 그의 곁에 두기 위해서이다. 그것은 최후의 절망적인 부여잡음, 생사를 가르는 부여잡음, 그리고 동시에 기독교인이 다른 세계를 갈망하고 매달리는 것이 아닌가? 영웅은 내세로 가는 것이 아니라 내세를 여기에 끌어들이려 하고, 내세로 하여금 이 세상이 되도록 강요하는 것이다! 그리고 그 이후 어느 정도 의식을 가진 모든 세계가 '이 세상'이야말로 가장 중요하고, 하늘은 지상에 내려와 이곳에서도 경험되어야 한다고 부르짖지 않는가?

포이어바흐의 신학적 관점과 그것에 대한 우리의 반론을 간단히 대치시켜보자! "인간의 본질은 인간이 최고의 존재라는 것이다. 종교에서 그 최고의 존재는 신이라고 불리고 하나의 객관적 본질로 간주되지만, 사실 그것은 오로지 인간 자신의 본질일 뿐이다. 따라서 세계사의 전환점은 그 뒤의 인간에게 더 이상 신이 신으로 나타나는 것이 아니라 인간이 신으로 나타나야 한다는 것이다."[22]

우리는 이에 대해 다음과 같이 답한다. "최고의 존재라는 것은 분명히 인간의 본질이지만, 오로지 그것이 그의 본질이고 그 인간 자신이 아니라고 해서 우리가 그것을 그의 밖에서 '신'으로 보든 또는 그의 안에서 찾아

----

22) (원주) 같은 책, 402쪽.

'인간의 본질'이나 '인간'이라고 부르든 간에 그것은 전혀 중요하지 않다."
나는 신도 아니고, 인간 일반도 아니고, 최고의 존재도 아니고, 나의 본질
도 아니다. 따라서 내가 본질을 내 안에 있는 것으로 생각하든 내 밖에 있
는 것으로 생각하든 상관없이 근본적으로는 중요하지 않다. 이와 같이 우
리는 실제로도, 또 언제나 항상 최고의 존재를 두 종류의 내세성에서, 즉
내적인 내세성과 외적인 내세성에서 동시에 생각하는 것이다. 왜냐하면 기
독교적 관점에 따르면 '신의 정신'은 또한 '우리의 정신'이고 '우리 속에 살
고 있는 것'[23]이기도 하기 때문이다. 그것은 하늘에 살고 있는 동시에 우리
들 안에 살고 있다. 우리와 같은 불쌍한 무리는 오로지 그것의 '거처'일 뿐
이다. 따라서 만약 포이어바흐가 계속해서 그 천상의 거처를 파괴하고 우
리 안으로 옮기고 잠그고 비축하도록 강요한다면, 이 지상의 우리 거처는
심각하게 초만원이 될 것이다.

그러나 이러한 무의미한 이야기는 그만두고 우리로서도 순서에 따라 일
을 하자면, 반복을 피하기 위해 나중의 페이지를 위해 남겨두어야 하므로
우리는 정신의 최초 창조물, 즉 정신 그 자체로 되돌아가자.

정신은 나(자아)와 다른 무엇이다. 그렇다면 그 다른 것, 타자는 무엇인
가?

(2) 사로잡힌 자들

당신은 과거에 정령(Geist)을 본 적이 있는가? "아니야, 나는 본 적이 없
어, 그러나 나의 할머니는 보았어." 당신이 알다시피, 나도 마찬가지다. 나

----

23) (원주) 예를 들어 「로마서」 8장 9절, 「고린도서」 3장 16절, 「요한복음」 20장 22절 등 참조.

자신은 그것을 보지 못했지만, 할머니에게는 정령이 그녀의 주위로 뛰어다니는 것이었다. 할머니의 정직함에 대한 믿음으로 우리는 정령들의 존재를 믿는다.

그러나 그때 우리에게는 할아버지가 없었던 것일까? 그리고 할아버지들은 할머니들이 정령에 대해 말할 때마다 어깨를 으쓱하지 않았을까? 그렇다. 그들은 우리의 좋은 종교를 믿지 않는 인간들이고, 우리의 선량한 종교를 엄하게 꾸짖은 것은 그러한 계몽주의의 아들인 합리주의자들이다. 우리는 그것을 통감한다! 그렇다면 '정신적 본질 일반의 존재'에 대한 믿음이 없이, 무엇이 이 따뜻한 정령 신앙의 밑바닥이 될 수 있는 것일까? 그리고 건방진 합리주의자들이 정령 신앙을 방해하는 것이 다시금 허용될 때, 그 정신적 본질 일반의 존재 자체가 불신으로 옮겨지는 것이 아닌가? 낭만주의자들은 정령이나 귀신에 대한 믿음을 부정함으로써 신에 대한 믿음이 얼마나 큰 타격을 입었는지를 상당히 의식하고 있었고, 그들은 다시 깨어난 그들의 동화 세계뿐만 아니라, 특히 프레보스트(Prevorst)의 여성 예언자[24]나 몽매주의자들의 '더 높은 세계의 도입'을 통해 그 불길한 결과를 탐구하려고 했다.

그러나 교회의 선량한 신자들과 교부들은 정령신앙과 함께 종교의 토대가 후퇴하고, 그 이후부터 종교가 공중에 떠다니고 있다는 것을 깨닫지 못했다. 더 이상 정령을 믿지 않는 인간은, 믿을 수 없는 그의 불신 속에서 끊임없이 여행하기만 하면 되는데, 그것은 우리가 순진하게 동의어로 간주하는 것, 즉 '정신' 또는 정령이 없다는 것을 알기 때문이다.

'정신은 존재한다!' 세상을 둘러보라. 그리고 정신이 모든 것에서 당신을

---

[24] 19세기 독일의 여성 예언자 프리데리케 하우페(Friederike Hauffe, 1801~1829)를 말한다.

바라보지 않는지 스스로 말하라. 사랑스런 작은 꽃에서 그것을 그렇게 멋지게 만든 창조자의 정신이 당신에게 말한다. 별들은 질서를 확립한 정신을 선포한다. 산꼭대기에서 숭고의 정신이 숨을 헐떡이며, 물에서는 갈망하는 정신이 솟아오르며, 인간들 사이에서는 수백만의 정신이 소리를 높인다. 산들은 무너지고 꽃들은 시들며, 별들의 세계는 폐허로 떨어지고 인간들은 죽는다. 이 눈에 보이는 구체적인 몰락이 무슨 문제인가? 정신은, '보이지 않는 정신'은 영원히 남는다!

그리하여 세계 전체에 유령이 배회하고 있다. 그러나 그 속에서뿐인가? 아니다, 세계 자체가 '배회하고 있다.' 세계는 기괴하고, 정신의 몸처럼 보이는 환영이고, 하나의 유령이다. 그렇다면 유령은 하나의 환상적 존재이면서도 참된 정신이 아닌 무엇이겠는가? 그렇다, 세상은 '텅 비어 있고' '아무것도 아니고' 오로지 '환상이고' '외관의 세계'일 뿐이다. 그 진실은 오직 정신이다. 그것은 정신의 환상이다.

가까운 곳이나 먼 곳을 바라보라. 유령의 세상이 당신을 사방으로 에워싸고 있다. 당신은 항상 '현상'이나 환상이다. 당신에게 나타나는 모든 것은 오로지 내재하는 정신의 환상일 뿐이며, 요괴와 같은 '현상'일 뿐이다. 당신에게 세상은 정신이 배후에서 그 본질을 형성하는 '현상계'에 불과하다. 당신이 '보는 것은 정신들'이다.

그래서 이제 당신은, 모든 곳에서 신들을 본 고대인과 당신 자신을 비교할 생각이 들지 않는가? 그러나 나의 사랑하는 근대인이여, 신들은 정신들이 아니다. 그 신들은 세상을 외모로 축소하지 않고, 그것을 정신(유령)으로 만들지도 않았다.

그러나 당신에게 온 세상은 정신화되어 수수께끼의 유령이 되었다. 당신도 마찬가지로 당신 자신 속에서 또 하나의 유령만을 발견한다고 해도 놀라지 마라. 당신의 육체 안에는 당신의 정신이 배회하고, 당신의 정신만이 하나의 진실하고 실재하는 것이 되며, 당신의 몸은 요컨대 '무상한 것이고 아무것도 아닌 것'이거나 '환상적인' 것이 아닌가? 그래서 우리는 모두 유령이 되고, '구원'을 손꼽아 기다리는 기괴한 존재들인 정신(유령)이 되는 것이 아닌가?

그 정신이 세상에 나타난 이후, '말이 살이 되'고 난 이후 세상은 정신화되고 마법에 사로잡혀서 유령으로 변했다.

당신에겐 정신이 있다. 왜냐하면 생각을 하기 때문이다. 당신의 생각은 무엇인가? '정신적 본질'이다. 그렇다면 사물이 아니라는 것인가? 그렇다. 그것은 사물이 아니다. 그것은 사물의 정신, 모든 사물의 근본, 그 안에 가장 깊이 있는 것인 이념이다. 그렇다면 당신이 생각하는 것은 오로지 당신의 생각만이 아닌 것인가? 전혀 그렇지 않다. 반대로 그것은 세상에서 가장 현실적이고, 세계에서 본원적으로 참된 것이며, 진리 그 자체이다. 내가 진정으로 생각하기만 한다면, 그것은 진리를 생각하는 것이다. 내가 확신하건대, 나는 진리에 대해 실수를 하고 그것을 잘못 인식할지도 모른다. 그러나 내가 진지하게 인식한다면, 내 인식의 대상은 진리인 것이다. 그렇다면 당신은 진리를 인식하기 위해 항상 노력하는가? 나에게 진리는 신성한 것이다. 내가 어떤 진리를 불완전하게 발견하여 더 나은 것으로 대체하는 경우도 있을지 모르지만, 진리라는 것을 내가 버릴 수는 없다. 나는 진리를 신앙한다. 그러므로 나는 진리를 탐구한다. 진리를 초월하는 것은 없다. 진리는 영원하다.

진리는 신성하고 영원하다. 그것은 성스러운 것이고 영원한 것이다. 그러나 당신이 이러한 신성한 것에 의해 스스로 충만하여 이끌리는 인간이라고 한다면 당신은 스스로 신성하게 한 것이다. 더 나아가 이러한 신성함은 당신의 감각을 위한 것이 아니다. 당신은 감성적인 존재로서 이 신성함의 흔적을 발견하지 못하고, 당신의 신앙을 위해서, 또는 더 확실히 말하자면 당신의 정신을 위해서 그러한 것이다. 왜냐하면 그 성스러움은 그 자체가 하나의 정신적인 것이고, 정신이며, 정신을 위한 정신이기 때문이다.

이 성스러운 것이란, 지금 '적합하지 않는 말'을 입에 담지 않으려고 하는 많은 인간들이 단언하는 것처럼 결코 그렇게 쉽게 정리되지 않는다. 그 정도로 간단하게 정리되는 대체물이 아니다. 설령 내가 단 한 가지 측면에서만 여전히 '에고이스트'라고 비난받은 적이 있는 경우, 그때에도 여전히 다른 것, 즉 어떤 다른 '성스러운 것'에 대한 사상이 남게 된다. 그 다른 것이란 내가 나 자신보다 더 많이 봉사해야 하고 모든 것보다 나에게 더 중요해야 하는 것, 즉 내가 나의 참된 축복을 거기에서 추구해야 하는 무엇이다. 이 신성한 것이 아무리 인간적인 외양을 갖는다고 해도, 그것이 인간적인 것 그 자체라고 해도, 따라서 그것으로부터 성스러운 성격이 박탈되는 것은 아니고, 기껏해야 초지상적인 성스러운 것으로부터 지상의 성스러운 것으로, 신의 그것으로부터 인간의 그것으로 바뀔 뿐이다.

신성한 것은 오직 자기 자신을 스스로 인정하지 않는 에고이스트, 즉 자유롭지 못한 에고이스트에게만 존재한다. 그는 항상 자기 자신을 탐구하면서도 자신을 최고의 존재로 여기지 않고, 오직 자기만을 섬기면서도 동시에 항상 자신이 더 높은 존재만을 섬기고 있다고 생각하며, 자기보다 더 높은 존재에 대해서는 아무것도 알지 못하면서도 더 높은 것에 빠져 있다. 즉 그러한 에고이스트는 결코 에고이스트라고 할 수 없고, 자신을 비하하여 자신의 에고이즘과 싸우지만 동시에 오로지 '높여지기'만을 위해, 따라서 자신의 에고이즘을 만족시키기 위해서만 자기 자신을 비하한다. 그는 에고이스트가 되는 것을 그만두고, 자신이 받들고 자신을 희생할 수 있게 하는 더욱 높은 존재를 하늘이나 땅에서 찾는다. 그러나 그가 아무리 자신을 흔들고 고생으로 단련하더라도 결국 그는 자신을 위해 모든 것을 하는 것이고, 평판이 나쁜 에고이즘은 그에게서 떨어지지 않을 것이다. 이 때문에 나는 그를 자유롭지 못한 에고이스트라고 부른다.

자기 자신으로부터 벗어나고자 하는 노력과 고민은 오해의 소지가 있는 자기해체(Selbstauflösung)[25]를 추구하는 충동에 지나지 않는다. 만약 당신이 당신의 지난 시간에 묶여 있다면, 만약 당신이 어제 수다를 떨었기 때문에 오늘도 수다를 떨어야 한다면,[26] 만약 당신이 매 순간 자신을 변화시킬 수 없다면, 당신은 노예의 멍에에 연결되어 마비된 것으로 느낄 것이다. 그러므로 당신 존재의 매 순간마다 미래의 새로운 순간이 당신에게 손짓하고, 그 결과 당신 자신을 발전시키면서 당신은 '자신으로부터', 즉 현재의 당신으로부터 벗어나게 된다. 매 순간마다 당신은 당신 자신의 창조물이지만, 동시에 바로 이 '창조물'에 빠져서 창조자인 자신을 잃는 것은 바람

.•.

25) Selbstauflösung은 자기분해나 자기폐지로도 번역할 수 있다. 자기를 벗어나 자기 자신을 염려하지 않는 것을 뜻하는 이것은 슈티르너가 말하는 자기인정이나 자기해방이나 자기의지에 반대되는 자기부정과 같은 것이다.

26) (원주) 괴테, 「베네치아 에피그람(Venezianische Epigramme)」(1790), 11절.

사제들이 방울을 울리네! 인간들이 와서 수다 떠는 것에
그들은 얼마나 신경쓰는지,
어제처럼 오늘도!

내게 사제들을 욕하지 마!
그들도 인간의 욕망을 알고 있거늘.
인간은 스스로 행복하다고
오늘처럼 내일도 수다를 떨 터이니.

직하지 않다. 당신 자신은 당신이 존재하는 것보다 더 높은 존재이고, 당신 자신을 능가한다. 하지만 당신이 당신보다 더 높은 존재라는 것, 즉 당신이 단순히 창조물일 뿐만 아니라 당신의 창조자이기도 하다는 것, 바로 이것을 당신은 자유롭지 못한 에고이스트로 인식하지 못한다. 따라서 '더 높은 존재'는 당신에게 하나의 낯선 존재(Fremdes)가 된다. 즉 진리, 인간성 등 모든 고차원적인 존재는 우리를 넘는 하나의 초월적 존재이다.

낯설음(Fremdheit)은 '신성한 것'의 특징이다. 모든 신성한 것에는 어떤 '두렵고 낯선 것', 다시 말해 소원한 것이 있다. 우리는 그 낯선 것 안에서 전혀 친숙하지 않고 익숙하지 않다. 나에게 신성한 것은 나에게 소유되는(eigen) 것이 아니다. 따라서 예를 들어 타인의 것(소유)이 나에게 신성한 것이 아니라고 한다면, 나는 그것을 기회가 있을 때 내가 가져야 할 내 것으로 보아야 한다. 또는 반대로 중국 황제의 얼굴이 나에게 신성한 것으로 보이게 되면, 그것은 내 눈에는 소원한 것으로 남아 있게 되고, 그 얼굴이 나타난다면 나는 눈을 감을 것이다.

통상적인 말의 이해에 따른다면 하나의 영원한 진리라고도 볼 수 있는, 다툼의 여지가 없는 수학적 진리는 왜 신성한 것이 아닐까? 왜냐하면 그것은 계시되는 것이 아니기 때문이거나. 또는 더 높은 존재의 계시가 아니기 때문이다. 오로지 계시된 것만을 소위 종교적인 진리라고 이해한다면 그것은 엄청난 잘못으로, '더욱 고차원의 존재'라는 개념의 폭을 완전히 과소평가하는 것이다. 무신론자들은 '최고의 것'이나 '지고의 존재(être suprême)'라는 이름으로도 칭송받았던 더 높은 존재에 대한 비웃음을 계속하며, 그 '실재의 증명'을 차례로 짓밟는다. 그들 자신이 더 높은 존재에 대한 요청에서 벗어나 자신들 스스로가 오로지 새로운 존재의 공간을 마련하기 위해서만 옛 존재들을 포기한다는 사실을 눈치채지 못한다. 가령 '인간'이라는 개념은 개별 인간보다 더 높은 본질이 아닌가, 그 개념에서 비롯되는 진리, 법, 이념은 바로 이 개념의 계시로서 존중되고 신성시되는 것이 아닌가? 왜냐하면 비록 우리가 이 개념에 의해 명백해지는 것처럼 보이는 많은 진리를 다시 제거해야 된다고 해도, 그럼에도 불구하고 이것은 우리 측의 오해를 증명하는 이야기로서 이러한 신성한 개념 자체를 조금이라도 해치지 않으며, '당연히' 이 개념의 계시로 보아야 할 여러 진리로부터 신성한 것을 빼앗는 것도 아니기 때문이다. 인간이란 모든 개별적인 사람들을 넘어서는 것이고, '인간의 본질'이면서도 실제로는 '개개인의 본질' ― 이 본질은 도리어 개체로서의 인간과 마찬가지로 유일한 것이어야 하지만 ― 그 자체가 아니라 하나의 보편적이고 '더욱 고차원적인 것,' 바로 무신론자에게는 '최고 존재'인 것이다. 그리고 그 신의 계시가 신이 직접 쓰는 것이 아니라 '그의 종들'을 통해 나타낸 것과 완전히 마찬가지로, 이 새로운 최고의 본질도 그 계시를 직접 쓰는 것이 아니라 '진실한 인간'을 통해 우리에게 알려지게 한다. 단 이 새로운 본질은 사실 옛 신보다 더욱 정신적인 견해를 나타낸다. 왜냐하면 신의 경우는 여전히 일종의 육체성이나 형태로 상정되어 있는 반면, 이러한 새로운 본질은 순수한 정신성을 그대로 보존하고 있을 뿐이고, 어떤 특별한 물질적 육체가 귀속되지 않기 때문이다. 그리고 현세적 육체성도 결여되어 있지 않고 더욱 유혹적으로까지 보인다. 왜냐하면 그 육체성이 더욱더 자연스럽고 현세적이며 나아가 살아 있는 봄의 인간 각자, 또는 '인류'나 '모든 인간'을 빌린 다른 것으로 성립되어 있는 것이 아니기 때문이다. 그 결과 환상의 몸을 빌린 정신의 요괴성은 다시금 더욱 견고하고 대중적인 것이 되었다.

그렇다면 이 최고의 본질과, 이 최고의 본질이 나타나거나 계시되는 모든 것은 신성한 것이다. 그러나 이 최고의 본질 그 자체, 즉 그 자체의 여러 계시와 함께 인식하는 사람들도 신성화된다. 그 신성한 것이, 그것을 숭배하는 자들을 차례로 신성화하고, 그는 그 예배에 의해 스스로 하나의 성자가 된다. 마찬가지로 그가 하는 일도 성스러운 것이 된다. 즉 성자다운 걸음걸이, 성자다운 생각과 행동, 상상과 노력이 되는 식이다.

무엇이 최고의 본질로 추앙되는가를 둘러싼 갈등은 쉽게 이해할 수 있다. 그러나 최고 본질을 둘러싼 다툼은 예배나 봉사를 받아야 할 어떤 최고 본질이 존재한다는 대원칙을 가장 엄중한 반대자들조차 서로 인정하는 한에서만 의미가 있을 수 있다. 시아파[27]와 수니파[28] 사이 또는 브라만교[29]와 불교 사이의 언쟁에서와 같이 기독교인처럼 최고 본질을 둘러싼 투쟁 전체를 동정적으로 미소지으며 흘려보낸다면, 최고 본질에 대한 가설은 그에게 공허하게 될 것이고, 이에 근거한 갈등은 한가한 연극에 불과하게 될 것이다. 따라서 유일신이든 삼위일체든 간에, 루터의 신이든 최고 본질이든 간에, 또는 신이 아니고 '인간'이 최고 본질을 표상하는 것이든 간에, 그러한 것들은 최고 본질 그 자체를 부정하는 자에게는 전혀 차이가 없는 것이다, 왜냐하면 그의 눈에는 최고 본질을 받드는 인간들은 모두, 가장 신앙이 충만한 기독교인이든, 가장 맹렬한 무신론자이든 간에 경건한 신앙인에 불과하기 때문이다.

그러므로 신성한 곳에는 최고 본질과 그러한 본질에 대한 신앙인 '성스러운 신앙'이 먼저 서 있게 된다.

••

27) 예언자 무함마드의 혈통만이 이슬람의 지도자(칼리프)가 될 수 있다는 이슬람의 한 종파.
28) 역대 칼리프를 계승자로 여기는 이슬람의 한 종파이다.
29) 브라만교 또는 베다 힌두교는 베다 시대(기원전 1500~500) 동안 인도 아대륙에서 브라만이라고 불리는 사제 계급을 중심으로 전개된 종교를 말한다.

유령

유령들과 함께 우리는 정신의 나라, 본질의 나라에 도달한다.

우주를 배회하고, 그 신비로운 '이해할 수 없는' 본질을 만드는 것은 바로 우리가 최고의 본질이라고 부르는 신비로운 유령이다. 그리고 이 유령의 진상을 규명하고 그것을 이해하는 것, 그 속에서 현실을 발견하는 것('신의 존재'를 증명하는 것)은 인간들이 수천 년 동안 스스로에게 부과한 과제이다. 유령을 유령이 아닌 것으로, 비현실적인 것을 현실적인 것으로, 정신을 하나의 전체를 갖는 인격으로 바꾼다고 하는, 끔찍하게도 불가능한 헛수고(Danaidenarbeit)[30]로 인간들은 스스로를 고통스럽게 하여 죽을 지경으로 만들었다. 현존하는 세계 배후에서 그들은 본질인 '물자체'를 추구했고, 그들은 사물(Ding)의 배후에서 비사물(Unding)을 추구했다.

사물의 밑바닥을 들여다볼 때, 즉 그 본질을 조사할 때 사람들은 종종 그것이 있는 것처럼 보이는 것과는 전혀 다른 무엇인가를 발견한다. 즉 꿀처럼 달콤한 미사여구와 거짓된 마음, 과장된 말투와 빈곤한 마음을 발견한다. 인간들은 본질을 파헤침으로써 지금까지 잘못 파악된 현상(Erscheinung)을 하나의 허울뿐인 겉모습(Schein), 즉 속임수로 격하시킨다. 너무나 매력적이고 화려했던 세상의 본질은 그 밑바닥을 바라보는 자에게는 공허함이 된다. 그리고 공허함은 세계의 본질(세계의 활동)이 된다. 그때 신앙심이 깊은 인간은 허무맹랑한 겉모습을 상대하지 않고, 공허한 여러 현상에 구애받지 않으며, 본질을 살피며 본질에서 진리를 갖는다.

∴

30) 다나이덴(Danaiden)의 노동(Arbeit)이란, 그리스 신화에 나오는 다나오스 왕의 딸들(Danaiden)이 행했던 노동을 가리킨다. 아버지의 명령에 따라 남편을 죽인 딸들은 그 대가로 구멍 뚫린 독에 영원히 물을 길어와야 하는 형벌을 받는다.

어떤 현상들에서 생기는 본질은 나쁜 본질인 반면, 다른 현상들에서 초래되는 것은 선한 본질이다. 가령 인간 감정의 본질은 사랑이고, 인간 의지의 본질은 선이며, 사유의 본질은 참이라고 하는 식이다.

세계와 같이 최초에 실존으로 보이는 것들이 이제는 단순히 환상으로 나타나고, 진실로 실존하는 것이야말로 도리어 본질이며, 그 영역은 신들과 정령들, 여러 가지 악마들로, 즉 선하고 악한 정령으로 가득 차 있다. 그러나 오직 이 반전된 세계, 본질적인 세계만이 지금 진정으로 실존한다. 인간의 마음에는 사랑이 없더라도 그 본질은 '사랑'인 신이다. 인간의 사유는 오류 속에서 방황할지 모르지만, 그 본질인 진리는 실존하는 것이다. '신은 진리이다'라고 하는 것과 같다.

본질만을 인식한다는 것, 즉 본질 외의 다른 어떤 것도 인식하지 않고 승인하지 않는 것, 그것이 종교이다. 종교의 영역은 본질의 영역, 유령과 망령의 영역이다.

유령을 파악할 수 있게 하거나, 또는 무의미한 것을 현실화하고자 하는 갈망은 육체를 갖는 유령, 즉 현실의 실체를 가진 망령이나 정신, 구체화된 망령을 불러왔다. 가장 강력하고 뛰어난 기독교인들이 이 영적 현상을 파악하기 위해 얼마나 많이 순교했는가! 그럼에도 불구하고 이 두 가지 본성, 즉 신의 그것과 인간의 그것, 영적인 그것과 감성적인 그것 사이의 모순은 항상 존재해왔다. 가장 경이로운 유령, 아무것도 아닌 것이 남아 있었다. 아직 유령만큼 정신에 고문을 가하는 것은 없다. 유령을 유혹하기 위해 분노와 신경을 자극하는 경련을 일으키도록 스스로를 찌르는 무당조차 기독교인들이 가장 이해할 수 없는 망령에게서 받은 것과 같은 영혼의 고문을 견딜 수 없다.

그러나 동시에 기독교도에 의해 그 본래의 정신이나 영혼이 바로 인간이라는 사물의 진리를 분명하게 알게 된다. 육체를 갖는다는 것 또는 체화된 정신은 바로 인간이다. 인간 그 자신은 두려워해야 할 본질일 뿐 아니라, 동시에 본질의 현상이나 실존(Existenz) 또는 현존(Dasein)이다. 그러므로 인간은 더 이상 본래적으로는 인간 이외의 망령에 대해 몸서리를 치지 않고, 자기 자신 앞에서 떨게 된다. 인간은 자신을 두려워한다. 그의 가슴속 깊은 곳에 죄의 정신이 깃들어 있다. 가장 사소한 생각 그 자체도 하나의 악마일 수 있다(그 사유라고 하는 것 자체가 바로 하나의 정신이기 때문이다) 등등. 유령도 몸을 입었고 신은 인간이 되었다. 그러나 이제 인간 자신이 무서운 환상이다. 그는 그 배후에 이르러 그것을 추방하고 파악하여 현실에 언어로 표현하려고 노력하는 소름끼치는 유령이다. 인간은 정신이다. 오로지 정신이 구원된다고 해도 육체가 시들면 무엇이 남겠는가? 모든 것이 정신에 달려 있고, 정신이나 '영혼의 복음'이 유일한 배타적 목표가 된다. 인간은 스스로 하나의 유령, 즉 괴상한 유령으로 변해버렸다. 그 유령에는 그 몸속에 뚜렷한 자리(영혼의 자리를 둘러싸고 그것이 머릿속에 있는가에 대해서는 논쟁이 있지만)까지 배정되어 있다.

당신은 나에게 더 높은 본질이 아니고, 나도 당신에 대해 그렇지 않다. 그럼에도 불구하고 우리 각자에게는 하나의 더 높은 본질이 숨어 있을 수 있고, 그것이 상호 존경을 불러일으킬 수 있다. 가장 일반적으로 해석하자면, 당신과 내 속에 인간이 살고 있는 것이다. 만약 내가 당신 안에 있는 인간을 보지 못한다면 무슨 이유로 당신을 존경할 수 있겠는가? 확실히 당신이 인간이 아니라면, 그 진실하고 적절한 형태가 아니라면 그것은 다만 스스로 끊지 않고 물러날 수 있는 그 죽음의 베일일 뿐이다. 그러나 현재 이 보편적이고 더욱 높은 본질은 당신 안에 들어 있고, 그리하여 썩지 않는 정신이 썩어가는 몸을 걸치며, 따라서 당신의 형상은 현실에서 오로지 '가정된 것'에 불과하기 때문에 나타나는 정신을 내 마음에 가져온다. 당신이 나에게 대상으로 나타나는 것은, 당신의 몸과 이러한 특정한 현재 상태에 얽매이지 않고 당신에게서 나타나는 하나의 정신, 따라서 하나의 유령이다. 그러므로 나는 당신을 더 높은 본질로 보지 않는다. 나는 오직 당신 안에서 '맴도는' 더 높은 본질에 경의를 표한다. 나는 '당신 안에 있는 인간에게 경의를 표한다.' 고대인들은 그들의 노예들에게 그런 종류의 것이 있다고는 전혀 생각하지 않았고, 더 높은 본질인 '인간'은 아직 거의 반응을 얻지 못했다. 그렇지 않고 그들은 서로 다른 종류의 유령을 보았다. '민족'은 개인보다 더 높은 본질로 여겨졌으며, 인간이나 인간의 정신처럼, 민족이 개개인 속에 떠도는 정신, 즉 '민족의 정신'으로 여겨졌다. 이러한 이유로 그들은 이 정신을 존경했고, 오로지 이러한 정신이나 그것과 유사한 정신(가령 가족의 정신)을 섬기는 한에서만 개인은 의미 있는 존재로 나타날 수 있었다. 다만 이러한 보다 높은 본질인 민족을 위해서만 '민족의 구성원'에게 모든 가치가 부여되었다. 당신이 당신 속을 배회하는 '인간'에 의해 우리에게 신성시되는 것처럼, 그래서 모든 시대에 민족이나 가족 등의 어떤 더욱 높은 본질에 의해 신성하게 되었다. 어느 누구라도 오직 어떤 고귀한 본질을 위해서만 옛날부터 존경을 받은 인간이 있을 뿐, 다만 유령으로서만 신성한 인격, 즉 수호되고 인정받는 인격으로 간주되었다. 그러나 내가 당신을 사랑하고 내 마음이 당신에게서 자양분을 보고, 내가 필요로 하는 만족 때문에 내가 당신을 존경하고 육성할 때, 그것은 당신이 신성하게 된 육체가 되어 있는 그 무엇인가 더욱 고차원의 본질을 위해서가 아니며, 내가 당신 속에 망령을, 즉 당신에게 나타나는 정신을 본 것도 아니다. 그것은 그야말로 이기적인 즐거움을 위해서이다. 당신의 본질을 이루는 당신 자신이 나에게 소중하다. 왜냐하면 그것은 당신의 본질이 무엇보다 더 높은 본질이 아니라, 당신보다 높고 더욱 일반적이지 않기 때문에 당신이 그러하기에 당신 자신이라고 하는 것으로 유일하기 때문이다.

그러나 유령이 되어 배회하는 것은 오로지 인간뿐만이 아니라 모든 것이 그렇게 하고 있다. 더 높은 본질, 만물 속에 배회하는 정신은 동시에 아무것도 아닌 것에 묶여 있고, 그 안에서만 '나타나는' 것이다. 모든 구석구석에 유령들이 있다!

이제 배회하는 유령들이 두 번 다시 나타나지 않고, 에고이즘 앞에는 사라지지 않을 수 없다고 한다면, 지금 여기야말로 그들로 하여금 물러가게 하는 자리가 된다. 그러므로 단 몇 개의 예를 들어 그것들에 대한 우리의 태도 쪽으로 빨리 옮겨가도록 하자.

무엇보다도 신성하다는 것은, 예를 들어 '성스러운 정신'이다. 또 신성한 진리, 나아가 정의, 법, 선량함, 위엄, 결혼, 공공복지, 질서, 조국 등이 신성하다는 것이다.

광인

인간이여, 당신의 머릿속에는 망령이 배회하고 있다. 당신은 미쳤다![31] 당신은 거대한 것들을 상상하고, 당신 자신을 위한 존재라는 하나의 완전한 신들의 세계, 당신 자신을 부르는 하나의 정신의 왕국, 당신에게 손짓하는 하나의 이상과 같은 것을 마음속에 묘사한다. 그러므로 당신은 하나의 고정관념(die fixe Idee)을 가지고 있나![32]

••

31) 원문 "Du hast einen Sparren zu viel!"은 문자 그대로로는 "너는 서까래가 너무 많다!"로 번역될 수 있다.
32) 슈티르너에 의하면 고정관념은 사람을 복종시키는 관념으로 어떠한 비난도 허용되지 않는 미덕이기도 하다. 개념 규정이 고정관념을 산출하며 우리로 하여금 이에 따라 살아가게

나는 더 높은 것에 집착하는 인간들(대부분이 그것에 속하면 그러하기 때문에), 거의 모든 인간 세계를 진정한 바보, 정신병원의 바보로 여기지만, 그렇다고 해서 내가 농담을 하거나 비유적으로 말하고 있다고 생각하지 말기 바란다. 그렇다면 '고정관념'이란 무엇인가? 사람들이 스스로 복종하는 관념을 말한다. 그런 고정관념이 어리석은 것임을 알아채면, 당신은 그러한 관념의 노예를 정신병원에 가두어버릴 것이다. 그리고 의심해서는 안 되는 신앙의 진리, 공격해서는 안 되는 국민의 위엄(공격하는 자는 불경의 죄인이 된다), 인륜의 순결을 지키기 위해 검열관이 한 마디의 항변도 허용하지 않는 미덕 등, 이 모든 것은 '고정관념'이 아닌가? 또 예컨대 우리 신문의 어리석은 잡담은 모두 도덕, 합법성, 기독교 신앙 등의 고정관념에 사로잡힌 어리석은 자들의 헛소리가 아닌가? 그것들은 요컨대 그들이 사는 정신병원이 너무나 넓은 공간을 차지하기 때문에 자유롭게 돌아다니는 것 같은 바보들의 수다스러운 소리가 아닌가? 그런 바보들의 고정관념을 건드리기라도 하면 당신은 곧 그 미치광이의 은밀한 배신으로부터 등을 보호해야 한다. 왜냐하면 이러한 고정관념을 건드리는 자를 은밀하게 공격하는 것은 엄청난 미치광이들과 소위 작은 미치광이를 같이 보는 것이기 때문이다. 그들은 먼저 당신의 무기를 빼앗고 자유로운 연설을 빼앗으며, 그다음 당신에게 덤벼들어 손톱을 세운다. 매일매일 그러한 미치광이들의 비겁함과 복수심이 드러나며, 어리석은 대중은 그 광란의 사태에 만세를 부른다. 이 시대의 신문을 읽고 속물들의 이야기를 들어보라. 그러면 어리석은 자들과 한 집에 갇혀 있다는 끔찍한 확신을 얻을 수 있다. "당신은 당

∙∙

끔 강제한다. 따라서 슈티르너가 추구하는 유일자의 태도는 고정관념에 대해 의심하는 것이다.

신의 형제를 바보라고 부르지 마라. 당신이 그렇게 한다면…"[33] 등등이다. 그러나 나는 저주를 두려워하지 않고 말한다. 즉 내 형제들은 뼛속까지 바보라고 말한다. 정신병원의 불쌍한 바보가 아버지인 신, 일본의 천황,[34] 성령 등의 환상에 사로잡혀 있거나 편안한 환경에 있는 부르주아가 선량한 기독교인, 신앙심이 깊은 프로테스탄트, 충성스러운 시민, 덕이 있는 인간인 것을 자신의 사명이라고 망상하는 인간이든 그 어느 것이든 간에 모두 동일한 하나의 '고정관념'에 불과하다. 선량한 기독교인, 신실한 프로테스탄트, 덕이 있는 인간 등이 되지 않으려고 한번도 시도한 적이 없는 인간은 믿음, 덕성 등에 의해 사로잡혀 갇혀 있다. 스콜라 철학자들이 오직 교회의 믿음 안에서만 철학을 한 것처럼 교황 베네딕토 14세[35]는 과거에 이 믿음을 의심하지 않고 교권정치라는 미신 속에서 거대한 책들을 만들었다. 저술가들은 국가라고 하는 고정관념 자체에 의문을 제기하지 않고 국가를 논의하여 전체 쪽수를 채우고, 인간은 정치적 동물[36]로 창조되었다는 망상에 빠져들었기 때문에 우리 신문은 정치 기사로 가득 차 있다. 이와 마찬가지로 신하는 복종 근성에, 덕이 있는 인간은 미덕 속에, 자유주의자는 '인간성'과 같은 것 속이라고 해도 좋도록, 그 자신의 고정관념을 비판하지 않고 바보처럼 군다. 미치광이의 망상처럼 쫓아낼 수 없는 그런 생각은 확고부동하고, 그것을 의심하는 인간은 성스러운 것을 범하는 것이 된다! '고정관념'은 진정으로 신성한 것이 된다!

..

33) 「마태복음」 5장 22절에 나오는 예수의 말.

34) 독일의 카이저를 뜻한다.

35) 베네딕토 14세(Benedetto XIV, 재위 1740~1758)는 교황 중에서 가장 학식이 높은 교회법 학자였다.

36) 아리스토텔레스의 말.

우리는 악마에 사로잡힌 인간들을 만난 적이 있는가? 아니면 반대로
선, 미덕, 인류, 법 등에 사로잡힌 자들, 또는 어떤 '원리'에 사로잡힌 자들
을 마찬가지 정도로 자주 만나는가? 악마에게 사로잡히는 것만이 아니다.
신도 우리에게 작용을 미치고 귀신도 그렇게 한다. 전자는 '은총의 일'이고
후자는 '악마의 일'이다. 사로잡힌 인간들은 자신의 의견에 빠져 있다.

'사로잡혔다'는 단어가 당신을 불쾌하게 한다면, 그것을 편견이라고 불
러도 좋다. 그야말로 정신이 당신을 소유하고 정신으로부터 모든 '영감'이
나오기 때문에 그것을 영감이나 열광이라고 부를 수도 있다. 나아가 완전
한 열광은 애매하고 철저하지 못하게 멈출 수는 없는 것이기 때문에 광신
이라고도 할 수 있다.

광신은 바로 교양 있는 인간들을 토대로 한다. 왜냐하면 인간은 정신적
인 것에 관심을 갖는 만큼 교양을 쌓고, 정신적인 것에 대한 관심이 생생
하면 광신자가 되고, 또한 광신자가 되지 않을 수 없기 때문이다. 그것은
신성한 것(fanum[37])에 대한 광신적인 관심이다. 이는 자유주의자들을 관찰
하면 알 수 있다. 《작센 애국신문》[38]을 들여다보고, 슐로서[39]가 다음과 같
이 말하는 것을 들어보면 된다.[40] "홀바흐[41] 일당은 전통적인 교리와 기존

··
37) 신에게 바쳐진 신전이나 기타 장소를 뜻하는 라틴어.
38) 《작센 애국신문(*Sächsischen Vaterlandsblätter*)》은 1840년부터 1845년에는 드레스덴,
    1848년부터 1850년까지는 라이프치히에서 발간된 주간신문이다.
39) 프리드리히 크리스토프 슐로서(1776~1861)는 당대의 유명한 역사가로서 프로이센의 추밀원
    의원이었다.
40) (원주) Friedrich Christoph Schlosser, *Geschichte des achtzehnten Jahrhunderts und
    des neunzehnten bis zum Sturz des französischen Kaiserreichs. Mit besonderer
    Rücksicht auf geistige Bildung*, Bd. 2(Heidelberg, 1837), p. 519.
41) 파울 홀바흐(Paul Holbach, 1729~1789)는 프랑스 계몽기의 유물론 철학자로 독일 귀족
    출신이었으나 주로 프랑스에서 살았기 때문에 '돌바크'라고도 한다.

시스템에 반대하는 본격적인 음모를 꾸몄다. 그들은 그들의 불신을 대신하여 수도사와 사제, 예수회[42] 교도와 경건교도[43], 메소디스트 교도[44], 전도회 회원, 성서보급협회 회원 등이 기계적으로 근행과 신조 엄수를 지지하는 것처럼 광신적이었다."

오늘날 종종 자신이 신과 인연을 끊었다고 생각하고 기독교를 지나간 폐기물로 비난하는 '도덕적 인간'이 어떻게 행동하는지를 보라. 형제자매의 성교가 근친상간이고, 일부일처제가 결혼의 진리이며, 효도는 신성한 의무라는 것을 과거에 의심한 적이 있는지 묻는다면, 여동생도 여성으로 보고 만질 수 있다는 상상에 도덕적 전율이 덮칠 것이다. 그렇다면 그 전율은 어디에서 오는 것인가? 그것은 그러한 도덕적 계명을 믿기 때문이다. 이러한 도덕적 신앙은 그의 가슴에 깊이 뿌리박혀 있다. 그가 경건한 기독교인들에 대해 분노하는 것이 많으면 많을수록 자신은 기독교인으로, 즉 도덕적인 기독교인으로 남아 있다. 도덕이라는 형태로 기독교는 그를 포로로 잡고 그야말로 신앙에 사로잡히게 한다. 일부일처제는 신성한 것이어야 하며 중혼자는 범죄자로 처벌된다. 근친상간을 범하는 자는 범죄자로 고통을 받는다. 종교는 국가 내에 들어가지 않아야 하고 유대인은 기독교인과 동등하게 부르주아가 되어야 한다고 늘 외치는 자들이 이런 것을 자

---

42) 예수회(Societas Jesu)는 로마 가톨릭교회의 엄밀한 학문과 사도적 열정으로 알려진 수도회이며, 1539년 이냐시오 데 로욜라에 의해 창립되었다.

43) 경건교도(Pietist)는 17세기에 형성된 유럽 프로테스탄트회의 종교운동인 경건주의(敬虔主義, Pietismus)를 믿는 인간들을 말한다. 이 운동은 기독교인다운 경건 생활과 실천 중심의 종교 운동으로서 유럽 계몽주의 운동을 배경으로 상호 직간접적 영향을 끼쳤고, 유럽 철학 사상과 정치 사상에도 그 영향을 남겼다.

44) 메소디스트(Methodist)는 존 웨슬리(John Wesley, 1703~1791)를 중심으로 하여 18세기 잉글랜드 교회에서 일어난 기독교 교파이다.

명한 것이라고 본다. 근친상간과 일부일처제는 하나의 신앙 교리가 아닌
가? 이를 따져보면 도덕적인 인간도 크루마허 가문[45]이나 필리프 2세[46]와
마찬가지로 신앙의 영웅임을 알 수 있다. 전자는 교회의 신앙을 위해 싸우
고, 후자는 국가의 신앙 또는 국가의 도덕규범을 위해 싸운다. 즉 둘 다 그
들의 신앙이 허용하지 않는 행동을 하는 인간들을 신앙 조문을 위해 정죄
하는 것이다. '범죄자'라는 낙인을 그들에게 찍고 감화원이나 교도소에 넣
을 수도 있다. 따라서 도덕의 신앙은 종교의 신앙만큼 광신적이다! '양심'
에 저촉된다고 여겨지는 관계 때문에 형제자매가 교도소에 갇힐 때 그들
은 그것을 '신앙의 자유'라고 부른다. '하지만 그들은 유해한 사례를 보인
것이다!' 그렇다. 다른 사람들은 국가가 그들의 관계에 개입할 필요가 없
고, 따라서 '도덕의 순수성'이 땅에 떨어질 것이라고 생각할지 모른다. 그
러므로 종교적 신앙의 영웅들은 '신성한 신'을 위해 분노하고, 도덕적 신앙
의 영웅들은 '신성한 선'을 위해 격분한다.

신성한 무엇인가를 위해 분노하는 자들은 종종 서로 매우 닮았다는 것
을 모른다. 엄격한 정통파 교도나 구식 신자들은 '진리와 빛과 정의'를 위
한 투사들, '진리의 벗[47]', '빛의 벗[48]', 계몽주의자들[49]과 너무나 다르다. 그
러나 이 차이에는 어떤 본질적인 것도 포함되지 않는다. 하나의 전통적 진

..
45) 크루마허(Krummacher) 가문은 많은 종교인을 배출한 독일의 가문이다.
46) 필리프 2세(Philip II, 1165~1223)는 카페 왕조의 7대 프랑스 국왕이다. 노르만디와 브르
    타뉴에서 영국군을 물리치고 영토를 확장했으며 교회와 학교를 세우고 상공업을 육성하여
    프랑스의 발전을 도모했다.
47) '진리의 벗(Philalethes)'은 프리메이슨 그룹을 말한다. 프리메이슨(Freemason)은 16세기
    말에서 21세기에 발생한 인도주의적 박애주의를 지향하는 우애 단체이다.
48) '빛의 벗(Die Lichtfreunde)'은 1841년 독일 작센 지방에서 시작된 합리주의자들의 단체
    이다.
49) 이들은 모두 슈티르너 시대의 기독교보다 더 '진보적'이거나 '합리적인' 운동가들이었다.

리(기적, 절대군주의 권력 등)를 부수면 계몽주의자들도 그것들을 부수고, 구교도들만 통곡한다. 그러나 만일 누군가가 진리 자체를 훼손한다면 계몽주의자들이나 구교도들은 곧바로 이 사람에게 같은 신자로서 대항하게 된다. 도덕성에 대해서도 마찬가지이다. 엄격한 신자들은 가차없는 반면, 더욱 명석한 사람들은 더욱 관대하다. 그러나 도덕 자체를 공격하는 인간은 두 가지 모두와 겨루어야 한다. '진리, 도덕, 정의, 빛 등'은 '성스러워야' 하고 그렇게 유지되어야 한다. 이러한 계몽주의자들의 견해에 따르면 기독교에서 비난하는 인간이 발견하는 것은 단순히 '비기독교적'이라고 생각되지만, 기독교는 '확고한 것'으로 남아 있어야 하고, 이를 공격하는 것은 '모독'이 된다. 확실히 순수한 신앙에 반대하는 이단자들은 더 이상 자신을 과거 박해의 고난에 노출시키지 않지만, 이제는 순수한 도덕에 반대하는 이단자에게 훨씬 더 많은 박해가 주어진다.

신앙은 지난 한 세기 동안 너무나 많은 타격을 받았고, 그 초인간적 본질을 너무나 자주 '비인간적인(unmenschliche)' 것으로 비난받아야 했기 때문에 다시는 그것을 공격하고 싶은 유혹을 느낄 수 없게 되었다. 그렇게 되자 하나의 다른 최고 본질을 위하여 그 최고 본질을 공격하고자 거의 항상 경기장에 나타난 것은 언제나 도덕적 적대자들이었다. 그래서 프루동[50]은 주저하지 않고 대담하게 다음과 같이 말한다.[51] "인간은 종교 없이 살게 되었지만 도덕법(la loi morale)은 영원하고 절대적이다. 오늘날 누가 감히 도덕을 공격할 수 있을까?" 도덕적인 인간들은 종교에서 가장 좋은 비

<hr />

50) 피에르 조제프 프루동(Pierre-Joseph Proudhon, 1809~1865)은 프랑스의 상호주의 아나키스트이자 언론인으로서 교회, 종교 및 독재와 같은 모든 유형의 절대적 권위에 대항하여 개인의 자유를 옹호하고자 하였다.

51) (원주) Pierre Joseph Proudhon, *De la Création de l'Ordre*(Paris, 1843), p. 38.

계를 걷어내고 그것을 스스로 맛보았으며, 이제 그 결과로 생긴 신경질을 제거하는 데 어려움을 겪고 있다. 그러므로 우리는 인간들이 초인간적 본질만으로 종교를 비난하는 한 종교는 그 가장 깊은 부분이 상처를 입지 않고, 그 궁극의 실체에서 오직 '정신'(신은 정신이기 때문에)이라고만 불린다는 것을 지적할 때 종교와 도덕의 최종적 조화를 충분히 지적한 것이며, 그리하여 우리는 도덕과 종교의 완고한 갈등 같은 것을 지나갈 수 있다. 문제가 되는 것은 두 가지 모두 최고의 본질이며, 그 본질이 초인간적인지 또는 인간적인지의 여부는 나에게 거의 중요하지 않다. 왜냐하면 그것은 어쨌든 나를 넘는 하나의 본질, 말하자면 하나의 초월적인 본질이기 때문이다. 결국 인간의 본질 또는 '인간성'에 대한 태도는 그것이 오래된 종교의 껍질을 벗기자마자 다시 종교적인 껍질을 다시 입히는 것이 된다.

그래서 포이어바흐는 우리에게 말한다. "만약 누군가가 사변적 철학을 뒤집는다면, 즉 항상 술어(Prädikat)를 주어로 만들고 주어를 목적어로 하여 원칙으로 만든다면 순수하고 깨끗한 진리를 갖게 된다."[52] 이에 따라 우리는 참으로 편협한 종교적 관점을 잃어버리고, 이러한 관점에서의 주체인 신을 잃게 된다. 그러나 우리는 편협하고 고루한 종교적 견해를 종교적 입장의 또 다른 측면, 즉 도덕적 입장으로 교환할 뿐이다. 예를 들어 우리는 더 이상 '신은 사랑이다'라고 말하지 않고, 오히려 '사랑은 거룩한 것이다'라고 말한다. 만약 우리가 '거룩한 것이다'라는 술어의 자리에 동일한 의

..

52) (원주) Ludwig Feuerbach, "Preliminary Theses for the Reformation of Philosophy", *Anekdota zur neuesten deutschen Philosophie und Publizistik*(Zürich, 1843), p. 64. (옮긴이주) 이 책은 카를 마르크스(Karl Marx)와 아르놀트 루게(Arnold Ruge)가 공동편집하여 1843년에 출간했다. 이 책은 모든 진보적인 학문과 저술에 대한 프로이센과 작센 검열관의 편견을 폭로함으로써 독일 국가의 하찮은 관료주의적이고 반동적인 검열에 대해 타격을 가했다.

미인 '신성한 것이다'라는 말을 대체한다면, 문제는 모든 낡은 방식으로 다시 돌아간다. 이에 따라 사랑은 인간에게 선한 것, 선한 것의 거룩함, 인간에게 명예를 주는 것, 인간의 참된 인간성(이것은 '그를 비로소 인간으로 만들고', 그로부터 비로소 인간임을 드러낸다)으로 존재해야만 한다. 그러므로 선한 것은 더 정확하게 다음과 같이 말할 수 있을 것이다. '사랑은 인간에게 인간적인 것이다.' 그리고 비인간적 인간은 애정이 없는 에고이스트이다. 그러나 정확하게 기독교와 그것에 따르는 사변철학, 즉 신학이 선으로서 절대로서 계시되는 모든 것은 고유성(Eigenheit)에서 단순히 선이 아니며(또는 기독교에서 말하는 것은 단순한 선에 불과하고), 따라서 술어를 주어로 바꾸면 기독교의 본질은(그리고 그 본질을 포함하는 것은 술어 쪽이므로) 더 억압적으로 고정될 뿐이다. 따라서 신과 신적인 것은 나에게 더욱 뗄 수 없이 얽혀 있는 것이다. 신을 그 천국에서 쫓아내고 그의 '초월성'을 뺏는 경우에도 신이 인간의 가슴속으로 쫓기고 지울 수 없는 내재성을 가진 선물을 받는다면 그 경우에도 완전한 승리의 주장을 아직 지지할 수 없다. 그리하여 그것이 의미하는 것은 신적인 것이 진정으로 인간적인 것이라고 말하는 것이다.

기독교를 국가의 기초로 삼는 것에 반대하는 자들, 즉 이른바 기독교 국가에 반대하는 자들은 도덕이 '사회생활과 국가의 초석'이라는 말을 지치지 않고 반복한다. 마치 도덕의 지배가 신성한 것의 완전한 지배, 즉 하나의 '위계질서'가 아닌 것처럼.

그래서 우리는 여기서 다음과 같이 계몽적 방향을 생각할 수 있다. 즉 신앙만이 종교적 진리를 파악할 수 있는 힘을 가지며, 신자들에게만 신은 자신을 계시하고, 그러므로 오직 정신, 감정, 믿음만이 존재한다는 망상만을 종교적이라고 주장한 신학자들이 이후에 갑자기 '자연적 오성,' 즉 인간이성도 신을 인식할 수 있다고 주장하기 시작했다. 그러나 그것은 이성도 망상과 같은 환상이라고 주장하는 것일 뿐이지 않을까? 이러한 의미에서 라이마루스[53]는 그의 저서인 『자연적 종교의 가장 탁월한 진리』에서 모든 능력을 가진 완전한 사람이 모든 능력을 바쳐 스스로를 종교적인 인간으로 나타냈다고 썼다. 즉 정신과 감정, 오성과 이성, 감각하는 것, 아는 것, 희망하는 것, 요컨대 인간의 모든 것은 종교적으로 나타나는 것이라고 했다. 헤겔은 철학조차도 종교적이라는 것을 보여주었다. 오늘날 종교라고 불리지 않는 것은 무엇인가? '사랑이라는 종교,' '자유라는 종교,' '정치라는 종교,' 간단히 말해서 모든 열광이 사실 그렇다.

오늘날까지 우리는 외래어인 로망스어[54] Religion(종교, 신앙)이라는 말을 가지고 있는데, 이 말은 구속성(Gebundenheit)이라는 개념을 표현한다. 신앙이 우리의 내면을 차지하는 한 우리는 분명히 구속되어 있다. 그러나 정신도 구속되어 있는가? 전혀 그렇지 않다. 정신은 자유롭고 유일한 주인이며, 우리의 정신이 아니라 절대적인 것이다. 그러므로 Religion이라는 말의 올바른 번역은 '정신의 자유(Geistes Freiheit)'가 될 것이다! 감각이 자

53) 헤르만 사무엘 라이마루스(Hermann Samuel Reimarus, 1694~1768)는 독일의 프로테스탄트 신학자로서 계몽주의 시대의 대표적인 이신론자이다. 라이프니츠와 스피노자의 영향을 받아 신의 존재를 목적론적으로 증명하고 기적을 부정하면서, 유일한 기적은 창조라고 주장했다. 1754년에 쓴 『자연종교의 가장 탁월한 진리(*Abhandlungen von den vornehmsten Wahrheiten der natürlichen Religion*)』에서 "자연의 합목적성은 세계를 현명하고 인자한 신이 드러내었음을 증명하고 있고, 인류의 장래는 현재보다 행복해지도록 배려되어 있다"고 주장했던 라이마루스는 1727년에는 동물 행동의 합목적성을 주장하고 유고집에서는 성서를 비판하여 계시와 기적을 부정하였으며, 예수의 부활을 '사도들의 날조'라고 말했다.

54) 로망스어는 로마 제국의 군인, 개척자, 노예 등이 쓰던 통속 라틴어에서 비롯된 언어들을 부르는 말로 에스파냐, 포르투갈, 프랑스, 벨기에, 이탈리아 등에서 사용된다.

유로운 인간을 감각주의자라고 부르는 것과 완전히 마찬가지로 정신이 자유로운 인간은 종교적인 인간이다. 쾌락이 감각주의자를 구속하고 정신이 종교적 인간을 구속한다. 따라서 구속성 또는 Religion은 나에 대한 관계에서 종교인 것이다. 나는 구속되어 있다. 그러나 그것은 정신과 관련된 점에서는 자유이다. 정신은 자유롭거나 정신의 자유를 갖는다. 쾌락이 우리를 자유분방하게 만들 때 그것이 우리에게 얼마나 나쁜 영향을 미치는지는 많은 사람들이 경험으로 알고 있다. 그러나 자유로운 정신, 빛나는 정신성, 정신적 관심에 대한 열광, 또는 이 보석이 가장 다양한 표현으로 명명될지라도 우리는 가장 사나운 부적절함보다 훨씬 더 심한 궁지로 우리를 몰아간다는 것을 인정하려고 하지 않는다. 또 의식적으로 에고이스트가 아니라면 그것을 인식할 수도 없다.

라이마루스를 비롯하여 우리의 이성과 우리의 정신 등이 신에 이르는 것을 보여준 모든 자들은 그것에 의해 우리가 끝까지 사로잡혔음을 보여주었다. 확실히 그들은 종교적 우월의 특권을 신학자들로부터 뺏어 그들을 분노하게 했으나, 그것에 의해 그들은 종교와 정신의 자유를 위해 더 많은 땅을 정복한 것일 뿐이다. 왜냐하면 정신은 더 이상 감정이나 신앙에 한정되지 않고 오성, 이성, 사유 일반으로서도 그 자체인 정신에 속하고, 그러므로 그것은 오성과 같은 형식에서도 정신적이고 천상적인 여러 진리에 관여할 수 있고, 그때 모든 정신은 오로지 정신적인 것들로만 채워지기 때문이다. 즉 자기 자신만을 상대하게 되고, 따라서 자유롭게 된다. 이제 우리는 철저히 종교적이 되고, 따라서 '배심원'은 우리에게 사형을 선고하고, 경찰관들은 선량한 기독교인으로서 '복무 선서'에 의해 우리를 교도소에 처넣는다.

도덕은, 어쨌든 '명령'(훈령, 계율 등)처럼 보이는 모든 것에 대한 맹렬한 증오가 반란으로 분출되고 개인적인 '절대군주'가 조롱과 박해를 받을 때부터 비로소 경건함과 충돌할 수 있게 되었다. 따라서 도덕은 자유주의에 의해 비로소 자립할 수 있게 된다. 자유주의의 첫 번째 형태는 세계 역사에서 '부르주아 시민'으로서 중요성을 얻고, 종교적인 세력을 약화시켰다 (뒤의 '자유주의' 부분을 참조하라). 왜냐하면 도덕성이 단순히 경건함과 함께하는 것이 아니라 그 자체로 발을 딛고 있을 때 그 원칙은 더 이상 신성한 계율에 있지 않고 이성의 법칙 속에 있기 때문이다. 신의 계율이 여전히 타당하기 위해서는 그 타당성에 대해 먼저 그 정당화를 이성의 법칙에 기대야 한다. 이성의 법칙에서는 인간이 자신으로부터 자신을 규정한다. 왜냐하면 '인간'은 이성적이기 때문이며 '인간의 본질'에서 그러한 법칙들이 필연적으로 귀결되기 때문이다. 경건함과 도덕은 이 부분에서 갈라진다. 즉 전자는 신을, 후자는 인간을 입법자로 만든다.

도덕의 어떤 특정 관점에서 사람들은 다음과 같이 추론한다. 즉 인간이 감성에 이끌려 부도덕하게 되는가, 아니면 의지에 따라 도덕적 지향(선에 대한 지향이나 매료)이라고 하는 선이 인간을 움직이게 하는가이다. 후자의 경우 인간은 스스로를 도덕적이라고 한다. 이러한 관점에서 본다면 가령 코체부에 대한 잔트[55]의 행동을 부도덕하다고 할 수 있을까? 그 행동은 분명히 가난한 사람들을 위해 성 크리스핀[56]의 도둑질과 같은 정도에서 비

••

55) 아우구스트 폰 코체부(August von Kotzebue, 1761~1819)는 독일의 극작가로 청년 시절에 러시아로 가서 외교관이 되었고 독일의 국내 문화와 정치 상황을 보고했다. 당시 청년들의 자유주의적 행동을 매도한 탓에 러시아의 스파이로 간주되어 예나대학교의 학생이었던 카를 루트비히 잔트(Karl Ludwig Sand, 1795~1820)에게 암살되었다. 그 뒤 잔트는 통일 독일 국가의 창설을 추구하는 많은 독일 민족주의자들에게 순교자로 숭배되었다.

56) 성 크리스핀(St. Crispin)은 3세기의 기독교 순교자이다. 로마 귀족 출신으로 형제가 박해를 받아, 프랑스에 가서 신발을 만들면서 포교했다.

이기적이라고 이해되는 것이었다. '그는 살인하지 말았어야 했다. 왜냐하면 살인하지 말라고 쓰여 있기 때문이다!' 따라서 선을 섬기고 적어도 잔트가 의도한 대로 인민의 복지에 종사하거나 크리스핀처럼 가난한 사람들의 복지에 종사할 때 그것은 도덕적이지만, 살인과 절도는 비도덕적이다. 즉 목적은 도덕적이지만 수단은 비도덕적이다. 왜? '왜냐하면 살인이나 모살은 절대적으로 나쁜 일이기 때문이다.' 그렇다면 게릴라가 조국의 적들을 협곡으로 유인하고 덤불에서 보이지 않게 적을 사살할 때[57] 그것은 모살이 아닌가? 우리에게 선을 위해 봉사하라고 명령하는 도덕의 원칙에 따르면, 당신은 살인이 언제 어디에서나 결코 선을 실현할 수 없는 것인지를 물어야 하고, 선을 실현한 살인을 지지해야 하는 것이다. 당신은 잔트의 행위를 전혀 비난할 수 없다. 그것은 도덕적이었다. 왜냐하면 선을 위한 봉사이고 비이기적인 것이었기 때문이다. 그것은 개인이 가한 하나의 형벌이고, 자신의 목숨을 걸고 처형한 것이었다. 결국 그의 계획은 폭력으로 문필을 억누르고자 하는 것 외의 무엇이었는가? 당신은 그러한 조치를 하나의 '합법적'이고 성스럽게 된 것으로 인정하지 않는가? 그리고 당신의 도덕 원칙에서 그것에 대해 어떤 반대도 할 수 없는 것이 아닌가? '하지만 그것은 하나의 위법한 처형이었다.' 따라서 그 안에 있는 비도덕적인 것은 불법이고 법에 대한 불복종이었는가? 그래서 당신은 선이 법 이외의 다른 것이 아니고 도덕이 충성에 불과하다는 것을 인정하게 된다. 그리하여 당신의 도덕이라는 것은 형식적인 '충성'이자 그러한 법률 준수라는 위선으로까지 타락하지 않을 수 없고, 게다가 그 위선이라는 것이 과거의 위선[58]보

57) 나폴레옹의 침공에 맞서 싸우는 스페인의 지역 민병대에 대한 언급일 수 있다.
58) 신에 대한 신앙을 말한다.

다도 더 폭력적이고 더 반역적이기도 하다. 왜냐하면 과거의 위선은 오로지 행위만을 필요로 했지만, 이제 당신은 정신까지도 요구당하기 때문이다. 즉 인간은 자신의 내면의 법을 스스로 지녀야만 하게 되었다. 그리고 법에 맞는 마음을 쓰는 인간이 가장 도덕적인 인간으로 간주된다. 가톨릭적 삶의 마지막 유쾌함의 흔적조차도 이러한 프로테스탄트적 합법성 안에서 사라져야 한다. 여기에 이르러 마침내 법의 지배가 처음으로 완성된다. '내가 살아 있다'는 것이 아니라 '법이 내 안에 살아 있다'는 것이다. 그래서 나는 정말로 그러한 법의 영광의 '그릇'에 불과하게 된다. "모든 프로이센인은 자신의 가슴속에 자신의 헌병을 품고 있다"라고 어느 프로이센 고위 장교가 말했다.

특정한 반대운동이 번영하지 못하는 이유는 무엇일까? 오로지 그들이 도덕성 또는 합법성의 길을 포기하지 않는다는 이유 때문이다. 그러므로 헌신이나 사랑 등의 헤아릴 수 없는 위선이 만연하여, 그 혐오감으로부터 매일 '합법적인 반대파'라는 썩고 위선적인 관계에서 가장 철저한 혐오를 기억할 수 있는 것이다. 사랑과 성실의 도덕적 관계 속에서는 분열하거나 대립하는 의지라는 것이 생길 수 없다. 어떤 인간이 이것을 원하고 다른 인간이 그 반대를 원한다면 아름다운 관계는 방해받는다. 그러나 지금까지의 관행과 반대파의 오랜 편견에 따르면 무엇에 대해서도 도덕적 관계는 보존되어야 한다. 그러면 반대파에게 남는 것은 무엇일까? 가령 사랑하는 인간이 자유의 파괴를 좋다고 생각하는 때에도 자유를 가지겠다는 의지일까? 아니다! 반대파는 자유를 바라는 것이 불가능하다. 그들은 자유를 오로지 희망하고 따라서 '청원'하고, '제발, 제발!'이라고 외칠 뿐이다. 만일 반대파가 실제로 진정한 의지를 갖고 의지의 모든 에너지로 희망한다면 무슨 일이 생겨날까? 아니다. 그들은 사랑으로 살기 위해서 의지를 포기해야 하고, 도덕을 사랑하기 때문에 자유를 포기해야 한다. 그들은 오로지 '호의로 구걸'하는 것만 허용되는 것을 '권리로 주장'할 수 없다. 사랑이나 헌신 등은 필연적으로 요구된다. 부정할 수 없는 명쾌함으로 다른 인간들이 자신을 헌신하고, 그들이 섬기고 따르고 사랑하는 단 하나의 의지가 있음을 확고하게 요구한다. 그 의지가 이성적이든 비이성적인 것이든 모두 인간이 그 의지를 따를 때 도덕적으로 행동하고, 인간이 그것을 벗어날 때 부도덕하게 행동하게 된다. 검열관을 지배하는 의지는 많은 인간들에게 비이성적인 것처럼 보인다. 그러나 검열이 존재하는 나라에서 자신의 책 검열을 피하는 인간은 부도덕하게 여겨지고, 검열을 요구하는 인간은 도덕적으로 여겨진다. 어떤 인간이 도덕적 판단 등을 떠나, 가령 비밀 출판을 시도한다면 인간들은 그를 비도덕적이라고 말해야 할 것이고, 그래서 만약 그가 구속당하기라도 하게 되면 더욱 무모하다고도 보게 된다. 그러나 그러한 사람은 '도덕적인 인간들'의 눈에 어떤 가치를 갖는 것을 요구할 수 있는가? 아마도 그럴 것이다! 만일 그가 어떤 '더 높은 도덕성'을 섬긴다고 자부하는 경우에 그렇다.

오늘날의 위선의 거미줄은 두 영역의 가장자리에 매달려 있으며, 그 사이에 우리의 시대는 앞뒤로 흔들리고 기만과 자기기만의 미세한 실이 연결되어 있다. 더 이상 회의 없이 확고하게 도덕에 봉사할 만큼 충분한 활력이 없고, 아직 에고이즘에 전적으로 살 수 있을 만큼 철저하지도 않은 지금 우리 시대는, 위선의 거미줄을 들고 우왕좌왕하면서 고작 우유부단의 저주에 사로잡혀 오로지 어리석고 비참한 파리만 잡을 정도이다. 인간들이 언젠가 한 번 감히 '자유로운' 제의를 감행하려고 하여도 즉시 사랑의 약속으로 다시 과장하고, 그리하여 단념하는 척한다. 한편 신뢰 등등의 도덕적인 호소로 그 자유로운 제의를 거부할 두꺼운 얼굴을 가진 경우에도, 그

도덕적 용기 역시 즉시 가라앉고, 특별한 기쁨 등으로 자유로운 말을 듣는 방법을 한 사람에게 확신시킨다. 즉 그들은 가짜로 승인하는 체한다. 요컨대 인간들은 하나를 갖고 싶어 하지만 다른 하나도 잃고 싶어 하지 않는다. 즉 그들은 자유의지를 원하지만, 그들의 삶을 위해 도덕적 의지도 단념하고 싶어 하지 않는다. 당신들 자유주의 당원들은 비굴한 절대왕정파의 누군가와 접촉하는 것이 좋다. 당신들이 가장 충성스러운 자신감을 갖는 모습으로 모든 자유의 말을 달콤하게 할 것이며, 그는 그 굴욕적인 절대주의를 겉치레의 자유 문구로 가장할 것이다. 그런 다음 당신은 떨어져 나가고 그는 당신처럼 '나는 너를 잘 알아, 여우 같은 놈!'이라고 생각한다. 그에게 당신들이 그의 안에서 낡고 어두운 삶을 냄새 맡는 것처럼 그는 당신에게 악마의 냄새를 맡게 한다.

네로[59]와 같은 자는 '선한' 인간의 눈에만 '나쁜' 인간이다. 나와 같은 인간에게 그는 선한 사람이 그러한 것과 마찬가지 정도로 하나의 사로잡힌 인간일 뿐이다. 선한 사람은 그를 극악무도한 사람으로 보고 그를 지옥으로 추방한다. 그렇다면 왜 아무도 그의 자의적인 행동을 방해하지 않았는가? 인간들은 왜 그렇게 많이 참았는가? 모든 의지를 그런 하나의 폭군에게 묶어두는 것에 길들여진 로마인들에게는 머리카락 한 올이 더 중요했다고 당신은 생각하는가? 옛 로마에서라면 사람들은 그를 즉시 죽였을 것이고 결코 그의 노예가 되지 않았을 것이다. 그러나 네로 시대의 로마인들

59) 네로(Nero, 37~68)는 로마 제국의 제5대 황제이다. 초기에는 세네카의 보좌를 받아 선정을 베풀었으나 뒤에는 어머니와 권력을 다투어 살해하고 아내도 살해한 뒤 음란과 폭정으로 살았다. 64년에 로마에 큰 불이 났을 때 그것이 자신의 탓이라는 소문을 없애기 위해 기독교도에게 덮어씌워 대학살을 감행했다. 그러나 군대의 반란 때문에 로마를 탈출하여 자살했다.

중의 '선한 사람들'은 그에 대해 그들의 의지를 들이대지 않고 오로지 도덕적 요구를 했을 뿐이다. 즉 그들은 그 황제가 그들처럼 도덕성에 경의를 표하지 않는다고 한숨을 쉬었다. 그러나 그들은 마침내 언제나 '도덕적이고 순종적인 복종'을 포기할 용기를 발견할 때까지 '도덕적 신민'으로 남았다. 그리고 '순종하는 신민'으로서 의지가 없는 모든 오욕을 감내한 '선량한 로마인'이 반역자의 사악하고 부도덕한 행위에 갈채를 보냈다. 그렇다면 그것을 뺏은 뒤에 그들이 지금 칭찬할 혁명의 용기는 '선한 사람들'의 어디에 있었던가? 선한 사람들은 혁명과 반란에 대한 용기를 가질 수 없었다. 왜냐하면 혁명과 반란은 항상 '부도덕'한 것이기 때문이었다. 이는 인간이 '선한 사람'이기를 그만두고 '악한 사람'이 될 때에만 해결할 수 있기 때문이다. 또는 둘 중 어느 것도 아닌 어떤 때에만 그것을 결의할 수 있기 때문이다. 네로는 선한 자든 악한 자든 둘 중 하나가 될 수밖에 없었던 그의 시대보다 더 악하지 않았다. 그에 대한 그의 시대의 판단은 그가 나쁘다는 것이었고, 그것도 가장 높은 수준에서 비겁자가 아니라 극악무도한 악당이라는 것이었다. 모든 도덕적인 인간들은 그에게 그러한 심판만을 내릴 수 있었다. 그와 같은 악당은 오로지 도덕적인 인간들 가운데서도 오늘날 여전히 살고 있다(예를 들어 리터 폰 랑[60]의 회고록을 보라). 그들과 함께 사는 것은 한순간도 생명을 보장받지 못하기 때문에 즐겁지 않다. 하지만 도덕적인 인간들 속에 사는 것이 더 즐겁다고 할 수 있을까? 오로지 '정의의 길'에 비추어 교수형에 처해지는 것 외에 그곳에서의 자기 삶에 대해 거의 확신하지 못하고, 그의 명예에 대한 최소한의 확신도 없고, 명예의 표

∴

[60] 카를 하인리히 리터 폰 랑(Karl Heinrich Ritter von Lang, 1764~1835)은 독일의 역사학자이자 관료이다.

지도 순식간에 사라진다. 도덕이라는 단단한 주먹은 동정심 없이 에고이 즘의 고상한 본질을 모두 짓밟아 뭉개어버린다.

'그래도 역시 악당과 정직한 사람을 같은 수준에 둘 수는 없다!!' 그렇 다, 누구든 간에 당신들 도덕적인 판단자들보다 더 자주 그렇게 하는 자 들은 없다. 그렇다, 그 이상으로 당신들은 기존의 국가법에 대해 공개적으 로 반대하고, 신성한 제도에 공공연히 반대하는 정직한 사람을 범죄자로 투옥하는 반면, 노회한 악당에게 중요한 직책을 부여하고 나아가 더욱 중 요한 일까지 맡긴다. 그래서 실제로 당신들은 나를 비난할 것이 없다. '하 지만 이론상으로는!' 그래서 나는 두 개의 반대 극과 같은 수준에 두 가지 를 모두 함께 놓는다. 즉 둘 다 오로지 '도덕'의 세계에서만 의미를 갖는다. 이는 마치 그리스도 이전 시대에 율법을 지킨 유대인과 그것을 어긴 유대 인이 오로지 유대법의 입장에서만 의미와 중요성을 가진 것과 마찬가지이 다. 그 반대로 예수 그리스도 앞에서 바리새인[61]은 소위 '죄인과 세리'에 지 나지 않았다. 따라서 고유성 앞에서는 도덕적 바리새인도 부도덕한 죄인과 같았을 뿐이다.

네로는 자신이 사로잡혀 있다는 것 때문에 매우 불쾌했다. 그러나 자기 를 소유하는 인간은 그에게 어리석게도 '성스러운 인간'으로서 폭군이 신 성한 것을 고려하지 않는다며 우는 소리를 내지 않고, 자신의 의지로 그에 게 반대할 것이다. 인간의 양도할 수 없는 인권의 신성함이 적들에게 얼마 나 자주 설득당하고, 어떤 자유가 '인간의 신성한 권리'로 제시되고 입증 되었는가! 실제로 그렇듯이 설령 무의식적으로라고 해도, 목표로 이어지

..

61) 바리새인은 예수가 활동하던 시대에 존재했던 유대교의 경건주의 분파로서 중간계급 평신 도 경건주의자를 말한다.

는 길을 처음부터 택하지 않는다면 그렇게 하는 인간들은 법정 밖에서 비웃을 만하다. 그들은 대다수가 자유를 확보하게 되어야 비로소 자유를 가지려고 할 것이며, 그다음에 가지고자 하는 것을 가질 것이라는 예감을 가지고 있다. 자유의 신성함도 그 신성함의 가능한 모든 증거도 결코 자유를 확보하게 하지 못한다. 왜냐하면 슬프게 탄원하는 것은 거지가 하는 짓거리일 뿐이기 때문이다.

도덕적인 인간은 '부도덕한' 인간 외에 다른 적을 알지 못한다는 점에서 필연적으로 편협하다. '도덕적이지 않은 인간은 부도덕하다!' 따라서 비난받아야 하고 멸시되어야 한다 등등. 그러므로 도덕적인 인간은 에고이스트를 결코 이해할 수 없다. 결혼하지 않은 자들의 성교는 부도덕하지 않은가? 어떻게 변한다고 해도 도덕적인 인간은 그 말에서 벗어날 수 없다. 에밀리아 갈로티[62]는 이러한 도덕적 진리를 위해 목숨을 바쳤다. 그리고 그것은 진실임과 동시에 부도덕한 것이다. 유덕한 소녀는 늙어빠진 처녀가 되고, 유덕한 남성은 자연적인 충동과 싸우는 데 시간을 보내 아마도 불혹의 영역에 이르며, 성 오리게네스[63]가 하늘을 위해 했던 것처럼 미덕을 위

----

62) 「에밀리아 갈로티(Emilia Galotti)」는 독일의 계몽주의자인 고트홀트 에프라임 레싱 (Gotthold Ephraim Lessing, 1729~1781)의 작품으로 독일 비극의 전형이라고 할 수 있다. 르네상스 시대 이탈리아의 작은 공국 구아스탈라의 영주가 에밀리아를 수중에 넣기 위해 음모를 꾸미고 부당한 권력을 휘두르자, 그녀의 아버지가 딸의 순결을 지키기 위해 딸을 칼로 찔러 죽인다는 내용을 바탕으로 하고 있다. 진정한 폭력이란 '유혹'이 아니라 치욕으로의 추락을 막기 위해 딸을 죽이는 아버지의 행위임을 보여주면서, 레싱은 그 의미를 숭고하게 만들고 부르주아적 도덕 교육의 이상이 죽음을 통해서만 유지된다는 것을 보여줌으로써 그 교육을 비판하고 있다.

63) 알렉산드리아의 오리게네스(Origenes, 185~254)는 그리스도교 교부이자 성서 주석가, 신학자이다. 그는 나태함에 빠지지 않기 위해 엄격한 금욕생활을 했고 특히 성욕을 완전히 배제하고 금욕을 실천하기 위해 스스로 고자가 되었는데, 당시 로마 사회에서는 자기 거세를 중범죄로 벌했다. 다른 사제들은 수덕 생활을 통해 성욕을 절제하는 와중에 혼자서만

해 자신을 거세할 수도 있다. 그리하여 그는 신성한 결혼, 신성한 순결을 불가침의 것으로 지킨다. 그야말로 도덕적이다. 부정은 결코 도덕적 행위가 될 수 없다. 도덕적인 인간이 순결을 범한 자를 아무리 관대하게 대한다고 해도 그것이 도덕적 계명에 반하는 하나의 죄인 점은 불변이다. 거기에는 지울 수 없는 하나의 낙인이 붙어 있다. 순결은 한때 수도원 맹세에 속했고 지금은 도덕적 행위에 적용된다. 순결은 선이다. 반대로 에고이스트에게는 순결조차도, 그것 없이는 잘 지낼 수 없는 선이 아니다. 에고이스트는 그것에 대해 전혀 관심이 없다. 그렇다면 도덕적인 인간의 판단에서는 이것으로부터 무엇이 생기는가? 도덕적 인간 이외에 그가 아는 유일한 계급의 인간들, 즉 부도덕한 부류에 에고이스트를 던진다는 것이다. 그는 그 밖에 달리할 수 있는 것이 없다. 그는 에고이스트가 도덕을 무시하는 모든 점에서 에고이스트가 부도덕하다는 것을 발견해야 한다. 에고이스트를 그렇게 보지 않는다면 그는 자신에게 고백하지 않아도 이미 도덕에 등을 돌린 배교자가 될 것이고, 더 이상 진정한 도덕적인 인간이 될 수 없다. 왜냐하면 현재로서는 더 이상 희귀한 것으로 분류되지 않는 그러한 현상에 자신을 타락시켜서는 안 되지만, 도덕의 어떤 점을 경시하는 인간은 진정으로 도덕적인 인간으로 간주될 수 없음을 기억해야 한다. 잘 알려진 우화에서 레싱이 기독교를 이슬람교나 유대교와 마찬가지로 '위선의 반지'에 비유했을 때 경건한 기독교인이 아니었다고 하는 것과 같다. 종종 인간들은 자신에게 고백하는 것보다 더 멀리 나아간다. 소크라테스는 도덕의 도야단계(Bildungsstufe der Sittlichkeit)에 있었기 때문에, 크리톤[64]의 유

∴

고자가 됨으로써 성욕을 절제하는 길을 택했다는 점 때문에 비판을 받았고 사제 서품까지 취소당했다.

혹적인 언어에 따라 감옥을 탈출하는 것은 그에게 하나의 부도덕이고, 반대로 감옥에 남아 있는 것은 유일한 도덕적인 것이었다. 왜냐하면 그것은 전적으로 소크라테스가 도덕적인 인간이었기 때문이다. 반대로 '부도덕하고 무신앙'의 혁명을 따르는 자들은 루이 16세에게 충성을 맹세했으면서도 그를 폐위하고 그의 죽음까지 선고했다. 그러나 그 행위는 도덕적인 인간에게는 영원토록 소름끼치는 부도덕한 행위였다.

그러나 이 모든 것은 다소간 '부르주아의 도덕'에만 적용되며, 더욱 자유로운 인간들은 이를 경멸하며 멸시한다. 즉 부르주아의 도덕은, 일반적으로 그 본래의 기반인 시민성(Bürgerlichkeit)과 같이 종교적 천국과 너무 가깝고, 자신의 독립적인 교의를 만들기는커녕 천국의 계율을 비판하거나 조작하지 않고 자기 영역으로 단순히 옮기는 것밖에 하지 않는다는 점에서 자유롭지 못하다. 도덕은 그 존엄성의 의식에 도달하고, 그 원칙인 인간의 본질, 즉 '인간성'을 유일한 권위로 높였을 때 완전히 다른 모습이 된다. 그러한 결정적인 의식에 이른 자들은 종교와 완전히 결별하고, 종교의 신은 더 이상 그들 '인간성' 외에 다른 어떤 자리도 찾지 않고, 그들은(뒤의 '위계질서' 부분을 참조하라) 스스로 국가라는 배에 구멍을 내는 것과 마찬가지로, 오로지 국가 내에서만 있을 수 있는 '도덕'을 파괴하고, 따라서 도덕이라는 그 이름조차 더 이상 사용할 권리를 허용받지 못한다. 왜냐하면 이러한 '비판자'가 도덕이라고 부르는 것은 소위 '부르주아적 또는 정치적 도덕'과는 결정적으로 다른 것으로, 부르주아에게는 '사려 없는 방종의 자유'

64) 고대 그리스의 철학자 플라톤이 쓴 짧지만 중요한 대화편인 『크리톤』에 나오는 인물로서, 소크라테스의 부유한 친구인 크리톤은 소크라테스에게 탈옥을 권유하고 소크라테스는 그러한 권유를 정의와 법의 관점에서 반박하는 논변을 펼친다.

처럼 보이지 않을 수 없는 것이기 때문이다. 그러나 근본적으로 그것은 '원리의 순수함'이라는 이점만을 가지고 있으며, 그 원리는 종교적인 것에 의해 더럽혀지는 것에서 해방되어 이제 '인간성'으로 순수하게 규정되는 점에서 전권을 확보하는 것이다. 그러므로 '도덕'이라는 이름이 자유, 인도주의, 자의식과 같은 것들과 함께 유지되며, 때로는 가령 '자유로운' 도덕이 추가되어 장식되기도 하지만 이를 이상하게 생각해서는 안 된다. 그것은 그야말로 부르주아 국가가 나쁜 것으로 다루어져도 국가는 다시 '자유로운 국가'로, 그렇지 않으면 '자유로운 사회'로 다시 부활해야 하는 것과 같다.

　인간성으로 완성된 이러한 도덕은 그것이 역사적으로 만들어진 종교와는 완전히 절연되어 있기 때문에 그 자체로 종교가 되는 것을 방해하는 것은 아무것도 없다. 왜냐하면 종교와 도덕 사이의 구별은, 인간세계에 대한 우리의 관계가 초인간적인 본질에 대한 우리의 관계에 의해 규제되고 거룩해지거나, 또는 우리가 하는 행위가 '신을 위한' 행위인 경우에만 일종의 구별이 있는 것에 불과하기 때문이다. 반면에 '인간은 인간에게 최고의 존재'라는 점까지 이르게 되면 그러한 구별은 사라지고, 그 결과 도덕은 종속적 지위를 버리고 스스로 종교로 완성된다. 그때까지 가장 높은 존재에 종속되었던 더 높은 본질인 인간은 절대라는 높이까지 오르고, 그리하여 우리는 이러한 존재에 대하여 가장 높은 본질에 대해 하는 것처럼 종교적으로 행동하게 된다. 도덕과 경신(敬神)은 이제 기독교의 초기에서와 같이 동의어가 되며, 오로지 최고 존재가 다른 존재로 되었기 때문에, 즉 신성한 행위가 더 이상 '거룩한' 행위가 아니라 '인간적인' 행위로 되었기 때문이라는 것일 뿐이다. 도덕이 정복했을 때 지배자의 완전한 교체가 이루어지는 것이다.

신앙이 파괴된 뒤 포이어바흐는 사랑이라는 안전한 항구에 도피하고자 생각한다. "첫 번째이자 가장 높은 규범은 사람에 대한 사람의 사랑이어야 한다. 인간은 인간에게 신이다(Homo homini Deus est)라는 말은 세계 역사의 전환점이다."[65] 그러나 실제로는 신(Deus)이 변한 것일 뿐이고 사랑은 그대로 남아 있다. 과거에는 초인간적인 신에 대한 사랑이었던 것이 이제는 인간적인 신에 대한 사랑, 신으로서의 인간에 대한 사랑으로 변했을 뿐이다. 그러므로 인간은 나에게 신성한 존재이다. 그리고 모든 '진정한 인간'은 모두 나에게 신성한 것이다! "결혼은 그 자체로 신성하다. 그리고 모든 도덕적 관계도 마찬가지다. 우정은 신성하고 당신에게 신성하다. 재산은 신성하고 결혼도 신성하다. 모든 인간에게 복지는 신성하고 그 자체로 신성하다."[66] 따라서 인간은 또한 사제를 확보하는 것이 아닌가? 그 인간의 신은 누구인가? 인간이다! 그 신의 것은 무엇인가? 인간적인 것이다! 그런 다음 술어는 실제로 주어로 변경되었을 뿐이며 '신은 사랑이다'라는 문장 대신 '사랑은 신성하다'라고 말한다. '신이 인간이 되었다'라는 말 대신 '인간이 신이 되었다'고 말하는 것 등등이다. 이는 그야말로 하나의 새로운 종교가 아닌가? "모든 도덕적 관계는 (사제의 축복에 의한 종교적 봉헌 없이) 그 자체가 종교적인 것으로 간주되는 경우에만 가능하다. 그러나 그러한 한에서만 윤리적이며, 오로지 그러한 한에서만 도덕적 사고로 배양된다" "신학은 인류학이다"라고 하는 포이어바흐의 명제는 요컨대 "종교는 윤리여야 하고, 윤리만이 종교이다"라는 것을 의미할 뿐이다.

　　전체적으로 포이어바흐는 주어와 술어를 바꾸고 후자에 우선권을 부여

----

65)　(원주) 포이어바흐, 앞의 책, 402쪽.
66)　(원주) 같은 책, 403쪽.

한 것에 불과하다. 그러나 그 자신도 "사랑은 그것이 신의 속성이기에 신성하지 않으며(또 인간에 의해 인간들에게 신성하게 여겨진 것이 아니라) 사랑은 그 자체로 신성하기 때문에 신의 속성이다"[67]라고 말하기 때문에 그는 속성 자체에 대한 싸움이, 사랑과 모든 신성함에 대한 싸움이 시작되어야 한다는 것을 알 수 있었다. 인간을 신에게서 떠나게 할 때, 어떻게 인간을 신으로부터 멀어지게 할 수 있었을까? 그리고 포이어바흐가 말했듯이 인간에게 중요한 것은 신 자체가 아니라 신의 속성이라고 한다면, 그는 인간에게 여전히 장식물도 남겨두었다면 좋았을 것이다. 왜냐하면 본래의 핵심인 우상은 여전히 남아 있기 때문이다. 또한 그는 자신에게 문제는 오로지 "환상의 파괴에 있다"는 것을 인정하면서도 다음과 같이 말한다. 즉 그 환상은 "인간에게 완전히 파멸적인 영향을 미친다. 왜냐하면 그 자체가 가장 진실하고 가장 내적인 정조인 사랑조차도 종교심에 의해 애매하고 환상적인 것으로 되기 때문이다. 종교적 사랑은 오직 신을 위해서만 인간을 사랑하는 것이고, 따라서 인간을 사랑하는 것처럼 보이면서도 사실은 오로지 신만 사랑하고 있다."[68] 도덕적 사랑이라면, 이것과 다른가? 도덕적 사랑은 인간을, 이 인간을 위해서 이 인간을 사랑하는가, 아니면 도덕을 위해서, 인간을 위해서, 따라서 인간은 인간에게 신이기 때문에 신을 위해서 사랑하는가?

광기는 여러 가지 다른 형태상의 측면을 가지고 있으므로, 그중 일부를 여기에 지적해두는 것이 유익할 수 있다.

그런데 자기부정(Selbstverleugnung)[69]은 신성한 자에게도 신성하지 않

..

67) (원주) 같은 책, 406쪽.
68) (원주) 같은 책, 408쪽.

은 자에게도, 순수한 자에게도 순수하지 않은 자에게도 마찬가지로 나타난다. 순수하지 않은 사람은 모두 '고귀한 감정', 모든 수치심, 심지어 자연스러운 두려움까지도 부정하고, 오로지 그를 지배하는 욕망만을 따른다. 순수한 사람은 세상과의 자연스러운 관계를 부정하고('현세를 부정하고') 오로지 그를 지배하는 '욕망'만을 따른다. 소유의 욕망을 갖는 자는 돈에 대한 욕심으로 인해 모든 양심의 계율, 모든 명예심, 모든 온유함과 모든 동정심을 거부한다. 그는 모든 고려 사항을 눈밖에 두고 오로지 욕망에만 끌려다닌다. 거룩한 사람의 행동도 마찬가지이다. 그는 자신을 '세상의 조롱거리'로 삼고, 단호하고 '엄정'하다. 왜냐하면 욕망이 그의 마음을 찢어놓기 때문이다. 거룩하지 않은 인간이 재물의 신(Mammon) 앞에서 자신을 부정하는 것처럼 거룩한 사람은 신과 신의 계율 앞에서 자신을 부정한다. 우리는 이제, 거룩한 사람의 뻔뻔함이 나날이 느껴지고 드러나고 그로 인해 그 뻔뻔함이 매일 그 정체를 드러내야만 하는 시대에 살고 있다. 인간들이 그것으로 인해 '시대의 진보'를 저지하려고 하는 여러 가지 이유의 뻔뻔함과 어리석음이 이미 빠르게 모든 한도와 예상을 능가하지 않았는가? 하지만 그렇게 될 수밖에 없었다. 자기를 부정하는 자들은 거룩한 사람이든 거룩하지 않은 사람이든 간에 같은 길을 밟아야 한다. 후자는 조금씩 어쩔 수 없이 자기를 부정하는 비천함과 저속함으로 가라앉고, 전자는 가장 불명예스러운 고상함으로 올라가야 한다. 지상의 재물신과 하늘의 신은 모두 똑같은 수준의 자기부정을 요구하는 것이다. 고귀한 사람도 저속한 사

<hr />

69) 슈티르너에 의하면 인간은 자신을 인정하는 것 이외에 아무것도 아니기 때문에 원래 자유로운 존재이다. 따라서 자기에 대한 불만에서 생기는 자기부정이나 자기해체 또는 자기비판에서 자기인정이나 자기의지나 자기만족으로 나아가는 것이 나다움이고 자유이며 자기해방이라고 한다. 자기부정은 노예근성과도 같은 것이라고 한다.

람도 마찬가지로 하나의 '선'을 추구한다. 후자는 물질적인 선을 추구하고, 전자는 이념적인 선, 소위 '최고선'을 추구한다. 그리고 마침내 양자는 함께 다시 서로를 보완하여 '물질적으로 지향하는 자'는 하나의 이념적인 환상, 즉 스스로의 허영심을 위해 모든 것을 희생하고, '정신을 지향하는 인간'은 하나의 물질적 쾌락, 즉 즐거움의 삶을 위해 모든 것을 희생한다.

인간에게 '비이기성(Uneigennützigkeit)'을 권유하는 자들은 자신이 비천하지 않은 것을 말한다고 생각한다. 그들은 그것을 어떻게 이해하는가? 아마 '자기부정'과 유사한 것으로 이해할 것이다. 그러나 부정되고 어떤 이익도 얻을 수 없는 이 자아는 도대체 누구인가? 그것은 당신 자신이어야 하는 것 같다. 그리고 인간들은 누구의 이익을 위해 비이기적인 자기부정을 당신에게 권하는가? 다시 한 번 당신의 이익과 신심을 위해, 당신이 비이기심을 통해 당신의 '진정한 이익'을 얻기 위해서라고 한다.

당신은 당신에게 이익을 주어야 하지만 당신의 참된 이익을 추구해서는 안 된다.

사람들은 인류의 은인을 이타적이라고 생각한다. 고아원을 설립한 프랑케[70]나, 아일랜드 민중을 위해 지칠 줄 모르고 활동하는 오코넬[71]뿐만 아니라 성 보니파티우스[72]처럼 이교도의 개종을 위해 목숨을 바치거나, 미덕을 위해 모든 것을 희생한 로베스피에르,[73] 또는 신과 국왕과 조국을 위

••

70) 아우구스트 헤르만 프랑케(August Hermann Francke, 1663~1727)는 독일의 루터교 신학자이자 교육가이다. 빈민학교와 고아원을 세우고, 교수와 훈육을 목적으로 하는 프랑케 교육 시설을 만들었다.

71) 다니엘 오코넬(Daniel O'Connell, 1775~1847)은 아일랜드의 민족운동가이다.

72) 성 보니파티우스(St. Bonifatius, 675~754)는 8세기 프랑크 제국에 기독교를 전파한 베네딕트회 앵글로색슨족 선교사이다. 초대 마인츠 대교구장으로 독일의 사도라고 불리며, 로마 가톨릭교회에서는 그를 독일의 수호성인으로 지정하여 공경하고 있다.

해 죽은 쾨르너[74] 같은 광신자들도 같이 생각한다. 그러므로 그중에서 오코넬의 적대자들은 오코넬에게 이기심이나 사욕을 덮어씌우고, 오코넬의 자금이 그들에게 근거를 제공한다고 한다. 왜냐하면 그들이 그의 '이타심'에 대한 의심을 성공적으로 던지면 그의 지지자들로부터 그를 쉽게 분리시킬 수 있기 때문이다.

그러나 그렇게 하여 그들은 오코넬이 겉보기와 다른 목적을 위해 일했다고 증명할 수 있는가? 그가 돈을 벌거나 민중을 해방시키는 것을 목표로 삼든 간에 다른 경우와 마찬가지로 그가 어떤 목적을 위해, 그야말로 그의 목적을 위해 노력하고 있다는 것은 여전히 확실하다. 이것도 자기이익이고, 저것도 자기이익이다. 요컨대 그의 민족적 자기이익조차 다른 인간들에게 선이 되고, 따라서 공동의 이익이 된다.

그렇다면 이타심은 비현실적이며 어디에도 존재하지 않는다고 생각하는가? 반대로 그 정도로 있을 수 있는 것은 다시 없다! 그것은 문명화된 세계에서 유행품이라고 할 수도 있고 필수불가결한 것으로 간주되므로, 진짜라면 상당히 비싼 경우 인간들은 적어도 반짝이는 위조 장식으로 꾸며 가장한다. 이타심은 어디에서 시작되는가? 그것은 어떤 목적이 그 소유자인 우리가 기꺼이 처분할 수 있는 우리의 목적, 우리의 소유인 것을 중단하는 바로 그때이다. 그것이 하나의 고정된 목적 또는 하나의 고정관념이 되고, 그것이 우리에게 영감을 주고 열광시키고 환상을 주기 시작할

••

73) 막시밀리앵 프랑수아 마리 이지도르 드 로베스피에르(Maximilien François Marie Isidore de Robespierre, 1758~1794)는 프랑스 대혁명을 주도한 혁명 정치가이자 법학자이다. 공포정치를 행하다가 테르미도르의 쿠데타로 반대파에 의해 처형당했다.

74) 카를 테오도르 쾨르너(Karl Theodore Körner, 1791~1813)는 독일의 시인이자 극작가이다. 나폴레옹에 반대하는 프로이센의 봉기에 참가하여 전사했다.

때, 즉 그것이 우리의 독선으로 변해 우리의 주인이 되는 그때이다. 인간이 자신의 목적에 스스로의 힘을 미칠 수 있는 한, 그는 아직 이타적이지 않다. "나는 여기에 있고, 나는 달리 할 수 없다"[75]고 하는 사로잡힌 인간들의 모든 정언에서 인간들은 처음으로 그렇게 된다. 인간들은 어떤 신성한 목적에서 그것에 조응하는 성스러운 열광에 의해 그렇게 된다.

목적이 내 자신의 것으로 남아 있는 한, 그리고 내가 스스로를 그 목적의 맹목적인 수단이 되기 위해 이를 언제나 회의 속에 두고 있는 한, 나는 이타적이지 않다. 그러므로 나의 열의는 가장 광신적인 자의 그것보다 조금도 못할 필요는 없지만, 동시에 나는 이 목적에 대하여 얼음처럼 냉정하게 불신을 가지며, 불구대천의 원수로 머물러 있다. 나는 계속 그 심판자로 남아 있다. 왜냐하면 나는 그 목적의 소유자이기 때문이다.

악마의 소유에 관련된 것이든 선한 정신의 소유든 간에 사로잡힌 상태에서 이타심은 번영한다. 저기에는 악덕이나 어리석음 등이 있고, 여기에는 겸손이나 헌신 등이 있다. 자기부정의 희생자를 만나지 않고 어디를 볼 수 있을까? 내 맞은편에 이미 10년 동안 그녀의 영혼을 위해 피비린내 나는 희생을 하고 있는 소녀가 앉아 있다. 그 요염한 자태 위로 치명적으로 지친 머리가 늘어지고 창백한 뺨은 그 젊음의 느린 퇴색을 보인다. 불쌍한 소녀여, 열정이 얼마나 자주 당신의 가슴을 두들겨 팼을지, 그리고 청춘의 넘치는 힘이 얼마나 자주 그 권리를 요구했을지! 당신의 머리가 부드러운 베개에 파묻혔을 때 깨어난 자연이 당신의 팔다리를 떨게 하고, 피가 당신의 혈관을 부풀리고, 불타는 환상이 당신의 눈에 환희의 빛을 쏟아부었을까! 그때 영혼의 유령과 영원한 행복이 나타났다. 당신은 겁에 질리고

•
75) 루터가 보름스 종교재판에서 한 말.

손이 접히고, 고통받는 눈이 천상을 향했다. 그리하여 당신은 기도를 올렸다. 자연의 폭풍은 잠잠해지고, 바다의 정적이 당신의 육욕을 돋우는 바다 위로 조용히 미끄러졌다. 서서히 지친 눈꺼풀은 그 아래에서 꺼진 생명 위에 가라앉고, 둥근 팔다리에서 인지하지 못한 긴장감이 솟아오르고, 심장에 거센 파도가 말라붙고, 접힌 손 자체가 저항하지 않는 가슴에 힘없는 무게를 얹고, 마지막으로 기절하고 '오!' 신음하며 영혼은 쉬고 있다. 당신은 아침에 새로운 전투에 눈을 뜨고 새로운 기도에 눈을 뜨기 위해 잠이 들었다. 이제 거부하는 습관은 당신의 욕망의 열기를 식히고, 당신의 젊음의 장미색은 당신의 천상의 백화증으로 창백해지고 있다. 영혼은 구원받았고 육체는 멸망하게 두는 것이 좋다! 오, 라이스[76]여, 오 니논[77]이여, 이 창백한 미덕을 경멸하기 위해 얼마나 노력하였는가! 미덕 속에서 늙어간 1천 명의 처녀에 맞선 저 자유로운 창녀(Grisette[78])여!

고정관념은 또한 '공리', '원리', '관점' 등으로도 인식될 수 있다. 아르키메데스[79]는 지구 밖에서 지구를 움직이려고 열망했다. 인간들은 언제나 그

··

76) 이는 고대 그리스의 창녀인 하이카라의 라이스(Lais of Hyccara, 기원전 340 사망)나 고린도의 라이스(Lais of Corinth)에 대한 언급일 수 있다. 철학자 데모스테네스가 하이카라의 라이스에게 접근하며 하룻밤 가격을 1천 드라크마로 주겠다고 하자 라이스는 그것을 1만 드라크마로 올렸다고 하는 이야기가 있다. 반면에 그녀는 시노페의 디오게네스(냉소주의자)에게는 대가 없이 자신을 제공했다고 한다.

77) 니논 드 랑크로(Ninon de l'Enclos, 1620~1705)는 17세기 프랑스의 창녀이자 작가이다. 자유사상가로 많은 연인이 있었고, 독립을 유지하기 위해 결혼하지 않았다. 그녀는 자신의 삶의 방식과 종교에 대해 개방적이었고, 종교가 없는 삶이 더 나을 것이라고 생각했다. 그녀는 또한 재치로 유명했다. 그녀의 살롱에는 당시의 저명인들이 많이 드나들었다.

78) Grisette는 원래 값싼 회색 천과 그것으로 만든 드레스를 뜻했으나, 시시덕거리고 성적으로 장난스럽고 개방적이라는 의미가 부가되었다.

79) 아르키메데스(Archimedes, 기원전 287~212)는 고대 그리스의 철학자, 수학자, 천문학자, 물리학자 겸 공학자이다. 물리학 분야에서 정역학과 유체정역학을 연구했으며 지레의

러한 입장을 계속해서 추구했고, 가능한 한 그 입장을 고수했다. 이 낯선 입장은 정신의 세계, 이념의 세계, 사상의 세계, 개념의 세계, 본질 등의 세계이다. 이것은 천국이다. 하늘의 '입장'에 기초하여 지구가 움직이고, 지상의 활동이 감시되고 경멸된다. 하늘을 확신하고, 영원히 하늘의 입장을 굳건히 차지하기 위해, 인류가 얼마나 고통스럽고 지칠 줄 모르게 투쟁했는가!

그러므로 기독교는 자연에 의해 결정된(자연에 의해 규정된) 삶에서, 우리를 움직이게 하는 욕망으로부터 우리를 해방시키는 것을 목표로 삼았다. 따라서 기독교는 인간이 그 욕망에 의해 결정되지 않도록 하려 했다. 그것이 뜻하는 바는, 그가 어떤 욕망도 소유해서는 안 된다는 것이 아니라, 욕망이 그를 소유해서는 안 되며 욕망이 고정되거나 통제될 수 없거나 해체되지 않아야 한다는 것이다. 그런데 욕망에 반하여 기독교(와 종교)가 꾸민 일을, 우리 자신의 정신(사상, 관념, 이념, 신앙 등)이 우리를 규정해야 한다는 기독교 자체의 계율에 적용하여서는 안 되는 것일까? 즉 정신이나 관념, 이념이 또 우리를 규정해서는 안 되고, 고정하여 모독해서는 안 되는 '신성한' 것으로 되는 것을 허용해서는 안 되는 것일까? 그러면 그것은 정신의 해체, 모든 사상의 해체, 모든 관념의 해체로 끝날 것이다. 앞에서 '우리가 참으로 욕망을 소유해야 하고, 욕망이 우리를 소유하게 해서는 안 된다'고 말해야 했던 것처럼. 이제 우리는 '우리가 참으로 정신을 소유해야 하지 정신이 우리를 소유하게 해서는 안 된다'고 말해야 한다. 만일 후자의 경우 좋은 감각이 부족해 보인다면 다음과 같은 것을 생각해보라. 즉 인간이 너무 많으면 하나의 사상이 '공리'가 되고, 이에 따라 그 자신이 그것의 포로가 되는 상태에 빠지며, 그 결과 그가 공리를 소유하는 것이 아

∴∙

원리를 설명한 것으로 유명하다.

니라 공리가 그를 소유하게 된다는 것이다. 그리고 공리에 의해 그는 다시 하나의 '확고한 입장'을 가지게 된다. 교리문답의 여러 교의는 무심코 우리의 원칙이 되며 더 이상 어떤 거부도 허용하지 않는다. 그러한 사상 또는 정신은 유일한 권력을 가지고 있으며 '육체'의 항의에도 더 이상 귀를 기울이지 않는다. 그럼에도 불구하고 내가 정신의 폭정을 깨뜨릴 수 있는 것은 '육체'를 통해서만 가능하다. 왜냐하면 인간이 자신의 육체에도 귀를 기울일 때에만 자신에게 완전히 귀를 기울일 수 있고, 그가 자신에게 완전히 귀를 기울일 때에만 그는 이해하는 존재이거나 이성적인 존재가 되기 때문이다. 기독교인은 노예 본성의 비참함을 깨닫지 못하고 '겸손'하게 산다. 그러므로 그는 자신에게 닥친 고난에 대해 불평하지 않는다. 그는 자신이 '정신의 자유'에 스스로 만족한다고 믿는다. 그러나 언젠가 육체가 발언의 기회를 얻어 그 어조가 그럴 수밖에 없듯이 '열정적으로', '장식적으로', '성향이 좋지 않게', '악의를 가지고' 울릴 때 그는 악마의 목소리를, 정신에 반하는 소리를 듣는다고 생각하고(왜냐하면 절도, 온화함, 친절함 등은 그야말로 정신이기 때문이다) 당연히 이에 반항한다. 만일 그가 기꺼이 이를 허용한다면 그는 더 이상 기독교인이 될 수 없다. 그는 오로지 도덕에만 귀를 기울이고 부도덕에는 사사건건 이의를 단다. 그는 합법성에만 귀를 기울이고 불법적인 말은 금한다. 도덕성과 합법성의 정신은 강고하고 구부러지지 않는 주인으로서 그를 포로로 잡는다. 그들은 그것을 '정신의 지배'라고 부르며 이는 동시에 정신의 입장이기도 하다.

이제 평범한 자유주의 신사들은 누구를 자유롭게 만들기를 바라는가? 그들은 누구의 자유를 부르짖고 갈망하는가? 바로 정신의 자유이다! 그것은 도덕성, 합법성, 경신, 신에 대한 두려움의 정신이다. 그것은 또한 반자유주의의 신사들도 원하는 것이다. 그리하여 양자의 모든 투쟁은 이익을 둘러싸고 바뀌어 후자가 유일하게 발언권을 갖거나, 아니면 전자가 '그 이익을 함께 맛보는 것'을 허용하는 것이 된다. 정신이 양자 모두에게 절대적인 주인으로 남아 있으며, 그들의 유일한 싸움은 '신의 대리자'와 관련된 계층적 왕좌를 누가 차지할 것인지에 관한 것이다. 그것의 가장 좋은 점은 역사의 야수들도 자연의 야수와 같이 서로 죽일 것이라는 확신을 가지고 그것을 침착하게 바라보는 것이 최상이라는 것이다. 그것들의 부패한 시체는 우리의 농작물을 위해 땅을 비옥하게 할 것이다.

우리는 사명, 진실성, 사랑 등과 같은 다른 많은 망상으로 나중에 다시 돌아올 것이다.

자기 자신의 고유한 것이 그에게 주어진 것과 대립할 때, 우리가 고립시킨 것은 소유할 수 없지만 모든 것을 우주 질서의 일부로 두고, 따라서 우리 주변에 있는 것에 대한 인상을 통해 그것을 '주어진 것'으로 소유한다는 반론은 의미를 갖지 않는다. 왜냐하면 다른 것들에 의해 나에게 환기되는 감정 및 사고와 나에게 주어진 감정 및 사고 사이에는 큰 차이가 있기 때문이다. 신, 불멸, 자유, 인간성 등은 우리의 내면을 다소 강하게 움직이는 사유와 감정으로, 우리가 모르는 사이에 우리를 지배하거나, 또는 더 풍요로운 자질로 여러 가지 시스템과 예술작품을 통해 자신을 나타낼 수 있기 때문에 어린 시절부터 깊은 인상을 받는다. 그러나 그것들은 항상 각성되는 것이 아니라 주어진 감정이다. 왜냐하면 우리는 그것들을 믿고 그것에 매달려야 하기 때문이다. 하나의 절대적인 것이 있고, 그 절대적인 것을 우리가 받아들이고 느끼고 생각해야 한다는 것은, 그 절대를 인식하고 표현하는 데 자기 정신의 모든 힘을 바친 자들에게는 확실히 신앙으로 정착되었다. 절대적인 것에 대한 감정은 이제 거기에 부여된 것으로 존재하며, 그 이후로는 오로지 그 감정 자체가 참으로 가장 다양하게 계시되는 것을 기대할 뿐이다. 그래서 가령 클롭슈토크[80]의 종교적 감정은 그의 작품인 「메시아」에서 단순히 예술적으로 표현되었지만, 하나의 주어진 감정이 되었다. 반면에 그가 발견한 종교가 그에게는 단순히 감정과 사유에 대한 자극일 뿐이고 그가 종교와 완전히 자기적인 것에 대해 모든 것을 분별했다고 한다면, 결과는 종교적 앙양 대신에 종교 자체의 해체 및 소멸이었을 것이다. 그런데 그는 성년이 되어도 어린 시절에 받은 유치한 감정을 계속 유지했고, 어린 시절의 유치한 일을 꾸미는 데 그의 청년기의 힘을 쏟았다.

따라서 차이점은 그 감정이 나에게 전달되는 것인가, 아니면 내 안에서만 유발되는 것인가라는 것이다. 유발된 것은 자기 고유의 이기적인 것이다. 왜냐하면 그것은 감정으로 나에게 각인되거나 나에게 지시된 것이 아니기 때문이다. 그러나 전자에 대해서는 나는 두 팔을 벌려 그것들을 유산으로 내 안에서 소중히 여기고, 그것들을 기르고 그것에 사로잡힌다. 설령 어떤 결과가 되어도 우리 안에 감정을 창출하도록 우리 자신에게 맡기지 않고, 우리의 모든 교육이 우리 안에 감정을 창출하도록, 즉 그것을 우리에게 불어놓도록 의도한다는 것을 의식적으로나 무의식적으로나 알아차린 적이 없는 인간이 있을까? 우리가 신의 이름을 듣는다면 우리는 신에 대해 존경심을 느끼고, 폐하의 이름을 들으면 외경과 존경과 복종으로 받아들여야 한다. 또한 도덕이라는 이름을 듣게 되면 우리는 불가침의 말을 듣는다고 생각해야만 하고, 우리가 사악한 사람이나 사악한 일에 대해 듣게 되면 몸서리를 쳐야만 된다 등등. 여하튼 이러한 감정이 목표가 되어서

---

80) 프리드리히 고트리프 클롭슈토크(Friedrich Gottlieb Klopstock, 1724~1803)은 독일 근대 시의 개척자이다. 「메시아(Der Messias)」는 밀턴의 「실낙원」처럼 장편의 종교시이지만 서정적인 감정 표현이 강하다.

가령 '악인'의 행위를 즐겨 듣는 자는 '징계와 교화'의 지팡이로 가르쳐야 할 것이다. 이렇게 부여된 감정으로 가득 찬 우리는 다수의 기준 앞에 나타나 '어른이라고 말해지는' 것이다. 우리의 무장은 '고양되는 감정, 고상한 사상, 영감을 주는 계율, 영원한 원리' 등으로 성립된다. 젊은이들은 노인처럼 늙어갈 때 성숙해진다. 그들은 오래된 노래를 배우기 위해 학교를 다니며, 이 노래를 정신 속에 가질 때 성인이 된다.

우리는 우리 앞에 오는 모든 일과 이름에 대해 우리가 느낄 수 있고 느끼고 싶은 것을 허용해서는 안 된다. 가령 신의 이름으로 우리는 우스운 일을 생각해서는 안 되고, 무례한 것을 느끼지 않아야 하며, 그 이름을 언급할 때 우리가 무엇을 어떻게 느끼고 생각해야 하는지 지시받아야 한다.

내 영혼이나 정신은 내가 원하는 대로가 아니라 다른 인간들이 옳다고 생각하는 대로 조정된다는 것이 영혼을 교화하는 것의 의미이다. 그러나 적어도 이런저런 이름을 들으면서 어디까지나 자신의 고유한 감정을 견지하고, 우리의 말에서 엄숙한 얼굴과 차분한 표정을 기대하는 많은 인간들에게 커다랗게 웃어 보이기에는 그리 많은 어려움이 필요하지 않다. 그러나 부여된 것은 우리에게 낯선 것이고, 우리 자신의 고유한 것이 아니므로 따라서 이는 '신성한' 것이며, '그것에 대한 신성한 두려움(heilige Scheu)'을 버리는 것은 힘든 일이다.

오늘날 우리는 다시금 '진지함'이 찬양되는 것을 듣는다. '참으로 매우 중요한 주제와 토론에 대한 진지함', '독일적인 진지함' 등의 '진지함'이라는 식으로. 이러한 진지함은 이미 어리석음과 사로잡힌 상태가 얼마나 오랫동안 심각하게 되었는지를 분명히 보여준다. 즉 자신의 어리석음의 중심에 올 때의 바보보다 더 진지한 것은 없다. 그때 그는 대단한 진지함 때문에 더 이상 농담을 할 수 없다(정신병 환자를 보라).

(3) 위계질서

나는 여기서 몽골족[81]에 대한 역사적 반성을 삽화처럼 삽입하고자 한다. 그러나 이는 철저하거나 확실하게 주장하는 것이 아니며, 굳이 증거 제시를 위해 노력하지도 않겠다. 내가 이 반성을 제시하는 유일한 이유는 오로지 나머지를 해명하는 데 도움이 될 수 있을 것 같기 때문이다.

세계사의 형성은 본래 모두 백인(코카서스 인종[82])에 속하는 것으로, 지금까지 세계 역사는 두 개의 백인 시대를 거쳐온 것으로 생각된다. 그중 제1기에서는 본래의 흑인성(Negerhaftigkeit)을 상대로 하여 우리는 어렵게 격투해야 했다. 이어 제2기에서는 몽골성(Mongolenhaftigkeit)[83]이 뒤따랐으며, 이것도 마찬가지로 끔찍하게 끝났다. 흑인성은 고대를 나타낸다. 즉 사물(수탉 먹이기, 새의 비상, 재채기, 천둥과 번개, 신성한 나무의 바스락거리기 등등)에 의존한 시대이다. 몽골성은 사상, 즉 기독교 사상에 의존한 시대다. 그리고 미래에는 자아가 사물세계의 소유자이고, 정신세계의 소유자라는 말이 예약되어 있다.

흑인 시대에는 세소스트리스의 원정(遠征)[84], 이집트와 북아프리카 전반에 중대사[85]가 있었다. 몽골 시대에는 멀리 러시아에 미친 훈족과 몽골인

81) 이 책에서 몽골이나 중국이나 일본에 관련된 언급은 그 자체에 대한 이야기라기보다는 독일에 대한 이야기로서 당대의 엄격했던 검열을 피하기 위한 위장술이다.

82) 코카서스 인종(Caucasoids)은 현생 인류에 대한 인종 분류 중 하나로, 코카시아 인종(Caucasian)이라고도 한다. 유럽을 중심으로 아메리카, 서아시아, 남아시아, 오세아니아(오스트레일리아, 뉴질랜드) 등에 사는 인류 집단이다.

83) 중국성이라고도 할 수 있다. 전제성 내지 종속성의 의미로 당대 독일의 반동적 전제정을 말한다.

84) 세소스트리스(Sesóstris)는 고대 이집트 왕인데, 헤로도토스에 따르면 유럽 일부 지역으로 군사 원정을 이끌었다.

의 원정[86]이 있었다. 신과 세상에도 같은 것이 해당되지만, 비자아(非自我, Nicht-Ich)라는 단단한 다이아몬드가 엄청난 가격을 지니고 있는 한 나의 가치는 높게 평가될 수 없다. 비자아는 나에 의해 소비되고 흡수되기에는 여전히 너무 딱딱하고 굳어 있다. 더 정확히 말하자면 신체를 완전히 먹어 없애지 않으므로, 기생 생물이 신체에서 바로 그 신체의 체액으로부터 양분을 배양하듯이, 사람들은 이러한 움직일 수 없는 것(Unbeweglichen)에, 다시 말해 이러한 실체(Substanz) 주변에서 대단히 부지런히 비굴하게 굴 뿐이다. 그것은 해충의 근면함, 몽골인의 근면함이다. 중국인들 사이에서는 모든 것이 예전 그대로 남아 있고 '본질적'이거나 '실체적'으로는 어떤 변화도 겪지 않는다. 더 적극적으로 그들은 '오래된 것', '조상' 등의 이름을 가진 잔존물을 위해서 점점 더 열심히 일한다.

따라서 우리의 몽골 시대에는 모든 변화가 파괴적이거나 소모적이거나 소멸적인 것이 아니라 오로지 개혁적이거나 개선적일 뿐이었다. 실체, 즉 객체는 남아 있다. 우리의 모든 근면함은 개미의 활동과 벼룩의 도약, 객체의 움직이지 않는 망을 걸친 요술, 불변의 것 또는 '영원한' 지배 아래의 강제노동에 불과했다. 중국인은 규범 속에 완전히 매몰되었기 때문에 의심할 여지없이 가장 긍정적인 민족이었다. 그러나 기독교 시대는 긍정적인 것에서, 즉 '제한된 자유', '특정 한계 내'의 자유에서 나오지 않았다. 문명의 가장 발전된 단계에서 이 활동은 과학적 활동이라는 이름을 얻었다. 그것은 움직이지 않는 전제, 이론의 여지가 없는 가설에 근거하여 붙여진 이

..

85) 7~8세기에 이슬람 국가인 사라센제국이 이집트에서 북아프리카와 스페인까지 점령하고 프랑크왕국을 공격했다.
86) 13세기 징기스칸의 몽골군이 러시아 동남 쪽으로부터 동유럽 발칸 반도를 공격했다.

름이다.

처음의 가장 불분명한 형태로서 도덕(Sittlichkeit)은 관습(Sitte)으로 나타
난다. 자기 나라의 습속과 관습에 따라 행동하는 것은 여기서 도덕적인
(sittlich) 것이 된다. 그러므로 순수한 도덕적 행동, 명확하고 순수한 도덕
은 중국에서 가장 분명하게 실행된다. 그들은 오래된 습관과 습속을 묵수
하고 모든 혁신을 사형에 합당한 범죄로 증오한다. 왜냐하면 혁신은 습관,
전통, 영속성의 치명적인 적이기 때문이다. 사실 인간은 습관을 통해 사물
과 세상의 완강함에 맞서 자신을 보호하고, 혼자서 편하게 느끼는 자신만
의 세상을 세워 하나의 천국으로 만든다. 이는 의심의 여지가 없다. 그러
나 '천국'은 어떤 소원한 것도 없고 더 이상 인간을 규정하고 지배하지도
않으며, 어떤 지상의 영향도 더 이상 그에게 자기를 소외시키지 않는 인간
의 본원적 고향이라는 것 외에 다른 의미가 없다. 요컨대 거기에서는 지상
적인 것의 찌꺼기가 일소되고 세계와의 전투가 끝난 것이다. 그러므로 더
이상 그것을 거부할 수 없다. 천국은 부정의 끝이며 자유로운 누림이다.
거기에서 인간은 더 이상 자신을 거부할 수 없다. 왜냐하면 더 이상 그에
게 이질적이고 적대적인 것이 없기 때문이다. 그러므로 이제 습관은 '제2의
본성'으로, 인간을 최초의 원초적 자연상태에서 분리하고 해방시켜 그러
한 자연성의 모든 우연성으로부터 그를 보호한다. 완전히 정교해진 중국
인의 습관은 모든 돌발사에 대비해왔으며 모든 것에 대해 '준비'가 되어 있
다. 무슨 일이 생겨도 중국인은 언제나 자신이 어떻게 행동해야 하는지 항
상 알고 있으며, 먼저 상황이 벌어진 뒤에 자기 행동을 결정할 필요가 없
다. 중국의 고요한 하늘에서는 예견되지 않은 사건이 일어나는 법이 없다.
도덕적으로 길들여진 중국인은 놀라지 않고 방심하지 않는다. 그는 모든
일에 대해 태연하게, 즉 동일한 용기와 감정으로 행동한다. 왜냐하면 그의

전통적 습관의 계율에 의해 준수된 그의 감정은 평정심을 잃지 않기 때문이다. 그러므로 도야(교양) 또는 문화의 사다리에서 인류는 습관을 통해 첫 번째 계단을 오른다. 그리고 그들이 문화로 올라가는 것은 동시에 문화의 영역 또는 제2의 자연계인 천국으로 올라간다고 생각하기 때문에 실제로는 천국으로 가는 사다리의 첫 번째 계단에 오르는 것이다.

몽골인이 정신적 본질의 존재를 확립하고 정신계인 천국을 창조했다고 하면, 백인(코카서스인)들은 이 정신적 본질과 수천 년 동안 씨름하여 그 근간에 도달했다. 그렇다면 그들은 몽골적 근간 위에 건설하는 것 외에 무엇을 하고 있었는가? 그들은 누각을 모래 위에 지은 것이 아니라 공중에 지었다. 그들은 몽골적인 것과 씨름하고 몽골의 천국인 하늘(Thiän)을 습격했다. 그렇다면 그들은 언제 이 천국을 멸망시킬 것인가? 그들은 언제 진정한 백인이 되고 스스로를 발견하게 될까? '정신의 불멸'이라고 표시한다면 더욱 확고한 것이 된다고 믿었던 '영혼의 불멸'은 언제 정신의 불멸로 될 것인가?

몽골족과의 엄청난 투쟁에서 백인들은 하나의 천국을 세웠다. 그때 몽골풍으로 물들여지는 가운데 천국과 관련이 있어야 했기 때문에, 백인들의 과제는 그 반대의 임무를 맡았다. 즉 풍습의 천국을 파멸시킨다는 과제, 천국을 궤멸시키는 일을 받았다. 모든 인간의 규범을 파헤쳐서 청소한 그 장소에 하나의 새롭고 더 나은 것을 창설하는 것, 모든 습속을 파괴하여 그 대신 더 새롭고 더 나은 관습을 제자리에 두기 위한 것에 그들의 행위는 제한되었다. 그렇다면 그들은 정말로 그들이 원하는 최종 목표에 도달했는가? 아니다, 이 '더 나은' 창조에서 그들은 몽골성으로 오염되었다. 그들은 하나의 천국을 다시 만들기 위해서 천국을 파괴할 뿐이고, 하나의 새로운 폭력을 정당화하기 위해 오래된 폭력을 전복시키는 것만으로 개량하는 것에 불과하다. 그럼에도 불구하고 새로운 접근이 있을 때마다 눈앞에서 사라질 수 있는 목표는 천국이나 관습 등의 실제적이고 완전한 파괴로 오로지 세상에 대항하여 확보된 것에 불과한 사람의 고립 또는 내면성의 몰락에 있는 것이다. 문화의 천국을 통해 인간은 세상으로부터 자신을 고립시키고 그 적대적인 힘을 깨뜨리려고 노력한다. 그러나 이 천국적 고립은 마찬가지로 깨뜨려져야 하며, 천국 습격의 진정한 끝은 천국의 몰락, 천국의 소멸이다. 개선하고 개혁하는 것은 백인의 몽골성이다. 왜냐하면 그들 백인은 이미 존재했던 것을, 즉 하나의 계율을, 하나의 보편성을, 하나의 천국을 항상 다시 세우기 때문이다. 그들은 천국에 대해 가장 이해할 수 없는 적대감을 품고 있지만 매일 새로운 하늘을 건설한다. 하늘을 하늘에 쌓아올리고, 그들은 하나의 천국으로 다른 천국을 부수기만 한다. 유대인의 천국으로 그리스인의 천국을 파괴하고, 기독교인의 천국으로 유대인의 천국을 파괴하며, 프로테스탄트의 천국으로 가톨릭의 천국을 파괴하는 등등. 백인 혈통의 천국 습격자가 그 몽골적 외피를 버릴 때 그들은 감정적인 인간을 거대한 정신세계 아래에 묻고, 고립된 인간을 고립된 세계 아래에 묻으며, 천국 예찬자를 그 천국 밑에 묻는다. 그리하여 천국은 정신의 왕국이 되고, 정신적 자유의 왕국이 된다.

천상의 영역, 즉 정신과 망령의 영역은 사변철학에서 그 고유한 체계를 찾아낸다. 거기에서 그 천상의 영역은 사유의 영역, 개념 및 이념의 영역으로 불린다. 천국은 사유와 이념이 사는 곳이고, 이 '정신의 영역'이 진정한 현실이 되는 곳이다.

정신을 위한 자유를 얻고자 하는 것이 몽골주의다. 정신의 자유는 몽골적 자유, 감정의 자유, 도덕적 자유, 도의적 자유 등이다.

우리는 '도덕'이라는 단어를 자기활동, 자기규정과 동의어로 본다. 그러나 사실은 그렇지 않다. 오히려 백인은 몽골적 도덕에도 불구하고, 도리어 자기활동적으로 이를 증명했다. 몽골적 천국 또는 관습은 여전히 강력한 요새[87]로 남아 있고, 백인(코카서스인)은 오로지 이 요새를 끊임없이 공격함으로써 스스로 도덕적임을 증명했다. 만약 백인이 더 이상 도덕과 관계를 맺지 않는다면, 불굴의 지속적인 적이 없었다면 관습과의 관계는 멈출 것이고, 따라서 도덕과의 관계도 멈출 것이다. 그러므로 그의 자기활동은 여전히 도덕적인 것이라는 점, 그것은 그야말로 그 활동에서 몽골적일 뿐이고, 그가 그 점에서 자신에게 도달하지 않았다는 증거이다. '도덕적 자기활동'은 전적으로 '종교적이며 정통적인 철학', '입헌군주제', '기독교 국가', '특정 한계 내에서의 자유', '언론의 제한된 자유' 또는 병상에 갇힌 영웅의 모습에 해당된다.

인간은 망령에 대한 신앙(Gespensterglauben)만이 아니라 정신에 대한 신앙(Glauben an den Geist)도, 정령신앙(Geisterglauben)만이 아니라 정신적인 신앙(Geistesglauben)도 버릴 수 있는 힘을 갖기 전까지는 샤머니즘과 그 환상을 진정으로 극복하지 못한다.

'유령을 믿는 인간'은 정신을 믿는 인간보다 '더 높은 세계로의 진출'을 더 이상 가정하지 않으며, 둘 다 감각적인 세계 뒤에서 초감각적인 세계를 추구한다. 즉 그들은 참으로 다른 세계를 생산하고 믿으며, 양자의 정신적 산물인 이 다른 세계란 하나의 정신적인 세계이다. 물론 그들의 감각은 그 별도의 감각적이지 않은 다른 세상을 파악하거나 알지 못한다. 오직 그들의 정신만이 그곳에 살고 있다. 정신적 본질의 실재에 대한 몽골적 신앙

..

87) 슈티르너는 루터의 찬송가 「강력한 요새는 우리의 신이다(Ein feste Burg ist unser Gott)」를 참조하고 있다.

에서 인간의 참된 본질도 그의 정신이며, 모든 관심이 오직 이것, 즉 '영혼의 구원'에 향해야 한다는 점까지 귀착하는 것은 어렵지 않다. 이로써 소위 '도덕적 영향'이 정신에 미치는 영향이 보장된다.

따라서 몽골성이 감성의 완전한 결여, 무감각적 본성과 부자연스러움을 대표하며, 수천 년 동안 지속된 우리의 죄의식이 몽골적 고뇌였다는 것이 분명해진다.

그러나 누가 정신을 아무것도 아닌 것으로 해소하는가? 정신을 이용하여 자연을 아무것도 아닌 것, 유한한 것, 일시적인 것으로 나타낼 수 있는 인간만이 홀로 정신을 같은 허무로 전락시킬 수 있다. 그것을 할 수 있는 것은 자아이다. 여러분 각자가 절대적인 자아로 군림하고 창조하는 경우, 당신들 각자는 그것을 할 수 있다. 한마디로 에고이스트가 할 수 있다.

신성한 것 앞에서 인간들은 모든 힘과 용기를 잃는다. 그들은 신성한 것에 대해 무력하고 고분고분한 태도를 취한다. 그러나 어떤 존재(Ding)도 그 자체로 신성한 것이 아니라 오로지 나의 신성화선언(Heiligsprechung)에 의해, 나의 말, 나의 판단, 나의 무릎 굽힘, 즉 나의 양심에 의해 그것은 신성한 것이 된다.

에고이스트에게는 접근할 수 없고 만져서도 안 되는 모든 것, 즉 그의 힘을 벗어나는 것, 그를 넘어서는 것이 모두 신성한 것이다. 즉 모든 양심 문제는 신성하다. 왜냐하면 '이것은 나에게 양심의 문제'라는 것은 단순히 '이것을 내가 신성하게 본다'는 의미이기 때문이다.

동물과 같이 어린이에게는 아무것도 신성하지 않다. 왜냐하면 신성한 것이라는 표상(Vorstellung)을 가능하게 하기 위해서는, '좋고 나쁜, 정당하고 부당한' 등등과 같은 것들의 차이를 이해할 수 있는 데까지 이미 도달했어야만 하기 때문이다. 그러나 그러한 정도의 반성 또는 오성에 의해서만 — 종교의 고유한 입각점에 의해서만 — 자연스러운 두려움의 자리를 '신성한 두려움'이라는 자연스럽지 않은(다시 말해 사유에 의해서 비로소 존재하게 되는) 경외심(Ehrfurcht)이 대신할 수 있다. 그것을 위하여 다음과 같은 사실이 필요하다. 즉 사람들은 자신의 외부에 어떤 것을 더 강력한, 더 큰, 더 정당한, 더 나은 것 등등으로 간주하는 것, 다시 말해서 어떤 낯선 힘을 인정하고, 그다음에 그 낯선 힘(Macht eines Fremden)을 단순히 느끼는 것이 아니라 오히려 명확하게 인정하고, 그것에 항복하고, 자신을 속박하도록 한다(헌신, 겸손, 굴종, 순종 등등)는 것이다. 여기에 '기독교적 미덕'이라는 완전한 유령 같은 무리가 배회하고 있다.

당신이 존경하거나 경의를 표하는 모든 것은 신성한 이름을 받을 자격이 있다. 그리고 당신 자신도 그것에 손을 얹으면 '신성한 두려움'을 느낄 것이라고 말한다. 그리고 당신은 부정한 것(교수형, 범죄 등)에도 이 색조를 부여한다. 당신은 그것을 만지는 것을 두려워한다. 그 안에는 낯설거나 자기의 것이 아닌 무엇인가 무의미한 것이 있다.

'사람들에게 만약 어떤 신성한 것으로 간주되지 않는다면, 그야말로 모든 문은 자의적으로, 무한한 주관성에 의해 열릴 것이다!' 두려움이 먼저 시작되고 가장 거친 인간조차 두려워하게 만들 수 있다. 그러므로 이미 그것은 스스로의 대담한 무례에 대한 하나의 방어벽이다. 그러나 두려움 속에는 여전히 속임수, 간계, 술책 등을 통해 두려워하는 것으로부터 자신을 해방시키려는 시도가 항상 남아 있다. 이와 반대로 경외심에서는 전혀 그렇지 않다. 여기서는 무언가 두려워할 뿐만 아니라 존경받는 경우도 있기 때문이다. 두려워하는 것은 하나의 내적인 힘이 되어 자아는 더 이상 그것을 벗어날 수 없다. 나는 그것을 존중하고, 그것에 매료되고, 그것에 헌신하고, 그것에 종속된다. 내가 바치는 존경에 의해 나는 그 힘 안에 완전히 들어가며 더 이상 해방을 시도하지 않는다. 그리하여 이제 나는 신앙의 모든 힘을 바쳐 그것에 집착한다. 나는 신앙하는 것이다. 나와 내가 두려워하는 것은 하나이다. "내가 사는 게 아니라, 존경이 내 안에 살아 있는 것이다!"[88] 왜냐하면 무한한 정신은 어떤 끝도 허용하지 않기 때문이고, 따라서 정신은 정지된다. 정신은 사멸을 두려워하고, 정신은 자신의 주인 예수를 놓을 수 없다. 유한한 것의 위대함은 더 이상 멀어버린 눈으로는 인식되지 않는다. 이제 숭배의 대상이 된 두려움의 대상은 더 이상 다루어서는 안 된다. 외경(畏敬)은 영원화되고, 존경받는 자는 신성화된다. 그리하여 인간은 더 이상 창조적이지 않고 학습적(알고 탐구하는 등)이 된다. 즉 하나의 고정된 대상에 구애되어 몰두하고, 자신에게로 돌아가지 않고 깊이에서 자신을 잃는다. 대상과의 이러한 관계는 지식, 탐구, 논증 등의 관계이지 해체(소멸 등)의 그것이 아니다. 확정되는 것이란 '인간은 종교적이어야 한다!'는 것이다. 그러므로 인간들은 이것이 어떻게 달성되어야 하는지, 종교성의 올바른 의미가 무엇인지 등에 대한 질문만 다룬다. 만일 인간들이 공리 그 자체를 의심하게 하고, 설령 그것이 뒤집어질 수 있다고 할지라도 그것을 의심할 때 사태는 전적으로 다를 수 있다. 도덕도 그러한 신성한 개념의 하나다. 즉 인간은 도덕적이어야 하며, 그렇게 될 수 있는 올바른 길, 바른 존재방식만을 찾아야 한다는 것이다. 그러나 인간은 도덕 그 자체를 결코 의문에 붙이지 않고, 그 자체가 하나의 기만적인 환영이 아닌지를 묻지도 않는다. 도덕은 모든 회의 위에 숭고하며 변하지 않는 것이다. 그래서 성스러운 것은 한걸음씩 승화되어 '성스러운' 것에서 '최고로 성스러운' 것으로 계속 나아간다.

••

88) 「갈라디아서」, 2장 20절.

인간은 때때로 교양인과 무교양인[89]이라는 두 종류로 구분된다. 전자는 그 이름에 합당할 만큼 사상과 정신에 관심을 두었고, 사상을 그 근본원리로 삼은 기독교 이후 그들은 지배자였기 때문에 그들에 의해 승인된 사상에 대하여 노예적인 존경을 요구했다. 국가, 황제, 교회, 신, 도덕, 질서 등은 그런 사상이나 망령으로서 오직 정신에서만 존재한다. 오로지 살아 있는 존재인 동물은 어린아이와 마찬가지로 그러한 것들에는 전혀 신경을 쓰지 않는다. 그러나 무교양인은 실제로 어린아이일 뿐이며, 오로지 자신의 삶의 필요에만 관심을 기울이는 그들은 그러한 망령에 무관심하다. 그러나 그 또한 망령에 대해 역시 약하기 때문에 그 권력에 굴복하고 사상에 의해 지배된다. 이것이 위계질서(Hierarchie)[90]의 의미이다.

위계질서란 사상의 지배이고, 정신의 지배이다!

우리는 오늘날까지도 위계질서적이고, 사상을 근거로 삼는 자들에 의해 억압당하고 있다. 사상은 성스러운 것이라고도 한다.

그러나 그 양자는 서로 충돌한다. 교양인이 무교양인에 대해, 또 그 반대로 항상 충돌한다. 이제 하나와 다른 하나가 공격을 가하고, 이 충돌은 양자의 충돌뿐만 아니라 같은 쪽의 인간들 사이에서도 발생한다. 왜냐하

..
89) 문명인과 비문명인(야만인)이라는 번역도 가능하다.
90) 영어 hierarchy의 어원인 그리스어 hierarkhia는 '성자의 지배'를 의미하여, 로마 가톨릭교회의 조직 원칙을 뜻했다. 교회에서는 성직자와 평신도가 나뉘고, 성직자는 교황을 최상위로 하여 주교, 사제, 부제의 단계로 나뉜다. 또 세속의 국가도 중세에는 교회의 인가 아래에서만 그 통치권을 얻어, 제왕도 교황 아래의 단계에 속하였다. 이처럼 교황을 정점으로 엄격한 상하의 단계적 조직을 '하이어라키'라고 한다. 그것은 얼핏 보면 생각하지 않음이다. 그러나 생각의 지배는 내가 생각에 굴복하기 때문에 발생하는 것이다. 내가 자유로운 것이 아니라 생각들이 자유롭다면 나는 생각들의 노예이기 때문에, 그때 나는 생각들의 노예에서 벗어나기 위하여 생각하지 않아야 한다는 것이다. 굴복의 이유는 자아의 굴복이기에 굴복에서 벗어나는 것도 '나'의 생각하지 않음에서 시작할 수 있는 것이다.

면 어떤 교양인도 사물에서 완전하게 즐거움을 찾지 못할 만큼 교양화되어 있지는 않고, 완전히 무사상인 무교양인도 없기 때문이다. 가장 교양 있는 인간조차도 사물에 대한 갈망이 무엇인지, 그리고 '공허한 이론'에 대해 모두 어떤 혐오를 품고 있는지가 헤겔에 의해 마침내 밝혀졌다. 이와 함께 현실의 사물 세계는 모두 사유와 일치하며, 어떤 개념도 현실 없이는 있을 수 없게 되었다. 이로 인해 헤겔의 체계에 가장 객관적이라는 이름이 부여되었는데, 마치 그 안에서 사유와 사물이 합일을 축하하는 것처럼 보였다. 그러나 이것은 사유의 가장 극단적인 횡포이고, 사유의 최고 폭정이자 절대적인 지배이며, 정신의 승리이고, 이에 수반된 철학의 승리인 것이다. 그 뒤로 철학은 더 높은 어떤 것도 성취할 수 없다. 왜냐하면 철학의 최고 형태는 정신의 전능함, 정신의 전권이기 때문이다.[91] 정신적인 인간들은 실현되어야 할 무언가를 머릿속에 설정하고 있다. 그들은 사랑이나 선과 같은 개념들이 실현되기를 바란다. 그러므로 그들은 더 이상 이기심이 아니라, 각자 '사랑으로' 행동하는 사랑의 왕국을 지상에 세우기를 원한다. 사랑이 지배해야 한다는 것이다. 그들이 머릿속에 세운 것을 고정관념이라고 하는 말 외에 무엇이라고 부를까? '그야말로 그들의 머릿속에는 유령이 배회하고 있다.' 가장 억압적인 유령은 인간이다. '파멸에의 길은 선의로 포장되어 있다'라는 속담을 생각해보라. 자기 안에 있는 인간성을 전적으로 현실화하고 완전하게 인간이 되려고 하는 의도는 그토록 파멸적인 일이다. 여기에 선하고, 고귀하고, 사랑으로 가득하려는 등의 의도가 속한다.

∴

91) (원주) 루터와 박애주의자 등은 교양과 지성을 증오했다. 그들은 모든 기독교적 인간의 내면에 그러한 것이 있음을 간과하고 오로지 학식 있고 세련된 교양만을 공격했다.

브루노 바우어는 『회상록』의 여섯 번째 노트에서 다음과 같이 말한다. "최근 역사에서 그토록 끔찍한 중요성을 인정받게 된 부르주아 계급은 어떤 자기희생적인 행동도 할 수 없으며, 이념에 대한 열정도 없다. 그들은 자신들의 평범한 이익에만 전념한다. 즉 그들은 항상 그 자신에게만 제한되어 있고, 오로지 그 많은 수를 통해서만 승리하고, 그것에 의해 그들은 정열, 감동, 철저함의 여러 노력에 진력하고, 새로운 이념의 일부를 그 표피에 흡수하는 것을 통해 승리하고 있다."[92] 그리고 그 앞에서는 다음과 같이 말한다. "부르주아 계급은 그들이 아니라, 비이기적이거나 열정적인 인간들이 스스로를 바치는 여러 가지 혁명적 사상을 오로지 자신들에게 적합하도록 바꾸고, 정신을 돈으로 바꾸었다. 물론 그러한 여러 이념으로부터 가시와 일관성, 즉 파괴적으로 모든 에고이즘에 반대하는 광신적인 진지함이라는 것을 제거한 뒤의 일이다."[93] 따라서 이 인간들은 자기희생적이지 않고 감동적이지도 않으며 이상주의적이지도 않고 열광적이지도 않다. 그들은 지극히 일반적인 의미에서 에고이스트이고, 자신의 이익만을 찾는 냉정하고 계산적인 에고이스트이다.

그렇다면 누가 '자기희생적'인가? 완전한 의미에서 한 가지 일, 하나의 목표, 하나의 목적, 하나의 의지, 하나의 열정만을 위해 목매다는 인간이야말로 완전한 의미에서 그렇다. 사랑하는 인간을 위한다는 자신의 목표를 달성하기 위해 아버지와 어머니도 버리고 모든 위험과 궁핍을 견디는 연인이야말로 자기희생적이지 않은가? 아니면 하나의 열정에 모든 욕망과

92) (원주) Bruno Bauer, *Die Septembertage 1792 und die ersten Kämpfe der Parteien der Republik in Frankreich*(Charlottenburg, 1844), p. 7.
93) (원주) 같은 책, 6쪽.

소원과 만족을 바치는 야심찬 인간, 아니면 보물을 모으기 위해 모든 것을 부인하는 탐욕스러운 인간, 또는 쾌락 추구자 등등이 그런 인간이 아닌가? 그를 지배하는 것은 하나의 정열이고, 그는 그 정열을 위해 나머지를 희생한다.

그렇다면 이러한 자기희생적인 인간들은 이기적이지 않고 에고이스트가 아닌 것일까? 그들은 지배적 열정을 하나밖에 갖지 않기 때문에 하나의 만족만을 생각하지만, 이를 위해 더욱 격렬할수록 온전히 빠져들게 된다. 그들의 전체 활동은 에고이즘적이지만 그것은 일면적이고 개방되지 않은 편협하고 고루한 에고이즘이다. 즉 그 에고이즘은 광적인 상태를 말한다.

'이는 그야말로 사소한 정욕으로서, 인간은 그런 것의 노예가 되어서는 안 된다. 인간은 위대한 사상, 위대한 대의를 위해 희생해야 한다!' '위대한 이념'이나 '선한 대의'란 수많은 인간들을 죽음을 향하게 한 신의 영광, 기꺼이 순교자들을 찾는 기독교, 이단의 희생을 탐욕스럽게 요구해온 가톨릭교회, 그리고 피의 기요틴이 기다렸던 자유와 평등이다.

위대한 이념, 선한 대의, 체계, 고상한 사명을 위해 사는 인간은 어떤 세속적인 욕망이나 이기적인 관심도 그에게 솟아오르도록 내버려두어서는 안 된다고 한다. 여기서 우리는 성직자 근성이라는 개념을 가지게 된다. 또는 그것의 교육적 효과라는 측면에서 교사 근성이라고도 부를 수 있다. 왜냐하면 여러 가지 이상은 우리에게 교사처럼 군림하고 있기 때문이다. 성직자는 특히 본래적으로 이념에 따라 살고, 진정으로 좋은 대의를 위해 일하는 것을 사명으로 삼는다. 그러므로 인간들은 그가 세속적인 거만함을 보여주고, 좋은 삶을 원하고, 춤이나 게임과 같은 오락에 동참하는 것, 즉 신성한 관심사가 아닌 다른 것을 갖는 것이 그에게 적합하지 않다고 느낀다. 따라서 의심할 여지없이 교사들의 적은 봉급도 그 때문이고, 그들은

반드시 자기 직업의 신성함으로 보답해야 한다고 느끼면서 다른 즐거움을 '포기'해야 한다.[94]

인간이 자신의 사명으로 보아야 할 성스러운 사상의 목록조차도 부족하지 않다. 즉 가족, 조국, 학문 등은 내 안에서 하나의 직무에 충실한 종을 찾을 수 있다.

여기서 우리는 아직 성직자 근성 없이 끝내는 것을 배우지 않은 시대의 세계에서 낡고 오래된 망념에 도달한다. 하나의 이념을 위해 살고 창조하는 것은 인간의 소명이며, 따라서 그 성취의 충실함에 따라 그의 인간적 가치가 측정된다는 것이다.

이것이 바로 이념의 지배이다. 또는 성직자 근성이다. 따라서 가령 로베스피에르와 생쥐스트[95]는 바로 이러한 이념에 철두철미하게 고무된 성직자이자 광신도이며 그 이념의 철저한 도구인 이념의 인간들이었다. 그래서 생쥐스트는 어느 연설에서 "조국에 대한 신성한 사랑에는 끔찍한 것이 있습니다. 그 사랑은 공익을 위해 모든 것을 무자비하게 어떤 두려움도 없이 인간적인 것을 모두 희생할 정도로 배타적입니다. 그 사랑은 만리우스[96]를 절벽 아래로 던지게 했습니다. 그 사랑은 사적인 애착을 희생하고, 레굴루스[97]를 카르타고로 이끌고, 로마인을 심연에 던지고, 마라[98]를 자기 헌신

∴

94) 슈티르너가 학교 교사로서 경험한 것을 비꼬는 말이다.

95) 루이 앙투안 레옹 드 생쥐스트(Louis Antoine de Saint-Just, 1767~1794)는 프랑스 대혁명기에 자코뱅파의 리더이자 로베스피에르의 친한 친구였으며, 프랑스 제1공화국의 자코뱅 통치 기간(1793~1794)에 그의 가장 신뢰받는 동료로 일했다.

96) 마르쿠스 만리우스 카피톨리누스(Marcus Manlius Capitolinus, 기원전 ?~384)는 로마 공화국의 정치가이다. 기원전 387년에 골족의 침입 시에 로마의 도성 카피톨리노를 지키고 통령이 되었다.

97) 마르쿠스 아틸리우스 레굴루스(Marcus Atilius Regulus, 기원전 299~250)는 로마의 장군으로 포에니 전쟁 때 카르타고의 포로가 되어 도망하지 않는다고 맹세하고 교섭을 위해 로

의 희생자로 팡테옹[99]에 묻게 합니다"라고 절규했다.

그런데 이상적이고 신성한 관심사를 가진 이들 대표자들을 상대로 수많은 '개인적'이고 세속적인 관심사의 세계가 서 있다. 어떤 이념이나 어떤 체계나 어떤 신성한 일이라고 해도 이러한 개인적인 관심사에 의해 결코 타의 추종을 불허하거나 수정될 수 없을 만큼 위대하지는 않다. 이러한 관심사는 설령 열광과 광란의 시대에는 잠깐 침묵하는 경우가 있어도 곧 '민중의 건전한 감각'에 의해 다시 머리를 쳐들게 된다. 이러한 여러 이념은 더 이상 개인적 관심사에 적대적이지 않게 될 때, 즉 그것들이 에고이즘을 충족시킬 때 비로소 처음으로 완전한 승리를 얻게 된다.

지금 막 나의 창문 앞에서 훈제 청어를 사라고 외치는 사람은 매상 올리기에 개인적인 관심을 가지고 있으며, 그의 아내나 다른 인간이 마찬가지 일을 원한다면 그것도 역시 개인적 관심사이다. 반면에 도둑이 그의 바구니를 빼앗는다면, 당장 도시 전체나 나라 전체, 한마디로 말하면 도둑을 싫어하는 모든 인간들에게 하나의 관심사가 된다. 즉 그것은 청어를 파는 인간과는 무관한 하나의 관심사이고, 그 대신 '도둑질당한 자'라는 범주가 전면에 등장할 것이다. 그러나 여기에서도 모든 것이 개인적 관심사로 귀착할 수 있다. 왜냐하면 관련자 전부는 도둑질을 처벌하는 것에 동의하여야 하고, 그렇지 않으면 처벌받지 않는 도둑질이 일반적인 것이 되어 자신의 것을 잃을 수도 있다는 두려움에 휩싸이기 때문이다. 그러나 그러한 타

••

마에 보내져 카르타고에 돌아가 죽었다.

98) 장 폴 마라(Jeasn Paul Marat, 1743~1793)는 프랑스의 혁명가로 급진파를 대변하여 국왕의 처형을 주장했으나 암살되었다.

99) 팡테옹(Panthéon)은 프랑스 파리 카르티에 라탱 지역에 있는 건축물이다. 입구에 있는 삼각형 부조 아래에 적혀 있는 "조국이 위대한 사람들에게 사의를 표하다"라는 말처럼 프랑스의 국가적 위인들을 묻은 곳이다.

산은 많은 인간들의 입장에서 거의 가정될 수 없으며, 도리어 우리는 도둑이 '범죄자'라는 외침을 듣게 된다. 여기서 우리는 '범죄'라는 개념으로 표현되는 도둑의 행동을 판단한다. 그러면 이제 문제는, 설령 하나의 범죄가 나나 나와 관련된 인간들에게 사소한 피해를 주지 않더라도, 그럼에도 불구하고 나는 이에 분노하게 된다. 왜 그런가? 나는 도덕에 대한 열의가 있고 도덕에 대한 사상으로 가득 차 있기 때문이다. 도덕에 적대적인 것을 나는 공격한다. 가령 프루동의 책에서 도둑질은 의문의 여지없이 가증한 것으로 평가되기 때문에 "소유는 절도다"라는 문장으로 이미 소유에 낙인을 찍었다고 그는 믿는다. 성직자 근성의 의미에서 절도는 항상 하나의 범죄이거나 적어도 잘못된 행위이다.

여기서 개인적인 관심은 끝난다. 바구니를 훔친 특별한 자는 나 개인에게는 완전히 무관심하게 된다. 내가 관심을 갖는 것은 오로지 도둑질뿐이다. 그 인격이 하나의 표본을 제시하는 개념인 도둑질뿐이다. 도둑질과 인간은 내 정신 속에서 화해할 수 없는 불구대천의 대립물이다. 왜냐하면 인간이 도둑질을 할 때에는 진실한 사람이 아니기 때문이다. 인간이 도둑질을 할 때 그는 인간 또는 '인간성'을 스스로 타락시키기 때문이다. 인간은 개인적인 관심에서 벗어나 박애주의나 인류애에 빠져들게 된다. 이는 보통 인간에 대한 사랑, 각 개인에 대한 사랑인 것처럼 오해되지만, 사실 그것은 인간다움이라는 것에 대한 비현실적인 개념인 망령에 대한 사랑일 뿐이다. 박애주의자가 그 마음에 품고 있는 것은 인간이 아니라 인간답다는 것이다. 확실히 박애주의자도 여러 개인에게 마음을 쓰고 있지만, 단지 그것은 그가 사랑하는 이상이 모든 곳에서 실현되기를 원하기 때문이다.

따라서 여기서는 나에 대한, 당신에 대한, 우리에 대한 배려 따위는 문제가 될 수 없다. 그것은 개인적 관심사이고 '세속적인 사랑'의 장에 속하는 것이다. 박애주의는 하나의 천상적이고 정신적이고 성직자적인 사랑인 것이다. 인간다운 것은 우리 안에서 회복되어야 한다. 설령 그렇게 함으로써 우리라는 슬픈 무리가 지옥에 떨어지더라도 말이다. 그것은 저 유명한 "세계가 멸망한다고 해도 정의가 행사되도록 하라(fiat justitia, pereat mundus)"와 동일한 성직자주의의 원칙이다. 인간과 정의는 이념이자 유령으로서 그것에 대한 사랑으로 모든 것을 희생하게 하는 것이다. 그러므로 성직자주의 정신은 '자기희생적인' 정신이다.

인간다운 것에 열중하는 인간은 그 열광이 확장되는 한, 개인에게는 관심을 두지 않고 이상적이고 신성한 관심사 속을 떠다닌다. 인간다운 것은 개인이 아니라 하나의 이상이며 유령이다.

그리하여 이제 모든 것이 인간다운 것에 속할 수 있게 되고 거기에 더해질 수 있다. 경신이 인간에게 가장 근본적인 요청으로 간주되면 종교적 성직자주의가 생겨난다. 도덕이 그렇게 보이게 되면 도덕적 성직주의가 머리를 들게 된다. 따라서 우리 시대의 성직자주의적 유령들은 모든 것을 '종교'로 만들고자 한다. 소위 '자유의 종교', '정의의 종교' 등등이다. 그리고 그것들에게는 모든 이념이 '신성한 것'이 된다. 가령 시민권, 정치, 여론, 언론 출판의 자유, 배심 재판 등등도 그렇게 되어버린다.

그런 의미에서 '이타심'이란 무엇을 의미하는가? 그것은 개인에 대한 배려 같은 것은 무시하고 오로지 이상적인 관심사만을 갖는 것이다!

세속적인 인간의 굳어진 머리는 이것에 반대하지만, 그래도 수세기 동안 가장 완고한 목을 구부리고 '더 높은 권력을 존중'해야 할 정도로 굴복했다. 성직자주의가 그들을 압박했다. 세속적인 에고이스트가 더 높은 권력, 가령 구약의 율법, 로마 교황 등을 제거했다고 생각한 순간, 즉시 일곱 배나 더 높은 권력이 그에게 다시 군림했다. 가령 율법의 자리를 대신한 신앙이 생겨났고, 제한된 성직을 대신하여 모든 평신도가 성직자가 되는 것 등등이라는 식이었다. 그의 경험은 그가 하나의 악마에서 해방되었다고 믿을 때 일곱 개의 악마에게 사로잡히게 된 인간의 경험과 같았다.[100]

위에서 인용한 구절에서 부르주아 계급의 모든 이상화 능력은 거부되었다. 그것은 확실히 로베스피에르가 그것으로 원칙을 수행하고자 한 이상의 철저성에 대해 부르주아 계급은 물론 간계를 부렸다. 그들의 이익에 대한 본능은 그 철저함이 그들의 정신이 고려한 것과 거의 조화를 이루지 못했으며, 그 원칙에 대한 그들의 열정을 기꺼이 더 진전시키고자 한다면 그들 자신에게 반하는 행위가 된다는 것을 알았다. 그래서 그들은 가령 하나의 준엄한 이론을 승리로 가져오기 위해 그들의 모든 목적을 포기할 정도로 비이기적으로 행동해야 했던가? 두말할 필요도 없이 이는 그 성직자들에게 "너의 모든 것을 버리고 나를 따르라", "네가 가진 것을 다 팔아 그것을 빈민들에게 주면 너는 천국에서 보물을 가지리라, 와서 나를 따르라"[101]라고 절규하여 인간들에게 귀를 기울이게 한 성직자들에게 잘 맞는 것이다. 일부 확고한 이상주의자들은 이러한 절규에 순종할 것이다. 그러나 대부분의 인간들은 아나니아스와 삽비라[102]처럼 행동할 것이다. 즉 절반은 성직자적이거나 신앙적으로 행동하고, 나머지 절반은 세속적인 행동을 유지하면서, 신과 재물의 신 양쪽을 섬기는 것이다.

나는 부르주아 계급이 로베스피에르에 의해 자신들의 목표가 좌절되지 않기를 바랐던 것을, 즉 혁명의 이념에 어느 정도의 여지를 주면 좋았을

··
100) 「마태복음」, 12장 43절 참조.
101) 「마태복음」, 19장 21절 참조.
102) 아나니아스(Ananias)와 삽비라(Sapphia)는 교회의 공금을 횡령했다는 이유로 베드로에게 처벌을 받은 신도 부부이다.

지를 자신들의 에고이즘에 비추어 판단했다고 하여 그들을 비난할 생각은 추호도 없다. 그러나 부르주아 계급의 이해관계로 인해 자신의 이해관계가 좌절된 인간들은 비난할 수도 있다. 하지만 그들도 조만간 자신에게 유익한 것이 무엇인지 아는 법을 배우지 않겠는가? 아우구스트 베커[103]는 다음과 같이 말한다. "생산자(프롤레타리아)를 확보하기 위해서는 전통적 법개념을 부정하는 것만으로는 충분하지 않다. 인간들은 안타깝게도 이념의 이론적 승리에 거의 관심을 갖지 않는다. 인간들은 그 승리가 그들의 실제 생활에서 이익이 될 수 있는지를 실물로 눈에 보여주어야 한다."[104] 이어 그는 "당신들이 민중을 일하고 싶게 하려면 그들의 실제 이익으로 그들을 잡아야 한다"[105]고 말한다. 이어 그는 우리 농민들이 도덕의 명령보다 실제 이익을 따르기 때문에 그들 사이에서 놀라울 정도로 부도덕이 확산되고 있음을 보여준다.

혁명적인 성직자나 교사들이 인간다운 것을 섬겼기 때문에 그들은 인간들의 목을 쳤다. 종교계 밖에 있는 혁명의 평신도들이나 세속인들은 목을 치는 것에 대해 그다지 공포를 느끼지 않았고 자기이익보다 인권, 즉 인간 일반의 권리에 대해 덜 염려했다.

그러나 개인적인 관심사를 주장하고, 항상 그것을 추구하는 인간들의 에고이즘이 다시 성직자적이거나 교사적인 것, 즉 이상적 관심사에 영원히 굴복하는 이유는 무엇인가? 모든 것을 요구하고 완전히 자신을 관철할 수 있기에는, 그들의 인격은 그들 자신에게 너무나 작고 너무나 무의미한 것

••

103) 아우구스트 베커(August Becker, 1785~1871)는 독일의 고전학자로 그리스 고전작가의 교정본을 많이 냈다.
104) (원주) August Becker, *Die Volksphilosophie unserer Tage*(Zürich, 1843), p. 22.
105) 같은 책, 32쪽.

처럼 보였기 때문이고, 사실 너무나도 그렇기 때문이다. 이것에 대한 확실한 증거는 그들 자신이 영원한 인격과 현세의 인격이라고 하는 두 개의 인격으로 분열되며, 그런 때에 대응하여 때로는 하나만, 때로는 다른 것을 생각하며, 즉 일요일에는 영원한 인격을 생각하고, 일하는 주중에는 현세의 인격을 생각하며, 기도를 하면서는 전자를, 일을 하면서는 후자를 생각한다는 것 속에 나타난다. 그들 자신이 자신 속에 성직을 가지고 있으므로 성직자에게서 벗어나지 못하고 매주 일요일마다 그 내심의 설교에 귀를 기울이는 것이다.

이러한 이원론적 본질에 관한 해결책을 찾기 위해 인간들은 얼마나 고투하고 고심해왔는가! 관념에 관념이 따르고, 원리에 원리가 따르며, 체계에 체계가 뒤따랐으나 그 어느 것도 소위 '세속적인' 인간, 소위 '에고이스트'의 모순을 영구적으로 억제할 수는 없었다. 이것은 그러한 모든 이념이 무력하고, 따라서 내 의지 전체를 스스로 받아들이고 이를 만족시키기에는 너무 무력하다는 것을 증명하지 않는가? 이러한 여러 이념은 그 적대감을 상당 시간 동안 숨겨왔어도 그들은 나에게 적대적이었고, 또 여전히 그러하다. 고유성도 마찬가지 아닐까? 고유성도 단순히 하나의 조정의 시도가 아닌가? 내가 어떤 원칙을 지향하면, 가령 이성을 지향하면 나는 항상 그것에 등을 돌려야만 했다. 그래도 나는 언제나 이성적이고 모든 나의 생활을 이성에 따라 정리할 수 있는가? 나는 의심할 여지없이 이성을 향하여 분명히 노력할 수 있고, 소위 신이나 다른 모든 이념을 사랑할 수 있는 것처럼 그것을 사랑할 수 있다. 나는 철학자가 될 수 있고, 신을 사랑하는 것처럼 지혜의 애호자도 될 수 있다. 그러나 내가 사랑하고 내가 추구하는 것은 오로지 나의 이념, 나의 관념, 나의 사유 안에만 있다. 그것은 내 정신, 내 머리 속에 있고, 심장처럼 내 안에 있지만, 그것은 내가 아니고, 나는 그것이 아니다.

성직자적 정신의 활동에는 종종 '도덕적 영향'이라고 불리는 것도 속한다.

도덕적 영향력은 굴욕(Demütigung)이 시작되는 곳에서 비롯된다. 그렇지만 도덕적 영향력은 바로 이러한 굴욕 그 자체 이외에 다른 것이 아니며, 용기(Mut)의 꺾어버림과 굽힘은 겸손(Demut)에 이른다. 만약 가까이에 있는 암석이 폭발할 때 내가 어떤 사람에게 도망가라고 큰 소리로 말한다면, 나는 이러한 요구로 어떤 도덕적 영향력도 행사한 것이 아니다. 이를테면 만약 내가 아이들에게, 네가 식탁에 놓인 것을 먹지 않는다면 너는 배고플 것이라고 말한다면, 이것도 어떤 도덕적 영향력을 행사한 것이 아니다. 그러나 만약 내가 그에게, 너는 기도하고, 어른을 존중하고, 십자가를 존경하며, 진실을 말하라고 한다면, 그리고 그 이유는 그것이 인간의 일부를 이루고, 인간의 사명이거나, 심지어 그것은 신의 의지라고 말한다면, 도덕적 영향력은 완성된다. 그때 인간은 자신의 사명에 굴복해야만 하고, 고분고분해야만 하며, 순종해야 하고, 규범과 법으로 세워진 어떤 낯선 것에 대해 자신의 의지를 포기해야만 한다. 다시 말해 그는 어떤 더 높은 것에 굴복해야만 한다. 곧 자기비하(Selbsterniedrigung)이다. "제 몸을 낮추는 사람은 찬양받게 될 것이다."[106] 그렇다, 어떤 경우든 아이들은 제때에 깊은 신앙심, 신에 귀의함(Gottseligkeit), 존경심으로 독려되어야만 했다. 이를테면 좋은 교육은 어떤 사람에게 '선한 근본 명제'를 가르치고 명심시키며 억지로 머릿속에 넣어주고, 억지로 주입하고 설교하는 것이 되었다.

이 일에 어깨를 으쓱하면 선량한 사람들은 절망적으로 손을 비틀면서

••
106) 「마태복음」, 23장 12절.

이렇게 외친다. "하지만 아이들에게 좋은 교육을 하지 않으면 바로 죄의 문턱에 똑바로 뛰어들 것입니다. 쓸데없는 불량배가 되고 말아요!" 조용히 당신은 불길한 예언자가 된다! 당신이 말하는 의미에서 그들은 무용지물이 될지도 모른다. 하지만 당신의 정신이라는 것이 아주 좋은 것은 아니다. 저돌적인 젊은이들은 더 이상 당신이 그들에게 징징거리거나 수다를 떨게 하지 않을 것이며, 인간의 기억이 시작된 이래 당신이 열광하고 몰아왔던 모든 어리석음에 공감하지 않을 것이다. 그들은 상속권을 버릴 것이다. 즉 그들은 당신이 당신의 어리석음을 당신의 조상에게서 물려받은 것처럼 기꺼이 물려받지 않을 것이다. 즉 그들은 원죄라는 악덕을 파괴한다. 설령 당신들이 절대자 앞에서 구부리라고 명령하면, 그들은 이렇게 답할 것이다. 우리가 구부리길 원하면 직접 와서 그렇게 하면 되지만, 적어도 우리는 스스로 구부리지 않을 것이라고. 그리고 설령 당신들이 분노와 처벌로 그들을 위협하면 그들은 허수아비에게 위협받는 것처럼 받아들일 것이다. 당신들이 유령을 두려워하게 만드는 데 더 이상 성공하지 못하면 유령의 지배는 끝나고 황당무계한 이야기는 더 이상 믿음을 갖게 하지 못한다.

그리고 좋은 교육과 교육제도의 개선을 요구하는 것은 바로 자유주의자들이 아닌가? 그렇지 않으면 그들의 자유주의, 그들이 말하는 '법의 범위 내에서의 자유'가 어떻게 징계 없이 이루어질 수 있겠는가? 비록 그들이 신에 대한 두려움을 교육받지 않더라도 더욱 엄격한 사람에 대한 두려움, 즉 인간 일반에 대한 두려움을 요구하고 '진정한 사람의 사명에 대한 열정'을 교화에 의해 각성시킨다.

사람들은 오랜 세월이 흐르는 동안 진리를 소유하기 위해서는 자신이 진실해야 한다는 것을 진지하게 생각하지도 않은 채 진리를 소유한다는 정신착란에 만족했다. 그 시대란 바로 중세였다. 비천한 물질적 의식을 가지고, 오로지 감각적이고 명백한 것만 수용하는 의식을 가지고 비물질적인 것과 비감각적인 것을 파악할 수 있다고 생각했다. 실제로 먼 곳을 보기 위해 눈을 집중하거나, 피아노 건반을 올바르게 누를 수 있을 만큼 손재주가 능숙해질 때까지 힘겹게 손을 움직여서 초감각적인 것을 전적으로 자신 속에 받아들일 수 있게 되는 것처럼, 인간들은 있을 수 있는 모든 고행을 했다. 그러나 고행을 해서 얻은 것은 오로지 감각적인 인간, 비천한 의식, 소위 유한적이거나 대상적인 사유에 불과했다.

그러나 루터가 이성의 이름으로 '경멸한(anpfuit)' 이 사유라는 것은, 신성을 이해할 수 있는 힘을 갖지 못한 것이고, 따라서 일 년 내내 춤을 추어 발을 단련하면서 이런 식으로 마침내 플루트를 연주할 수 있게 되기를 바라는 것처럼 이 고행은 진리를 이해하는 데에는 기여하지 못했다. 이른바 중세는 루터와 함께 끝났다. 루터는 인간이 진리를 이해하고자 하면, 즉 진리 그 자체인 것처럼 참이어야 한다면 인간 그 자체가 하나의 다른 모습이 되어야 한다는 사실을 이해한 최초의 인간이었다. 그는 진리를 신앙 속에 소유하는 인간만이, 진리를 믿는 인간만이 진리에 관여할 수 있다고 생각했다. 즉 믿는 인간만이 진리에 접근할 수 있고 진리의 심연을 추구할 수 있다. 본래 폐에서 숨을 내쉬는 인체기관만이 플루트 연주에 더 큰 능력을 얻게 할 수 있으며, 진리에 대한 적정한 기관을 소유한 사람만이 진리에 관여할 수 있다. 그러나 감각적이고 대상적이며 사물적인 것만 생각할 수 있는 인간은 진리에서도 사물적인 것만을 상상할 수 있다. 그러나 진리는 성신이고 감각으로 인식할 수 없는 것이다. 따라서 '더욱 높은 의식'에 대응하는 것이지 '세속적인 생각'을 위한 것이 아니다.

따라서 루터와 함께, 진리는 사상이기 때문에 오로지 생각하는 인간만을 위한 것이라는 인식이 나타난 것이다. 그리고 이것은 앞으로 인간이 천상적 신앙적 과학적 관점, 또는 그 대상과 관련된 사유의 관점, 즉 정신과 관련된 정신의 관점에서 완전히 다른 관점을 취해야 한다는 것이다. 따라서 같은 인간만이 같은 것을 인식한다! "당신은 당신이 이해하는 정신과 같다."[107]

프로테스탄트가 중세의 위계질서를 깨뜨렸기 때문에 일반적으로 위계 질서가 산산조각이 났다고 보는 의견이 뿌리를 내릴 수 있었다. 그것이 바로 '(종교)개혁'이고, 따라서 노화된 구식의 위계질서 하나를 쇄신한 것에 불과하다는 점이 완전히 간과되었다. 그 중세의 위계질서라는 것은, 성화되지 않은 세속의 가능한 모든 야만이 아무런 구속 없이 횡행하도록 한 것이기 때문에 약한 위계질서에 불과했고, 처음으로 위계질서의 힘을 강화한 것은 종교개혁이었다. 브루노 바우어는 "종교개혁은 주로 예술, 국가, 과학에서 종교적 원리를 추상적으로 분리한 것이기 때문에 교회의 고대와 중세의 위계질서에서 종교적 원리가 결부되었던 권력으로부터 종교적 원리가 해방되었다고 한다면, 중세의 위계도 마찬가지로, 그 당시 종교개혁 이후로 진행된 신학적 교회적 운동 방향은 인류의 다른 세력들로부터 종교적 원리의 그러한 추상화를 일관되게 수행한 것일 뿐이다"[108]라고 하지만 나는 도리어 그 반대에서 옳은 견해를 본다. 즉 정신의 지배 또는 정신의 자유는 동일한 것으로 귀착하지만 그것은 지금까지 그렇게 포괄적이지도 전능하지도 않았다고 생각한다. 왜냐하면 현재의 정신의 지배나 정신의 자유는 종교적 원리를 예술, 국가, 과학에서 분리하는 대신 도리어 그

..

107) 요한 볼프강 폰 괴테(Johann Wolfgang von Goethe), 『파우스트(*Faust*)』, 1부 512행.
108) (원주) Bruno Bauer, "Theodor Kliefoth: Einleitung in die Dogmengeschichte", *Anekdota zur neuesten deutschen Philosophie und Publizistik*(Zürich und Winterthur, 1843), pp. 152~153.

것을 완전한 세속성에서 '정신의 왕국'으로 끌어올려 종교적으로 만들었기 때문이다.

루터와 데카르트학파는 그들의 "신을 믿는 자는 신이다(Wer glaubt, ist ein Gott)"라는 것과 "나는 생각한다, 고로 나는 존재한다(Cogito, ergo sum)"라는 것을 적절하게 결합했다. 인간의 천국은 생각, 즉 정신이다. 믿음을 제외하고, 정신을 제외하고, 다른 모든 것은 인간에게서 빼앗을 수 있다. 제우스, 아스타르테[109], 여호와, 알라의 믿음과 같은 특정 신앙은 파괴될 수 있다. 그러나 신앙 자체는 파괴되지 않는다. 사상 속에는 자유가 있다. 내가 필요로 하는 것과 내가 갈망하는 것은 더 이상 신의 은혜에 의해, 성모 마리아에 의해, 성자들의 중재나 구속하고 허용하는 교회에 의해 어떤 은총으로도 내게 부여되지 않고, 오히려 내 스스로 얻는다. 요컨대 나의 존재(sum)는 사상의, 정신의, 천상에서의 삶이고, 하나의 사변(cogitare)이다. 그러나 나는 정신 이외의, 생각하는 것(데카르트에 따르면) 이외의, 믿는 것(루터에 따르면) 이외의 그 무엇도 아니다. 내 몸은 내가 아니다. 내 육체는 욕망이나 상심으로 고통받을 수 있다. 나는 내 육체가 아니라 정신이다. 오로지 정신일 뿐이다. 이러한 사상은 오늘날까지 종교개혁의 역사를 통해 이어진다.

데카르트 이후의 근대철학에 의해서만 비로소 처음으로 기독교는 '과학적 의식'을 높임으로써 완전한 효능을 발휘한다. 따라서 근대철학은 절대적인 회의(dubitare)로, 비천한 의식의 '분쇄'로, '정신'에 의해 '사유'에 의해 승인되지 않은 모든 것에 등을 돌림으로써 시작된다. 근대철학에서 자연

---

109) 아스타르테(Astarte)는 풍요와 다산을 상징하는 셈족의 여신이다. 메소포타미아 신화의 인안나, 이슈타르, 그리스 신화의 아프로디테 등과 기원이 같은 여신으로 간주되고 있다.

은 아무것도 아니고, 인간의 의견, '인간의 계율'은 아무것도 아니다. 그리고 이 철학이 모든 것에 이성을 가져오고, "현실적인 것은 이성적이고, 오직 이성적인 것만이 현실적인 것이다"[110]라고 말할 수 있기 전까지는 쉬지 않는다. 그리하여 근대철학은 마침내 정신과 이성을 승리로 이끌었다. 그리고 모든 것이 이성적이기 때문에 모든 것이 정신이 되었다. 왜냐하면 모든 자연과 인간의 가장 비뚤어진 의견조차도 이성을 포함하기 때문이다. '모든 것이 선을 위해 봉사해야 한다', 이성의 승리로 이끌어야 하기 때문이다.

데카르트의 회의에는 오로지 사변, 사유, 정신만이 존재한다는 결정적인 정언이 포함되어 있다. 현실성을 비이성적인 것들에 부여하는 '비천한 의식'과의 완전한 단절이다! 오로지 이성적인 것만이, 정신만이 존재한다! 이것이 근대철학의 원리, 진정한 기독교적인 원리이다. 이미 데카르트는 자신의 시대에 몸과 정신을 날카롭게 구별했고, "육체를 만드는 것은 정신이다"라고 괴테는 말했다.[111]

그러나 이러한 철학 자체와 기독교적 철학은 여전히 이성적인 것에서 벗어나지 못하고, 그래서 '오로지 주관적인 것'에 대해, '착상, 우연성, 임의성' 등에 대해 반대한다. 이 철학은 신적인 것이 모든 것에서 보이도록 갈망한다. 그리고 모든 의식은 신에 대한 지식이 되고 인간은 어디에서나 신을 보기를 바란다. 그러나 신은 악마 없이는 결코 존재하지 않는다.

바로 이런 이유로 세상의 일에 대해 눈을 뜨고, 맑고 눈부신 시선을 가지며, 세상에 대한 올바른 판단을 내리면서 세상 속에서 오로지 세상만을,

••
110) 게오르크 빌헬름 프리드리히 헤겔(Georg Wilhelm Friedrich Hegel), 『법철학강요(Grundlinien der Philosophie des Rechts)』(1820) 서문에 나오는 말이다.
111) 괴테가 아니라 실러의 희곡 『발렌슈타인의 죽음(Wallensteins Tod)』(1800), 3막 13장에서 나오는 말이다.

대상 속에 오로지 대상만을 보는 인간, 요컨대 모든 것을 있는 그대로 산문적으로 보는 인간을 철학자라고 부르지 않게 된다. 철학자라는 것은 세계 속에서 하늘을 보고, 지상적인 것 속에서 초지상적인 것을 보며, 현실적인 것 속에서 신적인 것을 보고 이를 검증하며 논증하는 자이다. 전자는 오성적일지 모르지만 그렇다고 사정은 변하지 않는다. "지혜로운 자의 지혜에 보이지 않는 것, 그것을 어린이 같은 심정은 단순하게 행한다."[112] 이러한 어린이 같은 심정, 신에 대한 이러한 눈이 비로소 철학자를 만드는 것이다. 앞의 인간들은 '비천한' 의식만을 가지고 있었던 것에 불과하지만, 신성을 알고 그것을 말하는 방법을 아는 인간은 하나의 '과학적' 의식을 가지고 있다는 것이다. 이러한 이유에서 인간들은 베이컨[113]을 철학자의 나라에서 추방했다. 그리고 확실히 영국철학자라고 불리는 인간들은, 베이컨과 흄[114]이 그렇듯이 소위 '사로잡히지 않은 머리(offener Köpfe[115])'를 발견한 사람들에 지나지 않는 것으로 생각된다. 영국인은 어린이 같은 심정을 철학적 의미로 높이는 방법을 알지 못했고, 소아적인 심정으로부터 철학자를 만드는 방법도 몰랐다. 이것이 의미하는 바는, 그들의 철학은 신학적이거나 신학이 될 수 없었지만, 이에 반해 철학은 오로지 신학으로서만 현실적으로 생명을 얻어 살아갈 수 있고 완전하게 될 수 있다는 것이다. 죽음을 건 결전의 싸움터는 신학에 있다. 베이컨은 신학적 질문과 근본 명

..

112) 실러의 시 「믿음의 말씀(Die Worte des Glaubens)」에 나오는 말이다.
113) 프랜시스 베이컨(Francis Bacon, 1561~1626)은 영국의 철학자이자 정치인이다. 영국 경험론의 시조이며, 데카르트와 함께 근대철학의 개척자로 평가받는다. '아는 것이 힘이다(scientia est potentia)'라는 말로 잘 알려져 있다.
114) 데이비드 흄(David Hume, 1711~1776)은 스코틀랜드 출신의 철학자이자 경제학자이며 역사가이다. 서양 철학과 스코틀랜드 계몽주의에 관련된 인물 중 손꼽히는 인물이다.
115) '명민한 두뇌'나 '열린 마음'으로도 번역할 수 있다.

제에 대해 고민하지 않았다.

인식은 삶에서 그 대상을 갖는다. 독일 사상은 다른 사상보다 더 많은 삶의 시작과 원점에 도달하는 것을 추구하며 인식 자체에서 삶을 본다. 데카르트의 "나는 생각한다. 고로 나는 존재한다(Cogito, ergo sum)"라는 것은 '인간은 생각할 때만 살아갈 수 있다'는 의미를 가지고 있다. 생각하는 삶이란 '정신적인 삶'을 말한다! 살아 있는 것은 오로지 정신이고, 정신의 삶이 곧 참된 삶이라는 것이다. 마찬가지로 이때 자연에서도 '영원한 법칙'인 정신, 또는 자연의 이성이 자연의 참된 삶이 된다. 인간에게는 오로지 사상만이 자연과 마찬가지로 홀로 살아 있고 다른 모든 것은 죽었다! 이러한 추상화, 일반성 또는 생명이 없는 삶에 정신의 역사가 와야 한다. 정신인 신만이 홀로 살아 있다. 즉 유령 외에는 아무것도 살아 있지 않다.

근대철학이나 근대가 우리를 객관성의 강력한 힘에서 해방하지도 않았는데, 근대철학이나 근대가 자유를 가져왔다고 주장할 수 있겠는가? 아니면 가령 내가 권력자 개인을 두려워하지 않는다고 해도, 내가 그에게 빚졌다고 인정하는, 경외심에 대한 모든 침해를 모두 두려워한다면 나는 독재자로부터 자유로울 수 있을까? 근대도 마찬가지이다. 근대는 오로지 실재하는 객체, 현실의 강력한 소유자 등등을 관념의 그것들로, 즉 관념으로 바꾸었을 뿐이다. 그러나 이에 대한 과거의 외경심을 잃지 않았을 뿐만 아니라 더욱 강도가 높아졌다. 인간들이 현실성이라고 하는 점에서는 손가락질을 하지만, 과거에 신과 악마라는 개념에 인간들은 더 많은 관심을 기울였다. "그들은 악마를 제거했지만 악은 여전히 남아 있다."[116] 기존의 국

··

116) 괴테의 『파우스트』 제1부 2509행의 마녀 부엌에서 메피스토펠레스(Mephistopheles)가 한 말의 패러디이다.

가를 혁명하고 기존의 법을 전복하는 것에 인간들은 약간의 주저도 느끼지 않았다. 현존하는 것, 반응이 있는 것에는 더 이상 굴복하지 않는다고 결심한 탓이다. 그러나 국가라는 관념에 반하는 죄를 짓는 것, 법의 개념에 복종하지 않는 것을 누가 감히 했겠는가? 그래서 인간들은 여전히 '국민'이자 '법을 존중하는' 충성스러운 인간으로 남는다. '법의 정신'에 복종하기 위해 이전의 결함 있는 법을 더욱 합리주의적으로 개폐한다면 그 자신이 법을 훨씬 더 존중하는 것처럼 생각했다. 이 모든 것에서 객체는 단순히 형태의 변화만을 겪었고 그것들의 우월성과 탁월함은 그대로 남았다. 요컨대 인간은 여전히 순종과 사로잡힘에서 벗어나지 못하고 반성 속에서 살며, 나아가 반성을 향해 경의를 표하고 경건과 두려움을 느끼는 곳에서 하나의 대상을 갖는다는 것이다. 그들은 사물을 사물에 대한 표상이나 사상과 개념으로 바꾸는 것 외에는 아무것도 하지 않고, 그로 인해 그들의 의존성은 더욱 긴밀해지고 해체되지 않게 되었다. 그래서 가령 부모의 명령에서 해방되거나 숙부와 숙모의 훈계, 형제자매의 간청을 무시하는 것은 그다지 어렵지 않다. 그러나 포기된 순종은 쉽게 인간의 양심에 잠입하고 개인의 요구에 덜 굴복한다. 왜냐하면 그는 이성적으로, 자신의 이성에 의해 그것들이 불합리하다는 것을 인정하기 때문이다. 그리고 그가 가족 사랑과 효의 의무에 대해 형성한 개념을 범하는 것이 훨씬 더 어렵게 된다. 가족에 대한 기존의 의존에서 해방된 인간은 가족의 개념에 더 구속력 있는 의존에 빠진다. 즉 인간은 가족의 정신에 의해 지배된다. 한스나 그레테[117] 등으로 구성된 기존의 가족은 그 지배력이 무력화되지만, 여전히 '가족' 일반으로 남게 됨에 따라 내면화될 뿐이고, 인간들은 이러한 '가

117) 독일인 이름으로 가장 흔한 것들에 속한다.

족' 일반에 대해 "우리는 인간보다도 하느님께 순종해야 한다"[118]라는 옛말을 그대로 받아들이는 것에 불과하다. 그것이 의미하는 바는 다음과 같다. 즉 "확실히 나는 당신의 무의미한 요구에 따를 수 없지만, 단 나의 '가족'으로서 당신은 여전히 나의 사랑과 관심의 대상으로 남아 있다." "그 이유는 '가족'이란 개인이 결코 반대해서는 안 되는 하나의 신성한 개념이기 때문이다." 그리고 하나의 생각이나 개념으로 내면화되고 무감각해진 '가족'은 이제 '신성한' 것으로 여겨지고 내 양심에 울려 퍼지기 때문에 그 전제주의는 열 배나 더 비참한 것으로 된다. 이 전제주의는 오로지 이처럼 개념화된 가족이 나에게 아무것도 아닌 것이 될 때에만 깨어진다. 그리스도가 "여성이여, 나와 무슨 관계가 있다고 그러십니까?"[119] "나는 아들과 아버지, 딸과 어머니, 며느리와 시어머니가 서로 다투게 하려고 왔다"[120] 등과 같은 말은 천상적이거나 또는 본래적인 가족에 대해 시사하는 무언가를 수반한다. 그것이 의미하는 바도 국가와 가족이 충돌하는 경우 우리는 국가의 명령에 순종해야 한다는 국가의 요구에 지나지 않는다.

도덕의 경우도 가족의 경우와 마찬가지이다. 많은 인간들이 습속(Sitte)이라는 것을 포기하지만 '도덕(Sittlichkeit)'이라는 개념을 포기하기란 매우 어렵다. 도덕은 습속의 '이념'이고 그 정신적 권력이며, 양심에 군림하는 힘이다. 반면에 습속은 정신을 지배하기에는 너무 물질적이고, 하나의 '정신적' 인간, 소위 독립적인 사람인 '자유로운 정신(Freigeist)'[121]을 구속하는 것이 아니다.

••
118) 「사도행전」, 5장 29절.
119) (원주) 「요한복음」, 2장 4절.
120) (원주) 「마태복음」, 10장 35절.
121) 이는 자유사상가와 자유인 모두를 지칭한다.

프로테스탄트는 스스로 바라는 대로 행동해도 좋지만 '성서', '하느님의 말씀'은 여전히 그에게 신성한 것으로 남아 있다. 이러한 것들이 그에게 더 이상 '신성'하지 않다면 그는 더 이상 프로테스탄트가 아니다. 여기에 수반하여 그중에서 '규정된 것', 신에 의해 임명된 직권 등도 역시 그에게 신성한 것으로 남아 있다. 그에게 이러한 것들은 여전히 해체하기 어렵고 가까이 가기도 어려운 '모든 의심 위에 제기된 초연함'으로 남아 있다. 그리고 실제로 동요하는 의심은 대부분의 인간에게 가장 고유한 것이기 때문에, 그러한 것들은 인간 자신 위에 '초연'한 것으로 남아 있다. 여기에서 벗어날 수 없는 인간은 믿게 된다. 왜냐하면 그것들을 믿는다는 것은 그것들에게 구속되어 있음을 뜻하기 때문이다. 프로테스탄트에서 신앙이 더 내면화된다는 사실을 통해 예속도 더 내면화된다. 인간은 그 신성함을 자신의 모든 생각과 노력으로 엮어 '양심의 문제(Gewissenssache)'로 만들고, 그로부터 자신을 위한 '신성한 의무'를 만들어냈다. 그러므로 프로테스탄트에게는 자기 양심에서 벗어날 수 없다는 것이 신성한 것이며, 양심에 따르는 것이 프로테스탄트의 성격을 가장 분명하게 나타낸다.

프로테스탄트는 실제로 인간을 '비밀경찰 국가'로 만들었다. 스파이이자 도청자인 '양심'은 정신의 모든 움직임을 감시하고 모든 사상과 행동은 '양심의 문제', 즉 경찰 문제가 된다. 인간을 '자연적 충동'과 '양심'(내적 천민과 내적 경찰을 향한)으로 분리하는 것이 프로테스탄트이다. 성서의 이성(가톨릭의 '교회 이성'을 대신하는)은 신성하다고 여기며, 성서 말씀이 신성하다는 느낌과 의식을 양심이라고 부른다. 그러므로 신성함은 '양심 속에 새겨져 있다.' 만일 인간이 신성한 의식인 양심에서 벗어나지 않는다면 그는 실제로 비양심적으로 행동할 수 있지만 결코 양심 없이는 할 수 없다.

가톨릭은 명령을 수행할 때 만족한다. 프로테스탄트는 '최고의 지식과 양심'에 따라 행동한다. 가톨릭 신자는 단순히 세속인일 뿐이지만, 프로테스탄트는 스스로 성직자(Geistlicher)이다. 정신적인 것(Geistliche)이 완성되었다는 것은 중세를 넘어서는 진보이며 동시에 종교개혁 시대의 저주이기도 하다.

예수회의 윤리 규범은 면죄부 판매를 계속하는 것 외에 무엇이었는가? 요컨대 죄의 짐에서 벗어난 인간이 이제 면죄에 대한 통찰을 얻었고, 그 죄가 면죄에 의해 실제로 제거된 것처럼 확신했을 뿐이다. 왜냐하면 이런저런 특정한 경우에(인과론자) 그가 저지른 모든 죄가 없어지기 때문이다. 면죄부의 판매는 모든 죄와 범법을 허용한 것이고 모든 양심의 활동을 전부 침묵하게 만들었다. 요컨대 교회에서 구입한 것이면 모든 관능이 원하는 대로 허용되었다. 관능에 대한 이러한 호의는 예수회에 의해 지속되었으며, 엄격하게 도덕적이고 어둡고 광신적이며 회개하고 통회하며 기도하는 프로테스탄트는, 확실히 기독교의 진정한 완성자로서 정신적인 성직자적인 인간만 인정했다. 가톨릭, 특히 예수회는 이런 식으로 에고이즘에 박차를 가했고, 프로테스탄트 자체 내에서도 비자발적이고 무의식적인 지지자들을 발견했으며, 감성의 파괴와 타락에서 우리를 구했다. 그럼에도 불구하고 프로테스탄트적인 정신은 그 지배권을 점점 더 넓게 확대했다. 한편 예수회적인 것은 프로테스탄트적 정신인 '신성한 것' 옆에서 기다리면서, 신성한 모든 것과 뗄 수 없는 '악마적인 것'만을 나타내기 때문에 후자는 결코 혼자서 자신을 주장할 수 없다. 그로 인해 프랑스[122]에서처럼 마침내 프로테스탄티즘의 속물성이 승리하고 정신이 군림하는 것을 보아야 했다.

∴

122) 프랑스 대혁명 시기를 말한다.

프로테스탄티즘은 보통 세속사, 가령 결혼이나 국가 등에 다시금 명성을 부여했다는 칭찬을 받았다. 그러나 프로테스탄티즘은 현세적인 세속성에는 가톨릭교보다 훨씬 더 무관심하다. 가톨릭은 세속세계를 존속하게 하고 그 쾌락을 누리는 반면, 이성적이고 일관된 프로테스탄트는 간단하게 신성화하는 방식에 의해 현세적인 것을 말살하고자 했다. 따라서 결혼은 신성화됨에 따라 자연스러움을 박탈당했다. 단 이 신성화란 단순히 교회에 의해 축복을 받을 뿐이고, 근본적으로는 거룩하지 않은 가톨릭류의 비적(祕籍)의 의미에서가 아니라 결혼이 앞으로 그 자체에 의해 무엇인가 신성한 것, 하나의 신성한 관계가 된다고 하는 의미에서이다. 국가 등도 마찬가지이다. 이전에 교황은 국가와 그 군주들에게 봉헌과 축복을 주었다. 이제 국가는 본질적으로 신성하고, 황제도 마찬가지로 사제의 축복이 없이도 신성하게 되었다. 일반적으로는 자연의 질서, 즉 자연법은 모두 '신의 질서'로 신성하게 여겨졌다. 따라서 가령 아우구스부르크 신앙고백 (Confessio Augustana)[123] 제2조[124]는 "이제 우리는 사법고문관 회의가 현명하고 옳게 말한 것처럼 남녀는 함께 있어야 한다는 것이 자연의 법이라는 선고에 동의한다. 만일 그것이 자연의 법이라면 그것은 신의 질서이다. 그

··

123) 1530년 독일 종교개혁 당시 루터교회의 신앙고백으로 필리프 멜란히톤(Phillipp Melanchton)이 작성했다. 마르틴 루터의 사상에 기반한 프로테스탄트 신앙고백문이다. 루터교회의 신학과 신앙을 모두 28개 조로 압축하여 독일어와 라틴어로 기록했다. 멜란히톤은 이 신조에서 많은 부분을 로마 가톨릭교회에 양보하였지만 루터교회의 입장을 포기한 것은 아니었다. 신조는 하느님, 원죄, 세례에 대해서는 로마 가톨릭과 같은 입장을 취했으나 이신칭의, 성찬, 선행 같은 부분에서는 다른 의견을 내었고, 츠빙글리와 재세례파의 입장을 비난하였다. 성서의 권위에 대해 언급하지 않았고 교황직에 대해서도 정죄하지 않았다. 만인제사장직, 성변화, 연옥 등은 언급하지 않았으나 오직 은혜, 오직 믿음에 의한 칭의를 주장하였다.

124) 이는 신앙고백 제2부 제2조('사제들의 결혼')의 요약이다.

러므로 자연에 뿌리를 내리고 따라서 신의 법에 뿌리내리며", 그리고 가령 포이어바흐가 도덕적 관계를 분명히 신의 질서라고는 부르지 않아도, 그 대신 그러한 여러 관계 안에 내재하는 정신으로 인해 신성하다고 선언한 것이야말로 계몽적인 프로테스탄티즘이 아닌가? "그러나 결혼, 물론 사랑의 자유로운 동맹으로서의 결혼은 그 자체에 의해 거기서 형성되는 결합의 본질에 따라 그 자체로 신성하다. 그러나 이 결혼만이 결혼의 본질에 상응하는 참된 것으로 결혼의 본질에 맞는, 사랑에 적합한 하나의 종교적인 결혼이다. 그리고 모든 도덕적 관계도 마찬가지이다. 그러한 여러 관계들은 그 자체에 의해 종교적으로 간주되는 경우에만 도덕적이며, 그 경우에만 도덕적 사고로 길러진다. 진정한 우정은, 신자가 신의 존엄성을 지키는 것과 동일한 양심으로, 우정의 한계가 종교적 양심성에 의해 지켜지는 경우에만 있을 수 있다. 당신에게 우정이 신성하고 신성하게 하라, 또 재산도 신성하게 하라, 결혼도 하게 하라, 모든 인간의 행복이 신성하고, 그 자체로 신성하게 하라."[125]

이는 매우 본질적인 고려 사항이다. 가톨릭에서도 현세적인 것은 성별(聖別)되거나 신성하게 될 수 있지만 사제의 축복 없이는 불가능하다. 반대로 프로테스탄티즘에서는 현세적인 여러 관계가 그 자체로 신성하며 오로지 그것이 존재하고 있음에 의해 신성한 것이다. 신성함이 부여되는 봉헌은 "목적이 수단을 신성하게 한다"라는 예수회 격언과 정확히 일치한다. 그 자체로는 어떤 수단도 거룩하거나 거룩하지 않지만, 오로지 교회와의 관계, 교회에서의 효용이 수단을 신성하게 만든다. 국왕 시해도 그러한 것으로 선언되었다. 만일 그것이 교회의 이익을 위해 행해졌다면, 그것이 공

125) (원주) 포이어바흐, 앞의 책, 403쪽.

개적으로 선언되지 않았더라도 교회에 의해 신성화될 것이라고 확신할 수 있다. 프로테스탄트에게 황제는 신성한 존재이지만, 가톨릭에게는 주교에 의해 봉헌된 황제만이 신성하게 간주될 수 있다. 교황은 설령 특별한 문서가 없더라도 그에게 관련된 신성함을 영원히 부여받기 때문에 신성하다고 간주된다. 만일 교황이 그 봉헌을 철회한다면, 국왕은 가톨릭에게 단순한 '세속인 또는 속인', '봉헌되지 않은' 인간으로 남게 된다.

프로테스탄트가 감성적인 것 자체에서 신성함을 발견하여 오로지 성스러운 것과 연결되고자 노력한다면, 가톨릭은 도리어 감성적인 것을 자신으로부터 분리하여 그것이 나머지 자연과 마찬가지로 그 자체의 가치를 갖게 되는 특별한 하나의 영역으로 추방하고자 노력한다. 가톨릭교회는 성직을 세속의 결혼에서 분리하고 세속 가정의 결혼에서 제외했다. 프로테스탄트교회는 결혼과 가족의 유대가 거룩하다고 선언하고, 따라서 프로테스탄트 성직자들에게 적합하지 않은 것이 아니라고 선언했다.

예수회는 모든 것을 훌륭한 가톨릭 신자로서 신성하게 만들 수 있다. 그는 오로지 다음과 같이 말하면 된다. '나는 사제로서 교회에 필요하지만, 내가 내 욕망을 적절하게 달랠 때 더 열심히 교회를 섬길 것이다. 따라서 나는 소녀를 유혹하고 나의 적을 독살시키는 등의 일을 할 것이다. 나의 목적은 성직자의 목적이기 때문에 거룩하고, 따라서 이 목적은 수단을 신성하게 만든다.' 결국 그것은 궁극적으로 교회의 이익을 위해 행해지는 것이다. 가톨릭 사제가 교회의 복음을 위해 헨리 7세[126]에게 독약을 건네주는 일을 왜 꺼리지 않으면 안 되는가?

..
126) 헨리 7세(Henry VII, 1457~1509)는 튜더 왕가 출신으로는 첫 번째 잉글랜드 국왕이다(재위 1485~1509).

진정으로 교회의 프로테스탄트들은 모든 '순수한(죄 없는) 쾌락'에 반대했다. 왜냐하면 오로지 신성하고 정신적인 것만이 순수하고 죄가 되지 않기 때문이다. 그들이 성스러운 정신을 검증할 수 없었던 춤, 연극, 장식(가령 교회 내부) 등등을 프로테스탄트들은 거부해야 했다.

이러한 청교도적 칼뱅주의와 비교할 때 루터주의는 그 이상으로 종교적인, 즉 정신적인 방식으로 더욱 급진적이다. 즉 전자는 수많은 감각적이고 세속적인 것을 즉시 배제하고 교회를 정결하게 한다. 반대로 루터교는 가능한 한 모든 사물 속에 정신을 가져오고, 성령을 모든 것의 본질로 인식하며, 따라서 세속적인 모든 것을 신성하게 만들려고 한다("아무도 명예로운 입맞춤에 저항할 수 없다." 고귀한 정신이 입맞춤을 신성하게 만들기 때문이다). 따라서 루터주의자인 헤겔(그는 어떤 구절에서 "나는 루터주의자로 남아있기를 원한다"고 선언한다)도 모든 것에 개념을 완전히 관철시키는 것에 성공했다. 모든 것 속에는 이성, 즉 성스러운 정신이 있고, 또는 "현실적인 것은 이성적이다." 현실적인 것은 사실상 모든 것이다. 왜냐하면 모든 것 속에, 예를 들어 모든 거짓말 속에서 진리가 발견될 수 있기 때문이다. 절대적인 거짓말은 없고, 절대적인 악도 없다.

위대한 '정신적 작품'은 거의 모두 오로지 프로테스탄트들에 의해 창조되었다. 왜냐하면 그들만이 진정한 정신의 귀의자이자 완성자이기 때문이다.

인간이 정복할 수 있는 것은 얼마나 적은가! 인간은 태양으로 하여금 그 길을 달리게 하고, 바다로 하여금 그 파도를 일으키게 하고, 산으로 하여금 하늘로 치솟게 해야 한다. 따라서 인간은 정복할 수 없는 것 앞에 무력하게 서 있다. 이 거대한 세상에 대해 인간은 과연 자신이 무력하다는 인상을 멈출 수 있을까? 이 세계는 인간이 복종해야 하는 하나의 확고한 법칙이며, 이 세계가 인간의 운명을 결정한다. 그렇다면 기독교 이전에 인류는 무엇을 위해 일했을까? 운명의 방해를 제거하고 운명에 의해 괴로워하지 않도록 하고자 했다. 스토아학파는 무관심한 상태에서 이를 달성했다. 즉 그들은 자연의 공격에 대해 무관심을 선언하고 그들 자신이 그것에 영향을 받지 않게 함으로써 냉담함을 통해 이를 달성했다. 호라티우스[127]는 유명한 말인 "그 무엇에도 놀라지 않는다(Nil admirari)"고 하며, 마찬가지로 다른 사물이나 세계에 대한 무관심을 선언했다.[128] 즉 그것들은 우리에게 영향을 주거나 우리를 놀라게 해서는 안 된다. 그리고 "사물의 파멸도 내 정신을 움직이지 않는다(impavidum ferient ruinae)"는 말[129]은 「시편」 46장 3절의 "설령 지구가 멸망할지라도 우리는 두려워하지 않는다"는 말과 완전히 동일한 부동심을 나타낸다. 이 모든 것 속에는 세상은 공허하다고 하는 기독교의 정언, 기독교적 세계 경멸의 여지가 있다.

낡은 세계의 종말을 준비하기 위해 노력했던 '현자들'의 부동의 정신은 이제 스토아학파의 부동심이나 용기도 보호할 수 없는 내적 격동을 겪었다. 정신은 세상의 모든 영향으로부터 보호되고, 세상의 충격에 무감각하고, 그 공격을 이겨내며, 세상의 어떤 몰락에도 당황하지 않고, 아무것도 감탄하지 않는다. 왜냐하면 외부에서 오는 기계적 충격이 무력해지고, 내부를 동요시키는 화학적 긴장이 놀라운 활동을 시작한 뒤에 정신 자체의 내부에 가스(망령)가 발생했기 때문이다.

자아가 세상에서 내 소유를 가질 때까지 투쟁함으로써 사실 고대 역사

---

127) 퀸투스 호라티우스 플라쿠스(Quintus Horatius Flaccus, 기원전 65~8)는 고대 로마 공화정 말기의 시인이다.

128) "아무것도 궁금해하지 않는 것"은 호라티우스, 『서간시(Epistles)』, 제1권, 송6, 1행에 나온다. "아무것도 궁금해하지 않는 것은 사람을 행복하게 만들고, 행복하게 해줄 수 있는 유일한 것"은 호라티우스의 친구인 누미쿠스(Numicus)에 관한 것이다.

129) 호라티우스, 『송가(Odes)』, 제3권, 송3, 7행. "두려움 없는 그를 공격한다."

는 끝난다. "모든 것은 내 아버지로부터 내게 전달되었다."[130] 세계는 나에게 압도적이며 접근하기 어렵고 신성하고 신적이지 않다. 그것은 '비신화(非神化)'된 것이고, 이제 나는 그것을 내가 좋아하는 대로 다루게 되고, 따라서 나에게 의미가 있다고 한다면, 나는 기적을 일으키는 모든 힘을, 즉 정신의 권력을 세계에 발휘할 수 있다. 산을 움직이고, 뽕나무를 뿌리 뽑아 바다에 이식하도록 명령하고,[131] 가능한 모든 일을, 즉 생각할 수 있는 모든 것을 할 수 있게 되었다. "믿는 인간에게는 모든 것이 가능하다."[132] 나는 세상의 왕이고, '영광(Herrlichkeit)'은 나의 것이다. 세상은 산문적인 것이 되었다. 왜냐하면 신적인 것이 세상에서 사라졌기 때문이다. 세계는 내가 나의(즉 정신의) 선택대로 처분하는 나의 소유가 되었다.

내가 세상의 소유주가 되었을 때 에고이즘은 처음으로 완전한 승리를 거두었고, 세상을 초극했고, 세상을 잃게 되었고, 오랜 세월의 획득물을 분명히 그 손에 쥔 것이다.

첫 번째 소유인 첫 번째 '영광'을 획득했다!

그러나 이 세상의 주인은 아직 자신의 생각, 감정, 의지의 주인이 아니다. 그는 정신의 주인이 아니며 정신의 소유자가 아니다. 왜냐하면 정신은 여전히 신성하고 '성령'이며, '세속적이지 않은' 기독교인은 '신이 없는' 인간이 될 수 없기 때문이다. 고대의 투쟁이 현세와의 투쟁이라고 하면, 중세(기독교)의 투쟁은 자기, 즉 정신에 대한 투쟁이다. 전자는 외부 세계에 대한 것이라면 후자는 내부 세계에 대한 것이다. 중세적 인간은 시선이 '자기

••

130) (원주) 「마태복음」, 11장 27절.
131) (원주) 「누가복음」, 17장 6절.
132) (원주) 「마가복음」, 9장 23절.

안쪽으로 향하는' 명상의 인간이다.

고대인의 모든 지혜는 세상의 지혜이고, 근대인의 모든 지혜는 신의 학문이다.

이교도(유대인 포함)는 세상을 끝냈다. 그러나 이제 문제는 자기 자신 또는 정신을 완성하는 것이다. 즉 정신이 없거나 신이 없게 된다.

거의 2천 년 동안 우리는 성령을 우리 자신에게 복종시키기 위해 노력해왔으며, 조금씩 우리는 많은 신성함을 찢어내고 짓밟았다. 그러나 거대한 적수는 언제나 그 형태와 이름을 바꾸어 끊임없이 새롭게 떠오른다. 정신은 아직 신성과 거룩함, 신성함을 잃지 않았다. 확실히 그것은 비둘기처럼 우리의 머리 위로 더 이상 펄럭이지 않는다. 확실히 그것은 더 이상 성자들만을 기쁘게 하지 않고 속인의 손에도 붙잡히게 되었다. 그러나 인류의 정신으로서, 인간의 정신으로서, 즉 인간성의 정신으로, 그것은 나 또는 당신에게 여전히 하나의 소원한 정신으로 남아 있으며, 우리가 좋아하는 대로 처분하는 무한정의 소유가 되지는 않는다. 그러나 한 가지 분명한 일이 일어나 기독교 이후 역사의 발전을 가시적으로 인도했다. 이 한 가지는 성령을 더욱 인간적으로 만들고 그것을 인간에게 더 가까이 가져오려는 노력이다. 이를 통해 마침내 정신은 '인류의 정신'으로 인식될 수 있게 되었고, '인류의, 인간성의, 인도의, 보편적 인류애의 이념'과 같은 다양한 표현으로 더욱 매력적이고 친숙하고 접근하기 쉬운 형태로 나타났다.

이제 모두 인간이 성령을 소유하고, 인류의 이념을 자기 안에 받아들이고, 인류를 자신 안에 형성하고 존재하게 할 수 있게 되었다고 말해야 하지 않는가?

아니다. 정신은 자신의 신성함을 잃지 않고 범접하기 어려운 자신의 특성을 빼앗기지 않는다. 우리가 달성할 수 있는 것이 아니고, 우리가 소유할 수 없다. 왜냐하면 인류의 정신은 나의 정신이 아니기 때문이다. 이것은 나의 이상이 될 수 있으며, 나는 그것을 사상으로서 나의 것으로 부른다. 인류의 사상은 나의 소유이고, 나는 그것을 나의 관점에 따라 제시하고, 오늘은 이렇게, 내일은 저렇게라는 형태를 만들어 보임에 의해 충분히 이를 증명할 수 있다. 그러나 동시에 이 사상이란 내가 양도하거나 처분할 수도 없는 하나의 신탁된 유증재산이다.

성령은 시간이 지남에 따라 많은 변화를 거치면서 '절대적 이념'이 되었고, 다시 여러 가지 변화를 거쳐 인류애, 부르주아적 미덕, 합리성 등의 다양한 이념으로 분열되었다.

그러나 그것이 인류의 이념일 때 나는 그 이념을 나의 소유라고 부를 수 있고, 내가 정신을 섬기면 정신을 위해 '자신을 희생하라'고 할 때 그 정신을 나는 초극된 것이라고 볼 수 있는가? 고대가 끝날 무렵, 세계의 우월과 '신성'을 깨뜨리고 그 무력함과 '공허'를 인식했을 때에야 비로소 이 세계에 대한 소유를 획득하였다.

정신에 관한 경우도 마찬가지이다. 내가 정신을 하나의 유령으로 타락시키고 나에 대한 힘을 하나의 광기로 격하시켰을 때 정신은 그 신성함, 거룩함, 신성을 잃어버린 것으로 간주되고, 그때 나는 인간이 자연을 어떤 망설임도 없이 좋아하는 대로 사용하는 것과 같이 정신을 사용할 수 있다.

'문제의 본질', '관계의 개념'은 문제를 처리하거나 추론할 때 나를 안내해야 하는 것으로 간주된다. 마치 물질의 개념이 그 자체로 존재하고, 그 개념이 인간의 손에서 물질로 만들어진 것이 아닌가라는 것이다! 마치 우리가 하나의 관계에 들어갈 때, 그 관계는 당사자 자신의 유일성에 의해 유일하지 않은 것처럼! 마치 다른 인간들이 그것을 어떻게 분류하느냐에 달려 있는 것처럼! 그러나 인간들이 '인간의 본질'을 실제 인간에서 분리하고 전자에 따라 후자를 판단하는 것과 같이, 인간의 행동을 인간에서 분리하고 이를 '인간적 가치'에 따라 평가한다. 즉 개념은 모든 경우에 결정을 내리고, 삶을 통제하며 지배하는 존재여야 한다. 이것은 헤겔에 의해 체계적인 표현을 갖게 된 종교적 세계이다. 즉 헤겔은 방법을 무의미하게 하고, 개념의 여러 정칙을 완결한 교리학으로 완성시켰다. 모든 것은 개념에 따라 작동되며 실제 인간, 즉 나는 이러한 개념적 법칙에 따라 살도록 강요받는다. 이보다 더 심한 법의 지배가 있을 수 있으며, 기독교도 처음에는 유대교의 법 지배를 더 엄격하게 끌어들이는 것을 승인한 것이 아니었는가?("율법의 한 자도 분실되어서는 안 된다!")[133]

자유주의는 다른 개념을 제시한 것에 불과하다. 즉 신성보다는 인간을, 교회보다는 정치를, 교리보다는 '학문'을, 보다 일반적으로 말하면 '조잡한 교리'와 계율 대신에 실제 개념과 영원한 법칙을.

이제 세상은 정신이 지배할 뿐이다. 인간들의 머릿속에는 수많은 개념이 떠오르지만, 더 나아가기 위해 노력하는 인간들은 무엇을 하려고 할까? 그들은 새로운 개념으로 바꾸기 위해 이러한 개념을 부정하고 있다! 그들은 말한다. "당신들은 권리, 국가, 인간, 자유, 진리, 명예 등에 대해 잘못된 개념을 가지고 있다. 권리 등의 개념은 오히려 우리가 지금 제시한 것이다." 따라서 개념의 혼란은 앞으로 계속 나아간다.

세계의 역사는 우리를 잔인하게 다루었고, 정신은 하나의 전능한 권력을 장악했다. 당신은 당신의 맨발을 보호할 수 있는 나의 초라한 신발, 당신의 감사를 맛있게 할 나의 소금, 그리고 당신의 모든 궁핍을 즉시 덜어줄 나의 화려한 마차를 존중해야만 한다. 그것들을 얻으려고 해서는 안 된

----

133) 「마태복음」 5장 17~18절 참조.

다. 인간은 이 모든 것과 셀 수 없이 많은 다른 것들의 독립성을 인정해야 하며, 그것을 빼앗거나 접근할 수 없는 것으로 인식해야 하고, 그에게서 제거된 것으로 인식해야 한다. 인간은 이것을 존중하고 공경해야 한다. 그가 원하는 대로 손가락을 뻗으면 그에게 화가 있을 것이다. 우리는 이것을 '가벼운 악!'이라고 부른다.

우리에게 남아 있는 것은 소수의 시시한 것들이고 그야말로 전혀 없는 것과 마찬가지이다. 모든 것이 제거되었다. 우리에게 주어지지 않는 한 우리는 그 무엇에도 관여해서는 안 된다. 우리는 주는 자의 은혜로만 살아가는 것에 불과하다. 좋다고 하는 허가가 없는 한 당신은 바늘 하나도 집어서는 안 된다. 그렇다면 그 허가는 무엇으로부터 얻는가? 존경에서다! 오로지 존경이 소유로 당신에게 맡길 때에만, 당신이 그것을 소유로 존경할 수 있을 때에만 당신이 그것을 주워 올려도 좋다. 나아가 당신은 도덕이나 이성 또는 인간성으로부터 그것을 보증받는 대신에 오로지 홀로 당신 속에 그 보증이 있는 하나의 사상을 생각하거나, 그러한 하나의 말을 하거나, 하나의 행동을 해서는 안 된다. 욕망이 있는 인간의 행복하지 않은 구속, 인간들이 얼마나 무자비하게 구속의 제단에서 당신을 죽이려 했는가!

그러나 그 제단 주위에는 하나의 교회의 아치가 올라가고, 그 성벽은 계속해서 더 멀어진다. 그것들이 둘러싸는 것은 신성이다. 당신은 더 이상 그것에 접근 할 수 없고 더 이상 만질 수도 없다. 당신을 삼키는 굶주림에 비명을 지르고, 당신은 신성모독의 작은 것을 찾아 그 성벽 주위를 돌아다니며, 당신이 달리는 코스의 원은 점점 더 확장되어 간다. 머지않아 그 교회는 전 세계를 포용할 것이며 당신은 맨 끝으로 쫓겨날 것이다. 또 다른 단계, 신성한 것의 세계가 승리한다. 당신은 지옥의 심연에 가라앉는다. 그러므로 아직 때가 있을 때 용기를 내고, 이미 물려버린 속세에서 더 이상

방황하지 말고, 감연히 도약하여 성소 자체의 성문을 통해 돌진하라. 그리고 당신이 신성한 것을 삼키면 당신은 그것을 당신의 것으로 만들 수 있다! 성찬을 소화하면 그것이 당신을 해방시켜 준다!

3. 자유인

지금까지 제1절과 제2절에서 '고대인'과 '근대인'을 다루었다. 지금부터 제3절에서 다루는 '자유인'은 이것들과 독립적인 별개의 것처럼 보일지 모른다. 그러나 사실은 그렇지 않다. 자유인이란 요컨대 근대인 중에서도 더욱 새로운 자나 가장 새로운 자를 말하는 것에 불과하다. 그것을 여기서 특별히 다루는 이유는 오로지 그들이 현재에 속하고, 지금은 현재적인 것이 무엇보다도 우리의 주의를 끈다는 단 하나의 이유 때문이다. 나는 단지 자유주의파(Liberalen)를 '자유인(Freien)'이라는 이름으로 바꾸어 부르는 것에 불과하다. 단 자유의 개념에 대해서는 다른 많은 것과 마찬가지로(이에 대해 빨리 다루고자 하지만) 뒷부분을 참조하기 바란다.

(1) 정치적 자유주의

사람들은 소위 절대군주제라고 불리는 성스러운 술잔을 거의 그 찌꺼기까지 마신 뒤, 18세기에 이르러 그들의 술잔에 인간적인 맛이 없다는 것을 너무나도 분명히 알게 되었다. 그래서 한 잔 더 마시고 싶다는 마음이 생기지 않았다. 우리의 조상들은 결국 그러한 '인간'이었기 때문에 18세기 사람들도 마침내 그렇게 인간 그 자체로 여겨지기를 바라게 되었다.

우리에게서 인간이 아닌 다른 것을 보는 자들로부터 우리 역시 인간을 보는 것이 아니라 비인간적인 존재를 보고, 그를 만날 때 비인간을 보는 것처럼 하게 된다. 반면 우리를 인간으로 인정하고 비인간적인 대우받는 위험으로부터 우리를 보호해주는 인간을 우리는 진정한 보호자이자 수호자로 존경한다.

우리는 서로 연대하여 타자와 함께 있는 인간을 보호한다. 그때 우리는 서로 연대하는 데에서 필요한 보호를 발견하고, 우리와 연대하는 인간들 중에서 인간의 존엄성을 알고 '인간'으로서 연대하는 인간들의 공동체를 발견한다. 우리의 연대는 국가이고, 연대하는 자들은 국민이다.

국민이나 국가로서 함께 있는 가운데 우리는 오로지 인간일 뿐이다. 우리가 개인으로서 어떻게 처신하고, 그때 개인적인 욕망에 우리가 어떻게 따르는지는 전적으로 우리의 사적 생활에 속한다. 즉 우리의 공적 생활이나 국가적 생활은 순수하게 인간적인 생활이다. 우리에게 관련되는 모든 비인간적이거나 '에고이즘적인' 것은 '사적인 문제'로, 우리는 국가를 '에고이즘' 활동의 영역인 '시민 사회(bürgerlichen Gesellschaft)'와 엄격히 구별한다.

참된 인간은 국민이고, 개인은 언제나 에고이스트에 불과하다. 그러므로 참된 인간이 되기 위해서는 에고이스트적인 불화와 불평등이 숨쉬고 있는 당신의 개성이나 고립을 떨쳐버려야 하고, 국민이나 국가라는 온전히 참된 인간에게 자신을 헌신해야 한다. 그러면 당신은 인간으로 간주되고 인간의 모든 것을 가지게 된다. 국가의 참된 인간이 당신에게 그러한 것들과 함께 더해지는 자격을 주고, 당신에게 '인권'을 주게 된다. 인간이라는 이유로 당신에게 그 권리를 준다!

시민주의(Bürgentum) 연설은 이런 식이다.

시민주의란 국가가 참된 인간이라고 보는 사상으로, 개인의 인간적 가치는 국가의 공민이 되는 데 있다고 보는 사상이다. 그는 선량한 시민으로서 최고의 명예를 추구하며, '선량한 기독교인이 되는 것'이라는 골동품 같은 것보다 그 이상으로 더 높은 것을 알지 못한다.

　시민계급은 특권계급과의 투쟁 속에서 스스로 발전했는데, 그들은 이러한 특권계급에 의해 '제3신분'으로 무신경하게 취급되고 '천민'과 혼동되었다. 따라서 그때까지 국가는 '불평등을 인정했다'. 가장 뛰어난 시민들이 추구한 관직에 귀족의 아들이 뽑히는 경우 등등이다. 이에 대해 시민 감정이 반기를 들었다. "더 이상 특별한 대우도 없고 개인에 대한 특별한 선호도 없이 모든 신분의 차이를 없애라! 모두를 평등하게 대하라! 더 이상 어떤 특수한 이익도 추구해서는 안 되고 만인의 보편적 이익을 추구해야 한다. 국가는 자유롭고 평등한 사람들의 공동체여야 하고, 모든 인간은 '전체의 복지'에 헌신하여 국가에 몰입하고 국가를 자신의 목적이자 이상으로 삼아야 한다. 국가여! 국가여!" 그렇게 보편성을 갈구하는 외침이 울려 퍼졌다. 그 후 인간들은 '올바른 형태의 국법'과 최상의 제도를 추구하고, 그래서 가장 좋은 상태의 국가를 추구했다. 국가의 사상이 모든 인간의 정신에 전해져 감동을 불러일으켰고, 국가라는 이 현세의 신에게 봉사하는 것이 새로운 신에 대한 봉사가 되고 예배와 숭배의 대상이 되었다. 그래서 본원적으로 정치 시대가 열렸다. 국가나 국민을 위해 봉사하는 것이 가장 높은 이상이 되고, 국가의 이익이 최고의 이익이 되며, 국가에 대한 봉사(이를 위해 특별히 관리가 될 필요는 없다)가 최고의 영예가 되었다.

　그리하여 사적 이익과 인격은 추방되었고, 국가를 위한 희생은 구호가 되었다. 인간은 자신을 포기하고 오직 국가를 위해 살아야 한다는 믿음, 인간은 '사심 없이' 행동해야 하고 자신에게 이익을 원하지 않고 국가의 이익을 위해 살아야만 한다는 신념, 그것들에 의해 국가는 본원적 인격이 되었다. 국가 앞에서 개별적 인격이 사라진다. 내가 살아 있는 것이 아니라 국가가 내 안에 사는 것이다. 그러므로 인간은 종전의 자아 추구와 대립하여 에고이스트적이지 않고 개인적이지 않은 것(비개인성) 자체가 된다. 이러한 신, 즉 국가 앞에서 모든 에고이즘이 사라지고, 국가 앞에서는 만인이 평등해진다. 만인은 다른 어떤 차별도 없이 인간이 되고, 인간 외에는 아무것도 아니게 된다.

프랑스 대혁명은 재산이라고 하는 불붙기 쉬운 물질로부터 불을 뽑았다. 정부는 돈이 필요했다. 이제 정부는 스스로가 절대이고, 따라서 모든 재산의 주인이며, 유일한 재산 소유자라는 명제를 증명해야 한다. 정부는 이제 백성들의 재산이 아니라 오로지 정부(주인)의 소유에 불과했던 돈을 스스로 가져가야 한다. 그런데 정부는 그 대신, 삼부회(Generalstände)를 소집하여 그 돈에 동의하게 했다. 엄격히 논리적인 행동에서 위축된 것은 절대적 정부라는 환상을 파괴시켰다. 무엇인가에 '동의'를 해야 하는 인간은 절대적인 자로 간주될 수 없다. 국민들은 그들이 현실의 소유주라는 것과, 정부가 요구하는 것은 그들의 돈이라는 것을 인식했다. 지금까지 국민이었던 인간들은 그들이 소유주라는 의식을 확보했다. 바이[134]는 이것을 다음의 몇 마디 말로 묘사한다. "만약 당신이 나의 동의 없이 내 재산을 처분할 수 없다고 하면, 당신은 나의 인격, 나의 정신적이고 사회적인 지위에 관련되는 모든 것에 대해서도 어떻게 그런 짓을 할 수 있겠는가? 이 모든 것은 내가 경작하는 땅덩어리처럼 나의 재산이다. 그리고 나는 스스로 법을 만들 권리와 이익이 있다."[135] 바이의 말은, 물론 이제 모든 인간이 재산

134) 장 실뱅 바이(Jean Sylvain Bailly, 1736~1793)는 프랑스의 정치가이며, 국민의회 의장으로서 프랑스 대혁명을 맞았다.

소유자라는 것처럼 들린다. 하지만 정부 대신, 군주 대신, 국민이 이제 소유자이자 주인이 되었다. 이때부터 이상은 '인민의 자유', '자유로운 인민' 등으로 표현된다.

이미 1789년 7월 8일, 오툉 주교[136]와 바레르[137]의 선언은, 법률에서 인간 각자, 각 개인이 갖는 중요성에 대한 모든 환상을 앗아갔다. 그 선언은 위탁자들의 완전한 무기력성을 폭로했다. 대표자들의 다수파가 스스로 주인이 되었다.[138] 7월 9일, 헌법 기초에 관한 업무 분할 계획이 제시되자 미라보[139]는 "정부는 오로지 권력만을 가질 뿐이고 권리는 갖지 않는다. 오직 인민만이 모든 권리를 찾을 수 있는 원천이다"[140]라고 말했다. 7월 16일, 마찬가지로 미라보는 이렇게 외친다. "인민은 모든 권력의 원천이 아닌가?"[141] 그러므로 모든 권리의 원천이고 모든 권력의 원천이라는 것이다! 달리 말하면 이 점에서 '권리'라는 실체가 분명하게 된다. 그것이 바로 권력이다. "권력을 가진 자는 권리를 갖는다."

시민계급은 특권 신분의 상속자이다. 사실 귀족들에게서 '획득물'로 뺏은 그들의 여러 권리는 부르주아 계급에게만 넘어갔을 뿐이었다. 왜냐하

..

135) (원주) Edgar Bauer, *Bailly und die Ersten Tage der Französischen Revolution* (Charlottenburg, 1843), p. 89.

136) 샤를 모리스 드 탈레랑 페리고르(Charles Maurice de Talleryand Périgord)를 말한다. 프랑스 대혁명기의 정치인이자 외교관인 그는 1788년부터 1791년까지 오툉(Autun)의 주교를 지냈다.

137) 베르트랑 바레르(Bertland Barère, 17555~1841)는 프랑스 대혁명기의 정치인이다.

138) (원주) 에드가 바우어, 앞의 책, 102~103쪽.

139) 오노레 가브리엘 미라보(Honoré Gabriel Mirabeau, 1749~1791)는 귀족 출신의 프랑스 혁명가로 프랑스 대혁명이 시작된 뒤 2년간 국민의회를 주도했다.

140) (원주) 에드가 바우어, 앞의 책, 113쪽.

141) (원주) 에드가 바우어, 같은 책, 133쪽.

면 부르주아 계급은 이제 '국민'이라고 불렸기 때문이다. '국민의 손에' 모든 특권은 되돌려졌다. 이에 따라 특권은 '특권'이 되는 것을 그만두고 '권리'가 되었다. 이때부터 국민은 십일조를 요구하며, 의무적인 봉사로 부역을 요구하게 된다. 국민은 영주법원을, 수렵권을, 농노를 물려받았다. 8월 4일 밤은 특권자들과 함께 '특권'의 죽음의 밤(도시, 지방자치체, 시참사회도 특권화되고 여러 특권과 영주권 등을 갖추었다) '권리'와 '국권'과 '국민의 여러 권리'의 새로운 아침과 함께 그것은 막을 내렸다.[142] '왕실의 주인'이라는 인격체로서의 군주는 새로운 군주인 '주권 국가'에 비하면 보잘것없는 군주였다. 새로운 군주제는 1천 배나 더 가혹하고 더 엄격하며 더 철저했다. 이 새로운 군주에 대항하는 어떤 권리도, 어떤 특권도 있을 수 없었다. 이에 비하면 앙시앵 레짐(Ancient Régime, 구체제)[143]의 '절대군주' 따위는 얼마나 제한적으로 보이는가! 대혁명은 이 제한된 군주제를 절대군주제로 전환하는 효과를 가져왔다. 이때부터 이 군주가 부여하지 않은 모든 권리는 모두 '월권'이 되는 반면, 그것이 베푸는 특권은 모두 '권리'가 되었다. 시대는 절대적 왕권을, 절대적 군주제를 요구했다. 따라서 수많은 소군주제와 함께 제한적으로 절대적이었던 것은 전혀 받아들여지지 않아 소위 절대적 왕제는 몰락했다.

수천 년 동안 갈망하고 노력했던 것, 즉 그의 권력을 자르기 위해 더 이상 다른 군주들과 영주들이 존재하지 않는 절대적인 군주를 찾고 싶다는 희망이 부르주아 계급을 초래했다. 부르주아는 자기 홀로 '정당한 권원'을 부여받음과 동시에, 그것의 인가 없이는 어떤 권리도 정당화될 수 없는 군

..

142) (원주) 에드가 바우어, 같은 책, 141~142쪽.
143) 1789년 프랑스 대혁명 이전의 절대군주 체제를 말한다.

주를 보여주었다. "그래서 이제 우리는 우상이란 세상에 없는 것이고, 유일한 신을 두고서 다른 신은 없다는 것을 알게 되었다."[144]

권리 그 자체에 대해서 인간은 어떤 하나의 권리에 대해서와 마찬가지로 '그것은 무권리(불법)이다'라는 주장을 내세울 수 없다. 이제 와서야 그것은 무의미한 헛소리, 환상이라고 말할 수 있다. 누군가가 이를 불법이라고 부른다면, 그것에 반대하여 누군가가 또 다른 권리를 세우고자 할 것이고, 이에 따라 다른 것을 측정해야 할 것이다. 이와 반대로 어떤 인간이 그러한 권리(법) 자체를 바로 그 안에서 그리고 그 자체로 모두 거부한다면, 그 역시 불법의 개념을 거부하게 되고, (불법 개념이 포함되는) 권리의 전체 개념을 해체하게 된다.

우리 모두가 '정치적 권리의 평등'을 누리고 있다는 교의의 의미는 무엇일까? 그것은 오직 국가가 사적 개인에 대하여 어떤 고려도 하지 않는다는 것일 뿐이다. 다른 모든 인간들과 마찬가지로 나는 오로지 하나의 인간이라고 말할 뿐이고, 국가로 하여금 경의를 표하게 한다는 또 다른 의미는 갖지 않는다는 것에 불과하다. 나는 귀족으로서, 귀족의 아들로서, 심지어 상속에 의해 관직을 세습적으로 받는 관리의 상속인으로서(중세의 세습 영주 등등, 후에 절대군주제 아래에서 생긴 세습적 관직과 같이) 국가로 하여금 나에게 경의를 표하게 할 수는 없다. 이제 국가는 무수한 다수의 권리, 예를 들어 군대의 중대나 대대 따위를 지휘하는 권리, 대학에서 강의할 수 있는 권리 등을 부여할 수 있다. 왜냐하면 그러한 권리는 국가의 것, 즉 국권 또는 '정치적' 권리이기 때문이다. 이 경우에 위임된 권리에서 비롯되는 의무만 이행한다면, 그것을 누구에게 부여하든 간에 국가에게는 마찬가지다.

∵

144) (원주)「고린도전서」, 8장 4절.

그것에 대해 우리는 모두 국가에게는 정당한 것이고, 평등하며, 한 사람이 다른 인간보다 더 많거나 더 작은 가치를 갖지도 않는다. 위임받은 자가 일을 제대로 이해하는 한, 누가 군대의 지휘권을 장악하든 마찬가지라고 주권국가는 말한다. 따라서 '정치적 권리의 평등'이라는 것은, 거기에 따르는 조건을 충족하기만 한다면, 누구라도 국가가 부여해야 하는 모든 권리를 획득할 수 있다는 의미이다. 단 그러한 조건은 선호하는 인물(persona grata)의 성격에서만 추구해야 하는 조건들이 아니라 그 권리의 본질에서 추구해야 하는 것이다. 가령 장교가 되는 권리의 본질은 건강한 팔다리와 적절한 지식을 가지고 있는 것을 필수 조건으로 하는 것으로, 그것은 고귀한 출생을 조건으로서 요구하지 못한다. 반면에 공적이 뛰어난 평민이라도 어떤 관직에 취임할 수 없다면 그것은 정치적 권리의 불평등이 된다. 오늘날의 국가들 중 일부는 평등의 원칙을 더 많이, 다른 일부는 더 적게 실행하고 있다.

신분적 군주제(나는 혁명 전의 절대왕제, 국왕들의 시대를 이렇게 부른다)는 개개인을 전적으로 여러 왕국에 의존하게 했다. 이것들은 길드(Guild, 동업조합), 귀족 계급, 성직자 계급, 부르주아 계급, 도시, 지방자치체와 같은 협동사회(Genossenschaft)였다. 어느 곳에서나 개인은 자신을 먼저 이 작은 사회의 일원으로 여기고, 그 단체의 정신(esprit de corps)을 자신의 군주로 삼아 무조건 복종해야 했다. 예를 들어 개별 귀족은 그 자신보다 그의 가족, 그 일족의 명예를 더욱 소중하게 삼아야 했다. 개개인은 오직 그의 단체, 그의 계급을 통해서만 더 큰 단체, 즉 국가와 관계를 가졌다. 마치 가톨릭에서 개개인은 오직 사제를 통해서만 비로소 신을 대하는 것과 마찬가지였다. 그러나 지금 여기에 제3신분은 신분으로서의 자신을 부정할 용기를 보임으로써 종지부를 찍었다. 제3신분은 더 이상 다른 여러 신분과 함께 존재하는 하나의 신분이라고 불리는 것이 아니라 스스로를 '국민'으로 신성화하고 보편화하기로 결의했다. 이로써 그것은 훨씬 더 완전하고 절대적인 군주제를 만들어냈고 그리하여 그 이전에 지배한 모든 신분 원칙인 대왕국 내의 소왕국의 원칙이 무너졌다. 그러므로 혁명은 상위의 두 가지 특권적 신분에 대항한 혁명이었다고 말할 수 없다. 도리어 그것은 여러 개의 신분적 소왕국을 목표로 삼았다. 그러나 여러 신분과 그 강제적 지배가 깨졌다면(국왕도 시민의 왕이 아니라 하나의 신분적 왕이었을 뿐이다) 신분적 불평등에서 해방된 개개인만이 남겨졌다. 그러면 현실의 그들은 이제 정말로 신분도 없고 '틀도 파괴되어', 더 이상 어떤 신분(status)에도 얽매이지 않고, 보편적인 끈도 없이 존재하게 된 것이었을까? 아니다. 제3신분이 자신을 국민이라고 선언한 것은, 다른 신분과 함께 줄서는 하나의 신분에 그치지 않고 오로지 유일한 신분이 되기 위해서였다. 이 유일한 신분이 바로 국민이고, '국가(status, 지위)'이다. 그렇다면 개인은 이제 어떻게 되었는가? 즉 정치적 프로테스탄트가 되었다고 하는 것은, 그가 그의 신인 국가와 직접 관계를 맺게 되었기 때문이다. 그는 더 이상 귀족으로서 귀족들의 왕국에, 직인으로서 길드의 왕국에 있는 것이 아니라, 모든 인간들과 마찬가지로 오직 유일한 군주, 국가만을 인지하고 인정했다. 국가의 신하로서 동등한 명예의 칭호인 '시민'을 받게 되었다.

부르주아 계급은 공로(Verdienst)의 귀족이다.[145] 그것의 모토인 '공로에 대해 왕관을 쓰도록 하라'가 그들의 슬로건이었다. 그들은 '나태한' 귀족들에 대항하여 싸웠다. 왜냐하면 그들의 근면과 공적에 의해 극복된 근면한

· ·
145) 이 구절 전체에 걸쳐 Verdienst(공로), Verdienstvolle(자격이 있는 사람), Diener(신하) 및 Dienen(봉사)에 대한 언어유희가 있다.

귀족에 따르면, 자유인 것은 '출생이 훌륭한' 자도 아니고, 자아도 아니고, '자격이 있는' 사람(Verdienstvolle), 즉 왕의 충실한 신하(Diener, 그의 국왕의, 국가의, 입헌 국가의 인민)이기 때문이다. 봉사(Dienen)를 통해 인간은 자유를 얻는다. 즉 어떤 인간이 '공적'을 세우고, 나아가 금전의 신도 섬기는 것이다. 인간은 국가를 위하여, 즉 국가의 원리를 위하여, 국가의 도덕적 정신을 위하여 공적을 세워야 한다. 그러한 국가의 정신을 섬기는 자야말로 선량한 시민이니, 그가 적법하다면 어떤 산업 부분에서도 바라는 대로 살도록 하라는 것이다. 그런 자의 관점에서 본다면 '혁신가'란 '빵 없는 예술'을 실천하는 자이다. 오직 '소상인'만이 '실용적'이며, 상인 정신이란 관직을 쫓아다니는 정신과 마찬가지로 거래로 이익을 내거나 그 밖의 다른 방법으로 자타에게 혜택을 베푸는 정신이다.

그러나 만약 자격이 있는 사람이 자유인(안락한 부르주아나 충실한 공직자는 그 마음이 원하는 자유에 무엇인가 부족하기 때문에)으로 간주된다면, '종복'이야말로 자유인이다. 순종하는 종복이야말로 자유인이다! 무슨 말도 안 되는 소리냐! 그럼에도 불구하고 이것이 부르주아적 정신이며, 그들의 시인인 괴테는 물론 그들의 철학자인 헤겔도 객체에 대한 주체의 종속, 객관적 세계에 대한 복종을 찬양했다. 오직 그 요건에 대해서만 봉사하는 인간, '전적으로 헌신하는' 인간이야말로 진정한 자유를 가지고 있다. 그 요건이란 사색가들 사이에서는 이성이다. 그것은 국가나 교회와 마찬가지로 보편적인 법칙을 부여하고, 인류의 사상에 의해 개개인을 결합한다. 이성은 무엇이 '진실'인지를 결정하고, 그다음에 어떤 행동을 해야 하는지를 결정한다. 먼저 국가의 하인으로서 선량한 시민으로 불리는 정직한 종복만큼 '이성적인' 인간들은 없다.

당신은 부자가 되어도, 가난해져도 좋다. 부르주아 계급의 국가는 그것을 당신의 선택에 맡기지만, 오직 '선량한 성질'만은 잊어서는 안 된다. 국가는 이를 당신에게 요구하며, 선량한 성질을 만인에게 심는 것이야말로 가장 시급한 과제라고 생각한다. 그러므로 국가는 '여러 가지 악마의 교사'로부터 당신을 지키고, '나쁜 사람'들을 잡아 가두고, 검열 말살이나 출판 벌칙이나 지하 교도소를 통해 그들의 선동적인 담론을 억제할 것이며, 다른 한편으로는 '선량한 성질'의 인간들을 검열관으로 임명할 것이며, 모든 방법으로 '착한 정신과 선한 사상의 인간들'을 통해 당신에게 도덕적 감화를 행사할 것이다. 만약 국가가 당신에게 악한 교사를 귀담아듣지 못하게 했다면, 국가는 다시 선한 교사에 대해 당신의 귀를 더욱 부지런히 열게 할 것이다.

부르주아 시대와 함께 자유주의 시대가 시작된다. 인간들은 '이성적인 것', '시대에 적합한 것' 등이 어디에나 세워져 있는 것을 보고 싶어 한다. 그 명예를 걸고 서술해야 할 자유주의에 대한 다음의 정의는 그것을 완전히 특징짓는다. "자유주의는 바로 우리의 현존 관계를 이성적으로 인식하는 주장이다."[146] 자유주의의 목표는 '이성적 질서'이고 '도덕적 태도'이며 '제한된 자유'로서 아나키적인 것도, 무법적인 것(Gesetzlosigkeit)도, 고유성(Eigenheit)도 아니다. 하지만 이성이 지배한다면 개인은 굴복한다. 예술은 오랫동안 추악한 것을 오로지 인정했을 뿐만 아니라 자신의 존재에 필요한 것으로 간주하고 그것을 그 자체로 받아들였다. 예술은 악당 등을 필요

<hr />

146) (원주) Carl Witt(anonym), "Preussen seit der Einsetzung Arndts bis zur Absetzung Bauers", *Einundzwanzig Bogen aus der Schweiz*(Zürich und Winterthur, 1843), pp. 12~13. (옮긴이주) 시인인 게오르크 허베그(George Herwegh)가 1843년 취리히와 빈터투어에서 펴낸 선집 『스위스에서 온 21개의 화살』에서 슈티르너가 인용한 글의 출처는 익명 저자의 논문 「아른트 임명에서 바우어 파면까지의 프로이센」이다.

로 한다. 종교적 영역에서도 가장 극단적인 자유주의자들은 가장 종교적인 인간에게 하나의 국가 공민이라는 틀을 적용하여, 즉 종교적 악당으로 간주하는 데까지 나아간다. 그들은 이단에 대한 재판을 더 이상 인정하려고 하지 않는다. 그러나 '이성의 법'에 반역할 인간은 아무도 없고, 만약 반역하게 되면 그는 가장 가혹한 형벌로 위협받는다. 원하는 것은 개인이나 자아의 자유로운 운동과 실현이 아니라 이성의 그것이다. 즉 이성의 지배, 단 하나의 지배이다. 자유주의자들은 신앙이나 신 등에 대한 열광자가 아니라 분명히 이성에 대한, 그들의 주인에 대한 광신자들이다. 그들은 교양이 부족하지 않고, 따라서 자기발전이나 자기결정도 허용하지 않는다. 그들은 가장 절대적인 지배자임에도 불구하고 그들의 의지를 강요한다.

'정치적 자유'를 우리는 어떻게 이해해야 하는가? 가령 국가와 그 법률로부터 개개인이 갖는 자유인가? 아니다, 도리어 반대로 개인은 국가와 국가의 법에 구속된다. 그런데도 왜 '자유'인가? 왜냐하면 한 사람은 더 이상 중개인에 의해 국가와 분리되지 않고, 국가와 직접적이고 무매개적인 관계에 서 있기 때문이다. 왜냐하면 인간은 국가의 국민이기 때문에, 다른 인간의 부하가 아니라, 개인으로서의 국왕이 아니라, 오직 '최고 국가 원수'로서의 자격에서 국가의 신하이기 때문이다. 정치적 자유, 즉 자유주의의 기본 원칙은 프로테스탄티즘의 제2단계일 뿐이며 '종교적 자유'와 상당히 유사하다.[147] 아니면 가령 종교적 자유를 종교로부터의 자유라고 이해하는 것이 옳을까? 그 정도의 문제가 아니다. 그것이 의미하는 바는, 요컨대 중개자들로부터의 자유라는 것에 불과하다. 즉 중개하는 사제들로부터

..

147) (원주) Louis Blac, "Le protestantisme devint le fond des idées et des moeurs.", *Histoire des dix ans, 1830~1840*(Paris, 1841), p. 138.

의 자유이고, '승속'의 폐지, 따라서 종교나 신에 대한 직접적이고 무매개적인 관계라는 것이다. 인간은 신앙을 갖는다고 가정할 때에만 종교의 자유를 누릴 수 있다. 즉 종교의 자유는 종교가 없는 것을 의미하는 것이 아니라 신앙의 내면화, 신과의 중재되지 않은 직접적 교제를 의미한다. '종교적으로 자유로운' 인간에게 종교는 마음의 요건이고, 그 자신의 문제이고, '성스러운 중대사'이다. 그러므로 '정치적으로 자유로운 인간'에게도 국가는 신성하게 중대한 문제인 것이다. 국가는 그의 정신의 요건이고 근본 문제이며 그 자신의 일이다.

마찬가지로 정치적 자유는 폴리스,[148] 즉 국가가 자유롭다는 것을 의미한다. 종교의 자유는 종교가 자유롭다는 것을 말한다. 마치 양심의 자유가 양심이 자유롭다는 것을 의미하는 것과 같다. 따라서 이는 내가 국가, 종교, 양심으로부터 자유롭다거나 내가 그것들로부터 벗어나 있음을 의미하지 않는다. 그것은 나의 자유를 의미하는 것이 아니라, 나를 지배하고 예속시키는 권력의 자유를 의미한다. 그것은 나의 전제군주들인 국가, 종교, 양심이 자유롭다는 것을 의미한다. 국가, 종교, 양심과 같은 전제군주들과 그들의 자유는 나를 노예로 만드는 것이다. 여기서 그들은 반드시 '목적이 수단을 신성하게 만든다'라는 원칙을 따를 수밖에 없다. 국가의 복지가 목적이라고 한다면 전쟁은 하나의 신성화 수단이 된다. 정의가 국가의 목적이라면 살인은 하나의 신성화 수단이며, 그 신성한 이름인 '처형'으로 불린다. 신성한 국가는 그것에 봉사할 수 있는 모든 것을 신성화한다.

부르주아적 자유주의가 열렬히 주시하는 '개인의 자유'라는 것도 여러 가지 행위가 완전하게 자신의 것으로 된다는 완전히 자유로운 자기결정을

----

148) 그리스 도시국가를 말한다.

의미하지 않으며, 어떤 개인에게도 종속되지 않는다는 것을 의미하는 것에 불과하다. 개인으로서 자유라는 것은 누구든 인간에 대해서는 책임을 지지 않는 것을 뜻한다. 이러한 의미에서 보면 ─ 그리고 우리는 그것을 달리 이해할 수 없다 ─ 오로지 통치자가 개인으로서 자유라는 것, 즉 인간에 대해 무책임하다는 것만이 아니라(물론 그도 '신에 대해서'는 책임을 지지만) '오로지 법에 대해서만 책임을 지'는 모든 인간이 개인으로서는 자유라는 것이다. 금세기 혁명 운동을 통해 얻어진 것은 이러한 종류의 자유, 즉 위의 은혜(tel est notre plaisir[149])로부터의, 자의적 의지로부터의 독립이었다. 따라서 입헌군주 자신은 개인으로서, 개인적 인간으로서 타인의 '개인적 자유'를 침해하지 않기 위해 모든 인격성을 박탈당하고, 개인적으로 결단을 내려야 했다. 개인으로서의 지배자의 의지는 입헌군주에게서 사라져야 했다. 그러므로 절대군주들이 이에 저항한 것은 당연한 일이었다. 그럼에도 불구하고 바로 그들은 최상의 의미에서 '기독교적 군주'라고 공언한다. 그러나 이를 위해서 그들은 하나의 순수한 정신적 권력이 되어야 한다. 기독교도는 오로지 정신에만 복종하기 때문이다('신은 정신이다'). 이 순수하게 정신적인 권력을 철저하게 나타내는 것이 오로지 입헌군주뿐이고, 그는 모든 개인적 의미를 상실하고서 하나의 관념으로서 순전히, 불가사의한 '유령'으로, 즉 하나의 이념으로 간주될 정도까지 정신화된다. 입헌군주야말로 진정한 기독교적 국왕이며, 기독교적 원칙의 진실하고 일관된 수행이다. 개인으로서의 지배자, 즉 현실에 의지를 가진 지배자는 입헌군주제에서 종말을 맞았다. 그러므로 여기에서는 개인적 자유가 만연하고, 모든 개인적 독재자로부터의 독립, 즉 나에게 명령할 수 있는(tel est notre plaisir)

149) "이것이 짐의 뜻이다." 프랑스 군주가 법을 시행할 때 사용하는 문구.

모든 인간들로부터의 독립이 지배하고 있다. 그것은 완전한 기독교적 국가 생활이고, 하나의 정신화 생활이다.

부르주아 계급의 행동은 철두철미 자유주의적이다. 타인의 영역을 개인적으로 간섭할 때마다 부르주아 의식이 반란을 일으킨다. 부르주아가 인간은 기분에, 쾌락에, 개인으로서의 의지에 의존하고 있다고 보는 경우(즉 어떤 '상위 권력'에 의해 권위가 부여되지 않은 것으로서의) 어떤 인간의 의견에 의해 좌우되는 것을 보자마자 자유주의를 일시에 전면에 내세우고 '자의적이고 전횡적'이라고 비명을 지른다. 요컨대 부르주아는 소위 명령(ordonnance)이라는 것으로부터의 자기의 자유를 주장한다. '누구든 나에게 무엇을 명령할 수 없다!'는 것이다. 명령은 내가 해야 할 일이 누군가 다른 인간의 의견이라는 의미를 담고 있는 반면, 법은 타인의 개인적 권력을 나타내지 않는다. 부르주아 계급의 자유란 누군가 다른 인격의 의지로부터의 자유 내지 독립이고, 이것이 소위 인격 또는 개인의 자유이다. 왜냐하면 인격적으로 자유롭다는 것은 누군가 다른 인격이 나의 인격을 멋대로 처분할 수 없을 정도로 자유롭다는 것을 의미하기 때문이거나, 또는 내가 할 수도 있고 안 할 수도 있는 것은 누군가 다른 인간의 개인적인 결정에 좌우되지 않는다는 형태로 자유인 것에 불과하기 때문이다. 예를 들어 언론의 자유는 그러한 자유주의의 자유 가운데 하나이다. 자유주의는 개인적인 자의로서의 검열관들이 강요하는 것에 대항하여 싸우는 것일 뿐이지만, 그렇지 않으면 '언론법'에 따라 검열관이 언론에 대해 극단적으로 행동하고 폭압을 원하는 대로 가할 의사가 있음을 보여주는 것이기도 하다. 즉 부르주아적 자유주의자들은 그들 자신을 위해 글을 쓸 자유 그 자체를 원할 뿐이다. 왜냐하면 그들이 합법적인 한, 그 저술에 의해 법에 저촉되지 않기 때문이다. 오직 자유주의적인 것, 즉 합법적인 것만이 인쇄될 수 있도록 허용되어야 한다는 것이다. 그렇지 않으면 '언론법'은 '언론 벌칙'으로 위협한다. 개인의 자유가 보장되는 것을 눈앞에서 보게 되면, 한 걸음 더 나아가 새로운 문제가 발생했을 때, 가장 두려운 부자유가 지배적이 되는 것을 전혀 눈치채지 못한다. 왜냐하면 인간은 실제로 명령에서 벗어났을지도 모르고, '아무도 우리에게 명령을 내릴 리가 없다'고 하지만, 그것을 대신하여 인간들은 법에 훨씬 더 순종적이 되기 때문이다. 그 인간은 이제 모든 형태의 법의 노예가 된다.

부르주아 국가에는 오로지 수천 가지(가령 경의를 표하거나 신앙 고백 등을 하기 위해)를 강요받는 '자유로운 사람들'만이 있는 것이다. 하지만 그게 어떻다는 것인가? 그들을 강요하는 것은 오직 국가와 법이지, 하나의 인간이 아니다!

부르주아 계급이 모든 개인적 질서, 즉 '요건'이나 '이성' 등에 기초하지 않은 모든 명령을 침해하는 것으로 무엇을 하려고 하는 것인가? 그것은 단순히 '개인'의 지배에 대립하여 오로지 '요건'의 이익을 위해서만 싸우는 것이다. 그러나 정신의 요건이란 이성적인 것, 선한 것, 합법적인 것 등이며, 그것이 '선한 일'이다. 즉 부르주아 계급은 하나의 비개인적인 지배자를 원한다는 것이다.

게다가 만약 요건만이, 즉 인류의 요건, 합법성의 요건 등만이 인간을 지배해야 하는 것이 원칙이라고 하면, 타자에 의해 누군가가 개인적으로 제한을 받는 것(예컨대 과거에 부르주아들은 귀족의 관직에 대해 제한을 받았고, 귀족은 부르주아의 수공업에 대해 제한을 받은 것처럼)은 일체 허용되지 않는다. 즉 자유로운 경쟁이 생겨나야 한다는 것이다. 누군가가 타인을 제약할 수 있는 것은, 오로지 요건에 의해서이지(가령 부자는 하나의 요건인 돈에 의해 무산자를 제약할 수 있다) 개인으로서가 아니다. 그러므로 단 하나의 지배, 국가의 지배만이 횡행하고, 누구도 개인으로서는 더 이상 타자의 주인이 될 수 없다. 이미 출생과 함께 아이들은 국가에 귀속하며, 부모에게는 오직 국가의 이름으로만 속할 뿐이다. 예를 들어 국가는 영아 살해를 허용하지 않으며, 아이들에 대한 세례를 요구하는 것과 같은 것들이다.

그러나 국가에게는 모든 자녀들이 평등하고('시민적 또는 정치적 평등'), 그 자녀들은 인간들이 서로 어떻게 잘 지내는지 직접 볼 수도 있고, 그들은 경쟁을 할 것이다.

자유로운 경쟁이란 다름이 아니라 모든 인간이 자신을 내세울 수 있고, 자신을 주장할 수 있으며, 다른 인간과 싸울 수 있다는 것을 의미한다. 물론 봉건주의자는 비경쟁에 그 존립의 기초를 두었기 때문에 이에 반대한다. 프랑스의 왕정복고 시대에 생긴 여러 투쟁은 이것 말고는 다른 실체가 없었다. 즉 부르주아 계급은 자유 경쟁을 위해 고군분투한 반면, 봉건주의자들은 길드 제도를 부활시키려 했다.

이제 자유 경쟁은 이겼고, 길드 시스템에 대항하여 이겨야만 했다(상세한 추가 논의는 아래를 참조하라).

혁명이 반동으로 끝날 때 그것은 혁명이 본래 무엇이었는지를 보여줄 뿐이다. 왜냐하면 모든 노력은 신중한 성찰에 대한 반동을 향하는 것이고, 하나의 명정(酩酊) 상태, '무분별'이 이어지는 것일 뿐이며, 원래의 행동을 향하여 앞으로 폭풍이 몰아치는 것이기 때문이다. '분별'이라고 하는 것은 언제나 그 반동의 신호가 된다. 왜냐하면 분별은 한계를 정하고, 본래 진정으로 원하던 것을, 즉 원칙을 초기의 '무규제'와 '무구속'으로부터 해방시키기 때문이다. 거친 젊은이들, 분별 등에 대해 모두 눈을 감은 불량학생들은 본래 속물이다. 왜냐하면 속물과 마찬가지로 분별은 그들 행동의 실체를 형성하기 때문이다. 오로지 그들은 호걸풍으로 허풍을 떨면서 분별에 반항하고 부정적인 태도로 행동하지만, 나중에는 모두 속물답게 분별에 따르고 이를 긍정하게 된다는 것뿐이다. 어느 경우에나 그들의 모든 행동과 사고는 '분별'을 중심으로 하여 회전하지만, 오로지 속물은 젊은이에비해 더 반동적이다. 후자를 분별없는 속물이라고 한다면, 전자는 무모한 반성을 하게 되는 사나운 친구라고 할 수 있다. 매일의 경험은 이러한 역전이 진실임을 확인시켜주고, 허풍쟁이가 늙어서 어떻게 속물이 되는지를 보여준다.

그래서 또한 독일에서의 소위 반동이라는 것은 전투적인 자유의 환희라는 분별화된 연속에 불과했다는 것을 입증한다.

혁명은 기성세력 일반에 대항한 것이 아니라 그러한 기성세력, 즉 특정한 세력에 대항한 것이었다. 혁명은 이러한 지배자를 폐기했으나 지배자 일반을 제거하지 못하고, 도리어 반대로 프랑스인 등은 가장 무자비하게 통치되었다. 혁명은 오래된 악랄한 통치자들을 죽였지만 선량한 자들에게는 확고하게 확립된 위치, 즉 단순히 악덕 대신 미덕을 부여하고 싶은 것에 불과했다(또한 악덕과 미덕은 속물과 거친 젊은이를 구별하는 것과 같을 뿐이다) 등등.

오늘날까지 혁명의 원칙은 오로지 이런저런 기득권을 공격하는 것, 즉 개량적이라는 것에 머물러 있다. 설령 어느 정도의 개선이 이루어져도 '분별 있는 진보'가 강력하게 고수될 수 있는 한 항상 옛 주인의 자리에 새로운 주인이 교체될 뿐이고, 파괴는 건설인 것이다. 아직도 젊은 속물과 늙은 속물을 구별하는 것, 그 이상이 아니다. 혁명은 중산층인 제3신분의 대두와 함께 부르주아식으로 시작되었고, 부르주아식으로 말라버렸다. 자유로워진 것은 개개의 인간 — 그리고 그것만이 인간 그 자체이지만 — 도 아니고 부르주아이고, 시민이고, 정치적 인간이고, 바로 그 이유 때문에 인간 그 자체가 아니라 인류의 한 샘플이며, 더욱 특수하게는 부르주아 부류의 한 샘플이고, 하나의 자유로운 부르주아이다.

혁명에서 세계사적으로 영향을 미치도록 행동한 것은 개개인이 아니라 인민이었다. 주권자인 국민이 모든 것을 행사하고자 한 것이다. 상상적 자아(eingebildetes Ich), 국민이라고 하는 하나의 이념이 등장하여 행동한다. 즉 개개인은 이러한 이념의 도구가 되고 '부르주아'로 행동한 것이다.

부르주아 계급은 국법을 통해, 대헌장을 통해 스스로 '이성의 법칙'에 따라 지배하는 합법적이고 '적법'한 군주로, 즉 '합법성'에 따라 스스로의 권력을 가지며 동시에 제약을 받는다. 부르주아 시대는 영국류의 합법성 정신에 의해 지배된다. 예를 들어 제한 국회의 개회라고 하는 것은 언제나 그 권능이 오로지 그렇고 그런 정도까지만 이루어지고, 그것은 오직 호의에 의해서만 소집될 뿐이며, 불화가 생기면 다시 부인될 수 있다는 것을 상기시킨다. 개회는 항상 스스로의 소집을 기억에 그치고 있다. 나의 아버지가 나를 낳았다는 것을 나는 부인할 수 없음이 분명하다. 그러나 내가 일단 태어나면 나를 낳은 아버지의 의도 따위와 내가 관련될 리가 없고, 확실히 그가 나를 무슨 이유로 부르든 간에, 나는 내 자신이 원하는 것을 할 뿐이다. 그러므로 혁명 초기에 소집된 국민회의, 혁명 초기 프랑스의 그것은 스스로 소집자로부터 독립적이라는 것을 아주 정당하게 인식했다. 국민회의는 존재하고 있는 것이고, 따라서 만약 그것들이 존재의 권리를 주장하지 않고 아버지에게 의존하는 것처럼 종속되어 있다고 생각한다면, 그것은 참으로 어리석었을 것이다. 소집된 자들은 자신을 만들었을 때, 더 이상 '소집자가 무엇을 원했는가?'라고 묻지 않아도 된다. 그렇지 않고, 일단 소집을 받으면 '나는 무엇을 원하는가?'를 묻게 된다. 그들을 모은 것은 소집자가 아니고 선거인도 아니며, 대헌장도 아니다. 그 소집에서는 신성

불가침의 힘 따위는 아무것도 아니게 된다. 이러한 모임은 그 힘의 범위 내에 있는 모든 것에 대해 권능을 갖는 것이다. 그것은 어떤 제한을 부과하는 '권능' 같은 것을 알지 못할 것이며, 충성심을 원하지도 않을 것이다. 만일 의회 같은 것에 기대할 수 있다고 하면, 그것은 모든 탯줄과 단절되고 아무런 고려도 모르는 하나의 완전히 에고이스트적인 의회라는 것 정도이다. 하지만 의회는 항상 겸허하고, 따라서 어중간하거나 결단을 내리지 못하는, 즉 위선적인 여러 가지 에고이즘이 거기에 발호하는 것도 별로 놀랄 일이 아니다.

　신분의회는 대헌장이나 국왕의 의지 등에 의해 지시된 범위 내에 머물러 있어야 한다. 만약 그들이 그렇게 하지 않거나 할 수 없다면, 그들은 '퇴장'해야 한다. 의무에 충실한 자가 달리 행동할 수 있다면 자기 자신을, 자신의 신념과 의지를 최우선시할 수 있다. 설령 단체(Körperschaft)[150]나 기타 모든 것이 그것 때문에 파멸한다고 해도 누가 자기를 주장하고 싶어 할 정도로 부도덕할 수 있겠는가? 인간들은 그들의 권능의 한도 내에서 조심스럽게 행동한다. 물론 누구도 자신의 힘보다 더 많은 것을 할 수 없기 때문에 인간은 그의 권능의 한계 안에 머물러야 한다. '나의 힘 또는 그때마다의 무력함은 나의 유일한 한계이지만, 권능이란 오직 구속만 할 뿐이지 않는가? 모든 것을 뒤엎는 이 견해를 나는 인정해야 할까? 아니다, 나는 법을 준수하는 부르주아이다!'

　부르주아 계급은 그 본질과 가장 밀접하게 연관되어 있는 하나의 규범

---

150) Körperschaft는 기업을 지칭할 수 있지만, 통치 또는 '정치적' 기관을 지칭할 수도 있다. 여기서 본질적인 측면은 그것이 집합체이며 그 안에 있는 개인에 대한 권위로 작동한다는 것이다.

을 승인한다. 이 규범의 첫째 요구는 견실한 근면, 정직한 업무 수행, 도덕적인 품행의 준수라는 것이다. 이 규범에서 보아 산업귀족(사기꾼), 매춘부, 도둑, 강도, 살인자, 놈팡이, 직업이 없는 무산자, 분별심이 없는 경박한 사람 등은 부도덕한 사람들이다. 정직한 부르주아는 이 '도덕적이지 못한' 인간들에 대한 감정을 그의 '가장 깊은 분노'로 표시한다. 이 모든 자들은 정착성, 견실하게 일함, 탄탄하고 외관상으로 존경받는 생활, 고정된 수입 등을 결여한다. 즉 그들의 존재는 확실한 기반 위에 서 있지 않기 때문에, 그들은 위험한 '개인이나 고립된 인간들', 위험한 프롤레타리아에 속한다. 그들은 '고독한 불평분자'이고 어떤 '보장'도 없고, '잃을 것'도 없고 위험을 감수할 것도 없다. 가령 가족 간의 유대관계 형성은 인간을 구속하고, 구속된 자는 담보를 제공한다. 즉 붙잡을 수 있다. 그러나 창녀는 그렇지 않다. 노름꾼은 노름에 모든 것을 걸며, 자신과 다른 인간들을 망친다. 즉 담보할 수 없다. 부르주아에게 의심스럽고 적대적이며 위험하게 보일 수 있는 자들은 모두 '부랑자(Vegabund)'라는 이름으로 일괄할 수 있다. 부르주아에게는 부랑자적 생활방식이 모두 불쾌하다. 왜냐하면 정신적 부랑자들도 있기 때문이다. 그들에게는 조상들로부터의 세습적인 주거지가 너무 비좁고 숨쉬기도 어려운 것으로 보인다. 게다가 그들은 더 이상 한정된 공간으로 만족할 수 없다. 그들은 온건한 사고방식의 한계를 벗어나지 않고, 편안함과 평온함을 제공하는 것을 불가침한 진리로 받아들이는 대신에, 전통적인 것의 모든 한계를 뛰어넘어 저돌적인 비판과 의심에 대한 길들여지시 않은 광기로 날뛴다. 이 극단적인 방랑자들은 불안정하고 안절부절 못하며 변화무쌍한 계급인 프롤레타리아 계급으로서, 그들의 불안정한 본성이 목소리를 내면 '불량한 자들'이라고 불린다.

이른바 프롤레타리아 또는 사회적 빈곤은 그런 넓은 의미를 가지고 있다. 만약 부르주아가 가난(사회적 빈곤)을 최대한 없애려 한다고 믿는다면 그것은 얼마나 큰 잘못을 저지르는 것이겠는가! 반대로 선량한 부르주아들은 현명한 신의 뜻에 따라 행복이라는 재산은 불평등하게 나뉘어 있고 항상 그렇게 유지될 것이라는, 비교할 수 없을 정도로 위안이 되는 확신으로 스스로 안심한다. 모든 골목에서 그를 둘러싸고 있는 가난은 진실한 부르주아를 더 이상 괴롭히지 않는다. 그는 대부분의 경우 던져주는 동전으로 타협하거나, '정직하게 봉사할 수 있는' 젊은이라면 일과 음식을 찾아내주는 정도로만 만족한다. 그러나 그만큼 그는 개혁을 요구하는 불만족스러운 빈궁에 의해, 조용히 행동하고 견디는 대신 제멋대로 날뛰기 시작하여 안절부절못하는 가난한 사람들에 의해 그의 조용한 즐거움이 흐려지는 것을 더 많이 느낀다. 부랑자들을 잡아 가두고, 불온의 종자를 가장 어두운 지하 교도소에 처넣어라! 그들은 국가 속에서 '불만을 선동하고, 현존의 질서에 반대하는 인간들을 선동'하기를 원한다! 그들을 돌로 쳐죽여라! 돌로 쳐죽여라!

그러나 바로 이러한 불만들로부터 다음과 같은 추리가 나온다. 즉 '선량한 부르주아'에게는 그들과 그들의 원칙을 지켜주는 인간들이 있다면, 절대군주이든 입헌군주이든 그들을 지켜주면 좋다는 것이다. 그렇다면 그들의 원칙은 무엇이고, 그들이 항상 '사랑'한다는 원칙은 무엇인가? 노동의 원칙도 아니고, 출신의 원칙도 아니다. 그것은 그야말로 평범한 원칙, 아름다운 중용의 원칙이다. 약간의 출신 배경과 약간의 노동, 즉 이자를 낳는 소유이다. 여기서 소유라는 것은 확실한, 고정된, 주어진, 물려받은(출신) 것이다. 이자를 낳는 것은 그것에 대한 노력(노동)이다. 그러므로 노동하는 자본이다. 오로지 과도하지 않고, 극단도 아니고, 급진도 없는 것이다! 태어날 권리는 분명하지만, 오로지 세습한 소유일 뿐이다. 노동은 분명하지만, 자기의 노동은 거의 또는 전혀 아니고 자본의, 그리고 복종하는 노동자들의 노동이다.

하나의 시대가 오류로 가득 차면, 어떤 인간은 항상 오류로부터 이익을 얻는 반면 다른 인간은 그것에 의해 손해를 입어야 한다. 중세에는 교회가 모든 권력을 가져야 한다는 것이 기독교인들 사이에서는 일반적인 오류였다. 교회 계급도 속인 못지않게 이 '진리'를 믿었고, 둘 다 같은 오류에 빠져 있었다. 그러나 그것에 의해 교회 계급은 권력이라는 이익을 얻었고, 속인들은 굴종이라는 손해를 입어야 했다. 하지만 '고난을 통해 지혜를 배운다'는 말이 있듯이, 속인들은 지혜를 배웠고, 더 이상 중세의 '진리'를 믿지 않게 되었다. 마찬가지 관계가 부르주아 계급과 노동자 계급 사이에도 있다. 부르주아도 노동자도 돈이라는 '진리'를 믿는다. 돈이 없는 인간도 그것을 소유한 사람, 즉 속인이나 성직자들 못지않게 그것을 믿는다.

'돈이 세상을 지배한다'는 것이 부르주아 시대의 초석이다. 가난한 귀족과 가난한 노동자는 '굶주린' 자들이기에 정치적 세력에는 아무런 의미도 없다. 출신과 노동이 문제가 아니라, 세력(Geltung)을 주는 것은 오로지 돈(Geld)이다. 유산자는 통치하는 한편, 국가는 무산자로부터 그 '시종'을 훈련시키고, 그들이 국가라는 이름으로 지배를 받는 정도에 비례하여 돈(임금)을 준다.

나는 국가로부터 모든 것을 받는다. 국가의 승인 없이 내가 무엇을 가질 수 있는가? 국가 없이 내가 무엇인가를 갖는 경우 국가는 그것에 '법적 근거'가 없음을 발견하는 즉시 나에게서 그것을 뺏어간다. 그러므로 나는 모든 것을 국가를 통하여 그 동의를 얻어 가질 수밖에 없지 않은가?

부르주아 계급이 근거하는 것은 오로지 이러한 법적 근거뿐이다. 부르주아는 국가의 보호에 의해, 국가의 은혜에 의해 부르주아일 수 있는 것이다. 따라서 부르주아는 국가의 권력이 무너지면 반드시 모든 것을 잃는다는 것을 두려워한다.

그러나 잃을 것이 아무것도 없는 인간은 어떻게 되는가? 가령 프롤레타리아는 어떻게 되는가? 그는 잃을 것이 '아무것도 없다'는 이유로 국가의 보호를 필요로 하지 않는다. 반대로 만약 그 국가의 보호가 피보호자로부터 철회된다면 그는 이득을 볼지도 모른다.

그러므로 비소유자는 국가를 소유자의 보호 권력으로 간주한다. 그 보호 권력은 소유자를 특권화하는 한편, 비소유자에게는 아무런 도움도 주지 않는다. 오직 그의 피를 빨아들이는 것 외에는 아무것도 하지 않는다. 국가는 하나의 부르주아 국가(Bürgerstaat)이며, 부르주아 계급의 상태(status)이다. 국가는 인간을 그의 노동에 따라 보호하지 않고, 그 순종('충성')에 따라, 즉 국가가 그에게 위임한 권한을 국가의 의지인 국법에 따라 향유하고 관리하는지에 따라서 보호한다.

부르주아 계급의 체제 아래에서 노동자들은 항상 소유자들, 즉 국가재산(Staatsgut)[151](그리고 소유 가능한 것은 모두 국가 재산이고 국가에 속하는 것이며 개개인에게 맡긴 것일 뿐이다)을 자유롭게 할 수 있는 자들, 특히 돈과 재화를 자유롭게 할 수 있는 자들, 즉 자본가의 손에 들어간다. 노동자는 자기의 노동을 그것이 받는 자가 갖는 가치의 분량에 따라 가치로 바꾸어 환금할 수 없다. '노동은 값싼 돈을 받아야 한다!' 그것으로부터 가장 큰 이익을 얻는 것은 자본가이다. 충분한 보수를 받고, 또 그 이상으로 보수를 받는 것은, 오로지 국가의 영광과 지배(Herrschaft)를 드높이는 자들의 노동, 즉 고위직의 국가종복(Stattsdiener)의 노동뿐이다. 국가가 많이 지불하는

••

151) 특히 경제적 의미의 재산을 말한다.

이유도, 국가의 '착한 시민'들인 부르주아들이 위험 부담 없이 덜 지불할 수 있기 때문이다. 국가는 그 하인들(관료)에게 후한 급료를 지불함으로써 그들을 보호하고, 그 하인들로부터 국가는 '착한 부르주아'들을 위해 하나의 보호 권력인 '경찰'을 만든다(여기서 말하는 경찰에는 가령 사법, 교육 등 모든 종류의 국가기구 관리들과 군인이 속한다). 한편 '착한 부르주아'들은 노동자들에게 훨씬 더 낮은 임금을 지불하기 위해 기꺼이 높은 세금을 낸다.

그러나 노동자 계급은, 자신들의 본래 상태에서는 보호받지 못하기 때문에(노동자로서 국가의 보호를 누리지 못하고, 신민으로서 그들은 경찰이 나누어주는 것을 받기 때문에, 즉 소위 법의 보호를 받는 것에 불과하기 때문에) 이러한 국가에 대해, 즉 소유자들의 국가에 대해, 다시 말해 '부르주아적 왕국'에 대해 적대적인 세력으로 남게 된다. 그들의 원칙인 노동은 그 가치를 그대로 인정받지 못한다. 그것은 착취당하고 소유자들의, 즉 적들의 전리품(Kriegsbeute)이 되고 마는 것이다

노동자들은 엄청난 힘을 손에 쥐고 있다. 그리고 일단 올바르게 자각하여 그것을 사용한다면, 그 무엇도 그들을 이겨낼 수 없을 것이다. 그들은 오로지 노동을 멈추고, 노동의 산물을 그들의 것으로 간주하고, 그것을 누리기만 하면 된다. 바로 이것이 지금 여기저기서 타오르고 있는 노동자 반란의 핵심이다.

국가는 노예적 노동에 기초한다. 만일 노동이 자유로워지면, 국가가 없어진다.

(2) 사회적 자유주의[152]

"우리는 자유롭게 태어난 인간들이다. 우리가 어디를 보든 우리는 에고이스트의 종이 된 것을 본다. 그러므로 우리도 에고이스트가 되어야만 하는가? 아니다, 우리는 도리어 에고이스트를 웃음거리로 만들어야 한다. 해야 한다! 우리는 그들을 모두 '룸펜'으로 만들고 싶다. 우리 모두는 '모두가' 소유할 수 있기 위해 모두가 아무것도 소유하지 않기를 원한다."

그렇게 사회주의자(Sozialen[153])들은 말한다.

당신들이 '모두'라고 부르는 그들은 누구인가? 그것은 '사회'이다! 그러나 그 사회라는 것은 어떤 몸을 가지고 있는가? 우리가 사회의 몸이다! 당신들 모두가? 아니다. 당신들은 몸을 갖고 있지 않다. 당신은 확실히 몸을 가지고 있지만, 당신들의 모임은 몸들의 모임이지 하나의 몸을 갖는 것은 아니다. 따라서 하나의 사회는 실제로 그것에 봉사할 수 있는 몸들의 모임을 가질 수 있지만, 그 자체로는 하나의 몸을 가질 수 없다. 사회란 정치인들이 말하는 '국민'처럼 오로지 하나의 '정신'일 뿐이며, 정신에게 몸이란 하나의 가상일 뿐이다.

인간의 자유는 정치적 자유주의에서 개인으로부터의, 개인적 지배로부터의, 주인으로부터의 자유이고, 다른 여러 개인에 대한 각 개인의 보호, 즉 개인적 자유였다.

누구에게도 명령할 수 있는 자는 없고, 오로지 법만이 명령을 내린다.

∵

152) 사회주의 내지 공산주의를 말한다.
153) Sozialen이란 본래 '사회적으로 의식이 있는' 사람, 즉 개인보다 사회를 우선시하는 사람을 의미한다. 그러나 여기서 슈티르너가 비판하는 아이디어는 단순히 '사회적으로 의식적인' 것이 아니라 구체적으로 사회주의적인 것으로 생각된다.

그러나 설령 인간들이 평등해졌다 하더라도 그들의 소유물은 그렇지 않다. 빈민은 부자를 필요로 하고 부자는 빈민을 필요로 한다, 빈민은 부자의 돈을 필요로 하고 부자는 빈민의 노동을 필요로 한다. 그러므로 누구나 인격으로서의 다른 인간을 필요로 하는 것은 아니지만, 오로지 주는 인간으로서, 즉 무엇인가를 줄 수 있는 인간으로서, 점유자나 소유자로서 타인을 필요로 하는 것이다. 따라서 소유하는 것, 그것이 인간을 만든다. 그리고 '소유' 또는 '소유물'에서 인간들은 불평등하다.

따라서 사회적 자유주의는 아무도 소유를 해서는 안 된다고 결론을 내리는데, 이는 정치적 자유주의가 아무도 명령을 내려서는 안 된다는 것과 전적으로 동일한 주장이다. 즉 정치적 자유주의가 국가만 명령을 내릴 수 있다고 한 것처럼 사회적 자유주의는 오로지 사회만이 소유를 할 수 있다고 주장하는 것이다.

국가는 각자의 인격과 재산을 지킴으로써 각자를 서로 분리시킨다. 각자는 그 자체가 국가의 부분이고 그 자체가 국가의 부분을 소유한다. 자신이 있는 곳, 그리고 소유하고 있는 것에 만족하는 인간은 그 상황이 그만한 가치가 있다고 생각한다. 그러나 그 이상의 곳을 원하고, 그 이상의 것을 소유하고자 하는 자는 '더 이상의 것'이라고 하는 것에 비추어 되돌아보고 그것이 다른 인간들의 권력 안에 있는 것을 발견한다. 그래서 그는 모순에 봉착한다. 인간으로서는 아무도 다른 인간보다 열등하지 않지만, 어떤 인간은 다른 인간이 가지고 있지는 않지만 갖고 싶어 하는 것을 가지고 있다. 그래서 그는 결국 한 사람이 다른 인간 그 이상이라고 결론을 내린다. 왜냐하면 전자는 그가 필요로 하는 것을 갖고 있는 반면, 후자는 그것을 소유하지 않기 때문이다. 전자는 부자이고 후자는 가난한 사람이기 때문이다.

그래서 그는 이제 자신에게 다시 묻는다. 즉 우리가 올바르게 매장한 것을 다시 살아나게 해도 좋을까? 또 우리는 우회하여 만들어진 인간들의 불평등이 그대로 지나가도록 해야 할까? 하고 말이다. 아니다. 반대로 우리는 겨우 절반만 성취한 것을 완전히 끝내야 한다. 다른 개인으로부터의 우리의 자유에는 다른 개인이 자유롭게 할 수 있는 것으로부터의, 다른 인간이 그 개인적 권력 속에 소유하고 있는 것으로부터의 자유가, 즉 '개인적 소유'로부터의 자유가 여전히 부족하다. 따라서 우리는 개인적 소유를 제거하는 것이다. 더 이상 아무것도 소유하지 말고 모든 인간이 룸펜이 되게 하라. 소유는 비개인적으로 만들며 사회에 속하게 하는 것이다

최고 통치자, 유일한 명령자 앞에 우리는 모두 평등하게 되고 평등한 사람이 되었다. 즉 제로가 되었다.

최고 소유자 앞에서 우리 모두 평등한 룸펜이 된다. 현재로서는 아직, 어떤 인간은 여전히 다른 인간의 평가에서 하나의 '룸펜'이고 '무일푼'이기도 하지만 그러한 평가는 곧 끝나고 우리는 모두 함께 동등한 룸펜이 되며, 공산주의 사회의 집단 전체로서 '룸펜 동무'라고 부를 수 있게 될 것이다.

프롤레타리아가 부와 빈곤 사이의 간격이 제거된다고 하는, 그들이 목적하는 '사회'를 실제로 건립했을 때, 프롤레타리아는 룸펜이 될 것이다. 왜냐하면 그때 그는 룸펜에 대해 무엇인가를 알고 '룸펜'이라는 말을 존칭으로 치켜세울 수 있기 때문이다. 이는 혁명이 '부르주아'[154]라는 단어로 그랬던 것과 같다. '룸펜'은 그의 이상이기에 우리는 모두 룸펜이 되어야 한다는 것이다.

∴

154) 부르주아는 본래 귀족과 대비되는 경멸의 뜻으로 사용되었다.

이것은 '인간성'의 이익을 목표로 하는, '개인성'에 대한 두 번째 수탈이다. 명령도 소유도 개인에게는 허용되지 않는다. 국가는 전자를, 사회는 후자를 뺏는다.

사회 내에는 가장 억압적인 악의 상태가 스스로 인정되기 때문에 특히 억압받는 인간들, 따라서 사회의 하위층에 속하는 인간들은 사회에 그 죄가 있다고 생각하고, 올바른 사회를 발견하는 것을 자신의 사명으로 삼는다. 이것은 오로지 자신을 제외한 모든 것에서 먼저 잘못을 찾고, 따라서 국가나 부자의 이기심 등에서 잘못을 찾는다는 것도 사실은 오래된 현상의 하나일 뿐이다.

공산주의의 성찰과 결론은 매우 간단해 보인다. 현재 문제가 있기 때문에, 따라서 현재 상황에서 국가와 관련하여 인간들은 타인과 대립해 있고, 대다수는 소수자에 비해 불리하다. 이러한 상태에서 소수는 번영의 상태에 있는 반면, 대다수는 궁핍의 상태에 있다. 따라서 현재의 상태, 즉 국가[155] 자체는 제거되어야 한다. 그리고 그 자리에는 무엇이 오는가? 고립된 번영 상태 대신에 일반적인 번영 상태, 즉 모든 인간의 번영이 와야 한다.

혁명을 통해 부르주아지는 전능해지고, 모든 인간은 존엄한 부르주아로 높아지거나 낮아짐에 따라 모든 불평등은 폐지되었다. 평민은 높아지고, 귀족은 타락했다. 제3신분은 유일한 신분, 즉 국가 시민이라는 신분이 되었다. 이제 공산주의는 다음과 같이 반론한다. 우리의 존엄과 본질은 우리 모두가, 우리의 어머니인 국가의 평등한 자녀이고, 모두 그 어머니의 사랑과 보호에 대한 동등한 주장을 할 수 있게 태어난 것에 있는 것이 아니라, 도리어 우리 모두는 서로를 위해 존재한다는 것에 있다. 이것이 우리가 말

----

155) 국가를 뜻하는 Staat는 신분(Stand)이나 상태(Status)를 뜻하기도 한다.

하는 평등이다. 즉 우리, 나뿐만 아니라 당신 그리고 당신들 모두가 다른 인간들을 위해 각자 활동하거나 '노동'한다는 점에서, 따라서 우리 모두가 노동자라는 점에서 우리는 평등한 것이다. 우리의 본질은 우리가 국가를 위한 것이 아니라, 즉 부르주아라는 것이 아니라, 따라서 우리의 부르주아 계급이 중요한 것이 아니라, 문제는 우리가 서로를 위해 존재한다는 것, 즉 우리 각자가 타인에 의해 실존하고, 타인이 나의 필요를 배려함과 동시에 나에 의해 타자의 필요가 충족된다고 하는 것이다. 타자는, 가령 나의 의복을 위해 일하고(재봉사), 나는 그의 즐거움을 위해 일하고(코미디 작가, 줄 타는 인간 등), 타인은 내 음식을 위해 일하고(농부 등), 나는 그의 교육을 위해 일한다(학자 등). 따라서 노동자라는 것이 우리의 존엄성이고 우리의 평등이라는 것이다.

중산층(Bürgertum)은 우리에게 어떤 이익을 가져다주는가? 그것은 부담(Lasten)뿐이다. 그렇다면 우리의 노동은 얼마나 높게 평가되는가? 최대한 낮게 평가된다! 그럼에도 노동은 우리의 유일한 가치이다. 우리가 노동자라는 것은 우리에게 가장 좋은 것이다. 그것은 세상에서 우리의 중요성을 뜻하기 때문에 우리의 효용이기도 하고 그 효용은 통해야 하는 것이다. 당신들은 우리에게 무엇을 대안으로 줄 수 있는가? 물론 노동뿐이다. 노동이나 서비스에 대해서만 우리는 당신들에게 보상을 해줘야 할 책임이 있고, 당신들의 단순한 생존에 대해서는 전혀 아니다. 나아가 또 당신들이 당신들을 위해 존재하는 것에 대해서가 아니라, 당신들이 우리를 위해 존재한다는 것만을 위한 것일 뿐이다. 당신은 우리에 대해 무엇을 요구하고 있는가? 가령 당신들의 출신이 좋기 때문인가? 아니다, 오로지 당신이 우리가 바라거나 유용한 것을 해주는 일에 의해서뿐이다, 그렇다면 우리는 우리가 당신을 위해 하는 만큼만 당신에게 가치가 있을 것이다. 그러나 당신도 우리에게 구속되는 것이다. 일이 가치를 결정한다. 즉 우리에게 가치 있는 일. 따라서 서로를 위해 노동하고 공동의 이익을 위해 노동하는 것이다. 각자가 다른 인간의 눈에는 한 사람의 노동자이다. 이익을 성취하는 인간은 누구보다도 열등하지 않고, 또는 모든 노동자(물론 '공동의 이익을 위한' 노동자, 즉 공산주의 노동자라는 의미에서의 노동자)는 평등하다. 그러나 노동자는 그 임금을 받을 만한 가치가 있으므로 임금도 동등해야 한다는 것이다.[156]

인간의 가치와 존엄성에 대한 믿음이 충분한 이상, 아무리 괴로운 노동이라도 그것으로 인간의 신앙이 방해되지 않는다면 어떤 비난도 받지 않는다. 그런데 반대로 모든 인간이 자신을 인간으로 발전시켜야 하는 이 시대에, 인간을 기계와 같은 노동으로 구속하는 것은 노예 제도와 같은 것이다. 한 사람의 공장 노동자가 하루 12시간 이상 지쳐 죽을 정도로 일해야 한다면 그 노동자는 인간화를 침탈당한다. 모든 노동은 인간을 만족시키려는 의도를 가져야 한다. 그러므로 그는 노동을 장악하는 주인이 되어야 한다. 즉 노동을 하나의 총체성으로 창조해야 한다. 바늘 공장에서 꼭지만 끼우는 인간, 철사만 뽑는 인간 등등은 기계적으로, 하나의 기계처럼 노동을 하는 것이다. 그는 미숙련공일 뿐 주인이 될 수는 없다. 그의 노동은 그를 만족시킬 수 없고 그를 피로하게 할 뿐이다. 그 노동은 그 자체로는 아무것도 아닌 것이고, 그 자체에는 어떤 목적도 없으며, 그 자체로는 완결된 것이 아니다. 그는 오로지 누군가 다른 인간의 일에 도움을 줄 뿐이고, 그 다른 인간에 의해 사용(착취)될 뿐이다. 다른 인간을 섬기는 이 노동자에게는, 교양 있는 정신의 향유 등은 있을 수도 없고, 기껏해야 조잡한 오

156) 「누가복음」, 10장 7절 참조.

제2장 고대인과 근대인　177

락이 있을 뿐이다. 그에게는 그야말로 교양은 닫혀 있다. 훌륭한 기독교인이 되려면 오로지 믿기만 하면 되고, 그것은 가장 억압적인 상황에서도 할 수 있다. 그러므로 기독교적 신념을 갖는 인간은 억압받는 노동자들의 신심, 인내, 복종 등에만 관심이 있다. 학대받는 계급도 그들이 기독교인인 한 모든 비참함을 감당할 수 있었다. 왜냐하면 기독교는 그들에게 불평과 분노를 불러일으키지 않기 때문이다. 그러나 이제는 욕망의 진정만으로는 더 이상 충분하지 않고 도리어 그것을 만족시키는 것이 요구되었다. 부르주아는 현세의 향유와 물질적 향유의 복음을 선포했고, 이제 이 교리가 빈민 가운데 지지자들을 발견하여 엄청 놀라고 있다. 그들 부르주아는 축복을 주는 것이 신앙과 가난이 아니라 교양과 재산이라는 것을 보여주었다. 그리고 우리 프롤레타리아들도 그것을 이해하고 있다.

부르주아 계급은 개인의 명령과 자의로부터 해방을 이룩했다. 그러나 여러 가지 상황의 결합에서 솟아오르는, 상황의 우연이라고 부를 수 있는 그 임의성만은 여전히 남아 있다. 혜택받은 행운과 '행운에 의해 혜택받은 인간들'도 여전히 남아 있다.

가령 어떤 산업의 한 분야가 파괴되고 수천 명의 노동자들이 생계를 잃으면, 그 책임은 개인에게 있는 것이 아니라 '여러 가지 관계의 상황 속에 악이 있다'는 것을 인정할 만큼 합리적으로 인간들은 생각한다.

그러면 그 여러 가지 관계 상황을 바꾸되 그 우연성이 무력해지도록 완전히 바꾸어야 하지 않는가? 즉 하나의 법칙인 것이다! 우리는 더 이상 우연의 노예가 되지 않도록 하자! 여러 가지 변동을 끝내는 하나의 새로운 질서를 만들어보자! 이 질서를 신성하게 하자!

이전에는 주인에게 어떤 일이 일어나도 주인의 기분을 맞추어야 했다. 그러나 혁명 후에는 행운을 잡아라, 찬스를 구하라라는 말이 부르주아적 생활에 흡수되었다. 그리고 이것과 함께 일단 무엇인가를 얻은 인간은 그것을 다시 경박하게 내걸지 않는다는 요청이 있다.

기이하면서도 매우 자연스러운 모순이다. 부르주아적 또는 정치적 생활만이 펼쳐지는 경쟁은 오로지 행운에 맡겨진다. 그래서 주식 투기에서 엽관 운동, 고객 쟁탈, 일자리 찾기, 승진 및 훈장 등의 획득, 영리한 상인의 외상값 수금에 대한 열망에 이르기까지 그야말로 모든 과정이 행운의 게임이 된다. 만약 누군가가 그의 경쟁 상대를 밀어내고 능가하는 데 성공하면 '운이 좋은 날'이 된다. 가장 세심한 근면에 의해 이루어졌음에도 불구하고 승리자가 타인의 추종을 불허할 정도의 능력을 갖추고 있다고 생각하는 것은, 따라서 더 이상 유능한 사람이 없다고 하는 것은, 행운의 일부로 받아들여져야 하기 때문이다. 그리고 지금은 이러한 행운의 변화 속에서 무심하게 일상생활을 하는 인간들은, 종종 그들 자신의 원칙이 노골적인 형태로 나타나고 위험천만한 놀이처럼 '불운을 낳는다'는 것을 알게 되면 가장 고결한 분노에 사로잡힌다. 이러한 위험천만한 놀이는 너무 뻔하고 낯두꺼운 경쟁이며, 나체처럼 명예로운 수치심을 손상시킨다.

사회주의자들은 이러한 우연의 활동을 멈추고 인간이 더 이상 요행에 의존하지 않고 자유로운 사회를 형성하기를 원한다.

세상에서 가장 자연스러운 방식으로, 이러한 노력은 먼저 '행운의 인간들'에 대한 '불운한 사람들'의 증오, 즉 모든 일을 행운에 맡기는 인간들에 대하여, 행운이 거의 또는 전혀 없었던 인간들이 갖는 증오로 나타난다.

그러나 근원적으로 이러한 불만은 행운이 있는 인간들에 대한 것이 아니라 이 행운이라는 것, 즉 부르주아 계급의 약점에 대한 것이다.

공산주의자들이 처음에 자유를 인간의 본질이라고 선언할 때, 노동일이라고 하는 사고방식과 마찬가지로 일요일이라는 것을 필요로 하고, 모든 물질적 노력과 마찬가지로 정신없는 '노동'과 함께 하나의 신, 즉 앙양(Erhebung[157])과 신앙적 길잡이를 필요로 했다.

공산주의자가 당신에게서 인간을 발견하고 동포를 발견한다고 해도 그것은 공산주의의 가장 밝은 측면에 불과하다. 그들은 결코 당신을 단순히 인간으로 여기지 않고, 인간 노동자나 노동하는 인간으로 생각하는 것이다. 첫 번째 견해는 자유주의 원칙을 가지고 있다. 그러나 두 번째 견해에는 무자비함이 숨겨져 있다. 당신이 '게으른 자'라면 그는 당신을 인간으로서 부인하지는 않을 것이지만, '게으른 자'로서 게으름에서 정화시키고 노동이야말로 인간의 '운명이자 사명'이라는 신앙에 당신을 덮어씌우고자 노력할 것이다.

그러므로 공산주의자는 이중적인 얼굴을 보여준다. 하나는 정신적인 인간이 만족할 수 있도록 주의를 기울이고, 다른 하나는 물질적이고 육체적인 인간을 위한 수단을 찾고 있다. 공산주의자는 인간에게 물질적 획득이라는 역할과 정신적 획득이라는 두 가지 역할을 부여한다.

부르주아 계급은 정신적 물질적 재화를 자유롭게 진열하고, 각자가 원하는 대로 그것을 구하도록 각자에게 맡겼다.

공산주의는 이를 현실적으로 각자에게 공급하고 이를 압박하고 이를 획득하도록 강요한다. 오로지 정신적이고 물질적인 재화만이 우리를 인간으로 만들기 때문에, 우리는 인간이 되기 위해서는 의심할 여지없이 이러한 재화를 획득해야 한다고 공산주의자는 진지하게 생각한다. 부르주아 계급은 그 획득을 자유롭게 만들었고, 공산주의는 그 획득을 강요하고 획득을

---

157) Erhebung은 '봉기'를 의미할 수도 있다. 슈티르너는 공산주의자들이 혁명을 요구했기 때문에 이 말을 농담으로 사용했을 수도 있다.

계속 권유하는 인간만 인정한다. 업무가 자유롭다는 것만으로는 충분하지 않지만 당신은 그것에 종사하여야 한다.

따라서 명확하게 비판해야 할 것은 이러한 재화의 획득도 아직 우리를 인간으로 만들지 않는다는 것이다.

모든 인간은 자기 자신을 하나의 인간으로 만들거나 스스로 인간이 되어야 한다는 자유주의 계명은 필연적으로, 각자가 이러한 인간화 작업을 위해 시간을 벌어야 할 필요성을 제기했다. 즉 모든 인간이 스스로 일하는 것이 가능해야 한다는 것이다.

부르주아 계급은 인간의 모든 것을 경쟁에 넘겨주고, 인간의 일이라면 무엇이든 각 개인이 그것을 추구할 자격이 있다고 하는 것으로 이를 매개했다고 믿었다. '각각 모든 것을 노력할 수 있도록 허용한다!'

사회적 자유주의는 이처럼 '허용한다'고 하는 것으로 해결되지 않는다는 것을 발견한다. 왜냐하면 허용된다는 것이 의미하는 것은 요컨대 누구에 대해서도 금지되지는 않지만 누구에게나 가능하다는 것만을 의미하지는 않기 때문이다. 그러므로 사회적 자유주의는 부르주아 계급이 입으로만 말로만 자유로울 뿐이고, 실제로는 극도로 비자유라고 주장한다. 비판적 자유주의는 그 나름의 방식으로 우리 모두에게 자신을 위해 일할 수 있는 모든 수단을 제공하기를 원한다.

요행이나 경쟁의 원칙은 확실히 노동의 원칙을 능가한다. 그러나 이와 동시에 노동자는 자신의 본질적인 것이 '노동자'라는 것을 자각하면서 에고이스트로부터 멀리 떨어져 마치 부르주아가 경쟁관계에 귀의하는 것과 마찬가지로, 노동자 사회의 우월함에 자신을 복종시킨다. '사회적 의무'라는 아름다운 꿈은 계속 꾸고 있다. 인간들은 다시금 사회가 우리에게 필요한 것을 제공하고, 따라서 우리는 그 때문에 사회에 모든 것을 빚지고 있고 의무 속에 있다고 생각한다.[158] 인간들은 여전히 '모든 재화의 최고를 수여하는 존재'를 섬기고 싶어 하는 입장에 있다. 그 사회는 주어지거나 부여되거나 허용될 수 있는 자아가 아니라, 거기에서 우리가 이익을 얻을 수 있는 도구나 수단이라는 것이다. 우리에게는 사회적 의무가 없고 오로지 이해관계만 있을 뿐이며, 그 실현을 위해 사회가 우리에게 봉사해야 하는 것이다. 우리가 사회에 희생을 해야 할 책임이 있는 것은 아니지만, 우리가 무엇인가를 희생한다면 그것은 우리 자신에게 희생해야 한다는 사실을 사회주의자들은 생각하지 않는다. 왜냐하면 그들은 자유주의자로서 종교적 원칙에 갇혀 있고, 지금까지 국가가 그러했던 것과 같이 하나의 신성한 사회를 열렬히 추구하기 때문이다.

우리가 모든 것을 얻고 있는 사회는 하나의 새로운 주인이고, 하나의 새로운 유령이며, 우리에게 '봉사와 의무를 부과하는' 하나의 새로운 '최고 존재'이다.

정치적 자유주의뿐만 아니라 사회적 자유주의에 대한 보다 정확한 평가에 대해서는 뒤에서 다시 보여줄 것이다. 지금은 인도적 또는 비판적 자유주의의 판정으로 옮겨가도록 하자.

(3) 인도적 자유주의

자유주의는 자기비판에 의해, 즉 '비판적' 자유주의[159]에서 완성되지만,

..

158) (원주) 프루동은 『질서의 창조(De la Création de l'Ordre)』(1843), 414쪽에서 "과학 분야에서와 같이 산업 분야에서 발명의 공표는 최초이자 가장 신성한 의무다!"라고 말한다.
159) 브루노 바우어와 그의 추종자들이 수행한 '순수한 비판 캠페인'을 말한다.

비판자는 여전히 자유주의자로 남아 있고 자유주의 원칙을 넘어서지 않는다. 즉 인간다운 것을 넘어서지 않는다. 따라서 특히 인간으로부터 그 이름을 따서 이를 '인도적' 자유주의라고 부를 수 있다.

노동자는 가장 물질적이고 에고이스트적인 인간으로 간주된다. 그는 인류를 위해 아무것도 기여하지 않고, 자신과 자신의 안일을 위해 모든 일을 한다는 것이다.

부르주아 계급은 인간인 것을 그 출생에 대해서만 자유로 선언했기 때문에 나머지 점에서는 평생을 비인간(에고이스트)의 발톱에 남겨두어야 했다. 따라서 정치적 자유주의 체제 아래에서 에고이스트는 방대한 분야를 자유롭게 이용할 수 있다.

노동자는 부르주아가 국가를 이용한 것처럼 자신의 이기적인 목적을 위해 사회를 이용할 수 있다. 결국 당신은 이기적인 목적, 당신의 복지만을 가진 것에 불과하다고 인도주의자는 사회주의자를 비난한다. 순전히 인간적인 관심만 취하면 나는 당신의 동반자가 될 것이다. "그러나 거기에 있는 것은 하나의 노동자 의식보다 더 강력하고 포괄적인 의식이다." "노동자는 아무것도 만들지 않기 때문에 아무것도 소유하지 않는다. 그러나 그가 아무것도 만들지 않는다는 것은 그의 노동이 항상 고립된 노동이고 전적으로 자신의 필요만을 위한 나날의 노동이기 때문이다."[160] 이에 반해 구

160) (원주) Edgar Bauer(anonym)(Rez.), "Flora Tristan", *Union ouvrièrs*(Paris, 1843), *Allgemeine Literatur-Zeitung*, H. 5(Charlottenburg, 1844), pp. 18~23. (옮긴이주) 브루노 바우어는 지난 세기 40년대 초에 그 이름이 알려진 헤겔좌파운동의 주요 지도자였다. 그는 성경에 대한 견해로 인해 본대학의 교수직으로부터 공식적으로 해직된 후 1843년 베를린 근처에 정착하여 《일반문학신보》를 창간했다. 그것을 통해 그와 그의 친구들은 주변 환경과 전쟁을 벌였다. '순수한 인간성'의 한계 내에서 개인의 '절대적인 해방'을 옹호하고 그들의 적인 '대중'과 싸웠으며, 그 용어에서 정치적 자유주의의 급진적 열망과 그 시

텐베르크의 노동은 고립된 것이 아니라 수많은 자녀를 낳았으며, 오늘날에도 여전히 살아 있는 그 일은 인류의 필요에 응한 것이며 영원하고 불멸의 노동이라고 말할 수 있다.

인도적 의식은 노동자 의식뿐만 아니라 부르주아 의식도 마찬가지로 경멸한다. 왜냐하면 부르주아는 부랑자('확실한 직업'이 없는 모든 인간)와 그들의 '비도덕성'에 대해 '혐오할' 뿐이고, 노동자는 게으른 인간('게으른 뼈다귀')과 기생적이고 비사회적이기 때문에 '부도덕'한 그들의 원칙에 대해 '격노한다.' 이에 대해 인도주의자는 '속물들이여, 많은 인간들의 비정주성은 오직 당신이 만든 산물'이라고 반박한다. 그러나 프롤레타리아인 당신들이 모든 인간들에게 벼락공부를 요구하고 고역(苦役, Plackerei)을 보편화하고 싶어 한다는 것은, 지금까지 당신들의 고역 생활에서 여전히 당신에게 달라붙어 있다. 확실히 당신은 모든 인간이 똑같이 열심히 노력함으로써 고역 자체를 경감시키고 싶지만, 그것은 오로지 모두가 똑같이 여가를 얻을 수 있도록 한다는 이유에서뿐이다. 그러나 그들은 여가로 무엇을 시작하면 좋을까? 당신들의 '사회'는 이 여가를 인간적으로 소비하기 위해 무엇을 해야 하는가? 그 사회는 다시, 획득한 여가를 이기적인 선호에 맡겨야 하며, 그리하여 당신들의 사회가 더욱 촉구하는 바로 그 이득은 에고이스트에게 넘어간다. 마치 부르주아 계급의 이득인 인간의 무주인성이 국가의 손으로 인간적 요소로 채워질 수 없기 때문에 결국은 임의의 선택에 맡겨진 것과 같이 말이다.

물론 인간이 주인 없이 사는 것은 확실히 필요하지만, 그렇다고 하여 에고이스트가 다시 인간을 지배해서는 안 되고, 인간이 에고이스트의 주인이

..

대의 상승하는 사회주의 운동의 공산주의적 요구를 포함했다.

되어야 한다. 인간은 반드시 여가를 찾아야 하지만, 에고이스트에게 그 이용을 맡긴다면 여가는 인간의 것이 아니게 된다. 그러므로 당신들은 여가에 인간적 의미를 부여해야 하지만, 당신들 노동자들은 당신들이 먹고 마시고 살고 싶어 하기 때문에 이기적인 충동에서 당신의 노동까지 수행한다. 그러면 여가 시간에 에고이스트가 아니게 되려면 어떻게 해야 할까? 당신들은 요컨대 일을 마치고 잘 휴양한다(게을러진다)고 하는 것만을 위해 일하고, 당신들이 어떻게 보내는가는 우연에 맡겨진다.

그러나 모든 문이 에고이즘에 대해 닫혀 있어야 한다면 하나의 완전히 '무관심한' 행위, 완전한 무관심성을 추구해야 한다. 오직 이것만이 인간적이고, 인간다운 것만이 무관심한 것이기 때문에 에고이스트는 항상 관심을 기울이는 것이다.

우리가 무관심성을 먼저 인정하고자 하는 경우 우리는 다음과 같이 질문하게 된다. "당신은 그 무엇에도 관심을 갖지 않고, 그 무엇에도 감동하지 않고, 자유에도, 인류 등에도 감동하지 않는 것인가?"라고. "그렇다. 하지만 그것은 이기적인 관심, 이해관계에 대한 관심이 아니라 인간적인, 즉 이론적인 관심, 나아가 하나의 개인이나 여러 개인('만인')에 대한 관심이 아니라 이념에 대한 관심, 인간다움에 대한 관심이다!"

그렇다면 당신은, 당신은 당신의 이념에 감동하는 것에 불과하다는 것을 알지 못하는가?

나아가 당신은 당신의 무관심이 종교적인 그것과 같이, 하나의 천상적 관심이라는 것을 알지 못하는가? 확실히 개개인의 이해관계에 대해서는 말할 필요도 없이 당신은 차갑게 대하고, 추상적으로 "세계가 멸망한다고 해도 자유가 행사되도록 하자(fiat libertas, pereat mundus)"고 외친다. 당신은 다가올 날을 걱정하지도 않고, 당신 자신의 복지든 타인의 그것이든 간에, 개인의 여러 가지 필요에 대해서는 진지하게 신경쓰지 않는다. 하지만 당신은 이 모든 것으로부터 아무것도 만들지 않는다. 왜냐하면 당신은 몽상가이기 때문이다.

가령 인도주의자는, 인간에게 있을 수 있는 것은 모두 인간의 것이라고 선언할 정도로 자유주의적인가? 아니다. 매춘부에 대해 인도주의자는 속물의 도덕적 편견을 갖지는 않지만, "그 여성이 자기 몸을 돈 버는 기계로 삼은 것"[161]은 그녀를 그의 눈에 '인간'으로서 타기해야 할 비열한 존재로 비춘다. 그는 매춘부는 인간이 아니고, 또는 어느 여성이 매춘부인 한 그녀는 비인간적이고, 인간을 벗어난 것"이라고 판단을 내린다. 나아가 유대인, 기독교인, 특권을 가진 인간, 신학자 등도 인간이 아니라고 판단한다. 당신이 이런 사람들인 한 당신은 인간이 아니라고 판단을 내린다. 그리하여 다시 지상명령을 내린다. 당신에게서 모든 특이한 것을 버리고 그것을 비판하라고! 유대인이든 기독교인이든 간에 인간이 되라고 한다. 인간 이외의 다른 것이어서는 안 된다고 한다! 모든 제한 사항에 대해 당신의 인간성을 주장하고, 그것을 통해 자신을 인간으로 만들고, 모든 제약에서 벗어나 자유롭게 되라, '자유로운 인간'이 되라고! 즉 인간성을 당신의 모든 것을 규정하는 본질로 인식하라고!

나는 말한다. 당신은 실제로 유대인, 기독교인 등 그 이상이다. 그러나 당신은 또한 인간 이상이라고. 그것들은 모두 이념이지만 당신은 몸을 가지고 존재한다. 그렇다면 본래 당신은 언젠가 '그 자체로 인간'이 될 수 있다고 생각하는가? 당신은 우리의 힘이 미치지 못한 편견과 한계를 우리의

---

161) (원주) Edgar Bauer(anonym), "F.F.A. Béraud: Les filles Publiques de Paris et la police qui les régit," *Allgemeine Literatur-Zeitung*, H. 5(Paris & Leipzig, 1839), pp. 25~35.

후손이 제거하지 못할 것이라고 생각하는가? 아니면 당신은 40세나 50세가 되면 그 뒤의 나날은 당신에게 더 이상 해체되어야 할 것이 아무것도 없고, 당신은 인간이 되어왔다고 말할 정도로까지 이르게 된다고 믿는가? 미래의 인간들은 우리가 놓칠 수 없는 많은 자유를 위해 싸울 것이다. 당신이 나중에 그 자유를 필요로 하는 이유는 무엇인가? 당신이 인간이 되기 전에 당신 자신을 아무것도 아닌 것으로 여기고자 했다면, 당신은 '최후의 심판'에 이르기까지, 인간 또는 인류가 완전성에 이르렀다고 할 때까지 당신은 기다려야 한다. 그러나 그 전에 당신은 반드시 죽을 것인데, 그렇다면 당신의 승리의 보상은 어떻게 되는가?

그러므로 오히려 문제를 뒤집어 스스로에게 말하라. 나는 인간이라고! 나는 먼저 내 자신 안에 인간을 창출하는 것으로 시작할 필요가 없다. 왜냐하면 그것은 인간이 나의 모든 자질과 마찬가지로 이미 나에게 속해 있기 때문이다.

그러나 비판가는 묻는다. 어떻게 당신은 유대인임과 동시에 인간이 될 수 있는가라고. 나는 대답한다. 첫째, 만약 '인간'이라는 것이 유대인이나 인간처럼 같은 것을 의미해야 한다면, 인간은 유대인도 '인간'도 될 수 없다. '인간'은 항상 그 규정을 넘어서고, 가령 '유대놈'이 아무리 유대인적이라고 해도 그는 이미 그러한 유대인이기 때문에 유대인 이외의 것이 될 수 없다. 둘째, 만약 인간이 된다는 것이 특별한 것이 아니라는 것을 의미한다면, 인간은 물론 유대인으로서 인간이 될 수 없다. 그러나 셋째, 이것이 중요한 점인데, 나는 유대인으로서 전적으로 완전하게 될 수 있다. 사무엘이나 모세[162], 그리고 다른 인간에 대해, 그들이 아직 '인간'이 아니라고 당

⁛

162) 히브리 민족에게 입법자로서 상징적인 인물이며, 유대 종교와 문화 형성의 핵심이다.

신이 말해야 했다고 해도, 그들이 스스로를 유대인이라는 것을 넘었을 것이라고는 당신은 거의 기대하지 않는다. 그들은 단순히 그들이 될 수 있는 것이었다. 오늘날의 유대인들에게도 그렇지 않은가? 당신은 인류의 이념을 발견했기 때문에, 그 결과 모든 유대인이 그 이념으로 개종할 수 있다는 것인가? 만일 그렇게 될 수 있다고 하면 그는 그렇게 하지 않을 리 없고, 또 그렇게 하지 않는다고 하더라도 그는 그렇게 할 수 없다. 당신들의 무리한 요구는 그에게 어떤 관련이 있는가? 당신들이 그에게 요구하는 것은 인간이 되라는 사명과 무슨 관계가 있는가?

인도적 자유주의자가 약속하는 '인간적 사회'에서, 서로가 가진 '특별한 것'은 일반적으로 하나도 용인되지 않고, '사적인 것'의 성격을 지닌 것도 어떤 가치를 갖는 것이 아니다. 이런 식으로 자유주의의 원은 완전히 닫힌다. 즉 자유주의는 인간다운 것과 인간적 자유에서 스스로의 선한 원칙을 확보하고, 에고이스트 및 사적인 모든 것에서 스스로의 나쁜 원리를 확보하며, 전자에서 그들의 신을, 후자에서 그들의 악마를 발견하여 자유주의의 원을 완전히 닫아버린다. 그리고 '국가'에서 특수한 또는 사적인 개인이 자신의 가치(개인적 특권이 아니라)를 잃은 경우, '노동자 또는 룸펜 사회'에서 특별한(사적인) 소유가 더 이상 인정되지 않으면 '인간적 사회'에서는 모든 것이 특별하거나 사적인 것은 고려에서 제외된다. 그리고 '순수한 비판'이 그 힘든 과업을 완수했을 때, 인간은 무엇이 사적인 것인가를 모두 알게 되고 '스스로의 무의미함으로 침투한 느낌 속에서' 무엇이 버려져야 하는가를 알게 될 것이다.

국가와 사회는 인도적 자유주의를 만족시키지 않기 때문에 둘 다 부정하면서 동시에 그것들을 유지한다. 그래서 한때 시대적 과제는 '정치적인 것이 아니라 사회적인 것'이라고 하게 되고, 또 '자유로운 국가'가 미래를 위해 약속한다는 식이 된다. 사실 '인간적 사회'는 그 양자, 즉 가장 일반적인 국가이자 가장 일반적인 사회이다. 그러나 제한된 국가에 대해서만 그것이 정신적인 사적 관심사(가령 인간들의 종교적 신앙)에 대해 너무 많이 자극하고, 제한된 사회에 대해 너무 많은 물질적인 사적 관심사를 만들어낸다고 주장한다. 둘 다 사적인 관심사를 사적인 인간들에게 맡기고, 인간적 사회로서 보편적으로 인간적인 관심사에만 관심을 가져야 한다.

정치인들은 자기의지(Eigenwille), 즉 자기의 뜻 또는 자의(恣意)를 폐지하려고 생각하면서, 소유(Eigentum)에 의해 자기의지의 안전한 피난처를 유지한다는 것을 알지 못했다.

소유를 배제하는 사회주의자들도 소유가 고유성(Eigenheit)에서는 확실하게 지속되는 사실을 알아차리지 못했다. 그렇다면 오로지 돈과 재화만이 소유일까? 아니면 모든 의견이 내 자신의 것이고, 나의 자기적인 것이 아닐까?

따라서 모든 의견은 폐지되거나 비개인화되어야 한다. 개인은 어떤 의견도 가질 자격이 없고, 자기의지가 국가로 옮겨지고 소유가 사회로 옮겨지는 것과 마찬가지로 의견도 하나의 보편적인 것으로, '인간적인 것'으로 옮겨져 보편적인 인간적 의견이 되어야 한다.

의견이 계속 지속되면 나는 나의 신(신은 바로 '나의 신'으로만 존재하고, 하나의 의견 또는 나의 '신앙'인 것이다)을 갖는다. 따라서 나의 신앙, 나의 종교, 나의 생각, 나의 이성을 갖게 된다. 그러므로 하나의 보편적인 인간적 신앙, 즉 '자유의 광신'이 생겨나야 한다. 이것은 '인간의 본질'과 일치하는 신앙이고, 오직 '인간'만이 이성적이기 때문에(당신과 나는 매우 비이성적일 수 있다!) 이성적인 신앙인 것이다.

자기의지와 소유가 무력해짐과 함께 일반적으로 고유성 또는 에고이즘도 무력해진다.

'자유로운 인간'의 이러한 최고 발전에서 에고이즘과 고유성은 원칙적으로 진압되고, 사회주의자가 말하는 사회적 '복지'와 같은 부차적인 목적은 고상한 '인류의 이념' 앞에서 사라진다. '보편적으로 인간적'이 아닌 것은 어떤 특수한 것이며, 소수자 또는 한 사람만을 만족시키는 데 불과하다. 또는 만일 그것이 모두를 만족시킨다면, 그것은 인간 일반으로서가 아니라 개개인으로서 모든 인간에게 그것이 생기는 것이고, 따라서 그것은 하나의 '이기적인 것'이라고 불린다.

사회주의자들에게 복지는 여전히 최고의 목표이다. 마치 정치적 자유주의자들에게 자유로운 경쟁이 좋은 것임과 마찬가지로. 그런데 이제 복지도 무료이고, 그것은 갖고자 생각하는 것을 가질 수 있다. 마치 경쟁(경합)에 들어가기를 원하는 인간이 그것을 자유롭게 선택할 수 있는 것처럼 복지를 이룰 수 있다.

그러나 경쟁에 참여하려면 당신들은 부르주아면 충분하고, 복지에 참여하려면 노동자이면 된다. 둘 다 '인간'과 동의어는 아니다. 인간에게는 그가 또한 '정신적으로도 자유로울 때에만' 비로소 참으로 행복한 것이다! 왜냐하면 인간은 정신이기 때문이다. 그러므로 정신에 소원한 모든 힘은, 즉 모든 초인간적 천상적 비인간적 힘은 전복되어야 하고, '인간'이라는 이름이 모든 이름 위에 있어야 한다.

따라서 근대(근대인의 시대)의 끝에서, 그 시작의 핵심이었던 '정신적 자유'가 핵심 포인트로 돌아온다.

특히 인도적 자유주의자는 공산주의자에게 이렇게 말한다. 만약 사회가 당신의 활동을 지정한다면, 그 행위는 실제로 개개인, 즉 에고이스트들의 영향으로부터 자유로울지 모르지만, 그렇다고 하여 그 때문에 여전히 순수한 인간적 활동일 필요는 없다. 당신은 인류의 완전한 하나의 기관일 필요도 없다. 사회가 당신에게 어떤 종류의 활동을 요구하는가는 여전히 우연적인 것이다. 사회는 당신에게 성전의 건축 등등을 할 수 있는 자리를 제공할 수도 있고, 그렇지 않더라도 당신은 자신의 충동으로 하나의 어리석고 비인간적인 것을 위해 활동할 수도 있다. 그러나 그보다 더욱 나아가, 당신이 현실에서 일하는 것, 즉 인류의 영광을 위해서가 아니라 사랑하는 삶을 위해서, 자신을 키우기 위해 일반적으로 마침내 달성하는 것은, 당신이 모든 어리석음으로부터 자유로워지고 모든 비인간적인 것, 즉 에고이스트적인 것(단 개인에게만 속하고, 개인 속의 인간에게는 속하지 않는 것)으로부터 자기를 해방하고, 인간이나 인류의 이념을 가리는 모든 거짓된 생각을 당신이 소멸시키는 때가 있는 것이다. 즉 그때란 또한 당신이 오로지 당신의 활동에 방해받지 않는 것만이 아니라, 당신의 활동의 본질도 오로지 인간적이고 그리하여 당신은 오직 인류를 위해 살고 일할 때이다. 그러나 당신의 노력의 목표가 오로지 당신과 모든 자들의 복지인 한은 그렇지 않다. 당신이 룸펜 사회를 위해 무엇을 하든 간에 '인간적 사회'를 위해서는 아직 어떤 일도 나타나지 않았다.

단순한 노동만으로 당신은 인간이 되지 않는다. 왜냐하면 그것은 형식적인 것이고 그 대상이 우연적인 것이기 때문이다. 문제는 그런 것이 아니라, 노동하는 당신이 누구인지이다. 당신이 노동 일반을 아는 것은, 이기적인(물질적인) 동기에서, 단순히 당신의 양식 등을 확보하기 위해서일 뿐이다. 그러나 그것은 인류를 발전시키는 노동이어야 하며, 인류의 행복을 목표로 하고, 역사적인(즉 인간적인) 발전에 유익한 하나의 인도적 노동이어야 한다. 이를 위해 두 가지가 필요하다. 하나는 그 노동이 인류에게 유용하여야 한다는 점이다. 다른 하나는 그 노동이 '인간'에게서 나오는 것이라는 점이다. 첫 번째뿐이라면 어떤 노동도 해당되고 자연의 노동, 가령 동물의 그것도 인류에 의해 과학 등의 발전 등에 이용된다. 두 번째는, 노동하는 인간이 자신의 노동의 인간적 목적을 알아야 한다는 것을 요구한다. 그리고 그는 자신을 인간으로 알고 있을 때에만 그러한 의식을 가질 수 있기 때문에 결정적인 조건은 자기의식이다.

의심할 여지없이 당신이 하나의 '부분노동자(Stückarbeiter)[163]'가 되는 것을 그만두면 이미 많은 것을 얻을 수 있다. 그것으로 당신은 오로지 당신의 노동 전체에 대한 관점을 얻고 그것에 대한 의식을 얻는다. 그러나 이것은 여전히 하나의 자기의식에서 멀리 떨어져 있다. 즉 당신의 진정한 '자기' 또는 '본질'에 대한 의식. 인간다운 것에 관한 의식은 여전히 멀리 떨어져 있다. 노동자에게는 '더욱 높은 의식'에 대한 욕구가 여전히 유지되고 있는데, 이는 노동 활동이 그것을 진정시킬 수 없기 때문에 노동자는 그 의식을 여가 시간에 만족시킨다. 그러므로 여가는 그의 노동과 함께 있으며, 그는 노동과 태만을 하나의 인간다운 것으로 간주하며, 태만하고 여가를 즐기는 인간에게 참된 정신의 고양을 보게 된다. 그는 오로지 노동에서 벗어나기 위해서만 일한다. 그는 노동에서 자유로워지기만을 원할 때에만 노동을 자유롭게 하고자 한다.

확실히 그의 노동은 만족스러운 실체가 없다. 왜냐하면 그것은 사회에 의해서만 부과되기 때문이다. 오로지 과업, 임무, 직업일 뿐이다. 반대로 그의 사회는 일만 제공하기 때문에 그를 만족시키지 못한다.

노동은 노동자를 인간으로서 만족시켜야 한다. 이와 반대로 노동은 사

163) 공장 생산 라인에서 노동자는 실제로 제품을 만드는 데 필요한 부분만 수행하고 전체 작업에 대한 인식은 거의 없다.

회를 만족시킬 뿐이다. 사회는 그를 인간으로 대우해야 한다. 그러나 반대로 사회는 노동자를 룸펜 노동자 또는 노동하는 룸펜으로 대우한다.

노동과 사회는 그에게 오로지 유용한 것에 불과하다. 그것은 그가 인간으로서가 아니라 '에고이스트'로서 그것을 필요로 하기 때문이다.

이것이 노동자 계급에 대한 비판이다. 그러한 비판은 '정신'을 가리키고 '대중과의 정신'의 투쟁을 주도하며,[164] 공산주의적 노동을 정신없는 대중 노동이라고 선언한다. 대중은 있는 그대로의 노동을 싫어하고, 노동을 쉽게 하기를 좋아한다. 오늘날 대중적으로 제공되는 문학에서도 노동에 대한 이러한 혐오감은 '탐구의 노고'를 물리치고 보편적으로 알려진 천박함(Oberflächlichkeit)을 낳는다.[165]

그러므로 인도적 자유주의는 이렇게 말한다. 당신들은 노동을 바란다. 좋다, 우리도 마찬가지로 노동을 원하지만, 단 우리는 그것을 가장 완전한 정도로 원한다. 우리는 여가 시간을 얻기 위해서가 아니라 노동 자체 속에서 모든 충족을 찾을 수 있기를 원한다. 우리는 그것이 우리의 자기 개발이기 때문에 노동을 원한다.

그렇다면 노동 역시 그 목적에 맞게 조정되어야 한다! 인간은 인간적이고 자기의식적인 노동, '에고이스트적'으로 의도되지 않고 인간을 목표로 하는 노동, 인간의 자기계시와 같은 노동에 의해서만 존경을 받는다. 그래서 다음과 같이 말해야 한다. 나는 노동한다, 고로 존재한다(laboro, ergo sum), 나는 노동한다, 따라서 나는 인간이라고. 인도적 자유주의자는 모든

164) (원주) Bruno Bauer(anonym)(Rez.), "H.F.W. Hinrichs: Politische Vorlesungen,"(Halle, 1843), *Allgemeine Literatur-Zeitung*, H. 5(1844), pp. 23~25.
165) (원주) 같은 곳.

문제에 작용하는 정신의 노동을 원한다. 어떤 것도 조용히 두지 않고, 기존의 상태에 두지 않는 정신을, 아무것에도 한가하지 않고 모든 것을 해체하고 얻은 모든 결과를 새롭게 비판하는 정신을 원한다. 이 쉼 없는 정신이야말로 진정한 노동자이며, 이는 여러 가지 편견을 없애고 여러 가지 한계와 제한을 깨뜨리며, 인간을 지배하려는 모든 것보다 인간을 높인다. 반면 공산주의자는 오로지 자신을 위해서만 일하며, 결코 자유롭지 않고 필요로 인해 일한다. 즉 그들은 강제 노동을 선고받는 자들이다.

그러한 유형의 노동자는 '에고이스트적'이지 않다. 왜냐하면 그는 자신을 위해서나 다른 개인을 위해서도 아니고, 그러므로 사적인 인간을 위해서가 아니라 인류와 그 진보를 위해 일하기 때문이다. 그는 개인의 고통을 덜어주지 않고 개인적 필요를 배려하지도 않는다. 그보다는 인류가 압박받는 여러 가지 한계를 제거하고, 시대를 지배하는 여러 가지 편견을 없애고, 인간을 사로잡은 여러 가지 오류를 제거하고, 모든 인간과 모든 시대를 위해 발견되어야 하는 여러 가지 진리를 발견하고자 한다. 즉 그는 인류를 위해 살고 일한다.

이제 무엇보다도 먼저, 하나의 위대한 진리를 발견한 사람은 그것이 나머지 인간들에게 유익할 수 있다는 것을 의심없이 알고 있으며, 이를 시기심으로 보류해도 그에게 아무런 즐거움을 주지 않기 때문에 그는 그것을 그들에게 알린다. 그러나 이 전달이 타인에게 최고의 가치를 갖게 한다는 것을 알고 있다고 해도, 그는 결코 그 진리를 타인을 위하여 추구하여 발견한 것이 아니라 자신을 위해 그렇게 한 것이다. 왜냐하면 그 자신이 그것을 원했기 때문에 자신의 힘을 최대한 발휘해 빛과 깨달음을 얻을 때까지 암흑과 망념이 그를 안심하게 하지 않기 때문이다.

그러므로 그는 자신을 위해 그리고 자신의 욕구를 충족시키기 위해 일한다. 이와 함께 그는 다른 인간들에게도 유용하고 후세에도 유용하지만, 그의 노동에서 에고이스트적인 성격을 잃지는 않는다.

다음으로 그가 오로지 자기 자신을 위해서만 노동을 한다고 하면, 왜 그의 행동은 인간적이고 타인의 행동은 비인간적인 것, 즉 에고이스트적인 것인가? 아마도 그것은 이 책, 이 그림, 이 교향곡 등이 그의 전체 존재의 노동이었기 때문이다. 그가 거기에 최선을 다해 자신의 모든 것을 전적으로 기울이고 거기에 자신의 모든 것을 드러내기 때문이다. 이에 대하여 수공업자의 작품은 오로지 그를, 즉 직인의 능력을 비출 뿐이고 '인간'을 나타내는 것이 아니다. 실러[166]의 시에서 우리는 실러 전체를 본다. 반면에 수백 개의 스토브에서 우리는 스토브 제작자를 보지만 '인간'을 보지는 않는다.

그러나 이것은 어떤 일에서 당신들이 나를 가능한 한 완전하게 보고, 다른 일에서는 오로지 내 기술만을 본다는 것 이상의 무엇을 의미하는가? 그 행위가 표현하는 것은 다시금 자아가 아닌가? 그리고 어떤 작품에서 자신을 세계에 나타내고 자신을 만들어 형상화하는 것은, 자신의 노동 뒤에 숨는 것보다 더욱 에고이스트적이지 않은가? 당신은 확실히 당신이 인간을 드러내고 있다고 말한다. 그러나 당신이 드러내는 그 인간이란 당신이 아닌가? 당신은 오로지 자신만을 드러낼 뿐이다. 여기서 수공업자와 다른 점은, 그들은 자신을 하나의 노동으로 압축하는 방법을 이해하지 못하지만, 그 자신으로 인정받기 위해서는 그의 다른 생활관계 속에서 그것을 찾아내야 한다는 것, 또 당신의 필요(그것의 충족을 통하여 이러한 작품이라는 것이 있을 수 있었다)는 하나의 이론적인 것이었다는 점이다.

••

166) 프리드리히 폰 실러(1759~1805)는 독일 고전주의 극작가이자 시인이다.

그러나 당신은 자신이 완전하게 다른 한 사람, 더욱 존엄하고 더욱 높고 더욱 위대한 한 사람을, 어떤 다른 인간 이상으로 인간적인 인간을 드러낸다고 대답할 것이다. 설령 당신이 인간에게 가능한 모든 것을 성취하고, 다른 누구도 성공하지 못하는 것을 성취했다고 가정해보자. 그렇다면 당신의 위대함은 무엇으로 이루어지는가? 정확하게 당신이 다른 인간('대중') 보다도, 인간에게 통상적인 것보다도, '보통 인간'보다도 그 이상인 것, 그야말로 인간을 뛰어넘는 당신의 탁월함에서이다. 다른 인간에 대하여 당신을 뛰어나게 하는 것은 당신이 인간이기 때문이 아니라 '유일한(einziger)' 인간이기 때문이다. 의심할 여지없이 당신은 한 인간이 무엇을 할 수 있는지를 보여준다. 그러나 당신이, 한 인간이 그렇게 하기 때문이라고 해서 다른 인간들 또한 그렇게 할 수 있다는 것은 아니다. 당신은 그것을 오로지 유일한 사람으로서 성취했고 그 점에서 당신은 유일하다.

당신이 인간이라는 것만으로 당신의 위대함을 구성하는 것이 아니라 오히려 당신이 위대함을 창조한다. 왜냐하면 당신은 단순히 생존하는 인간 이상으로 다른 어떤 인간보다 더 전능한 존재이기 때문이다.

인간은 인간 이상이 될 수 없다고 믿는다. 그러나 오히려 그 이하일 수 없다!

또 인간은 인간이 성취하는 것은 무엇이든 인간에게 유익하다고 믿는다. 어떤 경우에도 내가 항상 인간으로 남아 있는 한, 또는 실러가 슈바벤의 인간이고, 칸트[167]가 프로이센의 인간이며, 구스타프 아돌프[168]가 근시

<hr/>

167) 이마누엘 칸트(Immanuel Kant, 1724~1804)는 근대 계몽주의를 정점에 올려놓았고 독일 관념철학의 기반을 확립하였다.
168) 구스타프 2세 아돌프(Gustav II Adolf, 1594~1632)는 1611년부터 1632년까지 스웨덴 왕으로서 30년 전쟁에서 프로테스탄트 측 용장이었다.

라고 하는 경우에, 나는 확실히 나의 장점에 의해 하나의 탁월한 사람, 슈바벤인, 프로이센인 또는 근시가 된다. 그러나 그 경우는 프리드리히 대왕[169]으로 유명해진 프리드리히 지팡이보다 낮지 않다.

근대가 '인간에게 영광 있으라'라고 하는 것은 '신에게 영광 있으라'라는 말에 대응한다. 그러나 나는 이러한 영광을 자기 자신을 위해 유지하는 것이라고 생각한다.

비판주의는 인간에 대하여 '인간적'이어야 한다고 요구함으로써 사교성이라는 필요조건을 선언한다. 왜냐하면 인간은 인간들 속에서의 인간으로서만 사교적이기 때문이다. 그리하여 비판주의는 그 사회적 목적, '인간적 사회'의 창설을 알린다.

사회이론 중에서 비판주의는 틀림없이 가장 완전한 이론이다. 왜냐하면 비판주의는 인간과 인간을 분리하는 모든 것, 즉 신앙의 특권에 이르기까지 모든 특권을 제거하고 무가치하게 하기 때문이다. 비판주의에서 진정한 사회원칙인 기독교의 사랑의 원칙이 가장 순수한 성취에 이르고, 그리하여 가능한 마지막 실험은 인간의 배타성과 반발을 없애기 위해 시도된다. 그것은 가장 단순하고 따라서 가장 강고한 형태인, 유일성과 배타성 그 자체의 형태인 에고이즘과의 싸움이다.

'당신들 사이에 단 하나라도 배타성이 남아 있는 한, 어떻게 당신들은 진정한 사회생활을 할 수 있는가?'

그러나 나는 반대로 질문한다. 당신들 사이에 하나의 연결이라도 존재하는 한, 어떻게 당신은 진정으로 유일적 존재가 될 수 있는가라고. 당신

---

169) 프리드리히 대왕(Friedrich der Große, 재위 1740~1786)은 프로이센 왕국의 제3대 국왕으로 대표적인 계몽주의 군주이다.

들이 연결되어 있으면 서로 떠날 수 없고, 하나의 '끈'이 당신들을 붙잡고 있다면 당신들은 다른 인간과 함께 있는 것이고, 그것이 열두 명이라면 한 다스가 되고, 수천 명이라면 하나의 국민이 되고, 수백만 명이라면 인류를 만든다.

'오로지 당신들이 인간적일 때에만 당신들은 인간으로서 다른 인간들과 서로 교제할 수 있다. 당신들이 애국적일 때에만 서로를 애국자로 이해할 수 있는 것처럼!'

그렇다면 나는 대답한다. 오로지 당신이 유일적 존재일 때에만 당신들은 당신들이 있는 그대로 서로 관계를 가질 수 있다고.

나아가 가장 예리한 비판가들이야말로 가장 크게 자신의 원칙이라는 저주를 받는다. 그는 배타적인 것을 차차 없애고, 신앙심이나 애국심 등을 떨쳐버리고, 이어서 끈을 하나씩 풀고, 종교인이나 애국자 등으로부터 떨어져 마침내 모든 끈을 푼 뒤에 오로지 독립한다. 나아가 그는 모든 배타적이거나 사적인 데에 있는 모든 것을 배제해야 한다. 그리하여 당신이 바닥에 도달했을 때, 배타적이고 유일한 인격 그 자체보다 더 배타적인 것은 있을 수 없다!

아니면 가령 모든 사람이 인간이 되어 배타성을 포기한다면 상황이 더 나을 것이라고 생각하는가? 그러나 '모든 인간'이란 '각 개인'을 의미한다는 바로 그 이유 때문에 가장 명백한 모순이 여전히 남는다. 왜냐하면 '개인'은 배타성 그 자체이기 때문이다. 설령 인도적 자유주의자가 더 이상 개인에게 사적이거나 배타적인 것을 허용하지 않아도 사적인 생각, 사적인 어리석음을 허용하지 않아도, 사적인 것에 대한 그의 증오는 절대적이고 광적인 증오이기 때문에 개인의 모든 것을 비판한다고 해도, 또 모든 사적인 것은 비인간적이라는 이유에서 사적인 것에 대한 관용을 알지 못해도,

그래도 그는 여전히 사적인 인격을 비판할 수 없다. 왜냐하면 개별적 인격의 완고함이 그러한 비판에 저항하기 때문이다. 그리하여 그는 그러한 인격을 '사인(私人)'이라고 부르고, 현실에서 모든 사적인 것을 그에게 위임하는 것에 만족해야 한다.

더 이상 사적인 것에 전혀 관심이 없는 사회는 무엇을 할 것인가? 사적인 것을 불가능하게 하는가? 아니다. 그것을 "사회적 이해관계에 종속시키고, 예를 들어 휴일을 어느 정도로 할 것인가 하는 것은 그것이 일반적인 이해관계와 충돌하지 않는 한 사적인 의지에 맡기는 것이다."[170] 모든 사적인 것은 방임된다. 즉 사회에는 그것에 대한 어떤 관심도 없게 된다.

"과학에 대한 장벽을 높임으로써 교회와 종교는 자신이 국가의 기초이자 필요한 기본이라고 입으로는 말하면서, 실제로는 본래 그러한 것인데 오로지 다른 모습으로 숨겨진 것에 불과하다는 것, 즉 하나의 순전히 사적인 요건이라는 것을 고백한다. 그리고 과거에 그것들이 국가와 연결되어 이를 기독교로 만들었을 때에도 국가가 아직 보편적인 정치적 이념을 발전시키지 않았고, 국가는 단지 사적 권리를 설정할 뿐이라는 것을 증명하게 된 것에 불과하다. 이는 국가는 사적인 일이고 사적인 일과 관련된 것에 불과하다는 것에 대한 최고의 표현이었다. 국가가 마침내 스스로의 보편적인 운명을 완수하고 오로지 자유로울 수 있는 용기와 힘을 갖게 될 때, 그러므로 또 특수한 이해관계와 사적 요건을 그 진정한 위치에 두는 것이 국가에 가능하게 될 때, 종교와 교회는 지금까지 몰랐던 것처럼 자유로울 것이다. 가장 순전히 사적인 요건으로, 순전히 개인적인 필요의 만족으로서 그것들은 그 자신에게 맡겨질 것이다. 그리고 모든 개인, 모든 공

170) (원주) Bruno Bauer, *Die Judenfrage*(Braunschweig, 1843), p. 66.

동체, 모든 교회 단체는 그것들이 바라는 대로, 그것들이 필요하다고 생각하는 대로 영혼의 축복에 마음을 쓸 수 있을 것이다. 모든 인간은 그것이 개인적인 필요인 한 자신의 영혼의 축복에 마음을 쓸 것이며, 자신의 욕구를 충족시키기 위해 최선의 보증을 제공하는 것처럼 보이는 인간을 영혼을 돌보는 인간으로 받아들이고 그에게 지불할 것이다. 과학은 마침내 게임에서 완전히 사라진다."[171]

하지만 어떻게 될까? 사회적 생활이 끝나고 모든 친화력, 모든 형제애, 사랑이나 사회의 원리에 의해 만들어진 모든 것이 사라져야 할까?

마치 누구나 필요하기 때문에 항상 다른 인간을 찾지는 않는 것처럼, 타인을 필요로 할 때에도 결코 다른 인간에게 순응하는 일이 있어서는 안 되는 것처럼. 그러나 차이점은, 과거에는 개인이 어떤 끈을 매개로 하여 서로 연결되었지만 지금은 현실적으로 여러 개인이 합일된다는 점에 있다. 성인이 되기 전에 아들과 아버지는 하나의 끈으로 결속되고, 그 후에는 모두 독립적으로 만날 수 있다. 성인이 되기 전에 그들은 가족의 일원으로 함께 속했으나(가족의 구성원이다), 그 후에 그들은 에고이스트로서 합일된다. 아들이라는 것과 아버지라는 것은 여전히 남아 있지만, 아들과 아버지는 더 이상 이것에 구속되지 않는다.[172]

사실 마지막으로 남는 특권은 바로 '인간'이다. 인간으로서 모두 특권이 있거나 특권을 받는다. 왜냐하면 브루노 바우어 자신이 말하듯이 "특권은 모든 인간에게 확장되어도 유지되기 때문이다."[173] 따라서 자유주의는 다

∴

171) (원주) Bruno Bauer, *Die gute Sache der Freiheit und meine eigene Angelegenheit* (Zürich & Winterthur, 1842), pp. 62~63.
172) 서로 관련되고 있는 두 사람과 상호 유대의 해제를 통해 그 관계가 변화하는 것.
173) (원주) Bruno Bauer, *Die Judenfrage*, p. 60.

음과 같은 변화를 겪는다.

첫째, 개인은 인간이 아니고, 그러므로 개개인의 인격은 아무것도 아니고, 개인적 의지, 자의, 명령 또는 지령이 어떤 의미도 갖지 않는다!

둘째, 개인은 어떤 인간적인 것도 갖지 않고, 따라서 나의 것이나 당신의 것, 또는 소유는 어떤 의미도 없다.

셋째, 개인은 인간도 아니고 인간적인 것도 갖지 않기 때문에 전혀 존재하지 않는다. 그는 하나의 에고이스트로서 그 에고이스트적인 것도 함께 비판에 의해 소멸되고, 인간에게 '이제 발견된 이 인간'에 자리를 양보해야 한다.

그러나 개인이 인간은 아니지만, 인간은 여전히 개인 안에 존재하며, 모든 유령과 신적인 모든 것과 마찬가지로 개인 안에 실제로 존재한다. 따라서 정치적 자유주의는 '태어난 인간'으로서, 살아 있는 인간으로서의 개인에게 속하는 것을 모두 개인에게 부여한다. 즉 여기에는 양심의 자유나 재산권 등 여러 가지 '인권'이 포함된다. 사회주의는 활동하는 인간으로서, '노동하는' 인간으로서의 개인에게 속하는 것을 개인에게 허용한다. 그리고 마지막으로 인도적 자유주의는 개인이 '인간'으로서 갖는 것, 즉 인류에 속한 모든 것을 개인에게 제공한다. 따라서 유일자(Einzige)는 아무것도 갖지 않고 인류가 모든 것을 가지고, 그리하여 기독교에서 설교된 '거듭남(Wiedergeburt)'의 필요가 모호하지 않고 가장 완전한 수준에서 요구된다. 하나의 새로운 피조물, '인간'이 되라는 것이다.

누군가는 주기도문의 끝을 생각할 수도 있다. 지배권('힘' 또는 역동)은 인간다운 것에 속한다. 그러므로 어떤 개인도 주인이 될 수 없지만 인간은 모든 개인의 주인이 된다. 왕국, 즉 세계는 인간의 것이다. 따라서 개인은 소유주가 아니라 인간이 되어야 한다. 그러나 인간, '모든 인간'은 세계를 소유로 지배한다. 모든 것에 대해 명성, 찬미 또는 '영광(Doxa)'이 인간에게 속한다. 왜냐하면 인간이나 인류는 여러 개인의 목적이며, 그 목적을 위해 개인은 일하고 생각하고 살아가며, 그러한 찬미를 위해 '인간'이 되어야 하기 때문이다.

지금까지 인간들은 종전의 불평등이 '비본질적'이 되어야 하는 하나의 공동체를 찾기 위해 항상 노력해왔다. 그들은 균등을 위해 노력했고, 따라서 평등을 추구했고, 모두를 하나로 만들기를 원했다. 이는 그들이 하나의 주인, 하나의 끈, 하나의 신앙을 추구('우리 모두는 하나의 신을 믿는다')하는 것 이상의 무엇을 의미하지 않는다. 인간에게는 인간 자체보다 더 공동체적이거나 평등한 것은 있을 수 없고, 사랑에 대한 충동은 이러한 공동체에서 만족을 찾았다. 사랑의 충동은 마지막 균등화를 가져오고, 모든 불평등을 균등화하고, 인간을 인간의 가슴에 눕힐 때까지 쉬지 않았다. 그러나 바로 이 공동체 아래에서 부패와 붕괴가 가장 뚜렷하게 드러난다. 눈부시게 된다. 좀 더 제한된 공동체에서 프랑스인은 여전히 독일인과 대립하고, 기독교인은 무슬림과 대립한다. 이제 반대로 인간적인 것은 인간들과 대립하거나, 인간이 인간적인 것이 아니기 때문에 인간은 비인간과 대립한다.

그리하여 '신은 인간이 되었다'라는 명제에, 이제는 '인간은 자아가 되었다'라는 명제가 이어진다. 이것은 인간적 자아인 것이다. 그러나 우리는 그것을 뒤집어 이렇게 말한다. 나는 인간으로서 자아를 찾는 한, 자아를 찾을 수 없었다. 그러나 이제 인간이 자아이고, 자아 안에 구체성을 얻고자 열망하는 것이 분명하다. 따라서 나는 인정한다. 그리하여 모든 것이 나에게 달려 있으며, 인간은 나 없이 사라져버린다는 것을. 그러나 나는 이 가장 거룩한 것의 성지가 되기 위해 자신을 포기하는 것을 전혀 생각하지 않으며, 앞으로도 살아가는 가운데 내가 인간인지 비인간인지를 묻지 않을 것이다. 그런 유령 따위는 내 목에서 떨어지게 하라!

　인도적 자유주의는 급진적으로 작동한다. 만약 당신이 한 가지 점에서 특별한 것이 되고 싶거나 특별한 것을 갖고 싶거나, 다른 인간보다 한 가지 특권을 유지하거나, '일반적 인권'이 아닌 하나의 권리라도 주장하고 싶다면 당신은 에고이스트이다.

　좋다! 나는 다른 인간보다 특별한 것을 갖거나 갖고 싶지 않으며, 그들에 대해 어떤 특권도 주장하고 싶지 않다. 그러나 나는 다른 인간과의 비교에 의해 나 자신을 가늠하지 않는다. 나는 어떤 권리도 갖고 싶지 않다. 나는 내가 될 수 있는 모든 것이 되고 싶고, 내가 가질 수 있는 모든 것을 갖고 싶다. 다른 인간이 유사하게 존재하든 유사한 것을 갖든 내가 왜 신경을 써야 할까? 타인은 동등하거나 동일할 수도 없고, 같은 것을 가질 수도 없다. 나는 그들에게 어떤 피해를 끼치지 않는다. 그것은 내가 움직이는 것으로는 바위보다 '앞선다'고 해도 바위를 파괴하지 않는 것과 같다. 타인이 그것을 가질 수 있다면 그들은 그것을 가질 것이다. 다른 인간들에게 어떤 해도 끼치지 않도록 하는 것이 특권을 소유하지 말라는 요구의 요점이다. 모든 '앞서는' 것을 포기하는 것은 가장 엄격한 단념의 이론(Entsagungs-Theorie)이다. 인간은 자신을 가령 유대인이나 기독교인과 같이 '특별한 존재(Besonderes)'로 간주해서는 안 된다. 따라서 나는 자신을 특별하다고 보지 않고 유일하다(einzig)고 본다. 의심할 여지없이 나는 다른 인간들과 비슷하다. 그러나 그것은 오로지 비교나 성찰로 인정되는 것에 불과하다. 사실 나는 비교할 수 없는 유일한 존재다. 내 육체는 타인의 육체가 아니고 내 정신은 타인의 정신이 아니다. 가령 당신들이 '육체나 정신'이라고 하는 진부한 말로 총괄하고자 해도 그것은 당신의 생각이고, 그런 것은 나의 육체, 나의 정신과는 아무 관련이 없으며 적어도 나의 것에 대해 '호명(Beruf)'을 할 수 없다.

나는 당신을 인정하거나 존경하지 않는다. 나는 소유주나 룸펜이나 단순히 인간이 아니라 당신을 사용한다. 나는 소금이 나에게 맛난 음식을 만들어준다는 것을 안다. 그래서 나는 그것을 먹는다. 나는 생선을 식량으로 인식하므로 그것을 먹는다. 당신 안에서 나는 내 삶을 기분 좋게 만드는 것을 발견하므로 당신을 동반자로 선택한다. 또는 소금 속에서 결정 현상을 배운다. 그리고 생선에서 동물성을, 당신에게서 인간을 배운다. 하지만 나에게 당신은 오로지 당신이 나에 대하여 존재하는 것에 불과하다. 즉 나의 대상인 것에 불과하다. 그리고 나의 대상이라는 것은 곧 나의 소유라는 것이다.

인도적 자유주의에서 룸펜성이 완성된다. 만일 우리가 고유성에 도달하고자 생각한다면, 우리는 먼저 룸펜의 극, 극빈 상태로 내려가야 한다. 왜냐하면 우리는 소원한 것을 모두 벗겨내야 하기 때문이다. 그러나 벌거벗은 인간만큼 룸펜처럼 보이는 것은 없다.

하지만 만일 내가 그 인간조차 버리게 되면 나는 룸펜 이상이 된다. 왜냐하면 인간다운 것도 나에게는 소원하고, 거기에서 아무것도 상상할 수 없다고 나에게는 느껴지기 때문이다. 이것은 더 이상 단순한 룸펜성이 아니다. 왜냐하면 마지막 헝겊조차 떨어져나갔고, 그리하여 거기에는 진정한 벌거벗음, 소원한 것 모두가 드러났기 때문이다. 룸펜은 룸펜성 자체를 벗어나고, 그와 함께 그가 룸펜 그 자체를 그만둔다.

나는 더 이상 룸펜이 아니다. 과거에는 그러했지만.

현재까지는 본래 낡은 자유주의자들과 새로운 자유주의자들의 항쟁, 즉 '완전한 척도'로 자유를 원하는 인간들과 작은 척도로 '자유'를 이해하는 인간들 사이의 논쟁, 과격파와 온건파 사이의 항쟁만이 존재하기 때문에 현재까지는 그 알력이 폭발하지 않았다. 따라서 모든 것은 인간이 얼마나 자유로워야 하는가라는 문제를 둘러싸고 이루어졌다. 인간은 자유로워야 한다는 것을 누구나 믿는다. 그러므로 모두 자유주의적이다. 그러나 모든 개인의 어딘가에 숨어 있는 비인간(Unmensch)[174]은 어떻게 차단할 수 있는가? 비인간을 인간과 동시에 자유롭게 두지 않으려면 어떻게 행동해야 하는가?

모든 자유주의는 전체적으로 치명적인 적을 가지고 있다. 신이 악마를 갖는 것처럼 불구대천의 원수를 갖는 것이다. 즉 인간에 대립하여 한쪽에 항상 비인간, 개인, 에고이스트가 함께 있다. 국가, 사회, 인류도 이 악마를 이겨내지 못한다.

인도적 자유주의는 다른 자유주의자들에게 그들이 여전히 '자유'를 원하지 않는다는 것을 보여주는 임무를 수행했다.

다른 자유주의자들이 오로지 개개의 에고이즘만을 가졌고 대부분의 경우 눈이 멀었다면, 급진적 자유주의는 '대중의' 에고이즘에 반대하며, 자유의 대의를 자신의 것으로 만들지 않는 모든 인간들을 대중 속에 던져 넣는다. 그리하여 이제 인간과 비인간이 엄격하게 분리되어 '대중'과 '비판주의'[175]로 맞서 싸우는 것이다.[176] 즉 '자유로운 인간적 비판'이라고 불리는 것처럼 적으로서 조잡한 종교적 비판에 반대한다.

∵

174) 비인간이란 비인간적이거나 반인간적인 인간, 인간이 아닌 인간을 의미한다. 호랑이, 눈사태, 가뭄, 앙배추는 비인간이 아니다.

175) (원주) Bruno Bauer(anonym)(Rez.), "H.F.W. Hinrichs: Politische Vorlesungen."(Halle, 1843), *Allgemeine Literatur-Zeitung*, H. 5(Charlottenburg, 1844), pp. 23~25. 그리고 "Konrad Melchior Hirzel: Korrespondenz aus Zürich," *Allgemeine Literatur-Zeitung*, H. 5, pp. 11~15.

176) (원주) Bruno Bauer, *Die Judenfrage*(Braunschweig, 1843), p. 114.

비판주의는 그것이 모든 민중을 이기고, 그들에게 "전반적인 빈곤 증명서를 주겠다"[177]는 희망을 표명한다. 따라서 마침내 옳은 것을 확보하고자 바라고, '비겁, 겁쟁이 바보'의 싸움 모두를 하나의 이기적인 독선, 비천함, 사소함으로 보여주고자 한다. 모든 알력은 그 중요성을 잃고 사소한 불화는 포기된다. 왜냐하면 비판주의에서 하나의 공동의 적이 투쟁의 현장에 들어오기 때문이다. '당신들은 모두 에고이스트이다. 어느 쪽도 다른 쪽보다 낫지 않아!' 이제 모든 에고이스트가 비판주의에 반대한다.

정말 에고이스트인가? 아니다. 비판주의가 그들을 에고이스트라고 비난하기 때문에 비판주의에 맞서 싸우는 것이다. 그러나 그 에고이스트라고 비난받은 자들을 대하는 자기를 에고이스트라고 인정하지 않는다. 따라서 양자는 모두 에고이스트에 대해 싸우면서 자신을 에고이스트가 아니라고 하며, 서로에게 에고이스트라고 비난한다.

비판주의와 대중은 같은 목적, 에고이스트로부터의 자유를 추구하며, 둘 중 어느 것이 목적에 가장 가깝게 접근하거나, 또는 그것을 달성하는지를 다투고 있는 것에 불과하다.

유대인, 기독교인, 전제주의자, 어둠의 인간(Dunkelmann)과 빛의 인간(Lichtmann),[178] 정치가, 공산주의자, 요약하면 모두 스스로 에고이스트라는 비난을 멀리하고자 한다. 그리고 지금, 비판주의가 그들에게 노골적으로 그리고 가장 확장시킨 의미로 비난하므로, 그들은 모두 에고이스트라는 고발에 대해 스스로를 변호하고, 비판주의가 전쟁을 벌이는 동일한 적

⁚

177) (원주) Konrad Melchior Hirzel, "Korrespondenz aus Zürich," *Allgemeine Literatur-Zeitung*, H. 5, p. 15.
178) 깨닫지 못한 사람과 깨달은 사람이라는 대조.

인 에고이즘에 대해 싸운다.

비판주의와 대중은 둘 다 에고이즘의 적이며, 둘 다 스스로를 순화하고 정화하여, 또 반대 정당에게 에고이즘이라고 덮어씌워 에고이즘으로부터 자신을 해방시키려고 노력한다.

비판가는 대중에게 에고이즘에 대한 '단순한 개념과 문구'를 제공하는 진정한 '대중의 대변인'이며, 이에 비해 승리를 거부당한 대변인들은 오로지 무능한자들일 뿐이다.[179] 비판가는 자유를 위한 에고이즘과의 전쟁에서 대중의 지배자이자 사령관이다. 비판가가 적으로 싸우는 자에 대해 대중도 싸운다. 그러나 동시에 비판가는 대중의 적이기도 하다. 게다가 오로지 그들 앞에 있는 적일 뿐만 아니라 대중에게 용기를 강요하기 위해 겁쟁이 뒤에서 채찍을 휘두르는 우호적인 적이다.

이로써 비판주의와 대중의 반대는 다음과 같은 모순으로 축소된다. 즉 '당신들은 에고이스트다!' '아니, 우리는 그렇지 않다!' '나는 그것을 당신들에게 증명할게!' '당신은 우리의 해명을 들어야 한다!'

그렇다면 우리는 양쪽을 인정한다고 하자. 즉 서로 주장하듯이 비에고이스트라고 하고, 서로 인정하듯이 에고이스트라고 하자. 즉 그들은 에고이스트이자 에고이스트가 아니라는 것이다.

비판주의는 본래부터 당신은 당신의 자아를 모든 제약으로부터 완전히 해방시켜 하나의 인간적 자아가 되는 것이라고 말한다. 이에 대해 나는 다음과 같이 말한다. 즉 당신이 할 수 있는 한 자신을 해방시키고, 그렇게 하면 당신은 당신의 역할을 다했다. 왜냐하면 모든 제약을 뛰어넘는 것이 모

••

179) (원주) "H.F.W. Hinrichs: Politische Verlesungen", *Allgemeine Literatur-Zeitung*, H. 5, p. 24.

든 인간에게 주어지지 않았기 때문이라고. 또는 다른 인간에게 제약인 것이 모든 인간에게 제약이라고는 할 수 없다고. 따라서 당신은 다른 인간의 여러 가지 제약에 관련되어 지치지 말고, 당신이 당신의 제약을 깨뜨리면 그것으로 충분하다. 모든 인간을 위해 단 한 가지 한계라도 허물 수 있는 사람은 누구인가? 오늘날 수많은 인간들이 항상 그렇듯이 '인류의 제약'을 안고 뛰어다니지 않는가? 자신의 제약 중 하나를 뒤집는 인간은 다른 인간들에게 방법과 수단을 보여줄 수 있다. 그러나 그들의 제약을 뒤집는 것은 여전히 그들의 문제로 남아 있다. 또 그 밖의 다른 것은 누구에게도 가능하지 않다. 인간들에게 그들이 온전히 인간이 되도록 요구하는 것은, 인간다운 것이 어떤 제약도 갖지 않으므로 불가능하다. 나에게는 여러 가지 제약이 있지만, 나에게 관련되거나 또는 오로지 나의 제약일 뿐이므로 이는 또한 나에 의해 극복될 수 있다. 나에게는 인간적인 자아 따위는 있을 수 없다. 왜냐하면 나는 그야말로 나이고 단순한 인간이 아니기 때문이다.

그러나 비판주의가 우리가 마음에 새길 수 있는 것을 가르쳐주지 않았는지 살펴보자! 내가 관심이 없으면 나는 자유롭지 않은가? 나에게 관심이 없게 되면 나는 인간이 아닌가? 내가 자유롭거나 인간적인 것에 그다지 열광하지 않더라도, 나로서는 역시 나 자신을 관철하거나 자신을 주장할 수 있는 기회를 놓치고 싶지는 않다. 내 속에 무엇인가가 굳건히 고정되어 녹지 않게 되면 내가 그것에 사로잡힌 자이자 그 노예, 즉 홀린 인간이 된다는 가르침으로 비판주의는 내게 이러한 기회를 제공해주었다. 그게 무슨 일이든지 하나의 관심은 내가 그것에서 벗어날 수 없는 한, 내 안의 노예를 납치한 것이고, 그것은 더 이상 내 소유가 아니라 내가 그것의 소유가 된다. 그러므로 우리는 우리의 어떤 부분도 고정시키지 않게 하고, 오로지 그것을 해체하는 것만으로 편안함을 느끼는 비판주의의 교훈을 받아들이

도록 하자.

그래서 만일 비판주의가, 당신은 쉴 새 없이 비판하고 해체될 때에만 인간일 수 있다고 한다면, 우리는 다음과 같이 말한다. 즉 그것이 없어도 나는 언제나 인간이고 어차피 나는 나이다. 그러므로 나는 내 소유를 안전하게 보호하기 위해서만 주의를 기울이고, 그 소유를 보전하기 위해 나는 계속해서 그것을 내 안으로 가져오고, 그것이 스스로 고착되어 하나의 '고정관념' 또는 '편협'이 되기 전에 그것이 내 속에서 독립하려는 모든 움직임을 파괴하고, 그것을 집어삼킨다.

그러나 나는 나의 '인간적 소명'을 위해서가 아니라, 내가 그것을 스스로 부르기 때문에 그렇게 한다. 나는 한 사람의 인간에서 해체할 수 있는 모든 것을 해체하는 데 서두르지 않는다. 가령 아직 열 살이 되지 않은 나이에 십계명의 말도 안 되는 소리를 비판하는 것이 나에게는 불가능하지만, 그래도 나는 역시 똑같은 인간이며, 내가 십계명에 대해 아직 무비판적이라는 바로 그 점에서 인간답게 행동하는 것이다. 요컨대 나는 어떤 사명도 갖지 않고, 인간이어야 한다는 사명에조차 따르지 않는다는 것이다.

이제 나는 자유주의가 다양한 노력에서 얻은 것을 거부하는가? 승리한 모든 것을 잃어버릴 생각은 전혀 없다! 그러나 자유주의에 의해 '인간'이 자유로워진 후에 다시 나는 나 자신에게 시선을 돌려 스스로에게 확실하게 인정한다. 인간이 얻은 것 같이 보이지만 사실은 나 혼자서 얻은 것에 불과하다.

인간은 '인간이 인간에게 최고의 존재'일 때 자유롭다. 따라서 다른 모든 최고 존재가 소멸하고 신학이 인간학(Anthropology)[180]에 의해 전복되고 신

<hr>

180) 이를 인류학이라고 번역할 수 있으나 이 책이 쓰인 19세기 초에는 인간학으로 보는 것이

과 그의 은총이 비웃음당하고 '무신론'이 보편화될 때 그것이 자유주의의 완성이라는 것이다.

소유의 에고이즘은 '나의 신'조차 무의미해졌을 때 그 마지막을 상실했다. 왜냐하면 해체가 신에게 스스로의 복음을 추구하도록, 신이 개체의 복음을 마음에 가지고 있을 때에만 신은 존재하기 때문이다.

정치적 자유주의는 주인과 하인의 불평등을 폐지했다. 정치적 자유주의는 주인을 없애고 아나키 상태로 만들었다. 그리하여 주인은 이제 개개인으로부터, '에고이스트'로부터 제거되어 법이나 국가라는 하나의 유령이 되었다. 사회적 자유주의는 빈자와 부자의 소유 불평등을 없애고 무소유나 무재산으로 만들었다. 소유는 개인에게서 박탈되고 유령적 사회에 넘겨진다. 인도적 자유주의는 인간들을 경건하지 않고 무신론적으로 만든다. 그러므로 개개인의 신, '나의 신'은 끝내야 한다. 이제 무주인은 동시에 무봉사이고, 무소유는 동시에 무배려이고 무신은 동시에 무편견이다. 왜냐하면 주인과 함께 하인이 없어지고, 소유와 함께 소유에 대한 관심도 없어지고, 굳건한 뿌리를 가진 신과 함께 편견도 사라지기 때문이다. 그러나 주인이 다시 국가로 부활하기 때문에 종들은 다시 신하로 나타나고, 소유가 사회의 재산이 되기 때문에 배려도 다시 노동으로 새롭게 태어난다. 그리고 신은 인간으로 편견화되기 때문에 하나의 새로운 신앙인 인간성 또는 자유에 대한 신앙이 생겨난다. 개개인의 신 대신 이제는 '만인의 신', 즉 인간이 나타난다. '인간은 우리 모두에게 가장 높은 복이다.' 그러나 그 누구도 '인간'이라는 이념이 의미하는 것 전체가 될 수는 없기 때문에, 인간은 역시 개개인에게 하나의 숭고한 다른 세계, 도달하지 못한 최고의 존재,

∴
적절하다.

하나의 신으로 계속 남아 있다. 그러나 동시에 이것은 '참된 신'이기도 하다. 왜냐하면 그것은 그것이 우리 자신과 완전히 합쳐지는 것이고, 즉 우리 자신의 '자기'이기 때문이다. 그것은 우리 자신이지만, 단지 우리와 분리되어 우리 위로 높아진다.

부기

앞에서 언급한 '자유로운 인간 비판'에 대한 리뷰는 다른 곳에서 이러한 방면의 문서와 관련하여 쓴 것과 마찬가지로, 그 책이 나온 뒤 나는 단편적으로 썼던 것이고, 나로서는 그 이상을 거의 하지 않았다. 그러나 비판주의 쪽은 부지런히 진격을 계속하고 있으므로, 이제 내 책이 끝났으니 다시 한 번 다시 비판주의로 돌아와서 여기에 이 결론을 삽입해야 할 필요를 느낀다.

지금 나는 브루노 바우어의 《일반문학신보》 최신호인 제8호를 가지고 있다.[181]

여기에도 '사회의 일반적인 이해관계'라는 것이 맨 위에 실려 있다. 그러나 비판주의는 신중하게 이러한 '사회'에 하나의 정의를 내리고 있다. 그것에 의하면 사회는 지금까지 그것과 혼동되어왔던 형태와 구별되고 있다. 이전 구절에서 '자유로운 국가'로 찬양된 '국가'가 완전히 포기된다. 왜냐하면 국가는 어떤 방식으로도 '인간적 사회'라는 과제를 실현할 수 없기 때문이다. 비판주의는 오로지 1842년에 '잠시 동안 인간적 본질을 정치적 본질

181) 슈티르너는 이 책의 초안을 완성한 다음 '순수한 비평가'의 몇 가지 새로운 자기비판적 기사가 포함된 《일반문학신보(Allgemeine Literatur-Zeitung)》의 제8호를 읽었다. 슈티르너는 이 후기를 새로운 자료에 대한 응답으로 추가했다.

과 동일시하도록 강요당한 것'에 불과하다. 그러나 이제 비판주의는 국가가 설령 '자유로운 국가'라 할지라도 인간적인 사회가 아니며, 마찬가지로 국민이 '인간'이 아니라는 것을 발견했다. 우리는 이미 비판주의가 신학을 어떻게 정리하는지를 보았고, 신이 인간 앞에서 침몰하는 것을 분명히 증명한 것을 보았다. 이제 우리는 비판주의가 같은 방식으로 정치와 타협하고, 인간 앞에서 국민과 국가성이 몰락하는 것을 본다. 그래서 우리는 비판주의가 교회와 국가를 비인간적이라고 선고함으로써 그 둘을 정리하는 것을 볼 것이다. 또한 이미 비판주의가 배신하고 있기 때문이기도 하지만, 우리는 하나의 '정신적 존재'라고 불리는 '대중'이 인간 앞에서 무가치하게 되는 것도 비판주의가 증명하는 것을 보게 된다. 이 최고의 정신 앞에 나서면 더욱 약소한 '정신적 존재'가 어떻게 자신을 유지할 수 있을까! '인간적인 것'은 거짓 우상을 던져버린다.

그래서 비판주의가 현재 의도하는 것은 대중에 대한 평가이다. 비판주의는 대중을 '인간' 앞에 두고서 인간을 근거로 삼아 대중에게 투쟁을 도발한다. '지금 비판의 대상은 무엇인가?' '대중, 정신적 존재!'이다. 이러한 비판가들은 대중을 '알기 위해 배우고' 대중이 인간과 모순된다는 것을 발견한다. 비판가는 대중이 비인간적이라는 것을 증명할 것이며, 신적인 것과 국가적인 것, 또는 교회의 것이나 국가의 것을 비인간적으로 본 이전과 마찬가지로 이번에도 훌륭하게 성공할 것이다.

대중은 '프랑스 대혁명의 가장 의미 깊은 산물인 정치적 계몽주의에 의해, 그리고 일반적으로 18세기의 모든 계몽주의 운동에 의해 무한한 불만에 넘겨져 속은 군중'으로 정의된다. 혁명은 그 결과로 일부를 만족시켰지만 나머지는 불만족스럽게 만들었다. 만족한 일부는 부르주아 계급(부르주아지, 속물 등)이고 불만족한 일부는 대중이다. 그렇게 본다면 비판가 자신은 '대중'에 속하지 않는가?

그러나 불만족의 인간들은 여전히 안개 속에 있으며 그들의 불만은 먼저 '무한한 원망'으로만 표현된다. 이처럼 불만족스러운 비판가들은 이제 지배하기를 원한다. 그는 비판가로서 '정신적 존재'인 대중을 분노에서 벗어나게 하고, 분노한 인간들을 '고양'시키는 것, 즉 극복해야 할 혁명의 결과와 관련하여 그들에게 올바른 위치를 부여하는 것보다 더 많은 것을 원하거나 얻을 수 없다. 비판가에게 가능한 것은 대중의 우두머리가 되고 결정적인 대변인이 되는 것이다. 그러므로 비판가도 또한 '민중으로부터 그를 갈라놓는 깊은 틈'을 없애고자 한다. '하층 인민을 고양시키고자 하는' 인간들과 비판가가 구별되는 것은 그가 오로지 이 계급뿐만 아니라 자신도 '불만'에서 벗어나고자 한다는 점이다. 그러나 비판가가 대중을 '이론의 자연적인 적대자'로 여기고 '이 이론이 더 많이 발전할수록 대중이 더 긴밀하게 될 것'이라고 예견할 때도 비판가의 의식은 잘못된 것이 아니다. 왜냐하면 비판가는 자신의 전제인 인간으로서는 대중을 계몽하거나 만족시킬 수 없기 때문이다. 부르주아 계급에 비하여 단지 대중이 '인민의 하층 계급', 정치적으로 무의미한 대중에 불과하다고 한다면, 대중은 '인간'에 대해서는 훨씬 더 단순한 '대중'이며, 인간적으로 무의미한, 그야말로 비인간적인 대중이거나 비인간적인 군중일 것이다.

비판가는 인간적인 것은 모두 없앤다. 그리고 인간적인 것이 진실이라는 전제에서 시작하여 그는 지금까지 인간적인 것이 발견된 모든 곳에서 그것을 부인하면서 자신에 역행하게 된다. 그는 그의 머리를 제외하고는 어디에서도 인간적인 것을 볼 수 없지만 비인간적인 것은 어디에서나 볼 수 있다는 것을 증명하는 것에 불과하다. 비인간적인 것은 현실적인 것, 모든 곳에 실재하는 것이며, 비판가는 그것이 '인간적이지 않다'고 증명함으로써 그것이 비인간적이라는 동어반복을 분명히 밝힐 뿐이다.

그러나 만일 비인간적인 것이 단호한 용기로 자신에게 등을 돌리고, 동시에 원망스러운 얼굴의 비판가로부터 등을 돌리고, 아무런 불평도 하지 않고 괴로워하지도 않으면 어떻게 될까? 비인간적인 나는 비판가에게 다음과 같이 말할 수 있을 것이다. "그래서 나는 정말로 당신에게는 비인간적이기도 하다. 그러나 내가 그런 것은 오로지 당신이 나를 인간적인 것과 대립시켰기 때문이다. 내가 자신을 경멸한다는 것도, 내가 이 대립에 스스로 홀리는 한에서다. 나는 자기 밖에서 '더 나은 자기'를 찾았기 때문에 멸시당했고, '인간적인 것'을 꿈꿨기 때문에 나는 비인간적이었다. 나는 '진정한 자아'를 갈망하고 항상 '불쌍한 죄인'으로 남아 있는 경건한 신자를 닮았다. 나는 오로지 다른 인간과 비교할 때에만 나 자신을 생각했다. 충분히 나는 전부의 전부는 아니었고, 유일하지도 않았다. 그러나 지금, 나는 자신을 비인간적이라고 보는 것을 중단하고, 인간다운 것에 의해 자신을 측정하거나 측량하는 것도 중단하고, 나를 넘는 무엇인가를 승인하는 것도 중단하고, 그리하여 인도적 비판가여, 안녕! 나는 비인간적일 뿐이며, 이제는 더 이상은 그렇지 않지만 유일한 것이고, 당신이 혐오하는 에고이스트이다. 단 인간, 인도주의, 비이기적인 것에 의해 측량되는 에고이스트가 아니라 유일자로서의 에고이스트이다."

나아가 같은 호의 또 다른 문장에 주의를 기울여야 한다. "비판은 결코 독단론이 아니고, 사물 이외의 무엇을 알고자 하는 것도 아니다."[182] 비판가는 '독단적'으로 되거나 독단을 제기하는 것을 두려워한다. 물론 비판가는 그렇게 함으로써 비판가와 반대가 되는 독단가가 되기 때문이다. 비판

..

---

182) (원주) Edgar Bauer, "1842", *Allgemeine Literatur-Zeitung*, H. 8, p. 8.

가가 비판가로서 선했던 것과 마찬가지로 이제는 나빠질 것이기 때문이고, 비이기적인 사람에서 에고이스트 등으로 바뀌기 때문이다. '오로지 독단이어서는 안 된다!'는 것이 그의 독단이다. 비판가는 독단가와 하나의 동일한 근거, 즉 사상의 근거에 서 있기 때문이다. 독단가와 마찬가지로 비판가는 항상 하나의 사상에서 시작하지만, 비판가는 사유과정에서 원리적 사상을 유지하는 것을 결코 멈추지 않고 안정되게 두지 않는다는 점에서 다르다. 비판가는 사상 신앙에 대해서는 사유과정을, 사유의 정체에 대해서는 사유의 진보만을 주장한다. 비판 앞에서는 어떤 사상도 안전하지 않다. 왜냐하면 비판이란 사유나 사유하는 정신 자체이기 때문이다.

그러므로 나는 종교적 세계 ─ 그리고 이것이 바로 사상의 세계이다 ─ 는 비판주의에서 완성된다는 점을 반복한다. 여기서 사유는 모든 사상에 간섭하고, 어떤 사상도 '에고이스트적'으로 확립하는 것을 허용하지 않는다. 설령 단 하나라도 사상이 사유과정에 들어가지 않게 되면 '비판의 순수성', 사유의 순수성은 어디에 남을까? 이 점에서 보아도 비판가가 인간, 인류, 인도라는 사상을 은밀히 조소하고 있는 것의 이유를 분명하게 보여준다. 왜냐하면 비판가는 여기에서 하나의 사상이 독단론적 고정화에 접근하고 있다고 예감하기 때문이다. 그러나 비판가는 이 사상을 해체할 수 있는 하나의 '더욱 높은' 사상을 발견할 때까지 이 사상을 해체할 수 없다. 왜냐하면 비판가는 오로지 사상 속에서만 움직이기 때문이다. 이 더 높은 사상은 사유의 움직임이나 사유과정 그 자체의 사상으로서, 즉 사유나 비판의 사상으로 표현될 수 있다.

사유의 자유는 이로써 사실상 완성되고 정신의 자유는 그 승리를 축하한다. 왜냐하면 개별적인 '에고이스트적' 사상은 그 독단적인 폭력성을 잃어버렸기 때문이다. 그리하여 거기에는 자유로운 사유나 비판의 독단만이 남는다.

사유의 세계에 속한 모든 것에 대항해 비판은 권리를, 즉 권력을 갖고 있다. 그것은 승리자이다. 비판은, 그러한 비판만이 '최신 상태를 유지'한다. 사상의 관점에서 보면 비판을 능가할 수 있는 권력은 없으며, 이러한 공룡이 나머지 사상의 뱀을 얼마나 쉽고 장난스럽게 삼키는지를 보는 것은 상당히 즐거운 일이다. 확실히 그 모든 뱀은 몸을 뒤틀지만 비판은 모든 '전환'에서 그것을 분쇄한다.

나는 비판에 반대하지 않는다. 즉 나는 독단가가 아니고, 독단가를 찢어버리는 비판가의 이빨에 타격을 받지도 않는다. 만일 내가 '독단가'라면, 나는 독단을, 즉 하나의 사상, 이념, 원리를 맨 위에 두고 이를 '체계가'로 완성하며, 그것을 하나의 체계로, 즉 하나의 사상 조직으로 짜야 한다. 이와 반대로 내가 비판가, 즉 독단가의 반대자라면 노예적인 사상에 맞서서 자유로운 사유의 싸움을 계속해야 하고, 사유했던 것에 대해 사유를 방어해야 한다. 그러나 나는 사상의 챔피언도 아니고 사유 자체의 챔피언도 아니다. 내가 시작한 '자아'는 하나의 사상이 아니고, 나는 사유에서 구성하고 있지도 않다. 나라고 하는 이름지을 수 없는 사람에 부딪혀 사상, 사유, 정신의 왕국은 산산조각이 났다.

비판은 모든 사로잡힘 자체에 대한, 사로잡힘 전부에 대한, 사로잡힌 자의 투쟁이다. 사로잡혀 있다는 것, 또는 비판가에 따르면 종교적 신학적 관계가 존재한다는 의식에 근거한 싸움이다. 비판가는 인간들이 신에 대해서만이 아니라 권리, 국가, 법과 같은 다른 관념에 대해서도 종교적이거나 신앙적으로 행동하고 있음을 알고 있다. 즉 그는 모든 장소에서 사로잡혀 있음을 인식한다. 그래서 비판가는 사유에 의해 사상을 깨트리고 싶어한다. 그러나 나는 무사상만이 나를 사상에 대해 현실에서 정말로 구해준다고 말한다. 사유가 아니라 나의 무사상성, 또는 내가 사유할 수 없는, 이해할 수 없는 존재로서의 내가 사로잡힘에서 벗어나게 해준다.

직면해가는 것이 나에게는 가장 불안한 사유의 역할을 하고, 팔다리를 펴는 것은 사상의 고통을 떨치게 한다. 내 가슴에서 위로 도약하는 것은 종교적 세계의 악몽이고, 환호의 아우성은 오랫동안의 짐을 없애버린다. 그러나 이 무사상의 환호가 갖는 무시무시한 의미는 사유와 신앙의 긴 밤 중에는 인식될 수 없다.

'파기하는 것으로 이 가장 어려운 문제를 해결하고 싶고, 가장 포괄적인 여러 과제를 정리하고자 원하는 것은 얼마나 조잡하고 천박한 짓인가!'

그러나 당신은 자신에게 제기하지 않는 때에도 여러 가지 과제를 가질 수 있는가? 당신이 그것들을 제기하는 한, 당신은 그러한 과제들을 포기하지 않을 것이다. 당신이 생각하고, 생각하는 수천 개의 사상을 만들어 가는 것에 나는 분명 상관하지 않는다. 하지만 그러한 과제를 제기한 경우의 당신이, 다시금 그러한 과제들을 뒤틀어지게 하면 안 되지 않는가? 당신은 그러한 작업에 묶여 있어야 하며 그것은 절대적인 작업이 되어야 하는 것이 아닌가?

한 가지만 말하자면, 인간들은 정부가 사상에 대한 폭력적인 수단을 사용하고, 검열이라는 경찰력으로 언론을 방해하고, 문서 투쟁을 인신공격으로 바꾼다고 하여 정부를 비난했다. 마치 오로지 사상만의 문제이고, 인간들이 사상에 대해서는 비이기적이고 자기부정적이며 희생적으로 행동해야 하는 것처럼! 그러나 그런 사상은 집권당을 공격하고, 이에 따라 에고이즘을 불러일으키지 않는가? 그리고 사유하는 자들은 공격받은 인간들 앞에서 생각의 힘, 사상의 힘을 존중하라는 종교적 요구를 먼저 시작하지 않았는가? 공격을 받은 자들은 상대방에게 생각의 신성한 힘인 지혜의 여신

미네르바가 적의 편에서 싸우기 때문에 먼저 얌전하게 항복해야 하는 것이다. 나아가 그것은 하나의 사로잡힌 행위이고 하나의 종교적 기능이다. 물론 집권당도 종교적 편견에 사로잡혀 있으며 하나의 이념이나 신앙의 주도적인 힘을 따른다. 그러나 그들은 동시에 자각하지 않은 에고이스트이고, 바로 적에 대항하는 그때, 억눌린 에고이즘이 풀려난다. 그들은 자신의 신앙에 사로잡혀 있어도 동시에 상대방의 믿음에 사로잡혀 있지는 않다. 즉 그들은 적에 대해서는 에고이스트이다. 따라서 만일 그들을 비난하고 싶다면, 그것은 정반대의 형태를 가져온다. 즉 그들은 자신의 관념에 사로잡혀 있을 수밖에 없다.

사상에 반대하는 에고이스트적인 폭력은 있어서는 안 되며 경찰의 힘도 나타나서는 안 된다고 사상의 신자들은 믿는다. 그러나 사유도, 그 소산인 사상도 나에게는 신성한 것이 아니며, 나는 그것들에 대해 나를 방어한다. 그것은 불합리한 방어일 수 있다. 그러나 만일 내가 추리할 의무가 있다면, 나는 아브라함처럼 이성에게 나의 소중한 것을 바쳐야 한다!

사유의 나라는 신앙의 나라와 마찬가지로 천상적이고, 거기에서는 물론 무사상의 강한 힘을 사용하는 모든 인간은 틀림없이 잘못된 것처럼, 마치 사랑의 세계에서 사랑 없이 행동하면 모든 사람이 잘못된 것이다. 기독교인이 사랑의 왕국에 살면서도 비기독교적으로 행동하면 부당한 것처럼, 신앙의 세계와 마찬가지로 낙원이라고 할 수 있는 사유의 왕국에서 무분별하게 폭력을 행사하는 자는 부당한 것이 된다. 그러한 사람은 자신이 그 세계에 속해 있다고 생각하면서도 동시에 그 세계의 법을 어기는 '죄인'이거나 또는 '에고이스트'인 셈이다. 그러나 그는 그런 세계에서 범죄자가 될 경우에만 그런 세계의 지배를 벗어날 수가 있다.

여기에서도 결과는 정부에 대한 사상가의 싸움이 정부의 사상에 반하는 한(정부가 멍청하고 성공하지 못하는 한) 실제로 옳고 힘도 있다. 그러나 다른 한편으로는 그 싸움이 하나의 인격적 권력에 대항하는 사상 외에는 어떤 것도 현장에 가져오는 데 성공하지 못하는 한 그것은 부당하고 무력한 것이다(이기적인 권력은 사상가의 입을 막는다). 이론적 싸움은 승리를 완성할 수 없으며, 사상의 신성한 힘은 에고이즘의 강한 힘에 굴복한다. 단 에고이스트적 싸움, 양측의 에고이스트와 에고이스트의 싸움만이 모든 것을 명확하게 한다.

이 마지막은 사유를 에고이스트적인 취향의 문제로, 유일자(Einzige)의 문제로, 이른바 단순한 오락이나 취미로 만들고, 사유로부터 '마지막 결정적인 힘이 되는 것'의 중요성을 취하기 위해 이러한 사유의 타락과 모독, 무사상적 자아와 사상충만적 자아의 평등화와 같은, 서투르지만 진정한 '평등성', 비판주의는 그것을 만들어낼 수 없었다. 왜냐하면 비판주의 그 자체가 생각의 제사장일 뿐이며, 생각을 넘어선 죄의 범람 외에는 아무것도 보지 못했기 때문이다.

비판은 실제로 자유로운 비판이 국가를 압도할 수 있다고 주장한다. 그러나 한편으로 비판은 정부 권력에 의해 '자의적이고 뻔뻔스러운' 것이라고 하는 비난에 대해 스스로를 방어한다. 그러므로 비판주의는 '자의적이고 뻔뻔스러운' 것으로는 승리할 수 없고, 오로지 비판에 의해서만 승리할 수 있다고 생각한다. 그러나 진실은 오히려 그 반대이다. 즉 국가는 '자의적이고 뻔뻔스러운' 것에 의해서만 진정으로 패배시킬 수 있다.

그리하여 결론을 내리면서 명확하게 된 것은, 비판가[183]는 최근에 자신을 변화시켰다고 하지만 그것은 별도로 자기 자신을 변혁한 것은 아니고,

··
183) 바우어를 말한다.

오로지 '어떤 오류를 바르게 하고,' '어떤 대상을 순화했다'는 것에 불과하다. '비판주의가 자신을 비판했다'고 말한다면, 그것은 지나친 말일 것이다. 즉 비판주의 또는 비판가는 스스로의 '오류'를 비판하고 스스로의 '자기모순'을 제거한 것에 불과하다. 만일 비판가가 비판을 비판하고 싶다면 스스로의 가설에 의미가 있는지 없는지를 살펴봐야 할 것이다.

나에 대해 말하자면, 나는 나 자신을 전제하는 데에서 시작한다. 즉 나는 나를 가정한다는 것이다. 그러나 나의 전제는 '스스로의 완성을 추구하여 고군분투하는 인간'과 같이 완벽을 추구하는 것이 아니라, 오로지 나 자신을 향유하고 나 자신을 소비하도록 하여 나에게 도움이 되도록 하는 것에 불과하다. 나는 오로지 나의 전제를 소비하고 그것을 소비하는 한에서만 나는 존재하는 것이다. 그런 만큼 그 전제는 더 이상 전제가 아니다. 왜냐하면 나는 유일자이기 때문에 나는 전제하는 나와 전제된 나('불완전한' 나 및 '완전한' 나 또는 인간)와의 이원성에 대해 전혀 알지 못하기 때문이다. 그러나 내가 나 자신을 소비한다는 것은 내가 존재한다는 것을 아는 것에 불과하다. 나는 내 자신을 전제하지 않는다. 왜냐하면 나는 매 순간마다 나 자신을 정립하거나 창조하고 있기 때문이며, 나는 전제되는 것이 아니라 정립됨에 의해서만 나는 존재하기 때문이고, 내가 자신을 정립하는 그 순간에만 정립되기 때문이다. 즉 나는 창조자이자 피조물이라는 것이다.

지금까지의 여러 가지 전제들이 완전히 해체되어 녹아내린다면, 그러한 여러 가지 전제들은 다시금 더 높은 가정, 즉 생각이나 사고 자체, 비판으로 용해되어서는 안 된다. 그러한 해체는 나에게 선한 것이 되어야 하기 때문이다. 그렇지 않으면 그러한 해체는 다른 이익을 위해, 예를 들어 인간, 신, 국가, 순수한 도덕성 등을 위해 오래된 진리를 비진리라고 선언하고 오랫동안 지지해온 여러 전제를 없애버린 일련의 무수한 해체에 속할 뿐이다.

제2부

나

근대의 입구에는 '신인(神人, Gottmensch)'이 서 있다. 그렇다면 그 마지막 출구에서는 신인에서 신만이 없어졌을까? 그리고 그 안에 있는 신만이 죽는다고 하면 신인은 참으로 죽을 수 있는 것일까? 인간들은 이 질문에 대해 생각하지 않았고, 우리 시대에 계몽사상, 즉 신의 극복을 혁혁한 승리로 끝냈을 때 끝났다고 생각했다. 그들은 인간이 지금 '천상의 유일한 신'이 되기 위해 신을 죽였다는 것을 알아차리지 못했다. 우리 밖에 있는 다른 세계는 실제로 사라졌고 계몽주의자들의 위대한 사업이 완료되었다. 그러나 우리 안에 있는 다른 세계는 하나의 새로운 천국이 되었고, 또 새로운 천국에 대한 습격[1]으로 우리를 부르고 있다. 신은 우리에게 자리를 양보해야 했지만, 그것은 우리에게가 아니라 인간에게 양보해야 하는 것이었다. 신인에서 신의 다른 모습인 인간이 죽지 않는 가운데 신인은 죽었다는 것을 당신들이 어떻게 믿을 수 있을까?

∴

1) 급진적인 개혁을 말한다.

제1장
고유성[2]

'정신은 자유를 갈망해서는 안 되는가?' 아아, 내 정신만이 아니라 내 몸도 매시간 자유에 목말라 있다. 좋은 냄새를 풍기는 저택의 부엌 앞에 서 있을 때 내 코는 그 안에서 준비 중인 맛있는 요리를 내 미각에 알려주고, 내 미각은 마른 빵에 비교되어 엄청난 목마름을 느낀다. 짓눌린 지푸라기보다도 기분 좋게 누울 수 있는 부드러운 솜털에 대해 나의 살이 나의 딱딱해진 등에게 말할 때, 나의 등은 고통의 분노에 사로잡힌다. 나아가 또, 아니, 아니, 그 이상의 고통을 겪을 것까지도 없다. 당신은 그것을 자유에 대한 갈망이라고 부르는가? 본래 당신은 무엇으로부터 자유로워지고 싶은가? 당신의 딱딱한 빵과 밀집 침대로부터 자유롭고 싶은가? 그러면 그

∴

2) 원어인 Eigenheit는 소유나 재산, 자기성이나 특이성 또는 개성이나 독창성으로 번역될 수도 있다.

것들을 버려라! 하지만 그것은 당신의 목적에 부합하지 않을 것 같다. 당신은 오히려 맛있는 음식과 솜털 침대를 즐길 수 있는 자유를 원할 것이다. 사람들이 당신에게 그 '자유'를 주어야 할까? 당신에게 그들이 그것을 허용해야 하는가? 당신은 그것을 그들의 인류애에 기대하지 않는다. 그들이 모두 당신처럼 생각한다는 것을 당신은 알고 있기 때문이다! 각자는 자신에게 가장 가깝다! 그렇다면 어떻게 당신은 그 음식과 침대를 즐기게 될 것인가? 당신이 그것들을 당신의 소유로 만드는 것 외에는 달리 방법이 없다!

당신이 그것을 잘 알고 있다면, 당신은 이 모든 훌륭한 것들을 소유하는 자유를 원하지 않는다. 왜냐하면 그러한 자유가 있어도 당신은 여전히 그것들을 소유하고 있지 않기 때문이다. 당신은 그것들을 소유하기를 정말로 원하고, 당신의 것으로 부르고 당신의 소유(Eigentum)로 갖기를 바란다. 자유가 아무것도 주지 않는다면 실제로 당신에게 자유는 무슨 소용일까? 그리고 만약 당신이 모든 것에서 자유로워진다면 당신은 더 이상 아무것도 가질 수 없을 것이다. 자유에는 실체가 없기 때문이다. 자유를 사용하는 방법을 모르는 인간에게는 자유란 아무런 가치가 없고 쓸모가 없기 때문이다. 하지만 내가 자유를 어떻게 사용하느냐는 나의 고유성(Eigenheit)에 달려 있다.

나는 자유에 대하여 어떤 이의도 제기하지 않는다. 그러나 나는 당신에게 자유 이상의 것을 바란다. 당신은 당신이 바라지 않는 것을 단순히 없애는 것에 그쳐서는 안 된다. 당신이 바라는 것을 소유해야 하는 것이고, 당신은 한 사람의 '자유인'에 그치는 것이 아니라 하나의 '소유자(Eigner)'가 되어야 한다.

자유, 무엇으로부터의 자유인가? 오오! 떨쳐낼 수 없는 것이 무엇일까?

노예 신분, 봉건 주권, 귀족과 군주의 멍에, 욕망과 정욕의 지배, 자신의 의지, 자기의지의 지배가 그런 것일까? 완전한 자기부정이야말로 자유일 따름이며, 그것은 자기결정으로부터의 자유, 자기 자신으로부터의 자유이다. 그리고 무엇인가 절대적이고 모든 찬양에 합당한 것으로서의 자유에 대한 갈망이 우리 자신으로부터 고유성을 빼앗았다. 그 충동은 자기부정을 만들었다. 내가 자유로워지면 자유로워질수록 내 눈앞에 더 많은 강제가 솟아나고, 나는 스스로 더욱더 무기력하게 느낀다. 황야에서 자유롭지 못하게 사는 야생아들은 문명화된 인간을 가득 채우는 모든 한계를 전혀 느끼지 못하고, 교양인보다 더 자유롭다고 느낀다. 내가 스스로를 위해 자유를 얻는 만큼 나는 스스로를 위하여 새로운 한계와 새로운 과제를 창조한다. 만약 내가 기차를 발명한다면, 나는 아직 새처럼 하늘을 날 수 없기 때문에 나 자신이 다시금 부족하다고 느낀다. 그리고 만약 내가 모호함 때문에 내 정신을 어지럽히는 문제를 해결한다면 이미 나머지 과제가 수없이 나를 기다리고 그 당혹스러움이 나의 진보를 방해하며, 나의 자유로운 시선을 어둡게 하여 나의 자유의 한계를 고통스럽게 느끼게 만든다. "여러분은 죄의 권세를 벗어나서 이제는 정의의 종이 되었다."[3] 광대한 자유를 얻은 공화주의자들은 법률의 종이 되지 않았던가? 참된 그리스도인의 정신은 항상 '자유롭게' 되기를 갈망했고 '이 지상의 삶의 속박'에서 자신이 해방되는 것을 얼마나 동경하여왔는가! 그들은 자유의 땅을 바라보았다. "하늘의 예루살렘은 자유인이며 우리 어머니이다."[4]

보는 것에서 자유롭다는 것은 그것에 집착하지 않거나 그것을 제거하는

..

3) (원주) 「로마서」, 6장 18절.
4) (원주) 「갈라디아서」, 4장 26절.

것을 의미한다. '그는 두통에서 자유롭다'는 것은 '그는 두통에서 벗어났다'는 것과 같다. '그는 이 편견에서 자유롭다'는 것은 '그는 그것을 결코 생각하지 않았다' 또는 '그는 그것을 제거했다'와 같다. '제거한다'는 것에서 우리는 기독교가 권장하는 자유, 즉 죄를 제거하고, 신을 제거하고, 도덕을 제거하는 것으로 정점에 이른다.[5]

자유는 기독교의 교리이다. "여러분은 율법에서 해방된 자유인답게 살아라."[6] "여러분은 인간에게 자유를 주는 그리스도의 법에 따라 심판받을 사람들이니 그런 사람답게 말하고 행동하라."[7]

그렇다면 자유가 하나의 기독교적 이상이라는 사실이 판명되었기 때문에 우리는 자유를 포기해야 하는가? 아니다, 잃어버릴 것은 아무것도 없으며 자유도 마찬가지이다. 자유는 우리에게 고유한 것이 되어야 한다. 단 자유의 형식 그대로로는 불가능하다.

자유와 고유성은 얼마나 다른가! 인간은 많은 것을 제거할 수 있지만 모든 것을 제거할 수는 없다. 인간은 많은 것으로부터 자유로울 수 있지만 모든 것으로부터 자유로울 수는 없다. 인간은 노예 상태임에도 불구하고 내면이 자유로울 수 있지만, 모든 것에서 자유로운 것이 아니라 몇 가지에서 자유로운 것이다. 인간은 노예로서는 주인의 채찍이나 난폭한 성질로부터 자유롭지 않다. '자유는 오로지 꿈의 나라에서만 산다!' 반대로 고유성은 내 모든 존재이자 모든 실재이며 나 자신이다. 나는 나에게 제거된 것에서 자유롭고, 나의 힘 속에 갖고 있거나 내 힘이 미칠 수 있는 것의 소

5) 각각 죄가 없음, 신이 없음, 도덕 없음이라는 뜻이 된다.
6) (원주) 「베드로전서」, 2장 16절.
7) (원주) 「야고보서」, 2장 12절.

유자이다. 내가 나 자신을 소유하는 방법을 알고 다른 인간에게 나 자신을 내버리지 않는다면, 나는 항상 모든 상황에서 나에게 고유한 것(mein Eigen)이다. 그렇다. 나는 자유롭게 되기를 진정으로 바랄 수 없다. 왜냐하면 나는 자유로운 존재를 만들 수 없고 그것을 창조할 수 없기 때문이다. 나는 오로지 그것을 바라기만 할 뿐이고, 그것을 구하고자 노력할 수 있을 뿐이다. 왜냐하면 그것은 여전히 하나의 이상이고 하나의 망령에 불과하기 때문이다. 현실의 족쇄가 매 순간 내 육체의 가장 날카로운 부분을 잘라 상처를 남긴다고 해도, 나는 여전히 나에게 고유한 것으로 남아 있다. 설령 한 사람의 주인에게 노예로서 육체가 양도된다고 해도 나는 오로지 나 자신의 것, 나의 이익만을 생각할 수 있다. 그의 채찍은 나의 몸을 강타할 수 있다. 나는 그것으로부터 자유롭지 못하다. 그러나 나는 오로지 나의 이익을 위해 그것을 참을 수 있다. 가령 겉모습으로는 복종하는 것처럼 속여 그를 안심하게 하거나, 또는 또다시 더 큰 분노를 내 몸에 초래하지 않기 위해서이다. 그러나 나는 내 자신과 내 이익을 위해 주의를 기울이면서(구타가 그 노예와 노예의 등을 차지하는 동안) 노예 소유주를 짓밟을 가장 좋은 기회를 잡는다. 내가 그와 그의 채찍으로부터 자유로워진다는 것은 이전의 나의 에고이즘의 결과일 뿐이다. 여기서 누군가는 내가 노예 상태에서도 '즉자적으로(본래)' 또는 '내적으로' '자유롭다'고 말할 수 있다. 그러나 '즉자적으로 자유롭다'는 것은 '실재로 자유롭다'는 것이 아니며, '내적으로' 자유롭다는 것은 '외적으로'으로도 자유롭다는 것이 아니다. 반면에 나는 내적으로도 외적으로도 완전히 모두 나에게 고유한 내 자신이다. 잔인한 지배자의 지배 아래서 내 몸은 고통과 채찍으로부터 '자유롭지' 못하다. 고문으로 신음하는 것은 나의 뼈이고, 채찍으로 인해 떨리는 것은 나의 근육이며, 내가 신음하는 것은 나의 몸이기 때문이다. 내가 탄식하여 몸을 떠는 것은 내가 아직 내 자신을 잃지 않았고 여전히 내 자신임을 증명한다. 나의 다리는 주인의 채찍질로부터 '자유롭지' 않다. 그러나 그것은 나의 다리이고 떼어낼 수 없다. 그가 내 다리를 나에게서 떼어내면 그가 아직 내 다리를 가지고 있는지 보라! 그가 그의 손에 지닌 것은 내 다리의 시체일 뿐이고, 그것은 죽은 개가 더 이상 개가 아닌 것처럼 내 다리가 아니다. 개는 운동하는 심장을 가지고 있지만 죽은 개에는 그것이 없고, 따라서 그것은 더 이상 개가 아니다.

노예가 여전히 내면적으로 자유롭다고 주장하는 인간이 있다면, 그것은 사실 가장 논란의 여지가 없는 진부한 것을 말하는 것에 불과하다. 왜냐하면 어떤 인간에게 전적으로 아무런 자유가 없다고 누가 주장할 수 있겠는가? 설령 내가 지배자에게 충실한 종으로서 무수한 일로부터, 가령 제우스에 대한 신앙, 명성에 대한 열망 등에서 자유로울 수 없겠는가? 그렇다면 채찍질당한 노예가 비기독교적 감정이나 적에 대한 증오 등에서 내적으로 자유로울 수 없는 이유가 무엇인가? 그때 그는 '기독교인의 자유'를 가지며 비기독교적인 것을 제거한다. 그러나 그는 절대적인 자유, 또는 모든 것으로부터의 자유를 누릴까? 가령 기독교적 망상이나 육체적 고통에서 자유로울까?

분명히 이 모든 것은 사물에 대한 것보다 이름에 대해 말하는 것 같다. 그러나 그 이름은 무엇이어도 좋지만 언제나 하나의 말, 하나의 표어가 인간들을 격려하고 유혹하지 않았는가? 그러나 자유와 고유성 사이에는 단순한 단어의 차이보다 더 깊은 틈이 있다.

전 세계는 자유를 원하며 누구나 자유의 왕국을 갈망한다. 오, '자유의 왕국', '자유로운 인류'가 피어나는 환상적으로 아름다운 꿈! 누가 그것을 꿈꾸지 않겠는가? 그래서 인간은 자유롭게, 완전히 자유롭게, 모든 강제로부터 자유로워야 한다! 모든 강제로부터, 참으로 모든 강제로부터? 인간들은 더 이상 스스로에게 강제를 가하지 않는가? '그렇다, 물론이다. 전혀 강제가 없다.' 그렇다면 그들은 종교적 신앙으로부터, 엄격한 도덕 의무로부터, 법률의 냉혹함으로부터 자유롭다는 것이다. '이 얼마나 엄청난 오해인가.' 그렇다면 그들은 무엇으로부터는 자유이고 다른 무엇으로부터는 자유가 아니라는 말인가?

달콤한 꿈이 사라진다. 깨어난 인간은 반쯤 뜬 눈을 비비고 순진한 질문자를 응시한다. '인간은 어떤 것으로부터 자유로워야 할까?' 맹목적인 신앙으로부터라고 누군가가 울부짖는다. 그게 뭐냐고 다른 인간이 묻는다. 모든 신앙은 맹목적인 것이 아닌가라고 누가 말한다. 그들은 모든 믿음에서 자유로워져야 한다. 아니다. 그렇지 않다고 첫 번째 인간이 다시 강조한다. 당신에게서 모든 신앙을 떼어버려서는 안 된다. 그렇지 않으면 잔인한 힘이 침입한다. 그러면 우리는 공화국을 가져야 하고 모든 전제적 지배자로부터 자유로워야 한다고 제3의 인물이 말한다. 제4의 인물은 그런 것은 아무 소용이 없다고 말한다. 그래서 우리는 오로지 '지배적인 다수'인 새로운 주인을 얻게 될 뿐이다. 그보다 도리어 우리는 이 무서운 불평등에서 우리 자신을 자유롭게 해야 한다. 오, 불길한 평등이여, 나는 또다시 당신들의 무례한 포효를 듣는다! 내가 지금까지 자유의 낙원을 얼마나 아름답게 꿈꿔왔는데, 이제는 무례함과 음탕함이 그 거친 소란을 불러일으키고 있다! 그리하여 첫 번째 인간은 한탄하고 '과도한 자유'에 맞서 검을 잡으려고 발을 뗀다. 그리하여 우리는 더 이상 아무것도 듣지 못하고 자유를 꿈꾸는 인간들의 검들이 충돌하는 소리만 듣는다.

자유에 대한 갈망은 항상 특정한 자유에 대한 열망이었다. 가령 신앙의 자유이다. 즉 신앙인은 자유롭고 독립적이기를 원했다. 무엇으로부터? 이를테면 신앙으로부터? 아니다! 종교 심문자들로부터이다. 이제는 '정치적 또는 시민적' 자유이다. 시민은 자유로워지기를 원한다. 단 시민계급으로부터가 아니라 관료의 지배, 군주와 제후의 자의성 등으로부터의 자유를 원한다. 메테르니히[8]는 "모든 미래를 위한 진정한 자유의 길로 인간들을 인도할 수 있는 방법을 찾았다"라고 말했다. 프로방스 백작[9]은 프랑스가 '자유의 왕국'을 세우려 하는 바로 그때에 프랑스에서 달아났다. 그리고 말했다. "투옥은 나에게 참을 수 없는 것이었고, 나에게는 오로지 자유에 대한 열망 단 하나만이 있었다. 나는 오로지 그것만을 생각해왔다."

어떤 특정한 자유에 대한 갈망에는 항상 어떤 새로운 지배의 목적이 포함된다. 혁명과 마찬가지로 실제로 '그 방위자들에게 자유를 위해 싸우고 있다는 숭고한 느낌을 줄 수 있다'는 것은 두말할 필요도 없고, 진실로 그것은 어떤 특정한 자유를 목표로 하기 때문에 어떤 새로운 지배를, '법의 지배'를 목표로 삼는 것에 불과하다.

당신들 모두가 자유를 원하고 있다. 당신은 자유 그 자체를 원하고 있다. 그렇다면 왜 조금씩 흥정을 하는가? 자유 그 자체는 오로지 전적인 자

··

8) 클레멘스 폰 메테르니히(Klemens von Metternich, 1773~1859)는 오스트리아 제국의 외교관, 정치가이다. 오토 폰 비스마르크의 등장 이전에, 프랑스의 탈레랑과 함께 19세기 전반기 유럽의 국제 질서를 정립한 주인공이자 백년 평화를 이룩한 주역이기도 하다. 역사적으로 볼 때는 복고적이고 반자유주의적인 빈 체제를 구상해낸 인물이지만, 국제정치학에서는 수많은 전쟁으로 점철된 나폴레옹 시대 이후, 국가 간 '협력'과 '세력 균형'을 통해 보다 평화롭고 안정적인 유럽 질서를 창출하여 외교사의 새로운 시대를 개척한 인물로 뽑히는 등 평가가 엇갈리는 인물이다. 그러나 당시(1773~1859)의 다양한 좌파와 급진 운동에 맞서 싸운 반동의 수뇌임에는 틀림없다.

9) 프로방스 백작(Le comté de Provence, 1755~1824)는 프랑스를 탈출하여 처형을 면한 루이 16세의 동생으로 프랑스 대혁명에 반대하는 음모를 꾸몄고, 1814년 반동이 성공하자 루이 18세에 즉위했다.

유일 뿐이다. 자유의 일부는 자유 그 자체가 아니다. 당신은 완전한 자유, 모든 것으로부터의 자유를 얻을 가능성에 절망했는가? 그야말로 당신은 그러한 자유를 바라는 것조차 광기라고 생각하는가? 그러면 그러한 환영을 쫓는 것을 그만두고, 당신의 노력을 그처럼 달성할 수 없는 것보다 더 나은 것에 돌려라.

'하지만 자유보다 더 좋은 것은 없다!'

그렇다면 자유가 있을 때 당신은 무엇을 얻었는가? 여기서 나는 당신의 단편적인 자유에 대해 말하지 않겠다. 완전한 자유를 얻었다고 하여 당신은 도대체 무엇을 갖게 되는 것일까? 그러면 당신은 당신을 방해하는 모든 것을 제거하고, 당신의 인생에서 두 번 다시 당신을 당황하게 하고 불편을 끼치지 않는 것은 아마 없을 것이다. 그렇다면 누구를 위해 그것을 없애고 싶은가? 물론 그것은 당신 자신을 위해서이다. 그것이 당신의 길을 방해하기 때문이다! 그러나 만일 무언가가 당신에게 불편하지 않고, 반대로 그것이 당신의 마음에 꽤 들었다면(예를 들어 당신이 사랑하는 인간의 부드럽지만 저항할 수 없을 정도로 위압적인 모습) 당신은 그것을 없애고 그것에서 자유로워지기를 원하지 않을 것이다. 왜 원하지 않는가? 다시금 당신 자신을 위해서이다! 그래서 당신은 스스로를 만사의 척도로 삼고 모든 것을 판단한다. 당신은 '사랑의 달콤한 봉사'라고 하는 부자유가 당신에게 어울릴 때에는 기꺼이 자유를 놓아준다. 그러나 때때로 당신의 자유가 당신 자신에게 더 잘 어울리기 시작할 때 당신의 자유를 다시 얻는다. 즉 여기서 당신이 다른(가령 종교적인) 이유로 그러한 결합(Verein)의 폐지를 두려워하지 않는다는 경우에는 문제로 삼지 않는다고 전제하고 하는 이야기이다.

당신은 왜 지금 용기를 내어 당신 자신을 실제로 완전히 핵심이자 중심으로 삼지 않는가? 왜 자유를, 당신의 꿈을 갈망하는가? 당신은 당신의 꿈을 꾸고 있는가? 먼저 당신의 꿈, 개념, 사상을 묻지 마라. 왜냐하면 그것은 모두 '공리공담'에 불과하기 때문이다. 당신 스스로에게 물어보고 스스로 물어보라. 그것이 실용적인 것이며 당신은 '실용적'이 되기를 매우 원한다는 것을 알고 있다. 그러나 거기에서 어떤 인간은 그의 신(물론 그가 신이라는 이름으로 생각하는 것이 무엇이든 간에)이 그것에 대해 말할 수 있는 것을 듣고, 또 다른 인간은 그의 도덕적 감정, 그의 양심, 그의 의무감이 그것에 대해 결정할 수 있다. 그리고 제3의 인간은 민중이 그것에 대해 어떻게 생각하는지를 계산한다. 그리고 각자가 그런 식으로 스스로의 주인인 신(민중이란 내세의 상상된 신과 같고, 더욱 선하고 구체적인 신이다. 민중의 소리는 신의 소리이다, vox populi, vox dei)에 대해 질문을 받으면, 그는 자기 신의 뜻에 따르지, 자신이 말하고 결정하고 싶은 것에 대해서는 더 이상 듣지 않는다.

그러므로 당신의 신이나 우상보다는 당신 자신에게로 향하라. 당신 안에 있는 것을 스스로 꺼내고, 빛으로 가져와서 당신 자신을 여는 것이다.

어떤 인간이 오로지 자신에 의해서만 행동하고 다른 것을 요구하지 않는 방법을 기독교인들은 '신'이라는 개념으로 나타냈다. 그는 '자신이 좋아하는 대로' 행동한다. 그러나 어리석은 인간은 그렇게 할 수 있음에도 불구하고 그렇게 하지 않는 대신 '신을 기쁘게' 하는 것처럼 행동하는 것이다. 신은 영원한 법에 따라 움직인다고 인간들이 말한다면 그것은 나에게도 해당된다. 나도 나 자신을 떠날 수 없고 나의 모든 천성, 나 자신 속에 나의 법을 갖기 때문이다.

그러나 한 번에 당신을 절망하게 만들려면 당신 자신에 대해 조금 훈계만 하면 된다. '나는 무엇일까?'라고 각자가 스스로에게 묻는 것이다. 무규칙과 무법칙의 충동, 욕구, 소원, 열정의 지옥, 빛이나 안내하는 별이 없는 혼돈의 심연! 만일 내가 신의 계명이나 도덕이 정하는 의무에 관계없이, 역사의 과정에서 쓰디쓴 경험을 한 후 가장 좋은 것, 가장 이성적인 것을 법이라고 정한 이성의 소리에 관계없이 오로지 나 자신에게 대해서만 묻는다면, 어떻게 내가 정답을 얻을 수 있을까? 나의 열정은 가능한 한 가장 무의미한 일을 하라고 조언할 것이다. 따라서 각자는 자신을 악마라고 생각한다. 왜냐하면 그들은 스스로가 종교 등에 대해 관심이 없고 자신을 하나의 동물로만 생각한다면, 그는 스스로의 충동(스스로의 충고)만을 따르는 동물이 스스로에게 '가장 무의미한' 일을 하도록 부추기기는커녕 매우 올바른 조치를 취하는 것을 쉽게 발견할 것이다. 그러나 우리의 정신은 종교적 사고의 습관에 너무나 강하게 사로잡혀 있기 때문에 우리는 벌거벗고 자연 그대로의 우리 자신을 앞에 두고서 두려워한다. 그 습관은 우리를 타락시키고, 따라서 우리는 우리 자신을 타고난 원죄를 갖는 존재, 태어나면서부터 악마인 것으로 간주한다. 물론 당신의 천명이 '선한 것', 도덕적인 것, 의로운 것을 하도록 요구한다는 것을 생각하게 한다. 그러나 만일 당신이 무엇을 해야 할지 스스로에게 물어보면, 어떻게 당신 자신으로부터 올바른 목소리를, 선한 것, 옳은 것, 참된 것 등의 길을 가리키는 목소리를 들을 수 있는가? 신과 악마가 어떻게 일치할 수 있는가?

누군가가 당신에게 '신, 양심, 의무, 법률 등에 귀를 기울여야 한다고 말하는 것은 어리석은 것으로, 그것을 머리와 마음속에 채우고 당신을 미치게 하는 어리석은 짓이다'라고 말한다면 당신은 어떻게 생각할까? 그리고 그가 당신에게 자연의 소리가 유혹자라는 것을 당신이 어떻게 그렇게 확신하는지 물어본다면? 나아가 그가 당신에게 반대로 신과 양심의 소리야말로 악마의 일이라고 간주하도록 요구한다면? 그런 사악한 사람들이 있다. 당신은 그들을 어떻게 다룰 것인가? 당신은 당신의 사제, 부모, 선량한 동료들에게 호소할 수 없다. 왜냐하면 그들은 그런 사악한 자들을 당신의 유혹자, 자기경멸과 신의 외경이라는 잡초의 씨앗을 바쁘게 뿌리고 청소년의 마음에 진흙을 가득 채워 청소년의 두뇌를 우매하게 만드는 청소년 유혹자, 청소년 타락자라고 부르기 때문이다.

그러나 이제 그들은 당신에게 계속해서 묻는다. 누구를 위해 당신은 신의 계명과 다른 계명에 관심이 있는가? 당신은 이것이 오로지 신에 대한 호의에서 나온 것이라고 생각하지 않는가? 아니다, 당신은 다시 당신 자신을 위해 그렇게 하고 있다. 그러므로 또한 여기서도 당신이 가장 중요하며, 누구나 자신에게 이렇게 말해야 한다. 자신에게는 자신이 모든 것이며 자신은 모든 것을 자신을 위해 한다고. 신이나 계명 등은 당신에게 해를 끼칠 뿐이며 당신을 축소하고 파멸시키는 것에 불과하다는 것이 분명해진다면, 당신은 기독교인들이 한때 아폴론[10]이나 미네르바[11] 또는 이교도의 도덕을 비난했던 것처럼 당신은 그것들을 당신 자신에게서 던져버릴 것이라는 확신이 있다. 그들은 참으로 그것을 대신하여 그리스도와 그 뒤에 성모 마리아, 그리고 기독교 도덕을 가졌다. 그러나 그들은 자기 영혼의 구제를 위해, 따라서 에고이즘이나 고유성 때문에 그렇게 한 것이다.

그리고 이 에고이즘, 이 고유성에 의해 그들은 신의 옛 세계를 벗어나 그것으로부터 자유롭게 되었다. 고유성은 새로운 자유를 창조했다. 왜냐하면 이미 옛날부터, 언제나 독창성인 천재(확실한 고유성)는 새로운 세계

<hr />

10) 아폴론(Apollon)은 그리스 신화에 나오는 태양과 예언 및 광명·의술·궁술·음악·시를 주관하는 신이다.
11) 미네르바(Minerva)는 로마 신화에 나오는 지혜의 여신이다.

사적 산출의 창조자로 여겨져왔듯이, 고유성은 모든 것을 창조하는 창조자이기 때문이다.

여하튼 '자유'라는 것을 당신이 노력할 가치가 있는 것으로 본다면, 자유의 여러 요구를 채워라. 자유롭게 되어야 하는 것은 누구인가? 당신이, 내가, 우리가 자유롭게 되어야 한다. 무엇으로부터 자유로워야 하는가? 당신이 아니라, 내가 아니라, 우리가 아닌 모든 것으로부터의 자유이다. 그러므로 나야말로 모든 외피로부터 해방되고 모든 비좁은 껍질에서 자유롭게 되어야 하는 핵심이다. 내가 아닌 모든 것에서 자유롭게 되었을 때 뒤에 남는 것은 무엇인가? 오직 나뿐이다. 나 외에 아무것도 없다. 하지만 자유는 나 자신에 대해 제공할 것이 없다. 그래서 내가 자유로워진 뒤 앞으로 일어날 일에 관해서 자유는 침묵한다. 소위 우리 정부가 죄수의 형기가 끝난 뒤에 그를 놓아주면서 그를 고독 속에서 버림받게 하는 것과 같다.

왜 나 자신을 위해 자유를 추구한다면서 결국 나 자신을 시종일관 선택하지 않는가? 나는 자유보다 더 가치가 없는가? 나 자신을 자유롭게 하는 것은 내가 아닌가? 자신은 무엇보다도 중요한 것이 아닌가? 설령 자유롭지 못하거나 수천 개의 족쇄에 묶여 있어도 나는 역시 존재한다. 그리고 나는 가령 자유처럼 미래와 희망 속에서만 비로소 존재하는 것이 아니라 가장 비참한 노예로서도 역시 존재한다.

그것을 잘 생각하고 당신은 스스로의 깃발에 '자유'의 꿈, 또는 '에고이즘', 또는 '고유성'의 결의를 올릴 것인지 결정하라. '자유'는 당신이 아닌 모든 것에 대한 당신의 분노를 일깨운다. 그러나 '에고이즘'은 당신 자신에 대한 기쁨으로, 자기향유로 당신을 부른다. '자유'는 하나의 갈망, 낭만적인 탄성, 내세와 미래에 대한 기독교적 희망으로 계속 존재한다. '고유성'은 현실이며, 그 자체로 당신 자신의 길을 막는 한에서 부자유를 자신으로부터 제거하는 현실이다. 당신을 방해하지 않는 것을 당신은 포기하고 싶지 않을 것이다. 그리고 그것이 당신을 방해하기 시작한다면 바로 그때, 당신은 '인간보다 당신 자신에게 귀를 기울여야 한다!'라는 것을 깨닫게 된다!

자유는 오로지 자신을 제거하게 하고, 부담스러운 모든 것에서 벗어나라고 가르친다. 그것은 당신 자신이 누구인지를 가르쳐주지는 않는다. 제거하라! 제거하라! 자유의 표어는 그렇게 노래한다. 그리고 당신은 오로지 그 소리에 따르는 가운데 당신 자신을 제거하고 '자신을 부정하는' 것에 이른다. 그러나 고유성은 당신을 다시 자신에게로 부른다. 그리하여 고유성은 '너 자신에게로 돌아오라!'라고 말한다. 자유의 비호 아래 당신은 많은 종류의 것들을 제거하지만 그러나 또 새로운 무언가가 당신을 억누르게 된다. '당신은 악마를 면했으나 악은 남았다.' 자기소유자로서의 당신은 현실적으로 모든 것을 제거하고 있고, 당신에게 속한 것을 당신은 떠맡고 있다. 그것은 당신의 선택이고 당신의 즐거움이다. 자기소유자(der Eigene)는 태어나면서부터 자유인이며, 본래적인 자유인이다. 반대로 자유인(die Freien)은 자유중독자, 몽상가, 망상가일 뿐이다.

전자는 원래부터 자유롭다. 왜냐하면 그는 자기 자신 외의 다른 무엇도 인식하지 않기 때문이다. 그는 먼저 자신을 자유롭게 할 필요가 없다. 왜냐하면 그는 처음부터 자기 외의 모든 것을 거부하기 때문이다. 그 무엇도 자신 이상으로 존중하지 않고, 보다 더 가치 있는 것으로 평가하지도 않는다. 간단히 말해서, 그는 자신으로부터 나와서 '자신에게 돌아가기' 때문이다. 유치한 존경심에 제약을 받으면서도 그는, 이미 이러한 제약 상태로부터 자신을 '자유롭게' 하기 위해 노력한다. 고유성은 작은 에고이즘 안에서도 작용하며 열망하는 자유를 그에게 준다.

수천 년의 문명은 당신이 어떤 인간인지를 애매하게 감춰왔고, 당신이 에고이스트가 아니라 이상주의자('선량한 사람')가 되도록 소명되었다고 믿게 만들었다. 이제는 이를 흔들어야 한다! '자기부정'으로 당신 자신을 당신으로부터 정확하게 박탈하는 자유를 추구하지 말고, 에고이스트가 되고, 당신 각자가 하나의 전능한 자아가 되어라. 더 명확하게 말하자면, 자신을 다시 인식하고, 자신이 실제로 무엇인지만을 인식하고, 위선적인 노력을 버리고, 당신이 당신 자신 이외의 무엇이라는 어리석은 열망을 버리는 것이다. 나는 그것을 위선적이라고 부른다. 두말할 필요도 없이 당신들은 모두 이 수천 년 동안 에고이스트로 남아 있었기 때문이다. 그러나 잠이 들어서 자기를 기만하는 정신착란의 에고이스트이다. 당신들, 자기고문자(Heautontimorumenen),[12] 자기가책자들이여, 종교는 약속, '성스러운 약속' 없이 끝난 적이 없다. 그러한 약속이 내세를 향하든 현세를 향하든 간에(영생 등등) 마찬가지이다. 왜냐하면 인간은 보답을 구하는 존재이고 '무보수'로는 아무것도 하지 않기 때문이다. 하지만 보상을 기대하지 않고 '선을 위해 선을 행하는 것'은 어떤가? 이 경우에도 그것으로 주어지는 충족 속에 보수가 포함되지 않은 것처럼 보인다. 그러므로 종교조차도 우리의 에고이즘에 기반을 두고 있으며 그것을 충분히 활용하고 있다. 우리의 여러 욕망을 계산한 뒤에 종교는 단 하나를 위해 다른 많은 것을 억압한다. 즉 여기에는 거짓 에고이즘의 현상이 있다. 여기서 나는 나 자신을 만족시키는 것이 아니라 나의 여러 욕망 중 하나, 가령 행복을 향한 갈망을 만족시키는 것이다. 종교는 나에게 '최고의 선'을 약속한다. 이것을 얻

··
12) 로마 시대 극작가인 푸블리우스 테렌티우스 아페르(Publius Terentius Afer, ?~기원전 159)의 작품 제목이다.

기 위해 나는 더 이상 나의 다른 여러 욕망을 고려하지 않으며 그것을 충족하지도 않는다. 당신의 모든 행위와 충동은 고백되지 않고 비밀스러우며 은밀하고 숨겨진 에고이즘이다. 그러나 당신이 자신에게 고백하기를 꺼리고, 스스로에게 숨겨진 에고이즘은 분명하게 되지 않고 공개되지도 않으며, 따라서 무의식적인 에고이즘이기 때문에 그것은 에고이즘이 아니라 예속, 봉사, 자기부정이다. 당신에게 에고이스트가 되라고 한다면 당신은 에고이즘을 거부하기 때문에 도리어 에고이스트가 아니게 된다. 당신이 최대한 그런(에고이스트) 것처럼 보이는 경우에도 당신은 '에고이스트'라는 단어에 혐오와 경멸을 담는다.

나는 내가 세계를 나의 것으로 만드는 수준에서, 즉 세계를 나 자신을 위해 '획득하고 그것을 점유'하는 정도에 따라서 세계에 대한 나의 자유를 확보한다. 심지어 그렇게 하는 경우에 아무리 강력한 힘에 의하든, 설득이나 간청이나 절대적인 요구의 힘에 의하든, 위선이나 기만 등을 사용하든 간에 마찬가지이다. 왜냐하면 그것을 위해 내가 사용하는 수단은 내가 무엇인지에 따라 결정되기 때문이다. 만일 내가 약하면 앞서 말한 것처럼 약한 수단만 가질 수 있지만, 이것도 세계의 상당 부분에 대해서는 충분하다. 게다가 속임수나 위선이나 거짓말은 그것이 실제보다 더 나빠 보인다. 누가 경찰이나 법률을 속이지 않았는가? 범행 가능성이 있는 불법 행위 등을 은폐하기 위해 그를 만나는 보안관 앞에서 공손한 표정을 재빨리 짓지 않는 인간이 누구일까? 그렇게 하지 않는 인간은 강력한 힘이 그에게 그렇게 하지 못하게 했기 때문이다. 그는 양심이 약한 자였다. 나는 나의 의지를 타자(그가 바위처럼 의지 없는 인간이든, 정부나 개인처럼 의지 있는 것이든 간에)에 대해 관철할 수 없다는 것에 의해 이미 나는 나의 자유가 축소된다는 것을 안다. 나는 다른 인간 앞에서 자신을 포기할 때, 따라서 양보하고 중지하고 굴복할 때, 굴종과 항복에 의해 나는 나의 고유성을 부정한다. 즉 내가 목표로 이어지지 않아 이전의 방법을 포기하고 거짓된 길에서 빠져나올 때 거기에는 하나의 타자가 있고, 또 내가 나 자신을 포로로 인정할 때 거기에는 하나의 타자가 있다는 것이다. 내 길을 가로막는 하나의 바위를 폭파할 만큼의 충분한 화약을 갖고 있지 못할 때 나는 그것을 우회한다. 국가의 법률을 전복시킬 힘을 모으지 못하는 한 나는 그것을 회피한다. 내가 달을 붙잡을 수 없기 때문에 달은 나에게 '신성한' 것이고 아스타르테(Astarte)[13]인 것일까? 내가 당신을 붙잡을 수만 있다면 나는 진리로 당신을 붙잡을 것이고, 내가 당신을 견디어낼 수 있는 하나의 수단만 찾으면 당신은 나를 겁주지 않을 것이다! 당신, 파악할 수 없는 자여, 당신은 스스로 파악할 수 있는 힘을 획득하고, 당신을 나에게 고유한 것으로 부를 수 있을 때까지, 오로지 그 한에서만 당신은 나에게 파악할 수 없는 상태로 남아 있을 것이다. 나는 당신에 대하여 나 자신을 포기하지 않고, 도리어 나는 나의 때를 기다리는 것에 불과하다. 현재 내가 당신에게 손을 내밀 수 없다는 것은 참아도 나는 당신의 것을 기억한다.

힘이 있는 인간들은 항상 그렇게 했다. '복종적인 인간들'이 굴복하지 않는 힘을 주인에게 위임하고 그것을 숭배하고 모두에게 숭배를 요구했을 때, 충성스럽게 복종하지 않을 자연의 아들이 나타나, 접근할 수 없는 올림포스로부터 숭배된 힘을 몰아냈다. 그는 회전하는 태양을 향해 '정지하라'고 외쳤고 지구를 회전하게 만들었다. 복종한 사람들은 그것을 감수해야 했다. 그는 도끼를 신성한 참나무에 내려놓았고, '복종한' 인간들은 하늘의 불이 그를 태우지 않는다는 사실에 놀랐다. 또 그는 교황을 베드로의

13) 고대 페니키아인이 섬긴 풍작과 사랑의 신.

의자에서 내쫓았으나 '복종한' 인간들은 그것을 방해할 방법을 몰랐다. 그는 신의 은총으로 하는 사업을 무너뜨렸으나, '복종한' 자들은 헛되이 헐떡이며 마침내 침묵했다.

나의 자유는 그것이 나의 힘(Gewalt)일 때에만 완벽해진다. 그러나 그 힘에 의해 나는 오로지 하나의 자유인이 되는 것을 그만두고 하나의 자기 소유자가 된다. 인민의 자유란 왜 '허망한 단어'인가? 왜냐하면 인민은 아무런 힘이 없기 때문이다! 살아 있는 자아의 숨결에 의해 나는 네로, 중국 황제, 가난한 작가의 숨결 등을 불어서 날려버린다. 그렇다면 독일[14]의 국회의원들이 공허한 자유를 동경하면서, 그 대신 내각의 장관들로부터 설교를 듣는 것은 무엇 때문일까? 그것은 그들이 '힘 있는' 인간들이 아니기 때문이다! 힘이란 좋은 것이며 여러 목적에 유용하다. 왜냐하면 '인간은 한 자루의 정의보다 한 줌의 힘으로 더 나아간다.' 당신은 자유를 갈망하는가? 어리석은 당신들아! 당신이 힘을 가지면 자유는 그 자체로 올 것이다. 보라, 힘 있는 자는 '법 위에 설 수 있는' 것이다. 그 광경은 당신처럼 '법률을 준수하는' 인간들에게 어떤 맛일까? 그러나 당신은 어떤 맛도 지닐 수 없다!

'자유'에 대한 외침이 모든 곳에서 큰 소리로 울리고 있다. 그러나 증여되거나 공인된 자유가 무엇을 의미해야 하는지 느끼고 알고 있는가? 모든 자유는 본질적으로 자기해방(자기의 자유화)이다. 즉 내가 스스로 고유성에 의해 확보할 수 있는 만큼만 자유를 가질 수 있다는 것을 인간들은 말의 온전한 의미에서 인식하지 못한다. 아무도 언론 출판의 자유를 축소하지 않는 것이 양들에게 무슨 소용이 있을까? 양들은 메에 하고 우는 것에만

••

14) 원문에는 검열을 피하기 위해, 독일을 뜻하는 단어의 첫 자인 D라고만 표기되었다.

집착한다. 내면적으로 한 사람의 무슬림이고 유대인이며 기독교도인 자에게 자신이 좋아하는 대로 말할 수 있도록 허락하면 된다. 그는 역시 어리석고 편협한 말만 할 것이다. 이와 반대로 다른 종류의 인간들이 말하고 듣는 자유를 당신에게 빼앗긴다면, 그들은 그야말로 바로 자신들이 당면한 이익을 마음에 새길 것이다. 왜냐하면 당신이 무엇인가를 말하거나 들을 수 있게 되면 그로 인해 '어떤 종류의 자들'의 위신이 위협당하게 되기 때문이다.

그럼에도 불구하고 만일 그들이 당신에게 자유를 준다면, 그들은 단순히 그들이 가진 것보다 더 많이 주는 악당일 뿐이다. 그때 그들은 당신에게 그들 자신의 소유물로부터 어떤 것도 주지 않고 훔친 물건을 준다. 그들은 당신에게 당신 자신의 자유, 당신이 스스로 가져가야 할 자유를 줄 뿐이다. 그들이 당신에게 그 자유를 주는 것은, 오로지 당신이 그 자유를 가져가지 않도록, 그리고 그 이상 도둑이나 사기꾼의 책임을 묻지 않도록 하기 위해서이다. 그러나 교활한 그들은 주어진(허가받은) 자유 따위는 자유가 아니라는 것을 잘 알고 있다. 왜냐하면 자기 자신이 취하는 자유만이, 따라서 에고이스트의 자유만이 완전한 돛을 달고 움직일 수 있기 때문이다. 그러한 자유는 언제나 온화하고 적당하게 바람을 필요로 하기 때문이다.

여기에 자기 자유화와 해방(석방, 사면)의 구별이 있다. 오늘날 '반대파에 서 있는' 인간들은 '사면'을 향하여 비명을 지르고 목이 마르고 있다. 군주들은 그 인민이 '성인임을 선언'해야 한다. 즉 해방해야 한다! 그러나 당신이 성인으로 행동할 때, 당신은 성년 선언 없이도 성인이고, 그렇게 행동하지 않는다면, 당신은 그것에 합당하지 않으며 성년 선언으로도 결코 성인이 되지 않을 것이다. 그리스인들은 성인이 되면 그 폭군들을 몰아내고,

아들이 성인이 되면 아버지로부터 독립하였다. 그리스인들은 폭군들이 성인에 이르는 것을 관대하게 인가할 때까지 기다렸다면 오래 기다렸을 것이다. 현명한 아버지는 아들이 성인이 되든 안 되든 간에 쫓아내고 집을 홀로 지킨다. 방탕한 자녀에게는 그것이 적합했다.

자유를 받은 인간(Freigegebene)은 그야말로 해방된 자, 피해방자(libertinus), 쇠사슬 조각을 끌고 걷는 한 마리 개일 뿐이다. 그것은 사자의 가죽을 걸친 당나귀와 같이 자유의 옷을 입은 하나의 부자유자일 뿐이다. 해방된 유대인은 그 자체 내부에 더 나은 것이 하나도 없지만, 유대인으로서 그들의 상태를 덜어주는 인간은 분명히 교회의 기독교인 이상이라고 할 수 있다. 왜냐하면 그러한 기독교인은 모순 없이는 그렇게 할 수 없기 때문이다. 그러나 해방되거나 해방되지 않거나 유대인은 여전히 유대인이라는 점에는 변함이 없다. 스스로 자기를 자유롭게 하지 않은 인간은 오로지 해방된 인간일 뿐이다. 프로테스탄트 국가는 확실히 가톨릭 신자들에게 자유를 주는(해방하는) 것이 가능했다. 그러나 그들은 스스로 자기를 자유롭게 하지 않기 때문에 그들은 오로지 가톨릭 신자일 뿐이다.

자기성과 비자기성에 대해서는 이미 언급했다. 자유의 벗들은 자기성에 대해 분노한다. 왜냐하면 그들은 자유를 추구하는 종교적 노력을 계속하고, 그 숭고한 '자기부정'에서 자유롭지 못하기 때문이다. 자유주의자의 분노는 에고이즘에 대항하는 것이다. 왜냐하면 에고이스트는 결코 어떤 것을 위해 문제를 일으키지 않고 자기를 위해 일하기 때문이다. 일이 그에게 봉사해야 하는 것이다. 에고이스트적이라는 것은 어떤 것에도 하나의 고유한 가치, 또는 '절대적인' 가치를 부여하지 않고 그 일의 가치를 자기 안에서 추구하는 것이다. 빵을 위한 학문이 에고이스트적 행동의 가장 혐오스러운 특성 중 하나로 간주되는 경향이 있다고 한다. 왜냐하면 그것은 학문의 가장 수치스러운 모독을 나타내기 때문이다. 그러나 학문이라는 것이 이용되기 위해서가 아니라면 무엇을 위하여 있는 것일까? 빵을 얻기 위해 일하는 것보다 더 나은 용도로 학문을 사용하는 방법을 모른다면, 그의 에고이즘은 참으로 사소한 것이다. 왜냐하면 그러한 에고이스트의 힘은 하나의 제한된 힘이기 때문이다. 그러나 어떤 에고이스트적인 요소와 학문의 모독은 하나의 사로잡힌 인간만이 비난할 수 있다.

개인을 유일자로 승인할 수 없는 기독교는 개인을 오로지 의존하는 종속적 존재로만 인정하는데, 그것은 본래 하나의 사회이론일 뿐이었다. 그것은 신과 인간만이 아니라 인간과 인간의 공생에 대한 일반 교리에 불과했다. 따라서 기독교에서 '고유성'이라는 것은 모두 너무나도 비참하게 배척되어야 했다. 소위 이기심, 아집, 자의, 고유성, 자기사랑 등이다. 사물을 보는 기독교적 방식은 모든 면에서 명예로운 말을 불명예스러운 말로 점차 다시 태웠다. 그러한 말을 다시 명예롭게 하면 왜 안 되는가? 가령 '비방(Schimpf)'은 옛날에는 '못된 장난' 정도의 뜻이었지만, 기독교적인 진지함 때문에 농담을 할 수 없었기에 장난이 모독으로 변했다. 또 '파렴치함(Frech)'이란 말도 이전에는 '용감함' '대담함'이라는 뜻에 불과했고, '교만함(Frevel)'은 모험이라는 뜻이었다. 그리고 '이성(Vernunft)'이라는 단어가 얼마나 오랫동안 백안시되었는지는 잘 알려져 있다.

우리의 언어는 기독교적 관점에 적합하게 되어 있고 일반적 의식도 너무나도 기독교적이기 때문에, 모든 비기독교적인 것을 불완전하거나 나쁜 것으로 난언한다. 그러므로 '이기심(Eigennutz)'도 나쁜 것이 된다.

기독교적 의미에서 이기심은 다음과 같은 것을 의미한다. 즉 나는 무엇인가가 감성적인 인간으로서의 나에게 유용한가 아닌가라는 점에서만 본다는 것이다. 그러면 감성은 나의 고유성 전체인가? 내가 감성에 몸을 맡길 때 나는 나 자신인가? 내가 나의 감성을 따를 때 나는 나 자신에게, 나에게 고유한 고유성을 따르고 있는가? 나를 그 힘 안에 있게 하는 것이 감성이나 다른 어떤 것(신, 인간, 관헌, 법률, 국가, 교회 등)에 의해 지배되는 것이 아니라, 나 자신인 것일 때에만 비로소 나는 내 자신이다. 나에게, 이 자기 고유의 것, 또는 자기에게 속하는 것에 유용하다는 것, 그것을 나의 이기심이 추구하는 것이다.

여하튼 인간은 끊임없이 비방받는 이기심이 모든 것을 지배할 수 있는 하나의 힘이라고 믿도록 모든 순간에 강요당하는 자신을 발견한다. 1844년 2월 10일 바덴 의회에서 벨커[15]는 재판관의 비독립성에 대한 발의를 정당화하고, 파면, 해임, 퇴임이 가능한 재판관, 즉 단순한 행정적 조치에 의해 축소되어 비참하게 될 법원의 구성원은 전혀 믿을 수 없고 사람들 사이에서도 모든 존경과 신뢰를 상실했다고 자세히 설명했다. 벨커는 모든 사법인은 그러한 의존성에 의해 퇴영화되었다고 외쳤다! 간단히 말하자면, 이것은 재판관이 그야말로 법의 정신에 따라 판결을 내리는 것보다 행정적인 것을 포함하여 판결을 내리는 쪽이 유리하다고 판단하는 것 외에는 의미가 없다. 그렇다면 이를 어떻게 시정해야 할까? 가령 재판관들에게 그 절조 없는 점에 대해 불명예를 안겨주고 그 뒤에 신뢰를 부여한다면 그들은 회개를 하고 앞으로는 그들의 이기심보다 정의를 더 높이 평가할 것이라고 확신할 수 있을까? 아니다, 그런 낭만적인 신뢰로 국민이 흥분할 리 없다. 왜냐하면 인간들은 이기심이 다른 어떤 동기보다 더 강력하다고 느끼기 때문이다. 그러므로 지금까지 재판관들이 에고이스트로 행동해온 것

15) 카를 테오도르 벨커(Karl Theodore Welcker, 1790~1869)는 독일의 법학자이자 정치인으로 바덴의 자유당 의원을 지냈다.

을 인간들이 얼마나 깊이 믿었든 간에, 종래 재판관이었던 그 동일인이 여전히 재판관이라는 것도 가능한 것이다. 그러나 그들은 더 이상 법을 돈으로 곡해하는 것으로 자신의 이기심이 관철되지 않는다고는 생각하지 않고, 그들 자신의 일이나 그들의 '주지하는 관심'을 감추지도 않고, 도리어 사리에 맞는 판결을 내림에 의해 좋은 수입과 부르주아의 존경을 결부시키고 정부로부터는 독립하도록 해야 한다.

따라서 벨커와 바덴의 시민들은 이기심에 의지할 수 있을 때에만 안심할 수 있게 된다. 그렇다면 그들의 입이 다른 때에 넘쳐나는 수많은 비이기심의 표현에 대해 무엇을 생각해야 할까?

나는 내가 에고이스트적으로 추진하는 일에 대해서 내가 비에고이스트적으로 봉사하고 있는 일과는 다른 하나의 관계를 갖는다. 이에 대해서는 다음 두 가지 기준이 인용될 수 있다. 즉 전자에 대해서는 내가 스스로 부정을 가하거나 죄를 범할 수 있지만, 후자에 대해서는 내가 스스로를 웃음거리로 만들고 나 자신으로부터 밀어내고, 나 자신으로부터 그것을 박탈하는 어리석은 행동을 하는 것에 불과하다. 영업의 자유에 대해서 두 가지 견해가 있다. 하나는 상황에 따라 인정되거나 철회될 수 있는 자유로 간주되고, 다른 하나는 모든 상황에서 신성한 것으로 간주되어야 하는 것으로 인정될 수 있다.

무엇인가가 나에게 일 자체로 소중하지 않고, 내가 그 자체를 위해 그것을 원하지 않는다면, 나는 오로지 목적을 위한 유용성, 이용가치를 위한, 어떤 다른 목적을 위해 원하는 것이다. 그것은 가령 즐거운 풍미를 위한 굴을 바라는 것이다. 그런데 에고이스트에게는 그 자신이 최종 목적인 모든 것이 수단으로 그에게 사용되지 않을까? 그렇다면 그 자신에게는 아무 도움도 되지 않는 것(가령 프롤레타리아가 국가를 옹호하는 것)을 왜 그가 옹호해야 하는가?

고유성은 그 자체 속에 모든 고유성을 포함하며 기독교의 언어가 명예롭지 못하게 한 것을 다시 존중하게 한다. 그러나 고유성은 어떤 소원한 척도도 갖지 않는다. 왜냐하면 고유성은 자유, 도덕, 인간성 등과 같은 이념이 전혀 아니기 때문이다. 요컨대 고유성은 자기소유자에 대한 서술일 뿐이다.

제2장
소유자

나는 자유주의를 통해 나 자신과 나의 것에 다가가는가?

자유주의자는 무엇을 나와 같다고 여기는가? 인간! 인간이다. 당신은 오로지 인간이다 — 그리고 당신은 정말 그렇다 — 라고 한다면 자유주의자는 당신을 그의 형제라고 부른다. 그는 당신 안에 '인간'이 인정될 수 있다고 하면 당신의 사적인 의견이나 사적인 어리석음에 대해 거의 묻지도 않는다.

그러나 자유주의자는 당신이 사적으로(privatim) 무엇인지에 대해 거의 주의를 기울이지 않기 때문에, 그의 자유주의 원칙을 엄격하게 따르는 한에서 그것에 대해 전혀 가치도 인정하지 않는다. 따라서 그는 당신이 유적으로(generatim) 그렇다는 것만 당신 안에서 본다. 다시 말해 그는 당신 안에서 당신이 아니라 유(類, Gattung)를 본다. 한스나 쿤츠[1]가 아니라 인간을, 실제적이거나 개별적인 것이 아니라 당신의 본질(Wesen)이나 개념

(Begriff)을, 육체적인 인간이 아니라 정신(Geist)을 본다.

한스인 당신은 그와 같지 않다. 왜냐하면 그는 쿤츠이고 따라서 한스가 아니기 때문이다. 그러나 인간으로서 당신은 그와 같은 존재이다. 왜냐하면 그는 사실상 자유주의자이고 무의식적으로 에고이스트가 아니고, 그런 한에서 그에게는 한스로서의 당신이 전혀 존재하지 않는 것과 같기 때문에 그는 사실 너무나 쉽게 '동포애'를 만들어낸다. 그는 아무것도 모르고 아무것도 알고 싶어 하지 않는 한스로서의 당신이 아니라 인간으로서의 당신을 사랑하는 것이다.

당신과 나에게 '인간' 이외의 아무것도 보지 않는다고 하는 것은 기독교적인 관점에서 극단적으로 바라보는 것이다. 그것에 의하면 인간은 타자에게 하나의 개념(예를 들어 구원에 부름받은 인간 등)일 뿐이다.

본래의 기독교는 아직 그 정도까지 일반적이지 않은 하나의 개념으로 우리를 집중시킨다. 그래서 우리는 "신의 아들"이며 "신의 영혼이 우리를 인도한다"[2]고 한다. 그러나 모든 인간이 신의 아들임을 자부할 수 있는 것은 아니다. "우리가 신의 아들임을 우리의 영혼에 증언한 것과 같은 영혼은 또한 누가 마귀의 아들인지 계시한다."[3] 따라서 한 사람이 신의 아들이 되려면 마귀의 아들이어서는 안 되었다. 신의 아들이라는 것은 특정 종류의 인간들을 배제한 것이다. 이에 대하여 인간의 아들, 즉 인간이 되기 위해 우리는 인간이 유에 속하는 것만 필요로 하고, 오로지 이러한 유의 표본이면 충분하다. 내가 이러한 나로서의 무엇인가는 좋은 자유주의자로서

• •

1) 독일의 남성 이름 중 가장 흔한 것.
2) (원주) 「로마서」, 8장 14절 참조.
3) (원주) 「로마서」, 8장 16절과 「요한일서」, 3장 10절을 비교할 것.

의 당신에게는 아무런 관련이 없고 오로지 나의 사적인 일일 뿐이다. 우리 두 인간은 한 어머니의 아들, 즉 인간이라는 유의 아들이라고 하는 것으로 충분하다. 즉 '인류의 아들'로서 나는 당신과 동류이다.

그러면 나는 당신에게 무엇인가? 가령 내가 서서 걷고 있는 이 몸의 나일까? 결코 그렇지 않다. 스스로의 사상을 가지고 여러 가지 결정을 하며, 열정을 가진 이 몸의 나는 당신의 눈에 당신과는 아무런 관련이 없는 하나의 '사적인 일'이고 '일 그 자체'에 불과하다. '당신을 위한 일'에 실존하는 것은 오로지 나의 개념이고, 나의 유개념이며, 한스라고 부르는 것처럼 페터나 미카엘이 될 수도 있는 인간인 것에 불과하다. 당신은 나에게서 내가 아니라, 몸의 내가 아니라, 하나의 비현실적인 존재, 유령, 하나의 인간만을 보는 것이다.

기독교의 몇 세기 사이에 우리는 가장 다양한 사람들을 '우리와 동등하다'고 선언해왔다. 단 언제나 우리가 그들에게 기대했던 정신의 척도에 비추어, 가령 구원 갈망의 정신이 전제가 되어 있는 인간들로 말이다. 그 뒤에는 공정의 정신을 가진 인간들, 마지막으로 인간의 정신과 인간의 얼굴을 보여주는 인간들이라고 불렀다. 따라서 '평등성'의 기본 원칙은 다양했다.

이제 인간들은 평등성을 인간 정신의 평등성으로 파악함으로써 모든 인간을 포함하는 하나의 평등성을 발견했다. 왜냐하면 우리 인간이 정신을 가지고, 인간의 정신과는 다른 정신을 갖지 않는다는 것을 누가 부인할 수 있겠느냐라는 것이다!

그렇다면 우리는 이제 기독교가 시작될 때보다 더 앞서는 것일까? 당시 우리는 신의 정신(성령)을 가져야 했으나, 지금은 인간의 정신을 가져야 한다. 그러나 신의 정신도 우리를 지치게 하지 않았다면, 이제 인간의 정신이 무엇인지를 우리가 어떻게 완전하게 표현할 수 있을까? 가령 포이어바흐는 신을 인간화하면 그것으로 진리를 발견했다고 생각했다. 아니다. 만약 신이 우리에게 고통을 주었다고 한다면 '인간'은 우리를 더욱더 심한 괴로운 상태에 두는 것이다. 요컨대 인간은 우리에게 가장 사소한 일이며, 그것이 우리의 여러 고유성(Eigenschaft) 중 하나, 즉 우리의 소유라고 하는 점에서만 의미가 있는 것이다.

나는 여러 가지 가운데, 가령 내가 하나의 살아 있는 존재이고 따라서 동물이며, 또는 하나의 유럽인이고 베를린인이라는 것 등과 마찬가지로 분명히 또 하나의 인간이다. 그러나 나를 오로지 인간으로만 또는 베를린인으로만 여기기로 선택한 사람은 나에게 나의 일부에 대해서만 지극히 무관심한 주의를 한 것에 불과하다. 왜? 그것은 나에게 대해서가 아니라 나의 여러 고유성 중 하나만 주목한 것에 불과하기 때문이다.

정신도 마찬가지이다. 기독교적 정신, 공정한 정신, 그것과 유사한 정신 등은 내가 얻은 고유성, 즉 나의 소유일 수 있지만, 그러나 나는 이러한 정신이 아니다. 그것은 나의 것이지만 나는 그 정신의 것이 아니다.

그러므로 우리는 자유주의에서 나에 대한, 몸을 가진 한스에 대한 오래된 기독교적 멸시의 단순한 지속만을 가지고 있음에 불과하다. 나를 있는 그대로 받아들이는 대신, 인간은 오로지 나의 소유와 나의 신분만을 바라보고, 오로지 나의 소유를 위해서만 나와 동맹 관계를 맺는 것에 불과하다. 인간은 있는 그대로의 내가 아니라 내가 가진 것과 결혼한다. 기독교도는 나의 정신에 의지하고, 자유주의는 나의 인간성에 의지한다.

하지만 구체화된 나의 소유가 아니라 본연의 나 자체로 간주되는 정신이 하나의 유령에 불과하다면, 나의 고유성으로서가 아니라 본래적인 나 자체로서 인정받는 인간도 하나의 망령, 하나의 사상, 하나의 개념일 뿐이다.

그러므로 자유주의자 역시 기독교인과 같은 원을 그리면서 회전한다. 인류의 정신, 즉 인간이 당신 안에 있기 때문에 당신은 인간이라는 것이다. 그것은 그리스도의 정령이 당신 안에 있기 때문에 그리스도인인 것과 마찬가지다. 그러나 그것은 당신 안에 두 번째 자아로만 존재하기 때문에 그것이 당신의 고유한 자아이거나 '더 나은' 자아일지라도 당신에게 다른 세계에 남아 있는 점에는 변함이 없고, 당신은 전적으로 인간이 되기 위해 노력해야 한다. 이는 온전히 축복받은 정신이 되기 위한 기독교인의 노력처럼 무익한 노력이다!

이제 자유주의가 인간을 선언한 후 이로써 기독교의 최종 결과가 완성되었을 뿐이며, 사실 기독교라는 것은 처음부터 '인간'을, 나아가 '진정한 인간'을 실현하는 과제 외에 다른 과제를 떠맡지 않았다고 공개적으로 선언할 수 있게 되었다. 따라서 가령 불사의 교리나 성령 구제 등에서 보듯이, 기독교가 자아에 어떤 무한한 가치를 부여한다는 것은 거짓이다. 아니 그 가치는 한 사람의 인간에게만 부여되는 것이다. 오로지 인간만이 불멸이며, 오로지 내가 인간이기 때문에만 나는 불멸이다. 사실 기독교는 자유주의가 모든 인간을 인간으로 평등하게 만든 것처럼 아무도 사라지지 않고 영생한다고 가르쳐야 했다. 그러나 이 영생도 평등과 같이 오로지 내 안에 있는 인간에만 적용되었고 나 자신에게는 적용되지 않았다. "왕은 결코 죽지 않는다"는 유명한 말처럼 인간의 운반자이자 피난처로서만 죽지 않는다. 루트비히는 죽지만 왕이라는 것은 남아 있다. 나는 죽지만 내 정신, 인간은 남아 있다. 그리하여 나를 완전히 인간과 동일시하기 위해 내가 하나의 '현실적인 유적 존재'가 되어야 한다는 요청을 만들어 제기했다.[4] '인간적 종교'는 기독교 신앙의 마지막 변형일 뿐이다. 왜냐하면 자유주의는 나의 본질을 나에게서 분리하여 내 위에 두었기에, 다른 종교가 신이나 우상을 숭배하는 것처럼 '인간성'을 숭배하기에, 그것은 나의 것을 현세적인 것으로 만들기에, 그것은 일반적으로 나의 것, 나의 고유성과 나의 소유로부터 하나의 소원한 것, 즉 하나의 '본질'을 만들어내기 때문이다. 요컨대 자유주의는 나를 인간 아래에 두고 나에게 하나의 '사명'을 창조하기 때문이다. 그러나 자유주의는 최고의 존재인 인간을 위하여 열렬한 신앙을 요구할 때 형식적으로 종교임을 선언한다. '언젠가는 반드시 불과 같은 열렬함을 증명할 신앙, 무적의 열렬함'을 요구할 때 자유주의는 형식으로부터도 신앙이라는 것을 스스로 분명히 한다.[5] 그러나 자유주의는 인간적 종교이기 때문에, 그 신도들은 다른 여러 종교(가톨릭, 유대교 등)의 신도들에 대해서도 관용적인 태도를 취한다. 이는 프리드리히 대왕이 어떤 방식의 복음에도 상관없이 신하로서의 임무를 수행한 모든 인간에게 관대했던 것과 같다. 이 종교는 이제 일반적으로 행해지는 종교로 승격되어야 하고, 단순한 '사적인 어리석음'으로서의 다른 종교들(그것들에 대해서는 그 비본질성으로 인해 얼마든지 자유롭게 접할 수 있다)과는 분리되어야 한다.

우리는 그것을 국가 종교, '자유 국가'의 종교라고 부를 수 있다. 단 지금까지 그것이 국가가 선호하거나 특권을 누리고 있다는 의미에서가 아니라 '자유 국가'가 국민 각자(그가 유대인이든, 기독교인 또는 그 밖의 어떤 것이든지 간에)에게 요구하는 권리가 있는 것에 그치지 않고, 나아가 그 필요를 강요당하는 종교로서이다. 즉 이 종교는 가족에 대한 효도와 같은 의무를, 국가에 대한 봉사로 수행하기 때문이다. 가족이 가족에 속한 모든 구성원

··

4) (원주) 가령 Karl Marx, *Deutsch-französische Jahrbucher*(Paris, 1844), p. 197.
5) (원주) Bruno Bauer, *Die Judenfrage*(Braunschweig, 1843), p. 62.

에 의해 그 영속성을 인정받고 유지되어야 한다면 그들에게 혈연의 끈은 신성해야 하며, 가족에 대한 각자의 느낌은 효도의 감정과 혈연의 끈에 대한 존경심이어야 하고, 이에 따라 혈연관계에 있는 자들은 그에게 신성화된 존재가 된다. 마찬가지로 국가 공동체의 모든 구성원에게도 이 공동체는 신성해야 하며, 국가에서 가장 높은 개념은 마찬가지로 그에게도 가장 높은 개념이어야 한다.

그러나 국가에서 가장 높은 개념은 무엇인가? 의심할 여지없이 국가는 진정한 인간적 사회, 그 속에서 구성원인 각자가 현실적인 인간, 즉 비인간이 아닌 취급을 받는 사회일 것이다. 국가의 관용을 널리 이르게 하고, 단 비인간과 비인간적인 것에 대해서는 관용하지 말라는 것이다. 그러나 이 '비인간'도 하나의 인간이고 '비인간적인 것' 자체도 인간적인 것이며, 동물에게는 가능하지 않고 그야말로 인간에게만 가능한 것이다. 그러나 모든 비인간도 하나의 인간이지만 국가는 그를 배제한다. 즉 국가는 그를 가두거나 국가의 동료에서 교도소의 동료(공산주의에 따르면 정신병원 또는 병원의 동료)로 변모시킨다.

비인간은 인간이라는 개념과 일치하지 않는 것이고, 마찬가지로 비인간적이라는 것은 인간적인 것의 개념에 해당하지 않는 인간적인 것이다. 논리학에서는 이것을 '무의미한 판단'이라고 부른다. 인간이라는 개념이 실존으로부터 분리될 수 있다는 가설, 현상으로부터 본질이 분리될 수 있다는 가설을 인정하지 않는다면, 인간이 아니어도 인간이 될 수 있다고 판단할 수 있을까? 그들은 그가 실제로 인간으로 보이지만 인간은 아니라고 한다.

인간들은 오랜 세월 동안 이 '무의미한 판단'을 선언했다! 아니다, 그 이상으로 오랜 시간 동안 오직 비인간만이 존재해왔다. 어떤 인간이 그 개념에 해당할 수 있을까? 기독교는 오직 한 사람만 알고 있으며, 그 한 사람인 그리스도는 역의 의미에서 하나의 비인간이고, 다시 말하자면 하나의 초인간적 인간, 즉 '신'이다. 현실적 인간이란 요컨대 비인간이다.

인간이 아닌 인간이란 유령 이외의 무엇일까? 모든 현실의 인간은 '인간'이라는 개념에 해당하지 않거나 '유적인 인간'이 아니기 때문에 하나의 요괴이다. 그러나 나에게만 우뚝 솟아 이상, 과제, 본질, 개념으로 내세울 뿐인 인간성을 내 고유의 성질로 환원하여 다름 아닌 나의 인간성, 나의 인간적 조건, 그에 따라 내가 하는 모든 것이 인간적이라 해도, 그것은 단지 내가 그것을 하기 때문이지 그것이 '인간'이라는 개념에 부합하기 때문이 아니라면, 나는 여전히 비인간적인 괴물에 머물고 있는 것이 아닌가? 나는 현실에서 몸으로 인간이고 동시에 비인간이다. 왜냐하면 나는 인간이면서 동시에 인간 이상의 것이기도 하기 때문이다. 즉 나는 나의 단순한 고유성에 속한 자아이기 때문이다.

마침내 우리는 오로지 기독교인이 되는 것을 요구하는 것에 그치지 않고, 인간이 되어야 한다는 것을 추구하는 입장이 되었다. 왜냐하면 우리는 아직 현실적으로 기독교인이 될 수 없었고, 항상 '가련한 죄인'으로 남아 있었으나(기독교인도 달성할 수 없는 이상이었기 때문이다) 그럼에도 불구하고 이 경우에 모순은 우리의 의식에 닿지 않았고, 그 환상은 지금보다 더 쉬웠다. 이제 인간으로서 행동하고 그렇게 행동하는 것 외에는 달리 할 수 없는 우리에게, 우리는 인간이어야 하고 '현실적인 인간'이 되어야 한다는 요구가 있다.

오늘날 우리의 여러 나라들은 여전히 모든 점에서 아직 그 교회 어머니로부터 남겨진 온갖 종류의 것들을 가지고 있기 때문에 본래 그러한 여러 나라들에 속한 사람들에게 적절한 관심을 기울이지 않는 다양한 의무(가령 교회적 신념)를 부여한다. 그러나 전체적으로 그 국가들은 그 의미를 부정하지 않는다. 왜냐하면 그 국가들은 그 속에서 인간이 인간으로서 그 구성원일 수 있는 인간 사회로 간주되기를 원하기 때문이다. 설령 인간 사회에서 어느 구성원이 다른 구성원들에 비해 특권이 적은 경우가 있다고 하여도 그렇다. 그 국가들 대부분은 모든 종교 종파의 지지자를 인정하고 인종이나 민족을 차별하지 않고 인간들을 받아들인다. 그래서 유대인, 터키인, 무어인 등은 가령 프랑스 시민이 될 수 있다. 따라서 수용의 상태에서 국가는 오로지 어떤 자가 하나의 인간인지 아닌지라는 점에만 주목한다. 신자들의 모임인 교회는 모든 인간을 품속으로 받아들일 수는 없었다. 인간 사회로서의 국가는 그것을 할 수 있다. 그러나 만일 국가가 그 구성원들에게 대하여 그들이 인간만을 전제로 한다는 원칙을 분명하게 이행했을 때 (지금까지는 북아메리카인조차도 여전히 그 구성원에 대하여 종교, 적어도 정의와 정직의 종교를 가지고 있음을 전제로 한다) 국가는 스스로 무덤을 팠다. 국가가 그 구성원 중에서 순수하게 인간성만을 소유하고 있다고 하는 꿈을 꾸고 있는 사이에, 그들은 순수한 에고이스트로 변해 각자가 자신의 에고이스트적인 힘과 목적에 따라 그것을 이용한다. 에고이스트에게 '인간적 사회'는 붕괴한다. 왜냐하면 그들 에고이스트들은 더 이상 인간으로서 서로 관계를 가질 필요가 없고, 나와는 전혀 다르고 나에게 적대하는 당신이나 당신들에 대하여 하나의 자아로서 에고이스트적으로 나타나게 되기 때문이다.

만일 국가가 우리의 인간성에 의존해야 한다면 그것은 국가가 우리의 도덕에 의지해야 한다고 말하는 것과 마찬가지이다. 서로의 인간성을 인정하고 서로에게 인간답게 행동하는 것을 인간들은 도덕적 태도라고 한다. 이것이 바로 기독교의 '정신적 사랑'이다. 따라서 내가 내 안에서 인간성을 보고 인간성만을 인정하는 것과 같이 당신 속에서 인간성을 본다면, 나는 내가 나 자신을 돌보는 것처럼 당신을 돌보게 된다. 왜냐하면 우리는 다음과 같은 수식 A=C 및 B=C라면, 따라서 A=B라는 수식이 되기 때문이다. 즉 나는 인간일 뿐이고 당신도 인간일 뿐이다. 따라서 나와 당신은 동일하게 된다. 도덕은 에고이즘과 양립할 수 없다. 왜냐하면 도덕은 내가 아니라 내 안에 있는 인간성만 존중하기 때문이다. 그러나 국가가 인간 사회로서, 자기 눈앞에 있는 자신만을 존중하는 여러 자아의 결합이 아니라고 한다면, 국가는 도덕 없이는 존립할 수 없으며 도덕을 주장해야 한다.

그러므로 우리 둘, 국가와 나는 적이다. 에고이스트인 나에게 이 '인간적 사회'의 행복 따위는 마음에 없다. 나는 그 사회를 위해 아무것도 희생하지 않고 오로지 그것을 이용할 뿐이다. 그러나 그 사회를 완벽하게 이용하기 위해 나는 그것을 오히려 나의 소유, 나의 창조물로 변형시킨다. 즉 나는 그것을 파괴하고 그 자리에 에고이스트 연합(Verein von Egoisten)을 형성한다.

그러므로 그 점에서 국가는 내가 인간이 아닐지도 모르고 국가에게는 하나의 비인간으로서 나타날지도 모른다는 점을 전제로 하여, 나에게 인간이어야 한다고 요구함으로써 나에 대한 적대감을 폭로한다. 즉 국가는 인간이 되는 것을 하나의 의무로 나에게 부과한다. 나아가 국가는 국가가 존립할 수 없게 되는 일을 하지 않기를 나에게 요구한다. 그래서 국가의 존립은 나에게 신성한 것이라고 한다. 그러면 나는 에고이스트여서는 안 되고 하나의 '성실하고 정직한,' 즉 도덕적인 인간이 되어야 한다는 것이다. 요컨대 나는 국가와 그 존립에 대하여 무력하고 국가를 존중해야 한다.

그러한 국가(그것은 물론 현존하는 것이 아니라 여전히 먼저 창조될 필요가 있는 것이지만)는 진보적인 자유주의의 이상이다. 거기에는 모든 '인간'이제자리를 찾는 하나의 진정한 '인간 사회'가 존재해야 한다. 자유주의는 '인간성'을 실현하고자 한다. 즉 인간을 위한 하나의 사회를 창출하고자 한다. 그리고 그것은 인간적 세계 또는 보편적인(공산주의적인) 인간 사회여야 한다. 사람들은 말한다. "교회는 오로지 정신만을 고려하는 것에 불과하지만 국가는 모든 인간을 고려해야 하는 것이다."[6] 그러나 '인간'이란 '정신'이 아닌가? 국가의 핵심은 단순히 '인간', 이 비현실성이며, 국가 그 자체는 요컨대 '인간 사회'일 뿐이다. 신자(신앙 정신)가 창조하는 세계를 교회라고 하고, 인간(인간적 또는 인간의 정신)이 창조하는 세계를 국가라고 한다. 그러나 그것은 나의 세계가 아니다. 나는 결코 추상적으로 인간의 어떤 것도 실행하지 않고 항상 나 자신의 것을 실행한다. 즉 나의 인간적 행위는 다른 모든 인간적 행위와 다르며, 이 차이성에 의해서만 그것은 하나의 현실적인, 나에게 속한 행위이다. 그 행위에서 인간적인 것은 하나의 추상이며, 따라서 정신이고 추상적 본질이다.

브루노 바우어는 비판의 진리란 최종적 진리이며, 사실 기독교 자체가 추구하는 진리는 '인간'이라고 했다.[7] 그는 말했다. "기독교 세계의 역사는 진리를 위한 최고의 싸움의 역사이다. 왜냐하면 그 안에서 ─ 오로지 그 안에서만! ─ 최종 또는 제일의 진리인 인간과 자유의 발견이 문제되기 때문이다."

그렇다면 우리도 이러한 획득물을 받아들이고, 인간을 기독교 역사의 최종 결과이자 일반적으로 인간의 종교적 또는 이상적인 노력의 궁극적인

••
6) (원주) Moses Hess(anonym), *Die europäische Triarchie*(Leipzig, 1841), p.76. (옮긴이주) 모제스 헤스(1812~1875)는 독일의 초기 사회주의자이다. 《라인신문》을 편집하면서 마르크스의 친구가 되었다.
7) (원주) 브루노 바우어, 앞의 책, 84쪽.

결과로 인정하도록 하자. 그런데 인간은 누구인가? 내가 인간이다! 기독교의 종말이자 결과인 인간은 나처럼 새로운 역사와 희생의 역사 이후 즐거움의 역사, 즉 인간이나 인류가 아니라 나의 역사의 시작이자 나의 역사가 이용해야 할 소재이다. 인간은 보편적인 존재로 인정된다. 이제 나와 에고이스트적인 것이 정말 일반적인 것이다. 그것은 모든 인간이 에고이스트이고 자신을 모든 것 위에 두는 가장 중요한 것이기 때문이다. 유대적이라는 것은 순수하게 에고이스트적인 것이 아니다. 왜냐하면 유대인은 자기 자신을 여호와에게 바치기 때문이다. 기독교적이라는 것도 에고이스트적이지 않다. 왜냐하면 기독교인은 신의 은총에 의해 살고 신에게 복종하기 때문이다. 유대인으로서도 기독교인으로서도 하나의 인간은 자신의 욕구 중 어떤 일부만 충족시키고 자신이 아닌 특정한 필요만을 충족시키는 것에 불과하며 자기 자신을 만족시키는 것이 아니다. 즉 절반의 에고이스트다. 왜냐하면 절반은 자신이고 절반은 유대인이거나, 또는 절반은 자기소유자이고 절반은 노예와 같은, 절반의 인간 에고이스트이기 때문이다. 그러므로 유대인과 기독교인은 항상 서로를 반쯤 배제한다. 즉 인간으로서 그들은 서로를 인정하지만 노예로서는 서로를 배제한다. 왜냐하면 그들은 서로 다른 두 주인의 종이기 때문이다. 만일 그들이 완전한 에고이스트가 될 수 있다면, 그들은 서로를 완전히 배제하고 그만큼 더욱 단단하게 결합하게 된다. 그들에게 오욕이라는 것은 그들이 서로를 배제하는 것이 아니라 그것을 절반만 행한다는 것이다. 반면에 브루노 바우어는 유대인과 기독교인이 서로를 영원히 분리시켜야 하는 특수한 본질을 포기하고, '인간'의 보편적 본질을 승인하며 이를 그들의 '진정한 본질'로 고려할 때 비로소 서로를 '인간'으로 인정하고 서로를 인간으로 대할 수 있다고 생각한다.

그의 설명에 따르면 유대인과 기독교인 모두의 결점은 오로지 그들이 인간이고, 인간적인 것, 즉 '보편적인 인권'을 추구하는 것이 아니라 무엇인가 '특수한 것'을 추구한다는 점에 있다. 그는 그들의 근본적인 오류가 그들이 '특권화'되어 있고 '특권'을 가지고 있다는 신앙, 일반적으로 특권에 대한 신앙 속에 있다고 생각한다. 이것에 반대하여 그는 인간의 보편적인 인권을 그들에게 제시한다. 인간의 권리이다!

인간은 인간 일반이며, 그러한 한에서 인간인 모든 사람이다. 그래서 모든 인간은 영원한 인권을 가져야 하며, 공산주의의 견해에 따라 완전한 '민주주의'에서, 또는 더 정확하게는 인간주의라고 부르는 것에서 그것을 누려야 한다. 그러나 나의 모든 것을 가지고 있는 것은 오로지 나 혼자이다. 인간으로서 나는 아무것도 소유하지 않는다. 인간들은 오로지 '인간'이라는 칭호를 가지고 있기 때문에 모든 인간에게 모든 좋은 것을 주고 싶어한다. 하지만 나는 인간이 아니라 나 자신에게 역점을 둔다.

인간은 남성다움(Männlichkeit) 또는 여성다움(Weiblichkeit)과 같은 어떤 나의 특성(Eigenschaft)이자 고유성(Eigentum)일 뿐이다. 고대인은 사람들이 완전한 의미에서 남성이 되는 것을 이상적으로 생각했다. 다시 말해 남성의 덕은 남성적인 힘(virtus)과 훌륭함(arete), 즉 남성다움이다. 그렇다면 완벽하게 '여성'이 되고 싶어 하는 여성에 대해서는 어떻게 생각하면 좋을까? 그러한 것은 거의 여성에게 해당되지 않고, 많은 여성은 거기에 스스로 달성할 수 없는 목표를 두고 있다. 여성은 '진정한 여성다움'을 필요로 하지 않는다. 그렇지 않아도 여성은 본질적으로 여성스럽다. 여성이라는 것은 그녀의 고유성이고, 따라서 그녀는 '진정한 여성다움'을 필요로 하지 않는다. 지구가 별인 것처럼 나는 인간이다. 지구가 '완전한 별'이 되는 과제를 제기한다는 것은 우스꽝스러운 일이지만, '완전한 사람'이 되라는 것을 내게 사명으로 부과하는 것도 우스꽝스러운 일이다.

피히테[8]가 "자아가 전부이다(Das Ich ist Alles)"라고 말했을 때 그것은 내가 제기한 것과 완벽하게 일치하는 것으로 생각될 수 있다. 하지만 나는 자아가 전부인 것이 아니라 자아가 모든 것을 파괴하는 것이라고 본다. 그리고 오직 스스로 해체해가는 자아(das sich selbst auflösende Ich), 영원히 존재하지 않는 자아(das nie seiende Ich), 유한한 자아(das endliche Ich)만이 실제로 자아이다. 피히테는 '절대적' 자아를 말하지만 나는 무상한 자아(das vergängliche Ich)를 말한다.

인간과 자아가 같은 의미라는 견해는 얼마나 자연스러운가! 가령 포이어바흐에 의한 '인간'이라는 표현은 절대적 자아, 즉 무상한 개별 자아가 아닌 유를 말하는 것이다. 에고이즘과 인간성(휴머니티)은 같은 것을 의미해야 하지만, 포이어바흐에 따르면 개인은 "오로지 자신의 개체성의 한계를 뛰어넘어 자기를 높이는 것일 뿐이고, 스스로의 유를 넘거나 절대적 본질 규정을 넘는 것이 아니다."[9] 그러나 유는 그 자체로는 아무것도 아니고, 만약 개체가 자신의 개인성의 한계를 뛰어넘어 자기를 높인다고 한다면 이것은 오히려 개체로서 그 자체이다. 그는 자신을 높이는 때에만 존재하고, 그가 자신의 존재를 유지하지 않는 데에만 존재한다. 인간은 요컨대 하나의 이상에 불과하고, 유란 오로지 하나의 사유된 것에 불과하다. 하나의 인간이 된다는 것은 인간의 이상을 실현하는 것이 아니라 자기 자신을, 개체를 표현하는 것이다. 나의 과제를 요약하면, 내가 보편적으로 인간적인 것을 어떻게 현실화할 것인가가 아니라 내가 어떻게 나 자신을 충족할

••

8) 요한 고틀리프 피히테(Johann Gottlieb Fichte, 1762~1815)는 독일 주관적 관념론의 철학자로서 칸트에서 헤겔에 이르는 다리 역할을 했다. 「독일 국민에게 고함(Reden an die deutsche Nation)」은 우리에게도 잘 알려져 있다.

9) Ludwig Feuerbach, *Das Wesen des Christentums*. 2.(Leipzig, 1843). p. 401.

것인가이다. 나는 나의 유로 존재하고, 규범도 없고 법도 없고 모델도 없이 존재한다. 있을 수 있는 것은, 내가 스스로 거의 만들 수 있는 것이 가능하다는 것뿐이다. 그러나 이 작은 것이 전부이며, 내가 타자들의 힘으로 도덕, 종교, 법, 국가 등의 훈련을 통해 내가 만들어낼 수 있는 것보다 낫다. 더 낫다고 하면―만일 그 말이 문제가 된다면―약아빠진 아이보다 예의 없는 아이가 낫고, 모든 일에 순응하는 인간보다 강직한 사람이 낫다. 무례한 자나 강직한 자는 모두 여전히 자신의 의지에 따라 자신을 형성하는 도중에 있다. 그러나 약아빠진 인간이나 순응하는 인간은 '유'에 의해, 보편적인 요구 등등에 의해 규정된다. 그에게는 그것이 법이다. 그는 그것에 의해 규정된다. 그렇다면 그에게 유는 '천명' 외의, '사명' 이외의 무엇일까? 내가 '인류'에 대해 유를 중시하여 그 이상을 추구하여 노력하는 것과, 같은 노력으로 신과 그리스도를 중시하는 것 사이의 근본적인 차이점은 어디에 있을까? 기껏해야 전자는 후자보다 뒤틀려 있을 뿐이다. 개체는 완전한 자연인 것과 마찬가지로 완전한 유이기도 하다.

물론 나라는 것에 의해 모든 것이 조건지워진다. 즉 내가 행하고 생각하는 것, 즉 나의 표현이나 개시에 의한다. 가령 유대인은 오로지 이 정도만 바랄 뿐이고, 오로지 그렇게 '자신을 표현'할 수 있는 것에 불과하다. 기독교인은 오로지 기독교적으로만 자신을 표현하고 나타낼 수 있을 뿐이다. 만약 당신이 유대인이나 기독교인이 될 수 있다면, 당신은 실제로 유대적인 것이나 기독교적인 것만을 끌어낼 것이다. 그러나 그것은 불가능하다. 가장 엄격한 행위에서 당신은 여전히 에고이스트, 그 개념에 반대하는 죄인으로 남아 있다. 즉 당신은 유대인이 아니다(Du bist nicht=Jude). 에고이스트적인 것이 항상 빛을 발하기 때문에 어떤 자들은 당신이 어떤 사람인지를 완전히 표현해야 하고, 그것이 당신의 진정한 본성이기 때문에 당신의 활동의 모든 법칙을 포함해야 하는 더 완벽한 개념을 요구했다. 그리고 그중에서 가장 완벽한 것은 '인간'에서 달성했다. 유대인으로서 당신은 너무 작으며 유대인적인 것은 당신의 과제가 아니다. 그리스인이나 독일인이 되는 것만으로 충분하지 않다. 그러나 인간이 되어라. 그러면 당신은 모든 것을 소유하게 된다. 인간적인 것을 당신의 소명으로 바라보아라.

그리하여 나는 내가 무엇을 해야 하는지 알고 있으며 새로운 교리 문답을 쓸 수 있다. 주어는 다시 술어에 종속되고, 개체는 보편적인 것에 종속된다. 규칙은 다시 한 가지 이념으로 확보되고 하나의 새로운 종교의 토대가 마련된다. 이것은 종교 영역, 특히 기독교 영역에서 한 걸음 나아간 것이고, 그 너머의 발걸음이 아니다.

그 너머로 발을 내디딘다는 것은 말할 수 없는 것(Unsagbare)으로 이어진다. 나에게 빈약한 말은 언어가 아니며, '말(Logos)'은 나에게 '단순한 단어'에 불과하다.

인간들이 구하는 것은 나의 본질이다. 그 본질이 유대인이나 독일인 등이 아니라면 그것은 인간이다. '인간이 나의 본질이다.'

나는 나에게 적대한다. 나에 대해 나는 전율하고 구토한다. 나는 나 자신에 대해 하나의 공포이다. 또는 나는 나에게 절대로 충분하지 않고 나를 절대로 만족시키지 않는다. 그러한 감정에서 자기해체나 자기비판이 생겨난다. 자기부정과 함께 종교가 시작하여 완전한 비판으로 끝난다.

나는 사로잡혀 있고 '악령'으로부터 벗어나고 싶다. 나는 그것을 어떻게 시작해야 할까? 나는 기독교인에게 가장 끔찍한 죄, 성령을 거스르는 죄와 모독을 두려워하지 않고 범한다. "성령을 모독하는 자는 영원히 용서받지 못하고 영원한 심판을 받는 자이다!"[10] 나는 용서를 원하지 않으며 심판을 두려워하지 않는다.

인간은 마지막 악령 또는 유령이며 가장 기만적이거나 가장 친밀하고 정직한 유령을 가진 가장 교활한 거짓말쟁이이며 거짓말의 아버지이다.

현재의 요구와 개념에 반대하는 에고이스트는 가장 측정할 수 없는 모독을 무자비하게 실행한다. 그에게 거룩한 것은 아무것도 없다!

내 위에 나보다 더 높은 권력이 없다고 주장하는 것은 어리석은 일일지 모른다. 그러나 내가 그러한 권력에 대해 스스로 취하는 태도만이 종교 시대의 태도와는 완전히 다를 것이다. 나는 모든 더 높은 권력의 적이 될 것이지만, 종교는 그러한 권력을 우리의 친구로 삼고 그것에 대해 겸손하도록 우리에게 가르친다.

신성모독자는 신에 대한 모든 두려움에 맞서 힘을 쏟는다. 왜냐하면 신에 대한 두려움은 그것이 신성한 것으로 남겨진 모든 것에서 그를 규정할 것이기 때문이다. 신인에게서 신이 신성화하는 힘을 행사하는 것이 신이든 인간이든 간에, 그러므로 어떤 것이 신을 위해 또는 인간(인류)을 위해 신성하게 여겨지는 것이든 간에, 그것은 인간이기 때문에 신에 대한 두려움을 바꾸지 않는다. 왜냐하면 특별히 종교적인 관점에서 신이 '최고의 존재(höchtes Wesen)'로 우리의 두려움과 경외를 요구하는 것처럼, 인간도 신만큼이나 '최고의 존재'로 존경받는다. 둘 다 우리를 경외하기 때문이다.

본래적 의미의 신에 대한 두려움은 오래 전에 흔들렸고, 다소간 의식적이 된 '무신론'(외부적으로는 널리 퍼진 '비교회성'에서 인정되는)은 무의식적으로 유행하게 되었다. 그러나 신에게서 빼앗은 것은 인간에게 증여되었고, 경건함이 그 부게를 잃는 정도만큼 인간의 힘이 더 커졌다. '인간'이 오늘날의 신이고, 인간에 대한 두려움이 오래된 신에 대한 두려움을 대신했다.

••
10)　(원주)「마가복음」, 3장 29절.

그러나 인간도 오직 또 다른 최상의 존재만을 대표하기 때문에 실제로는 최상의 존재로의 변태 외에는 아무 일도 일어나지 않았고, 따라서 인간에 대한 두려움은 오로지 신에 대한 두려움의 변형된 형태일 뿐이다.

우리 무신론자는 경건한 사람들이다.

소위 봉건 시대에 우리가 모든 것을 신의 영토로 삼았다면, 자유주의 시대에는 인간과 동일한 봉건 관계가 존재한다. 신은 주인이었지만 이제 인간이 주인이다. 신이 매개자였으나 이제 인간이 매개자이다. 신이 정신이었으나 이제는 인간이 정신이다. 이러한 삼중의 방식으로 봉건 관계는 변화를 겪었다. 우선 첫째로 우리는 전능한 인간의 영지로 우리의 힘을 가진다. 우리의 힘은 더 높은 곳에서 나오기 때문에 권력이나 폭력이라고 부르지 않고 '권리', 즉 '인권'이라고 한다. 우리는 더 나아가 그로부터 우리의 세계에서 우리의 지위를 영지로 유지한다. 왜냐하면 매개자인 그가 타자들과 우리의 교류를 매개하고, 따라서 교류는 '인간'적인 것 외에 아무것도 허용하지 않기 때문이다. 그리고 마지막으로 우리는 그로부터 우리 자신을 영지로 받아들인다. 즉 우리 자신의 가치를, 또는 우리를 가치 있게 하는 모든 것을 붙잡는다. 왜냐하면 만일 그(인간)가 우리 안에 살지 않는다면, 그리고 만일 우리가 인간적이지 않다면, 우리는 아무 가치가 없기 때문이다. 힘은 인간의 것이고, 세계는 인간의 것이며, 나는 인간의 것이다.

그러나 왜 나는 여전히 나 자신을 권리자, 매개자, 자기 자신이라고 선언하는 데 제한을 받고 있는가? 그리하여 다음과 같이 노래한다.

나의 힘은 나의 소유이다.
나의 힘은 내게 소유를 준다.
나의 힘은 나 자신이고 그것을 통해 나는 나의 소유이다.

1. 나의 힘

법과 권리(Recht[11])는 사회의 정신이다. 사회가 하나의 의지를 갖는다면 그 의지는 바로 권리이다. 사회는 오직 권리를 통해서만 존립한다. 그러나 사회는 여러 개인에 대하여 하나의 지배를 행사함으로써만 존립하기 때문에 권리란 지배자의 의지이다. 아리스토텔레스는 정의(Gerechtigkeit)가 사회의 이익이라고 말했다.

기존의 모든 권리는 소원한 권리이고 어떤 인간이 나에게 '부여한' 권리이며, 나에게 '나누어준' 권리이다. 그러나 나는 전 세계가 나에게 권리를 줄 때, 그것으로 권리를 갖는 것일까? 그렇다면 내가 국가와 사회에서 얻을 수 있는 권리는 소원한 권리 외의 무엇일까?

만일 하나의 바보가 나에게 권리를 준다고 하면 나는 나의 권리를 불신하게 될 것이다. 나는 그에게서 그것을 받고 싶지 않다. 하지만 현명한 사람이 나에게 권리를 주더라도 나는 역시 그것을 갖지 않는다. 내가 권리를 가질지 여부는 바보가 주는 것이든 현자가 주는 것이든 아무런 관련이 없다.

그럼에도 불구하고 우리는 지금까지 그러한 권리를 얻고자 힘을 쏟아 왔다. 우리는 권리를 찾고 그 목적을 위해 법정으로 향한다. 어떤 법정인가? 국왕의, 교황의, 인민의 법정 등이다. 술탄의 법정은 술탄이 권리로 정한 것 이외의 다른 권리를 선언할 수 있을까? 술탄이 정한 권리에 맞지 않는 권리를 내가 추구하면 그 법정은 나에게 그 권리를 줄까? 가령 술탄의 정신에 따라 반역이 확실한 권리가 될지라도 그 법정이 반역을 하나의 권

••

11) 독일어의 Recht는 법과 권리를 모두 의미한다.

리로 나에게 인정해줄까? 술탄이 내 권리에 대해 아무것도 듣지 않을 것이기 때문에 검열 법원으로서 그 법정은 나의 자유로운 의견 표명을 권리로 허용할 수 있을까? 그렇다면 이 법정에서 내가 무엇을 찾고 있을까? 나는 내 권리가 아니라 술탄의 권리를 추구하고 있다. 나는 나와 무관한 타인의 권리를 찾고 있는 것이다. 이처럼 나와 무관한 권리가 나의 권리와 일치해야 확실히 마찬가지로 나의 권리를 발견할 수 있다.

국가는 인간끼리 서로 격투하는 것을 허용하지 않는다. 국가는 결투에 반대한다. 서로 싸우는 당사자들이 경찰을 부르지 않았음에도 불구하고 모든 일상의 격투조차 처벌을 받는다. 그러나 내가 당신을 때려눕히는 경우가 아니라 가장이 자녀를 때리는 경우는 예외이다. 가족은 그러한 권리를 가진다.[12] 즉 가족이라는 이름의 아버지는 그러한 권리를 가지지만, 유일자로서의 나는 아니다.

《포시세 차이퉁(*Die Vossische Zeitung*)》[13]은 우리에게 '법치국가(Rechtstatt)'를 장려한다. 거기에서는 재판관과 법정이 모든 것을 결정해야 한다. 상급의 검열 법원은 '권리를 판정하는 법원'으로 간주된다. 어떤 종류의 권리인가? 검열의 권리이다. 권리에 대한 그 법원의 판정을 옳은 것으로 인정하려면 검열을 옳은 것으로 간주해야 한다. 그러나 그럼에도 불구하고 인간들은 이 법정이 보호를 제공한다고 생각한다. 바로 개별 검열관의 오류에 대한 보호이다. 그것은 오로지 검열 입법자의 의지에 대한 잘못된 해석으로부터 입법자를 보호하는 동시에 '신성한 권리의 힘'에 의해 그의 법을 더

··

12) 지금은 그렇지 않다. 이제는 아버지가 자녀를 구타하더라도 국가가 개입한다. 아이는 법에 따라 먼저 국가에 속하고 국가의 허가에 의해서만 가족에게 속하게 되기 때문이다.
13) 베를린에서 간행된 일간지.

확고하게 만든다.

내가 권리를 갖든 아니든 간에 그것에 대한 재판관은 나밖에 없다. 이에 대해 타자들은 그들이 내 권리를 지지하는지, 그리고 그 권리가 그들에게도 권리로 성립하는지만을 판단할 수 있다.

여기서 문제를 다른 방식으로 살펴보자. 나는 술탄의 나라에서는 술탄의 법을, 공화국에서는 인민의 법을, 가톨릭 교구에서는 교회법을 존중해야 한다. 그런 종류의 '법 감각'과 '준법 정신'이 인간들의 머릿속에 굳건히 심어져 있어서 우리 시대의 가장 혁명적인 인간들조차 우리가 하나의 새로운 '신성한 법'에, '사회의 법'에, '인류의 법'에, '모든 인간의 법' 등에 따르기를 원한다. '모든 인간'의 권리는 내 권리보다 먼저라고 한다. 나도 모든 인간에 포함되어 있기 때문에 그것은 모든 인간의 권리로서, 또한 나의 권리가 될 것이다. 그러나 그것은 동시에 모든 인간의, 그야말로 모든 타자의 권리라는 것으로서 다른 모든 인간의 권리라는 사실이 나로 하여금 그것을 옹호하게 하지는 않는다. 나는 그것을 모든 인간의 권리로서가 아니라 나의 권리로서 방어할 것이다. 그리고 다른 모든 인간들은 그가 어떻게 자기 자신을 위해 그것을 유지할 것인지를 볼 수 있다. 모든 인간의 권리(가령 먹을 수 있는 권리)는 모든 개인의 권리이다. 각자 자신을 위해 그 권리를 스스로 유지하고 모두 자발적으로 행사하는 것이다. 그러나 그는 모든 인간을 돌보지 않고 모든 인간의 권리에 열중하지 않는다.

그러나 사회개혁자들은 우리에게 '사회의 법'을 설교한다. 거기에서 개인은 사회의 노예가 되며 사회가 그에게 권리를 부여할 때에만, 즉 그가 사회의 법령에 따라 살아가고, 따라서 충성할 때에만 권리를 갖게 되는 것이다. 내가 어떤 전제주의에 충성하든, 아니면 바이틀링[14]이 말하는 '사회'에 충성하든 간에, 두 경우 모두 내가 내 권리가 아니라 나와 무관한 권리를 가지고 있는 한 그것은 동일한 권리 상실의 상태이다.

 권리라고 말하는 경우 항상 '무엇이, 누가 나에게 권리를 부여할까?'라는 질문을 받는다. 답은 신, 사랑, 이성, 자연, 인간성 등등이다. 아니다, 오직 당신의 권력(Gewalt), 당신의 힘(Macht)만이 당신에게 권리를 준다(가령 당신의 이성이 당신에게 그것을 줄 수 있다).

 인간이 '태어나면서부터 동등한 권리를 가진다'고 가정하는 공산주의는 인간이 본질적으로 전혀 권리를 갖지 않는다는 방향으로 역전된다. 왜냐하면 공산주의는, 가령 부모는 자녀에 대해 '가부장적인' 권리를 갖는다거나 또는 반대로 부모에 대해 자녀가 권리를 가짐을 인정하지 않기 때문이다. 공산주의는 가족을 폐지한다. 자연은 부모, 형제 등에게 전혀 권리를 주지 않는다. 일반적으로 이러한 완전히 혁명적인 또는 바뵈프주의[15]의 원칙[16]은 어떤 종교적인 것에 기반을 두고 있다. 즉 거짓된 견해에 근거한다.

 그가 종교적 입장을 취하지 않는다면 누가 '권리' 등을 요구할 수 있을까? '권리'는 하나의 종교적 개념, 즉 신성한 것이 아닌가? 프랑스 대혁명이 주장한 '권리의 평등'은 요컨대 '기독교적인 평등', '동포의 평등', '신의 자녀의 평등', '기독교인의 평등' 등 우애의 또 다른 이름일 뿐이다. 권리에

∴

14) 빌헬름 바이틀링(Wilhelm Weitling, 1808~1871)은 노동자로 여러 곳을 유랑하다가 1835년 파리에서 바뵈프와 푸리에 등을 만나 공산주의자가 되었고, 파리에 망명한 독일 급진주의자들의 단체인 의인동맹에 참가했다. 뒤에 마르크스의 비판을 받고 미국에서 죽었다. 일종의 급진적 기독교 교리를 통해 공산주의를 장려한 독일의 유토피아적 사회주의자였다.

15) 프랑스 대혁명에서 활동한 급진적 평등주의적 공산주의 지지자인 프랑수아 노엘 바뵈프(François Noël Babeuf)의 뒤를 이어 바뵈프주의자들은 평등 이념을 사유재산의 평등으로부터 재화와 노동의 공동체라는 형태로 밀고 나갔다.

16) (원주) Johann Caspar Bluntschli, "Die Kommunisten in der Schweiz nach den bei Weitling vorgefundenen Papieren," *Wörtlicher Abdruck des Kommissionalberichtes an die H. Regierung des Standes Zürich*(Zürich, 1843), pp. 2~3.

대한 모든 추구는 실러의 말로 속일 가치가 있다.

> 파와 장미 냄새를 맡기 위해 나는 오랫동안 코를 사용했다.
> 그러나 내가 그 코에 대한 권리가 있다고 증명할 수 있나?[17]

혁명이 평등을 하나의 '권리'로 찍었을 때 그것은 종교적 영역, 신성한 영역, 이상의 영역으로 들어갔다. 따라서 그 후 '신성하고 양도할 수 없는 인간의 권리'를 위한 싸움이 시작되었다. '인간의 영원한 권리'에 대해서는 매우 당연하고 동등한 권리를 갖고 '기존 질서의 기득권'이 주장된다. 권리에 대한 권리, 물론 하나의 권리는 다른 권리에 의해 '비권리(부정 불법)'로 비난받는다. 이것이 혁명 이후의 권리투쟁(Rechtstreit)이다.

당신은 나머지 인간들에 대해 '권리(옳은 것) 속에 있기'를 원한다. 그러나 당신은 그렇게 할 수 없다. 그들에 대하여 당신은 영원히 '무권리(옳지 않은 것) 속에' 남아 있다. 왜냐하면 만약 그들이 '그들의 권리(정의)' 속에 있지 않다면 분명히 당신의 적이 아닐 것이기 때문이다. 그들은 항상 당신을 '무권리(부정의)로 있게 한다.' 그러나 당신의 권리가 타자의 권리에 반하는 것처럼 당신의 권리는 더 높고, 더 크고, 더 강력한 권리이다. 그렇지 않은가? 절대로 그렇다! 당신이 더 강력하지 않다면 당신의 권리도 더 강력하지 않다. 중국인[18]에게 자유에 대한 권리가 있는가? 그들에게 그것을

••
17) 괴테와 실러가 공동으로 출판한 풍자적 비평 모음집인 『크세니엔(*Xenien*)』에 나오는 시.
18) '중국과 일본', '중국인'과 '일본인'에 대한 언급은 당시의 검열을 피하기 위해 사용되는 것이라고 할 수 있다. 그러나 그 이상으로 그것은 또한 당시 헤겔주의자들과 다른 독일 지식인들 사이에 만연한 역사 및 문화 이론을 풍자한 농담이기도 하다. 슈티르너는 이미 '고대인과 근대인' 절에서 '위계질서'라는 제목으로 이러한 이론들을 조롱하듯이 사용했다.

부여한 다음, 당신의 시도가 얼마나 잘못되었는지 살펴보라. 그들은 자유를 사용하는 방법을 모르기 때문에 자유에 대한 어떤 권리도 갖지 않는다. 더 명확하게 말하면, 그들은 자유가 없기 때문에 자유에 대한 권리를 갖지 못하는 것이다. 아이들은 성년이 아니기 때문에, 즉 아이들이기 때문에 성년에 대한 권리가 없다. 미성년자 상태에 있는 국민들은 성년에 대한 권리가 없다. 그들이 미성년자가 되는 것을 그만두면, 그들은 성년이 될 권리가 있을 것이다. 이것은 '당신이 될 수 있는 힘을 가지고 있을 때, 그것에 대한 권리가 있다'라는 것을 의미한다. 나는 나 자신에게서 모든 권리와 모든 권능을 얻는다. 나는 내가 지배하는 모든 것에 대하여 권리를 갖는 상태에 있다. 나는 가능하다면 제우스, 여호와, 신 등을 전복시킬 권리를 갖는다. 내가 그렇게 할 수 없다면 그 신들은 항상 나를 반대하는 것처럼 권리와 권세를 유지할 것이며, 내가 해야 할 일은 무력한 '신에 대한 두려움' 속에서 그들의 권력과 힘을 두려워하는 것이고, 그들의 절대 계명을 지키고 그들의 권리에 따라 내가 그렇게 하는 모든 것에 대하여 정의를 행한다고 믿는 것이다. 가령 러시아 국경 감시원들이 도망가는 수상한 사람들을 죽이면서 그들이 '더욱 우월한 권리', 즉 '권리를 가지고 정당하게' 살해하기 때문에 스스로에게 권리가 있다고 생각하는 것과 같다. 그러나 내가 나 자신에게 살인을 금지하지 않는다면, 나 자신을 '무권리'로 보아 살인을 두려워하지 않는다면, 내가 스스로 살인할 권리가 있는 상태에 있다. 이러한 견해는 샤미소[19]의 시 「살인의 계곡(Das Mordtal)」의 기초에 있다. 그 시

19) 아델베르트 폰 샤미소(Adelbert von Chamisso, 1781~1838)는 프랑스 대혁명 시기에 독일로 망명한 프랑스 귀족 출신 시인이다. 군인이 되었고 낭만주의 문인들과 교제하였다. 1815년부터는 식물학자로서 세계일주에 참가하였다.

에서 어느 백인을 살해한 백발의 인디언 살인범이 자신이 살해한 백인에게 경의를 강요한다. 나는 내가 자유로운 용기를 가지고 하지 않은 일, 즉 내가 그것에 대한 권리를 나 자신에게 부여하지 않은 일에 대해서는 권리를 갖지 않는다.

나는 스스로 그것이 나에게 권리인지 아닌지를 결정한다. 나 외에는 권리가 없다. 그것이 나에게 옳다면 그것은 옳은 것이다. 그렇다고 해도 그것은 타자에게는 여전히 옳지 않을 수도 있다. 그러나 그것은 내가 아니라 그들이 생각해야 할 일이다. 그들은 반격할지도 모른다. 그리고 온 세계에 뭔가 옳지 않은 것이 있어도 그것이 나에게 옳다면, 즉 내가 그것을 원한다면, 나는 전 세계에 대해 아무것도 문제삼지 않을 것이다. 그래서 모든 인간은, 자신을 가치 있게 여기는 방법을 아는 인간은 모두, 자신이 에고이스트인 정도에 따라 그렇게 행한다. 왜냐하면 힘은 권리에 앞서기 때문이다. 그리고 그것은 완벽한 권리(옳음)이기 때문이다.

나는 '본래(자연적으로)' 하나의 인간이기 때문에 모든 재화를 즐길 평등한 권리가 있다고 바뵈프[20]는 말했다. 그는 또한 다음과 같이 말해야 하지 않았을까? 즉 자신은 '본래' 첫째 왕자이기 때문에 왕좌에 대한 권리가 있다고. 인권과 '기득권'은 결국 똑같은 것에 귀착한다. 즉 나에게 하나의 권리를 부여하는 자연에 귀착한다. 곧 자연에서 나에게 권리가 생긴다는 것이다. 나아가 상속 등도 그렇다. '내가 인간으로 태어났다'는 것은 '나는 왕의 아들로 태어났다'는 것과 같다. 자연적 인간은 단 하나의 자연적 권리

---

20) 프랑수아 노엘 바뵈프(1760~1797)는 프랑스의 사회사상가이자 정치인으로 프랑스 대혁명 중 로베스피에르를 비판하다가 비밀결사인 '평등자 협회'를 결성하여 무력 폭동을 음모했다는 이유로 처형되었다.

(그는 자연적인 힘을 가지고 있기 때문에)와 자연적인 요구만을 갖는다. 그는 출생에 따른 권리와 출생에 따른 요구를 갖는다. 그러나 자연은, 오로지 나의 행위만이 그것에 대한 권리를 나에게 부여하는 것에 권리를 부여할 수 없고 권능이나 힘을 내게 부여할 수 없다.

왕의 자식이 스스로를 다른 자식보다 높은 지위에 놓는 것, 이것이 바로 왕의 자식의 행위이며 자신에게 우선권을 부여하는 것이다. 그리고 다른 아이들은 이 행위를 승인하고 인정하는 것이 그들의 행위이며, 이는 그들이 신하가 되기에 합당하게 만든다.

나에게 하나의 권리를 주는 것이 자연이든, 신이든, 인민의 선거 등이든 간에 그 권리는 모두 마찬가지로 나와 무관한 권리이고, 내가 나 자신에게 부여하거나 취하는 권리가 아니다.

따라서 공산주의자들은 평등한 노동이 인간에게 평등한 향유의 권리를 부여한다고 말한다. 이전에는 '유덕한' 인간이 지상에서 '행복한' 인간이어야 하는지 아니어야 하는지에 대한 의문이 제기되었다. 유대인들은 실제로 '네가 이 땅에서 행복하게 될 것'이라는 추론에 이르렀다. 그러나 평등한 노동이 당신에게 향유의 권리를 부여하지 않고, 평등한 향유만이 당신에게 평등한 향유의 권리를 부여한다. 향유하라, 그러면 당신은 향유에 대한 권리를 갖는다는 것이다. 그러나 만약 당신이 일을 해서 즐거움을 빼앗겼다면 '그것은 당신에게 자업자득이다.'

당신이 향유를 취한다면 그것은 당신의 권리이다. 반대로 당신이 손을 대지 않고 애통해하기만 하면, 향유는 그것에 대해 특권을 누리는 인간들의 '기득권'으로 이전과 같이 남게 된다. 그 향유는 그들의 권리이다. 그러나 그것에 손을 대면 당신의 권리가 된다.

'소유의 권리'를 둘러싼 갈등이 격렬한 소동으로 흔들리고 있다. 공산주의자들은 "땅은 그것을 경작하는 자의 것임이 합법이고 땅의 소산물은 그것을 가져오는 자의 것이다"[21]라고 주장한다. 그러나 나는 그것을 취할 줄 아는 인간, 또는 그것을 빼앗기지 않는 인간, 빼앗기지 않도록 하는 인간의 것이라고 생각한다. 그가 그것을 자신의 소유로 할 때, 땅뿐만 아니라 그것에 대한 권리도 그에게 속한다. 이것은 에고이스트적인 권리이다. 즉 그것은 나에게 옳은 것이고, 그러므로 그것은 권리이다.

그렇지 않으면 권리는 그야말로 '납으로 만든 코'[22]를 갖는다. 나를 공격하는 호랑이는 권리를 가지며, 호랑이를 공격하는 나도 권리를 갖는다. 그러나 나는 호랑이에 맞서 나의 권리가 아니라 나 자신을 지킨다.

인권은 항상 주어지는 것이기 때문에 실제로는 항상 인간이 서로에게 부여하는, 즉 '인정'하는 권리로 귀착한다. 신생아에게 생존권이 인정되면 그들은 권리를 갖는다. 스파르타인과 고대 로마인의 경우처럼 아이들에게 그것을 인정하지 않는다면 그들은 그것을 갖지 못한다. 왜냐하면 오직 사회만이 그것을 그들에게 주거나 '인정'할 수 있고, 그들 자신은 스스로 그것을 가져갈 수도 없고 스스로에게 줄 수도 없기 때문이다. 그럼에도 불구하고 아이들은 '태생적으로' 생존할 권리가 있다는 데에 반대할 사람도 있을 것이다. 스파르타인만이 이 권리에 대한 인정을 거부했다. 그러나 그때 그들은 단지 이 인정을 받을 권리가 없었다. 그들이 맹수 앞에 던져진 자신의 생명을 인정했어야 했던 만큼 그러하다.

인간들은 생득권에 대해 너무 많이 이야기하고 불평한다.

..
21) (원주) August Becker, *Die Volksphilosophie unserer Tage*(Neumünster, 1843), p. 22f.
22) 될 대로 된다는 뜻.

우리와 함께 태어난 권리에 대해

유감스럽게도 그것은 문제가 안 된다.[23]

그렇다면 나와 함께 태어난 권리는 과연 무엇일까? 장자상속권, 왕위계
승권, 왕족 또는 귀족의 교육권, 아니면 가난한 부모에게서 태어나 빈민학
교에 다니고 자선 기부금으로 옷을 입고 마침내 탄광이나 베틀에서 빵과
청어를 벌기 위해 일하는 권리인가? 이것이 생득의 권리, 출생에 의해 부
모로부터 내려온 권리가 아닌가? 당신은 아니라고 말한다. 당신은 그것이
부적절하게 불리는 권리일 뿐이라고 생각하지만, 그것이야말로 우리가 진
정한 생득권을 통해 폐지하려고 노력하는 권리일 뿐이라고 말한다. 이에
대한 근거를 제시하기 위해 가장 단순한 것으로 돌아가서 모든 인간은 태
어날 때부터 타자와 동등하다고 단언한다. 즉 모두 하나의 인간이라고 주
장한다. 나도 모든 인간이 인간으로 태어나므로 새로 태어난 인간은 서로
평등하다는 것에 대해 당신에게 동의할 것이다. 그들은 왜 그러한가? 오로
지 그들이 아직 벌거벗은 어린 인간, 즉 인간의 자식들, 벌거벗은 작은 인
간으로서 자신을 드러내고 발휘하지 않기 때문이다. 그러나 이로써 그들
신생아들은 이미 스스로 무엇인가를 만든 자들, 따라서 더 이상 '인간의 아
들'이 아니라 스스로 창조한 자들과 다르다. 후자는 단순한 생득권 이상의
것을 소유하고 있다. 그들은 권리를 획득한다. 이 얼마나 대조적인가? 이
것이야말로 전쟁터 아닌가! 생득의 권리와 기득의 권리 사이의 오래된 전
투. 여하튼 당신의 생득권에 호소하라. 인간들은 반드시 기득권으로 당신
에게 반대할 것이다. 둘 다 '권리의 기초' 위에 서 있다. 왜냐하면 두 인간

∙∙
23) 괴테의 『파우스트』 중에서 메피스토텔레스가 한 말.

모두 각각 다른 인간에 대해 하나의 '권리'를 가지고 있기 때문이다. 즉 하나는 생득권이나 자연권을 갖고 다른 하나는 기득권을 갖기 때문이다.

당신이 권리의 기초에 남아 계속 고집한다면, 당신은 자기 학설을 고집하게 되는(Rechthaberei)[24] 것이다.[25] 타자는 당신에게 당신의 권리를 줄 수 없다. 그는 당신을 '공정하게 취급할'[26] 수 없다. 힘을 갖는 인간이 권리를 갖는다. 당신이 힘을 갖지 못하면 권리도 갖지 못한다. 이 정도의 지혜를 얻기가 그렇게 어려울까? 그러면 힘이 있는 자들과 그들의 행동을 보라! 물론 여기서는 중국과 일본에 대해서만 말한다. 중국인과 일본인이여, 한 번만 시도하여 그들이 잘못되었음을 확인하고 경험을 통해 그들이 어떻게 당신을 교도소에 가두었는지 배우라(단 이를 중국과 일본에서 허용되고 있는 '선의의 조언'과 혼동해서는 안 된다. 왜냐하면 그들은 권력자를 방해하지 않고 필경 조장하는 것이기 때문이다). 그들이 잘못되었다고 한다면 그들에게는 오직 한 가지 길, 즉 힘의 길만 열려 있을 것이다. 그들이 그의 힘을 빼앗는다면 그는 정말로 그들을 잘못된 길로 인도하고 그들의 권리(정의)를 박탈할 것이다. 그렇지 않은 경우에 그는 주머니에 있는 작은 주먹을 꽉 쥐거나, 눈에 띄는 바보로 희생되는 것 외에는 다른 아무것도 할 수 없다.

요컨대 중국인이나 일본인이 권리를 요구하지 않고 특히 '생득'의 권리를 요구하지 않았다면, 기득권을 추구할 필요도 전혀 없었을 것이다.

당신이 타자 앞에서 먼저 겁에 질리는 것도, 당신이 그들 대신 권리의

••

24) 원래 뜻은 권리나 정의를 갖는 것.
25) 『파우스트』 중에서 메피스토텔레스의 말. (원주) "나의 폐를 살려주세요! 자신이 옳다는 것(권리)을 주장하는 인간이 한 치의 혀를 가지고 있다면, 세계의 모든 상황에도 불구하고 그것을 주장할 수 있습니다!"
26) 본래는 '권리를 부여한다'는 뜻.

망령을 본 것처럼 믿기 때문이다. 그 망령이 호메로스[27] 전사들처럼 그들의 편에서 여신으로서 싸우고 그들을 돕는 것처럼 보이기 때문이다. 그러면 당신은 무엇을 하는가? 당신은 창을 던지는가? 아니다, 당신은 그 요괴를 당신의 편에 서도록 겁을 주기 위해 기어다니고 있다. 당신은 망령의 호의를 구한다. 그러나 타자는 단순히 이렇게 묻는다. 상대방이 원하는 대로 내가 할 것인가? '아니다!' 이제 그를 위해 수천 명의 악마 또는 신이 싸울 수 있다. 나는 그에게 똑같이 간다!

《포시세 차이퉁》지가 대변하는 '법치국가'는 관료가 행정에 의해서가 아니라 그들 관료 재판관에 의해서만 임명되어야 한다고 주장한다. 헛된 환상이다! 가령 한 번 술에 취한 것이 목격된 공직자는 직위를 상실하는 것이 법으로 정해져 있다면, 재판관들은 증인들의 진술에 따라 그에게 판결을 내려야 할 것이다. 요컨대 입법자는 관직의 상실을 야기할 가능성이 있는 모든 근거를 정확하게 진술하면 된다. 그것이 아무리 어리석다 해도 열거하는 것으로 충분하다(가령 상사의 얼굴을 비웃는 자, 매주 일요일에 교회에 가지 않는 자, 4주마다 영성체를 하지 않는 자, 빚을 지고 있는 자, 평판이 좋지 않은 동료가 있는 자, 결단력이 없는 자 등은 파면될 것이다. 이를 입법자는 가령 명예 재판이라는 형태로 논의할 수 있다). 그러면 재판관은 요컨대 피고가 그러한 '죄과'에 대해 '책임을 지는지' 여부를 규명하고, 확보된 증거를 제시하여 '법의 이름으로' 그에게 해임을 선고해야 한다.

재판관은 기계적인 것을 그만두었을 때, 즉 '증거의 규칙에 의해 버림받

27) 호메로스는 고대 그리스 말기에 활동했던 유랑 시인이다. 현존하는 고대 그리스어로 쓰인 가장 오래된 서사시 『일리아스』와 『오뒷세이아』 및 그 밖에 여러 서사시의 작가이며, 맹인 시인으로 알려졌다.

앉을 때' 길을 잃는다. 그런 다음 그는 더 이상 타자들과 같은 의견 외에는 아무것도 가지고 있지 않다. 그리고 만약 그가 이 의견에 따라 결정한다면 그의 행동은 더 이상 직무행위가 아니다. 재판관으로서 그는 법에 따라서 만 결정해야 하기 때문이다. 나는 과거에 무엇이 옳은 일인지 스스로 조사하고 자신들의 승인을 받은 후에만 등록하기를 원했던 옛 프랑스 의회를 추천한다. 그들은 최소한 자신의 권리(정의)에 따라 판단했고, 비록 재판관으로서 자신의 기계가 되어야 하지만, 스스로를 입법자의 기계에 기꺼이 내주지 않았다.

형벌은 범죄자의 권리라는 말이 있다. 그러나 불처벌 역시 그의 권리이다. 그의 사업이 성공하면 그에게 당연하고, 성공하지 못해도 똑같이 그에게 당연한 것이다. 즉 당신은 침대가 마련되면 거기에 누워 잠을 자는 것이다.[28] 어떤 인간이 무모하게 위험에 빠져 그 속에서 죽는다면, 우리는 '그에게 당연한 일이 생겼고, 그가 그렇게 하기를 원했다'라고 말하기 쉽다. 그러나 그가 위험을 극복했다면, 즉 그의 힘이 승리했다면 그는 역시 옳았다고 할 것이다. 아이가 칼을 가지고 놀다가 상처를 입으면 당연하다고 간주된다. 그러나 상처를 입지 않아도 당연하다고 간주된다. 그러므로 범죄인이 범행으로 고통을 겪을 때 틀림없이 당연하다고 한다. 가능한 결과를 알고 있었기 때문에 무엇을 위해 위험을 감수했을까? 하는 것이다. 그러나 우리가 그에게 내리는 형벌은 우리의 권리일 뿐 그의 권리가 아니다. 우리의 권리는 그의 권리에 대항하여 반응하고, 그는 '잘못된 일'을 하였다고 말한다. 왜냐하면 우리가 우위를 점하기 때문이다.

권리라는 것, 하나의 사회에서 무엇이 옳은지는 역시 법률에 명시되어

∴

28) 인과응보라는 뜻.

있다.

법률이 무엇이든 간에 충성스러운 시민은 법률을 존중해야 한다. 따라서 오래된 대영제국의 준법정신은 찬사를 받는다. 이에 대해 에우리피데스의 말[29]이 다음과 같이 전적으로 일치한다. "설령 신이 무엇이든 상관없이 우리는 신을 섬긴다." 지금 우리는 법률 일반, 신 일반이라는 것에까지 왔다.

인간들은 법률과 자의적 명령을 구별하는 데 힘을 쏟고 있다. 법률은 권리 있는 권위에서 나온다고 한다. 그러나 인간 행동에 관한 법(윤리적 계율, 국법 등)은 항상 의지의 선언이며, 따라서 명령이다. 그렇다. 내가 나 자신에게 법을 주었다고 해도 그것은 요컨대 내 명령일 뿐이고, 따라서 나는 다음 순간에 복종을 거부할 수 있다. 인간은 분명 그가 무엇을 시인할 것인지 충분히 선언할 수 있고, 따라서 하나의 법률에 따라 반대를 물리치고, 범죄자를 그의 적으로 취급할 것이다. 그러나 아무도 내 행동을 명령하고 내가 어떤 길을 갈 것인지 말하고 그것을 다스리는 규범을 제정할 수 없다. 그가 나를 그의 적으로 취급하는 것을 나도 감수해야 한다. 그러나 그가 나를 그의 피조물로서 멋대로 취급하고 그가 그의 이성, 심지어는 비이성적인 것을 나의 지침으로 삼는 것은 결코 참을 수 없다.

국가는 지배의지가 있어야만 존속하며, 이 지배의지를 자기의지와 동일시한다. 지배자의 의지는 법률이다. 아무도 당신의 법을 지키지 않는다면 당신에게 당신의 법은 무엇일까? 아무도 당신의 명령에 따르지 않는다면 당신의 명령은 무엇일까? 국가는 개인의 의지를 규정하고 이에 대해 평가

29) (원주) Euripides, *Orestes*, 412. (옮긴이주) 에우리피데스(기원전 485~406경)는 그리스의 비극 시인으로 소피스트의 영향을 받아 신화나 종교 등을 비판하는 작품을 썼다. 『오레스테스』 3부작은 「아가멤논」, 「제주를 바치는 여인들」, 「자비로운 여신들」로 구성된다.

하고 예정한다는 요구를 포기할 수 없다. 국가를 위해서는 아무도 자신의 의지를 갖지 않는 것이 절대적으로 필요하다. 만약 어떤 인간이 자기의지를 갖는다면, 국가는 그를 배제(감금, 추방 등)해야 할 것이다. 모든 인간이 이를 갖는다면 그들은 국가를 없애버릴 것이다. 국가는 지배와 예속(예종) 없이 생각할 수 없다. 왜냐하면 국가는 자신이 포용하는 모든 자의 주인이 되어야 하며, 이 의지를 '국가의지'라고 부른다.

주인이 하인에 의해 만들어지는 것과 같이, 자신의 존립을 유지하기 위해 타자의 무의지성을 예정해야 하는 인간은 그러한 타자가 만든 것이다. 복종을 그치면 모든 지배도 끝난다.

나의 고유한 의지는 국가를 파괴하는 것이다. 따라서 그것은 국가에 의해 '자기의지(Eigenwille)'로 낙인찍힌다. 자기의지와 국가는 치명적인 적대 관계에 있는 권력이며, 그 사이에는 '영구 평화'[30]가 불가능하다. 국가가 스스로를 주장하는 한 국가는 자기의지와 적대적인 상대를 이성적인 악으로 드러낸다. 자기의지에도 그렇게 믿게 한다. 그야말로 자기의지가 또 그렇게 믿게 하기 때문에 현실적으로 그렇게 된다. 자기의지는 또 자기 자신에게 자신의 존엄 의식에 도달하지 않아서 여전히 불완전하고 여전히 좋은 말을 들을 수 없다.

모든 국가는 전제정부이다. 전제자가 하나든 여럿이든 간에 하나의 전제정부일 뿐이다. 또 공화국에 대해 상상할 수 있듯이 모두가 주인이라면, 즉 각사가 서로를 압도히게 되면 관계없다. 이에 해당되는 사태란 어떤 경우에도 주어진 법률, 가령 국민의회가 표명한 의사가 그 후 개인에게는 복종의 책임을 지는 법률이 되는 경우이며, 또는 이에 대해 복종의 의무를 지

30) 이마누엘 칸트의 『영구 평화론(*Zum ewigen Frieden*)』 참조.

는 경우이다. 국민의 모든 개인이 같은 뜻을 표명하여 완전한 '총의'가 생겨났다고 생각해도 문제는 여전히 동일할 것이다. 나는 오늘 그리고 앞으로도 어제의 의지에 얽매이지 않겠는가? 그 경우 내 의지는 경직된다. 비참한 고정성이다! 내 피조물, 즉 나의 일정한 의지의 표현이 내 명령자가 되는 것이다. 그러나 나는 내 의지를, 창조자인 나는 나의 흐름과 소멸에 방해를 받아야 한다. 왜냐하면 어제 내가 바보였기 때문에 평생 그렇게 살아야 한다. 그래서 나는 국가 생활에서 최고이다. 최악의 경우는 내 자신의 노예가 되는 것이다. 나는 어제 하나의 의지자였기 때문에 오늘 나는 하나의 무의지자가 되고, 어제의 자발성으로 인해 오늘은 비자발적이 된다.

어떻게 하면 바꿀 수 있을까? 내가 어떤 의무도 인정하지 않고, 나 자신을 구속하거나 구속되지도 않는 것, 오로지 그것에 의할 뿐이다. 나에게 아무런 의무가 없다면 나는 법률도 모른다.

'그래도 그들은 나를 구속할 것이다!' 그러나 내 의지는 누구도 구속할 수 없으며 내 반항의지는 여전히 자유롭다.

'만일 모든 인간이 자기가 하고 싶은 일을 할 수 있다면 모든 것이 뒤죽박죽이 된다!' 모든 인간이 모든 것을 할 수 있다고 누가 말하는가? 본래 모든 것을 참을 필요가 없는 당신은 무엇을 위해 거기에 있는가? 자신을 방어하라. 그러면 아무도 당신에게 아무 짓도 하지 않을 것이다! 당신의 의지를 파괴하려는 인간은 당신과 관련이 있으며 당신의 적이다. 그에 대해서도 적으로 처리하라. 당신의 뒤에서 당신의 보호를 위해 수백만 명이 더 있다면, 당신은 강력한 힘이며 쉽게 승리할 것이다. 그러나 당신이 설령 권력으로서 상대를 압도한다 하더라도 그가 단순한 사람이 아닌 한, 당신은 여전히 그에게 신성한 권위가 아니다. 두말할 필요도 없이 그는 하나의 악인이어야 한다. 그가 당신의 능력을 고려해야 할지라도 당신에게 존경과 외경을 표할 의무는 없다.

우리는 '최고의 권력(폭력)'이 분배되는 다양한 방식에 따라 여러 국가를 분류하는 데 익숙하다. 즉 어느 개인이 그것을 가지고 있다면 군주제이고, 모두가 그것을 가지고 있다면 민주제이다 등등. 여하튼 최고 권력이라는 것이다! 그렇다면 누구를 상대로 하는 권력인가? 개개인과 그 '자기의지'에 대한 것이다. 국가는 '권력(폭력)'을 행사하지만 개인은 그렇게 해서는 안 된다. 국가의 행동은 권력(폭력)의 행위이며 국가는 권력(폭력)을 '법'이라고 부른다. 이에 대해 개인의 권력(폭력)은 '범죄'라고 한다. 따라서 범죄란 개인의 권력(폭력)을 말한다. 그러므로 국가가 그의 위에 있지 않고 그가 국가 위에 있다고 할 때 그는 오로지 범죄를 통해서만 국가의 폭력을 극복한다.

이제 내가 어리석게 행동하고 싶다면 나는 선의의 인간으로서 당신에 대하여 나의 자기발전, 나의 자기활동, 나의 자기창조를 저해하는 법을 만들지 말라고 충고할 수 있다. 그러나 나는 그런 권고를 하지 않는다. 만일 당신이 그 권고를 따랐다면 당신은 현명하지 못한 바보라고 할 수 있을 것이며, 나는 나의 모든 획득물을 속였을 것이기 때문이다. 따라서 나는 당신에게 아무것도 요구하지 않는다. 내가 무엇을 요구하든 당신은 여전히 독재적인 입법자일 뿐이며 그럴 수밖에 없기 때문이다. 까마귀는 노래를 부를 수 없고 강도는 강도질을 하지 않고 살 수 없기 때문이다. 오히려 나는 에고이스트가 되려는 인간들에게 당신이 법을 제정하고 주어진 법을 존중하거나 반역을 하는 것, 그야말로 완전한 불복종을 실천하는 것 중에 어느 것을 더 에고이스트적이라고 생각하는지 묻고 싶다. 선량한 사람들은 국민 감정 중에서 옳고 합당하다고 인정되는 것만 법이라고 지정해야 한다고 생각한다. 그러나 국민 가운데, 또 국민에게 통용될 수 있는 것이 내게 무슨 상관인가? 국민은 아마도 신성모독자를 반대할 것이다. 그러므로 신성모독에 반대하는 법률이 정해진다. 그렇다면 나는 내가 모독하지 않으면 안 되는가? 이 법률은 나에게 '명령' 이상의 것인가? 그것을 나는 질문하는 것이다.

모든 권리와 모든 권력은 인민의 총체에 속한다는 원칙에서만 모든 형태의 정부(Regierungsweise)[31]가 발생한다. 왜냐하면 그들 중 어떤 정부 형태도 총체를 증거로 삼는 것을 면할 수 없기 때문이다. 전제군주도 대통령이나 귀족도 '국가의 이름으로' 행동하고 명령한다. 그들은 모두 '국가 권력'을 점유하고 있으며 이 경우, 그러한 국가의 권력을 행사하는 자가 총체로서의 인민, 즉 모든 개인(그것이 가능한 경우의 이야기이지만)이거나, 또는 그 총체의 대표자(귀족제라면 그 인간들, 군주제라면 한 사람)인지는 완전히 무관한 것이다. 총체는 언제나 개인 위에 있으며 권리가 있다(정당하다)고 불릴 수 있는 권리(정의)인 권력을 소유하는 것이다.

국가의 신성함에 반하여 개인은 오로지 불명예의 그릇일 뿐이며, 그 안에는 그가 존경의 대상으로 간주되든 아니든 간에 즉시 '교만, 사악, 조롱과 비방에 대한 열광, 천박함' 등이 남아 있다. 국가의 종들과 신하들의 종교적 거만함은 비종교적인 '교만'에 대해 마땅한 벌을 부과할 수 있다고 한다.

정부가 국가에 대립하는 모든 정신의 장난을 처벌 대상으로 선언하면 온건한 자유주의자들이 와서 재미, 풍자, 재치, 유머는 어떻게든 자유롭게 놀 수 있어야 하고, 따라서 천재는 자유를 누려야 한다고 주장한다. 그래서 개개의 인간이 실제로는 자유가 아니지만 오로지 천재는 자유로워

••
31) 이를 통치태(統治態)로 번역할 수도 있다.

야 한다고 말한다. 여기에서 너무나 정당하게도(권리를 가지고) 국가 또는 그 이름으로 정부는 말한다. 즉 국가를 지지하지 않는 자는 국가를 반대하는 것이라고 말한다. 재미, 재치 등 국정을 희극으로 바꾸는 것은 예로부터 국가를 훼손했다. 그들은 '죄가 없지' 않다. 그리고 더 나아가 죄가 있는 재치와 죄가 없는 재치 사이에는 어떤 경계가 그어져야 하는가? 이 질문에서 온건파는 큰 혼란에 빠지고, 모든 것이 국가(정부)가 너무 민감하고 까다롭지 않게 '무해한' 것들에서 즉시 악의의 냄새를 맡지 않도록, 그리고 일반적으로 약간 '더 관대하도록' 해달라는 기도로 귀결된다. 극단의 과민함은 하나의 유약함이고, 그것을 피하는 것은 하나의 찬양할 만한 미덕이기도 할 것이다. 그러나 전시가 되면 인간들은 관대하지 않게 되고, 평화로운 상황에서 허용될 수 있는 것도 계엄령이 포고되든 아니든 간에 허용되지 않게 된다. 선의의 자유주의자들도 이를 잘 알고 있으므로 '국민의 충성'에 대해서는 전혀 어떤 위험의 공포도 없다. 그러나 정부는 더 현명하고 그런 종류의 것을 믿도록 스스로 이야기하지 않을 것이다. 정부는 좋은 말로 인간을 구슬리는 방법을 너무 잘 알고 있으며 그런 거짓 요리에 만족하지 않을 것이다.

그러나 그들에게는 놀이터가 있어야 한다. 왜냐하면 그들은 아직 어린이고 노인처럼 행동하지는 못하기 때문이다. 청년에게는 덕이 없다는 것이 아닌가? 그래서 요컨대, 이 놀이터를 몇 시간 동안 즐겁게 뛰어다니며 그들은 거래한다. 그들은 국가가 비장한 아버지처럼 너무 불쾌하게 되지 않도록 요청할 뿐이다. 중세에 교회가 당나귀 행렬과 어리석은 장난을 허용한 것처럼 그런 것들을 허용해야 한다는 것이다. 그러나 위험 없이 이것을 허락할 수 있었던 시대는 지나갔다. 이제 한 번 자유로운 야외에서 징계의 채찍 없이 한 시간을 지내는 어린이들은 두 번 다시 감방에 들어가려 하지 않는다. 자유로운 야외는 이제 더 이상 감방의 보충물이 아니며, 심기일전의 놀이도 아니고, 국가와 대립적인 이것인가 저것인가(aut-aut)가 되었기 때문이다. 요컨대 국가는 더 이상 어떤 것도 참지 않거나 모든 것을 참아 파멸당하게 되었다. 국가는 철저하게 민감하거나 죽은 인간처럼 둔감할 수밖에 없다. 관용 따위는 끝났다. 국가가 손가락만 내주면 한 번에 손 전체를 잡는다. '농담'은 더 이상 있을 수 없으며 재미, 재치, 유머와 같은 모든 농담이 너무나도 심각한 문제가 된다.

언론 출판의 자유를 요구하는 '자유사상가들'의 외침은 그 자신들의 원칙, 그들 본래의 의지에 반하는 것이다. 그들은 자신들이 원하지 않는 것을 원한다. 즉 그들은 원하고, 원하는 것을 할 것이다. 그러므로 그들은 소위 언론 출판의 자유라고 하는 것이 한 번 등장했을 때 등을 돌리고, 이제는 검열을 원한다. 아주 자연스럽게 국가는 그들에게도 도덕 등과 같이 신성한 것이다. 요컨대 그들은 국가에 대하여 마치 부모의 약점을 이용하려고 애쓰는 교활한 아이들처럼 행동한다. 아버지 국가는 그들이 그를 기쁘게 하지 않는 많은 말을 하도록 허용하지만 아버지는 엄한 표정으로 그들의 무례한 말투에 파란 연필을 꽂을 권리가 있다. 만일 그들이 그에게서 아버지를 인정한다면 그들은 모든 어린이들처럼 그 앞에서 언어에 대한 검열을 참아야 한다.

당신이 타자에 의해 권리(정의)를 받는다면, 마찬가지로 당신도 그 타인의 손에 의해 무권리(부정)도 받는 것을 허용해야 한다. 그로부터 시인과 보수가 당신에게 이르면 그에 의한 고발과 처벌도 마찬가지로 기대된다. 정의에는 부정이, 합법성에는 범죄가 함께 있는 것이다. 당신은 누구인가? 당신은 하나의 범죄자이다!

"범죄자는 국가의 가장 고유한 범죄다"[32]라고 베티나[33]는 말한다. 베티나 자신은 이 말을 정확하게 이해하지 못했더라도 그 말에는 동의할 수 있다. 즉 무구속의 자아, 나는 나 자신에게만 속해 있기 때문에 국가 안에서는 나의 성취와 실현에 도달할 수 없다. 모든 자아는 태어날 때부터 국민이나 국가에 대항하는 하나의 범죄자이다. 그러므로 국가는 실제로 모든 인간을 감시하고, 각자에게서 에고이스트를 발견하며, 에고이스트를 두려워한다. 국가는 각자에 대해 최악의 상황을 가정하고 "국가에 어떤 해가 되지 않도록 하기 위해(Ne quid res publica detrimenti capiat)"[34] 주의하고, 경찰에 의한 감시를 하고 있다. 무구속의 자아 — 그리고 그것이 우리의 원래 모습이며, 우리의 은밀한 내면에 우리는 항상 그렇게 남아 있다 — 는 국가 안에서는 결코 멈추지 않는 범죄자이다. 그의 대담함, 그의 의지, 그의 경솔함과 두려움 없음에 이끌려지는 인간은 국가와 국민의 스파이들에게 둘러싸여 있다. 나는 인민의 것이라고 말한다! 인민(당신, 선량한 사람이여, 당신이 인민에게 가지고 있는 것을 멋진 것으로 생각하라)은 철저히 경찰 같은 감정으로 가득 차 있다. 자아를 버리고 '자기부정'을 실천하는 인간만이 인민에게 받아들여진다.

앞에서 인용한 책에서 베티나는 국가를 오로지 병자일 뿐이라고 생각할 만큼 충분히 선량한 성격이며, 그러한 회유를 희망할 만큼 선량하다. 즉 그녀는 "선동가"[35]를 통해 회유를 희망한다. 그러나 국가는 병들어 있지 않다. 오히려 개개인을 위해, '모두'를 위해 무언가를 얻고자 하는 선동가들을

32) (원주) Bettina von Arnim, *Dies Buch gehört dem König*(Berlin, 1843), p. 376.
33) 베티나 폰 아르님(Bettina von Arnim, 1785~1859)은 독일의 여성 작가이다.
34) 《세나투스 콘술툼 울티뭄(*Senatus consultum ultimum*)》의 일부로 국가 위기 시에 로마 원로원이 통과시킨 공공 비상사태 선언이다.
35) (원주) 베티나 폰 아르님, 앞의 책, 376쪽.

제거할 때 그 힘이 최대가 된다. 국가는 그 신봉자들 속에서 최고의 선동가(인민의 지도자)를 가지고 있다. 베티나에 따르면 "국가는 인류의 자유의 싹을 개발해야 하고, 그렇지 않으면 그것은 까마귀 어미(Rabenmutter)[36]가 되어 까마귀 먹이를 제공하는 것이다!"[37] 그러나 국가는 그 밖에 달리 할 수 없다. 왜냐하면 국가가 '인류'(이미 '인도적인' 또는 '자유로운' 국가가 되어야 하지만)를 돌보는 것에 의해 개인은 국가에게 까마귀 먹이가 되고 있기 때문이다. 반면에 저 시장은 얼마나 옳게 말하는가? "얼마나? 국가는 오로지 불치의 병자들을 돌보는 것 외에 다른 의무가 없는가? 전혀 그렇지 않다. 예로부터 건전한 국가는 병적인 부분을 가지고 있었지만 그것에서 스스로 벗어나고 그것에 섞이지 않았을 뿐이다. 국가는 자신의 수액과 함께 그렇게 경제적일 필요는 없다. 겁없는 도적의 가지를 거침없이 잘라버려서 다른 꽃도 피게 하라. 국가의 가혹함에 떨지 마라. 국가의 도덕성과 정책과 종교도 국가에게 준엄하도록 명하고 있기 때문이다. 도리어 국가가 감정이 없지 않은 점을 비난하라. 국가의 동정심은 그것에 반하지만, 국가의 경험에 의하면 오로지 그러한 심각함에서만 구원을 찾는다! 과감한 치료법만이 도움이 되는 질병이 있다. 질병을 그 자체로 인식하지만 소심하게 완화제에 의존하는 의사는 결코 질병을 고칠 수 없을 것이다. 하지만 환자가 더 짧거나 더 긴 질병 후에 굴복하게는 할 수 있다."[38] 라트 부인[39]이 "당신이 죽음을 극단적 수단으로 사용하려 한다면 어떻게 치료할 수 있을

..

36) 까마귀 어미는 나쁜 어미를 가리키는 말인데, 당시 사람들은 어미 까마귀가 새끼의 날개에 검은색이 보일 때까지 새끼에게 먹이를 주지 않는다고 믿었다.

37) (원주) 베티나 폰 아르님, 앞의 책, 374쪽.

38) (원주) 같은 책, 381~382쪽.

39) 라트 부인(Frau Rat)는 『이 책은 왕의 것이다(Dies Buch gehört dem König)』에서 대화의 주요 참여자이며 저자의 관점을 표현한다.

까?"라고 묻는 것은 옳지 않다. 국가는 자기 자신에게 죽음을 가하지 않고 공격적인 구성원에게 죽음을 적용한다. 그렇다면, 스스로 좋아하지 않는다면 그것을 도려내면 된다는 것이다.

"허약한 국가에게 유일한 구원의 길은 그 안에서 인간을 번성하게 하는 것이다."[40] 베티나가 말하듯이 인간을 '인간'이라는 개념으로 이해한다면 그녀가 옳다. '허약한' 국가는 '인간'의 번영에 의해 회복될 것이다. 왜냐하면 여러 개인이 '인간'에 열광하면 할수록 국가로서는 사정이 더 좋기 때문이다. 그러나 만약 그것이 어둡게 개인, 즉 '만인'을 의미한다면(그리고 저자도 어느 정도 그렇다. 왜냐하면 그녀는 '인간'에 관해서 여전히 모호하기 때문이다), 그것은 다음과 같은 의미가 되기도 한다. 즉 허약한 도적단의 경우, 구원의 유일한 길은 충성스러운 부르주아가 그 안에서 번영하게 하는 것이라고! 그렇게 한다면 도적단은 도적단으로서 멸망할 것이다. 그리고 그들은 그것을 인지하기 때문에 '얌전한 놈'이 되려는 경향이 있는 자들을 쏘는 것을 선호한다.

베티나는 그 책에서 하나의 애국자, 또는 그 이상으로 하나의 자선가이자 인류의 행복을 위한 일꾼이다. 그녀는 자신의 책 제목과 같은 방식으로, 오랜 좋은 신앙과 그것에 관련된 것을 불러내고자 생각하는 인간 전부에게 망령적인 것이 주어진 것과 온전히 같은 형태로, 그녀는 기존 질서에 대해 불만을 품고 있다. 그러나 정치인, 위정자 및 외교관들이 악의적인 사람, '민중을 유혹하는 자'에게 책임을 묻는 동안 그녀는 반대로 앞의 무리들이 국가를 망쳐놓았다고 생각할 뿐이다.

통상의 범죄자란, 그 자신의 것을 구하지 않고 인민의 것을 구한다고 하

··

40) (원주) 베티나 폰 아르님, 앞의 책, 385쪽.

는 치명적인 실수를 저질렀던 인간 이외의 무엇인가? 그는 타기해야 할, 자신과 무관한(타자의) 재물을 구하고 신의 것을 구하는 신자들이 하는 것과 같은 일을 했다. 범죄자를 훈계하는 제사장은 무엇을 하는가? 당신은 국가가 신성시하는 것이나 국가의 소유(물론 국가에 속한 국민들의 생명까지도 포함되어야 한다)를, 자신의 행위로 모독하는 큰 잘못을 범했다고 그에게 설교하여 눈치를 살핀다. 그러나 제사장은 그 인물이 낯선 것을 멸시하지 않고 훔칠 가치가 있다고 평가함으로써 스스로 자신을 더럽혔다고 질책할 수 있다. 만일 그가 제사장이 아니었으면 할 수 있었을 것이다. 소위 범죄자에게도 하나의 에고이스트로서 이야기하라. 그러면 그는 그가 당신의 법률과 재화를 범한 것 때문이 아니라 그가 당신의 법률을 피할 가치가 있고 당신의 재화를 구할 가치가 있다고 여겼기 때문에 스스로 부끄러워할 것이다. 또 그는 당신의 것도 일괄하여 당신 자체를 경멸하지 않은 것, 자신이 너무나도 에고이스트가 아니었다는 사실을 부끄러워할 것이다. 그러나 당신은 그와 에고이스트적으로 이야기할 수 없다. 왜냐하면 당신은 하나의 범죄자만큼 위대하지 않기 때문이다. 당신은 어떤 범죄도 범하지 않기 때문이다! 하나의 고유한 자아란 자기 자신의 자아가 범죄자가 되는 것을 멈출 수 없다는 것, 그 범죄가 자아의 생명이라는 것을 당신은 알지 못한다. 그러나 당신은 '우리는 모두 비참한 죄인'이라고 믿기 때문에 그것을 알아야 한다. 게다가 당신은 은밀히 죄를 넘어서려고 생각한다. 그러나 당신은 악마를 두려워하기 때문에 죄가 인간의 가치라는 것을 이해하지 못한다. 오, 당신이 죄를 지은 몸이라면! 그러나 이제 당신은 '정의로운' 인간이다. 따라서 당신의 주인을 위해 모든 것을 올바르게 하라!

만일 기독교 의식 또는 기독교인이 형법 법전을 편찬한다고 한다면, 범죄라는 개념이 단순히 무자비함 외에 무엇일 수 있겠는가? 어떤 심정적 관

계의 단절과 훼손, 어떤 신성한 존재에 대한 모든 무정한 태도는 범죄이
다. 관계가 심정적인 관계일수록 그 관계를 비웃는 것이 더 중대하게 되고
그 범죄에 대한 처벌은 더욱더 중대하게 된다. 주인의 신하인 자는 모두
주인을 사랑해야 하고, 그 사랑을 거부하는 것은 사형에 해당하는 반역이
된다. 간음은 형벌을 받아 마땅한 무자비한 행위이다. 그에게는 결혼의 신
성함에 대한 심정도, 감동도, 열정도 없다고 여겨진다. 심정이나 정서가 법
을 기초하는 한, 심정이 충만하거나 정서가 충만한 사람만이 법의 보호를
받게 된다. 정서적 인간이 법을 만든다는 것은 근본적으로 도덕적인 인간
이 법을 만든다는 것을 의미한다. 인간의 '도덕 감정'과 모순되는 것을 그
들은 엄금하고 처벌한다. 가령 불충성, 배신, 선서 위반, 간단히 말해서 모
든 과격한 결렬, 옛날부터 존중되어온 관계의 모든 파괴가 그들의 눈에는
도발적이고 범죄적이지 않겠는가? 정서의 이러한 요구를 깨뜨리는 자는
모든 도덕적 인간, 모든 정서적 인간을 적으로 돌린다. 요컨대 크룸마허[41]
와 그의 동료들만이, 그러한 법전 초안이 충분히 증명되듯이, 하나의 심정
의 형법전을 철저하게 제정할 수 있는 인간들이다. 기독교 국가의 일관된
입법은 전면적으로 사제의 손에 맡겨져야 하며, 항상 절반만 사제인 사제
의 하인에 의해서만 기초되는 한 그것은 순수하지도 않고 일관성도 없을
것이다. 그것이 만들어져 비로소 모든 비정서성, 모든 비심정성이 용서받
을 수 없는 범죄로 확정될 것이며, 그래야만 모든 정서의 동요가 비난받을
만하게 되고, 모든 비판과 회의에 대한 반대가 파문을 받을 것이다. 그럴
때에만 고유성의 인간은 기독교적 의식 앞에서 처음부터 유죄 판결을 받은

••
41) 프리드리히 빌헬름 크룸마허(Friedrich Wilhelm Krummacher, 1796~1868)는 독일의
    루터교 신학자이다.

범죄자가 된다.

혁명가들은 흔히 인민의 '정당한 복수'를 '권리'라고 말했다. 그리하여 복수와 권리(정의)는 여기에서 일치한다. 이것이 자아에 대한 자아의 태도가 아닌가? 인민들은 반대당이 자신들에 대해 '범죄'를 저질렀다고 울부짖는다. 내가 적합하다고 생각하는 대로 인간들이 행동해야 한다는 가정 없이 누군가가 나에게 범죄를 저질렀다고 하는 사태를 인식할 수 있을까? 그리고 나는 그러한 행동[42]을 옳은 행위, 좋은 행위 등이라고 부르고, 그것을 벗어나는 행동을 범죄라고 한다. 그래서 나는 타자들도 나와 같은 목표를 향해야 한다고 생각한다. 즉 나는 그들을 그들 자신의 법을 지니고 그것에 따라 생활하는 유일자로 취급하지 않고, 어떤 '이성적인' 법칙을 준수해야 하는 존재로 취급한다. 나는 '인간'이란 무엇인지, 그리고 '참으로 인간적인' 방식으로 행동하는 것이 무엇인지를 정하고, 이 법이 규범과 이상이 되도록 모든 인간에게 요구한다. 그것에 등을 돌리면 사람은 자신을 '죄인이자 범죄자'로 드러낼 것이다. 그러나 '유죄'에는 '법의 형벌'이 있다!

여기서 우리는 범죄, 죄, 그리고 권리의 개념까지 성취하게 하는 것이 '인간'임을 다시 한 번 알 수 있다. 내가 그에게서 '인간'을 인식하지 못하는 인간이란 '죄인'이고 '죄 있는 인간'이다.

오직 어떤 신성한 것에 대해서만 범죄자가 존재한다. 나에 대해 당신은 결코 범죄자가 될 수 없으며 오직 적일뿐이다. 그러나 어떤 성스러운 것을 해치는 인간을 미워하지 않는 것은 이미 그 자체로 하나의 범죄이다. 생쥐스트가 당통[43]에 대해 이렇게 외쳤다. "당신은 조국의 적을 미워하지 않은

∴

42) 내가 좋다고 보는 행동.
43) 당통(George Jacqes Danton, 1759~1794)은 프랑스 대혁명 시기의 정치인으로 초기에는

점에서 하나의 범죄자가 아니었는가, 책임이 없었는가?"[44]

프랑스 대혁명에서와 같이 '인간'이 '선량한 부르주아'로 이해된다면, 이 '인간'의 개념에서 우리에게 잘 알려진 '정치적 위반과 범죄'가 나온다.

요컨대 이 모든 것에서 개별자, 개개의 인간은 쓰레기로 취급되고, 반면에 보편적 인간, '인간'은 존경을 받는다. 이제 이 유령의 이름이 기독교인, 유대교인, 무슬림, 선량한 부르주아, 충성스러운 신하, 자유인, 애국자 등으로 불리는 방식에 따라, 인간에서 벗어나는 어떤 개념을 관철하려는 인간들도, 자기 자신을 관철하고자 하는 자들도 마찬가지로 승리를 자랑하는 '인간' 앞에 엎드려야 한다.

그리고 여기 엄청난 흥분 아래에서 법의 이름으로 주권 인민, 신 등의 이름으로 도축이 진행되고 있다!

나아가 박해받는 인간들이 준엄한 종교적 재판관들로부터 교묘하게 자신을 숨기고 보호한다면 인간들은 그들을 '위선자'라고 비난한다. 가령 생쥐스트가 당통을 탄핵한 연설에서 그가 고발한 사람들처럼.[45] 인간들은 하나의 어리석은 자가 되어 그들의 몰록(Moloch) 신[46]에게 자신을 바친 것이다.

범죄는 여러 가지 고정관념에 의해 성립된다. 결혼의 신성함이라는 것도 하나의 고정관념이다. 이러한 신성함으로부터 불륜은 하나의 범죄라는 결론이 나오게 된다. 따라서 특정한 결혼법에 따라 불륜에는 더 짧거나 더

··

로베스피에르, 생쥐스트 등과 함께 자코뱅파를 지도했으나 뒤에 신흥 부르주아를 대변하는 우파로 돌아서서 왕당파 재흥 혐의로 처형되었다.

44) (원주) St. Just, "Rede gegen Danton, Gehalten am 31. März 1794 im National-Konvent," *Bibliothek politischer Reden aus dem 18. und 19. Jahrhundert(Berlin, 1844)*, p. 166.

45) (원주) 같은 책, 153쪽.

46) 페니키아인이 인신을 제공하여 섬긴 불의 신.

긴 형벌이 부과된다. 그러나 이 형벌은 '자유를 신성시한다'고 주장하는 인간들에게는 자유에 등을 돌리는 범죄로 간주되어야 하며, 이러한 의미에서만 여론도 실제로 결혼법에 낙인을 찍었다.

사회는 모든 인간에게 각자의 권리를 갖게 하겠지만, 그것은 오로지 사회에 의해 신성시된 사회의 권리라고 하는 것일 뿐이고, 실제로는 각자 자신의 권리가 아니다. 그러나 나는 내 자신의 힘의 완성에 의해, 그 권리를 스스로에게 부여하거나 취하며, 모든 우월한 권력에 대항하여 나는 가장 완고한 범죄자가 된다. 내 권리의 소유자이자 창조자인 나는 나 외에 다른 어떤 권리의 원천도 인정하지 않는다. 신도, 국가도, 자연도, 나아가 '영원한 인권'을 갖는 인간 자체도, 또 신적인 권리도 인간적인 권리도 아니다.

'그 자체'로서의 권리라는 것은 따라서 나와는 아무런 관계가 없다! '절대적 권리'라고? 그런 것은 나와 무관하다! 그 자체로, 그 자신을 위해 존재하는 것! 하나의 절대적인 것! 영원한 진리와 같은 영원한 권리!

자유주의적 사고방식에 따르면 권리는 나에게 의무적인 것이다. 왜냐하면 그것은 그것을 배반하는 경우 나의 이성이 '비이성'이 되는 것처럼 인간의 이성에 의해 확립되는 것이기 때문이다. 과거에 인간들은 신의 이성이라는 이름으로 허약한 인간 이성을 꼼짝 못하게 했다. 그러나 이제는 강력한 인간 이성의 이름으로 에고이스트적인 이성이 '비이성'으로 비판된다. 그러나 바로 이 '비이성' 외에 어떤 이성도 실재하지 않는다. 신적 이성도 인간적 이성도 존재하지 않으며, 오직 주어진 시간에 존재하는 당신과 나의 이성만이 실재한다. 당신과 내가 실재하는 것처럼 실재하고, 당신과 내가 실재하기 때문에 현실적인 것이다.

권리의 사상은 본래 나의 사상이고 그것은 내 속에 그 기원이 있다. 그러나 그것이 나에게서 생겨났을 때, '말'이 나왔을 때 그것은 '육신이 된'

것, 즉 하나의 고정관념이 되었다. 그래서 나는 더 이상 그 사상에서 벗어날 수 없다. 내가 어느 방향으로 돌아도 그것이 내 앞에 서 있다. 따라서 인간들은 스스로 창조한 '권리'라는 사상의 주인이 되지 못했다. 창조자가 그 피조물에게 휘몰리고 있다. 이것은 절대적인 권리이며 나에게서 멀리 떨어져 있다. 우리는 그것을 절대적인 것으로 숭배하지만 그것을 다시 소비할 수 없으며 그것은 우리에게서 창조적 힘을 빼앗는다. 피조물은 창조자 이상의 것이 되고 '그 자체'인 것이다.

권리가 더 이상 자유롭게 돌아다니지 못하게 하고, 권리를 다시 그 근원으로, 당신 자신에게로 끌어들이면 그것은 당신의 권리가 된다. 그리고 당신에게 정의인 것이 정의가 된다.

자유주의가 '특권'에 대한 전쟁을 선포했기 때문에 권리는 그 자체의 내부로부터, 즉 권리의 토대로부터 공격을 받아야 했다.

특권화되어 있는 것과 평등화되어 있는 것, 이 두 가지 개념을 둘러싸고 지독한 싸움이 전개된다. 제외되는 것도, 허용되는 것도 같은 것을 말하는 것이다. 그것이 신이나 법과 같은 환상의 권력이든 나나 너와 같은 실재 권력이든 간에 그 앞에서 모든 인간이 '평등화'되지 않는 권력, 어떤 차별도 없이 적용되지 않는 권력이라는 것이 존재할까? 신은 자신을 경외하는 모든 인간을 동등하게 사랑하며, 그가 준법의 인간이라면 율법은 그것에 동등하게 동의한다. 신이나 법을 사랑하는 자가 척추장애인이든 절뚝발이든, 가난한 자이든 부자이든, 그것은 신과 율법에 아무런 관련이 없다. 당신이 물에 빠졌을 때 당신에게는 구조자로서의 흑인도, 가장 뛰어난 백인만큼 당신에게 소중하다. 그 상황에서는 한 마리 개도 당신에게는 인간 못지않은 것이다. 그러나 이와 반대로 모든 인간이 누구에게나 선호되거나 무시되는 경우가 있을 수 있을까? 신은 그의 진노로 악인을 벌하고, 율법도 위법한 자를 꾸짖는다. 당신도 매 순간마다 어떤 사람은 당신을 방문하게 하지만 다른 사람에게는 나가라고 하지 않는가.

'권리의 평등'은 하나의 망상일 뿐이다. 왜냐하면 권리란 은총 그 이상도 이하도 아니고, 스스로의 공적에 의해 얻어지는 것이기 때문이다. 공적과 은총은 서로 모순되지 않고 은총도 '공적에 의해 얻어지는' 것을 좋아하기 때문에 은총의 미소는 오로지 우리에게서 그것을 강요하는 방법을 아는 인간에게만 떨어지기 때문이다.

그래서 인간들은 '모든 국가의 모든 시민이 평등한 권리를 가지고 서로 나란히 서는' 꿈을 꾸고 있다. 국가에 대해 그들은 국민으로서 모두 평등하다. 그러나 스스로의 특별한 목적에 따라 국가는 그들을 나누어서 우대하거나 경시한다. 그리고 더욱이 국가는 나아가 그들을 선량한 시민과 악한 시민으로 구별해야 한다.

브루노 바우어는 '특권'이 정당화될 수 없다는 관점에서 유대인 문제를 처리한다. 그 이유는 유대인과 기독교인은 서로 장점이 있고 이 장점을 갖는다는 점에서 배타적이며, 따라서 비판가의 시선 앞에서 그들은 무(無, Nichtigkeit)로 돌아가기 때문이다. 그들과 함께 국가에게도 비난이 쏟아진다. 즉 국가는 그들의 장점을 권리화하고 그것을 하나의 '특권'으로 각인하지만, 바로 그 점 때문에 같은 비난을 받는다. 즉 그것에 의해 하나의 '자유로운 국가'가 된다는 사명을 스스로 훼손한다는 것이다.

그러나 이제 모든 인간은 타자보다 장점이 있다. 즉 그것이 그 자신 또는 자신의 유일성이고, 여기서 모든 인간은 배타적이고 독선적이다.

그리고 다시 말하지만, 제3자 앞에서 모든 인간은 자신의 특이성(Eigentümlichkeit)을 가능한 한 좋게 보이려고 하며, 만약 그가 제3자를 이기고 싶다면 그것이 그에게 매력적으로 보이도록 노력한다.

그런데 제3자는 각자 서로의 차이에 무감각한 것일까? 그들은 자유 국가 또는 인류에게 그것을 요구하는가? 그렇다면 이것들은 당연히 절대적으로 이기심이 없어야 하고, 그 누구에게도 특정한 공감을 가질 수 없는 것이어야 한다. 자신의 신자를 악인과 구별하는 신이나, 선량한 시민과 악인을 분리하는 방법을 알고 있는 국가는 모두 그렇게 무관심한 것으로 생각되지 않는다.

그러나 그들은 더 이상 '특권'을 부여하지 않는 바로 이 제3자를 찾고 있다. 그런 다음 그것은 아마도 자유 국가나 인류 등으로 불릴 것이다.

브루노 바우어는 기독교인과 유대인을 그들이 주장하는 '특권' 때문에 낮게 평가하므로, 그들은 자기부정이나 이타성으로 그들의 한정된 입장에서 스스로를 자유롭게 할 수 있어야 하고 또 자유롭게 되어야만 한다. 그들이 그 '에고이즘'을 버리면 상호 간의 잘못이 끝나고, 이에 따라 기독교와 유대교의 종교성도 사라질 것이다. 요컨대 그들 중 누구도 더 이상 어떤 특수한 것을 원하지 않아야만 할 것이다.

그러나 그들이 이 배타성을 포기한다면 그들이 가진 적대감의 근거는 사실상 아직 버려지지 않았을 것이다. 그들은 그들이 그 속에서 연합하고자 하는 제3자, 즉 '보편적 종교'나 '인류의 종교' 등을 찾을 것이다. 요컨대 어떤 조정책이나 타개책을 찾을지 모르지만, 그 조정책이라는 것은 가령 모든 유대인이 기독교인이 된다면, 그것과 동시에 서로에 대한 '특권'도 끝이 날 것이므로 그런 형태의 조정책보다도 더 좋을 필요는 없을 것이다. 그래서 긴장은 정말로 사라지겠지만, 여기에 양자의 본질이 있는 것이 아니라, 그 긴장에는 그들의 근접성만이 존재한 것에 불과했다. 서로 다르기 때문에 그들은 반드시 상호 저항해야 하며, 그 격차는 항상 남는다. 사실상 당신이 나에 대해 스스로를 긴장시키고 당신의 특수성이나 특질을 주장하는 것은 당신의 잘못이 아니다. 당신은 양보하거나 당신 자신을 부정할 필요가 없다.

만일 인간들이 오로지 '합일적' 제3자에게 자리를 만들어주기 위해서만 '해소'하려고 한다면, 그것은 대립의 의미를 너무 형식적으로 약하게 해석하는 것이다. 대립은 오히려 날카로워져야 한다. 유대인이자 기독교인으로서 당신은 너무 경미한 대립 속에 있으며, 소위 황제의 수염에 관한 것처럼 사소한 일을 둘러싸고 종교에 대해서만 논쟁하는 것에 불과하다. 실제로 종교에서는 적이어도 나머지에서는 여전히 좋은 친구로 남아 있으며, 인간으로서 서로 평등하다. 그럼에도 불구하고 나머지에서도 각각 다르다. 그러므로 당신이 대립을 전적으로 승인하고 유일자로서 자기를 주장한다면, 각자가 머리부터 발끝까지 유일자로서 자기를 주장한다면, 그때 비로소 당신은 당신의 대립을 단순히 덮어서 가리는 바보짓은 하지 않게 될 것이다. 그때에는 물론 그때까지의 대립이 확실히 해소될 것이지만, 오직 그것은 더 강력한 대립이 종래의 그것을 이겼기 때문이다.

우리의 약점은 우리가 타자에 대하여 대립 관계에 있다는 것이 아니라 우리가 완전히 대립하지 않는다는 것, 즉 우리가 그들로부터 완전히 단절되지 않았다는 것, 또는 우리가 하나의 '공동성', 하나의 '끈'을 추구한다는 것, 우리가 공동체 안에서 이상을 발견하고 있다는 점에 있다. 하나의 신앙, 하나의 신, 하나의 이념, 만인을 위한 하나의 모자라는 것이다. 모두가 하나의 모자 아래 모이게 된다면 확실히 아무도 더 이상 타인 앞에서 모자를 벗을 필요가 없게 될 것이다.

마지막이자 가장 결정적인 대립, 즉 유일자 대 유일자의 대립은 근본적으로 대립이라고 불리는 것 너머에서 나오지만, 그것은 '통일'이나 일치로 되돌아가는 것이 아니다. 유일자로서 당신은 더 이상 타자와 공통점이 없으며, 따라서 분열하거나 적대적인 것도 없다. 당신은 제3자 앞에서 타자에 대한 권리(정의)를 주장하지 않으며 타자와 함께 '권리의 근거'나 다른 어떤 공통체적인 것의 근거 위에 서지도 않는다. 대립은 완전한 구별성과 유일성 속에서 사라진다. 이것은 참으로 새로운 공동성 또는 새로운 동등성(Gleichheit)으로 간주될 수 있다. 그러나 이 동등성은 정확히 비동등성에 존립하는 것이며 그 자체는 비동등성에 지나지 않는다. 하나의 동등한 비동등성인 동등성 자체는 오로지 어떤 '비교(Vergleichung)'를 시도하는 인간에게만 해당된다.

특권에 대한 논쟁은 자유주의의 특징을 형성하는데, 자유주의는 특권에 대하여 분개한다. 왜냐하면 그 자유주의 자체가 권리를 요구하기 때문이다. 그러나 자유주의는 그 점에서 분개할 뿐이다. 왜냐하면 특권도 권리의 일종이어서 권리가 무너지기 전에 특권이 무너지지 않기 때문이다. 그러나 권리가 권력에 삼켜질 때, 즉 '권력이 권리보다 앞선다'는 말의 의미를 이해할 때 권리는 무로 돌아간다. 모든 권리는 그때 자신을 특권으로 나타내고 특권 자체가 권력, 즉 우월한 권력이라는 것을 나타낸다.

그러나 우월한 힘에 대한 강력한 전투는 '권리'라고 하는 1심 재판관의 면전에서 그 재판관의 정신을 체현하여 싸우는 반특권에 대한 겸손한 전투와 완전히 다른 얼굴을 보여야 하지 않겠는가?

이제 결론적으로, 나는 중간 형태의 표현을 철회해야 한다. 그것은 아직 내가 권리의 내장에 뿌리를 두고 있고, 적어도 그 단어가 서 있을 때에만 사용하고자 생각한 것이다. 그러나 사실, 개념과 함께 단어도 그 의미를 잃는다. 내가 '나의 권리'라고 부른 것은 더 이상 '권리'가 아니다. 왜냐하면 권리라는 것은 오직 어떤 정신(자연의 정신이든, 유의 정신이든, 신의 정신이든, 폐하 등의 정신이든 간에)에 의해서만 부여될 수 있기 때문이다. 그러나 내가 권리를 부여하는 정신 없이 소유하는 것, 나는 그것을 권리 없이 소유한다. 나는 내 힘을 통해서만 그것을 소유한다.

나는 어떤 권리도 요구하지 않고, 그러므로 어느 권리도 인정할 필요가 없다. 나는 스스로 얻을 수 있는 것은 얻고, 얻을 수 없는 것에 대해서는 어떤 권리도 없으며, 따라서 말도 안 되는 권리를 과시하거나 스스로를 위안하지도 않는다.

절대적 권리와 함께 권리 자체가 소멸하고, '권리라는 개념'의 지배도 동시에 소멸한다. 왜냐하면 지금까지의 여러 가지 개념, 이념, 원리가 우리를 지배하며, 이러한 여러 가지 지배자 중에서도 권리 개념 또는 정의 개념이 가장 중요한 역할 중 하나를 수행했다는 사실을 잊어서는 안 된다.

권리가 있건 없건 간에 그것은 나와 상관이 없다. 만약 내가 강력하기만 하면 나는 이미 나 자신에게 권리 권능을 줄 수 있고 어떤 타자의 권리 수여도 필요로 하지 않기 때문이다.

권리란 하나의 광기이고, 하나의 망령에 의해 주어진다. 힘, 그것은 나 자신이고, 나는 강력한 자이며 힘의 소유자이다. 권리란 내 위에 있고 절대적인 것이며, 무엇인가 더 높은 것 안에 실존하며, 그 자체의 은총으로 나에게 흘러든다. 권리란 재판관의 은총의 선물이다. 힘과 권력은 오직 내 속에, 힘 있는 권력자에게만 실존한다.

2. 나의 교류

공동체와 사회 속에서 인간적인 요구는 기껏해야 충족될 수 있지만 이기적 요구는 항상 무시될 수밖에 없다.[47]

근대가 어떤 문제에 대해서도 '사회적' 문제에 대해서만큼 활발한 관심을 보이지 않는다는 것은 누구도 피할 수 없기 때문에 우리는 특히 사회에 시선을 돌려야 한다. 사회에 대한 관심이 덜 열정적이고 맹목적이라면, 인간들은 사회를 바라보면서 그 안의 개인을 이 정도로 간과하지 않을 것이며, 또 사회를 구성하고 조성하는 여러 개인들이 옛날 그대로 있는 한에서는 사회도 새롭게 될 수 없다는 것을 인식하게 될 것이다. 가령 이 지상에 하나의 새로운 신앙을 퍼뜨리는 사회가 유대 민족 안에 출현했다고 한다면, 그 사도들은 어떤 경우에도 바리새인으로 남을 수 없었다.

당신은 있는 그대로의 당신 자신을 드러내고 인간들에게 그렇게 행동한다. 즉 위선자는 위선자로, 기독교인은 기독교인으로 그렇게 한다. 따라서 어떤 사회의 구성원의 성격이 그 사회의 성격을 결정한다. 즉 그들 구성원이 사회의 창조자이다. 설령 인간들이 '사회'라는 개념 자체를 검토하려고 하지 않더라도 최소한 그것만은 인정해야 한다.

자기를 완전하게 발전시키고 관철하는 것과는 거리가 먼 인간들은 지금까지 스스로 자기 자신을 기초로 삼아 그들의 사회를 세울 수 없었다. 그보다 오히려 그들은 오로지 다양한 '사회'를 세우고 그 속에서 살아왔을 뿐이다. 그러한 사회는 항상 인격, 강력한 인격, 소위 '도덕적 인격', 즉 유령이고, 개체는 언제나 그것에 대하여 걸맞은 광기를, 유령에 대한 공포를 느껴왔다. 그러한 유령으로서 그 사회는 실로 교묘하게 '국민(Volk),'[48] 경우에 따라서는 '일부 국민(Völkchen)'이라는 이름을 갖는다. 족장제(특히 이스라엘) 국민, 헬라스 국민 등, 그리고 마지막으로 인간 국민, 즉 인류(아나

47) 『파우스트』에 나오는 메피스토펠레스의 말이다.
48) 다수, 어리석은 자들이라는 뜻도 있다.

카시스 클루츠[49]는 인류 '국가'를 몽상했다). 그런 다음 이 '국민'이 각각 분화하여 그러한 특수 사회를 가지며, 또한 가져야 한다. 즉 스페인 국민, 프랑스 국민 등이고, 그 안에 다시 신분, 도시, 즉 모든 종류의 단체가 있고, 마지막으로 극단적으로 세분화된 가족이라는 가장 작은 국민이 위치한다. 따라서 지금까지 모든 사회에서 유령처럼 배회하는 유령적 인격이 국민이었다고 말하는 대신에 두 가지 극단의 이름, 즉 '인류' 또는 '가족'이라는 이름을 들 수도 있고, 둘 다 '가장 자연발생적인 통일체'라고도 할 수 있다. 우리가 '국민'이라는 이름을 선택하는 것은, 그 유래가 그리스어 호이 폴로이(hoi polloi), 즉 '다수자' 또는 '군중'과 일치하기 때문이다. 또 그 이상으로 '국민적 노력'이 오늘날의 일상적 질서가 되어 있기 때문이고, 가장 최근의 반란자들조차도 이러한 기만적 인격을 아직 떨쳐내지 못했기 때문이다. 다른 한편으로 모든 방면에서 '인류'에 대한 열광이 시작되었기 때문에, 후자들의 언표도 '인류'라고 부르는 것에 우위를 부여하는 것이 지당함에도 불구하고 그렇다.

따라서 국민, 즉 인류나 가족은 지금까지 역사를 써온 것 같다. 그러한 사회 중에서는 어떤 에고이스트적인 관심이 나타나지 않고, 오로지 보편적인 국가적 또는 국민적 이해관계, 계급적 이해관계, 가족적 이해관계, 그리고 '보편적인 인간적 관심'만 나타날 수 있었다. 그러나 역사에 그 몰락이 언급된 여러 국민을 멸망시킨 자는 누구인가? 자신의 만족을 추구하는 에고이스트 외 누구인가! 일단 에고이스트적인 관심이 스며들면 사회는 '부

••
49) 아나카시스 클루츠(Anacharsis Clootz, 1755~1794)는 프로이센의 귀족으로 프랑스 대혁명에서 중요한 역할을 했고, 세계 의회를 처음으로 주장한 세계연방주의자이자 국제주의적 아나키스트이다. 종교를 거부하였으나 로베스피에르에 의해 처형당했다.

패'하고 로마와 같이 해체를 향해 움직였다. 로마는 고도로 발달된 사적 권리 시스템으로 증명되고, 기독교는 끊임없이 침해하는 '이성적인 자기결정', '자기의식', '정신의 자율성' 등에 의해 증명되고 있다.

기독교 민족들은 두 개의 사회를 만들어냈다. 그 사회의 지속 기간은 그 국민의 영속성과 비례한다. 그 두 가지 사회란 국가와 교회이다. 그것들은 에고이스트들의 연합이라고 할 수 있는가? 그러한 사회 안에서 우리는 어떤 에고이스트적이고 인격적이며 자기적 이익을 추구하는 것일까, 아니면 우리는 어떤 민족적인(국민적인, 즉 기독교 국민의 이해), 즉 국가적 교회적 이익을 추구하는가? 나는 내가 바라는 대로 생각하고 행동해도 될까? 나는 나 자신을 드러내고, 철저히 살며, 바쁘게 살아도 될까? 나는 국가의 존엄과 교회의 신성함을 그대로 놔두어야 하지 않겠는가?

아니다, 나는 내 뜻대로 할 수 없다. 본래 나는 어느 사회에서 무한으로 '해도 좋은' 그런 자유를 발견할 수 있을까? 절대로 그렇지 않다! 내가 비난을 받는 것이 누군가 타자의 자아에 의하거나, 또는 어느 국민, 어떤 보편적인 것에 의하거나 하는 것은 다른 문제이다. 전자의 경우에 나는 나의 적수와 대등한 적수이지만, 후자의 경우에 나는 멸시받고 구속되고 감독을 받는 적수이다. 전자의 경우에 나는 인간 대 인간의 관계에 있지만, 후자의 경우에 나는 동지에게 아무것도 할 수 없는 어린애와 같다. 왜냐하면 그 상대는 도와달라고 아버지와 어머니를 부르고, 앞치마 아래에 숨어 있기 때문에 나는 장난꾸러기처럼 꾸중을 듣고 변명을 해서도 안 되기 때문이다. 전자에서 나는 육체적인 적과 싸운다. 후자에서 나는 인류를, 보편적인 것을, '존엄한 것'을, 유령을 상대로 싸운다. 그러나 나에게는 존엄이나 성스러운 것도 제약이 아니며, 내가 극복하는 방법을 아는 것은 모두 제약이 아니다. 내가 극복할 수 없는 것만이 나의 힘을 제한하고, 그리고 제한된 힘의 나는 일시적으로 나의 밖에 있는 힘에 의해 제약을 받는 것이 아니라, 여전히 아직 부족한 나 자신의 힘에 의해, 나 자신의 무력함에 의해 제약을 받는다. 그러나 '정예 병사는 죽지만 항복하지 않는다!' 무엇보다 오직 육체적인 적이다!

나는 감히 모든 적에 맞서
내 눈으로 보고 측량할 수 있는 인간이다,
그의 패기는 싸움에 대한 내 패기를 불태운다.[50]

물론 시간이 지나면서 많은 특권이 실제로 없어졌지만 그것은 공공의 행복을 위하고 국가 및 국가의 행복을 위해서이지, 결코 나를 강화하기 위한 것은 아니다. 가령 세습적 농노제는 단 한 명의 유일한 세습 군주, 인민의 군주, 군주권을 강화하기 위해 폐지되었다. 그것에 의해 한 사람의 군주 아래의 노예적 예속은 더욱 엄격해졌다. 오로지 군주(그것이 '군주' 또는 '법률'이라고 불리지만)의 이익을 위해서만 여러 특권이 없어졌다. 프랑스에서 부르주아는 실제로 국왕의 노예가 아니라 '법(헌장)'의 노예이다. 종속은 유지되었고 오로지 기독교 국가만이 인간이 두 주인(지방 영주와 왕당 귀족 등)을 섬길 수 없다는 것을 인식했다. 따라서 한 사람의 주인이 모든 특권을 한 손에 장악했다. 그리하여 그는 다시 한 사람을 타자 위에 놓을 수 있게 되었다. 즉 그는 '높은 지위에 있는 인간'을 만들 수 있게 되었다.

그러나 공공의 행복이 나와 무슨 관계가 있는가? 공공의 행복은 나의 행복이 아니라 자기부정의 극한에 불과하다. 공공의 행복이 소리 높이 환

50) 실러, 「발렌슈타인의 죽음」 1막, 4장.

호될 때 나는 '무릎을 꿇어야(kuschen)'[51] 하고, 국가가 빛날 때 나는 굶주린다. 정치적 자유주의자들의 어리석음은 그들이 국민을 정부에 대치시키고 국민의 권리를 주장하는 데 있지 아니한가? 그때 국민은 성인이 되어야 한다고 말한다. 마치 입(Mund)이 없는 인간이 성인이 될(mündig[52]) 수 있는 것처럼 말이다. 성인이 될 수 있는 것은 오로지 개인뿐이다. 따라서 언론 출판의 자유가 '국민의 권리'로 요구된다면, 그것은 모든 문제를 뒤집는 것이다. 그것은 오로지 개인의 권리이고, 개인의 힘일 뿐이다. 국민이 언론 출판의 자유를 가질 때 나는 비록 국민 가운데 있어도 그것을 갖지 못한다. 국민의 자유는 나의 자유가 아니며, 국민의 자유로서의 언론 출판의 자유는 나에게 불리한 언론 출판법을 함께 갖는 것이다.

자유를 위한 오늘날의 노력에 반대하여 모든 인간들이 다음을 주장해야 한다.

국민의 자유는 나의 자유가 아니다!

우리도 국민의 자유와 국민의 권리라는 범주를 인정한다. 가령 모든 인간이 무기를 들 수 있는 국민의 권리이다. 그러나 그러한 권리를 박탈당하지 않았는가? 인간은 자신의 고유한 권리를 빼앗길 수 없지만, 내가 아니라 국민에게 속한 권리는 빼앗길 수 있다. 나는 국민의 자유를 위해 갇힐 수 있고, 형을 받고 무기를 가질 권리를 상실할 수 있다.

자유주의는 국민의 자유를 창출하기 위한 공동체의, '사회'의, 보편적인 것의 자유를 창출하기 위한 마지막 시도로 성인인 인류의, 성인인 국민의,

---

51) kuschen은 개에게 조용히 하라고 명령할 때만 쓰이는 단어이다.

52) mündig는 자신의 말을 한다는 뜻. 따라서 국민은 추상적 존재이기 때문에 입이 없으니 말을 할 리가 없다는 반어이다. 이는 '입'을 의미하는 Mund에서 파생되었으며, 보호자가 아닌 자신의 입을 통해 말할 수 있는 권리를 적절하게 가리킨다.

성인인 공동체의, 성인인 '사회'의 꿈으로 나타난다.

국민은 개인의 희생 없이는 자유로울 수 없다. 왜냐하면 이 자유의 핵심은 개인이 아니라 국민이기 때문이다. 국민이 더 자유로울수록 개인은 더 구속된다. 아테네 국민은 가장 자유로운 시간에 도편추방[53] 제도를 만들어 무신론자를 추방했으며 가장 정직한 사상가[54]를 독살했다.

지하 교도소에서 탈출하라는 충고를 거부한 양심적 태도로 인하여 인간들이 소크라테스에 대해 칭찬을 아끼지 않는다. 자신을 정죄할 권리를 아테네인들에게 양보했다는 점에서 소크라테스는 바보였다. 그러므로 그가 유죄 판결을 받은 것은 당연하다. 그렇다면 그는 왜 아테네인들과 동일한 입장에 서 있는 것일까? 그는 왜 그들과 헤어지지 않았을까? 그가 자신이 어떤 사람인지 알았다면, 그리고 알 수 있었다면 그러한 재판관들에게 어떠한 요구나 권리도 양보하지 않았을 것이다. 그가 탈출하지 않은 것은 그의 약점이고, 여전히 아테네인들과 어떤 공통점을 가지고 있다는 그의 망상이며, 또는 그가 국민의 일원, 단순한 일원이라는 그의 견해다. 그러나 그는 오히려 국민 자체였으며 오직 자신의 재판관일 뿐이었다. 그의 위에 있는 재판관은 없었다. 현실적으로 그 자신이 자신에 대해 공개적으로 판결을 내리고 자신이 원로원에 합당하다고 평가했기 때문이다. 그는 그 생각을 고수했어야 했다. 그리고 자신에 대해 사형선고를 하지 않은 것과 마찬가지로 아테네인들의 사형선고를 경멸하고 탈출했어야 했다. 그러나 그는 복종하고 국민을 자신의 재판관으로 인정했으며, 국민의 위엄 앞에서

••

53) 고대 그리스에서 위험한 인물이나 이단자를 민중투표에 의해 국외로 10년간 추방하는 제도로서 추방 대상자의 이름을 도자기 조각(도편)에 적은 것에서 유래했다.
54) 소크라테스를 말한다.

자신을 시시하다고 생각했다. '권력'에 대해서는 오로지 굴복할 수밖에 없는 사태가 있을 수 있었다 해도, 그 권력을 권리로 인정하고 그것에 굴복한 것은 자신에 대한 배반이었다. 즉 그것은 미덕이었던 것이다. 이야기꾼들은 자신의 하늘 군단에 대한 권력을 삼가한 것으로 추정되는 그리스도에게 이와 동일한 양심의 가책을 부여한다. 루터는 그가 보름스[55]로 가는 여행의 안전을 문서로 보증받기 위해 매우 훌륭하고 현명하게 행동했다. 소크라테스도 아테네인들이 그의 적이며 자신만이 자신의 유일한 재판관이라는 것을 알았어야 했다. '법치, 법률' 등의 자기기만은 그 관계가 권력의 관계라는 인식에 자리를 내주었어야 했다.

허무맹랑한 언쟁과 음모 때문에 그리스의 자유는 끝났다. 왜? 평범한 그리스인들은 그들 사상의 영웅인 소크라테스도 그릴 수 없었던 논리적인 결론에 도달하지 못했기 때문이다. 본래 법의 왜곡이란 기존 상태를 없애는 것이 아니라 그것을 오로지 이용하기 위한 하나의 방법인 것 아니면 무엇인가? 나는 '자신의 이익을 위해'라고 덧붙일 수 있다. 그러나 그것은 이미 '이용'이라는 것에 포함되어 있다. 신의 말씀을 '왜곡'하고 '강제'하는 신학자들도 그런 법 왜곡의 헛소리꾼이다. 그러나 기존의 신의 말이 없다면 그들은 무엇을 왜곡할 수 있을까? 그래서 '기성 질서'를 흔들고 무너뜨리기만 하는 자유주의자들도 마찬가지로 모두 그리스의 법 왜곡자들과 같은 왜곡자들이다. 소크라테스는 권리와 법을 인정했다. 그리스인들은 계속해서 권리와 법의 권위를 유지했다. 그들이 그것을 승인하면서 자신의 이익을 추구하고자 한다면, 모두 자신의 이익을 추구하고자 한다면, 그들

----

55) 1521년 3월 신성로마제국 황제 카를 5세가 보름스에서 제국 의회를 소집하고 종교개혁가 마르틴 루터를 소환해 루터의 견해를 심의했다.

은 법을 왜곡하거나 음모를 꾸미며 그것을 추구해야 했다. 천재적인 음모를 꾸민 알키비아데스[56]는 아테네의 '타락' 시기를 초래했다. 스파르타인 리산드로스[57]와 다른 동포들은 보편적으로 그리스에 음모가 있었음을 보여준다. 여러 그리스 국가가 기반을 두고 있는 그리스 법은 그 국가들 안의 에고이스트들에 의해 왜곡되고 훼손되어야 했으며, 그 결과 여러 국가가 무너지고 그로 인해 개인이 자유로워질수록 그리스 국가는 멸망했다. 왜냐하면 여러 개인은 그 국민을 자신보다도 경시했기 때문이다. 일반적으로 모든 국가, 헌법, 교회 등은 개인의 이탈에 의해 몰락한다. 왜냐하면 개인은 모든 보편성, 모든 유대, 즉 모든 족쇄의 화해할 수 없는 적이기 때문이다. 그러나 인간들은 오늘날까지 인간에게 '신성한 유대', 모든 '끈'이라는 치명적인 적이 필요하다고 망상을 한다. 세계의 역사는 아직 어떤 끈도 풀리지 않았다는 것을 보여주고, 인간은 모든 종류의 유대에 대해 끊임없이 저항한다는 것을 보여준다. 그러나 눈이 먼 인간들은 새로운 관계를 계속해서 생각하고 생각한다. 가령 소위 자유로운 헌법, 즉 아름다운 입헌의 끈이 그들을 묶는다면 그들은 올바른 길에 도달한다고 생각한다. 교단의 끈(Ordensbänder), '_____'[58] 사이의 신뢰의 끈은 점차 허약해져서 아이들의 앞치마 끈에서 바지끈과 넥타이로 바뀌었다는 것에 불과하다.

신성한 모든 것은 하나의 끈이고 구속이다.

신성한 모든 것은 법을 왜곡하는 자들에 의해 왜곡되고, 왜곡되지 않을 수 없다. 그러므로 근대에는 모든 영역에서 그러한 왜곡자들이 많다. 그들

---

56) 알키비아데스(Alcibiades, 기원전 450~404경)는 아테네의 정치가이자 장군이다. 미남으로 유명했으나 후기에 권모술수로 인해 추방되어 외국에서 암살당했다.
57) 리산드로스(Lysandros)는 스파르타의 장군이자 정치가이다.
58) 원문에도 몇 단어가 생략되어 있는데, 검열로 인해 지워진 것 같다.

은 법의 파괴자이고 불법을 준비하고 있다.

법의 왜곡과 궤변으로 고발된 불쌍한 아테네인이여! 간계를 비난당한 불쌍한 알키비아데스여! 그것은 당신들의 최고 수준, 당신들의 전진의 첫 번째 단계였다. 당신들의 아이스킬로스,[59] 헤로도토스[60] 등은 오직 하나의 자유로운 그리스 국민을 갖고자 한 것에 불과했지만, 당신들이야말로 당신들 자신의 자유를 처음으로 암시했다.

국민은 그들의 위엄보다 우뚝 솟은 자들을 억압한다. 강력한 부르주아들은 도편추방으로, 교회의 이단자들은 종교 재판에 의해, 국가의 반역자들은 '_____' 재판에 의해서이다.

국민들은 자기 주장에만 관심이 있기 때문에 모두에게 '애국적인 자기희생'을 요구하는 것이다. 따라서 각자 자체에 대해 모든 국민은 무관심하고 아무것도 아니며, 오로지 개인만이 혼자 해야 하는 일, 즉 자신의 가치화(Verwerthung)를 국민은 할 수도 없고 절대로 그 자신에게 받아들이고자 하지 않는다. 모든 국민, 모든 국가는 에고이스트에게 옳지 못하다.

개인의 해방을 허용하지 않는 제도가 단 하나라도 존재하는 한, 나 자신의 고유성과 내 것의 자기귀속은 여전히 매우 멀다. 가령 내가 어떤 제도, 어떤 헌법, 어떤 법률에 대해 서약을 하고 스스로를 묶어서 나의 국민에게 '몸과 영혼을 맹세'해야 할 때 어떻게 자유로울 수 있을까? 내 능력이 '사회의 조화를 방해하지 않는'(바이틀링[61]) 범위에서만 발전할 수 있다면 어떻게

$\because$

---

59) 아이스킬로스(Æeschylus, 기원전 525경~456)는 그리스의 비극 작가로 『오레스테스』 3부작 등을 썼다.

60) 헤로도토스(Herodotus, 기원전 481~425경)는 그리스의 역사가로, 역사의 아버지라고 불린다. 민주정치를 옹호하여 알키비아데스와 대립했다.

61) (원주) Wilhelm Weitling, *Garantien der Harmonie und Freiheit*(Vivis, 1842), p. 113, 비교.

내 자신의 능력을 가질 수 있을까?

여러 국민과 인류의 타락이 나를 부활로 초대할 것이다.

들어보라, 내가 이 글을 쓰고 있는 지금, 종이 울리기 시작한다. 내일, 우리의 소중한 독일 건국 천 년의 축제를 위해 울리고 있다. 울려라, 소리, 매장의 노래여! 당신은 마치 시체를 호송하고 있다는 예감에 혀가 움직인 것처럼 충분히 엄숙한 소리를 내고 있다. 독일 민족과 독일 여러 나라 백성은 그 뒤에 천 년의 역사를 가지고 있다. 얼마나 긴 수명인가! 오, 쉬어라, 다시는 일어나지 말고 잠을 자라. 당신들이 그토록 오랫동안 사슬로 묶은 모든 인간들이 자유롭게 될 수 있도록. 국민은 죽었다. 일어나라, 자아여!

오, 당신, 심한 고통을 받은 독일 국민이여, 그대의 고뇌는 무엇이었는가? 그것은 스스로 어떤 몸도 만들 수 없는 사상의 고통이었고, 닭이 울 때마다 허무하게 녹아내렸지만 구원과 성취를 갈망하는 배회하는 유령의 고뇌였다. 내 안에서도 당신은 오래 살았다. 당신, 사랑하는 사상이여. 당신, 사랑하는 망령이여. 나는 이미 내가 당신의 구원의 말을 발견하고 방황하는 유령을 위한 살과 뼈를 발견했다고 생각했다. 그러나 그때 나는 당신을 영원한 휴식으로 안내하는 종소리를 듣는다. 그런 다음 마지막 희망이 사라지고 마지막 사랑의 흔적이 사라지며 나는 지금 죽은 자들의 황량한 집을 떠나 살아 있는 자의 문으로 들어간다.

살아 있는 자만이 권리를 갖기 때문이다.

가라, 수백만 명의 꿈. 너희 자녀들의 천 년의 폭정이여!

내일 인간들은 당신을 무덤으로 운반한다. 곧 당신의 동포, 국민들이 당신의 뒤를 따를 것이다. 하지만 그들이 모두 따르고 나면 인류는 묻히고, 그리고 나는 나 자신의 것이 되고, 나는 웃음의 상속인이 된다!

'사회(Gesellschaft)'라는 단어는 본래 '홀(Sal)'이라는 단어에서 유래했다.

만약 하나의 홀에 많은 사람들이 있다면, 그 홀은 사람들로 하여금 사회를 이루게 만든다. 그런데 이때 사람들이 사회 속에 있다고 하지만 그것은 기껏해야 전통적인 형태의 응접실, 즉 말을 통해 대화함으로써 하나의 응접실 사회(사교계)를 구성하는 것에 불과하다. 실제 교류 문제가 될 때 이것은 사회와 무관한 것으로 간주해야 한다. 그것은 사회라는 것의 본성을 변경하지 않고 발생할 수도 있고, 부족할 수도 있다. 홀에 있는 인간들은 벙어리처럼 하나의 사회를 형성할 수 있고, 또는 단순히 공허한 아양을 떨어도 하나의 사회일 수 있다. 교류란 상호 관계이며 개별자들의 교섭이고, 여러 개인들의 거래(commercium)이다. 그러나 사회는 단순히 홀의 공동존재성일 뿐이고, 미술관 홀의 조각상들도 사회 안에 존재하고 있으며, 그들은 '집회'를 이루고 있다. 사람들은 '그들은 이 홀을 함께 점유한다'라고 말하는 데 익숙하지만, 그보다는 홀이 우리를 점유하고 있다거나 그 안에 우리를 가두고 있다고 보는 쪽이 옳다. 사회라는 말의 자연스러운 의미도 그 정도이다. 여기서 사회라는 것이 나와 당신에 의해 생성되는 것이 아니라 제3자에 의해 생성되며, 그 제3자가 우리 두 인간으로 사회를 생성한다는 것, 그야말로 제3자가 창조자, 사회의 창조자라는 것이 밝혀졌다.

교도소 사회나 교도소 조합(같은 교도소를 즐기는 동료들[62])도 이와 같다. 여기에서 우리는 이미 단순히 장소적인 것인 홀보다 더 중요한 내용이 있는 세 번째 요소를 발견한다. 교도소는 더 이상 단순한 공간만을 의미하는 것이 아니라 그 거주자들과 명확한 관계가 있는 하나의 공간을 의미한다. 교도소는 죄수들을 위한 것이므로 교도소인 것으로, 죄수가 없으면 그

··

62) Genossenschaft(게노센샤프트, 조합)에서 Genosse는 본래 즐거이 함께 하는 동반자를 의미한다.

것은 단순히 하나의 건물에 불과하다. 그 안에 모인 인간들에게 공통의 각인을 주는 것은 무엇일까? 그들은 교도소를 통해서만 죄수가 되었기 때문에 교도소임이 분명하다. 그렇다면 교도소 사회의 삶의 방식을 결정하는 것은 무엇인가? 교도소다! 무엇이 그들의 교류를 결정하는가? 그것도 교도소 아닌가? 물론 그들은 오로지 죄수로만, 즉 오로지 교도소 법이 허용하는 한에서 죄수로서만 교류할 수 있다. 그러나 당신과 내가 하듯이 그들이 그들 스스로 교류함을 교도소는 허용하지 않고, 반대로 그러한 순수한 에고이스트적이고 순전히 인격적인 교류(그리고 오로지 그러한 것으로서만 교류는 나와 당신 사이의 현실적 교류이지만)를 방지하도록 감시해야 한다. 우리가 공동존재적으로 작업을 수행하고, 기계를 작동하고, 일반적으로 어떤 일을 실행하는 것에 대해 교도소는 충분히 마음을 쓸 것이다. 그러나 나는 내가 죄수라는 것을 잊고 당신과 교제하는 것과 마찬가지로 그것을 무시하는 당신과 하나의 교류에 들어가는 것은 교도소에 위험을 초래하기 때문에 교도소는 그것을 인정할 수 없게 되고, 절대로 그것을 야기해서는 안 된다. 이러한 이유로 신성하고 도덕적인 프랑스 의회는 '독방 제도'를 도입하기로 결정하고 다른 성인들도 '도덕성을 떨어뜨리는 교류'를 차단하기 위해 이와 같은 조치를 취할 것이다. 교도소 제도는 기존의 것, 성스러운 것이고, 이를 훼손하는 어떠한 시도도 해서는 안 된다. 인간이 매혹되고 결박되어야 하는 어떤 신성한 것에 대한 모든 반역과 마찬가지로 그러한 제도에 대한 아무리 작은 공격 행위도 처벌을 받아야 한다.

홀과 마찬가지로 교도소도 하나의 사회, 하나의 동료 관계, 하나의 공동성(가령 노동의 공동성)을 형성하지만 어떤 교류, 상호 관계, 연합(Verein)도 만들지 않는다. 반대로 교도소 내의 모든 연합은 유리한 상황에서 생겨나 열매를 맺을 수 있는 위험한 '음모'의 씨앗을 그 안에 품고 있다.

그러나 자발적으로 교도소에 들어가는 경우는 흔하지 않고, 자발적으로 교도소에 있는 경우도 거의 없으며, 도리어 사람들은 자유에 대한 에고이스트적인 욕망을 키우고 있다. 그러므로 여기서 도리어 인격적인 교류는 교도소 사회와 적대적인 관계에 있으며, 바로 이 사회, 이 공동존재적 감금이 해체되는 경향이 있음이 더 빨리 명백해진다.

그러므로 우리가 있는 그대로 좋아서 자발적으로 그 속에 남아 있고, 우리의 에고이스트적인 충동에 의해 그들을 위험에 빠뜨리고 싶지 않은 그러한 공동체를 찾아보자.

필요한 종류의 공동체 중 하나로 먼저 제시되는 것이 가족이다. 부모, 부부, 자녀, 형제자매는 하나의 전체를 대표하거나 하나의 가족을 형성하며, 그 범위가 더 넓어지면 방계의 친척도 더해질 수 있다. 가족은 가족의 법, 즉 신뢰(Pietät[63]) 또는 가족 사랑을 구성원이 준수할 때에만 하나의 참된 공동체를 이룬다. 부모나 형제자매에 무관심한 자녀란, 과거에 자녀였던 존재이지 지금은 자녀가 아니다. 왜냐하면 자녀성을 더 이상 유효하게 증명하지 못하며, 그것은 어머니와 아기가 탯줄로 연결되어 있다는 것보다 더 큰 의미가 없기 때문이다. 한 번 이 육체적 연결 속에 살았다는 것은 그것이 일어난 사실인 이상 일어나지 않은 사실로 되돌릴 수 없고, 그러한 한에서 그는 어머니의 자녀이자 나머지 아이들의 형제라는 돌이킬 수 없는 상태로 남아 있다. 그러나 그것이 하나의 지속적인 연결에 이르게 되는 것은 오로지 가족 간의 지속적인 신뢰, 그러한 가족 정신에 의해서만 가능하다. 여러 개인은 가족의 존립을 그들의 과업으로 삼을 때에만 완전한 의미에서 가족의 구성원이 된다. 단 그들은 보수적일 때에만 그들의 기반인 가

---

63) 경건함이나 효양(孝養) 등으로도 번역할 수 있다.

족을 의심하지 않는다. 모든 가족 구성원에게 엄격하게 신성해야 할 하나는 가족 자체이고, 나아가 신뢰이다. 가족이 존립해야 한다는 것은 가족에게 적대적인 에고이즘에서 벗어나는 한 가족 구성원에게는 하나의 절대적인 진리이다. 한마디로 가족이 신성하다면 그 가족에 속한 누구도 이를 거부할 수 없다. 그렇지 않으면 그는 가족에 대한 '범죄자'가 된다. 그는 절대로 가족에게 적대적인 이익을 추구할 수 없다. 가령 가족과 불일치하는 결혼은 허용되지 않는다. 그런 일을 하면 '가족을 욕되게 하는 자', 가족에게 '모욕을 가하는 자'가 된다.

반대로 에고이스트적인 피가 그의 혈관에 충분히 불타오르면 그는 가족에 대한 '범죄자'가 되고 그 법을 버리는 길을 선택하게 된다. 이제 개인의 에고이스트적인 욕망이 힘을 잃게 되면 그는 순응하여 가족의 여러 가지 요구에 맞는 결혼을 하고, 신분에 맞는 직업을 갖는 등의 일을 하게 된다. 간단히 말해서 그는 '가족의 명예가 된다.'

그러나 에고이스트적인 피가 혈관을 타고 뜨겁게 흐르면 가족에 대한 '범죄자'가 되어 법을 벗어나는 길을 택한다.

가족의 행복과 나의 행복 둘 중 어느 쪽이 내 마음에 더 가까울까? 수많은 경우에 둘 다 평화롭게 함께 진행된다. 가족의 이익이 동시에 내 이익이 되고 그 반대도 마찬가지이다. 그러면 내가 자기이익적으로 생각하는지 아니면 공동이익적으로 생각하는지 판단하기 어렵고, 아마도 나는 스스로의 비이기적인 태도에 안일하게 아첨할 것이다. 그러나 선택의 필요성 때문에 떨리는 날이 온다. 그날, 나는 내 가계에 불명예를 돌리고 부모와 형제와 친척을 모욕할 생각이 들 것이다. 여기서 어떻게 해야 할까? 이제 내 마음의 바닥이 어떻게 생각하는지 분명해진다. 이제 나에게 가족 신뢰가 에고이즘을 능가하는지 여부가 드러날 것이다. 그래서 이기적인 인간은 더 이상 이기심 없는 모습 뒤에 숨어 있을 수 없다. 내 마음에 하나의 소원이 생겨 시간이 지날수록 열정이 된다. 가족 정신(신뢰)에 해를 끼칠 수 있는 가장 작은 생각이 가족에 대한 범법을 품는다는 사실이 처음에는 누구의 얼굴을 붉게 할까? 아니, 누가 처음으로 그 문제를 완전히 의식하게 되었을까!「로미오와 줄리엣」의 줄리엣도 마찬가지이다. 제어할 수 없는 열정은 마침내 더 이상 길들여지지 않으며 가족 신뢰의 기반을 약화시킨다. 당신은 참으로 가족 신뢰보다 열정에 귀를 기울이는 자기의지(Eigenwilligen)의 인간들을 가족의 품에서 내쫓는 것이다. 선량한 개신교도들은 같은 변명을 사용하여 가톨릭에 대항하는 데 많은 성공을 거두었으며, 스스로도 그것을 믿었다. 그러나 그것은 잘못을 자기 탓으로 돌리기 위한 핑계일 뿐이고 그 이상은 아니다. 가톨릭은 그들 교회의 공동 결속을 중시한 반면, 이교도들이 교회의 결속을 그다지 중시하지 않았기 때문에 교회에 대한 그들의 신념을 희생하고 싶지 않다는 이유로 이교도들을 몰아냈다. 요컨대 가톨릭은 이러한 결합, 즉 가톨릭교회라는 공통의 유일한 교회가 그들에게는 신성하기 때문에 그 결합을 유지하는 것에 반해, 후자 이교도들은 결합을 경시했다. 불효자도 마찬가지이다. 그들은 쫓겨나지 않고, 가족의 유대보다 자신의 열정과 자기의지를 더 높이 평가하여 자신을 내쫓는다.

그러나 이제는 줄리엣보다 덜 열정적이고 자기의지가 낮은 마음에서 소망이 희미하게 빛날 때가 있다. 그러나 유순한 소녀는 가족의 평화를 위해 자신을 희생한다. 여기에서 너무 이기심이 만연했다고 말할 수도 있다. 왜냐하면 순진한 소녀는 자신의 소원 성취보다 가족의 단합에 더 만족한다는 느낌에서 결정을 내렸기 때문이다. 그럴 수도 있다. 그러나 에고이즘이 가족 신뢰를 위해 희생되었다는 확실한 표시가 남아 있다면 어떨까? 가족의 평화를 가로막는 소원이 희생된 후에도 그것이 적어도 신성한 유대를 가져오는 '희생'의 기억으로 어떻게 남아 있었을까? 이 유순한 소녀가 자신의 의지를 불만족스럽게 남겨두고 겸손하게 더 높은 힘에 굴복하는 것을 의식한다면 어떻게 될까? 가족 신뢰라는 미신이 그녀를 지배했기 때문에 굴복하고 희생되었다!

전자에서는 에고이즘이 이기고, 후자에서는 가족 신뢰가 이기고 에고이스트적인 마음은 피를 흘린다. 전자에서는 에고이즘이 강했고, 후자에서는 약했다. 그러나 우리가 오래 전부터 알고 있듯이 약한 자는 비에고이스트적인 자이다. 이들 약한 구성원들을 위해 가족은 마음을 쓴다. 그것은 그들이 가족에 속해 있고 가족 구성원(Familienangehörige)이며, 그들 자신에게 속하지 않고 스스로를 위해 마음을 쓰지 않기 때문이다. 가령 헤겔은 자녀의 중매를 부모의 선택에 맡기기를 원하는 것을 칭찬한다. 개인이 순종해야 하는 신성한 공동체로서 가족은 사법적 기능도 갖는다. 그러한 '가족 재판'은 가령 빌리발트 알렉시스의 「카바니스」[64]에서 묘사된다. 그 작품에서 아버지는 '가족 회의'라는 이름 아래, 복종하지 않는 자식을 군대에 들어가도록 집에서 내쫓고 이 처벌을 통해 삐딱한 가족을 다시 정화시킨다. 가족 책임의 가장 철저한 완성을 포함하는 것은 중국 법률이다. 이에 따르면 가족 전체가 개인의 잘못을 배상해야 한다.

그러나 오늘날 가족 권력의 힘은 배교자들의 처벌을 심각하게 받아들일 만큼 충분히 확대되지 못한다(대부분의 경우 국가에 의해 보호된다). 가족에 대한 범죄자(가족 범죄자)는 국가의 영역으로 도피하여 자유로워진다. 이는

··

64) 빌리발트 알렉시스(Wilibald Alexis, 1798~1871)는 독일의 역사소설가이다. 「카바니스 (Cabanis)」(1832)는 프로이센의 프리드리히 대왕 시절을 소재로 한 역사소설이다.

미국으로 도망간 국사범에게는 더 이상 조국의 형벌이 미치지 못하는 것과 마찬가지이다. 자신의 가족을 욕되게 하는 품위 없는 아들도 가족의 형벌로부터 보호받는다. 그 이유는 보호자인 국가가 가족적 형벌에서 그 '신성함'을 제거하고 그것을 단순한 '복수'일 뿐이라고 선언하여 그것을 비신성화하기 때문이다. 국가는 처벌이라는 신성한 가족의 권리를 억제하는 것이다. 왜냐하면 국가의 '신성함' 앞에서 그 하위에 있는 가족의 신성함이, 더 높은 신성성과 충돌하는 즉시 그 신성함을 잃고 비신성화되기 때문이다. 갈등이 없다면 국가는 가족의 하위 신성성을 용인한다. 그러나 갈등이 생길 경우에 국가는 심지어 가족에 대한 범죄를 명령하여 기소한다. 가령 부모가 자녀에게 국가에 대한 범죄로 꾀어내고자 하는 즉시 그의 부모에 대한 복종을 거부하도록 명령한다.

에고이스트는 가족의 유대를 깨고 심하게 모욕을 당하는 가족 정신에 맞서 그를 보호해줄 보호자를 국가에서 찾았다. 그러나 그는 지금 어디로 도망쳤을까? 그의 에고이즘이 방금 탈출한 것과 동일한 올무와 함정이 기다리고 있는 새로운 사회로 곧장 들어간다. 국가도 마찬가지로 연합이 아니라 사회이기 때문이다. 그것은 확장된 가족이다('국가의 아버지 – 국가의 어머니 – 국가의 자녀').

국가라고 불리는 것은 예속과 애착으로 짜인 직물이자 하나의 공속태(共屬態, Zusammengehörigkeit)[65]이고 결합태이다. 거기서 함께 배열된 것들은 서로에게 순응한다. 즉 서로에게 의존하는 것이다. 국가란 이러한 의존의 질서이다. 아래로는 형리에 이르기까지 스스로의 권위에 의해 모든 인간에게 권위를 부여하는 국왕이 사라진다고 가정해도, 여전히 기존 질서

••
65) 함께 속하는 체제.

감각에 깨어 있는 모든 인간은 수성(獸性)의 무질서에 맞서 질서를 유지할 것이다. 만일 무질서가 승리한다면 국가는 종말을 고할 것이기 때문이다.

그러나 서로 순응하고, 서로 결합하고, 서로 의존하는 이 사랑의 사상이 정말로 우리를 이길 수 있을까? 이 사상에 의하면 국가는 사랑을 실현하는 것이고, 모두가 서로를 위한 존재이며 서로를 위해 사는 것이 된다. 우리가 질서 감각에 주의를 기울이는 동안 자기의지가 상실되지는 않을까? 권력에 의해 질서가 관리될 때, 즉 아무도 타자를 '방해하지' 않도록 배려할 때, 따라서 어리석은 무리가 현명하게 분배되고 질서 지워질 때, 인간들은 스스로 만족하지 않을까? 그렇다면 그때, 모든 것이 '최선의 질서'가 되며, 최상급의 질서는 국가라고 불린다!

우리의 사회와 국가는 우리가 만들지 않아도 존재하고, 우리가 합치지 않아도 통합되며, 미리 예정되어 존립되어 있거나 독자적으로 독립된 지위를 갖고 있으며, 우리 에고이스트에 대항하여 해체되기 어려운 기성의 것이다. 오늘날 세계의 싸움은 소위 '기성 질서'에 대한 것이라고 한다. 그러나 인간들은 이것을, 지금 존립하고 있는 것을 더 나은 기성 체제로 교환하면 좋은 것처럼 오해하는 것이 보통이다. 그러나 투쟁은 도리어 존립 그 자체에, 즉 특정 국가나 오로지 국가의 당해 상태에 대해서가 아니라 국가(Status)라는 것 자체에 대해 선포되어야 한다. 인간들이 목표로 삼는 것은 또 다른 형태의 국가(가령 '국민 국가')가 아니라, 연합, 결합, 모든 것이 항상 유동적으로 결합하는 것이다. 국가는 나의 도움 없이도 존재한다. 즉 나는 국가 속에서 태어나고 교육을 받으며, 국가에 대한 의무를 지고 국가에 '복종' 해야 한다. 국가는 그 '은총' 속으로 나를 끌어들이고, 나는 국가의 '은총'으로 살아간다. 따라서 국가의 자립적 존립은 나의 비자립성을 기초로 하며, 국가 유기체는 나의 자연(천성)이 자유롭게 자라지 않고 국가에 맞게 잘려질 것을 요구한다. 국가가 자연성장적으로 자신을 전개할 수 있기 위해서 국가는 나에게 '문화'라는 가위를 적용한다. 국가는 나에게가 아니라 국가에 적합한 교육과 교화를 나에게 제공하고 가르친다. 가령 법을 존중하고, 국가 소유(즉 사적 소유)에 대한 침해를 삼가고, 신과 이 세계의 존엄을 공경하라고 나에게 가르친다. 요컨대 국가는 나에게 처벌받지 않도록 할 것, 내가 나의 고유성을 '신성한 것', 가령 소유나 타자의 생명(있음직한 모든 것이 신성하다) 등을 위해 희생할 것을 가르친다. 국가가 나에게 부여할 수 있는 문화와 교양은 그렇게 성립한다. 국가는 나를 하나의 '유용한 도구'로, '사회의 유용한 구성원'으로 만든다. 모든 국가가 그렇게 해야 한다. 절대주의 국가나 입헌 국가뿐만 아니라 국민 국가도 그렇게 해야 한다. 국가가 '도덕적 신비적 또는 국가적 인격' 등의 이름을 스스로에게 부여하기 때문에, 우리가 국가는 하나의 자아라는 오류에 빠져 있는 동안, 국가는 그렇게 해야 한다. 실제로 자아인 나는 의기양양한 되새에게서 자아라고 하는 사자 가죽을 벗겨내야 한다. 자아는 세계 역사에서 얼마나 여러 가지 찬탈을 참아야 했는가! 나는 거기에서 해, 달, 별, 고양이와 악어가 자아로 인정되는 영예를 입는 것을 본다. 거기에서 여호와, 알라, 또 우리의 아버지가 나와서 자아라는 이름을 선사받는 것을 본다. 거기에서 가족, 종족, 민족, 그리고 마지막으로 인류가 나와서 자아로 영광을 받는다. 거기에서 교회, 국가도 자아인 척하고 나타나고, 그리고 나는 그 모든 것을 침착하게 바라보았다. 그때 언제나 또한 실제로 자아인 것이 거기에 나타나, 당신은 나의 당신이 아니라 나 자신의 자아라고 내 면전에서 주장했다고 한다면 얼마나 놀라운 일인가. 그러나 저 위대한 사람의 아들[66]이 그

• •

66) 그리스도.

렇게 행동을 한다면, 임의의 인간의 아들이 왜 그것을 하지 말아야 할까? 그래서 나는 항상 나의 자아를 내 위에 또는 내 밖에서 찾았고, 결코 한 번도 현실적으로 나 자신에게 올 수 없었다.

나는 나 자신을 결코 믿지 않는다. 나는 나의 현재를 결코 믿지 않고, 오로지 미래에서만 나를 보았다. 소년은 언젠가 성인이 될 때 비로소 진정한 자기가 되고, 한 사람의 인간이 된다고 믿는다. 성인은 자신이 내세에서만 비로소 뭔가 진정한 존재가 되리라고 생각한다. 그리고 우리가 현실에 더 가까이 다가가면, 심지어 최고의 인간들조차 오늘날에도 여전히 하나의 현실적 자아, 하나의 '자유로운 시민', '국가 시민' 또는 '자유로운 진정한 사람'이 되기 위해서는 국가든 국민이든 인류든 간에 내가 알고 있는 한의 모든 것을 스스로의 내면에 넣어야 한다고 서로 말한다. 또 그들은 하나의 소원한 자아의 수용과 그것에 대한 몰입에서 자아의 진리와 현실을 본다. 그러면 그것은 어떤 자아인가? 나나 당신의 자아가 아니라 하나의 공상된 자아, 하나의 망령으로 그것은 존재한다.

중세 교회는 많은 국가들이 그 안에 연합하여 사는 것을 감내했지만 종교개혁 이후, 특히 30년 전쟁[67] 이후에 여러 국가들은, 각종 교회(여러 종파)가 하나의 왕관 아래 모이는 것을 용인하는 법을 배웠다. 그러나 모든 국가는 종교적인 '기독교 국가'로서, 구속되지 않는 자인 '에고이스트'들을 부자연스러운 틀 아래에 강제하는 것, 즉 그들을 기독교화하는 것을 자신의 과제로 삼았다. 기독교 국가의 모든 기관은 국민을 기독교화하는 목적

··

67) 30년 전쟁은 유럽에서 로마 가톨릭교회를 지지하는 국가들과 프로테스탄트교회를 지지하는 국가들 사이에서 벌어진 종교 전쟁이다. 유럽뿐만 아니라 인류의 전쟁사에서 가장 잔혹하고 사망자가 많았던 전쟁 중 하나이며, 사망자 수는 800만 명이었다.

을 가지고 있었다. 따라서 법원은 인간들에게 준법을 강제하는 목적을 가졌고, 학교는 정신적 교화로 몰아가는 목적을 가지고 있었다. 간단히 말해서, 비기독교적으로 행동하는 자들에 대하여 기독교적으로 행동하는 인간들을 보호하고, 기독교적 행동을 지배적으로 강력하게 만드는 목적을 가지고 있었다. 이러한 강제 수단 중 국가는 교회도 포함하여 모든 인간에게 특정한 종교를 요구했다. 뒤팽[68]은 최근에 성직자들에 대해 "교화와 교육은 국가에 속한다"고 말했다.

확실히 인류의 원칙에 관한 모든 것은 국가 문제이다. 따라서 중국의 국가는 가족 문제에 그렇게도 너무 많은 간섭을 하며, 무엇보다도 부모에게 좋은 자녀가 되지 않으면 아무 소용이 없다고 한다. 가족의 요건은 전적으로 우리의 경우에도 국가의 요건이다. 다만 우리 국가는 고통스러운 감독 없이 가족을 신뢰할 뿐이다. 국가는 결혼을 통하여 가족을 묶고, 국가 없이는 그 끈이 끊어질 수 없게 한다.

그러나 국가가 나에게 나의 여러 원칙에 대한 책임을 지게 하고 특정 원칙을 요구하는 것은, '나의 광기(원칙)'와 국가가 무슨 관련이 있는지 묻게 만들 수 있다. 그런데 관계가 있다. 즉 국가는 지배적 원칙이기 때문이다. 이혼 문제, 즉 일반적으로 결혼법에서 문제는 교회와 국가 간의 권리 비율에 관한 것으로 가정된다. 그러나 오히려 문제는 그것이 신앙이라고 불리든 윤리법(도덕)이라고 불리든 간에, 어떤 신성한 것이 인간을 지배하는 것인지 여부이다. 국가는 교회가 그랬던 것과 같이 지배자로서 행동한다. 교

----

(68) 앙드레 마리 장자크 뒤팽(André Marie Jean Jacques Dupin, 1773~1865)은 프랑스의 법률가이자 정치인으로 1830년 혁명에 가담했으나 1832년 말에 상공회의소 의장이 된 후 보수적으로 바뀌었다.

회가 경신에 근거한다면 국가는 도덕에 근거한다.

인간들은 문명화된 국가의 특징으로 관용이나 상반된 경향의 방임 등을 말한다. 확실히 어떤 국가는 가장 제한되지 않은 집회도 안일하게 바라볼 만큼 충분히 강력한 반면, 다른 국가는 경찰을 통해 담배 파이프까지 찾으러 다니도록 명령할 정도이다. 그러나 어떤 국가에서도, 여러 개인 사이의 놀이나 일상생활이 국가에게는 아무것도 아니기 때문에 그들 스스로에게 맡기는 우연적인 일들이다. 참으로 많은 국가가 여전히 모기를 걸러내고 낙타를 삼키지만[69] 다른 국가들은 좀 더 똑똑하다. 똑똑한 국가에서는 그렇게 많이 괴롭히지 않기 때문에 개인은 '더 자유롭다'. 그러나 어떤 국가에서도 자아는 자유롭지 못하다. 여러 국가를 찬사받게 하는 관용이라는 것도 단순히 '무해한 것', '위험하지 않은 것'에 대한 관용에 불과하다. 그것은 오로지 편협함과 소심함을 조금 넘어선 것에 불과하고, 더 평가할 수 있고 더 웅장하고 더 자랑스러운 전제정치일 뿐이다. 어떤 종류의 국가는 한때 참으로 열띤 토론을 벌일 수 있는 문학적 논쟁에 초연한 것처럼 보였다. 영국은 국민적인 비방과 담배를 피우는 것에 초연하다. 그러나 국가 자체에 타격을 주는 문장은 화를 입고, 국가를 '위태롭게 하는' 국민적 소요는 재앙이 된다. 모든 종류의 국가에서 인간들은 하나의 '자유로운 과학'을 꿈꾸고, 영국에서는 '자유로운 국민생활'을 꿈꾼다.

국가는 여러 개인이 가능한 한 자유롭게 놀도록 허용하지만, 다만 진지하게 행동하거나 국가를 잊어서는 안 된다. 인간들은 격의 없이 인간들과 교류를 해서는 안 되고, '더 높은 감독과 중재' 없이 그것을 해서는 안 된다. 나는 내가 할 수 있는 모든 것을 실행해서는 안 되며 오로지 국가가 허

⁚

69) 「마태복음」, 23장 24절. 작은 일은 중시하고 큰일은 경시한다는 뜻.

용하는 만큼만 실행해야 한다. 나는 내 사상이나 내 일, 또는 일반적으로 내 모든 것을 사고파는(가치화하는) 일을 하지 말아야 한다.

국가는 항상 개인을 제한하고 구속하며 복종시킨다는, 즉 어떤 보편적인 것에 종속시킨다고 하는 유일한 목적을 가지고 있다. 국가는 오로지 개인이 전부가 아닐 때에만 지속되며, 따라서 국가는 오직 나 자신의 것으로 명백하게 각인된 한정성이고 나의 한정화이며, 나의 노예화일 뿐이다. 국가는 절대로 개인의 자유로운 활동을 목적으로 삼는 것이 아니라 항상 국가의 목적에 부합하는 활동을 목적으로 삼는다. 국가를 통해 공유되는 것은 하나도 없다. 그것은 하나의 천 조각을 기계의 모든 개별 부품의 공통 작업이라고 부를 수 없는 것과 같다. 그것은 오히려 하나의 통일체로서의 전체 기계의 작업, 기계 작업이다. 같은 방식으로 모든 것이 국가기계 (Stattsmaschine)에 의해서 수행된다. 왜냐하면 그 국가기계가 단일 정신의 톱니바퀴 장치를 움직이고 그러한 정신의 어느 하나도 자신의 충동에 따르지 않기 때문이다. 국가는 검열, 감독, 경찰을 통해 모든 자유로운 활동을 금지하려고 하며, 실제로는 자기보존의 의무이기 때문에 이러한 금지를 의무로 간주한다. 국가는 인간을 무엇인가로 만들고자 하기 때문에 그곳에는 오직 만들어진 인간만이 살고 있다. 자기 자신이 되고자 하는 모든 인간은 국가의 적이며 아무것도 아니다. '그는 아무것도 아니다'라는 것은 국가가 그를 이용하지 않고 그에게 지위나 관직이나 생업을 허용하지 않는 것과 같은 의미이다.

에느가 바우어는 『자유주의의 노력』[70]에서 여전히 "국민으로부터 생겨나

----

70) (원주) '인도적 자유주의'의 뒤에 내린 결론은 다음과 같은 가치를 지닌다. 즉 앞의 경우와 마찬가지로 인용한 서적이 간행된 직후에 썼다는 점이다.

서 결코 국민과 대립할 수 없는 정부"를 꿈꾸고 있다.[71] 그는 실제로 '정부'라는 단어를 철회했다.[72] "공화국에서 무게를 갖는 것은 정부가 아니고 하나의 행정 권한이다. 그것은 순전히 국민에게서만 나오는 권력으로, 국민에 대립하는 자립적인 권력, 자립적인 원칙, 자립적인 관리들이 없고, 유일한 최고의 국가 권력, 즉 국민 속에서 그 근거인 힘과 원천을 갖는다. 따라서 정부라는 개념은 국민 국가에는 전혀 적합하지 않다." 그러나 문제는 동일하게 유지된다. '발생하고, 근거지우고, 발원하는' 것은 하나의 '자립적인' 것이 되어 마치 자궁에서 나온 아이처럼 즉시 반대물로 바뀐다. 정부가 어떤 자립적인 것, 반대물이 아니었다면 그것은 아무것도 아니었을 것이다.

"자유로운 국가에는 어떤 정부도 없다"[73]와 같은 말은 분명히, 국민이 주권자라면 국민은 그 위에 있는 권력에 의해 통치되지 않는다는 것을 의미한다. 그러나 그것은 가령 절대군주제에서와 어떻게 다른 것인가? 그 경우 주권자에게는, 그 위에 서 있는 정부라는 것이 있을까? 주권자가 군주이든 국민이든 간에 주권자 위에 어떤 정부가 선다는 것은 절대로 있을 수 없고, 이는 이미 자명한 것이다. 이에 반하여 내 위에는 모든 국가에서, 즉 절대주의 국가든 공화제 국가든 '자유' 국가든 간에 하나의 정부가 서는 것이다. 그로 인해 다른 국가에서처럼 어떤 국가에서도 나는 매우 불리하다.

공화제라도 절대군주제와 다름이 없다. 최고 지배자를 군주라고 부르든

••

71) (원주) Edgar Bauer, *Die Liberale Bestrebungen*, Bd. 1, 2(Zürich & Winterthur, 1843), p. 50. (옮긴이주) 에드가 바우어(1820~1886)는 브루노 바우어의 동생으로 형과 함께 성서를 비판적으로 연구했다. 원제는 『독일의 자유주의의 노력(*Die Liberalen Bestrebungen in Deutschland*)』이다.

72) (원주) 같은 책, 69쪽.

73) (원주) 같은 책, 94쪽.

국민이라고 부르든 간에 큰 차이가 없기 때문이다. 즉 어느 것이나 하나의 '존엄한 것'이기 때문이다. 입헌제는 아무도 단순한 도구가 될 수 없고 그래서는 안 된다는 것을 증명한다. 대신들은 그들의 주인인 군주를 지배하고, 의회 의원들은 그들의 주인인 국민을 지배하는 것이다. 그렇다면 여기에서 이미 여러 정당은 자유롭다. 즉 관료의 정당(소위 국민의 정당)이다. 군주는 신하의 뜻에 따라야 하고 국민은 의회의 피리를 따라 춤을 추어야 한다. 입헌제는 공화제보다 더 멀리 나아간다. 왜냐하면 그것은 해체되는 국가이기 때문이다.

에드가 바우어는 입헌 국가에서 국민이란 하나의 '인격'이라는 사실을 부정한다.[74] 반대로 공화국에서는 어떤가? 입헌 국가에서 국민은 정당이고, 정당이란 인간들이 '국가의'[75] 도덕적인 인격에 대해 이야기하기로 결심했다면 확실히 하나의 '인격성'이다. 사실은 도덕적 인격이라는 것은, 국민의 정당이라고 하든 국민이라고 하든 간에, 심지어 '주인'이라고 불리든 결코 하나의 인격이 아니라 유령이라는 것이다.

또한 에드가 바우어는 계속해서[76] "감독(Bevormundung)은 정부의 특권이다"라고 말한다. 진정으로, 국민과 '국민 국가' 그 이상이다. 감독은 모든 지배의 특성이다. "모든 절대적 권력을 그 자체에서 통합하는" 국민 국가 "절대적 주인"이 나를 강력하게 내버려둘 수는 없다. "국민의 관리들"은 그들이 "국민의 자유롭고 이성적인 법의 의지를 집행하기 때문"에 "하인, 도구"라고 부르는 것을 꺼리는 것[77]은 망상이 아닌가. 그는 "모든 관료 집단

··

74) (원주) 같은 책, 56쪽.
75) (원주) 같은 책, 76쪽.
76) (원주) 같은 책, 69쪽.
77) (원주) 같은 책, 73쪽.

이 정부의 견해에 자신을 종속시키는 것에 의해서만 국가에 통합을 가져올 수 있다"[78]고 말한다. 그러나 그가 말하는 '국민 국가'도 '통일'을 가져와야 한다고 한다. 그렇다면 복종이, 국민의 의지에 대한 복종이 어떻게 허용될까?

"입헌 국가에서 궁극적으로 정부의 전체 구조가 의존하는 것은 통치자와 그 의향이다."[79] '국민 국가'에서도 어떻게 그렇지 않을까? 그래서 나는 또 국민의 의향에 따라 통치되는 것이 아니겠는가? 그렇다면 자신이 군주의 의향에 종속되는가, 또는 소위 '여론'이라 불리는 국민의 의향에 종속되는가 하는 것은 나에게 어떤 차이가 있겠는가? 에드가 바우어가 올바르게 주장한 것처럼 종속이란 '종교적 관계'를 의미한다면, 국민 국가에서도 국민이란 나에게 우월한 권력인 '존엄'이고(왜냐하면 신과 군주는 '존엄' 속에 그 고유한 본질이 있기 때문이다), 이에 대하여 나는 종교적 관계에 선다. 주권적 통치자와 마찬가지로 주권적 국민에게는 역시 어떤 법도 미치지 않는다. 에드가 바우어의 모든 시도는 주인의 교체로 귀결한다. 그는 국민을 자유롭게 하기보다는 실현 가능한 유일한 자유, 즉 자신의 자유에 마음을 가졌어야 했다.

입헌 국가에서 절대주의 자체는 마침내 그 자신과 다투게 되었다. 절대주의가 이원 상태로 분열했기 때문이다. 즉 정부는 절대적이기를 원하고 국민도 절대적이기를 원한다는 것이다. 이 두 개의 절대자는 서로 사력을 다하게 될 것이다.

에드가 바우어는 출생이나 우연에 의해 통치자가 나오는 것에 대해 강

..

78) (원주) 같은 책, 74쪽.
79) (원주) 같은 책, 130쪽.

력하게 반대한다. 그러나 지금 "국민이 국가의 유일한 권력"[80]이 되었다고 한다면, 우리는 국민 안에서, 우연에 의한 주인을 맞게 된 것이 아닌가? 본래 국민이란 무엇인가? 국민은 항상 정부의 기관일 뿐이었다. 그것은 하나의 모자(군주라는 모자) 아래의 다수이거나 하나의 헌법 아래의 다수였다. 그리고 헌법이란 군주이다. 군주와 국민은 둘 다 무너지지 않는 한 존속할 것이다. 가령 고대 페르시아 제국이나 오늘날[81]과 같이 하나의 헌법 아래에 많은 '국민'이 있는 경우에는 이러한 '국민'은 '여러 주(州)'로만 인정된다. 나에게 국민은 어떤 경우든 하나의 우연적 권력, 자연적 권력이고, 내가 정복해야 할 하나의 적이다.

'조직된' 국민에서 무엇을 생각할 수 있을까?[82] '더 이상 어떤 정부도 갖지 않는' 국민, 그것은 자기 자신을 통치한다. 따라서 어떤 자아도 두드러지지 않는다. 그것은 도편추방에 의해 조직된 국민이다. 자아의 추방, 도편추방은 국민을 자기지배자로 만든다.

당신이 국민에 대해 이야기한다면, 당신은 군주에 대해서도 이야기해야 한다. 국민이 주체이고 역사를 만든다고 한다면, 국민은 모든 행위자와 마찬가지로 하나의 머리, 즉 '최고의 머리'를 가져야 한다. 바이틀링은 "3인조(Trio)"에서 이를 설명하고,[83] 프루동은 이를 "머리를 갖지 않은 사회는 생존할 수 없다(une société, pour ainsi dire acéphale, ne peut vivre)"[84]라고 선언한다.

••

80) (원주) 같은 책, 132쪽.

81) 통일 이전, 다수의 소국들이 난립한 당대의 독일을 말한다.

82) (원주) 같은 곳.

83) (원주) Wilhelm Weitling, *Garantien der Harmonie und Freiheit* (Vivis, 1842), p. 151f.

84) (원주) Pierrs-Joseph Proudhon, *De la Création de l'Ordre dons l'Humanité ou Principes d'Organisation Politique*(Paris & Besancon, 1843), p. 485.

이제 인민의 소리(vox populi)는 항상 우리를 경계하며 '여론'은 군주를 지배하는 것이다. 확실히 인민의 소리는 동시에 신의 소리이다. 그러나 둘은 아무 소용이 없으며 통치자의 소리(vox principis)도 신의 소리(vox dei)가 아닌가?

여기서 '국민파'가 떠오를 수 있다. 독일의 38개 소국에 대하여 하나의 국가(Nation)로 행동할 것을 요구한 것은, 38개의 여왕벌이 이끄는 38개의 꿀벌 떼가 하나의 떼로 통일되기를 바라는 무의미한 욕망과 나란히 놓을 수 있다. 그것들은 모두 꿀벌로 남아 있고 변화가 없다. 그러나 함께 속해 있고 함께 결합할 수 있는 것은 꿀벌로서의 꿀벌이 아니라, 복종하는 꿀벌이 지배자 여왕벌과 연결되어 있다는 것뿐이다. 꿀벌과 국민은 의지가 없고 여왕벌의 본능이 그들을 이끌어간다.

어쨌든 꿀벌에 대하여 꿀벌적임(Bienentum)이라는 것(그 점에서 서로 평등하지만)을 시사한다고 하면, 지금 독일인에게 독일적임(Deutschtum)을 알려주기 위해 맹렬히 하고 있는 것과 똑같은 일을 하고 있을 것이다. 독일적이라는 것은 분열과 분리의 필연성을 그 속에 갖지만, 마지막 분리를 추진하지 않는 점에서 꿀벌적인 것과 마찬가지이다. 이 분리 과정을 완전히 거치면 마침내 분리의 끝이 나타난다는 점도 꿀벌의 경우와 같다. 그것은 인간으로부터의 인간의 분리와 같다. 독일인은 실제로 서로 다른 민족과 부족, 즉 벌집으로 나뉘어 있다. 그러나 독일인의 자질을 지닌 개인은 여전히 고립된 꿀벌처럼 무력하다. 그러나 개인만이 서로 결합할 수 있으며, 여러 국민의 모든 동맹과 연맹은 기계적인 결합으로 남아 있다. 왜냐하면 함께 모인 인간들(Die Zusammentretenden)은 적어도 '여러 국민'이 함께 모인 것으로 간주되는 한 무의지적이기 때문이다. 마지막 분리가 있어야만 분리 자체가 끝나고 통일로 바뀐다.

이제 국민파(Nationals)는 꿀벌주의의 추상적이고 생명이 없는 통일을 이루기 위해 노력하고 있다. 그러나 자기소유자들은 자신들이 바라는 통일을 위해 어떤 보편적이고 추상적이며 공허하고 생명이 없는 개념을 창출하기를 원하지만, 모든 반동적 욕망의 징표에 대하여 자기소유자는 강건하고 활기차고 개별적인 것을 보편성의 쓰레기 같은 부담으로부터 해방하기 위해 노력하고 있다. 반동들은 기꺼이 국민이나 민족을 땅에서 쫓아낼 것이지만, 자기소유자는 오로지 자기 자신에게만 주목한다. 본질적으로 오늘날의 질서가 된 두 가지 노력, 즉 지방의 권리와 오래된 종족 구분(프랑켄, 바이에른, 라우지츠[85] 등)의 복원과 전체 민족성의 복원이 일치한다. 그러나 독일인들은 그들의 꿀벌주의와 모든 벌집을 무너뜨릴 때에만 하나(Einig)가 되고, 스스로 연합(Vereinigen)하게 될 것이다. 다시 말해 그들이 독일인 그 이상일 때에만 처음으로 '독일 연합'을 형성할 수 있다. 그들은 거듭나기 위해 자기 민족성이라는 모태로 되돌아가기를 원하지 아니하고 각자가 자기 자신에게로 돌아오게 하여야 한다. 하나의 독일인이 다른 독일인과 '그도 독일인이다!'라고 하면서 손을 잡고, 신성한 경외심으로 그것을 누르는 것은 얼마나 터무니없이 감상적인 일인가! 그것으로 그는 대단한 사람이다! 그러나 이것은 인간들이 '우애'에 열광하는 한, 즉 '가족적 성향'이 있는 한 여전히 감동적일 것이다. 독일인 대가족을 갖고자 하는 국민파 무리들은 '효성'이니 '우애'니 '순진함'으로부터 또는 다른 고운 마음의 효성에 대한 상투어로 여겨지더라도 가족 정신이라는 미신으로부터 해방될 수 없다.

소위 국민파는 자신을 정확하게 이해한다면, 정서적인 독일식 무리와의

---

85) 현재의 독일 작센 주와 브란덴부르크 주를 말하며, 라틴어로 루사티아라고 한다.

결부로부터 벗어나게 된다. 왜냐하면 그들이 독일인에게 요구하는 물질적 목적과 이익을 위한 연합화는 자발적인 연합에 불과하기 때문이다. 카리에[86]는 열광적으로 외친다. "꿰뚫는 눈으로 볼 때, 철도는 아직 어느 곳에서도 그러한 의미가 나타난 적이 없었던 국민의 생활로 가는 길이다.[87] 왜냐하면 그것은 전혀 국민의 생활이 아니기 때문이다." 그래서 카리에는 이어 자신을 부정한다. "순수한 인간성이나 인류는 자신의 사명을 수행하는 어느 국민보다 더 잘 길러질 수 없다."[88] 그러나 그것에 의해 나타나는 것은 국민성뿐이다. '애매한 보편성은 하나의 전체 자체이고, 참으로 보편적인 것, 조직된 것의 살아 있는 지체로 생존하는, 그 자체로 완성된 실질적 내용보다 못하다.' 국민은 바로 이 '애매한 보편성'이고, 하나의 인간은 '그 자체로 완성된 실질적 내용'이다.

'국민, 민족'이라고 부르는 것의 비인격성은 또한 자신의 자아를 최대한 발휘하려는 국민이 무의지의 지배자를 우두머리로 둔 것을 보면 분명해진다. 즉 오직 자기 자신, 자신의 개인적 쾌락만을 깨닫고 현실화하고자 하는 하나의 군주에게 복종하거나, 또는 어떤 자신의 의지도 주장하지 않는 군주를 왕좌에 앉힌다는(그때 국민은 '절대적 군주'에서 자신의 것, 이른바 인민의 의지를 인식할 수 없다) 선택이다. 그러므로 한 단계 더 나아가면 국민의 자아라는 것은 비인격적이고 '정신적'인 힘, 곧 법이라는 것이 분명해진다. 따라서 국민의 자아라는 것은 하나의 망령이지 자아가 아니다. 내가 나 자신을 만드는 것, 즉 어느 타자가 나를 만드는 것이 아니라 내가 나 자신의

86) 모리츠 카리에(Moritz Carrière, 1817~1895)는 독일의 철학자이다.
87) (원주) Moriz Carrière, *Der Kölner Dom als freie deutsche Kirche. Gedanken über Nationalität, Kunst und Religion beim Wiederbeginn des Bues*(Stuttgart, 1843), p.4.
88) (원주) 같은 책, 10쪽.

작품이지 않을 수 없다는 것, 오로지 그것에 의해서만 나는 자아이다. 그러나 국민의 자아는 어떠할까? 우연이 그것을 인민의 손에 맡겼고, 우연이 이것 또는 저것을 주었고, 우연성이 국민에 의해 선출된 지배자를 삼았다. 그 지배자는 내가 나의 소산인 것과 달리 '주권적인' 국민의 소산이 아니다. 당신이 당신의 자아가 아니고 한스나 쿤츠가 당신의 자아라고 믿도록 당신을 설득하려고 하는 경우를 생각해보라! 그러나 그것은 국민에게 일어나는 것과 마찬가지 경우이고 그들에게는 그것이 지당하다. 왜냐하면 설령 11개의 행성이 하나의 공통의 중심을 회전한다고 해도 그러한 행성을 하나로 모은 곳에서 하나의 자아를 갖지 못하는 것과 마찬가지로, 국민도 자아를 갖지 않기 때문이다.

장 실뱅 바이의 견해는 군주 앞에서처럼 주권적 국민에 대해서도 나타내는 노예 성향을 특징으로 한다. 그는 다음과 같이 말한다. "일반 이성이 스스로 선언할 때, 나에게 더 이상 어떤 특수한 이성도 없다. 나의 첫 번째 법칙은 국민의 의지였다. 국민이 모이자마자 나는 국민의 주권적 의지 외에는 아무것도 알 수 없었다."[89] 그에게는 어떤 '특수한 이성'도 없지만 그럼에도 불구하고 모든 것을 달성할 수 있는 것은 그 특수한 이성이다. 마찬가지로 미라보는 "세계의 어떤 권력도 국민의 대표에게, 너는 그렇게 욕망한다고 말할 권리는 없다"[90]라고 반복했다. 그리스인과 마찬가지로 이제 인간을 하나의 정치적 동물(zoon politikon), 즉 국가의 시민 또는 정치적 인간으로 만들고자 하는 바람이 있다. 마찬가지로 인간은 영원히 '천국

··

89) (원주) Edgar Bauer, *Bailly und die ersten Tage der Französischen Revolution*(Charlottenburg, 1843), p. 25.
90) (원주) 같은 책, 99쪽.

의 시민'으로 간주되었다. 그러나 그리스인은 그의 국가와 함께 실추했고 천국의 시민도 마찬가지로 천국과 함께 타락했다. 그러나 이에 대하여 우리는 국민이나 민족이나 민족성과 함께 몰락하고 싶지 않고, 단순히 정치적 인간이나 정치인이 되고자 하는 것도 아니다. 프랑스 대혁명 이후로 인간들은 '국민의 행복'을 위해 노력했으나 국민을 행복하게, 위대하게 만드는 등의 과정에서 인간들은 나를 불행하게 만든다. 국민의 행복은 나의 불행이다.

정치적 자유주의자들이 과장된 몸짓으로 어느 정도 공허한 이야기를 하는지는 나우베르크[91]의 『국정 참여에 대하여(*Über die Theilnahme am Staate*)』(1844)에서 충분히 볼 수 있다. 그 책에서 저자는 무관심하고 참여하지 않는 자들, 즉 완전한 의미의 시민이 아닌 자들에 대해 개탄하며, 국가 입법에 적극적으로 참여하지 않는 사람들, 즉 정치인이 아닌 자는 마치 전혀 인간이 될 수 없다는 식으로 말한다. 그 점에서는 그가 옳다. 왜냐하면 만일 국가가 모든 '인간'의 수호자로 간주된다면 우리가 국가에 참여하지 않고는 인간이 될 수 없기 때문이다. 그러나 이것이 에고이스트에게는 무슨 의미가 있을까? 전혀 없다. 왜냐하면 에고이스트는 스스로 인간의 수호자이며 국가에 대해서는 '내 햇빛에서 비켜라!'는 말 외에는 아무 말도 하지 않기 때문이다. 국가가 자신의 고유성과 접촉할 때만 에고이스트는 국가에 대해 적극적인 관심을 갖는다. 국가의 상황이 골방 철학자를 힘들게 하지 않는다면, 그것이 그의 '가장 신성한 의무'이기 때문에 그가 국가에 몰두해야 할까? 국가가 자신의 뜻대로 하는 한 그가 자신의 연구에서 눈을 돌려야 할까? 자신의 이익을 위해 다른 조건을 갖고 싶어 하는 자

91) 카를 나우베르크(Karl Nauwerck, 1810~1891)는 독일의 언론인이자 정치인이다.

들로 하여금 바쁘게 하도록 하라. '성스러운 의무'를 따라 학문의 사도, 예술가 등이 되지 않는 것과 마찬가지로, '성스러운 의무'를 따라 국가에 대해 성찰하지는 않을 것이다. 에고이즘만이 그들을 충동질할 수 있으며 상황이 훨씬 더 나빠지는 즉시 그렇게 할 것이다. 인간들에게 그들의 에고이즘이 국정에 참여하기를 요구한다는 것을 당신이 통고한다면, 당신은 그들에게 오래 말할 필요가 없을 것이다. 그러나 당신이 그들의 조국애 등에 호소한다면 당신은 이러한 '사랑의 봉사'를 위해 귀머거리에게 오랫동안 설교하게 될 것이다. 분명한 건 당신의 의도대로 에고이스트들이 국정에 참여하지는 않는다는 것이다.

나우베르크는 너무나도 자유주의적인 말을 한다. 즉 "인간은 자신을 인류의 일원으로 느끼고 알며, 그런한 존재로 활동함으로써 자신의 사명을 충분히 완수한다. 개인은 인류 전체에 기반을 두지 않으며, 안타이오스처럼 인간성에서 힘을 끌어내지 못하면 인류의 이념을 실현할 수 없다."[92] 또한 마찬가지로 "공화국(res publica)과 사람의 관계는 신학적 견해에 의해 순전히 사적인 문제로 전락되고 따라서 부정에 의해 제거된다"[93]고 말한다. 마치 정치적 견해가 종교를 전혀 다른 것으로 취급하는 것이 아닌가! 그것에 의하면 종교는 하나의 '사적인 문제'이다.

'성스러운 의무', '인간의 운명', '완전한 인간이어야 하는 사명' 등과 유사한 계명 대신에 국가 내에서 모든 것을 내 마음대로 내버려두면 나의 자기이익이 침해될 것이라고 인간들에게 가르친다면, 번거롭게 말하지 않아도 그들은 인간이 자신의 복적을 달성하기를 원한다면 결정적인 순간에

92) (원주) Karl Nauwerck, *Über die Teilnahme am Staate*(Leipzig, 1844), p.16.
93) (원주) 같은 곳.

그들에게 말해야 하는 것처럼 언급할 것이다. 그러나 그 대신에 신학을 혐오하는 그 저자는 "국가가 그 구성원 모두에게 요구를 부과할 때가 된다면, 그런 시대는 우리의 시대이기도 하다. 생각하는 인간은 국가의 이론과 실천에 참여하는 것을 하나의 의무, 자신에게 부과하는 가장 신성한 의무의 하나로 본다"고 말한다. 그리고 이어서 "모든 인간이 국가에 참여해야 하는 무조건적인 필요성"[94]을 면밀히 고찰한다.

국가의 머리나 가슴, 또는 양쪽 모두에 자리 잡고 있는 인간, 국가에 의해 소유된 인간, 또는 국가를 믿는 인간은, 정치인이며 영원히 그렇게 남아 있다.

"국가는 인류의 완전한 발전을 위해 가장 필요한 수단이다."[95] 우리가 인류를 발전시키길 원했던 한에서 국가는 분명 그러했다. 그러나 우리가 다시 우리 자신을 발전시키고자 한다면 국가는 우리에게 방해가 될 뿐이다.

국가와 국민이 여전히 개혁되고 개선될 수 있을까? 귀족, 성직자, 교회 등도 마찬가지로 불가능하다. 그것들은 얼마든지 폐지되고, 전멸되고, 말살될 수 있으나 개혁될 수는 없다. 나는 본래 무의미한 것을 개량하여 의미 있는 것으로 바꾸어야 하는가, 아니면 완전히 버려야 하는가?

이제부터 해야 할 일은 더 이상 국가(국가 헌법 등)에 관한 것이 아니라 나 자신에 관한 것이다. 이로써 군주의 권력이나 헌법 등에 대한 모든 질문이 진정한 나락과 진정한 무(無) 속으로 가라앉는다. 이 아무것도 아닌 내가 나 자신으로부터 나의 창조물을 낳을 것이다.

사회의 장에는 최근에 사람들의 찬사를 받는 '정당'도 속한다.

..
94) (원주) 같은 책, 5쪽.
95) (원주) 나우베르크의 인용문이 아니다.

국가에서 정당이 활개를 치고 있다. '정당이여, 정당이여, 누가 그것에 어울리지 않는 자일까!' 그러나 개인은 유일한 존재이며 정당의 일원이 아니다. 그는 자유롭게 결합하고 다시 자유롭게 분리한다. 정당은 국가 안의 국가일 뿐이며, 이 작은 벌집인 국가에서도 더 큰 국가에서와 마찬가지로 '평화'가 또한 지배해야 한다. 국가 내에는 반대파가 있어야 한다고 가장 크게 외치는 바로 그 인간들이 정당의 모든 불화에 대해서는 열렬히 반대한다. 이는 그들도 요컨대 국가를 원한다는 증거이다. 모든 정당은 국가가 아니라 유일자에 의해 산산조각이 난다.

자신의 정당에 충실하라는 충고보다 더 자주 듣는 것은 없다. 독립적 인간만큼 정당인이 경멸하는 것은 없다. 자신의 정당과 고락을 함께 하며, 무조건 정당의 근본 원칙에 복종하고 지지해야 한다. 여기에서는 폐쇄된 사회보다는 그렇게 나쁘게 진행되지 않는다. 왜냐하면 폐쇄된 사회는 구성원을 엄격한 룰이나 규칙(가령 교단, 예수회 등)에 구속하기 때문이다. 그러나 정당은 특정 원칙을 구속력 있게 만들고 공격에 대해 확신을 갖기를 원하는 순간에 연합을 중단한다. 그러나 이 순간이 바로 정당이 탄생하는 때이다. 그것은 정당으로서 이미 태어난 사회, 하나의 죽은 결합, 고정화된 관념이다. 그것은 절대주의의 정당으로서 당원들이 이 원칙의 수정 불가능한 진리를 의심하는 것을 원하지 않는다. 그들은 여전히 자신의 정당 밖에 있어도, 즉 비정당적이어도 어떤 것이기를 원할 만큼 충분히 에고이스트적일 때만 이 의심을 품을 수 있다. 그들은 정당인으로서 비정당적일 수 없고 오직 에고이스트로서만 비정당적일 수 있다. 만일 당신이 개신교인이고 그 정당에 속한다면 당신은 개신교를 정당화해야 하며, 기껏해야 그것을 '정화'할 수 있어도 그것을 부인할 수는 없다. 또 당신이 기독교인이고 기독교당에 속한다면, 당신은 그 정당의 일원으로서 그것을 넘어

설 수 없으며, 오직 당신의 에고이즘, 즉 당신의 무정당성이 당신을 강요할 때에만 그것을 할 수 있을 뿐이다. 헤겔이나 공산주의자에 이르기까지 기독교인들은 자신들의 정당을 강하게 만들기 위해 얼마나 노력을 기울였는가. 그들은 기독교가 영원한 진리를 담고 있음에 틀림없고, 인간은 오로지 그것을 이해하고, 확인하고, 정당화하기만 하면 된다고 주장했다.

요컨대 정당은 무정당성을 허용할 수 없다. 그러나 바로 이 비정당성에서 에고이즘이 나타난다. 나에게 정당이 무슨 관계가 있는가? 그래도 나는 내 깃발 등에 충성을 맹세하지 않고 나와 연합하는 인간을 충분히 찾을 것이다.

하나의 정당으로부터 다른 정당으로 넘어가는 인간은 즉시 '변절자'로 학대를 받는다. 확실히 도덕성은 자신의 정당에 충실해야 한다고 요구하며, 정당을 배신하는 것은 '불충실'이라는 오명으로 스스로를 더럽히는 것이다. 그러나 고유성은 '충실, 귀의 등등'이라는 계명을 알지 못한다. 고유성은 모든 것을 허용한다. 심지어 배신과 배반까지도 허용한다. 자신의 정당을 배반하는 인간을 판단해야 할 때, 도덕적인 인간들도 무의식적으로 이 원칙에 따라 행동한다. 아니면 개종자를 만들어낸다. 그들은 오로지 동시에 자신의 행동을 하기 위해 부도덕한 행동을 해야 한다는 사실을 인식해야 한다. 즉 도덕적 고려를 통해 규정하지 않고 스스로의 손으로 자신을 규정하기 위해서는, 충실을 파괴해야 하고 스스로의 서약조차 파괴해야 함을 의식해야 한다. 엄격하게 도의적인 판단을 내리는 인간들의 눈에 배교자는 항상 애매모호한 색으로 빛나고, 쉽게 그들의 신뢰를 얻지 못할 것이다. 왜냐하면 그들에게 '불신', 즉 부도덕이라는 오점이 있기 때문이다. 저급한 사람들 사이에서도 이 견해는 거의 일반적인 것으로 보인다. 계몽된 인간들도 언제나 그렇듯이 여기서도 불확실성과 당혹감에 빠지며, 필연적으로 도덕 원칙에 기초한 모순은 그들 개념의 혼란으로 인해 그들의 의식에 명확하게 나타나지 않는다. 그들에게는 배교를, 하나의 종교에서 다른 종교로의 이탈 등을 꾀하는 것이기 때문이다. 나아가 그들은 인륜의 입장을 포기할 수 없다. 그러나 여기서 도덕성에서 벗어나는 기회를 붙잡아야 했다.

자기소유자나 유일자는 하나의 정당인가? 만일 그가 어떤 정당에 속하는 자라면 그가 어떻게 자기소유자가 될 수 있는가?

또는 인간은 어떤 정당으로도 바뀌어서는 안 되는 것일까? 인간은 그 정당과 결합하여 그 안으로 들어가는 것에 의해 정당과 내가 하나의 동일한 목표를 추구하는 한에서만 지속되는 하나의 연합을 형성한다. 그러나 오늘 나는 여전히 정당의 경향을 공유하고 있다. 내일이면 더 이상 그렇게 할 수 없고 나는 그 정당에 '부실'이 될지 모른다. 정당은 나에게 구속력(의무)이 없으며 나는 그것에 대해 존중하지 않는다. 그것이 더 이상 나를 기쁘게 하지 않는다면 나는 그것을 적으로 삼는다.

정당이란 그 자신과 그 지속성을 돌보는 것인 이상, 모든 정당에서 구성원은 그들이 그 정당의 요구에 봉사하는 정도에 따라 자유롭지 않으며, 나아가 에고이스트적 요소를 결여하는 것이다. 정당의 자립성은 당원들의 비자립성을 전제로 한다.

어떤 종류의 정당이든 정당이라는 것은 절대적으로 어떤 신앙 고백 없이는 나아갈 수 없다. 왜냐하면 정당의 구성원은 그 정당의 원칙을 믿어야만 하고, 그것을 의심하거나 의문시해서는 안 되며, 당원에게 그것은 확실하고 의심의 여지가 없는 것이어야 하기 때문이다. 즉 몸과 영혼이 정당에 속해야 하며, 그렇지 않으면 그는 진정한 정당인이 아니라 어느 정도 에고이스트가 된다. 기독교에 대한 의심을 품는다면 당신은 이미 더 이상 진정한 기독교인이 아니다. 나아가 그 이상으로 당신은 의문을 넘어서 기독교를 당신의 심판대 앞에 끌어낸다고 하는 '파렴치한 짓'에 이르게 된다. 당신은 기독교, 즉 기독교의 당파적 사안에 대해(왜냐하면 예를 들어 그것은 다른 또 하나의 당파인 유대인의 사안은 아니기 때문이다) 죄를 지은 것이 된다. 그러나 당신이 자신을 겁내지 않는다면 그 파렴치함은 당신에게 고유성을 부여한다.

그렇다면 에고이스트는 절대로 정당과 관련되거나 정당을 받아들일 수 없단 말인가? 그렇다. 에고이스트는 결코 그 자신이 정당에 의해 포용되거나 받아들여지게 할 수는 없다. 그에게 정당은 항상 하나의 모임에 지나지 않는다. 모임이라면 동료로서 참여할 뿐이다.

최고의 국가는 분명히 가장 충성스러운 시민들을 가진 국가가 될 것이며, 합법성에 대한 헌신적인 마음을 잃을수록 국가, 도덕 체계, 도덕 생활 자체는 그 힘과 재화를 약화시킬 것이다. '좋은 시민'과 함께 좋은 국가도 타락하고 무정부 상태와 무법 상태로 해체된다. '법을 존중하라!'는 경화제에 의해 국가 전체가 함께 유지된다. '법은 신성하고, 그것을 모독하는 자는 범죄인이다.' 범죄 없이는 어떤 국가도 없다. 도덕적 세계, 그리고 이것이 바로 국가인데 무뢰한, 사기꾼, 도둑 등으로 가득 차 있다. 국가는 '법의 지배자'이자 법의 위계질서이기 때문에 에고이스트는 자신의 이익이 국가의 이익에 반하는 모든 경우에 범죄를 통해서만 자신을 만족시킬 수 있다.

국가는 국가의 법률과 법령이 신성하다는 요구를 포기할 수 없다. 그러나 이때 개인은 국가에 대해 성스럽지 못한 자(야만인, 자연인, '에고이스트')로 간주된다. 과거에 교회에 의해 개인이 그렇게 간주된 것과 마찬가지이다. 개인 앞에서 국가는 성스러운 후광을 취한다. 그래서 국가는 결투 금지법을 제정한다. 어떤 일(무슨 일이라고 해도)을 위해 기꺼이 목숨을 걸고자 하는 점에서 둘이 동의한다고 해도, 그들에게는 그것이 허용되지 않는다. 왜냐하면 국가가 그것을 바라지 않기 때문이다. 국가는 그것에 대해 형벌을 부과한다. 그렇다면 자기결정의 자유는 어디에 있는가? 가령 북아메리카에서와 같이, 자신의 행위에서 생긴 어떤 바람직하지 않은 결과, 가령 신용이 박탈된 것을 결투 당사자들이 받아들이도록 사회가 결정한다면 사태는 전혀 다르게 된다. 신용을 거부하는 것은 각자의 일이며, 따라서 사회가 이런저런 이유로 신용을 박탈하기를 원할 경우에 당사자는 따라야 하고, 자신의 자유 침해에 대해 불평할 수 없다. 왜냐하면 사회는 요컨대 단순히 자신의 자유를 관철하고 있을 뿐이기 때문이다. 그것은 결코 죄에 대한 벌, 범죄에 대한 형벌이 아니다. 그 경우 결투는 범죄가 아니라 오로지 사회가 그것에 대해 대응책을 강구하고 방어책을 취하면 좋은 하나의 행위일 뿐이다.

반대로 국가는 결투에 대해 범죄라는, 즉 신성한 법에 대한 훼손이라는 낙인을 찍는다. 국가는 그것을 하나의 형사 사건으로 만든다. 개인이 자신의 행동 방식으로 인해 나쁜 결과나 불편을 초래할 것인지 여부를 사회는 개인의 결정에 맡기고, 이에 따라 사회는 개인의 자유로운 결투를 인정한다. 이에 반해 국가는 개인의 결정으로부터 모든 권리를 빼앗고, 그 대신 국가 자신의 결정인 국법에 유일한 권리를 인정해준다. 따라서 국가가 정한 법을 위반하는 인간은, 마치 신의 계명을 거스르는 행위로 간주된다. 이는 한때 교회가 유지했던 견해와 마찬가지가 아닌가. 여기에서 신은 신성함 그 자체이며, 교회의 계명은 국가의 그것과 같이 성스러운 자의 명령이며, 이 성스러움은 신에게 선택된 사제, 또는 신의 은총을 받은 군주를 통해 세계에 전달된다. 교회에 죽음의 벌을 내리는 죄가 있다면 국가에는 죽음을 당할 만한 범죄가 있다. 교회에 이단자가 있다면 국가에는 반역자가 있다. 교회에는 교회 벌이 있고 국가에는 형사 벌이 있다. 교회에는 이단 심문 재판이 있고 국가에는 검찰 기소가 있다. 간단히 말해서, 교회의 죄과는 국가의 범죄이고, 교회의 죄인은 국가의 범죄자이다. 교회에 이단 심문이 있으면 국가에도 이단 심문이 있다. 국가의 신성함은 교회의 신성함처럼 무너지지 않겠는가? 국법에 대한 경외심, 그 존엄에 대한 경외심, 그 '신하들'의 공손함이 과연 계속될 것인가? 그 '성스러운' 얼굴이 추악하게 바뀌지 않을까?

국가 권력은 개인과 공정한 싸움을 시작하고, 언론 출판의 자유 문제에 대해 표명된 것처럼 태양과 바람을 동등하게 공유하게 해야 한다고 국가 권력에 요청하는 것은 얼마나 어리석은 일인가! 국가가 사실상의 권력이 되려면 개인에 대한 우월한 권력이어야 한다. 국가는 '신성한' 것이며 따라서 개인의 '저돌적인 공격'에 자신을 노출시켜서는 안 된다. 국가가 신성하다면 검열관이 있어야 한다. 정치적 자유주의자들은 전자(신성함)를 인정하고 거기에서 필연적으로 나오는 결과에 이의를 제기한다. 그러나 어쨌든 그들은 국가의 억압적인 조치를 인정한다. 왜냐하면 그들은 국가가 개인 이상이라는 사실을 고수하고, 형벌이라고 하는 정당한(권리가 있는) 복수를 실행하기 때문이다.

형벌은 신성한 것을 훼손한 것에 대한 속죄로 인정할 수 있는 경우에만 의미가 있다. 누군가에게 신성한 것이 있다면, 그가 적으로 행동할 때 그는 당연히 벌을 받아야 한다. 누구에게 인간의 생명이 신성하고, 그가 그것을 중시하고, 이를 범하는 것에 대해 두려움을 느낀다면 그는 하나의 종교적인 인간이다.

바이틀링은 범죄의 책임을 '사회적 무질서'로 돌리고, 공산주의 체제 아래에서는 범죄에의 유혹, 가령 돈과 같은 것은 소멸하기 때문에 범죄가 불가능해질 것이라는 기대 속에서 살고 있다. 그러나 그가 말하는 조직된 사회라는 것도 신성하고 불가침의 것으로 칭송될 수 있는 이상 그가 말하는 그런 이상사회는 잘못 그려진 것이다. 입으로는 공산주의 사회에 대한 충성을 공언하지만 그 파멸을 위해 은밀히 일한 사람들은 부족하지 않을 것이다. 게다가 바이틀링은 "인간의 질병과 허약함이라는 자연적 잔재에 대항하는 치료 수단"에 계속 의존해야 하며,[96] 그 '치료 수단'이라는 것이 개인을 항상 특정한 '구제에 대한 소명'을 받은 것으로 간주한다고 처음부터 말한다. 따라서 그들을 이러한 '인간적 사명'의 척도에 비추어 대우하게 된다고 한다. 치료적 수단 또는 치유는 요컨대 형벌의 이면일 뿐이며, 치료 이론은 형벌 이론과 평행을 이룬다. 후자가 어떤 행동에서 권리(법)에 대한 위배를 본다면, 전자는 거기에서 인간의 자기 자신에 대한 위배, 즉 건강의 쇠퇴를 볼 뿐이라는 이야기이다. 그러나 그것이 옳은 것은, 내가 그 행위를 나에게 옳은 것으로 보는가 또는 옳지 않은 것으로 보는가, 나에게 적대적으로 보는가 또는 우호적인 것으로 보는가, 즉 내가 그 행위를 소중히 하거나 부수는 나의 소유로 취급한다는 것이다. '범죄' 또는 '질병'은 어느 것이나 문제에 대한 에고이스트적 관점, 즉 나로부터 나오는 판단이 아니라 타자로부터 나오는 것이다. 즉 그 판단이 권리, 보편적 권리를 훼손하는가 또는 그것이 개인(병자)의 건강을 부분적으로 손상하는지 여부, 또는 보편(사회)의 건강을 해치는가라는 것으로 타자에게서 나오는 판단이다. '범죄'는 무자비한 것으로 취급되지만, '질병'은 '사랑의 온유, 연민' 등으로 취급된다.

••

96) (원주) Wilhelm Weitling, *Garatien der Harmonie und Freibeit*(Vivis, 1842), p. 191.

형벌은 범죄에 뒤따른다. 신성한 것이 사라져서 범죄가 없어진다면 그에 상응하는 형벌도 없어져야 한다. 왜냐하면 형벌 역시 신성한 것에 대응해서만 의미가 있기 때문이다. 인간들은 교회의 벌을 폐지했다. 왜? 각자가 '성스러운 신'을 대하는 태도는 자신의 문제이기 때문이다. 그러나 이 한 가지 형벌, 곧 교회의 처벌이 무너졌듯이 모든 형벌은 반드시 없어져야 한다. 소위 신에 대한 죄과가 인간 자신의 일인 것처럼 모든 종류의 이른바 신성한 것에 대한 죄도 마찬가지이다. 우리의 형법 이론에 따르면 '시대에 맞는 개선'으로 인간들이 스스로를 괴롭히는 것은 헛된 일이며, 그 이론에 의하면 인간은 이런저런 '비인간적인 것'으로 인해 인간을 처벌하려고 한다. 그리고 거기에서 인간들은 작은 도둑을 교수형에 처하고 큰 도둑을 도망가도록 내버려두는 형태로 이러한 이론의 귀결을 보여줌으로써, 그러한 여러 이론의 어리석음을 특히 분명히 보여준다. 소유의 침해에 대해서는 교도소가 있고, '사상 탄압'이나 '자연적 인권'의 탄압에 대해서는 오로지 항의와 청원이 있을 뿐이다.

형법 법전은 성스러운 것을 통해서만 계속 존립하며, 형벌이 폐기되면 저절로 형법은 소멸한다. 이제 인간들은 모든 면에서 형벌 자체에 대해서는 어떤 고려도 하지 않고 오로지 새로운 형법을 만들고 싶어 한다. 그러나 만족을 위한 여지를 만들어야 하는 것은 바로 형벌이며, 다시 말하지만 그것은 권리나 정의를 만족시키는 것을 목표로 하는 것이 아니고 우리 자신에게 만족스러운 결과를 가져다주는 것이다. 우리가 참지 못할 일을 누가 우리에게 한다면, 우리는 그의 강한 힘을 부수고 우리 자신의 힘을 관철하게 된다. 우리는 그 강력함에 만족하며, 권리(망령)를 만족시키려는 어리석음(괴물)에 빠지지 않는다. 신성한 것이 인간에 대항하여 자신을 방어하지 않고, 신이 더 이상 인간에 대항하여 자신을 지키는 것도 없어진 지금도(그러나 그렇게 말해도 부분적으로 지금도 여전히 모든 '신의 하인'들은 신을 모독하는 자를 처벌하기 위해 인간에게 손을 바치고 있다) 신성한 것에 대해 헌신하고 있는 이상, 인간이야말로 인간에 대항하여 방어해야 하는 것이다. 나아가 신성한 것에 대한 이러한 귀의, 즉 스스로는 활발한 관계를 갖지도 않고, 악행자를 오로지 경찰과 법원에 넘기는 일을 할 뿐이다. '신성한 것을 잘 관리할 것이다.' 관헌에게 무관심하게 인도한다는 것이다. 국민의 눈에는 부도덕한 것으로 보이는 모든 것, 종종 보기 흉하게만 보이는 모든 것에 대해 경찰을 부추기는 점에서 국민들은 완전히 우매한 것이다. 도덕적인 것에 대한 국민의 분노는 정부가 어떤 식으로든 경찰 기관을 보호할 수 있는 것보다 더 잘 경찰 기관을 보호한다.

에고이스트는 지금까지 범죄로 자신을 주장했고 신성한 것을 조롱해왔다. 신성한 것과의 결렬, 아니 오히려 신성한 것의 파기가 일반적이 될 수 있다. 혁명은 결코 돌아오지 않지만 강력하고 무모하고 뻔뻔하고 양심 없이 교만한 범죄, 그것은 먼 천둥으로 우르르 울리지 않으며, 하늘이 예견할 정도로 어떻게 조용하고 우울해지는지 당신은 보지 않는가?

가족, 정당, 민족과 같은 제한된 사회를 위해 자신의 힘을 사용하기를 거부하는 인간은 여전히 더 가치 있는 사회를 갈망하고, 가령 '인간 사회' 또는 '인류'에서 사랑의 진정한 대상을 찾았다고 생각한다. 그것에 자신을 희생하는 것을 그의 명예로 간주한다. 그리하여 이제부터 그는 '인류를 위해 살고 봉사한다.'

인간들은 지금까지 나를 억압해온, 지배하는 인격의 몸은 국민이라고 부르고 정신은 국가라고 부른다. 그들은 민족과 국가를 각각 '인류'와 '보편적 이성'으로 확장하여 여러 국민과 국가를 신격화하고자 했다. 그러나 노예 상태는 이러한 확대와 함께 더욱 심화되었을 뿐이며 자선가와 인도주의자는 정치가와 외교관 못지않게 절대적인 군주가 된다.

근대 비평가들은 종교가 신, 신성, 도덕 등을 인간 외부에 두거나 그것을 객관적으로 만든다는 이유로 종교에 반대하고, 그것에 대립하여 그러한 주체적인 것을 도리어 인간 속으로 옮긴다. 인간에게 어떤 '사명(규정성)'을 부여하는 것은 종교의 본래적인 오류이지만, 그러한 비평가도 인간을 신적으로나 인간적으로나 알고자 한다는 점에서 그 오류에 빠지고 있다. 도덕, 자유, 인간성 등이 그의 본질이라는 것이다. 그리고 종교와 마찬가지로 정치도 인간을 '교육'하고 인간을 그 '본질', 그 '사명'(규정성)의 현실화에 이르게 하고, 인간을 무엇인가로, 즉 '진정한 사람'으로 만들려고 했다. 하나는 '진정한 신자'의 형태, 다른 하나는 '진정한 시민 또는 신하'의 형태이다. 사실 사명을 신적인 것이라고 부르든 인간적인 것이라고 부르든 간에 마찬가지이다.

종교와 정치 아래 인간은 당위(Sollen)의 관점에서 자신을 발견한다. 그가 이렇게 저렇게 되어야 한다는 것이다. 그러한 요청과 명령으로 각자는 타자 앞에서뿐만 아니라 자기 자신 앞에서도 나타난다. 그 비평가들은 말한다. 당신은 하나의 온전하고 자유로운 인간이 되어야 한다고. 따라서 그들 역시 하나의 새로운 종교를 선포하고 하나의 새로운 절대, 하나의 이상, 즉 자유를 설정하려는 유혹에 빠져 있다. 인간은 자유로워야 하고, 과거 기독교가 모든 인간이 기독교인으로 될 운명이라는 확신을 가지고 신앙의 선교사를 파견한 것과 같이, 지금은 자유의 선교사들이 일어날 수 있다. 그러면 자유는, 지금까지 신앙이 교회로서 자기 조직하고 국가로서의 도덕이 자기 조직하는 것처럼, 스스로를 하나의 새로운 공동체로 자기 조직하고 그로부터 유사한 '선전'을 계속할 것이다. 실제로 모이는 것에 대해서는 결코 반대할 수 없다. 그러나 오래된 돌봄(Fürsorge)이나 교화의 부활, 즉 기독교인이든 신민이든 자유인이든 인간이든 상관없이 우리를 무엇인가로 만들어내려고 하는 원리에 대해 더욱 반대해야 한다.

포이어바흐 및 다른 무리들과 함께 종교가 인간적인 것을 인간에게서 내쫓아 내세로 옮겨놓았고, 그로 인해 인간적인 것은 손이 닿지 않는 장소에서 하나의 그 자체로 인격적인 것, 하나의 '신'으로서 계속 생존했다고 말할 수 있다. 그러나 종교의 오류는 이것으로 결코 소진되지 않는다. 하늘에 오른 인간적인 것의 인격성을 돌보지 않을 수도 있고, 신을 신적인 것으로 바꿀 수도 있다. 그러나 그럼에도 인간들은 여전히 종교적으로 남는다. 왜냐하면 종교적이라는 것은 인간의 현재에 대한 불만, 즉 추구해야 할 '완전성'의 정립, "스스로의 완전성을 위해 고투하는 인간"[97]으로 존립하기 때문이다. "그러므로 하늘에 계신 너희 아버지의 온전하심과 같이 너희도 온전하라."[98] 그것은 하나의 이상, 하나의 절대적인 것의 설정으로 존립한다. 완전성은 '최고선'이고 궁극적 선(der finis bonorum)이다. 모든 인간의 이상은 완전한 사람, 진실한 사람, 자유의 인간 등이다.

근대의 노력은 '자유로운 인간'의 이상을 세우는 것을 목표로 한다. 그것을 찾을 수 있다면 하나의 새로운 종교가 생겨날 것이다. 왜냐하면 하나의 새로운 이상이란 새로운 갈망, 새로운 고뇌, 새로운 신심, 새로운 통회를 부여하기 때문이다.

절대적인 모든 것과 동일하게, '절대적 자유'라는 이상과 함께 마찬가지의 혼란이 만들어진다. 그리고 가령 헤스에 따르면 '절대적 자유'라는 것은

97) (원주) Bruno Bauer, "Was ist jetzt der Gegenstand der Kritik?," *Allgemeine Literatur-Zeitung*, H. 8(Charlottenburg, 1844), p. 22.

98) (원주) 「마태복음」, 5장 48절.

"절대적으로 인간적인 사회 속에서 실현 가능하다"고 한다.[99] 그 실현은 바로 뒤에서 '사명'으로 명명된다. 그 사명은 자유를 '도덕'으로 규정한다. 즉 '정의'(평등)와 '도덕'(자유)의 왕국이 시작되어야 한다고 말한다.

자신의 종족, 가족, 민족의 동료들이 존중될 때 그 동료의 공적을 '선전하는' 것 외에 다른 능력이 없는 인간은 어리석은 인간이다. 그러나 오로지 '인간적인 것'만을 원하는 인간도 눈이 먼 것은 마찬가지이다. 그들 중 어느 쪽도 자신의 가치를 배타성에 두지 않고, 연결성 또는 타자들과 그를 연결하는 '끈'에, 즉 혈통의 끈, 민족의 끈, 인간의 끈에 자신의 가치를 두고 있다.

한편으로는 단순히 인간의 피라는 끈을 갖는다고 생각하는 인간들과, 다른 한편으로는 자신의 특별한 혈통의 끈을 자랑하는 인간들 사이의 갈등이 지금 '국민파'에 의해 다시 촉발되고 있다.

자부심이 어떤 과대평가를 표현하는 경우도 있다는 사실을 무시하고 그것을 오로지 의식으로만 받아들인다면, 어떤 국민에 '속한다'는 것, 즉 그 국민의 재산(Habe)이라는 자부심과, 어떤 민족성을 자신의 재산이라고 부르는 것 사이에는 엄청난 차이가 있음을 알게 된다. 민족성은 나의 특성이지만 국민은 나의 소유자이자 주인이다. 당신에게 강한 체력이 있으면 당신은 적당한 곳에서 그것을 사용하고 그것에 대해 어떤 자기 감정이나 자부심을 가질 수 있다. 반대로 당신의 강한 몸이 당신을 가지고 있다면, 몸은 모든 곳에서 그 힘을 보여주기 위해 가장 부적절한 곳에서 당신을 찌른다. 즉 당신은 누군가와 악수할 때에도 그 손을 쥐어짜게 된다.

∙∙

99) (원주) Moses Hess(anoym), "Sozialismus und Kommunismus", *Einundzwanzig Bogen aus der Schweiz*(Zürich und Wintertur, 1843), pp. 89~90.

인간은 가족의 구성원 이상, 종족의 동료 이상, 국민의 일원 이상이라는 인식은, 결국 인간이기 때문에 이 모든 것 이상이라는 말에 이르게 한다. 또는 유대인, 독일인 등 그 이상이라고 한다. '따라서 각자는 오로지 완전한 사람인 것이다!' 그것은 오히려 이렇게 말하는 것이 아닐까? 우리는 이미 언급된 이상이기 때문에 이것 '이상'일 뿐 아니라 저것 '이상'이라고 말할 수 있는 것이 아닌가라고 말이다. 따라서 인간이자 독일인이고, 인간이자 교황당(Welfe)이라는 등등이 아닌가? 국민파가 인간은 자신의 민족성을 부정할 수 없다고 하는 것에도 일리가 있다. 그리고 인도주의자들이 인간은 국민파의 고루함에 머물지 말아야 한다는 것에도 일리가 있다. 이러한 모순이 유일성(Einzigkeit)으로 해결된다. 민족적이라는 것은 나의 특성이기 때문이다. 그러나 나는 나의 특성에서 해소되지 않는다. 즉 그것은 인간적인 것이 내 특성이라고 해도 나는 나의 유일성에 의해 비로소 인간에 실존을 부여하는 것과 같다.

역사는 인간을 추구한다. 그러나 인간은 나이고, 당신이고, 우리이다. 하나의 신비한 본질로서, 신적인 것으로서, 처음에는 신으로서, 그다음에는 인간(인간성, 인간애, 인류)으로서 추구된 그것은 개별적인 것, 궁극적인 것, 유일자로 발견된다.

나는 인류의 소유인이고, 내가 인류이며, 그리고 나는 다른 인류의 이익을 위해 아무것도 하지 않는다. 유일한 인류인 당신은 당신 자신이 아닌 다른 인류를 위해 산다는 식의 외양을 취한다면 바보라는 것이다.

지금까지 고찰한 나와 인간 세계의 관계는 참으로 풍부한 현상을 제공하고 그 점에 대해서는 다른 기회에 계속해서 다루게 되겠지만, 여기서는 그 주요한 윤곽만을 명확하게 하면 되므로 이 정도로 그치고, 이러한 관계를 비추는 다른 두 측면에 대한 이해를 위한 자리로 옮기도록 하자. 즉 인간이 그 자체로 '인간'의 개념을 표현하거나 인간의 자녀(신의 자녀라고 하는 바와 같은 인간의 자녀)라는 개념을 제시하는 한, 나는 오로지 인간과의 관계 속에서 나 자신을 발견할 뿐만 아니라, 인간이 인간에서 자기 자신의 것이라고 명명하는 것과의 관계 속에서 나 자신을 발견하고, 따라서 나는 오로지 인간이 인간에 의해 존재하는 것에만 나 자신을 관계지우는 것에 그치지 않고, 인간의 인간적 소유에 대해 나 자신을 관계지우는 것이다. 따라서 인간의 세계 외에도 감각과 관념의 세계는 논의 속에 포함시켜야 한다. 그리하여 인간이 감성적 재화에서 인간 자신의 것이라고 명명하는 것과, 인간이 정신적 재화에서 인간 자신의 것이라고 부르는 것 양자에 대해서도 어느 정도 말해야 한다.

인간들이 인간에 대한 개념을 발전시키고 그것을 스스로 명확하게 파악함에 따라, 인간들은 우리에게 인간을 이런저런 존경해야 할 인물처럼 숭상하라고 명하고, 이 개념에 대한 가장 넓은 이해에서 마침내 '모든 인간 안에서 인간을 존경하라'는 엄명이 나왔다. 그러나 만일 내가 인간을 존경한다면 나의 존경도 마찬가지로 인간적인 것, 또는 인간에 속하는 것까지 확장되어야 한다.

인간들은 고유성(Eigenes)을 가지고 있다. 나는 그 고유성을 인정하고 신성하게 여겨야 한다. 인간의 고유성이라는 것의 일부는 외면적 소유이고 일부는 내면적 소유로 구성되어 있다. 전자는 사물이고 후자는 여러 가지 정신성, 사상, 확신, 고귀한 감정 등이다. 그러나 나는 항상 오로지 합법적으로 소유 또는 인간적인 소유만을 존중해야 한다. 비합법적 소유나 비인간적 소유를 존중할 필요는 없다. 왜냐하면 실재하는 인간의 고유성만이 인간의 소유이기 때문이다. 이러한 종류의 내면적 소유에는 가령 종교가 있다. 종교는 자유이기 때문에, 즉 인간에 속하는 것이기 때문에 나는 그것을 공격해서는 안 된다. 마찬가지로 내면적 소유 중에는 명예가 있다. 명예도 자유이며 내가 공격해서는 안 되는 것이다(명예훼손의 고발, 풍자화 등). 종교와 명예는 '정신적 소유(재산, Eigentum)'이다. 물적 소유 중에서도 가장 중요한 것은 나의 인격이다. 나의 인격은 나의 첫 번째 소유이다. 그러므로 인격의 자유라는 것이다. 그러나 자유라는 것은, 합법적 또는 인간적 인격뿐이고 다른 인격은 닫혀 있다. 당신의 생명은 당신의 소유이다. 그러나 그것이 괴물의 것이 아닌 경우에만 인간에게 신성하다.

그러한 것으로서의 인간이 물질적 재화에서 자기 것으로 고집할 수 없는 것을 우리는 그에게서 빼앗을 수 있다. 이것이 경쟁의 의미, 영업의 자유가 지닌 의미이다. 또 인간이 정신적인 재화에서 자기 것으로 고집할 수 없는 것은 마찬가지로 우리의 소유가 된다. 그래서 논쟁의 자유, 학문과 비판의 자유가 횡행한다.

그러나 신성화된 재화는 불가침이다. 누구에 의해 재화가 신성화되고 보증되는가? 첫째, 국가에 의해, 사회에 의해서이다. 그러나 본래적으로는 인간에 의해, 또는 '개념'에 의해, '사물(Sache)의 개념'에 의해서이다. 왜냐하면 신성화된 재화라는 개념은 그러한 재화가 진정으로 인간적 재화라는 개념, 또는 오히려 비인간적인 것으로서가 아니라 인간으로서의 점유자가 그러한 재화를 갖는다는 개념이기 때문이다.

정신적인 측면에서 말하자면, 그러한 재화란 인간의 신앙, 인간의 명예, 인간의 도덕적 감정, 바로 예절과 수치의 감정 등이다. 명예를 훼손하는 여러 행동(말, 글)은 처벌을 받아야 한다. 즉 '모든 종교의 기초'에 대한 공격, 정치적 신념에 대한 공격, 요컨대 한 사람의 인간이 '정당하게' 갖는 모든 것에 대한 공격이 그것이다.

비판적 자유주의가 여러 재화의 신성함을 어디까지 확장할 것인가? 이에 대해서 비판적 자유주의가 어떤 발언도 하지 않았지만, 의심할 여지없이 신성함은 혐오해야 하는 것이라고 어둡게 망상을 하고 있다. 그러나 비판적 자유주의는 에고이즘과 싸우면서 그것의 한계를 설정해야 하며, 비인간이 인간에게 달려들지 않도록 해야 한다. 만일 비판적 자유주의가 권력을 잡으려고 하면 반드시 '대중'에 대한 비판적 자유주의의 이론적인 경멸에 상응하는 실제적인 거부가 있어야만 한다.

'인간'의 개념이 어느 정도 확장되는지, 또 그 개념에 의해 개별 인간에게 무엇이 오는지, 따라서 인간과 인간적인 것은 무엇인가에 대해서는 자유주의의 다양한 단계가 있으며, 정치적 인간, 사회적 인간, 인도적 인간은 항상 '인간'에 대해 서로보다 더 많은 것을 요구하고 있다. 이 개념을 가장 잘 파악한 사람이 '인간'에 속하는 것이 무엇인지를 가장 잘 안다는 것이다. 국가는 여전히 이 개념을 정치적으로 한정해서 파악하고, 사회는 이를 사회적 제한 속에서 파악한다. 소위 인류가 그 개념을 최초로 완전히 이해했으며, 또는 '인류의 역사가 이 개념을 발전시킨다'고 한다. 그러나 '인간이 발견'된다면, 우리는 또한 사람이 자신의 고유한 것, 인간의 소유, 인간적인 것을 알게 된다.

그러나 인간 또는 인간 개념, 즉 인간성이 개별 인간에게 그럴 '자격을 주는' 것이므로 개개 인간은 가능한 한 톡톡하게 권리에 대한 주장을 하는 것이 좋다. 그의 권리 또는 그의 요구가 나와 무슨 관계가 있을까? 개별적 인간이 인간으로부터 스스로의 권리를 누리고 나에게서는 권리를 누리지 못한다면, 그는 나에 대하여 어떤 권리도 갖지 않는다. 가령 그의 생명은 오로지 그것이 나에게 가치가 있는 한에서만 나에게 의미가 있다. 나는 소위 소유권도 물적 재화에 대한 그의 권리도 존중할 생각이 없고, 또 '그의 내면의 성물'에 대한 그의 권리 또는 정신적 재화나 신성을 갖는 그의 신들이 훼손되지 않은 채로 남아 있을 권리를 존중하지 않는다. 그의 재화는 감각적이든 정신적이든 간에 모두 내 것이며, 나는 내 권력의 범위 내에서 그것들을 소유주로서 처분한다.

소유의 문제는 한정된 문제 제기가 제시하는 것보다 더 넓은 의미를 그 안에 가지고 있다. 인간들이 우리의 소유라고 부르는 것에 대해서만 언급하면 그것은 해결책이 될 수 없다. 결정은 '우리가 모든 것을 누리는' 자의 장소에서 비로소 발견된다. 소유는 소유인에게 속한다.

프랑스 대혁명은 '신의 은총에서' 나온 모든 것, 가령 신적인 권리에 대항하여 무기를 사용했다. 그 대신 인권이 확립되었다. 신의 은총으로 주어지는 것을 '인간의 본질에서' 나온 것이 대치하였다.

이제 인간 상호 간의 관계로서 '신을 위하여 서로 사랑하라'는 종교적 교의에 반대하여 '인간을 위하여 서로 사랑하라'는 인간적 입장을 받아들여야 했기 때문에 혁명의 가르침은 먼저, 이 세계의 것들에 대한 사람의 관계에 관하여 지금까지는 신의 질서에 따라 배열된 세계가 이제부터 '인간'에 속하게 되는 것을 확인하는 것이 되었다.

세계는 '인간'의 것이며, 인간의 소유로서 나에게 존중받아야 한다.

소유는 내 것이다!

부르주아적 의미의 소유란 신성한 재산을 의미한다. 나는 당신의 재산을 존중해야 한다는 것이다. '재산(소유)을 존중하라!' 따라서 정치가는 모든 인간이 약간의 재산을 소유하기를 원하며, 이러한 노력에 의해 부분적으로 믿을 수 없을 정도의 경지 세분화를 초래했다. 각자는 물어뜯을 만한 무언가를 찾을 수 있는 자신의 뼈다귀를 가지고 있어야 한다는 것이다.

그러나 에고이스트적인 의미에서는 전혀 다르게 된다. 나는 당신의, 또는 당신의 소유에 대하여 물러나지 않고 항상 그것을 내 소유로 여기며 그것을 '존중'할 필요가 없다. 당신이 내 소유라고 부르는 것에 대해서도 마찬가지로 행동하면 된다!

이러한 관점에서 우리는 서로를 가장 쉽게 이해하게 될 것이다.

정치적 자유주의자들은 가능한 한 모든 부역이 해소되고, 각자가 자기 토지의 자유로운 주인이 되도록(설령 그 토지가 한 사람의 거름으로 채워질 수 있는 만큼의 면적만 있어도) 열망했다(어느 농부는 '아내의 똥으로 이익을 얻으려고' 노년에 결혼을 했다). 아무리 작은 것이라도 자기소유가 조금이라도 있다면, 즉 존중받는 재산이 있다면 좋을 것이다! 그러한 소농이 많으면 많을수록 '자유로운 백성과 훌륭한 애국자'를 국가는 더 많이 갖게 된다.

모든 종교적인 것과 마찬가지로 정치적 자유주의는 존중과 인간애와 사랑의 미덕에 의존한다. 그래서 정치적 자유주의는 끊임없는 분노 속에 살고 있다. 왜냐하면 실제로 인간들은 아무것도 존중하지 않으며, 매일 작은 소유지가 더 큰 소유주에 의해 매점되고 '자유로운 인민'은 일용직 노동자로 전락하기 때문이다.

반대로, '소규모 소유자'가 큰 소유도 자신의 것임을 반영했다면, 그들은 정중하게 대소유로부터 자신을 배제하지도 않았고 배제된 채 있지도 않을 것이다.

부르주아적 자유주의자들이 이해하는 소유는 공산주의자나 프루동의 공격을 받을 만하다. 부르주아적 소유자는 사실상 소유가 없는 인간, 어디에서나 배제된 인간이기 때문에 참을 수 없다. 그는 세계를 소유하기는커녕 자신이 돌아서는 하찮은 지점조차 소유하지 않는다.

프루동은 소유자가 아니라 점유자 또는 용익권자를 원한다.[100] 이것은

∶∶

100) (원주) Pierre-Joseph Proudhon, *Qu'est-ce que la propriété?*(Paris, 1841), p. 83.

무슨 의미인가? 그는 땅을 누구에게 귀속시키는 것을 원하지 않고, 오로지 토지의 이익(비록 이 이익의 100분의 1만 허용된다 하더라도)을 원한다. 이는 어쨌든 그가 마음대로 처분할 수 있는 그의 소유이다. 어떤 경지의 이익만을 갖는 인간은 그 경지의 소유자가 아니다. 더군다나 프루동처럼 이 이익 내에서 자신의 소비에 반드시 필요하지 않은 만큼 포기해야 하는 인간은 더욱 그렇다. 그러나 그는 그에게 남은 몫의 소유자이다. 그러므로 프루동은 소유 자체가 아니라 이런저런 소유(재산)만을 부정한다. 만일 우리가 더 이상 토지를 지주에게 맡기지 않고 우리 자신이 전유하기를 원한다면, 우리는 이 목적을 위해 우리 자신을 결합하고 하나의 연합을 만들며, 스스로 소유주가 되는 사회(sociéte)를 형성한다. 만일 우리가 성공한다면 그 토지 소유자들은 토지 소유자가 아니게 된다. 그리고 토지에서와 마찬가지로 우리는 그들을 다른 많은 소유에서도 몰아낼 수 있고, 그 소유를 우리의 소유, 정복자의 소유로 만들 수 있다. 정복자들은 하나의 집단을 형성하지만, 인간들은 그 집단을 모든 인류를 포용할 정도로 거대하다고 상상할 수 있다. 그러나 소위 모든 인류라는 것 역시 그 자체로 하나의 사상(망령)일 뿐이고, 개인이 현실이다. 그리고 하나의 총체로서의 이 개인들은 고립된 개인이나 소위 소유주(propiétaire)와 마찬가지로 자의적으로 토지를 취급할 것이다. 그리하여 소유는 그대로 존속하게 되고, 그것도 여전히 '배타(독점)적'인 것으로 존속한다. 요컨대 인류, 이 거대한 집단은 스스로의 소유로부터 개인을 배제한다(기껏 한 조각을 개인에게 임대하고, 그의 임금으로 제공하는 것이리라)는 것이고, 인류라는 것은 본래 인류가 아닌 것을 모두 배제한다(동물 세계는 소유에 들지 않는다는 식으로)는 것이기 때문이다. 모든 인간이 갖고자 하는 몫은 자기 혼자만 갖고자 하는 인간에게서 빼앗을 것이며, 그것은 공동재산(Gemeingut)이 된다. 하나의 공동재산인 그것에서 각자는 자신의 몫을 갖고, 그 몫은 그의 소유(재산)가 된다. 그러나 우리의 오랜 관계에서 가령 다섯 명의 상속인에게 속한 한 채의 집은 그들의 공동 재산이다. 한편 수입의 5분의 1은 각자의 소유이다. 다음과 같이 말했다면 프루동은 장황한 격정(prolix pathos)을 절약할 수 있었을 것이다. 즉 소수에게만 속하는 사물이 있지만, 우리 타자들은 지금부터 그러한 것을 요구하거나 추구해야 하지 않을까라고. 그것을 우리가 탈취하게 하라. 왜냐하면 우리는 탈취함으로써 소유에 이르고, 현재 우리가 여전히 빼앗긴 소유는 마찬가지로 탈취함으로써만 소유주들에게 돌아오기 때문이다. 소수가 통제하는 것보다 우리 모두의 손에 있다면 더 잘 활용할 수 있다. 그러므로 이 절도(vol)의 목적을 위해 우리 자신이 결속하자는 것이다. 그런데 그렇게 말하는 대신 프루동은 사회가 소멸시킬 수 없는 권리의 최초 소유자이자 단독 소유자라고 믿게 하려 한다. 사적 소유주는 사회에서 절도자로 간주된다(소유는 절도이다. La propriété c'est le vol). 따라서 만약 사회가 소유주의 재산을 빼앗는다고 해도 사회는 오로지 스스로 실효하지 않는 권리를 행사하는 것일 뿐이기 때문에, 그것은 도둑질을 하는 것이 아니라고 한다. 그는 하나의 도덕적 인격으로서의 사회의 망령을 이러한 경우까지 가지고 온다. 그러나 반대로 인간이 얻을 수 있는 것은 그에게 속한다. 즉 세계는 나에게 속한다. '세계는 만인의 것'이라는 반대 명제로 당신은 다른 말을 하려고 하는 것인가? 모두가 나이고, 또 내가 아닌가? 그러나 당신은 '모든 인간'을 하나의 망령으로 만들고 그것을 신성화하여 '모든 인간'이 개인의 두려운 주인이 되고 '권리(정의)'의 망령은 자신을 옆에 놓는다.

프루동도 공산주의자들처럼 에고이즘에 맞서 싸운다. 그러므로 그들은 기독교 원리인 사랑의, 어떤 보편적이고 소원한 것을 위한 자기희생의 연속이며 일관성 있는 실행이다. 그들은 가령 사실로서 오랫동안 존재해 온 고유성(소유)에 관하여 오로지 소유상실성(무소유성, 무고유성, Eigentumslosigkeit)을 완성시키는 것에 불과하다. 법에서는 이렇게 말한다. "만물에 대한 권력은 왕에게 속하고, 개인에게는 그 소유만이 속한다. 군주는 모든 것을 힘에 의해 소유하고, 개인은 주권에 의해 그것을 갖는다(Ad reges potestas omnium pertinet, ad singulos proprietas; omnia rex imperio possidet, singuli dominio)", 즉 왕은 소유자이다. 왜냐하면 왕은 홀로 '만물'을 뜻대로 지배하고 처리할 수 있으며, 왕은 그것에 대해 권력(potestas)과 지배권(imperium)을 갖기 때문이다. 공산주의자들은 이 지배권을 '만인의 사회'에 양도함으로써 이를 더 명확하게 한다. 그러므로 에고이즘의 적이라는 이유로 그들은 기독교인, 또는 더 일반적으로 말하면 종교적 인간, 유령을 믿는 신자, 예속인, 어떤 보편적인 것(신, 사회 등)의 하인이다. 이점에서 프루동은 기독교인과 같다. 그것은 그가 인간에게서 박탈한 것을 신에게 돌리기 때문이다. 그는 신을 땅의 소유주라고 명명한다.[101] 이로써 그는 그가 그러한 자로서의 소유자라는 것을 생각에서 제외할 수 없었음을 증명한다. 그는 궁극적으로 하나의 소유자에 이르렀지만 그 소유를 다른 세계로 데려갔다. 소유자란 신도 인간('인간적 사회')도 아니고 개인이다.

프루동(바이틀링도)은, 재산(소유)을 절도(vol)라고 부를 때 소유에 대해 가장 나쁜 말을 하는 것이라 생각한다. 절도에 대하여 어떤 충분한 근거가 있는 반론이 될 수 있는 유도적인 질문은 전혀 없이 우리는 오로지 이런 식으로만 묻는다. 즉 '소유(재산)'라는 개념에 대한 타당성을 허용하지 않는 한 '절도' 개념이 전적으로 가능할까라고. 만일 소유(재산)가 앞서 존재하지 않는다면 어떻게 도둑질을 할 수 있겠는가? 아무에게도 속하지 않는 것은

••

101) (원주) 가령 같은 책, 90쪽.

도둑맞을 수 없다. 바다에서 끌어올린 물은 도둑맞지 않는다. 따라서 소유는 절도가 아니며 소유를 통해서만 절도가 가능해진다. 바이틀링도 모든 것을 만인의 소유로 간주하기 때문에 그렇게 말해야 한다. 어떤 것이 '만인의 소유'라면 실제로 그것을 자기 것으로 삼는 개인은 물론 훔치는 것이다.

사적 소유는 법률의 힘으로 살아간다. 오직 법률을 통해서만 사적 소유는 보증된다. 왜냐하면 점유는 아직 소유가 아니고, 점유는 법의 동의를 거쳐야만 비로소 '내 것'이 되기 때문이다. 사적 소유는 사실(Tatsache)이 아니다. 프루동이 생각하는 것처럼 하나의 사실(un fait)이 아니라 하나의 허구, 하나의 사고에 불과하다. 사적 소유는 법적 소유이고, 법에 따른 소유이며, 법에 의해 보장된 소유이다. 그것은 나를 통해서 나의 소유가 되는 것이 아니라 법을 통해서 나의 소유가 된다.

그럼에도 불구하고 소유는 '내가 임의로 처리하고 관리할 수 있는' 어떤 것(물건, 동물, 인간)에 대한 무한한 지배를 나타내는 표현이다. 로마법에 따르면, "법리가 허락하는 한 자기가 물건을 처리하고 사용하는 권리(jus utendi et abutendi re sua, quatenus juris ratio patitur)", 즉 배타적이고 무제한적인 권리를 말한다. 그러나 소유는 힘에 의해 좌우된다. 내가 내 힘으로 가지고 있는 것은 내 것이다. 내가 점유자라고 주장하는 한 나는 그 물건의 소유자이다. 어떤 힘에 의해서든, 가령 내가 그 물건에 대한 타자의 소유권을 인정함으로써 그 물건이 다시 내게서 멀어진다면 소유는 소멸한다. 따라서 소유와 점유는 하나로 귀결된다. 나를 합법화하는 것은 내 힘 밖에 있는 법(권리)이 아니라 오로지 내 힘이다. 내가 더 이상 힘을 갖지 못하면 그 물건은 나에게서 사라진다. 로마인들이 더 이상 독일에 대항할 힘이 없었을 때 로마의 세계 제국은 독일에 귀속되었다. 그럼에도 불구하고 로마인들이 본래적인 소유자임을 유지했다고 주장하는 인간이 있다면, 그것은 우스꽝스럽게 들릴 것이다. 물건은 그것을 탈취하고 방어할 줄 아는 인간에게 속한다(물건을 다시 빼앗길 때까지). 마치 자유가 스스로 자유를 빼앗는 자에게 있는 것처럼.

오직 권력만이 소유에 대해 결정할 수 있고, 국가(부르주아 국가든 룸펜 국가든 인간 자체의 국가든 간에)가 유일한 강력한 권력자이기 때문에 국가만이 소유자이다. 유일자인 나는 아무것도 소유하지 않고 다만 봉토를 부여받을 뿐이며, 나는 영지인이고 그 자체로 하인이다. 국가의 지배 아래 내 소유는 하나도 없다.

나는 자신의 가치를, 즉 고유성의 가치를 높이고 싶은데, 이를 위해서는 소유를 없애야 하나? 아니다. 내가 지금까지 국민과 인류를 비롯한 수천 가지 보편성을 높여 존경을 받지 못하였듯이 소유도 아직 그 가치를 온전히 인정받지 못하고 있다. 소유 역시 어떤 유령의 소유일 뿐이었다. 가령 국민의 소유일 뿐이다. 나의 모든 존재는 '조국에 속했다.' 나는 조국, 국민, 국가에 속했고, 따라서 내가 나의 고유한 것이라고 부르는 모든 것은 그것에 속했다. 인간들은 국가에 대해, 국가는 사회적 빈곤을 없애야 한다고 요구한다. 이는 내가 보기에 국가가 자신의 머리를 잘라 그 발치에 두도록 요구하는 것과 같다. 왜냐하면 국가가 자아인 한, 개별적 자아는 슬픈 존재인 비자아여야 하기 때문이다. 국가는 오로지 부자가 되는 데에만 관심이 있기 때문이다. 미카엘이 부자이고 페터가 가난하다는 것은 국가에게는 아무런 관심의 대상이 아니다. 반대로 페터는 부자이고 미카엘이 가난해도 관심이 없다. 누구는 가난하고 다른 누구는 부자이겠지만 국가는 무관심하게 그것을 바라보고 그런 변화에 흔들리지 않는다. 그들은 개인으로서 국가의 면전에서 현실적으로 평등하다. 그 점에서 국가는 공정하다. 즉 둘 다 국가 앞에서는 아무것도 아니다. 이는 우리가 '신 앞에서 언제나 죄인'인 것과 마찬가지이다. 이에 반하여 국가는 국가를 자신의 자아로 삼는 개인들이 국가 부의 일부를 가져야 한다는 점에 매우 큰 관심을 가지고 있다. 국가는 그들에게 분봉하는 재산을 통해 그들을 사육한다. 그러나 그것은 여전히 국가의 소유라는 점에 변함이 없으며, 모든 인간은 자신이 그 안에 국가의 자아를 지니고 있는 한에서, 또는 '사회의 충성스러운 구성원'인 경우에만 오로지 그것의 용익권을 얻는 것에 불과하다. 이에 반하는 경우 그 재산은 몰수되거나 성가신 형사소송으로 몰수된다. 따라서 소유는 국가의 소유로 계속 남아 있으며, 결코 자아의 소유가 아니다. 개인이 국가로부터 받은 것을 국가가 자의적으로 박탈하지 않는다는 것은 단순히 국가가 스스로를 강탈하지 않는다는 것을 의미하는 것에 불과하다. 국가의 자아, 하나의 선량한 부르주아나 신하인 인간은 고유의 것으로서가 아니라, 그러한 자아로서 방해받지 않고 봉토를 받을 수 있다. 이를 법전은 다음과 같이 노래한다. 즉 재산은 내가 '신과 법에 의해' 내 것이라고 부르는 것이다. 그러나 그것은 국가가 반대하지 않는 한 신과 법에 의해 나의 것이라는 것이다.

몰수나 무장해제 등에 있어서(대체로 상속인이 기간 안에 신고하지 않으면 국가가 유산을 몰수하는 경우와 같이) 그 나머지 시간에는 숨겨져 있는 원칙, 즉 하나의 '국민', 국가만이 소유주인 반면에 개인은 봉토 보유자에 불과하다는 원칙이 명백하게 보인다!

내가 말하고자 하는 바는, 국가는 누군가가 자신을 위해 재산을 가지거나 실제로 부유하거나 심지어 약간 부유한 사람이 되도록 의도할 수 없다는 것이다. 국가는 나로서의 나에게 아무것도 인정해줄 수 없고, 아무것도 귀속시킬 수 없으며, 아무것도 허락할 수 없다. 점유의 빈곤은 나의 빈곤이기 때문에 국가는 빈곤을 방지할 수 없다. 우연 또는 타자, 즉 국가가 만들어내는 것에 지나지 않는 인간은 타자가 그에게 주는 것 외에는 아무 것도 가지지 않는다. 그리고 이 타자는 그가 마땅히 받아야 할 것, 즉 그가 봉사할 가치가 있는 것만 줄 것이다.

국민경제학(Nationalökonomie)은 이 주제에 집중하고 있다. 그러나 문제의 이 대상은 '국민적인 것(Nationale)'을 훨씬 넘어 국가의 개념과 지평을 초월하여 있는 것으로, 국가는 오로지 국가의 소유만을 알고 그것을 분배하는 것밖에 할 수 없다. 이러한 이유로 국가는 재산의 점유를 여러 가지 조건에 묶는다. 즉 국가가 모든 것을 그러한 조건에 묶듯이, 가령 결혼이 그러하다. 국가는 오로지 국가에 의해 승인된 결혼만 유효함을 인정하고, 결혼을 내 힘으로부터 빼앗는다. 그러나 소유는 내가 그것을 무조건 점유할 때에만 내 소유가 된다. 단 무조건적인 자아인 나만이 소유를 갖고 사랑의 관계에 들어가고 자유로운 거래를 수행한다.

국가는 나나 내 것에 대해 걱정하지 않고 오로지 국가 자신과 국가의 것에 대해 걱정한다. 나는 국가에 대해 오로지 그 자식으로서, '국가의 자식'으로서만 어떤 가치를 지니며, 국가에 대해 전혀 아무것도 아니다. 나로서의 나에게 일어나는 것은 내가 부유하든 가난하든 국가의 오성에는 하나의 우연일 뿐이다. 그러나 만일 나의 모든 것을 포함하여 내가 국가에게는 하나의 우연에 불과하다고 한다면, 그것을 증명하는 것은 국가가 나를 이해할 수 없다는 것이다. 나는 국가의 개념을 넘어서거나, 국가의 오성은 나를 이해하기에 너무 제한적이다. 그러므로 국가는 나에게도 아무것도 할 수 없다.

빈곤은 나의 가치 상실이고, 내가 나를 가치화할 수 없다는 현상이다. 이러한 이유로 국가와 빈곤은 하나이며 동일하다. 국가는 내가 나의 가치에 도달하도록 허용하지 않으며 나의 무가치함을 통해서만 계속 존립한다. 국가는 영원히 나로부터 이익을 얻는 것, 즉 나를 착취하고 소비하는 것만을 노리며, 그 소비라는 것이 자손(proles, 프롤레타리아)을 위하여 내가 일하는 것만을 중시하는 것이라면, 국가는 내가 '국가의 피조물'이기를 원할 뿐이다.

내가 나로서 나 자신을 가치화하는, 내가 나 자신에게 가치를 부여하고, 나 자신을 나의 가치 자체로 삼는 오직 그때에만 빈곤은 정지될 수 있다. 오르기 위해서는 반란을 일으켜야 한다.

내가 만드는 밀가루, 아마포, 또는 내가 힘써서 땅에서 얻는 철과 석탄 등은 내가 가치화하고자 하는 나의 노동이다. 그러나 그때 나는 나의 노동이 가치대로 지급되지 못한다는 것에 대해 오랫동안 불평해야 했다. 그러나 지불인은 내 말을 듣지 않았을 것이며, 국가도 마찬가지로 내가 나의 공포스러운 폭력을 발현하지 않도록 나를 '달랠' 필요가 있다고 인정할 때까지 냉담한 태도를 유지할 것이다. 그러나 이 '회유'로 만족할 것이며, 혹시 내가 더 많은 것을 요구하는 것을 내 머리 속에 떠올리면 국가는 사자 발과 독수리 발톱의 모든 힘으로 나에게 맞설 것이다. 왜냐하면 국가는 동물의 왕이고 사자이자 독수리이기 때문이다. 국가가 내 상품과 노동에 대해 정한 가격에 내가 만족하지 않고 내 상품의 가격을 스스로 결정하기를 열망한다면, 즉 '나에게 맞는 지불을 하라'고 내가 말한다면, 먼저 나는 상품 구매자와 갈등을 겪게 된다. 이것이 상호 이해에 의해 해결된다면 국가는 쉽게 이의를 제기하지 않을 것이다. 왜냐하면 개인들이 서로 잘 지내는 방식을, 그것으로 장애가 생기지 않는 한, 국가는 문제삼지 않기 때문이다. 그러나 양자가 서로 합의하지 못하면, 조정이 되지 못해 맞잡고 싸우기라도 하게 되면 국가의 손상과 위험이 시작된다. 국가는 인간이 인간과 직접적인 관계에 들어간다는 것을 허용할 수 없다. 국가는 양자 사이의 중개자로 반드시 개입해야 한다. 과거에 그리스도가 그러했듯이, 성스러운 교회가 그러했듯이, 말하자면 이제 국가가 '중개자'가 되었다. 국가는 그들 사이에 '정신'으로서 스스로를 두기 위해 인간에게서 인간을 갈라놓는다. 더 높은 급여를 요구하는 노동자는 그것을 강요하고자 하는 즉시 범죄자 취급을 받는다. 그들은 어떻게 해야 좋을까? 강제하지 않으면 그들은 그것을 얻지 못하며, 한편 국가는 그러한 강제를 하나의 자조, 자아에 의한 가격 결정, 국가 소유의 자유로운 가치화로 간주하기에 인정할 수 없다. 그러면 노동자들은 어떻게 하면 좋다고 할까? 스스로를 견지하면서 국가에 대해서는 아무것도 요구하지 않는 것일까?

그러나 나의 대상적 노동에 관한 사정은 나의 정신적 노동에도 적용된다. 국가는 내 모든 사상을 가치화하고, 그것을 팔 수 있도록 허용한다(예를 들어 청중으로부터 명예를 얻는다는 바로 그 사실에 의해 나는 그러한 사상을 가치화한다). 그러나 그것은 나의 사상이 국가의 사상인 한에서이다. 반면에 내가 승인할 수 없는, 즉 국가의 것일 수 없는 사상을 내가 품고 있다면 국가는 이를 가치화하고 교환하며 교류하는 것을 결코 나에게 허용하지 않는다. 내 사상은 그러한 국가의 은총에 의해 나에게 허용된 경우에만, 즉 그것이 국가의 사상인 경우에만 자유롭다. 나는 나 자신을 '국가의 철학자'라고 증명하는 한에서만 국가는 나에게 자유롭게 철학을 할 수 있게 해준다. 내가 국가의 '결함'을 보충하고 국가를 '지원'한다면 국가는 그것을 기꺼이 용인하지만, 국가에 반하여 철학을 하는 것은 허용하지 않는다. 그러므로 나는 은혜롭게도 국가에 의해 승인을 받은 자아, 국가의 적법증명서와 경찰증명서를 갖춘 자아로 행동하는 것을 허용받지만, 그것이 내 것이라도 국가로부터 영지로 받은 국가 소유물로 증명되지 않는 한, 그것을 가치화하는 것은 나에게 허용되지 않는다. 내 길은 국가의 길이어야 한다.

그렇지 않으면 국가는 나를 방해한다. 내 사상은 국가의 사상이어야 하고, 그렇지 않으면 국가는 내 입을 막는다.

나의 가치보다 국가가 더 두려워하는 것은 없으며, 나 자신을 가치화하는 어떤 기회도 나에게 주어지는 것 이상으로 국가가 신중하게 방지해야 하는 것은 없다. 나는 국가의 불구대천의 원수이고, 나는 항상 국가이거나 아니면 자아이거나 하는 양자택일 사이를 오간다. 따라서 국가는 나 자신을 드러내도록 허용하지 않을 뿐만 아니라 내 것을 유지하는 것을 엄격히 다룬다. 국가 내에는 소유라는 것이 전혀 없다. 즉 개인의 소유는 하나도 없고 오로지 국가 소유만이 있다. 오로지 국가에 의해서만 내가 갖는 것처럼, 내가 가진 것을 국가를 통해서만 갖게 된다. 나의 사적 소유란 국가가 국가의 소유로부터 다른 구성원을 없앤(사유화한) 뒤에 나에게 남겨둔 것에 불과하다. 그것이 국가 소유다.

그러나 국가와 대립할 때 나에게 커다란 힘이 남아 있음을 나는 점점 더 분명하게 느낀다. 그것은 나 자신에게 군림하는 힘, 즉 나에게 고유한 것이므로 나 자신에게만 적합하고 오로지 나 자신을 위해서만 존재하는 것 전부를 지배하는 힘이다.

내 방식이 더 이상 국가의 방식이 아니고 내 사상이 더 이상 국가의 사상이 아닐 때, 나는 어떻게 해야 할까? 나는 나 자신을 견지하고 국가에 대해서는 아무것도 구하지 않아야 하는 것이다! 어떤 규정, 승인 또는 은혜에 의해서도 승인을 받지 않는 내 사상에서야말로, 나는 나의 현실의 소유를, 내가 그것을 가지고 거래할 수 있는 하나의 소유를 갖는 것이다. 왜냐하면 나의 것으로서 그것은 나의 피조물이며, 나는 다른 사상에 대한 대가로 그것들을 버릴 수 있기 때문이다. 나는 그것들을 포기하고 다른 그것과 교환한다. 그때 그것은 새로 구입한 나의 소유가 된다.

그러면 내 소유는 무엇일까? 내 힘 안에 있는 것 외에는 아무것도 아니다! 나는 어떤 소유에 대해 권리를 갖는가? 내가 그것에 대하여 권능(힘)을 갖는 모든 것에 대해서이다. 내가 나 자신으로부터 소유를 탈취함에 의해, 또는 나 자신에게 소유주의 권력을, 전권을, 권능을 부여함에 의해 소유의 권리를 나 자신에게 부여한다.

그것에 대한 힘을, 인간들이 내게서 빼앗을 수 없는 것이 내 소유로 남아 있다. 그러면 힘으로써 소유에 대해 결정하라. 그리고 나는 내 힘에 모든 것을 기대한다! 소원한 힘, 내가 하나의 타자에게 맡긴 힘은 나를 노예로 만들 수 있다. 그렇다면 나 자신의 힘에 의해 나를 자기소유자가 되게 하라. 그리하여 나에게 고유한 힘의 강력함에 대해 무지하여 타자에게 양보한 힘을 철회하겠다! 내 힘이 미치는 한도 안에 있는 것은 내 소유라는 것을 스스로에게 말하겠다. 그리고 내가 거기에 이를 수 있을 만큼 충분한 강력함이 나에게 있다고 느끼는 모든 것을 나는 소유로 요구한다. 그리고 나에게 탈취하는 권리, 힘이 있는 한도 안에서 나는 나의 현실적 소유를 확장할 수 있다.

여기서 에고이즘, 이기심을 결정해야 한다. 사랑의 원리가 아니고, 자비, 온유, 선의, 심지어 정의와 공평과 같은 사랑의 동기도 아니다(왜냐하면 법/정의도 사랑의 산물이고 현상이기 때문이다). 사랑은 오로지 희생만을 알고 '자기희생'을 요구할 뿐이다.

에고이즘은 무엇을 희생하거나 무엇에 대해 자기를 포기하는 것을 생각하지 않는다. 에고이즘은 단순히 결난하는 것이다. 즉 내가 원하는 것을 결정하고 가지고 있어야 하며, 나는 그것을 스스로 획득할 것이라고.

소유에 대한 이성적인 법을 제정하려는 모든 시도는 사랑의 만에서 황량한 규제의 바다로 밀려났다. 사회주의나 공산주의도 예외일 수 없다. 그들은 모든 인간에게는 충분한 생활수단이 제공되어야 한다고 말한다. 이를 위해 그것을 여전히 개인 소유에서 발견할 것인지, 아니면 공산주의적으로 공동소유에서 끌어올 것인지는 거의 중요하지 않다. 이에 대한 개인의 의미는 동일하게 유지된다. 즉 그것은 종속의 정신이라는 것이다. 분배를 담당하는 공정 당국은 공정의 정신, 즉 모든 인간에 대한 사랑으로 가득 찬 그 배려가 명하는 것만을 나에게 귀속시킨다. 개인으로서의 나에게는 총체의 재산의 경우라도 타자의 재산에서와 같은 장애가 존재한다. 그것이 무엇이든 나의 것이 아니다. 재산이 총체에 속하든(설령 소유의 일부가 나에게 부여된다고 해도), 아니면 개별 소유자에게 속하든 그 어느 것도 내가 지배할 수 없는 이상 나에게는 동일한 속박이다. 반대로 공산주의는 모든 개인 소유를 폐지함으로써 타자, 즉 보편성 또는 총체에 더욱 나를 의존하게 만들 뿐이다. 그리고 공산주의가 항상 '국가'를 공격하면서 의도한 것은 하나의 국가(Staat), 하나의 상태(Status), 즉 나에 대해 군림하는 것이다. 내가 개인 소유주로부터 내가 경험하는 압력에 대해 공산주의가 반발하는 것은 정당하다. 그러나 그보다 더 무서운 것은 공산주의가 총체의 손에 쥐어주는 권력이다.

에고이즘은 무산자인 빈민을 근절하기 위해 다른 방법을 취한다. 에고이즘은 총체의 이름으로 공정 당국이 무엇을 줄 것인지 기대하게 하지 않는다(왜냐하면 이러한 종류의 증여는 먼 고대부터 '공적'에 응하여, 즉 각자가 일하여 얻고자 노력한 정도에 따라 받는다는 형태로 국가 안에서 행해져 왔기 때문이다). 그렇지 않고 에고이즘은 네가 필요로 하는 것을 얻으라고 한다. 이로써 만인에 대한 만인의 전쟁이 선포된다. 내가 무엇을 가질지는 오로지 나 혼자 결정한다.

'아니, 그것은 전혀 새로운 지혜가 아니다. 사욕의 인간들은 항상 그렇게 행동했기 때문이다!'라고 하는가? 이에 대한 의식만 존재한다면 새로운 것일 필요도 전혀 없다. 그러나 이 의식은 가령 이집트나 스파르타의 법을 넘어 고려하지 않는 한 고대에는 추구되지 않은 것이다. 그것은 모욕적으로 '사욕의 인간들'이라고 하는 위의 비난에서조차 그 의식이 얼마나 유례없는 것인지 분명하기 때문이다. 인간들은 이러한 압수 절차가 비천하기는커녕 도리어 자기 자신과 일체가 된 에고이즘적인 순수 행위를 나타내는 것임을 바로 알 것이다.

내가 나 자신에게 줄 수 있는 것을 개인이나 집단으로부터 기대하지 않을 때에라야 나는 사랑의 덫에서 빠져나온다. 그때 비로소 빈민은 기회를 포착하고 빈민이기를 멈춘다. 그야말로 압수라는 것에 대한 두려움과 그에 상응하는 형벌만이 그를 빈민이 되게 한다. 압수만이 죄이고 범죄이다. 오직 이러한 도그마만이 빈민을 만든다. 빈민이 빈민인 자로 그대로 남아 있다는 사실 때문에, 그 교리에 타당성을 허용하기 때문에 빈민 측에도 책임은 있지만, 그것 못지않게 그러한 도그마가 존중되는 것을 '사욕적'(그들에게 가장 좋아하는 단어를 돌려주기 위해)으로 요구하는 인간들에게도 책임이 있다. 요컨대 그 '새로운 지혜'에 대한 의식의 부족, 죄에 대한 옛 의식에 책임이 있다.

인간들이 소유에 대한 존경심을 잃을 지경에 이르면, 모든 노예가 더 이상 주인을 주인으로 존경하지 않는 즉시 모든 노예가 자유인이 되는 것처럼, 모든 인간이 소유를 갖게 된다. 그러면 연합은 이 문제에 있어서도 개인의 수단을 늘리고 공격받은 소유를 확실한 것으로 할 것이다.

공산주의자의 견해에 따르면 공동체가 소유자여야 한다. 그러나 그것은 오히려 반대로 내가 소유자이고, 나는 내 소유에 대해서만 타자와 소통하면 된다는 것이다. 공동체가 나에게 대하여 옳은 일을 하지 않는다면, 나는 공동체에 맞서 일어나 내 소유를 지킨다. 나는 소유자이지만 소유는 신성하지 않다. 나는 오로지 점유자여야만 하는가? 아니다, 지금까지 나는 단순한 점유자에 불과했고, 타자에게 분할지를 점유하게 함으로써 나 자신의 분할지 점유를 보증받는 것에 불과했다. 그러나 지금은 모든 것이 나에게 속하고, 내가 필요로 하고 소유할 수 있는 모든 것의 소유자(Eigentümer)이다. 사회주의적으로 말하면, 사회는 내가 필요로 하는 것을 준다는 것이 된다. 그러나 에고이스트는 내가 필요로 하는 것을 내 스스로 취한다고 말한다. 공산주의자는 룸펜처럼 행동하지만, 에고이스트는 소유자로서 행동한다.

사랑의 원리에서 비롯된 모든 빈민구제의 시도와 백조우애단(Schwanenverbrüderungen)의 시도는 실패할 운명이었다. 단 에고이스트에 의해서만 빈민은 구제받을 수 있으며, 이러한 구제를 스스로 행해야 하고, 그들은 스스로에게 행하게 된다. 그가 스스로를 공포에 빠뜨리지 않는다면, 그는 하나의 힘이다. 『장화를 신은 고양이(Der gestiefelte Kater)』속의 허수아비 법은 "인간들을 두려움에 빠뜨리지 않으면 모든 존경심을 잃을 것이다"라고 말한다.

따라서 소유는 폐지되어서는 안 되며 폐지될 수도 없다. 그것은 오히려 유령의 손에서 떨어져 내 소유가 되어야 한다. 그러면 내가 필요로 하는 만큼 갖는 권리를 나는 나 자신에게 줄 수 없다는 잘못된 의식이 사라질 것이다.

'그러나 인간이 필요로 할 수 없는 것이 있을까!' 많은 것을 필요로 하고 그것을 얻는 방법을 이해하는 인간은 언제나 그것을 자신의 것으로 삼는다. 나폴레옹이 유럽 대륙을 자기 것으로 만들고, 프랑스가 알제리를 자기 것으로 삼은 것과 같다. 그러므로 정확한 요점은, 존경하는 '빈민'이 스스로 필요로 하는 것을 스스로 얻는 법을 배워야 한다는 것뿐이다. 그가 당신에게 너무 다가온다면 당신은 자신을 방어해야 한다. 당신은 선의로 그에게 무엇이든 줄 필요가 전혀 없다. 그가 자기 자신을 아는 법을 배울 때, 또는 빈민으로 자기를 잘 아는 자는, 당신의 자선에 감사하지 않는 것에 의해 빈민성을 벗어던진다. 그러나 그들이 무엇인가를 스스로 한다고 하여, 당신의 선행으로 살아가지 않는다고 하여도, 당신이 그를 '죄인이고 범죄자'라고 부른다면 그것은 어리석은 일이다. 당신의 시혜는 그를 속이고 그에게 기대를 갖게 한다. 당신의 소유를 지키면 당신은 강해질 것이다. 반면에 당신이 베풀 수 있는 능력을 유지하기를 원하고, 아마도 실제로 그렇게 하여 가령 더 많은 자선(구빈세)을 베풀 수 있으면 있을수록 더 많은 정치적 권리를 갖고 있다면, 이것은 수령인이 당신이 일하도록 허용하는 한에서만 작동할 것이다.[102]

요컨대 소유 문제는 사회주의자들, 심지어 공산주의자들이 꿈꾸는 것처럼 제대로 해결될 수 없다. 그것은 오로지 만인에 대한 만인의 투쟁에 의해서만 해결된다. 가난한 사람들은 그들이 반역하고 봉기할 때만 자유로워지고 소유자가 된다. 그들에게 너무 많은 것을 주어도 그들은 여전히 더 많이 원할 것이다. 왜냐하면 그들은 결국 더 이상 수여되는 것이 없을 때까지 그 이상을 원하기 때문이다.

만일 무산자들이 분기하면 인간들은 어떻게 될까, 그때는 어떻게 조정할까라고 물을지 모른다. 그것은 아이에게 순진함을 그만두도록 요청하는

⁂

102) (원주) 아일랜드 행정법안에서 정부는 5파운드의 구빈세를 내는 유권자를 선거인으로 만들자는 제안을 했다. 그러므로 자선을 베푸는 인간은 정치적 권리를 얻고, 다른 한편에서 백조우애단 기사가 된다.

것과 같다. 하나의 노예가 자신의 족쇄를 풀자마자 무엇을 할 것인지는 기다려야 한다.

카이저는 형식도 내용도 없기 때문에 무가치한 그의 소책자(『사회주의와 공산주의 등과 관련된 소유자의 인격』)[103]에서 국가가 재산 조정의 역할을 하는 희망을 표명했다. 항상 국가이다! 아, 아버지라는 것이다! 교회가 신자들의 '어머니'로 선포되고 간주되는 것처럼 국가는 전적으로 섭리적인 아버지의 얼굴을 하고 있다.

경쟁은 시민성(Bürgerlichkeit)의 원칙과 가장 엄격하게 연결되어 있음을 보여준다. 경쟁은 평등(égalité)과 다른 것일까? 그리고 평등은 부르주아 계급이나 중산계급에 의해 초래된 프랑스 대혁명의 산물이 아닌가?

누구나 국가 안에서는 모든 인간과 경쟁하고(단 군주는 국가 자체를 대표하기 때문에 제외한다) 만인 위에 도달하는 것을 금지당하지 않고, 자신의 이익을 위하여 만인을 타도하거나 사취하고, 만인을 넘어 강력한 힘으로 만인의 행복을 뺏는 것도 거부당하지 않기 때문에, 바로 그것은 국가의 재판관 앞에서 모든 인간이 '단순한 개인'이라는 가치만을 갖고 있으며 어떤 편에도 기대하지 않을 수 있다는 분명한 증거로 작용한다. 당신이 좋아하고 할 수 있는 만큼 서로를 능가하라. 그것이 당신의 사회적 입장이다. 그러나 내 앞에서, 국가 앞에서, 당신들은 '단순한 개인'에 불과하다![104]

•••

103) (원주) Heinrich Wilhelm Kaiser, *Die Persönlichkeit des Eigentums in Bezug auf den Sozialismus und Kommunismus in heutigen Frankreich*(Bremen, 1843), pp.63~64.

104) (원주) 슈타인(Stein) 장관은 냉정하게 폰 라이자흐(von Reisach) 백작을 바이에른 정부의 손에 맡길 때 이 표현을 사용했다. 즉 그가 말한 것을 빌리면, 그에게는 "바이에른과 같은 정부는 단순한 개인보다 더 가치가 있어야 한다"는 것이다. 라이자흐는 슈타인의 명령으로 몬트게라스(Montgelas)에 반대하는 항의문을 썼으나, 슈타인은 나중에 이 문서 때문에 몬트게라스가 요구한 라이자흐의 포기에 동의했다. 힌리히스(Hermann Friedrich

원칙이나 이론의 형태로 만인의 평등이 제안된 것이 경쟁에서 그 실현과 실천을 발견했을 뿐이다. 즉 평등이란 자유 경쟁이기 때문이다. 국가 앞에서 모든 사람은 단순한 개인이다. 사회 중에서, 또는 서로의 관계에서는 경쟁자이다.

나는 왕족과 그의 가족을 제외한 다른 모든 인간들과 경쟁할 수 있기 위해 단순한 개인 이상일 필요가 없다. 이전에는 자신의 단체를 통해서만, 그리고 그 안에서만 노력의 자유를 누릴 수 있었던 것에 의해 불가능했던 자유이다.

길드와 봉건제 속에서 국가는 편협하고 엄격한 태도로 특권을 부여했다(신청자에게는 영업이 열려 있음이 문서로 확인되었다). 또는 '인가를 부여하며' 관용과 방임의 태도를 취했다. 이런 식으로 국가는 모든 것을 신청자에게 맡겼으므로 국가는 모든 인간과 충돌해야 했다. 왜냐하면 모두 신청할 권리가 있기 때문이었다. 그리하여 국가는 '공격을 당해' 그런 소란 속에서 무너질 것이다.

그렇다면 '자유 경쟁'은 정말로 '자유일까?' 그것은 현실에서 하나의 '경쟁', 즉 여러 개인의 '경쟁'인가? 경쟁은 스스로의 권리 근거를 이러한 타이틀에 두기 때문에 당연히 그렇게 자처하는 것이지만. 경쟁은 개인이 모든 개인적 지배로부터도 자유로워지는 데서 비롯되었다. 그러나 부르주아적 원리의 통치자인 국가 지배자가 수천 개의 장벽으로 둘러싸고 있는 경쟁

: .

Wilhelm Hinrichs), 『정치 강연집. 도이칠란트, 특히 프로이센과 관련하여 그것과 우리 시대가 정치적 교회적 과학적 조건에 따라 어떻게 되었는지(*Politische Vorlesungen unser zeitalter und wie es geworden, nach seinen politischen, kirchlichen und wissenschcftlichen Zuständen, mit besonderem Bezug anf Deutschland und namentlich Pressen*)』, I권(할레, 1843), 280쪽을 보라.

이 '자유로운' 것인가? 여기에 훌륭한 사업을 하고 있는 부유한 제조업자가 있다고 하자. 그런데 나는 이 인물과 경쟁하고자 한다. "언제라도 나는 경쟁자로서 당신의 인격에 아무런 이의를 제기하지 않을 것이다"라고 국가는 답한다. "하지만 그러기 위해서는 건물을 지을 공간이 필요하고 돈이 필요하다!"고 나는 말한다. "그건 안 좋은 일이지만, 당신에게 돈이 없으면 당신은 경쟁할 수 없다. 누구에게서도 아무것도 빼앗지 마라. 왜냐하면 나는 재산을 보호하고 특권을 부여하기 때문이다." 자유 경쟁은 '자유'가 아니다. 경쟁을 위한 요건이 나에게 부족하기 때문이다. 내 인격에 대해선 어떤 이의도 제기할 수 없지만, 나에게 요건이 없기 때문에 내 인격도 또한 뒤로 물러나야 한다. 그렇다면 누가 그 필요한 요건을 가지고 있는가? 가령 그 제조업자인가? 그렇다면 나는 그에게서 그 요건을 빼앗을 수 있었다! 아니다, 그 요건을 소유로 가지고 있는 것은 국가이며, 그 제조업자는 오로지 영지로서 점유물로서 그것을 가지고 있는 것에 불과하다.

하지만 제조사와 경쟁해봐야 소용없으니 그 법학 교수와 겨루겠다고 하면 좋을까? 그 인간은 멍청이이고, 그보다 백 배는 더 아는 내가 그의 강의실을 비우게 할 것이다. "당신은 공부를 하고 학위를 취득하였는가?" 아니, 근데 그게 뭐지? 나는 그 강의 과목에 필요한 것이 무엇인지 충분히 알고 있다. "유감이다. 하지만 여기에서 경쟁은 '자유'가 아니다. 당신의 인격에 대해선 할 말이 없지만 요건, 즉 박사학위가 없다. 그리고 이 박사학위는 국가인 내가 요구한다. 먼저 정중하게 요청하라. 그러면 해야 할 일을 알게 될 것이다."

즉 이것이 경쟁의 '자유'라는 것이다. 나의 주인인 국가가 먼저 내가 경쟁할 수 있는 자격을 부여하는 것이다.

그러나 경쟁하는 것은 현실의 여러 인격인가? 아니다, 오로지 여러 가지 요건일 뿐이다! 우선 돈, 그리고 무엇 등등이다.

경쟁에서 한 사람은 항상 타자 뒤에 남겨질 것이다(가령 삼류 시인은 시인의 뒤라는 식이다). 그러나 불운한 경쟁자에게 부족한 수단이 인적인 것인지 물적인 것인지에 따라, 마찬가지로 물적 수단이 인적 힘에 의해 얻을 수 있는지 아니면 은혜로만, 즉 선물로서만 얻을 수 있는지에 따라 차이를 낳는다. 가령 가난한 사람은 부자에게 그의 재물을 선물한다, 즉 증여 형태로서이다. 그러나 일반적으로 내가 계속해서 그 수단을 유지하거나 사용하기 위해서는(가령 학위 취득 시) 국가의 승인을 기다려야 하고, 나는 국가의 은혜로 그 수단을 갖게 된다.[105] 그러므로 자유 경쟁은 다음과 같은 의미를 가질 뿐이다. 즉 국가에게 모든 인간은 동등한 자녀로 평가되고, 모든 인간은 국가의 재화와 은총을 얻기 위해 질주하고 달릴 수 있다. 그러므로 모든 인간은 점유를, 점유화를, 소유(돈이나 관직이나 칭호 등)를 향해, 즉 요건을 향해 쫓는다.

부르주아 계급의 의미에 따라 말하자면, 모든 인간은 점유자 또는 '소유자'이다. 지금 대부분의 인간들이 사실상 아무것도 갖고 있지 않은 이유는 무엇 때문인가? 이것으로부터 대부분의 인간들은 비록 약간의 누더기일지라도 이미 소유하게 된 것을 기뻐하고 있다. 이는 마치 아이들이 처음으로 바지나 동전 하나를 선물받은 것만으로도 기뻐하는 것과 같다. 그러나 보다 정확하게는 다음과 같이 해석하여야 한다. 즉 자유주의는, 재산이 인간

105) (원주) 김나지움이나 대학에서 빈민은 부자와 경쟁한다. 그러나 빈민은 장학금을 통해서만 가장 쉽게 경쟁할 수 있다. 중요한 점은 그 제도의 거의 모든 것이, 자유 경쟁이 통제 원칙과 거리가 멀던 시대부터 우리에게 내려온 것이라는 점이다. 경쟁의 원칙은 장학금을 주는 것이 아니라, 스스로를 도와라, 스스로 수단을 취하라고 말한다. 국가가 자신을 위한 '하인'을 양성하기 위해 제공한 것(장학금)은 자기이익을 추구한다는 동기에서 나온다.

의 본질에 속하는 것이 아니며 인간의 본질을 이루는 것은 소유자라는 선언과 함께 곧바로 나왔다. 여기서의 고려는 개인이 아니라 '인간'에 대한 것이기 때문에, 정확히 얼마만큼 개인의 특별한 관심의 핵심을 형성하는 것인지가 그에게 남겨졌다. 따라서 개인의 에고이즘은 이 정도에서 가장 자유로운 활동을 위한 여지를 유지했고 지칠 수 없는 경쟁을 계속했다.

그러나 운이 좋은 에고이즘은 불운한 에고이즘의 길에 걸림돌이 되어야 했고, 후자는 여전히 인간성의 원칙에 입각하면서 얼마만큼 점유해야 하는가라는 질문을 던지고, 이에 대해 '인간은 그가 필요로 하는 만큼을 가져야 한다'고 답했다.

나의 에고이즘은 그것으로 만족할 수 있을까? '인간'이 필요로 하는 것은 나와 내 필요를 측정하는 척도가 결코 아니다. 왜냐하면 나는 더 적거나 더 많이 필요로 할 수 있기 때문이다. 오히려 내가 감당할 수 있는 만큼 가져야 한다.

경쟁은 각자에게 경쟁을 위한 수단이 제공되지 않는다는 불리한 상황으로 고통을 받는다. 왜냐하면 그 수단은 인격에서 나오는 것이 아니라 우연에서 나오는 것이기 때문이다. 대부분의 인간에게는 수단(자력)이 없으며 따라서 자산이 없다.

그러므로 사회주의자들은 모두를 위한 수단을 요구하고, 그 수단을 제공하는 사회를 목표로 삼는다. 그들은 '당신의 금전적 가치를 우리는 더 이상 당신의 능력(자산, Vormögen)으로 인정하지 않는다. 당신은 또 다른 능력(자산), 즉 당신의 노동력을 보여줘야 한다'고 말한다. '점유자'로서 인간은 어떤 점유를 점유하거나 또는 확실히 인간으로서의 자신을 보여주고, 따라서 우리는 점유자(우리가 '소유주'라고 부르는)를 그렇게 오랫동안 용인해왔다. 그러나 당신은 당신이 '이 소유에서 쫓겨나지' 않는 한에서만 그 물건을 점유하고 있는 것에 불과하다.

점유자는 재산(능력)을 갖지만, 단 타자들이 무능한 경우에만 그러하다. 당신의 상품은 당신이 능력을 만드는 한에서, 당신이 그것을 점유할 능력이 있는 한에서, 즉 우리가 그것을 가지고 아무것도 할 수 없을 때에만 당신의 능력을 형성하므로 당신은 또 다른 사람의 능력을 찾게 된다. 왜냐하면 우리는 지금 우리의 능력으로 당신의 명목상 능력(자산)을 능가하기 때문이다.

점유자로 간주된다는 원칙이 관철되었을 때, 엄청나게 큰 이익을 얻게 된다. 그것에 의해 노예제가 폐지되었고, 그때까지 주인의 봉사에 묶여 있었고 어느 정도 그의 소유였던 모든 인간은 이제 하나의 '주인'이 되었다. 그러나 그 후 당신의 점유와 점유화는 더 이상 충분하지 않고 더 이상 승인되지도 않는다. 반대로, 당신의 활동과 노동의 가치가 상승한다. 이전에 당신이 점유를 존경했던 것처럼 이제 우리는 당신에 의한 사물의 정복을 존중한다. 당신의 노동은 당신의 능력(자산)인 것이다! 당신은 상속이 아니라 노동으로만 얻은 것의 주인 또는 점유자이다. 그러나 그때에는 모든 것이 상속된 것이었고, 당신이 점유하는 동전 하나까지 노동의 각인이 아니라 상속물의 각인을 띄고 있었기 때문에, 모든 것은 다시 만들어져야 한다.

그러나 실제로 공산주의자들이 말하는 것처럼 나의 노동은 정말 내 유일한 자산(능력)일까? 아니면 이것은 내가 할 수 있는 전부가 아닌가? 그리고 노동자 사회 자체도 그 사회가 병자, 어린이, 노인처럼 일을 할 수 없는 인간들도 지원함으로써 이것을 인정해야 하는 것이 아닌가? 이들은 여전히 많은 것을, 예를 들어 생명을 빼앗기지 않고 보존하기 위한 것을 할 수 있다. 그들이 계속 존재하기를 원하게 만들 수 있는 능력이 당신에게 있다면, 그것은 그들이 당신에 대하여 하나의 힘을 갖는 것이다. 당신에게 아무런 힘도 행사하지 않은 인간에게 당신은 아무것도 허용하지 않을 것이다. 그는 죽을지도 모른다.

그러므로 당신이 할 수 있는 것은 당신의 능력(자산)이다! 만일 당신이 수천 명의 인간들에게 즐거움을 줄 수 있다면 그 수천 명은 당신에게 그것에 대한 명예를 줄 것이다. 그것을 하는 것을 금하는 것도 당신의 능력에 있을 것이기 때문에 그들은 당신의 행위를 사야 한다. 당신이 누군가를 사로잡을 능력이 없다면, 당신은 그저 굶어 죽을 수도 있다.

가령 지금 나는 많은 일에 유능한 자로서 덜 유능한 자보다 유리하게 무엇이나 소유해서는 안 되는가?

우리는 모두 풍요 속에 있다. 이제 나는 내가 할 수 있는 것을 추구하지 않고, 오로지 평등한 부문에서 나에게 얼마가 남는지 기다리기만 하면 될까?

경쟁에 반대하여 룸펜 사회의 원칙인 분배가 발생한다.

단순히 하나의 부분, 사회의 일부로 간주되는 것은 개인으로서는 견딜 수 없다. 왜냐하면 개인은 그 이상이기 때문이다. 그의 유일성은 그러한 제한된 해석을 물리친다.

따라서 그는 타자의 분배에 자신의 능력을 기대하지 않는다. 그리고 이미 노동자 사회에서도 평등한 분배에 의해 약자가 강자를 착취하게 될 것이라는 걱정이 생긴다. 따라서 그는 도리어 스스로의 자산을 자기 자신에게 기대한다는 것이다. 내가 소유하는 것을 하는 것, 그것이 나의 능력(자산)이라고 한다. 아이는 웃고 놀고 비명을 지르는데, 한마디로 존재 자체만으로도 어떤 능력(자산)을 가지고 있는 것이 아닌가! 당신은 아이의 욕망에 저항할 수 있을까? 아니면 어머니로서 그 아이에게 가슴을 내밀지 않는가? 아버지로서 당신의 점유로부터 자녀가 필요로 하는 만큼 주지 않는가? 아이는 당신을 강제하므로 당신의 자녀는 당신이 당신의 것이라고 부르는 것을 점유하게 된다.

나에게 당신의 인격이 중요하다면 그것은 당신이 이미 당신의 실존을 통해 나에게 지불을 하고 있다는 것이다. 그러나 만일 내가 당신의 여러 자질 중 하나에만 관심이 있다면, 그때는 당신의 호의나 도움이 나에게 하나의 가치(금전적 가치)가 있다는 것이다. 그리고 나는 그것을 구입한다.

내가 평가하건대, 당신이 당신 자신에게 금전적 가치 외에 다른 것을 부여할 줄 모른다면, 독일인 토착민이 아메리카에 팔린 역사에서 우리가 배운 상황이 반복될 수 있다. 자신을 거래하도록 내버려둔 인간들이 판매자에게 더 이상의 가치가 있을 수 있는가? 판매자는 자신을 소중하게 여기는 법을 모르는 이 살아 있는 상품보다 현금을 더 좋아했다. 판매자가 살아 있는 상품 속에 보다 더 가치 있는 것을 발견하지 못했다는 것은 확실히 그의 능력의 결점이다. 그러나 자기가 가지고 있는 것보다 더 많이 주는 자는 사기꾼이다. 그 판매자가 존경을 갖지 못했다면, 아니 그런 우민에 대해 존경 따위는 거의 가질 수 없었다면, 어떻게 그 판매자가 존경심을 나타낼 수 있을까!

당신들이 점유주로서도, 룸펜으로서도, 노동자로서도 서로 존경하지 않고 도리어 서로를 당신들의 능력(자산)의 일부로서, 즉 '유용한 주체'로서 간주할 때 당신들은 에고이스트적으로 행동하는 것이다. 그러면 당신들은 소유물에 대해 그 점유자('소유자')에게나 노동하는 인간에게 아무것도 주지 않고 오로지 당신이 필요로 하는 인간에게만 무엇인가를 줄 것이다. 우리는 왕을 필요로 하는가? 북아메리카인들은 스스로에게 묻는다. 그러고 나서, 왕도 그의 노동도 우리에게는 아무런 가치도 없다고 답한다.

경쟁은 모든 것을 만인에게 개방한다고 말한다면 그 표현은 정확하지 않으며, 경쟁이 모든 것을 구매할 수 있게 만든다는 표현이 더 적절하다고 할 수 있다. 경쟁은 모든 것을 만인의 손에 맡기기(preisgeben) 때문에, 경쟁은 만물을 만인의 가격이나 만인의 평가에 맡기고, 그것에 대한 대가(Preis)를 요구한다.

그러나 구매하려는 인간들은 대부분 스스로를 구매자로 만들 수 있는 수단이 부족하다. 그들은 돈이 없다. 그러나 돈이 있으면 살 수 있는 물건도 있게 된다('돈이 있으면 무엇이든 갖는다!'). 그러나 바로 돈이 없는 것이다. 돈이 유통되는 곳은 어디인가? 그렇다면 당신은 힘만큼의 돈(Geld)을 갖는다는 것을 알아야 한다. 왜냐하면 당신은 당신이 가치 있는(gelten) 만큼의 가치(Geltung)밖에 갖지 못하기 때문이다.

인간들은 부족한 돈으로 지불하는 것이 아니라 오로지 우리가 '유능한(자산이 있는)' 인간이 되는 그 능력(자산)으로 지불한다. 왜냐하면 자기 힘이 미치는 한에서만 소유자가 되기 때문이다.

바이틀링은 새로운 지불 수단인 노동을 고안했다. 그러나 진정한 지불 수단은 언제나 그렇듯이 자산(능력)이다. 당신은 '자산 내에서' 가진 것으로 비용을 지불한다. 그러므로 당신의 자산의 확대를 이루어야 한다.

이것을 인정하면서도 인간들은 '각자에게는 그의 능력대로!'라는 슬로건을 준비한다. 내 능력에 따라 누가 나에게 줄 것인가? 사회인가? 그렇다면 나는 사회의 평가를 감수해야 한다. 그보다는 오히려 나는 나의 능력에 따라 나를 위해 갖겠다.

'모든 것은 모두의 것이다!'라는 명제는 마찬가지로 내용 없는 이론에서 비롯된다. 각자의 것은 오로지 각자의 능력뿐이다. 내가 만일 세계는 나에게 속해 있다고 말한다면 그것 역시 공허한 말일 뿐이며, 그것은 요컨대 내가 어떠한 소원한 소유도 존중하지 않는다는 한에서만 의미가 있다.

그러나 나에게 속한 것은 내가 유능하거나 내 능력 내에 있는 만큼만 속한다.

인간들은 자신의 약점으로 인해 빼앗긴 것을 가질 자격이 없다. 자격이 없는 것은 능력이 없기 때문이다.

그들은 부자가 가난한 사람에게 자행하고 있는 '수천 년 동안의 그릇된 일'에 대해 큰 소란을 일으키고 있다. 마치 부자가 가난에 대해 책임을 져야 하고, 마찬가지로 가난한 사람들에게는 부에 대해 같은 책임을 지지 않는다고 하는 것이다! 둘 사이에 자산(능력)과 무자산(무능력), 자산자와 무자산자의 차이 외에 또 다른 차이가 있는가? 부자의 범죄는 어떤 점에서 이루어질까? '그들의 냉혹함 속에'라고 한다. 그러면 누가 가난한 자를 지원하였는가? 그들이 전혀 일하지 않을 때, 누가 그들의 영양을 돌보았는가? 자비(eleēmosyne)라는 이름까지 가진 시혜를 누가 베풀었는가? 부자는 항상 '자선적인' 인간이지 않았는가? 구빈세, 병원, 모든 종류의 자선사업 등이 증명하듯이 그들은 오늘날까지도 '깊은 자비심의' 인간이 아닌가?

그러나 이 모든 것이 당신을 만족시키지 못한다! 그러므로 의심할 여지 없이 부자들은 가난한 사람들과 나누어야 하고 함께 가져야 하는가? 이제 당신은 그들 부자가 빈곤을 폐지해야 한다고 요구하고 있다. 여러분 중에 그렇게 행동하는 인간이 거의 없고, 그 인간은 어리석은 인간이 될 것이라는 점을 제외하고 자문해보라. 가난한 사람들은 같은 행위로 훨씬 많은 이익이 있는 것에 대해, 부자는 왜 고통을 당하고 자신을 포기해야 할까? 매일 탈러를 버는 당신은 4그로셴으로 사는 수천 명보다 부자이다.[106] 수천

··
106) 이러한 비교를 이해하기 위해 하루 10만원을 버는 사람과 50만원을 버는 사람을 비교해 보라.

명의 인간들과 나누는 것이 당신의 이익을 위한 것인가, 아니면 오히려 그들의 이익을 위한 것이 아닌가?

경쟁은 최선을 다하자는 의도보다 도리어 최대한 이익이 나고 생산적으로 만들려는 다른 의도와 관련이 있다. 따라서 인간들은 어떤 공직에 들어가기 위해 공부하고(빵을 위한 학문), 찡그리는 것과 아첨하는 것, 일상과 '업무 지식'을 배운다. 그러므로 겉으로 보기에는 '훌륭한 봉사'를 하는 것이지만, 실제로는 '좋은 사업'과 돈을 벌기 위한 것뿐이다. 표면상으로는 일 자체를 위해 일하는 것 같지만, 실제로는 그것을 통해 얻을 수 있는 이득 때문에 일을 한다. 인간들은 실제로 검열을 하지 않기를 원하지만, 승진하기를 원하는 것이다. 자신의 최선의 신념에 따라 판단하고 관리를 하고 싶지만 전근이나 해고를 두려워한다. 그래서 인간들은 무엇보다도 먼저, 살아야 한다.

따라서 이러한 영위는 자유로운 생활을 위한 싸움이며, 다소간에 '사치스러운 생활'로 한 발자국 나아가기 위한 싸움이다.

그럼에도 불구하고 대부분의 인간들의 모든 수고와 노력은 '쓰디쓴 생활'과 '쓰디쓴 빈곤'을 가져올 뿐이다. 이를 위한 모든 쓰라린 노력!

끝없는 자기 홍보는 우리로 하여금 숨을 쉬게 하지 않고 고요한 즐거움을 누리게 하지 않는다. 우리는 우리 자신의 점유를 즐기지도 못한다.

그러나 노동의 조직화를 통해 대신할 수 있는 것은 타자들이 우리를 위해 할 수 있는 노동, 가령 도축이나 농경 등의 노동뿐이다. 나머지 노동은 여전히 개인적으로 남아 있다. 왜냐하면 아무도 당신을 대신하여 작곡을 정교하게 하거나 회화 구상 등을 실현할 수 없기 때문이다. 누구도 라파엘로[107]의 노동을 대신할 수 없다. 그 일은 오직 유일자만이 성취할 수 있는 유일자의 노동이며, 유일자만이 그것을 완성하는 능력을 갖는다. 반면 앞에서 말한 노동은 '인간적'이라고 불릴 수 있다. 왜냐하면 그 일(노동) 안에는 고유성이 없고, 인간적인 것은 경미하며, 거의 '모든 인간'이 할 수 있도록 훈련될 수 있기 때문이다.

이제 사회는 공익을 위한 노동, 인간적인 노동만을 고려할 수 있으므로, 유일한 일을 하는 인간은 사회의 무관심으로 남는다. 뿐만 아니라 그는 자신이 사회의 개입으로 인해 방해받는다고 볼 수도 있다. 유일자는 사회를 벗어날지도 모르지만 사회는 어떤 유일자도 낳지 않는다.

그러므로 우리가 인간적 노동에 대해 합의하는 것은 유익한 일이다. 그것은 바로 경쟁에서처럼 인간적 노동이라는 것이 우리의 모든 시간과 수고를 요구하지 않도록 하기 위해서이다. 그러한 한에서 공산주의는 그 나름의 열매를 맺을 것이다. 즉 모든 인간이 자격을 갖추거나 자격을 가질 수 있는 것조차도 부르주아 계급이 지배하기 전에는 소수에게만 묶여 있었고 나머지 인간들에게는 금지되었기 때문이다. 즉 그것은 하나의 특권이었다. 부르주아 계급은, 모든 '인간'에게 존재하는 것처럼 보이는 것은 모두 자유롭게 하는 것이 공정하다고 생각했다. 그러나 자유로 인해 그것은 아직 아무에게도 주어지지 않고, 오히려 인간적 능력으로 그것을 낚아채도록 각자에게 맡겨졌다. 이로써 마음은 모든 인간에게 손짓하는 인간적인 것의 획득으로 바뀌었다. 그리고 '유물론'이라는 이름으로 크게 불평하는 경향이 생겨났다.

공산주의는 이러한 경향을 억제하려고 노력한다. 즉 인간적인 것은 그렇게 많은 불편을 요하는 것이 아니며, 현명한 제도 아래에서는 지금까지

..
107) 라파엘로 산치오 다 우르비노(Raffaello Sanzio da Urbino, 1483~1520)는 르네상스 시대의 화가이다.

필요해 보였던 많은 시간과 노력을 들이지 않고도 얻을 수 있다는 신앙을 퍼뜨리고 있다.

그러나 누구를 위한 시간을 얻어야 한다는 것인가? 인간은 스스로의 지친 노동력을 회복하는 데 필요한 것보다 더 많은 시간을 왜 필요로 하는가? 여기서 공산주의는 침묵한다.

무엇을 위해서인가? 인간으로서 자신의 몫을 다한 뒤 자신을 유일자로서 누리기 위해서이다!

인간적인 것이라면 모든 것을 향해 손을 뻗을 수 있다는 첫 번째 기쁨 속에서 인간들은 다른 것을 원하는 것을 잊었다. 그리고 그들은 마치 인간적인 것의 점유가 우리의 모든 소원의 목표인 것처럼 격렬하게 경쟁했다.

그러나 그들은 스스로 지쳐서 '점유가 행복을 주지 않는다'는 것을 점차 깨닫고 있다. 그러므로 그들은 필수품을 더 쉽게 구입하고 필수품이 요구하는 만큼만 시간과 수고를 소비하려고 생각한다. 재물의 가격은 떨어지고, 충족된 빈곤과 근심 없는 룸펜 생활이 매혹적인 이상이 된다.

모든 인간이 자신의 능력을 확신할 수 있는 그러한 인간적 활동이 높은 급여를 받으며 모든 생명력의 노력과 지출로 추구되어야 할까? '내가 장관이거나 심지어 …였다면 완전히 달라졌을 것이다'라는 일상적인 말투의 연설에서도 다음과 같은 확신, 즉 자신이 이런 종류의 고위직을 할 수 있다고 생각한다는 확신이 표현된다. 이러한 종류의 것에 속하는 것은 유일성이 아니라, 요컨대 만인이라고는 말할 수 없어도 많은 인간이 가질 수 있는 교양이라는 것, 즉 그러한 종류의 일을 위해서는 평범한 사람으로 좋다고 하는 것을 인간들은 충분히 느끼고 있다.

질서(Ordnung)가 국가의 본질에 속하는 것과 같이 종속(Unterordnung)도 국가의 본성에 근거하는 것을 우리가 인정한다면, 냉대받는 자들이나 종속된 자들이 우대를 받는 자들에 의해 터무니없이 평가되거나 부당하게 밀리는 것을 볼 수 있다. 그러나 전자는 용감하게 묻는다. 먼저 사회주의적 관점에서. 뒤에는 확실히 에고이즘적 의식에 의한 것이기 때문에, 우리는 즉시 그들의 말에 다음과 같이 약간의 채색을 할 것이다. 그렇다면 당신들의 소유는 무엇에 의해 보전되고 있는가, 우대받고 있는 자들이여! 그리고 이에 대해 스스로 답한다. 즉 간섭을 삼가도록 함으로써이다! 따라서 우리의 보호에 의해서가 아닌가! 그리고 당신은 그것을 위해 우리에게 무엇을 제공하는가? 당신은 발차기와 경멸을 '천박한 인민'에게 준다. 나아가 경찰의 감시를, 그리고 '당신의 것이 아닌 것, 타자의 것을 존중하라! 타자와 특히 당신의 상사를 존중하라!'는 신앙 교의를 준다. 그러나 우리는 이렇게 대답한다. '만약 당신이 우리의 존경을 받고 싶다면, 우리가 동의하는 가격에 그것을 사는 것이 좋다. 당신이 용인해야 할 이 보상에 대해 합당한 등가물을 준다면 우리는 당신에게 당신의 소유를 맡길 것이다.' 그러나 정말로 장군은 평시에 수천에 달하는 자신의 연간 수입에 대해 무엇을 동등하게 보상하는가? 다른 어떤 자는 수십만, 수백만의 연간 수입에 대해 무엇으로 보상하는가? 또 우리는 감자를 씹으면서, 당신은 굴을 삼키는 것을 조용하게 바라보고 있는 것에 대해 당신은 무엇으로 보상하는가? 우리가 당신의 감자를 사야 하는 만큼만 비싸게 우리가 우리의 굴을 사는 경우에만, 당신은 굴을 계속 먹을 수 있다. 아니면 당신은 굴이 당신에게 속하지 우리에게 속하지 않는다고 말하겠는가? 우리가 손을 내밀어 그것들을 삼키고자 하면 폭력이라고 외칠 것이다. 당신 말이 옳다. 힘이 없으면 우리는 그것을 손에 넣을 수 없다. 마치 당신이 우리에게 힘을 가함으로써 그것을 얻는 것과 같다.

그러나 일단 굴을 떠나서 우리의 가까운 소유(왜냐하면 굴은 단순히 점유물에 불과하기 때문이다), 즉 노동에 대해 생각해보자. 우리는 땀에 흠뻑 젖어 12시간 동안 노예로 신음하고 있다. 당신은 그것에 대해 동전 몇 푼을 우리에게 준다. 그렇다면 당신의 노동에 대해서도 같은 돈을 받아야 한다. 당신은 그것을 싫다고 할 것인가? 당신은 우리의 노동이 그 임금으로 충분하게 지급되었다고 하는 것과 달리 당신의 노동은 수천 명의 임금에 해당한다고 망상한다. 그러나 당신이 당신의 노동을 그렇게 높게 평가하지 않고 우리의 노동이 더 높게 가치화된다면, 우리는 필요할 경우 수천 탈러를 받고 당신이 하는 일보다 훨씬 더 중요한 일을 해낼 수 있을 것이다. 그리고 당신은 우리와 같은 임금만을 받게 될 것이다. 당신은 더 많은 것을 받기 위해 머지않아 더 부지런하게 될 것이다. 그러나 우리가 일한 것보다 수십 배, 수백 배나 더 가치가 있는 것처럼 우리에게 보이는 일을 당신이 달성한다면 당신은 또한 그것에 대해 자신을 갖게 될 것이다. 이에 대해 당신은 우리를 위해 통상임금보다 더 높이 가치화하는 일을, 우리가 당신을 위해 하는 것을 생각할 것이다. 더 이상 타자에 대하여 서로에게 아무것도 증여할 필요가 없다는 점에서 일치할 때에만 비로소 우리는 기꺼이 서로 잘 지낼 것이다. 그러면 우리는 굶주림과 궁핍으로 우리와 헤어지지 않게 하는 대가로 장애인들과 병자들과 노인들에게도 적절한 대가를 치르게 될 것이다. 왜냐하면 우리가 만일 그들이 살기를 원한다면 우리가 이러한 우리 의지의 성취를 구매하는 것도 당연하기 때문이다. 내가 '구매'라고 말한 것은 비참한 '자선'을 의미하지 않는다. 그들의 생명은 일할 수 없는 자들의 소유이기 때문이다. 우리가 (어떤 이유에서든) 그들이 우리에게서 그 생명을 거두지 않기를 바란다면, 우리는 이것을 구매를 통해서만 가능하게 하는 것을 의미할 수 있다. 우리는 아마도, 가령 친근한 얼굴을 우리 주위에 갖고 싶어 하기 때문에 그들의 행복한 생활을 원할 것이다. 요컨대 우리는 당신이 증여하는 어떤 것도 원하지 않지만 당신에게 아무것도 증여하지 않을 것이다. 수세기 동안 우리는 선량한 어리석음으로부터 인간들에게 자선을 베풀었다. 어리석은 인간들은 가난한 사람들을 위해 돈을 나누어 주었고 주인의 것이 아닌 것을 주인들에게 주었다. 이제 지갑을 연다. 왜냐하면 앞으로 우리의 상품 가격이 엄청나게 오를 것이기 때문이다. 우리는 당신에게서 그 무엇도 빼앗고 싶지 않다. 그러나 당신은 당신이 원하는 것에 대해 더 많이 지불해야 한다. 그런데 당신은 무엇을 가지고 있는가? "나는 1천 모르겐[108]의 땅을 가지고 있다"고 당신이 말한다. 그러면 "나는 당신의 농노이며, 앞으로는 하루 품삯 1탈러로 당신의 밭을 갈 것이다"라고 한다. 이에 대해 당신은 "그럼 다른 인간을 고용할 것이다"라고 말한다. 그러나 당신은 아무도 찾지 못할 것이다. 왜냐하면 우리 농노들은 그 값이 아니면 더 이상 일을 하지 않기 때문이다. 만일 누가 싼 값에 일하게 되면 그는 우리를 조심하는 것이 좋다. 나아가 가정부도 이제 더 많이 요구하며, 더 이상 당신은 그 가격 이하의 가정부는 찾을 수 없다. 그러면 당신은 "그럼 나는 끝이야"라고 말한다. 그래, 그렇게 끝날지 모른다! 왜냐하면 당신은 틀림없이 우리의 요구를 받아들일 것이기 때문이다. 그렇지 않다면 우리도 당신이 우리처럼 살 수 있는 만큼 많이 양보할 것이다. "하지만 나는 더 잘 사는 것에 익숙해져 있다"고 당신이 말한다. 우리는 그것에 대해 반대할 이유가 없지만 그것은 우리가 걱정하는 것이 아니다. 당신에게 그 정도의 여유가 있다면 제발 저축하라. 당신이 더 좋은 생활을 할 수 있도록 우리가 더욱 낮은 가격으로 고용해야 하는 것일까?

..

108) 모르겐(Morgen)은 옛 독일의 토지 척도로 지방마다 그 크기가 달랐는데, 프로이센의 모르겐은 0.63에이커였다.

부자는 항상 "당신이 어렵다는 게 나와 무슨 상관인가? 어떻게든 살려고 노력해봐. 그러나 그것은 너의 일이지 내 일이 아니야"라고 말하며 빈민을 밀치는 것이 아닐까? 그렇다면 우리는 그것을 우리의 문제로 두자. 그리고 우리가 스스로 가치화하기 위해 갖는 여러 수단을 부자가 우리에게서 훔쳐가지 않도록 하자. 그러면 부자가 말한다. "하지만 교양이 없는 너희들에게는 그렇게 많은 것이 필요하지 않다." 그러면 우리는 우리가 필요로 하는 교양을 우리 것으로 할 수 있도록 더 많은 것을 받아야 한다. 그러자 부자가 다시 말한다. "그러나 당신들이 이렇게 부자를 몰락시킨다면 앞으로 누가 예술과 학문을 지원하겠나?" 그러면 우리는 다중이 그것을 대신할 것이라고 답한다. 우리는 함께 뭉쳐서 더 많은 돈을 모은다. 게다가 부자들은 이제 가장 저질의 책과 가장 한탄스러운 성모상 또는 활기찬 댄서의 다리만 구입할 뿐이다. 그들이 말한다. "오 재앙이 되는 평등이여!" 아니다, 우리의 주인들이여, 조금도 평등하지 않다. 우리는 우리가 가치 있는 만큼만 인정받기를 원한다. 만일 당신이 더 가치가 있다면 당신은 더 많은 가치를 인정받게 될 것이다. 우리는 우리의 가격만큼 가치가 있기를 원하며, 당신이 지불할 가격에 적합한 우리 자신을 보여주기를 원한다.

천한 자들의 이렇게 확고한 용기와 그토록 강력한 자부심을 국가가 일깨울 수 있겠는가? 국가는 인간으로 하여금 자신을 느끼게 할 수 있을까? 아니, 그 자체로 이러한 목표를 설정하는 것이 허용될 수 있을까? 국가는 개인이 자신의 가치를 인식하고 활용하는 것을 원할까? 우리는 이러한 이중 질문을 분리하여 먼저 국가가 그런 일을 일으킬 수 있는지 생각해보자. 쟁기질하는 자들의 단결이 요구되기 때문에 오직 단결만이 그것을 실현할 수 있다. 그 경우 국법은 경쟁과 천한 자들의 이렇게 확고한 용기와 그토록 강력한 자기 감정을 비밀리에 수천 가지 방법으로 회피할 것이다. 그러나 국가가 그것을 견딜 수 있을까? 국가 외의 것에 의해 인간들이 강제받는 것을 국가는 견딜 수 없다. 그러므로 더 낮은 임금을 받고자 하는 인간들에 대항하여 단결한 천한 자들이 스스로를 돕는 것을 승인할 수 없다. 그러나 국가가 법을 만들고 모든 천한 자들이 그것에 동의한 경우 국가는 그것을 견딜 수 있을까?

개별적인 사태에서는 그렇다. 그러나 개별적인 사태라는 것은 법 그 이상의 문제이다. 즉 그것은 근본적 문제이다. 그 경우에 문제가 되는 것은 자아의 완전한 구현, 그리고 국가에 대립하는 자존심이다. 공산주의자들은 여기까지 간다. 그러나 자기를 가치 있게 하는 것은 국가에 대립하는 것과 마찬가지로 필연적으로 사회와 대립하며, 따라서 공산주의 공동체와 공산주의적인 것을 넘어서 에고이즘으로 자기 것을 만든다.

공산주의는 모든 인간이 점유자('소유자')라는 부르주아 계급의 원칙을 반박할 수 없는 진리로, 하나의 현실로 만드는데, 획득에 대한 불안이 사라지고 모든 인간이 처음부터 자신이 원하는 것을 스스로 갖는다는 점 때문이다. 각자는 자신의 노동력에서 자신의 자산(능력)을 가지고 있으며, 그것을 무엇인가에 사용하지 않는다면 그것은 그의 책임이 된다. 날치기와 밀당은 끝이 났고 오늘날 종종 그러하듯이 열매가 없는 경쟁은 남아 있지 않다. 왜냐하면 노동을 할 때마다 필요한 사람에게 충분한 공급이 이루어지기 때문이다. 이제 처음으로 인간이 현실의 점유자가 된다. 왜냐하면 인간들이 자신의 노동력에서 갖는 것은, 경쟁 체제 아래에서는 매 순간에 없어질 우려가 있음에 비하여, 더 이상 소실되는 것이 있을 수 없기 때문이다. 인간은 불안이 없고 확실한 점유자가 된다. 그리고 인간이 그렇게 되는 것은, 인간이 자신의 자산(능력)을 더 이상 어떤 상품 속에서가 아니라 자신의 노동, 노동에 대한 자신의 능력 속에서 찾기 때문이다. 따라서 그는 이상적인 부를 소유한 사람이다. 그러나 나는 나의 노동 자산(능력)으로 획득한 작은 것으로 만족할 수 없다. 왜냐하면 나의 자산(능력)은 노동에만 있지 않기 때문이다.

노동으로 나는 대통령이나 장관 등의 공적 직무를 수행할 수 있다. 이러한 관직은 일반적인 교육, 즉 일반적으로 성취할 수 있는 교육만을 요구한다. 왜냐하면 일반적 교육이란 그저 각자가 성취한 교육이 아니라 광범위하게 누구나 성취할 수 있는 교육, 예를 들어 의학, 군사학, 문헌학 등의 전문 교육이기 때문에, '교육을 받은 인간'은 그런 교육이 자신의 능력을 넘어서는 것이라고 생각하지 않는다. 대체로 이러한 직무는 모든 인간에게 가능한 단순한 하나의 기능일 뿐이다.

그러나 이러한 관직은 모든 인간에게 부여될 수 있지만, 그러한 직무에 소위 생명과 의미를 부여하는 것은 첫째, 개인의 유일한 힘, 개체에게만 고유한 힘이다. 그가 자신의 직무를 '보통 사람'처럼 수행하지 않고, 자신의 유일한 자산(능력)을 그 직무에 기울이는 것, 그가 일반적으로 공무원이나 장관으로서 보수를 받는다고 하면 아직 그 점에 대해 보수를 받지 못한 것이 된다. 그가 그것으로 당신에게 감사를 받기 위해 한 일이고, 당신이 유일무이하게 감사할 만한 힘을 유지하기를 원한다면, 당신은 그에게 오로지 인간적인 일을 한 사람처럼 지불해서는 안 된다. 그리고 당신의 노동도 같게 하라!

나의 유일성에 관해서, 내가 인간으로서 할 수 있는 것과 같은 방식으로 고정된 일반적인 평가 가격은 있을 수 없다. 후자의 경우에만 일정한 평가 가격을 설정할 수 있다.

따라서 계속해서 인간적 노동에 대한 일반적인 평가를 설정하되 당신의 유일성에서 그 공적을 박탈하여서는 안 된다.

여러 가지 인간적인 또는 일반적인 필요는 사회를 통해 충족될 수 있다. 유일한 필요에 대해서는 당신이 먼저 만족을 추구해야 한다. 사회는 친구와 우정의 봉사, 심지어 개인의 봉사도 당신에게 조달할 수 없다. 그러나 당신은 매 순간 그러한 봉사를 필요로 할 것이며 아주 사소한 경우에도 당신에게 도움이 될 누군가를 필요로 한다. 그러므로 사회에 의존하지 말고 당신이 원하는 바를 충족하기 위하여 소유하도록 유의하라.

에고이스트들 사이에 돈을 보관해야 하는가? 상속된 점유는 오래된 각인에 붙어 있다. 더 이상 돈을 지불하지 않으면 파산한다. 이 돈을 위해 당신이 아무것도 하지 않으면 모든 힘을 잃는다. 상속 유산을 말살하라. 그러면 당신은 유언 집행인의 법원 인장을 파기하게 된다. 지금은 이미 상속 유산으로 되었거나 이미 상속되어 있는 것이든, 그 상속인을 기다리고 있는 것이든 간에 모든 것이 상속이다. 그것이 당신 것이라면 어찌하여 그것을 당신에게서 봉인하게 하는가? 왜 봉인을 존중하는가?

그런데 당신은 왜 새로운 돈을 만들지 말아야 하는가? 당신은 그 상품에서 유산이라는 각인을 소멸시킴으로써 과연 상품을 절멸시키게 될까? 먼저 돈은 하나의 상품이며 하나의 본질적인 수단 또는 자산(능력)이다. 왜냐하면 화폐는 자산의 고정화를 방지하고 유동성을 유지하며 교환을 가져오기 때문이다. 당신이 더 나은 교환 수단을 알고 있다면 계속 진행하라. 그러나 그것은 다시 하나의 '돈'이 될 것이다. 당신에게 손해를 입히는 것은 돈이 아니라 그것을 얻을 수 없는 당신의 무능력(무자산, Unvermögen)이다. 당신의 능력(자산, Vermögen)이 효력을 발휘하도록 하고, 스스로의 힘을 모으라. 그러면 돈, 당신의 돈, 당신이 새겨져 있는 돈이 부족하지 않을 것이다. 그러나 나는 일하는 것을 '당신의 능력이 효력을 발휘하게 하는 것'이라고 부르지 않는다. '일을 찾고', '열심히 일할 의향'만 있는 인간들은 피하기 어려운 실업을 스스로 준비하고 있다.

행운도 불운도 돈에 달려 있다. 이런 이유로 부르주아 시대에 돈은 하나의 힘이다. 왜냐하면 그것은 그 누구와도 떼려야 뗄 수 없는 결혼을 한 소녀처럼 모든 인간에게 구애받고 있기 때문이다. 이 소중한 물건에 대한 구애의 모든 로맨스와 기사도는 경쟁 속에서 다시 살아난다. 갈망의 대상인 돈은 대담한 '산업 기사(Industrieritter)'[109]에 의해 납치된다.

운이 좋은 인간은 신부를 집으로 데려가야 한다. 룸펜이 행운을 얻는다. 그는 그녀를 자신의 세계인 '사회'로 데려가 순결을 파괴한다. 그의 집에서 그녀는 더 이상 신부가 아니라 아내이다. 그녀의 순결과 함께 그녀의 가족 이름도 사라진다. 주부가 된 미스 돈은 그 이름을 '미세스 노동'이라고 불린다. 왜냐하면 '노동'은 남편의 이름이기 때문이다. 그녀는 남편의 점유물이 된다.

이 모습이 끝날 때 노동과 돈의 아이는 다시 하녀가 되고, 미혼의 하녀가 된다. 즉 다시 돈이 되지만 그녀의 아버지인 노동의 확실한 혈통을 가지고 있다. 얼굴의 모습인 '자태'에는 또 다른 타인의 각인이 찍혀 있다.

끝으로 다시 한 번 경쟁에 관해 말하자면, 경쟁이란 이런 식으로 모두가 자기 일을 스스로 처리하지도 못하면서 서로 타협하지도 않아 계속 발생하게 되는 것이다. 가령 빵은 도시의 모든 주민들의 필수품이다. 따라서 그들은 공공 빵집을 설립하는 데 쉽게 합의할 수 있다. 그러나 그들은 그 대신에 그 필수품의 공급을 경쟁하는 제빵사에게 맡긴다. 마찬가지로 고기는 도축업자에게, 와인은 와인 상인에게 맡기는 것 등등이다.

경쟁을 폐지하는 것은 길드를 선호하는 것과는 다르다. 그 차이점은 다

••

109) 고급 사기꾼이라는 뜻도 있다.

음과 같다. 즉 길드에서는 제빵 등이 조합원들의 문제임에 반해, 경쟁에서는 임의의 경쟁자들의 문제가 된다는 것이다. 구운 빵을 필요로 하는 인간들의 연합에서는 그것이 길드의 일도 아니고 인가된 빵집의 일도 아니며, 나의 일, 당신의 일, 즉 연합자들의 일이 된다.

만일 내가 내 일에 대해 문제를 제기하지 않는다면, 타자들이 기꺼이 나에게 허용하는 것에 만족해야 한다. 빵을 갖는다는 것은 나의 일이고 나의 바람이며 나의 욕망이지만, 사람들은 그것을 빵 굽는 자들에게 맡기고 기껏해야 그들의 불화, 서로 앞서기, 경합, 간단히 말해서 경쟁을 통해 제빵권을 전적으로 소유한 길드 구성원에게는 기대할 수 없었던 어떤 이익을 얻고자 기대하는 것이 고작이다. 각자가 필요로 하는 것의 조달과 생산에도 각자가 참가해야 한다. 그것은 그의 일이고 그의 소유이지, 길드나 허가받은 마이스터의 소유가 아니다.

다시 한 번 되돌아보자. 세계는 이 세계의 자녀들에게, 인간의 자녀들에게 속한다. 그것은 더 이상 신의 세계가 아니라 인간의 세계이다. 모든 인간이 그것을 얻을 수 있는 한의 것을, 자신의 것으로 부르도록 하라. 그러나 진정한 사람, 국가, 인간적 사회 또는 인류는 각자가 인간으로서, 즉 인간적 방식으로 자신이 소유하는 것 외에는 그 어떤 것도 자신의 것으로 만들지 않도록 주의할 것이다. 비인간적 취득은 인간이 동의하지 않은 것, 즉 인간이 '범죄적'으로 취득한 것이 되고, 이에 대하여 인간적 취득이란 '합법적 취득'이고 '합법적 방법'으로 얻은 것이다.

이렇게 인간들은 혁명 이후로 말해왔다.

그러나 내 소유는 결코 사물이 아니다. 왜냐하면 사물이란 나와 독립한 하나의 실존을 갖는 것이기 때문이다. 나의 고유한 것은 오로지 내 힘뿐이다. 이 나무가 아니라 이 나무를 다스리는 나의 힘이나 처리 능력이 나의 소유이다.

인간들은 이 힘을 어떻게 거꾸로 표현하고 있는 것일까? 그들은 나에게 이 나무에 대한 하나의 권리가 있다거나 그것이 나의 합법적 소유라고 말한다. 그래서 나는 그것이 나의 힘으로 얻어진 것이라고 말한다. 나무가 지탱될 수 있도록 힘이 지속되어야 한다는 것, 또는 더 나은 방법으로 말하면, 힘은 그 자체로 실존하는 것이 아니라 오로지 강력한 자아에서, 강력한 자아인 내 안에 강력한 실존을 갖는다는 것, 그것이 잊힌다. 힘은 나의 다른 자질(가령 인간성이나 존엄 등)과 마찬가지로 그 자체로 존재하는 것, 스스로 존재하는 것으로 높아져 나의 힘이 사라진 후에도 오랫동안 여전히 존재한다. 그렇게 유령으로 변해버린 힘은 _____110) 권리가 된다. 이 불멸의 힘은 내가 죽어도 없어지지 않고 유증되거나 '상속'된다.

그리하여 사물은 현실적으로 내 것이 아니라 권리에 속하게 된다.

다른 한편으로 이것은 환각에 지나지 않는다. 왜냐하면 개인의 힘은 타자가 그의 힘과 결합함으로써만 영구적이고 하나의 권리가 되기 때문이다. 망상은 자신의 힘을 철회할 수 없다고 믿는 데 있다. 같은 현상이 반복된다. 힘은 나 자신과 분리된다는 현상이다. 나는 내가 그 점유자에게 준 힘을 되돌릴 수 없다고 하는 것이다. 한 사람은 '전권을 위임받았다.' 힘을 포기한 것이다. 자신의 권한을 양도했으며 더 나은 마음으로 포기했다.

소유자는 물건을 증여하고 낭비함으로써 물건에 대한 자신의 힘과 권리를 포기할 수 있다. 그러면 우리가 그에게 빌려준 힘도 마찬가지로 놓아줄 수는 없을까?

준법적(rechtlich) 인간, 정의(권리)의 인간(Gerechte)은 자신이 '올바르게'

• •

110) 검열에 의해 삭제된 부분이다.

갖는 것으로서는 그것에 대한 권리를 스스로 갖지만, 그 이상의 것을 자신의 것으로 부르지 않는다. 즉 오로지 합법적인 소유만을 자기 것이라고 부른다.

그러면 누가 재판관이 되어 그에 대한 그의 권리를 판단해야 할까? 그에게 인간의 권리를 부여하는 것 역시 인간이다. 그때 그는 테렌티우스[111]보다 훨씬 더 넓은 의미에서 말한다. "인간사로서 나와 무관한 것은 없다(humani nihil a me alienum puto)"고, 즉 인간적인 것은 나의 소유라고 말한다. 그가 이러한 입장을 고수하는 한 그는 하나의 재판관에서 벗어날 수 없다. 그리고 우리 시대에 선택된 여러 재판관들은 치명적인 적대감을 가지고 서로 대립했다. 즉 신과 인간이라는 형태였다. 한쪽은 신적 권리에 호소하고, 다른 한쪽은 인권이나 인간적 권리에 호소한다.

어느 경우에도 개인이 스스로 자격을 부여하지 않는다는 점은 분명하다.

오늘날 어떤 권리를 침해하지 않는 행동을 골라보라! 시시각각 인간의 권리가 한쪽으로는 짓밟히고, 이에 반대하는 자들은 신의 권리를 모독하지 않고는 입을 열지 못한다. 자선을 베풀고 인간의 권리를 조롱하는 것은 거지와 은인의 관계가 비인간적인 관계이기 때문이다. 의심을 품으면 당신은 신성한 인권을 모욕하는 죄를 짓는 것이다. 왜냐하면 걸인과 선행자의 관계는 하나의 비인간적인 관계이기 때문이다. 어떤 회의를 품는다면, 당신은 어떤 신적 권리를 배신하여 죄를 범하게 된다. 여러분 중에 매 순간

• •

111) 푸블리우스 테렌티우스 아페르(Publius Terentius Afer, 기원전 195~159)는 고대 로마시대의 노예 출신 희극 작가이자 시인이다. 그의 희곡 「고행자(Heauton Timorumenos)」에 나오는 "Homo sum; humani nihil a me alienum puto(나는 인간이다. 어떤 인간사도 나에게 낯설지 않다)"라는 구절에 대해 포이어바흐는 "보편적이고 가장 높은 의미를 지닌 이 문장은 새로운 철학의 모토이다"라고 말했다(『미래 철학의 근본원리(Grundsätze der philosphie der Zukunft)』, §55).

범죄를 저지르지 않는 인간은 한 사람도 없다. 당신의 언론 출판은 범죄이며, 당신의 언론 출판의 자유를 방해하는 모든 것도 마찬가지로 범죄이다. 당신은 완전히 범죄자이다!

그러나 당신이 범죄자라는 것은 오로지 당신들 모두가 권리의 근거 위에 서 있다는 점에 의해, 즉 당신이 범죄자라는 사실을 알지도 못하고 그렇게 인정하는 방법을 이해하지 못한다는 점에서 그렇다.

불가침의 소유 또는 신성한 소유가 바로 그 기반 위에서 성장했다. 그것은 하나의 권리(법) 개념이다.

한 마리 개는 다른 개의 힘 안에 있는 뼈다귀를 보고 스스로가 너무 약하다고 느낄 때만 물러난다. 그러나 인간은 타자의 뼈다귀에 대한 타자의 권리를 존중한다. 따라서 후자의 경우는 인간적으로 간주되는 것에 비해, 전자의 경우는 동물적이라거나 '에고이스트적'인 것으로 간주된다.

그리고 여기에서와 같이 인간이 모든 것에서 정신적인 것(여기서는 권리)을 볼 때, 즉 모든 것을 유령으로 만들고 그것이 출현할 당시에는 쫓아갈 수 있어도 죽이지는 못하는 하나의 유령에 대한 태도를 취할 때, 그것을 일반적으로 '인간적'이라고 한다. 개별적인 것을 개별적인 것이 아닌 보편성으로 보는 것이 인간적이라는 것이다.

그러한 것으로서의 자연에 관해서 나는 더 이상 전혀 존중하지 않지만, 자연에 대해서는 모든 것에 대한 권리가 나에게 있다는 것을 나는 알고 있다. 그 정원에 있는 나무에 대해서는 다른 한편으로 나는 그 이질성을 존중해야 하고(일방적인 방식으로 그것을 '소유'라고 말한다), 나는 그것에서 손을 떼지 않으면 안 된다고 한다. 이것이 끝을 고하는 것은, 오로지 내가 내 지팡이 등을 타자에게 맡기고자 하여 그 나무를 임의의 타자에게 정말로 맡길 수 있을 때에만 끝난다. 도리어 나는 자신이 바랄 때 그 나무를 잘라 넘어뜨려도 그것을 나에게 범죄라고는 하지 않는다. 그 나무는 아무리 오래 타자에게 양도하여도 여전히 내 것으로 남아 있다. 그것은 나의 것이고 계속 그러하다. 나폴레옹에게 유럽 여러 왕의 영토가 낯설지 않았던 것처럼, 은행가의 자산이 나에게는 낯선 것으로 보이지 않는다. 우리는 그것을 '탈취 정복'하는 것을 두려워하지 않으며 우리는 또한 그것을 위한 수단까지 우리 주위에서 찾는다. 그러므로 우리는 그로부터 우리가 두려워했던 이질성의 정신(망령)을 제거한다.

그러므로 그것은 필연적으로 내가 인간으로서 무엇을 추구하는 것이 아니라 자아로서의 모든 것, 나로서의 모든 것을 요구하는 것이고, 따라서 어떤 인간적인 것은 추구하지 않고 오로지 나의 것만을 추구한다. 즉 인간으로서의 나에게 속한 것은 추구하지 않고, 오로지 내가 욕구하는 것을, 내가 욕구하기 때문에 추구한다는 것이다.

정당하거나 합법적인 타자의 소유라는 것은, 그의 소유라는 것이 당신에게 정당한 것인 한 만족하는 것이다. 당신에게 정당하다는 것이 중단되면 그것은 당신에게 합법성을 상실하게 되며 당신은 이에 대한 절대적인 권리를 비웃게 될 것이다.

지금까지 제한된 의미에서 논의된 소유 외에 우리가 '죄를 지어서는 안 된다'는 또 하나의 소유가 우리의 경건한 마음에 있다. 이 소유는 정신적 재화로 만들어진다. 즉 '내면의 신성성(神性性)'이라는 것이다. 인간이 신성하게 여기는 것은 타자가 논의할 수 없다. 왜냐하면 그것이 아무리 비진리라고 해도, 그리고 '사랑하고 겸허하고 현명하게' 열성적으로 그것을 고수하고 믿는 인간이 참된 신성함을 확신시키려고 노력한다고 해도 그 신성함 자체는 항상 그 안에서 존중되어야 하기 때문이다.

우리 시대보다 더 무례한 시대에는 특정한 신앙과 특정한 신성한 본질에 대한 귀의를 요구하는 것이 관례였으며, 다르게 믿는 인간들에게 가장 부드러운 방법을 취하지 않았다. 그러나 '신앙의 자유'가 점점 더 널리 퍼져 나갔기 때문에 '질투하는 신, 유일한 주'는 점차 꽤 일반적인 하나의 '최고 존재'로 녹아내렸고, 그리하여 모든 인간이 '성스러운 것'을 숭배하기만 하면 그것으로 인간적인 관용을 만족시키게 되었다.

가장 인간적인 표현을 한다면, 이 신성한 것이란 '인간 자신'이고 '인간적인 것'이다. 마치 '인간적인 것'이 완전히 우리의 고유한 것이고, 신적인 것으로 뒤덮인 모든 저세상으로부터 자유로운 것처럼 기만적인 모습으로 인간이 나나 당신인 것처럼 보인다면, 더 이상 '신성한 것'이 문제가 아니며, 우리는 이제 가정의 모든 곳에서 자신을 느낄 뿐 더 이상 기이한, 즉 신성하고 신성한 경외감에서 느끼지 않는다. 고통은 듣도 보도 못한 채 지나가고, 너무나 친밀해진 유령은 우리의 진정한 자아로 간주된다.

그러나 "성스럽다는 것은 인간(Humanus)의 말이다"(괴테[112]를 보라). 그리고 인간적인 것은 오로지 가장 순수한 신성함일 뿐이다.

그러나 에고이스트는 이와 반대로 말한다. 즉 당신이 무엇인가를 신성한 것으로 보기 때문에 나는 당신을 비웃고, 설령 내가 당신의 모든 것을 존경한다고 해도 당신에게 신성한 것만은 존경하지 않는다고.

이러한 반대되는 견해와 함께 정신적 재화를 둘러싸고도 역시, 서로를 용인하지 않는 태도가 취해져야 한다. 에고이스트는 그러한 정신적 재화를 모욕함에 대하여, 종교적 인간(즉 스스로의 '본질'을 자기 위에 두는 자 모두)은 그것을 철저하게 보호해야 한다. 그러나 어떤 종류의 정신적 재화가

∵

112) 1784년에 쓴 괴테의 미완성 종교 서사시 「비밀들(Die Geheimnisse)」의 245행. 이 시에서 후마누스(Humanus)는 보편적 인간성의 이상을 형상화한 인물로 나온다.

보호되어야 하고 어떤 것이 보호되지 않고 남아야 할지는 전적으로 '최고 본질'의 한 형태라는 개념에 달려 있다. 그리고 가령 신을 두려워하는 인간, 인간을 두려워하는 인간(자유주의자)보다 보호해야 할 더 많은 것을 갖는다.

정신적인 재화에서 우리는 감성적인 것과 구별하여 정신적인 방식으로 상처를 입는다. 감성적 재화에 대해서는 탈취나 소원화(소외)가 행해지는 반면, 정신적 재화에 대한 죄는 직접적인 신성모독에 의해 성립한다. 재화 그 자체가 단순히 빼앗긴 것에 그치지 않고, 가치와 신성함을 강탈당하고 있다. 신성한 것은 즉시 손상된다. 우리에게 신성한 모든 것에 대한 범죄로 저질러질 수 있는 모든 것이 '불경' 또는 '파렴치'라는 단어로 나타난다. 비웃고 욕하고 경멸하고 의심하는 것 등은 범죄적 파렴치함의 여러 가지 뉘앙스의 차이일 뿐이다.

신성모독이 가장 다양한 방식으로 범해질 수 있다는 것은 여기에서 다루지 않고, 그중에서 무제한적 출판에 의한 신성모독을 통해 신성을 위험에 빠뜨리는 그 모독만을 우선적으로 언급한다.

하나의 정신적 본질에 대해서만 존경이 요구되는 한, 언론과 출판은 이 본질의 이름으로 예속화되지 않으면 안 된다. 왜냐하면 그 한도 내에서 에고이스트가 자신의 발언으로 그러한 정신적 본질에 대해 '죄를 범할 수' 있기 때문에, 그 점에서 더 옳은 수단, 가령 검열과 같은 예방적 경찰 권력을 그다지 행사하고 싶지 않을 때 에고이스트는 최소한 '정당한 처벌'에 의해 저지되어야 한다.

언론 출판의 자유를 위한 탄식! 그러면 언론 출판은 무엇으로부터 자유여야 할까? 확실히 종속, 귀속, 봉사에 대한 책임으로부터이다! 그러나 그것으로부터 자신을 해방하는 것은 모든 사람의 일이 아닌가. 그리고 만일 당신이 스스로를 해방할 때, 당신이 글을 짓고 쓰는 것도 어떤 힘에 대한 예속으로 생각하고 쓰는 것이 아니라 당신 자신의 것이 될 것임을 확실히 승인할 수 있게 된다. 어느 기독교 신자가 그 자신보다 그리스도에 대한 신앙에서 더 자유로워야 하는 그 무엇을 말하고 인쇄할 수 있을까? 만일 내가 무언가를 쓸 수 없거나 쓰는 것을 허용받지 못한다면 가장 큰 잘못은 필경 나에게 있을 것이다. 이것이 요점에 도달한 것처럼 보이지만 그럼에도 불구하고 가까이에서 그 보기를 찾을 수 있다. 출판법에 의해 나는 내 출판물에 한계선을 긋는데, 그 경계선을 넘어서면 부정(무권리)과 처벌이 뒤따른다. 즉 나 자신이 나 자신을 제한한다.

언론 출판이 자유로워지려면 어떤 법의 이름으로 언론 출판에 가해질 수 있는 모든 강제로부터의 해방만큼 중요한 것은 없을 것이다. 그리고 그렇게 되기 위해서는 나 자신이 법에 대한 순종에서 나 자신을 해방해야 했다.

확실히 언론 출판의 절대적 자유는 모든 절대적 자유와 마찬가지로 비실체이다. 언론 출판은 많은 것들로부터 완전히 자유로워질 수 있지만, 항상 나 역시도 자유로부터 자유로워질 수 있을 뿐이다. 우리가 우리 자신을 자유롭게 하고 신성한 것도 법도 없어지게 되면, 우리의 말도 그렇게 될 것이다.

우리가 세계의 모든 강압에서 해방되지 않으면 우리의 저술도 그러한 강제에서 벗어날 수 없다. 따라서 우리가 자유로운 정도에 따라 우리의 저술도 자유롭게 할 수 있다.

그러므로 출판의 자유는 지금까지처럼 어떤 유령을 섬기는 것이 아니라 우리에게 고유한 것이 되어야 한다.

인간들은 여전히 언론 출판의 자유를 외치며 애매한 상태에 그치고 있다. 그들이 표면적으로 요구하는 것은 국가가 언론 출판을 자유롭게 해주어야 한다는 것이다. 그러나 본래 그들이 자신도 모르는 사이에 진정으로 추구하는 것은, 언론 출판이 국가로부터 자유로워지는 것, 즉 국가로부터 벗어나는 것이다. 전자는 국가에 대한 청원이지만 후자는 국가에 대한 반역이다. '권리를 위한 청원'이든, 언론 출판의 자유를 진지하게 요구하는 것이든, 국가를 수여자라고 전제하고 증여, 허가, 면허만을 바라는 것에 불과하다. 의심할 여지없이 국가가 요구받은 선물을 제공할 정도로 무분별한 행동을 했을 가능성이 있다. 그러나 당신은, 선물을 받는 인간들이 국가를 하나의 진리로 여기는 한 그것을 사용하는 방법을 모를 것이라는 데에 모든 것을 걸 수 있다. 그들은 이 '신성한 것'을 침해하지 않을 것이며, 이것에 대해 감히 대드는 모든 인간에 대해 출판법의 법칙을 발통할 것이다.

한마디로 언론 출판은 내가 그것으로부터 자유롭지 못한 것에서 자유롭지 못하다.

나는 이것으로 언론 출판의 자유에 대한 반대자임을 스스로 입증할 수 있을까? 반대로 나는 언론 출판의 자유, 즉 제한 없는 허가만 받고자 한다면 결코 그것을 얻지 못할 것이라고 주장한다. 그뿐이다. 그러한 허가를 위해 바로 구걸하는 것만으로 당신은 그것을 줄 수 있는 인간이 세계에 아무도 없기 때문에 영원히 기다려야 한다. 허가, 즉 언론 출판의 자유를 통해 언론 출판을 사용할 수 있는 '권리'를 갖고자 하는 한 헛된 희망과 불평 속에 살고 있는 것이다.

'말도 안 되는 소리야! 책에 그런 사상을 품고 있는 당신 자신이 불행히도 운이 좋은 기회나 은밀한 방법을 통해서만 그 사상을 대중에 알릴 수 있지만, 그럼에도 불구하고 당신은 거부당한 출판 허가가 날 때까지 자신

의 국가를 압박하고 강요하는 것에 대해 반대하고자 하는 것인가?'

그렇게 언급된 저자는 아마도 다음과 같이 답하리라. '그렇지 않으면 그런 인간들의 뻔뻔함은 지나치므로, 자신들의 언어를 잘 검토해보라. 본래 나는 내 책 출판의 자유를 얻기 위하여 무엇을 하면 좋을지 말하는 것이다. 허가를 구해야 하는가? 아니면 합법성에 호소하는 등 모든 것을 정지하고 오로지 유리한 기회를 구해야 하지 않을까? 국가와 국가의 바람은 완전히 고려하지 않고 그 기회를 붙잡아야 하지 않는가? 나는 — 너무나 무서운 말을 해야 한다 — 국가를 속이고 있다.' 당신들도 무의식적으로 같은 짓을 하고 있다. 당신은 당신의 연단으로부터 국가에게 연설하고 있는 것이 아닌가? 국가는 자신의 신성함과 불가침성을 포기해야 하고, 국가는 위험을 두려워할 필요 없이 작가들의 공격에 스스로를 노출시켜야 한다고 당신은 주장한다. 그러나 당신은 국가에 올가미를 씌운다. 왜냐하면 국가의 존재는 그것이 접근할 수 없는 것을 잃는 순간에 문제가 되기 때문이다. 영국이 그랬던 것처럼 국가는 당신에게 글쓰기의 자유를 부여할 것이다. 당신은 국가를 신봉하고 국가에 대해 반대하는 글을 쓸 능력이 없기 때문이다. 당신이 언제나 국가를 개혁하고 '그 결함을 고쳐야 한다'고 생각하는 한 그렇다. 그러나 만일 국가의 반대자들이 자유로운 발언을 하고, 가차없는 이유로 교회, 국가, 도덕 등 모든 '신성한' 것에 대해 돌진한다면 어떻게 될까? 그때 엄청난 불안으로 9월법령[113]을 먼저 부활시키려고 하는

..
113) 1815년 9월, 나폴레옹 추방 뒤 부활한 유럽 반동체제를 강화하기 위하여 러시아 황제 알렉산드르 1세가 제창한 신성동맹 선언. 1835년 7월 28일 루이 필리프 왕의 생명에 대한 시도가 실패한 후 프랑스 상공회의소에서 통과된 억압적인 법률은 언론과 공개적인 표현 수단에 대해 보다 엄격한 통제를 부과하여 정권에 이의를 제기하는 것을 불법으로 만들었다.

것은 당신들이다. 그때가 되어서야 당신이 과거에 너무나도 들떠서 국가나 국가의 정부에 순응하게 만들 준비가 된 어리석음을 후회할 것이고, 그것은 이미 늦어버린 것이다. 따라서 나는 나의 행동으로 단 두 가지를 증명하는 것에 불과하다. 즉 하나는 언론 출판의 자유는 항상 '우호적인 기회'에 묶여 있으므로 절대적인 자유가 될 수 없다는 것이다. 그리고 또 하나는, 출판의 자유를 바라는 자는 자신과 자신의 의지를 국가와 모든 '위대한 권력'보다도 더 중요하게 여기고, 국가에 대립하여 자신의 이익을 주장하면서 유리한 기회를 탐색하고, 능력의 한도에서 그 기회를 창출해야 한다는 것이다. 국가에 속하지 않고 국가와 대립하는 것이야말로 출판의 자유를 성취하게 한다. 출판의 자유가 창출되어야 한다면, 그것은 간청의 결과로 얻는 것이 아니라 반역의 성과로서만 얻어지는 것이다. 언론 출판의 자유를 위한 모든 탄원과 신청은 의식적이든 무의식적이든 이미 하나의 반역이다. 단, 속물적인 중도하차만이 그러한 결과를 해소하지 않고, 눈으로 보고서 떨기까지는 그 사실을 이해하고자 하지도 않고, 또 이해할 수도 없다는 것이다. 왜냐하면 출판의 자유 요청은 처음에는 우호적이고 선의의 얼굴을 하고 있기 때문이다. 출판의 자유는 언젠가 '언론 출판의 파렴치함'이 유행하도록 내버려두는 것이 조금도 마음에 들지 않기 때문이다. 그러나 조금씩 출판의 자유의 마음은 더욱 굳어지고 국가, 도덕 또는 법에 봉사하는 한 자유는 결코 자유가 아니라는 추론이 우세하게 된다. 설령 그것이 참으로 검열의 강제로부터의 자유라고 해도 그것은 결코 법의 강제로부터의 자유가 아니다. 일단 자유에 대한 욕망에 사로잡힌 언론 출판은 더욱 자유로워지기를 원한다. 마침내 작가는 스스로에게 내가 그 무엇도 추구하지 않을 때에 비로소 전적으로 나는 자유라고 말하게 된다. 그러나 글쓰기는 어떤 권력이나 권위, 신앙이나 두려움 없이 나에게 고유한 것인 경우에만 자유이다. 언론 출판이란 자유로워야 한다는 것이 아니다. 그건 불충분하다. 그것은 내 것이어야 한다. 언론 출판의 고유성이나 언론 출판의 소유야말로 나 자신을 위하여 내가 취하고자 하는 것이다.

'언론 출판의 자유는 언론 출판의 허가일 뿐이며, 국가는 내가 언론 출판에 의해 그것을 무력화하는 것을 내가 자발적으로 허용하지 않거나 자발적으로 허용할 수도 없다.'

우리는 '언론 출판의 자유'라는 구호로 인해 아직 모호한 위의 표현을 개선하여 여기서 마지막으로 다음과 같은 결론을 내리자. 즉 자유주의자들이 큰 소리로 요구하는 출판의 자유는 분명히 국가 안에서는 가능하고, 또 그것은 허가이기 때문에 국가 안에서만 가능하며 따라서 허가자(국가)가 없어서는 안 된다. 그러나 허가로서 그것은 바로 이 국가에서 제한이 있으며, 이는 당연히 국가 자신과 국가의 안녕과 양립할 수 있는 것 이상의 것을 허가하는 것이 아니다. 국가는 자유의 존재 및 확장을 정하는 법률의 형태로, 그 자유의 한계를 출판의 자유에 대하여 정한다. 한 국가가 다른 국가보다 더 많이 허용한다는 것은 오로지 양적 차이일 뿐이고, 그럼에도 불구하고 오로지 독일의 자유주의자들만이 그 차이에 홀로 화를 낸다. 독일에서 그들은 가령, 오로지 '자유로운 언론 출판의 보다 확장된 인가'만을 원하는 데 불과하다. 인간들이 추구하는 언론 출판의 자유는 국민의 일이고, 즉 국민(국가)이 그것(자유)을 가지기 전에 나는 그것을 사용할 수 없다. 그러나 언론 출판은 소유권의 관점에 따라 상황이 전혀 다르다. 우리 국민에게 출판의 자유가 없다면 무방하다. 나는 인쇄에 들어가기 위해 계략과 힘을 빌려 나 자신과 나의 힘으로부터 인쇄 허가를 나 자신에게 부여한다.

언론 출판이 나의 고유한 것이라면 내가 코를 풀면서 국가의 허가를 구할 필요가 없는 것처럼, 언론 출판을 사용하는 데 국가의 허가는 거의 필요하지 않다. 언론 출판은 나 자신보다 더 중요한 것이 없는 순간부터 나의 소유이다. 왜냐하면 이 순간부터 국가, 교회, 국민, 사회 등은 정지하고, 그러한 것들은 내가 스스로에 대하여 가지고 있는 경멸에 그 존재를 빚지고 있는 이상, 그러한 자기경시가 사라지면서 그러한 것들도 소멸하기 때문이다. 그것들이 존재하는 것은, 오로지 그것들이 나 자신 위에 존재하는 때뿐이며, 그것들은 오로지 권력으로서, 권력자로서만 존재한다. 아니면 당신은 그 주민 모두가 국가에 대해 아무 생각도 하지 않는 국가를 상상할 수 있을까? 그것은 '통일 독일'과 같은 꿈이자 환상임에 틀림없다.

'나 자신이 나의 고유한 것, 하나의 자기소유자가 되자마자 언론 출판은 나에게 고유한 것이 된다. 세계는 에고이스트에 속한다. 왜냐하면 에고이스트는 세계의 어떤 힘에도 굴하지 않기 때문이다.'

'그래도 나의 언론 출판은 여전히 매우 자유롭지 못할지 모른다. 가령 지금 이 순간과 마찬가지로. 그러나 세계는 넓고 인간은 최대한 자신을 구한다. 내가 언론 출판의 소유를 기꺼이 포기한다면, 나는 어디에서나 내 손가락이 생산하는 만큼 인쇄할 수 있다. 하지만 내가 소유를 주장하려고 하는 한 반드시 적들을 속여야 한다. 너의 적들의 허락을 받았다고 해도 너는 받아들이지 않을까? 아니다, 기쁨으로 받아들인다. 왜냐하면 그들의 허락은 내가 그들을 속이고 파멸의 길로 인도했다는 증거가 될 것이기 때문이다. 나는 그들의 허락에 대해 관심이 없지만 그들의 어리석음과 멸망 등에 대해서는 훨씬 더 염려한다. 나는 정치적 자유주의자처럼 우리 양자, 그들과 내가 결부되어 평화에 이른다고, 아니 서로서로 높이고 의지할 수도 있다고 스스로 속이고 그들의 허락을 청구하지 않는다. 그러나 나는 그들로 하여금 피를 흘리게 하여 소멸에 이르게 허가하는 자들이 마침내 소

멸하게 하기 위하여 청구한다. 나는 의식이 있는 적으로 행동하여 적들을 속이고 그들의 부주의를 이용한다.'

'언론 출판은 외부에서 그 활용에 대해 판단하는 인간이 없다고 인정할 때, 즉 내 글이 더 이상 도덕이나 종교, 국가법에 대한 존중 등에 의해 결정되지 않고 나와 내 에고이즘에 의해 결정될 때 내 것이 된다!'

당신에게 그토록 무례한 대답을 하는 자에게 당신은 무엇이라고 대답해야 할까? 우리는 아마도 다음과 같이 표현함으로써 질문을 가장 확실하게 할 것이다. 즉 언론 출판이란 무엇인가. 국민(국가)이란 무엇인가, 아니면 나는 무엇인가라고. 정치적 인간이라고 한다면, 그들은 언론 출판을 권력 소유자의 인격적 자의적 간섭으로부터 자유롭게 하는 것 외에는 아무것도 의도하지 않고, 언론 출판이 현실적으로 각자에 대하여 열려 있기 위해서는 법률로부터도, 즉 국민(국가의) 의지로부터도 자유로워야 한다는 것은 생각도 하지 않는다. 요컨대 그들은 출판을 '국민의 일'로 만들고 싶어 할 뿐이다.

언론 출판이 국민의 소유가 된 것은 아직 내 것이라는 것과는 거리가 멀고, 오히려 그것은 나에게 허가의 부차적 의미를 갖는 것에 불과하다. 국민은 내 사상을 판단하는 재판관의 역할을 한다. 내 사상에 대하여 나는 그들에게 석명을 하거나 책임을 지게 된다. 자신의 고정관념이 공격을 받을 때 배심원들은 가장 우둔한 전제군주와 그들의 비굴한 관리들만큼이나 경직된 머리와 마음만을 갖는다.

『자유주의자들의 노력』[114]에서 에드가 바우어는 절대주의 국가와 입헌

••

114) (원주) Edgar Bauer, *Die liberalen Bestrebungen in Deutschland*, Bd. 2(Zürich & Winterthur, 1843), p. 91.

국가에서는 언론 출판의 자유가 불가능한 반면, '자유 국가'에서는 자기 자리를 찾는다고 주장한다.

즉 '여기(자유 국가)서'는 '개인은 더 이상 개체가 아니라 참되고 이성적인 보편성의 구성원이기 때문에 자신의 생각을 말할 권리가 있음을 인정한다'고 한다. 따라서 개인이 아니라 '구성원'이 언론 출판의 자유를 가진다는 것이다. 그러나 언론 출판의 자유를 위해서는 개인이 먼저 보편적인 것, 국민에 대한 그들의 신앙을 스스로 증명해야 한다면, 그가 자신의 힘을 통해 그 자유를 얻지 못한다면, 그것은 국민의 자유이고 그의 신앙이므로, 그의 '구성원 자격'이기 때문에 대여된 자유이다. 그 반대는 바로 개체로서의 모든 인간에게 자신의 생각을 말할 자유가 열려 있는 것이다. 그러나 그에게는 '권리'가 없다. 그러한 자유는 확실히 그의 '신성한 권리'가 아니라는 것이다. 그는 힘만을 가지고 있다. 그러나 그 힘만이 그를 소유자로 만든다. 나는 언론 출판의 자유를 위해 어떤 인가도 필요로 하지 않고 그것에 대한 국민의 동의도 필요로 하지 않으며, 그것에 대한 어떠한 '권리'도 '권리 부여'도 필요로 하지 않는다. 언론 출판의 자유도 모든 자유와 마찬가지로 내가 나를 위하여 '취해야' 하는 것이다. 국민들은 '유일한 재판관으로서' 그것을 나에게 줄 수 없다. 그들은 내가 취하는 자유를 용인하거나 그것에 대해 반대할 수 있다. 그러나 그것을 주거나 증여하거나 인가할 수는 없다. 나는 국민과 대립하여 순전히 개체로서 그것을 행사한다. 즉 나는 나의 적인 국민과 싸워서 얻는다. 그리고 내가 현실의 싸움을 통해 국민으로부터 그것을 정말로 얻을 때만, 즉 내가 탈취할 때만 그 자유를 얻는다. 하지만 내가 그 자유를 탈취하는 것은 그것이 나의 소유이기 때문이다.

바우어가 쓴 글에 대해 반론한 잔더[115]는 언론 출판의 자유를 '국가 시민의 권리이자 자유'로서 요구한다.[116] 바우어도 또 다른 무엇을 하는가? 그에게도 그것은 자유 시민의 권리일 뿐이다.

언론 출판의 자유도 하나의 '보편적 인권'이라는 이름으로 요구된다. 그러나 이에 대해 모든 인간이 그 자유를 올바르게 사용하는 방법을 아는 것은 아닌데, 그 이유는 모든 개인이 진정한 인간이 아니기 때문이라는 반론은 충분히 근거가 있다. 어떤 정부도 인간에 대해 언론 출판의 자유를 거부한 적은 없다. 그러나 인간은 유령이기 때문에 아무것도 쓰지 않는다. 정부는 항상 개인에 대해서만 그 자유를 거부하고, 다른 것, 가령 정부의 여러 기관에 대해서는 그것을 부여했다. 그렇다면 만일 모든 인간을 위해 자유를 갖고자 한다면 그 자유는 인간 또는 인간이라는 한에서의 개인에 대한 것이 아니라 나라는 개인에 의한 것임을 주장해야 한다. 게다가 인간이 아닌 타자(동물)는 자유를 사용할 수 없다. 가령 프랑스 정부는 인간의 권리로서의 언론 출판의 자유에 대해 이의를 제기하지 않으나, 진정한 인간 존재로서의 개인에 대한 보장을 요구한다. 왜냐하면 프랑스 정부는 언론 출판의 자유를 개인에게가 아니라 인간에게 부여하기 때문이다.

인간들은 나의 것을, 그야말로 그것이 인간적인 것이 아니라는 구실을 붙여 나에게서 빼앗았다! 그리고 인간적인 것은 손도 대지 않고 나에게 남겨졌다.

언론 출판의 자유는 오로지 책임 있는 언론 출판만을 낳을 수 있다. 무책임한 출판은 오로지 언론 출판의 소유에서만 발생한다.

인간과의 교류를 위하여 종교적으로 사는 모든 인간들 사이에서 하나의 명백한 율법이 있다. 즉 때로는 죄를 지으면서 잊으려 하는 모험을 할 수

..

115) 바덴 주의회 의원인 게오르크 아돌프 잔더(Georg Adolf Sander).
116) (원주) 에드가 바우어, 앞의 책, 99쪽.

있지만 절대적인 가치는 결코 부인할 수 없다는 것이다. 이것이 바로 사랑의 율법이며, 그 원칙과 싸우는 것처럼 보이고 그 이름을 미워하는 인간들조차도 그 율법에 불성실하게 된 시도는 없었다. 왜냐하면 그들에게도 여전히 사랑이 있기 때문이고, 그들도 더 깊고 더 순수하게 사랑하기 때문이고, '인간과 인류'를 사랑하기 때문이다.

우리가 이 율법의 의미를 공식화하면 다음과 같을 것이다. 즉 모든 인격은 자신보다 더 중요한 것을 가지고 있어야 한다. 왜냐하면 타인의 행복, 조국과 사회의 행복, 인류의 행복, 선한 일 등의 문제일 때 당신은 당신의 '사적 이익'을 소홀히 해야 한다! 조국, 사회, 인류는 당신보다 당신에게 더 중요해야 하며, 그것들의 이익에 반대하여 당신의 '사적 이익'은 뒤로 물러나야 한다. 왜냐하면 당신은 에고이스트가 되어서는 안 되기 때문이다.

사랑은 광범위한 종교적 요구이며, 그것은 가령 신과 인간에 대한 사랑에 국한되지 않고 모든 면에서 최우선이다. 우리가 무엇을 하든 생각을 하고 의지를 하든 그 근저에는 항상 사랑이 있다. 우리는 참으로 판단할 수 있지만 '사랑으로서'만 그렇다. 성서는 확실히 비판을 받을 수 있고 그것도 매우 철저하게 비판받을 수 있지만, 오로지 비평가는 모든 것보다 먼저 성서를 사랑해야 하고 성서에서 신성한 책을 보아야 한다는 것이다. 비판가는 그것을 치명적으로 비판해서는 안 된다, 비판가는 그것을 용인하고 하나의 성스러운 것, 전복해서는 안 되는 것으로 존속시켜야 한다는 것과 도대체 무엇이 다른가? 인간에 대한 우리의 비판에서도 사랑은 변함없는 기조로 남아 있어야 한다. 확실히 증오가 불러일으키는 판단은 우리의 고유한 판단이 아니라 우리를 지배하는 증오의 판단, 즉 '악랄한 판단'이다. 그러나 사랑이 우리에게 영감을 주는 판단은 여전히 우리의 고유한 판단이 될까? 그것들은 우리를 지배하는 사랑의 판단이며, '사랑으로 넘치는 관대한' 판단이고, 우리의 고유한 것이 아니므로 전적으로 현실적인 판단이 아니다.

정의에 대한 사랑으로 불타오르는 자는 '세계가 멸망한다고 해도 정의가 행사되도록 하라!(fiat justitia, pereat mundus!)'고 외친다, 그러한 자들이 의심할 여지없이 정의가 무엇이고 무엇을 추구하는 것인지, 그리고 그것이 무엇으로 구성되어 있는지 묻고 조사할 수 있지만, 정의가 무엇이 될 수 있는지 여부는 묻지 않는다.

"사랑 안에 있는 자는 신 안에 있고, 신도 그 안에 있다"는 말[117]은 정말 사실이다. 신은 그 인간 안에 있고 그는 신을 버리지 아니하며 경건하지 아니한 자가 되지 아니하며, 그리고 그는 신 안에 있고 자기 자신과 자기 고유의 고향에 돌아오지 않고 신에 대한 사랑 안에 있으며 사랑 없이 되지도 않는다.

"신은 사랑이다! 모든 시대와 모든 종족이 이 단어 속에서 기독교의 핵심을 인정한다." 사랑인 신은 공의의 신이다. 그 신은 세계를 평화롭게 떠날 수 없지만 축복으로 기뻐하기를 원한다. "신은 인간을 신성하게 만들기 위해 인간이 되었다."[118] 신은 모든 곳에 참여하며 신의 손 없이는 아무 일도 일어나지 않는다. 어디에서나 그는 '최선의 의도'와 '이해할 수 없는 계획과 생각'을 가지고 있다. 그 자신인 이성은 전 세계에 전달되고 현실화되어야 한다. 그의 아버지 같은 보살핌은 우리의 모든 자립성을 박탈한다. 우리는 신이 그렇게 했다는 말 없이는 분별 있는 일을 할 수 없다. 우리는 신으로부터 얻지 않은 것이 아무것도 없다. 그는 모든 것을 '주었다'. 그러

••
117) (원주) 「요한 일서」, 4장 16절.
118) (원주) 아타나시우스(Athanasius).

나 신이 그러하듯 인간도 마찬가지다. 신은 세계가 행복하기를 원하고 인간도 세계를 행복하게 만들고 모든 인간을 행복하게 하기를 원한다. 따라서 모든 '인간'은 모든 인간에게 자신이 갖고 있다고 생각하는 이성을 일깨우고자 한다. 모든 것은 전체적으로 이성적이어야 한다. 신은 악마로 자신을 괴롭히고, 철학자는 비이성과 우연적인 것에 마음을 괴롭힌다. 신은 어떤 존재도 스스로 걷게 내버려두지 않고, 인간도 마찬가지로 인간이 지혜롭게만 걷기를 원한다.

그러나 신성한(종교적 도덕적 인도적) 사랑이 충만한 사람은 오로지 유령만을, 즉 '진정한 사람'만을 사랑하고, '비인간에 대한 조치'라는 냉랭한 법률적 간판으로 개인, 즉 실제 인간을 둔한 무자비함으로 박해한다. 그는 가장 냉혹한 방법으로 무자비함을 행사하는 것이 칭찬받을 만하고 필수 불가결하다는 것을 알게 된다. 왜냐하면 유령이나 보편적인 것에 대한 사랑은 유령이 아닌 인간, 즉 에고이스트나 개인을 미워하도록 명령하기 때문이다. 이것이 바로 '정의'라고 불리는 사랑 현상의 의미이다.

곤혹스러운 피고인은 관용을 기대할 수 없으며 아무도 그의 불행한 벌거벗은 몸에 친근하게 천을 덮어주지 않는다. 감정 없이 엄격한 재판관은 불쌍하게 단죄된 피고인의 몸에서 마지막 변명의 누더기를 감동 없이 찢는다. 간수는 그를 전혀 불쌍히 여기지 않고 어두운 처소로 끌고 간다. 형벌의 시간이 끝나면 간수는 낙인찍힌 인간을, 경멸적으로 침 뱉는 선량한 기독교인이며 충성스러운 그의 형제들 사이에 다시 밀어 넣는다! 은혜 없이 '죽어야 마땅한' 범죄자가 난누대 발판으로 인도되고, 환호하는 군중의 눈앞에 속죄의 도덕법은 그 숭고한 복수를 축하한다. 도덕법이든 범죄자든 오직 하나만 살 수 있기 때문이다. 범죄자들이 처벌받지 않고 사는 곳에서는 도덕률이 무너질 것이고, 도덕법이 군림하는 곳에서 범죄자들은 내려와야 한다. 그들의 적개심은 파괴할 수 없다.

기독교 시대는 정확하게 인간들이 마땅히 받아야 할 것을 받도록 하는 자비와 사랑의 시대이고, 그들로 하여금 인간(신)의 사명을 수행하게 하고 그들을 행복하게 만들고자 하는 배려의 시대이다. 따라서 그것이 인간의 본질이고 결과적으로 인간의 사명이라는 원칙이 교류를 위해 가장 우선시되어왔으며, 신이 그를 부르거나 (오늘날의 유행 개념에 따르면) 인간 존재(유개념)가 그를 부르고 있다. 그러므로 개종에 대해 열중한다. 기독교인보다 공산주의자와 인도주의자가 인간에게 더 많은 것을 기대한다고 해서 그 입장은 조금도 변하지 않는다. 인간은 인간적인 것이 되어야 한다! 경건한 사람들은 신성한 것이 그의 몫이 되는 것으로 충분하다면, 인도주의자는 그가 인간적인 것을 방해하지 말 것을 요구한다. 그리고 에고이스트적인 것에 대해서는 둘 다 반대한다. 왜냐하면 에고이스트적인 것은 그에게 양도되거나 그에게 귀속될 수 없기 때문이다. 그는 자신을 위해 그것을 조달해야 한다. 사랑은 전자를 나누어주고 후자는 나 혼자만 나에게 줄 수 있다.

지금까지의 교류는 사랑, 예의바른 행동, 서로를 위한 존재에 근거했다. 자신을 축복하기 위해 스스로에게 빚을 졌거나, 최고의 본질을 스스로 받아들이고 자신을 진리(사실과 현실, verité)로 가져오는 행복을 스스로에게 빚진 것처럼, 타자들이 그들의 본질과 사명을 실현하도록 돕는 것도 타자들에게 빚진 것이다. 두 경우 모두 인간의 본질을 실현하는 데 기여해야 한다.

그러나 인간이 자신으로부터 무엇을 만드는 것은 자신에게 빚지는 것이 아니고, 타자들로부터 무엇을 만드는 것도 타자에게 빚지는 것이 아니다. 왜냐하면 인간은 자신과 타자의 본질에 아무 빚도 지지 않기 때문이다. 본질에 근거한 교류는 실제적인 것이 아니라 유령과의 교류이다. 내가 최고 존재와 교류한다면 나는 나 자신과 교류하는 것이 아니며, 내가 인간인 것의 본질과 교류한다면 나는 인간과 교류하는 것이 아니다.

자연적 인간의 사랑은 교육을 통해 하나의 정언명령(계명)이 된다. 그러나 정언명령으로서 그 사랑은 그 자체로 인간에 속하고 나 자신에게 속하지 않는다. 많은 고민을 하는 것은 나의 본질이고 내 소유가 아니다. 인간, 즉 인간성은 나에게 그 요구를 제시한다. 즉 사랑은 요구되는 것이고, 나의 의무이다. 그러므로 사랑은 나 자신에게 진정으로 얻어지는 것이 아니라 인간의 소유나 고유성으로서의 보편성, 즉 인간을 위해 획득되었다. '사랑하는 것, 그것은 인간, 즉 인간 각자에게 주어져야 하는 것이고, 인간의 의무이며 사명이라는 것 등등'이다.

그러므로 나는 다시 사랑을 나 자신에게 반환해야 하며, 인간의 권력으로부터 그것을 구해내야 한다.

원래 내 것이지만 우연적이고 본능적으로 내 것인 것, 그것이 인간의 소유로 나에게 투자되었다. 나는 사랑하는 것으로써 영지가 되고 인류의 수호자가 되었고, 이러한 유개념의 표본이 되었고, 나로서가 아니라 인간으로서, 인간의 표본으로서, 즉 인간답게 사랑하면서 행동했다. 모든 문명 상태가 봉건제이며, 소유는 인간 또는 인류의 것이고 나의 것이 아니다. 거대한 봉건 국가가 세워졌고 개인은 모든 것을 강탈당했으며 모든 것은 '인간'에게 양도되었다. 그리하여 개체는 마침내 '철저히 죄인'으로 나타나야 한다.

내가 가령 타자의 인격에 대해 생생한 관심을 가져서는 안 되는 것일까? 그의 기쁨과 그의 행복이 내 마음에 있어서는 안 되는 것일까? 내가 그에게 제공하는 즐거움이 내 자신의 다른 즐거움보다 더 많아서는 안 될까? 그와 반대로 나는 그에게 무수한 즐거움을 기꺼이 희생할 수 있다. 그의 기쁨을 증진하기 위해 무수한 것을 부정할 수 있다. 그리고 그를 제외하고 나에게 가장 소중한 것, 즉 내 생명, 내 행복, 자유를 그를 위해 걸 수도 있다. 그의 행복과 그의 기쁨을 북돋워주는 것이 나의 기쁨이자 행복이 된다. 그러나 나, 나 자신은 그에게 희생하지 않고 도리어 단호하게 에고이스트로 남아 그를 즐기는 것이다. 내가 그를 사랑하지 않으면 지킬 수 있는 모든 것을 그에게 희생한다면 그것은 보기보다 훨씬 쉽고 일상적인 일이다. 그러나 이것은 이 한 가지 열정이 나머지 모든 것보다 내 안에서 더 강력하다는 것을 증명한다. 기독교도 역시 이것을 위해 다른 모든 열정을 희생하라고 가르친다. 그러나 내가 하나의 열정을 위해 다른 열정을 희생한다면, 나는 그런 이유로 나 자신을 희생하거나 그로 인해 진정한 나 자신이 되는 어떤 것도 희생하지 않는다. 나는 나의 고유한 가치, 나의 고유성을 희생하지 않는다. 이처럼 나쁜 경우가 발생하면 사랑은 내가 맹목적으로 순종하는 다른 열정보다 더 나은 모습이 아니다. 야망에 사로잡혀 자기 안에 평온한 순간이 도래한다는 모든 경고에 귀를 기울이지 않는 야심찬 인간은 이 열정이 독재자로 자라나도록 내버려둔다. 그는 그에 대해 모든 해체의 힘을 포기하지 않는다. 그는 자신을 포기한다. 그는 자신을 녹일 수 없으며 결과적으로 열정에서 자신을 해방시킬 수 없다. 그래서 그는 사로잡히게 된다.

나도 물론 인간을 사랑한다. 개인뿐만 아니라 모든 인간을 사랑한다. 그러나 나는 에고이즘의 의식으로 그들을 사랑한다. 나는 사랑이 나를 행복하게 하기 때문에 그들을 사랑한다. 내가 사랑하는 것은 사랑이 나에게 자연스럽고, 그것이 나를 기쁘게 하기 때문이다. 나는 '사랑의 계명' 따위는 모른다. 나는 내가 느낄 수 있는 모든 존재와 공감하는 감정을 가지고 있으며, 그들의 괴로움과 그들의 상쾌함은 나를 괴롭게 하고 상쾌하게 한다. 나는 그러한 것들을 죽일 수 있으나 비난할 수는 없다. 대조적으로, 『파리의 신비』[119]에서 영혼이 고결하고 덕이 있는 속물 두목인 루돌프는 악인들이 그의 '분노'를 유발하기 때문에 그들을 고문하고자 계획한다. 앞에서 말한 공감이란, 느끼는 인간들의 감정도 나의 감정이고 나의 소유임을 증명하는 것일 뿐이다. 이에 대해 '합법(정의)적인 자'가 무자비하게 대하는 것(가령 공증인 페랑[120]에 대한)은 붙잡힌 자들의 다리를 자기 침대 길이만큼 자르거나 늘린 강도[121]의 무자비함과 같다. 루돌프가 침대에 맞추어 인간을 자르거나 늘이는 경우의 개념이란 '선한 것'이라는 개념이다. 법(정의), 덕(德) 등에 대한 감정은 인간의 마음을 완고하고 편협하게 만든다. 루돌프는 공증인처럼 느끼지 않고 그 반대이다. 그는 '악인에게는 그것이 정당하다'고 느낀다. 그것은 결코 공감이 아니다.

당신은 인간을 사랑하므로 개별 인간, 에고이스트적인 인간을 고문한다. 당신의 박애(인간에 대한 사랑)는 인간을 괴롭히는 것이다.

사랑하는 인간이 괴로워하는 것을 보면 나도 함께 괴로워하고, 그를 위로하고 격려하기 위해 온갖 노력을 다할 때까지는 안식을 모른다. 그가 기

••

119) (원주) Eugène Sue, *Les mystères de Paris*(Paris, 1842~1843). (옮긴이주) 프랑스의 소설가 외젠 쉬(1804~1857)의 작품 『파리의 신비』는 1840년대에 폭발적인 인기를 누렸다. 그 내용은 독일계로 보이는 게롤슈타인 공이 파리의 빈곤에 도전하여 다소 잔혹한 방식으로 자선의 문제를 해결해 나간다는 것이었다. 마르크스는 『신성 가족』에서 『파리의 신비』에 대한 셸리가(프란츠 폰 치힐린스키)의 비평을 사용하여 바우어 등이 주장하는 자선주의적 사회개량을 비판했다. 이 책에 대한 슈티르너의 리뷰는 로렌스 스테펠레비치(Lawrence Stepelevich)가 영문으로 번역한 「근대의 노예(Modern Slavery)」, 172~179쪽에서 찾을 수 있다.

120) 페랑(Ferrand)은 『파리의 신비』에서 루돌프 왕자의 분노를 겪는 인물 중 한 명이다.

121) 고대 그리스 신화에 나오는 프로크루스테스에 대한 언급이다.

뻐하는 모습을 보면 나도 그의 기쁨에 기뻐한다. 그러나 그렇다고 하여 내가 그에게서 느끼는 모든 육체적 고통과 기쁨을 야기하는 것과 동일한 것으로 인해 고통이나 기쁨이 나에게 생긴다는 결론이 나오지 않는다. 이는 이미 모든 육체적 고통이 증명하는 것으로 나는 그와 같이 느끼는 것이 아니며, 그를 고통스럽게 하는 것이 그의 이빨이라면 나를 아프게 하는 것은 그의 고통이라는 식이다.

하지만 나는 사랑하는 자의 이마의 괴로운 주름을 참을 수 없기 때문에 나는 나를 위해 키스를 하여 그 괴로움을 없앤다. 그러나 내가 그를 사랑하지 않았다면 그는 얼마든지 주름을 바로잡을 수 있었고, 그것이 나를 괴롭히지도 않았을 것이다. 나는 오로지 내 문제를 몰아내고 있을 뿐이다.

이제 내가 사랑하지 않는 인간이나 어떤 것이든 어떻게 나에게 사랑받을 권리가 있을까? 내 사랑이 먼저일까, 아니면 그의 권리가 먼저일까? 부모, 친척, 조국, 국민, 고향 등등 마침내 일반적으로 함께 있는 인간들('동포, 동료')까지 내 사랑에 대한 권리가 있다고 주장하고, 그 유무와 무관하게 사랑에 대한 권리를 요구한다. 그들은 그 사랑을 자신들의 소유로 여기고, 내가 이것을 존중하지 않으면 나를 그들에게서 자기소유의 것을 빼앗는 강도로 본다. 나는 사랑해야 하고, 사랑은 정언명령이자 법이라고 한다면 나는 그것에 대해 교육을 받아 교화되어야 하며, 내가 그것을 어기면 벌을 받아야 한다. 그러므로 인간들은 나에게 가능한 한 강력한 '도덕적 영향력'을 행사하여 나를 사랑하게 만들 것이다. 그리고 한 사람이 다른 참된 열정, 가령 증오에 대한 것과 마찬가지로 사랑에 대해 할 수 있는 것처럼 노력하고 사랑하도록 유혹할 수 있다는 것은 의심의 여지가 없다. 증오는 하나의 조상이 교황당(Guelphs)에 속하고 다른 하나는 황제당(Ghibellines)에 속한다는 이유 하나 때문에 전체 일족을 관통한다.[122]

그러나 사랑은 정언명령이 아니라 나의 모든 감정과 마찬가지로 나의 소유이다. 내 소유를 취득하라, 즉 구매하라. 그러면 내가 당신에게 넘겨 줄 것이다. 교회, 국가, 조국, 가족 등 내 사랑을 얻을 방법을 모르는 그것들을 나는 사랑할 필요가 없다. 그리고 나는 내 사랑의 구매 가격을 내 마음대로 정한다.

에고이스트적인 사랑은 비이기적이거나 신비롭거나 낭만적인 사랑과는 거리가 멀다. 인간은 가능한 모든 것을 사랑할 수 있을 뿐만 아니라 일반적으로 '대상'(와인, 조국 등)을 사랑할 수 있다. '불가피하게' 내 힘에서 빼앗은 사랑은 맹목적이고 미치게 되고, 어떤 '당위' 속에 사랑이 들어가는 것, 즉 '대상'이 나에게 성스럽게 되거나 내가 의무, 양심, 서약에 의해 그 대상과 결부되는 것에 의해 사랑은 낭만적이 된다. 그리하여 대상은 더 이상 나를 위해 존재하지 않고 대상을 위해 내가 존재하게 된다.

나의 감각으로서가 아니라면 사랑은— 나의 감각으로서의 사랑은 내가 소유로서 갖는 것이지만— 대상의 이질성을 통해 사로잡히게 된다. 즉 종교적 사랑은 사랑하는 인간 속에 어떤 '거룩한 것'을 사랑하거나 또는 거룩한 것을 고착하라는 계명에서 성립한다. 이타적인 사랑에는 그것을 향해 내 심장이 뛰는 절대적으로 사랑스러운 대상이 있다. 가령 동료, 배우자, 친척 등이다. 거룩한 사랑은 사랑하는 인간 안에 있는 거룩한 것을 사랑하는 것이며, 따라서 사랑하는 인간을 더욱 거룩한 사람(가령 '인간')으로 만들기 위해 노력한다.

 •
• •

122) 기벨린 가문과 겔프 가문은 전통적으로 각각 친제국 전통과 반제국 전통을 특징으로 하는 중세 이탈리아 정치의 두 분파로 간주되었다. 여기서 슈티르너가 말하는 증오 유형은 애팔래치아 아메리칸 가문의 전설적인 라이벌 관계인 햇필드와 맥코이 가문의 대립과 비슷하다.

사랑하는 인간은 나에게 사랑받아야 할 대상이다. 그는 내가 그를 사랑하기 때문에, 또는 그를 사랑하는 것으로 인해 내 사랑의 대상인 것이 아니라 그 자체로 사랑의 대상이다. 내가 그를 사랑의 대상으로 만든 것이 아니라, 그는 처음부터 그런 것(대상)이다. 가령 그가 내 선택에 의해 그렇게 된 것은 여기에서 중요하지 않다. 그렇다면 (약혼자, 배우자 등의 경우와 마찬가지로) 어쨌든 그는 한 번 선택된 인간으로서 '나의 사랑에 대한 그의' 고유한 '권리'를 얻었기 때문이다. 그리고 나는 그를 사랑했기 때문에 그를 영원히 사랑할 의무가 있다. 그러므로 그는 내 사랑의 대상으로서가 아니라 사랑 일반의 대상, 즉 사랑받아야 할 대상이라는 것이다. 사랑은 그에게 속하고, 그로 인한 것이며, 그의 권리이다. 나는 그를 사랑해야 할 의무가 있다. 내 사랑, 즉 내가 그에게 지불하는 사랑의 통행료는 사실 그가 내게서 통행료로 징수하는 그의 사랑이다.

가장 작은 의무의 오점을 제외하고 집착하는 모든 사랑은 비에고이스트적인 사랑이며, 이 오점에 도달하는 한 소유욕이다. 자기사랑의 대상에게 무엇이든 빚지고 있다고 믿는 인간은 낭만적으로나 종교적으로 사랑하는 것이다.

가령, 보통 '경건'으로 이해되는 가족 사랑은 하나의 종교적인 사랑이다. '애국주의'로 설파되는 조국에 대한 사랑도 마찬가지이다. 우리의 모든 낭만적인 사랑[123]은 같은 패턴으로 움직인다. 어디에서나 우선이고 '비에고이스트적 사랑'이라는 자기기만, 나를 위한 것이 아니라 대상을 위한 대상에 대한 관심이다.

종교적이거나 낭만적인 사랑은 실제로 대상의 차이에 의해 감성적 사

---

123) 당시 독일에서는 예를 들어 '조국에 대한 사랑'의 특정 유형이 '낭만적인 사랑'일 것이다.

랑과 구별되지만, 대상에 대한 종속적 태도로는 구별되지는 않는다. 둘 다 이 종속성이라는 관계에 사로잡힌 상태이다. 그러나 전자(대상의 상이)의 관계에서 하나의 대상은 세속적이며 다른 대상은 신성한 것뿐이다. 나에 대한 대상의 지배라는 점에서는 두 경우 모두 동일하지만, 단 그 대상이 어떤 때에는 감각적인 것이고 다른 때에는 정신적인(유령적인) 것이다. 나의 사랑이 전적으로 에고이스트적이고 에고이스트적인 관심에만 있을 때, 그리고 결과적으로 나의 사랑의 대상이 정말로 나의 대상이거나 나의 소유일 때에만 나의 것이다. 나는 내 소유에 대해 전혀 빚을 지고 있지 않으며, 이에 대한 의무도 전혀 없다. 이는 내가 나의 눈에 대해 어떤 의무도 갖지 않는 것과 같다. 그럼에도 불구하고 내가 그것을 최대한 조심스럽게 지킨다면, 그것이 행해지는 것은 나 자신을 위한 것이다.

고대에도 기독교 시대만큼 사랑이 부족하지 않았다. 사랑의 신들은 사랑인 신보다 나이가 많다. 그러나 신비로운 소유욕은 근대인들에게 속한다.

사랑에 사로잡힌 상태는 대상의 소외 속에 있다고 할까, 또는 대상의 소외와 우월에 대한 나의 무력함에 있다. 에고이스트에게는 그 앞에서 자신을 낮추기에 충분할 만큼 높은 것도 없고, 그것에 대한 사랑을 위해 살 만큼 독립적인 것도 없고, 그것을 위해 자신을 희생할 만큼 신성한 것도 없다. 에고이스트의 사랑은 이기심에서 솟아올라 이기심의 침상으로 흘러들어갔다가 다시 이기심 속으로 들어간다.

이것을 여전히 사랑이라고 할 수 있을까? 그것에 대한 다른 단어를 알고 있다면 계속해시 그것을 선택하라. 그러면 사랑이라는 달콤한 말은 사멸한 세계와 함께 시들어버릴 것이다. 현재로서는 적어도 우리 기독교적 언어에서 찾을 수 없으므로 오래된 말을 고수한다. 나의 대상, 나의 소유를 '사랑'한다고 하자.

여러 가지 내 감정 중 하나로서만 나는 사랑을 품고 있다. 그러나 포이어바흐가 말했듯이 나보다 우월한 힘으로서, 신성한 힘으로서, 내가 버리지 말아야 할 열정으로서, 종교적 도덕적 의무로서 나는 사랑을 경멸한다. 내 느낌으로서 사랑은 내 것이다. 그러나 사랑은 내가 내 영혼을 봉헌하고 '서약하는(verschwöre)' 원칙으로서는 절대명령자이고, 원칙으로서의 증오가 악마적인 것에 대응하기에 사랑은 신성한 것이다. 두 가지 중 하나는 다른 것보다 낫지 않다. 요컨대 에고이스트적인 사랑, 즉 나의 사랑은 거룩하지도 않고 거룩하지 않지도 않으며, 신성하지도 않고 악마적이지도 않다.

"신앙으로 제한되는 사랑은 참되지 않은 사랑이다. 사랑의 본질과 모순되지 않는 유일한 제한은 이성, 지성에 의한 사랑의 자기제한이다. 지성의 엄격함, 그 법칙을 경멸하는 사랑은 이론적으로는 거짓 사랑, 실천적으로는 파멸적인 사랑이다."[124] 그러므로 사랑은 본질적으로 이성적이라고 포이어바흐는 생각한다! 반대로 신앙인은 사랑이 본질적으로 신앙적이라고 생각한다. 전자는 비이성적인 사랑에 반대하고, 후자는 비신앙적인 사랑에 반대한다. 둘 다 기껏해야 빛나는 과오(splendidum vitium)로 평가될 수 있을 뿐이다. 이성도 신앙도 없는 형태로라도 둘 다 사랑을 용인할 수 없을까? 그들은 비이성적이거나 신앙이 없는 사랑은 말도 안 되고 사랑이 아니라고 감히 말한다. 그들이 감히 말하는 것은 비이성적이거나 비신앙적인 눈물은 눈물이 아니라고 하는 것과 같다. 그러나 비이성적인 사랑 등이 사랑으로 간주될 수 없고 그 사랑은 인간에게 합당하지 않은 것이라고 한다면, 최고의 것은 사랑이 아니라 이성 또는 신앙이 된다. 비이성적이고 비

••

124) (원주) Ludwig, Feuerbach, *Das Wesen des Christentums*, 2.(Leipzig, 1843). p. 394.

신앙적인 인간들도 사랑할 수 있다. 그러나 사랑은 이성적이거나 신앙적인 인간의 사랑일 때만 가치가 있다. 포이어바흐가 사랑의 이성성을 가지고 사랑의 '자기제한'이라고 부르는 것은 환상적인 거짓이다. 신앙의 인간도 동일한 권리로 신앙을 '자기제한'이라고 부를 수 있다. 비이성적인 사랑은 '거짓'도 '파멸'도 아니다. 그것은 사랑으로서 스스로 봉사한다.

세계를 향하여, 특히 인간을 향하여, 나는 처음부터 특별한 감각을 가지고 사랑의 감정으로, 즉 '사랑으로 그들을 만나라'라고 한다. 확실히 여기에는 내가 세계를 통해 가능한 모든 감정에 휘둘리고 혼란과 우연한 인상에 가장 많이 노출되었을 때보다 훨씬 더 많은 자유의지와 자기결정이 드러났다. 나는 도리어 미리 예정된 감각을 가지고, 소위 선입견이나 편견을 가지고, 이러한 인상감각을 향해 나아간다. 나는 그것에 대한 나의 행동을 미리 내 자신에게 지시하고, 모든 공세에도 불구하고 내가 한 번 결심한 대로만 느끼고 생각한다. 세계의 지배에 맞서 나는 사랑의 원칙을 통해 자신을 보호한다. 왜냐하면 어떤 일이 닥쳐도 나는 사랑하기 때문이다. 가령 못생긴 것은 나에게 혐오스러운 인상을 준다. 그러나 사랑하기로 결심한 나는, 다른 모든 혐오감에 대해서처럼 이 인상을 극복한다.

그러나 내가 본래 결정하고 처음부터 스스로 선고한 그 감각은 하나의 편협하고 고루한 감각이다. 왜냐하면 그것은 나 자신도 벗어날 수 없고 스스로 물리칠 수도 없는, 미리 정해진 감정이기 때문이다. 미리 정해져 있기 때문에 그것은 하나의 편견이다. 나는 더 이상 세계 앞에서 나를 드러내지 않지만 내 사랑은 스스로를 드러낸다. 세계는 참으로 나를 지배하지 않지만, 그만큼 사랑의 정신이 나를 지배할 수밖에 없다. 내가 세계를 정복하지만, 그것도 이러한 사랑의 노예가 되었기 때문이다.

내가 먼저 세계를 사랑한다고 말한다면 이제 다음과 같이 덧붙이겠다.

나는 세계를 사랑하지 않는다. 내가 나 자신을 소멸시키듯이 세계를 소멸시키기 때문이다. 나는 이 세계를 해체하는 것이다. 나는 인간에 대한 한 가지 감정에 나 자신을 제한하지 않고, 내가 할 수 있는 모든 것을 자유롭게 제공한다. 어떻게 내가 감히 내가 할 수 있는 모든 것을 분명한 상태로 말하지 말아야 할까? 아니다. 나는 세계와 인간을 활용한다! 이때 나는 그들 중 하나에 의해 나 자신을 탈취당하지 않고 모든 인상에 열린 상태를 유지할 수 있다. 나는 사랑할 수 있고, 온전한 마음으로 사랑할 수 있고, 내 마음에서 가장 불타는 열정의 빛을 타오르게 할 수 있다. 사랑하는 인간은 내 열정의 자양분 외에 다른 어떤 것으로도 간주되지 않고, 그 자양분에서 나는 그 열정을 항상 새롭게 소생시킨다. 사랑하는 자를 위한 나의 모든 보살핌은 오로지 나의 사랑의 대상에만 적용되며, 나의 사랑을 필요로 하는 인간, 오직 '따뜻하게 사랑받는' 그에게만 향한다. 이러한 나의 사랑이 없다면, 그는 나와 얼마나 무관한 존재일까! 내 사랑! 나는 그에게 내 사랑만을 먹이는 것이다. 오로지 그것만을 위해 나는 그를 이용한다. 나는 그를 즐기는 것이다.

우리는 또 다른 명백한 예를 선택할 수 있다. 나는 인간들이 어두운 미신 속에서 유령 떼에 얼마나 초조해 하는지를 본다. 그렇다면 가령 당신에 대한 사랑에 유혹되어 내 능력의 범위 내에서 야행성 유령에 약간의 햇빛이 내리도록 할까? 나는 인간들에 대한 사랑으로 글을 쓰는가? 아니다. 나는 내 사상을 위해 세계에 존재하기를 원하기 때문에 글을 쓴다. 설령 이러한 사상이 당신의 안식과 평화를 앗아가리라고 예견했더라도, 이 사상의 씨앗에서 가장 격렬한 유혈 전쟁과 여러 세대의 몰락을 보았다고 해도 나는 그 사상을 퍼트릴 것이다. 당신이 원하고 할 수 있는 일을 하라. 그것은 당신의 일이며 나와는 무관한 일이다. 당신은 아마도 그것으로 인해 어려움, 투쟁, 죽음만을 가질 것이며, 그로부터 기쁨을 얻는 인간은 거의 없을 것이다. 당신의 이익을 내 마음에서 신경쓴다면, 나도 교회가 평신도로부터 성서를 빼앗는 것처럼, 또는 '일반인을 나쁜 책들로부터 지킨다'는 것을 자신의 성스러운 의무로 삼은 정부처럼 행동해야 한다.

그러나 내가 내 생각을 말하노니, 너희를 위함도 아니요 진리를 위함도 아니요, 아니다.

> 나는 새가 노래하는 것처럼 노래한다.
> 그 가지에 불이 붙는다.
> 나에게서 솟아나는 노래
> 대가를 지불해야 한다.[125]

내가 노래하는 이유는 내가 가수이기 때문이다. 그러나 나는 귀가 필요하기(brauchen) 때문에 당신을 이용한다(gebrauchen).

세계가 내 앞길을 가로막을 때, 그리고 내 길을 가로막는 모든 곳에서 나는 세계를 소비하여 내 에고이즘의 굶주림을 진정시킨다. 나에게 당신은 그저 나의 밥일 뿐이다. 이는 나 역시 당신에게 먹혀서 이용되는 것과 마찬가지이다. 우리는 서로에 대한 단 하나의 관계를 갖는 것에 불과하다. 즉 유용, 이성, 이익의 관계만을 가지고 있다. 우리는 서로에게 빚진 것이 없다. 왜냐하면 내가 당신에게 빚진 것처럼 보이는 것은 기껏해야 나 자신에게 빚진 것이기 때문이다. 당신을 응원하기 위해, 내가 당신에게 밝은 표

••

125) 괴테의 『빌헬름 마이스터(Wilhelm Meister)』, 제2권, 11장에 나오는 「가수(Der Sänger)」라는 시의 일부이다.

정을 주는 것은 당신의 밝음이 나의 마음과 관련되기 때문이고, 나의 표정은 나의 소원을 들어주는 것에 불과하다. 내가 밝게 할 생각이 없는 다른 수천 명에게 나는 그러한 표정을 보여주지 않는다.

인간은 '인간의 본질'을 기반으로 삼거나, 교회와 도덕의 시대라면 '계명(정언명령)'으로 우리에게 주어진 사랑에 대해 교육을 받아야 한다. 우리 교육의 주요 구성 요소인 도덕적 영향이 인간의 교류를 규제하려고 시도하는 방식은 여기에서 최소한 한 가지 예를 통해 에고이스트적인 눈으로 살펴보아야 한다.

우리를 교육하는 인간들은 일찍부터 우리가 거짓말을 하지 않도록 주의하고 항상 진실을 말해야 한다는 원칙을 가르치고 있다. 이기심이 이 규칙의 기초가 된다면, 누구나 자신이 타자들에게 일깨우고자 하는 자신에 대한 신용을 거짓말로 속이는 것인지를 쉽게 이해할 수 있을 것이다. 또한 한 번 거짓말을 하게 되면 그가 진실을 말한다고 해도 인간들에게 믿음을 줄 수 없다는 원칙이 얼마나 옳은지를 깨달을 것이다. 그러나 동시에 그는 자신이 진실을 들을 수 있는 권한을 부여받은 인간하고만 진실을 가지고 대해야 한다고 생각한다. 스파이가 변장을 하고 적대적인 진영을 지나다가 그가 누구인지 질문을 받게 된다면, 묻는 인간은 확실히 그의 이름을 물어볼 권능이 있지만 변장한 사람은 그들에게 그에게서 진실을 알 권리를 주지 않는다. 스파이는 자신이 좋아하는 것을 말하지만 진실은 말하지 않는다. 그러나 도덕성은 '거짓말을 하지 말라!'고 요구한다. 따라서 묻는 인간들은 도덕에 의해 진실을 기대할 권리를 갖는다. 그러나 나로부터 그들은 그 권리를 부여받지 않으며, 나는 내가 부여한 권리만을 인정한다. 혁명가들이 모인 자리에 경찰이 들이닥쳐 연설자에게 그의 이름을 묻는다. 경찰이 그렇게 할 권리가 있다는 것을 모두가 알고 있지만, 그들은 혁명가에 의해 그 권리를 부여받지 않는다. 왜냐하면 혁명가는 그들의 적이기 때문이다. 그는 그들에게 거짓 이름을 말하고, 그들을 거짓으로 속인다. 물론 경찰도 적의 진리애를 믿을 만큼 어리석게 행동하지도 않는다. 따라서 그들은 즉각 믿지는 않지만 질문을 받은 개인의 '실체를 확인하고자' 한다. 국가는 모든 곳에서 불신으로 개인을 대한다. 왜냐하면 개인의 에고이즘 속에서 국가는 천적(자연적 적대자)을 인식하기 때문이다. 국가는 항상 '증명'을 요구하며 스스로 증명할 수 없는 인간은 국가 검증의 대상이 된다. 국가는 개인을 믿지도 신뢰하지도 않으며, 그래서 개인을 대할 때 스스로 거짓말을 하는 습관을 전제로 마주한다. 국가는 종종 맹세 외에 다른 수단이 남아 있지 않은 내 진술의 진실성을 확신했을 때에만 나를 신뢰한다. 이것은 우리의 정직과 진실에 대한 국가의 사랑이 아니라, 우리의 이익과 이기심에 국가가 의지한다는 것을 분명하게 증명한다. 그것은 위증으로 인해 신을 더럽히고 싶지 않은 우리의 의지에 달려 있다.

여기서 1788년의 프랑스 혁명가를 제시해보자. 그는 친구들 사이에서 유명한 말을 했다. 즉 "마지막 국왕이 마지막 성직자의 내장으로 교수형을 당할 때까지 세계는 쉬지 않을 것이다." 그때도 왕은 아직 모든 권한을 가지고 있었다. 그 발언은 밀고로 전해졌지만 아무도 증인을 서지 않아서 피고인에게 자백이 요구되었다. 그가 고백을 해야 하나 말아야 하나? 그가 부인하면 그는 거짓말을 하는 것이 되고 처벌받지 않는다. 반면 그가 자백하면 그는 정직하기는 하지만 참수된다. 진실이 그에게 다른 모든 것보다 더 중요하다면 그는 죽게 된다. 보잘것없는 시인만이 그의 삶의 끝에서 비극을 만들려고 할 수 있다. 즉 인간이 어떻게 비겁함에 굴복하는지 보는 데 무슨 이익이 있겠는가? 그러나 만일 그가 진리와 정의의 노예가 되지 않을 용기가 있다면 그는 다소 이렇게 물을 것이다. 즉 내가 친구들 사이에서 말한 것을 재판관들이 왜 알아야 하는가? 그들이 알기를 바랐다면 내가 내 친구들에게 말한 것처럼 그들에게도 말했어야 했다. 그러나 나는 그들이 그것을 알게 하고 싶지 않았다. 내가 그들에게 생명도 주지 않고 내 신뢰를 허용하지 않은 상태에서 그들은 스스로를 내 신뢰 속으로 몰아넣었다. 그들은 내가 비밀로 하고자 바란 것을 알고자 바란 것이다. 그렇다면 당신은, 당신의 의지로 내 의지를 부수고자 하는 당신은, 당신의 솜씨를 시도해보라. 당신은 고문으로 나를 책망할 수 있고 지옥과 영원한 벌로 나를 위협할 수 있다. 당신이 나를 너무 초조하게 만들어서 내가 거짓 맹세를 할 수도 있다. 하지만 진실만은 강요하지 마라. 왜냐하면 내가 당신에게 거짓말을 하고자 하기 때문이다. 나는 당신이 나에게 진심이나 정직을 요구하게 하거나 그것을 요구하는 권리도 주지 않았기 때문이다. '진리인' 신이 나를 그토록 위협적으로 멸시하고, 거짓말을 한 것이 내게 그토록 가혹하게 되든 간에 나는 거짓말을 할 용기가 있다. 그리고 내가 내 삶에 지쳤을지라도, 당신의 사형 집행인의 칼보다 더 환영할 만한 것이 나에게 나타나지 않더라도, 당신은 여전히 당신의 제사장의 기술로 나의 의지에 대하여 배신자로 만드는 것에 의해 하나의 진리, 즉 노예를 나에게서 찾는 기쁨을 얻지 못할 것이다. 내가 그 대역의 말을 했을 때 나는 당신이 그것에 대해 알기를 바라지 않았다. 나는 이제 같은 의지를 유지하고 거짓말의 저주에 두려워하지 않는다.

　지기스문트는 자기 주군의 말을 어겼기 때문에 한심한 소인인 것이 아니다. 도리어 소인이었기 때문에 주군의 말을 어겼다. 또 그가 소인이고 아첨꾼이었다고 해도 자신의 말을 지켰을 수도 있었으리라. 루터는 더 높은 권력에 이끌린 탓에 수도원 서약에 불성실하게 되었다. 그는 신을 위해 그렇게 했다. 두 사람 모두 정신을 빼앗긴 인간으로서의 맹세를 어겼다. 지기스문트는 신성한 진리의, 즉 참되고 진정한 가톨릭 신앙의 올바른 신앙인으로 인정받기 위해 그렇게 했고, 루터는 올바르게 몸과 영혼으로 전체 진리를 복음의 증거로 세우기 위해 그렇게 한 것이었다. 둘 다 '더 높은 진리'를 향하여 정직하기 위해 거짓 맹세를 했다. 다만 전자는 성직자가 이를 허용하고 후자는 자기 자신을 허용했다. "네가 인간에게 거짓말을 한 것이 아니라 신께 대하여 거짓말을 한 것이다"[126]라는 사도의 말에 포함된 것 외에 무엇을 두 인간은 관찰했을까? 그들은 신을 속이지 않고 섬기기 위하여 인간에게 거짓말을 하고 세계의 눈앞에서 맹세를 어겼다. 그리하여 그들은 인간 앞에서, 인간이 진리와 어떻게 관련되어야 하는지에 대해 하나의 길을 우리에게 보여준다. 즉 신의 영광을 위하여, 그리고 신을 위하여, 맹세를 어기고 거짓말을 하고 주군의 말을 깨뜨린다는 것이다.

이제 좀 바꿔서 '나를 위한 거짓 맹세와 거짓말'이라고 적는다면 어떻게 될까? 그것은 모든 비천함을 호소하는 것이 아닐까? 확실히 이 경우에만 '신을 위하여'라는 것과 똑같이 보이는 것이 아닐까? 왜냐하면 모든 비천함은 신을 위해 행해지지 않았던가? 모든 발판이 그를 위해 채워지지 않았던가? 그를 위해 모든 화형이 행해지지 않았던가? 그를 위해 모든 우민화가 도입되지 않았던가? 그리고 인간들은 오늘날에도 여전히 신을 위하여 연약한 자녀들의 마음을 종교 교육으로 속박하고 있지 않는가? 신을 위해 신성한 서약을 깨뜨리고 있지 않는가? 선교사와 사제들은 신을 위해 유대인, 이교도, 개신교도 또는 가톨릭 신자 등을 데려와 그들의 조상의 신앙에 반역하도록 매일 돌아다니는 것이 아닌가? 그리고 그것은 나를 위해 더 나빠져야 할까? 본래 '나를 위한다는 것'은 무슨 뜻인가? 그렇게 말하면

126) 「사도행전」, 5장 4절.

인간들은 즉시 '더러운 이익'을 생각한다. 그러나 더러운 이익을 사랑하여 행하는 자는 참으로 자기를 위하여 하는 것이고, 어떤 일도 자기를 위하여 하지 않는 일은 하나도 없다. 특히 신의 영광을 위하여 행하는 모든 일이 그것과 같다. 그러나 자기를 위하여 이윤을 추구하는 인간은 이윤의 노예이며 이윤을 넘어서지 못한다. 그는 자신의 것이 아니라 이득과 금전에 속한 사람이다. 그는 그에게 고유한 것일 수 없다. 탐욕에 지배되는 인간은 주인의 절대명령을 따라야 하지 않겠는가? 그리고 한 번 나약한 선의가 그를 기만한다면, 경건한 신자들이 때때로 주의 인도에서 벗어나 '악마'의 술책이라는 덫에 걸리는 것과 정확히 같은 종류의 예외적인 경우로 나타나지 않는가? 그러므로 탐욕스러운 인간은 결코 자기소유자가 아니라 하나의 노예이다. 그리고 그는 신을 두려워하는 자와 마찬가지로 자신의 주인을 위해 하지 않으면 자신을 위해서도 아무것도 하지 않는다.

프랑수아 1세는 카를 5세에게 행한 맹세를 어긴 것으로 유명하다. 맹세를 하고 얼마 지나지 않아 그가 약속을 잘 저울질했을 때 프랑수아 왕은 마음속에서만이 아니라 그의 고문관들 앞에서 문서로 약속했기 때문에 은밀한 항의와 함께 그 서약을 철회했다. 그는 계획적인 위증을 입에 올렸다. 프랑수아는 자신의 석방을 돈으로 사는 것을 꺼리는 모습을 보였다. 카를이 책정한 가격은 그에게 너무 비싸고 비이성적으로 보였다. 카를이 가능한 한 많은 것을 갈취하려고 할 때 추잡한 방식으로 행동했지만, 더 낮은 몸값을 위해 자신의 자유를 사고 싶어 하는 프랑수아도 비열했다. 그리고 그의 말을 어기는 두 번째 사건이 발생한 이후의 그의 행위는 그 사기꾼의 정신이 어떻게 그를 사로잡고 비열한 사기꾼으로 만들었는지 충분히 증명한다. 그러나 그에 대한 위증의 비난에 대해 우리는 무엇을 말해야 할까? 첫째, 분명히 말해야 하는 것은, 그를 욕되게 한 것은 거짓 맹세가 아니고 그의 비열함이 그를 부끄럽게 했다는 것이다. 나아가 그가 경멸을 받아야 하는 것은 거짓 맹세 때문이 아니고 그가 경멸적인 인간이었기 때문에 거짓 맹세의 죄를 지었다는 것이다. 그러나 프랑수아의 거짓 맹세는 그 자체로 다른 판단을 요구한다. 프랑수아는 카를이 자기를 자유롭게 해준 확신에 응하지 않았다고 말할 수도 있다. 그러나 카를이 정말로 프랑수아를 믿었다면, 카를은 석방에 알맞다고 생각하는 대가를 프랑수아에게 말하고 그를 석방한 뒤 프랑수아가 대가를 지불하기를 기대했을 것이다. 그러나 카를은 그러한 신뢰를 갖고 있지 않았고, 오로지 프랑수아의 무력함과 맹신이 맹세에 어긋나는 행동을 할 수 없게 할 것이라고 믿었던 것뿐이다. 그러나 프랑수아는 단지 이것, 경솔한 계산을 기만했다. 카를이 맹세로 적에게 자신을 보증하고 있다고 믿었을 때, 그는 모든 의무에서 적을 해방시켰다. 카를은 프랑수아의 어리석음과 편협한 양심을 믿었으며 프랑수아에 대한 확신 없이 오로지 프랑수아의 어리석음, 즉 양심에 따르는 태도에만 의존했다. 그가 프랑수아를 마드리드 교도소에서 석방한 것은 그를 양심의 교도소, 종교가 인간의 정신을 둘러싼 거대한 교도소에 더 안전하게 가두기 위한 것이었다. 카를은 프랑수아를 눈에 보이지 않는 사슬에 단단히 묶은 채 프랑스로 돌려보냈다. 그러나 프랑수아가 탈출을 시도하고 사슬을 절단했다고 해도 특별히 이상하지 않다. 만일 프랑수아가 마드리드에서 비밀리에 탈주했다면 아무도 그를 욕할 인간은 없었을 것이다. 왜냐하면 그는 적의 세력 안에 있었기 때문이다. 그러나 모든 선한 기독교인은 프랑수아가 신의 속박에서 풀려나기를 원했다고 하면서 나쁘게 말한다(나중에서야 교황은 그의 맹세에서 그를 사면했다).

우리가 자발적으로 이끌어낸 신뢰를 속이는 것은 비열한 일이다. 그러나 맹세로 우리를 자신의 권력으로 끌어들이고자 하는 모든 인간에 대해서는, 그의 신뢰할 수 없는 간계를 무효로 하는 것은 에고이즘에 부끄러운 일이 아니다. 당신이 나를 결박하고 싶었다면 내가 당신의 결박을 끊는 방법을 알고 있음을 배워야 할 것이다.

요점은 내가 신뢰를 주는 자에게 내가 신뢰할 권리를 주었느냐 하는 것이다. 내 친구의 추적자가 나에게 친구가 어디로 도망쳤는지 묻는다면 나는 반드시 그를 잘못된 길로 인도할 것이다. 그는 왜 쫓기는 인간의 친구인 나에게 묻는가? 거짓되고 반역적인 친구가 되지 않기 위해 나는 적에 대해서는 거짓을 선택한다. 나는 분명히 용기 있는 양심의 태도로 "나는 말하지 않겠다"라고 대답할 수 있다(그리고 피히테가 이 경우를 좋다고 한다). 그렇게 함으로써 나는 진리에 대한 나의 사랑을 구하지만 친구를 위해서는 아무것도 하지 않았다. 왜냐하면 내가 적을 오도하지 않으면 그가 우연히 올바른 길을 택할 수 있고 진리에 대한 나의 사랑이 내 친구를 희생하게 했을지도 모르기 때문이고, 그 사랑은 거짓말을 할 나의 용기를 방해했기 때문이다. 진리에서의 하나의 우상, 곧 신성한 것을 가지고 있는 인간은 그 앞에서 자신을 낮추어야 하고 그 요구를 거역해서는 안 되며, 용감하게 저항해서는 안 된다. 요컨대 그는 거짓을 하는 영웅적 용기를 버려야 한다. 왜냐하면 거짓은 진리 못지않게 용기를 필요로 하기 때문이다. 이 용기는 진실을 고백하고 그것을 위해 비계를 세우는 것을 선호하는 젊은 이들에게는 가장 부족한 용기이다. 그들에게 진리는 '신성한' 것이며, 신성한 것은 언제나 맹목적인 존경과 복종과 자기희생을 요구한다. 만일 당신이 뻔뻔하지 않고 신성한 것을 조롱하지 않는다면 당신은 길들여진 그의 종이다. 당신을 위해 한 알의 진리만을 덫에 넣어두고 당신이 그것을 확실히 쪼아보면, 어리석은 인간이 잡히게 된다. 당신은 거짓말을 하지 않았는가? 그러면 진리에 대한 희생양이 되어 순교자가 되라! 순교자! 무엇을 위해? 자신을 위해, 고유성을 위해서인가? 아니다, 당신의 신을 위해, 진리를 위해서이다. 당신이 아는 것은 오직 두 종류의 종이다. 곧 진리의 종과 거짓의 종이다. 그런 다음 신의 이름으로 진리를 섬기라!

다른 인간들도 역시 진리를 섬기고 있다. 그러나 그들은 '절도 있게' 그것을 섬긴다. 가령 단순한 거짓말과 맹세한 거짓말 사이를 크게 구별한다. 그러나 맹세의 전체는 거짓말의 전체와 일치한다. 왜냐하면 맹세는 모두가 알고 있듯이 강력하게 보증된 진술일 뿐이기 때문이다. 당신이 거짓말을 하겠다고 맹세하지 않으면 어떻게 거짓말을 할 권리가 있다고 볼 수 있는가? 엄밀하게 해석하면 거짓말도 거짓 맹세처럼 엄격하게 판단하고 정죄해야 한다. 그러나 지금은 도덕에 있어 오랜 논쟁의 여지가 있으며, 이는 관습적으로 '필요한 거짓말'이라는 이름으로 취급된다. 감히 이것을 주장하는 인간은 그에게서 '필연적인 맹세'를 일관되게 할 수 없다. 내가 내 거짓말을 필연적인 거짓말로 정당화한다면, 나는 가장 강력한 확증의 정당한 거짓말을 빼앗을 만큼 그렇게 야비하지 않아야 한다. 설령 내가 무엇을 하든, 전적으로 어떤 함의(reservatio mentalis, 의중보류)도 없이 하지 말아야 하는 이유는 무엇일까? 내가 한 번 거짓말을 했다면 왜 온전한 의식과 온 힘을 다해 완전히 거짓말을 해서는 안 되는 것인가? 스파이로서 나는 적에 대하여, 나의 거짓 진술 하나하나에 맹세하도록 요구 받는다. 적을 속이기로 마음먹은 내가 맹세에 직면해 갑자기 겁쟁이가 되어야 할까? 그렇다면 나는 본래 처음부터 거짓말쟁이, 즉 스파이가 되기에는 적합하지 않았다. 왜냐하면 니는 자발적으로 적의 손에 나를 잡을 수단을 제공하게 되기 때문이다. 국가도 불가피한 선서를 두려워하여 피고인에게 선서할 기회를 주지 않는다. 그러나 나는 국가의 두려움을 정당화하지 않는다. 당신은 거짓말을 하지만 거짓 맹세는 하지 않는다. 가령 당신이 어떤 인간에게 선행을 베풀고 그가 그것을 알지 못하게 했다고 하자. 그렇지만 그는 그것을 추측하고 당신의 면전에서 그렇게 말한다. '정말 그렇지 않다!' 그러나 맹세에 관한 것이라면 당신은 거절할 것이다. 왜냐하면 신성한 것에 대한 두려움 때문에 항상 중도에 멈추기 때문이다. 당신은 신성한 것에 대립하여 자신의 의지를 갖지 못하기 때문이다. 당신은 '절도 있게' 거짓말을 한다. 마찬가지로 당신은 '절도 있게' 자유롭고, '절도 있게' 종교적이고(성직자는 '범'해서는 안 된다. 지금 이 점에 대해 대학 측이 교회에 반대하는 너무나도 진부한 논쟁을 벌이고 있다), '절도 있게' 군주 국가 풍으로 생각하고(당신은 헌법에 의해, 어떤 국가의 기본 원칙에 의해 제한되는 군주를 추구한다) 그래서 모든 것이 잘 단련되고 미지근하고, 절반은 신의 것이고 절반은 악마의 것으로 조절되는 것이다.

어느 대학에는 학생들이 학생감에게 서약을 해야 하지만, 학생들은 그 선서를 모두 무효로 취급하는 관례가 있다. 즉 학생들은 서약을 하나의 올무 이외의 다른 의미로 발견하지 못했으며, 그것은 그 모든 의미를 빼앗지 않고는 탈출할 수 없는 올무였다. 같은 대학에서 학우에게 선서를 하지 않은 자는 명예를 훼손한 것으로 간주되었다. 한편 학생감에게 선서한 자는 동료들과의 서약이나 적과의 서약의 가치가 같다고 생각할 정도로 잘 속는 학생들과 함께 같은 학우들의 모임에서 조롱당했다. 그 경우 올바른 이론보다는 실제의 필요가 학생들에게 그렇게 행동하도록 가르친 것이다. 왜냐하면 그들이 빠져나갈 수단이 없었다면 무자비하게 동지들에 대한 배반에 휘말렸을 것이기 때문이다. 그러나 그 수단이 실제로 승인되어 유효했던 것처럼 이론적으로도 보증되었다. 명예의 말, 맹세는 그것을 받을 권리가 있다고 내가 생각하는 인간에게만 해당되는 것이다. 나에게 서약을 강요하는 인간은 오로지 강제된 것, 즉 적대적인 서약, 적의 말을 배신할 뿐이고, 인간들은 그 적이라는 것을 신뢰해야 할 권리를 갖지 않는다. 왜냐하면 원수가 우리에게 권리를 주지 않기 때문이다.

이외에도 국가의 법원은 맹세의 불가침성을 결코 인정하지도 않는다. 왜냐하면 가령 내가 심문을 받는 인간에게, 그에게 불리한 것은 하나도 말하지 않는다고 서약한 경우라도 법원은 맹세가 나를 구속한다는 사실에도 불구하고 나의 진술을 요구할 것이고, 거부하는 경우에는 내가 맹세를 깨기 전까지 나를 구금할 것이다. 법원은 '나에게 맹세를 면제해준다.' 이 얼마나 관대한 것인가! 어떤 권력이 나를 맹세에서 풀어줄 수 있다면 그것을 요구하는 제일의 권력은 무엇보다도 먼저 나 자신이다.

호기심으로, 그리고 우리에게 모든 종류의 관습적인 맹세를 상기시키기 위해 러시아 파벨 1세 황제가 포로로 잡힌 폴란드인(코시치우슈코, 포토츠키, 니엠체비치 등)을 석방할 때 명령한 서약이 그 경우에 꼭 맞다고 생각된다. "우리는 오로지 황제에 대한 충성과 복종을 맹세할 뿐만 아니라 그의 명성을 위해 우리의 피를 쏟을 것을 더 약속한다. 우리는 황제의 일신이나 황제의 국가를 위협할 우려가 있는 모든 것을 우리가 듣게 되면 그 모든 것을 폭로할 것을 의무로 삼는다. 마지막으로 우리는 우리가 지상의 어디에 있든지 황제의 한마디면 우리가 모든 것을 버리고 즉시 그에게 돌아오기에 충분할 것이라고 선언한다."

어떤 영역에서 사랑의 원리는 오랫동안 에고이즘에 압도되어왔으며, 그래서 여전히 사랑의 원리는 확실한 의식을, 이른바 선량한 양심으로 승리하는 것을 필요로 하는 것 같다. 이 영역은 사유와 거래라는 이중적 모습의 사변 또는 투기(Spekulation)이다. 설령 지금부터 어떤 결과가 초래되더라도 의지를 가지고 사고하고, 설령 우리의 사유된 시도로 인해 많은 인간들이 고통을 겪을 수 있어도 사유한다. 그러나 그것이 마침내 심각해지면 종교성, 낭만주의, 또는 '인간성'의 마지막 남은 것조차도 제거되어야 할 때 종교적 양심의 맥박이 뛰고 적어도 인간성에 대한 신앙을 고백하게 된다. 탐욕스러운 투기꾼은 어떤 기획을 자선함에 던져 넣어 '선을 행'하고, 대담한 사상가는 자신이 인류 종족의 발전을 위해 일하고 있으며 그의 파괴가 인류에게 '선으로 변한다'는 사실에 스스로를 위로하거나, 다른 경우에는 그가 '이념에 봉사하고 있다'는 것으로 스스로를 위안한다. 인류라는 이념은 그에게, 그가 그것은 나보다 내 위에 있는 것이라고 말해야만 하는 어떤 것이다.

오늘날까지 사유와 거래는 신을 위해 이루어졌다. 엿새 동안 에고이스트적인 목적으로 모든 것을 짓밟고 일곱째 날에 여호와께 제사를 드린 자의 무모한 생각으로 100개의 '선한 일'을 파괴한 사람들도 여전히 또 다른 '선한 일'을 위해 이 일을 했으며, 자기 자신 외에 자기방종(Selbstbefriedigung)을 선으로 돌이켜야 할 다른 무엇, 가령 국민이나 인류 같은 것을 생각해야 했다. 그러나 이 다른 것들은 그것들 위에 있는 본질이고, 더 높거나 지고한 존재이다. 그러므로 나는 그들이 신을 위하여 힘을 쓰고 있다고 말한다.

그러므로 나는 또한 그들의 행동의 궁극적인 근거가 사랑이라고 말할 수 있다. 그러나 그것은 자발적인 그들의 고유한 사랑이 아니라 종속적인 사랑, 또는 더 높은 본질에게(즉 사랑 그 자체인 신에게) 고유한 사랑이다. 요컨대 에고이스트적인 사랑이 아니라 종교적인 사랑이다. 사랑의 공물을 바쳐야 한다는, 즉 '에고이스트'가 되어서는 안 된다는 망상에서 나오는 사랑이다.

설령 우리가 많은 종류의 자유로움으로부터 세계를 구하고 싶다면, 우리는 그것을 세계를 위해서가 아니라 우리를 위해 바라기 때문이다. 왜냐하면 우리는 직업과 '사랑'을 통해서 세계를 해방하는 사람이 아니므로 타자들로부터 세계를 빼앗고 싶을 뿐이기 때문이다. 우리는 세계를 우리 자신의 것으로 만들고 싶을 뿐이다. 더 이상 세계를 신(교회)이나 법(국가)의 노예가 아니라 우리 자신의 소유가 되도록 해야 한다. 그러므로 우리는 세계를 '획득'하도록 노력하고, 그것이 우리에게 '사로잡히도록' 애써야 하고, 우리가 세계를 향하여 일을 하고, 세계가 우리에게 속하자마자 우리 자신을 우리 자신에게 '위임'하는 것과 같이 세계에 위임함으로써 세계가 우리에게 향하는 힘을 완성하고 우리를 분출하게 하도록 요구한다. 세계가 우리 것이라면 더 이상 우리에게 대립하여 힘을 가하지 않고 오로지 우리와 함께 일을 한다. 나의 이기심이 세계의 해방에 관심을 갖는 것은, 세계가 나의 소유가 되도록 하기 위해서이다.

인간의 본성은 고립이나 고독이 아니라 사회(공동성)이다. 우리의 실존은 우리가 숨을 쉬기 전에 이미 어머니와 함께 살고 있을 때, 가장 친밀한 결합(Verbindung)으로 시작된다. 우리가 세상의 빛을 보게 될 때, 우리는 다시 어떤 인간의 가슴에 있고 그의 사랑은 우리를 무릎에 앉히고, 우리를 수레에 태우고, 1천 개의 끈으로 우리를 그 인간과 묶는다. 사회는 우리의 자연상태(Natur-Zustand)이다. 그 때문에 우리가 자신을 느끼는 법을 배우면 배울수록 이전에 가장 친밀했던 연결은 점점 더 느슨해지고, 원래 사회의 해체는 더욱 분명해진다. 한때 자신의 가슴속(태내)에 잠들었던 아이를 다시 갖기 위해 어머니는 길에서, 놀이친구들 사이에서 아이를 데려와야 한다. 이이는 자신이 돌아가지 않고 태어나기만 한 사회보다 도리어 자기에게 속한 동료들과 맺는 교류를 더 좋아한다.

그러나 사회의 해체는 교류(Verkehr) 또는 연합(Verein)이다. 사회는 확실히 연합에 의해서도 발생하지만, 이는 고정된 관념이 사상을 통해 생겨날 때에도, 즉 사상의 에너지, 사상 그 자체, 굳어지는 모든 사상의 불안한 철회가 사상에서 사라짐으로써도 발생한다. 하나의 연합이 사회로 굳어지면 더 이상 연합이 아니다. 왜냐하면 연합화는 끊임없는 자기연합이기 때문이다. 연합화는 하나가 연합된 존재가 되고, 멈추어 고정화로 퇴화하고, 그것은 연합으로서 죽은 것, 연합 또는 연합화의 시체가 된다. 즉 그것이 사회이고 공동체이다. 이러한 종류의 놀라운 예는 정당에서 제공한다.

하나의 사회, 가령 국가 사회가 나의 자유를 한정한다는 것, 그것은 나를 분노하게 하지 않는다. 나는 모든 종류의 힘과 더 강한 모든 인간에 의해, 모든 이웃에 의해 내 자유가 제한되도록 해야 한다. 설령 제국의 독재자라고 해도 나는 아직 절대적인 자유를 누리는 것이 아니다. 그러나 고유성은 나에게서 빼앗기지 않을 것이다. 그리고 이러한 고유성은 바로 모든 사회가 계획하는 것, 바로 그 사회의 권력에 굴복해야 하는 것이다.

내가 가입한 사회는 실제로 나에게서 많은 자유를 앗아가지만 그 대가로 나에게 다른 자유를 준다. 또 나 자신이 이러저러한 자유를 박탈해도 상관없다(가령 어떤 계약에 의해). 한편 나는 의심으로 내 고유성을 지키고 싶다. 모든 공동체는 그 힘의 충만도에 따라 더 강하든 약하든 그 구성원들에게 하나의 권위가 되고 그들에게 여러 가지 한계를 설정하려는 경향이 있다. 즉 공동체성은 '신하의 제한된 이해'를 요구하고, 또 요구해야 한다. 공동체는 그것에 속한 사람들이 공동체에 종속된 '신하'가 되도록 요구한다. 공동체는 복종성에 의해서만 존재한다. 여기서 특정한 관용의 필요성이 결코 배제되지 않는다. 반대로 사회는 이익을 목표로 하는 한 개선, 수정 및 비난을 환영한다. 그러나 그 비난은 '선의의' 것이어야 하며 '파렴치하고 무례한' 것이어서는 안 된다. 즉 인간은 사회의 실체를 훼손하지 않고 그것을 신성시해야 한다는 것이다. 사회는 그 사회에 속한 사람들이 사회를 넘어서 스스로를 높이지 않고 '합법성의 범위 내에' 남아 있을 것을 요구한다. 즉 사회와 그 법률이 소속자에게 허용하는 만큼만 스스로에게 허용하도록 요구한다.

나의 자유 또는 고유성이 사회에 의해 제한되는지에는 차이가 있다. 전자는 연합화(Vereinigung), 협정(Übereinkommen), 연합(Verein)의 경우이다. 그러나 그것이 고유성을 위협한다면 그것은 내가 진정으로 존경하고 숭배하고 숭상하고 존중하는 나 위의 어떤 힘으로서 내가 도달할 수 없는 그 자체의 힘이다. 그것은 내가 순종한다는 이유로 정복할 수 없고 소비할 수 없다. 그것은 겸손(Demut)이라고 하는 나의 단념, 체념, 나약함에 의해 존재한다. 나의 겸손은 사회의 용기를 만들고, 나의 복종은 사회에 지배력을 부여한다.

그러나 자유와 관련하여 국가와 연합은 본질적인 차이가 없다. 국가가 측량할 수 없는 자유와 양립할 수 없는 것처럼, 연합에서도 모든 종류의 자유가 제한 없이 존재하거나 계속 존재할 수 없다. 자유의 제한은 어디에서나 불가피하다. 왜냐하면 모든 것을 상실할 수는 없기 때문이다. 새처럼 날고 싶다고 해서 새처럼 날 수는 없다. 왜냐하면 자신의 무게에서 벗어날 수 없기 때문이다. 인간은 물고기처럼 원하는 만큼 물속에서 살 수 없다. 왜냐하면 인간은 공기 없이 살 수 없고, 이러한 절대적 필요물로부터 자유로울 수 없기 때문이다. 종교, 특히 가장 결정적으로 기독교가 비자연적이고 반감각적인 것을 현실화하라는 요구로 인간을 괴롭혔듯이, 그것은 결국 그 자체, 절대적 자유를 해방시키는 종교적 과장과 열광의 진정한 논리적 결과로만 여겨져야 한다. 연합은 확실히 더 많은 자유를 제공할 것이며, 특히 연합에 의해 국가와 사회생활에 고유한 모든 강압을 피할 수 있기 때문에 연합은 '하나의 새로운 자유'로 간주될 수 있다. 그러나 그럼에도 불구하고 연합은 여전히 비자유와 비자발성을 충분히 포함할 것이다. 왜냐하면 연합의 목적은 자유(반대로 소유를 위해 희생하는 것)가 아니기 때문이다. 이와 반대로 연합은 고유성으로 인해, 나아가 오로지 고유성만을 위해 자유를 희생한다. 고유성에 관한 한 국가와 연합 사이에는 엄청난 차이가 있다. 국가는 고유성의 적이며 살인자인 반면, 연합은 고유성의 아들이자 공동 노동자이다. 전자는 진정으로 숭배될 정신과 신령의 주인인 반면, 후자는 나의 일, 나의 산물이다. 국가는 나의 정신의 주인으로 신앙을 요구하고 나에게 신조, 합법성 신조를 규정한다. 국가는 도덕적 영향력을 행사하고 나의 정신을 지배하며, 나의 자아를 몰아내고 그 대신 '나의 진정한 자아'로서 그 자리를 차지한다. 간단히 말해서 국가는 신성하고 나에 대해, 개체에 대해 진정한 사람, 정신, 유령이 된다. 그러나 연합은 나 자신의 창조이자 나의 피조물이며 신성하지 않고, 나의 정신을 초월하는 정신적 권력이 아니다. 그것은 어떤 종류의 것이든 협동체가 그렇지 않은 것과 같다. 나는 어떤 격률의 노예가 되고 싶지 않고, 일체의 보증 없이 그러한 격률을 부단한 비판에 드러내고 그것들의 존립에 대한 어떤 보증도 전혀 인정하지 않는 것처럼, 그 이상으로, 내 미래와 연합에 나 자신을 의무화하지도 않는다. 또 내 영혼은 악마에게 행해졌다고 말하며 실제로 국가와 모든 정신적 권위에 관하여 현실에서 일어나는 방식으로 연합에 내 영혼을 걸고 서약하지 않고, 나는 나 자신에게 국가, 교회, 신 기타 등등보다 그 이상이며 그 이상으로 남아 있다. 따라서 나는 연합보다도 무한하게 그 이상이다.

공산주의가 만들고자 하는 사회는 이러한 연합에 가장 가까운 것 같다. 그 사회는 '만인의 행복'을 목표로 하기 때문이다. 그렇다, 많은 시간 동안 바이틀링이 만인이라고 외쳤다![127] 그것은 마치 누구도 물러설 필요가 없는 진리 그 자체로 보인다. 그러나 도대체 그 행복이란 무엇일까? 모두가 하나의 같은 행복을 갖는 것일까? 동일한 것 하나로 만인이 다같이 행복하게 될까? 그렇다면 문제는 '진정한 행복'에 있다. 이것으로 우리는 종교가 권력 지배를 시작하는 그곳에 이르지 않는가? 기독교는 말한다. 지상의 장난감을 보지 말고 진정한 행복을 구하라고. 경건한 기독교인이 되라고. 즉 기독교인이 되는 것이 진정한 행복이라는 것이다. 그것이 '만인'의 진정한 행복이다. 왜냐하면 그것이 그러한 것으로서의 인간(유령) 자체의 행복이기 때문이다. 그렇다면 모든 인간의 행복이 반드시 당신과 나의 행복이 되어야 할까? 그러나 당신과 내가 그 행복을 우리의 행복으로 여기지 않는다면, 당신에게 행복이라는 것이 배려되는 것일까? 그런데 어떻게 하여 사회는 특정한 행복을 '진정한 행복'이라고 명령하고 '진정한 행복'이라고 규정하면서 그 행복을 가령 '성실하게 일하여 얻은 행복' 따위로 부를까. 그러나 만일 당신이 즐거운 게으름, 일 없는 즐거움을 선호한다면 '만인의 행복'을 배려하는 사회는 당신에게 행복을 배려하는 것에 관심을 갖지 않는 것이다. 공산주의는 모든 인간의 행복을 선언하면서, 지금까지 이자로 생활하면서 바이틀링이 말하는 엄격한 노동시간의 전망 아래에 있는 것보다 더 나은 느낌을 받은 인간들의 행복을 완전히 파괴한다. 따라서 공산주의는 수천 명의 행복 아래에서는 수백만 명의 행복이 존재할 수 없으며, 따라서 수천 명은 '일반 행복을 위해'[128] 자신의 특별 행복을 포기해야 한다고 주장한다. 그러나 보편적 행복을 위해 특별한 행복을 희생하도록 요구해서는 안 된다. 왜냐하면 이러한 기독교적 훈계가 통하지 않기 때문

•••

127) (원주) Wilhelm Weitling, *Garatien der Harmonie und Freiheit*(Vivis, 1842), p. 175.
128) (원주) 바이틀링의 인용문이 아니다.

이다. 이와 반대로 자신의 행복을 누구에게도 빼앗기지 말고 영구적인 기초 위에 두라는 반대 훈계를 더 잘 이해하게 될 것이다. 그런 다음 만일 그들이 이 목적을 위해 타자들과 결합하면, 즉 그들의 '자유의 일부를' 만인의 행복을 위해서가 아니라 자신의 행복을 위해서 '희생'한다면, 가장 훌륭하게 자신의 행복을 위해 배려하는 것이 된다는 생각에 저절로 이끌리게될 것이다. 인간의 자기희생적 심정과 자기부정적 사랑에 대한 호소는 수천 년간 계속되어왔다. 그 뒤에 오늘날에는 불행 외에는 아무것도 남기지 않았다는 것에 의해 마침내 그 유혹적인 모습을 잃어버렸다. 그런데도 왜 자기희생이 우리에게 더 나은 시간을 가져다줄 것이라고 무익하게 기대할까? 오히려 그 시대의 도래를 약탈에 희망하지 않는 이유는 무엇일까? 복음은 더 이상 주는 인간, 베푸는 인간, 사랑하는 인간에게서 오는 것이 아니라 탈취하는 인간, 획득하는 인간(찬탈자), 소유자에게서 온다. 공산주의와 의식적으로 에고이즘을 비방하는 인본주의는 여전히 사랑에 의존하고 있다.

공동체가 분명 인간에게 필요한 것이고 인간이 목적을 달성하는 데 그 공동체가 이바지한다면, 곧 공동체는 인간의 원리가 되기 때문에 즉시 공동체의 법, 즉 사회의 법을 인간에 대해 규정한다. 인간의 원리는 인간에 대한 주권적 권력으로 스스로를 높이며, 인간의 최고 존재가 되고 신이 되며, 그 자체로 입법자가 된다. 공산주의는 이 원리를 가장 엄격하게 적용한 것이며, 기독교는 사회의 종교이다. 왜냐하면 사랑은 포이어바흐가 옳게 말했듯이(그러나 옳게 생각하지는 않았다) 인간의 본질이고, 사회의 예배이며, 사회적(문화적) 인간이 그것에 의해 지배되는 원리의 예배이다. 또 어떤 신도 자아의 배타적인 신이 아니라 언제나 어떤 사회나 공동체의 신이고, 그것이 '가족'(라르[129], 페나테스[130])이라는 사회의 신이든 또는 '국민'('민족신')의 신이든, 또는 '모든 인간'('그는 모든 인간의 아버지이다')의 신이든 그렇다.

따라서 우리는 사회와 이 원칙에서 나오는 모든 것을 폐물로 만들 때에만 종교를 근절할 가능성이 있다. 그러나 공산주의에서 이 원리가 영광의 절정에 이른다. 바로 공산주의에서 모든 것이 '평등'을 창출하기 위해 공동 체화되어야 하기 때문이다. 이 '평등'을 얻으면 '자유'도 부족하지 않다. 그러나 누구의 '자유'인가? 사회의 자유다! 그러면 사회는 모든 것의 전부이고 인간은 오직 '서로를 위한 존재'가 된다. 그것은 바로 사랑 국가의 영광이라는 것이다.

그러나 나는 인간의 '참된 봉사', 자비, 동정 등보다 인간의 이기(利己)를 언급하고 싶다. 이기는 호혜성을 요구하고(당신이 나에게 하듯 나도 당신에게) 아무것도 '목적 없이'(umsonst)' 하지 않으며 사는 것이다. 이에 대해 나는 무엇으로 사랑의 봉사를 획득할 수 있을까? 내가 지금 '사랑하는' 인간과 만날 수 있는지의 여부는 전적으로 우연의 문제이다. 사랑에 부유한 사람의 봉사는 나의 한탄스러운 외모, 도움이 필요한 나의 상태, 나의 고통, 나의 고뇌를 이용하든 간에, 구걸하는 것 외에 다른 아무것도 아니다. 나는 그의 도움에 대하여 그에게 무엇을 줄 수 있는가? 아무것도! 나는 그 도움을 선물로 받아들여야 한다. 사랑은 지불할 수 없는 것이다. 또는 오히려 사랑은 지불할 수 있는 것일지 모르지만, 단 사랑의 반환에 의해서만 가능하다('한 번의 호의는 다른 호의로 보답한다'). 가령 가난한 일용노동자로

· ·

129) 라르(Lar)는 로마의 하급신으로 집과 국가의 보호신이다.
130) 페나테스(Penates)는 로마의 식료품 창고의 신이자 라르와 함께 국가나 가정의 수호신이다.

부터 선물을 정기적으로 수집하는 것처럼 어떤 응대 봉사도 없이 해마다 선물을 받는 것이 얼마나 하찮고 천박한 일일까? 그것을 받는 인간(징세 수령인)은 그 일용노동자와 그의 소유가 포함된 기부 동전들에 대해 무엇을 할 수 있을까? 비록 일용노동자가 이 모든 비용을 지불해야 하지만 그의 법률, 그의 여러 제도 등을 가진 징세 수령인이 전혀 존재하지 않는다면 일용노동자는 정말로 더 많은 즐거움을 누리게 될 것이다. 그럼에도 불구하고 가난한 자는 주인을 사랑한다.

공동체는 지금까지의 역사의 '목표'로서 불가능한 것이었다. 오히려 공동체의 모든 위선을 버리고, 만일 우리가 인간으로서 평등하다고 해도 우리는 인간이라는 바로 그 이유로 평등하지 않다는 것을 인식해야 한다. 우리는 사상 속에서만 평등하며, '우리'라고 하는 형태로 생각될 때에만 평등할 뿐이다. 현실적으로 신체 그대로 평등한 것이 아니다. 나는 자아이고 당신도 자아이다. 단 나는 사유된 자아가 아니다. 그러나 우리 모두가 평등하다는 이 자아는 나의 사상일 뿐이다. 나는 인간이고 당신도 인간이다. 그러나 '인간'이란 요컨대 하나의 사상, 하나의 보편성일 뿐이다. 나도 당신도 말하기 어렵고, 우리가 말로서는 나타낼 수 없는 것이다. 왜냐하면 말로 나타낼 수 있는 것은 오직 사상뿐이고, 그것은 말로 할 수 있을 때만 존립하기 때문이다.

그러므로 우리는 공동체(공동성)를 추구하지 않고 유일성을 추구해야 한다. 가장 포괄적인 공동체인 '인간적 사회'를 추구하지 말고, 타자 안에서 우리가 우리의 소유로 사용할 수 있는 수단과 기관만을 추구하라! 우리가 나무나 동물에게서 우리와 같은 것을 인정하지 않는 것과 마찬가지로, 타자들도 우리와 같다는 전제는 속임수에서 비롯된다. 누구도 나와 같지 않고, 나는 그를 다른 모든 존재와 마찬가지로 내 소유로 생각한다. 이에 반하여 인간들은 내가 '함께 있는 인간들(동포, Mitmenschen)'[131] 중 한 사람이 되어야 한다고 말한다. 나는 그들 안에 있는 동포를 '존경'해야 한다고 한다. 나에게는 그 누구도 존중받아야 할 인간, 심지어는 동포도 아니고 오직 다른 존재들과 마찬가지로 내가 관계를 갖거나 관심을 갖지 않는 대상, 흥미롭거나 흥미롭지 않은 대상, 사용할 수 있거나 사용할 수 없는 인간일 뿐이다.

만일 내가 그를 사용할 수 있다면, 나는 의심할 여지없이 충분한 이해 또는 약간의 이해에 이르고 그와 하나가 되어 합의에 따라 내 힘을 강화하고, 연합된 힘으로 개인의 힘이 발휘할 수 있는 것보다 더 많은 것을 성취할 것이다. 이 공동관계에서 나는 내 힘의 곱셈 외에는 아무것도 볼 수 없으며, 나의 곱한 힘이 있는 동안에만 나는 그 관계를 유지한다. 따라서 그것은 하나의 연합이다.

자연적인 끈도 정신적인 끈도 연합을 맺지는 못하며, 연합은 자연적인 유대도 아니고 정신적인 유대도 아니다. 연합을 이룰 수 있는 것은 피도 아니고 신앙(즉 정신)도 아니다. 가족, 종족, 민족, 인류와 같은 자연적 유대 속에서 개인은 단순히 그러한 종이나 유개념의 표본으로서의 가치만 가지고 있다. 공동체나 교회와 같은 정신적 유대에서 개인은 그 정신의 구성원에 불과하다. 두 경우 모두에서 당신은 유일자로서 있는 것을 억압당해야 한다. 연합은 당신을 소유하는 것이 아니며, 당신이 연합을 소유하고 당신을 위해 그것을 사용하게 하기 때문에 연합 안에서만 당신은 유일자로 당신을 주장할 수 있나.

소유는 연합에서, 오로지 연합에서만 인정된다. 왜냐하면 인간은 더 이

••
131) (원주) Bruno Bauer, *Die Judenfrage*(Braunschweig, 1843), p. 60.

상 자신의 것을 어떤 본질로부터 영지로 받지 않기 때문이다. 공산주의자들은 요컨대 종교가 진화하는 동안, 특히 국가에서 이미 오랫동안 존재했던 것, 즉 무소유성, 봉건제도를 일관되게 추진하고 있음에 불과하다.

국가는 욕망하는 인간을 길들이기 위해 노력한다. 다시 말해서 국가는 그러한 자들의 욕망을 오로지 국가로 향하게 하고 국가가 제공하는 것으로 그 욕망을 만족시키려고 한다. 욕망하는 인간을 위하여 그 욕망을 채우려는 마음은 결코 국가에게는 떠오르지 않는다. 오히려 억제되지 않은 욕망을 내뿜는 인간을 '에고이스트적인 인간'으로 낙인찍고 그를 국가의 적으로 삼는다. 그가 국가에 대해 적이라는 것은, 그에게 동의할 수 있는 능력이 국가에게는 부족하기 때문이다. 국가는 에고이스트를 '이해할 수 없는' 것이다. 국가는 스스로를 위한 것만 해야 하기 때문에, 다른 어떤 것도 가능하지 않기 때문에 그것은 나의 필요를 돌보지 않고, 오로지 그것이 나를 없애는 방법, 즉 나로부터 또 다른 나, 좋은 부르주아를 만드는 방법에만 관심을 갖는다. 그래서 국가는 '도덕 향상'을 위한 조치를 취한다.

그런데 국가는 무엇으로 개인을 스스로 획득하는가? 그 자체에 의해, 즉 국가 자체의 것, 국가의 소유에 의해서다. 국가는 만인을 국가의 '재화'로 만들고자 만인에게 '문화라는 재화'를 제공하여 끊임없이 활동한다. 국가는 그들에게 국가 교육을 제공하고, 문화 시설의 문호를 개방하고, 산업 등의 여러 방식으로 소유, 즉 영지에 올 수 있도록 한다. 이 모든 영지에 대해 지속적인 감사라는 정당한 지대만을 요구한다. 그러나 '망은의' 인간들은 이러한 감사를 잊는다. 이제 '사회'도 본질적으로 국가와 다른 일을 할 수 없다.

연합이라면 당신은 당신의 모든 힘과 자산(능력)을 기울여 당신 자신을 가치 있게 한다. 그러나 사회에서 당신은 노동력으로 소비될 뿐이다. 연합에서 당신은 에고이스트적으로 사는 반면에 사회에서는 인간적으로, 즉 종교적으로 '주인의 몸의 지체'로 산다. 당신이 가진 것을 사회에 빚지고 있고, 사회에 구속된 의무는 '사회적 의무'에 의해 소유된다. 그러나 연합을 사용하고, '의무도 신의도 없이' 더 이상 어떤 이익도 끌어낼 수 없다는 것을 당신이 알게 되면 당신은 그것을 포기한다. 사회가 당신보다 더 중요하다면, 사회가 당신 자신을 넘어서는 것이다. 그러나 연합은 당신의 도구, 즉 당신이 당신의 자연적 힘을 날카롭게 하고 확대시키는 칼일 뿐이다. 연합은 당신을 위해 당신에 의해 존재하고, 사회는 그 반대로 사회 자신을 위해 당신에게 요구하며 당신 없이도 존재한다. 간단히 말해서 사회는 신성한 반면에 연합은 당신에게 고유한 것이다. 사회는 당신을 소비하지만, 연합은 당신이 그것을 소비한다.

그럼에도 불구하고 인간들은 체결된 협정이 다시 우리에게 부담이 되고 우리의 자유를 제한할 수 있다는 이의를 유보하지 않을 것이다. 그들은 결국 '모든 인간은 보편성을 위해 자신의 자유를 희생해야 한다'는 결론에 도달한다고 말할 것이다. 그러나 희생은 '보편적인 것'을 위해 바쳐지지 않을 것이다. 그것은 내가 '보편적인 것'을 위해, 또는 타자를 위해 합의를 맺지 않는 것과 같다. 오히려 나는 이기심에서 내 자신의 이익을 위해 협정에 응했다. 그리고 희생과 관련하여 나는 오로지 내 능력 안에 있지 않은 것만을 희생한다. 즉 나는 아무것도 '희생하지' 않는다.

다시 소유에 관해 말하자면, 주인은 재산 소유자이다. 따라서 당신이 주인이 되고 싶은지, 아니면 사회를 수인으로 할 것인지를 선택하라! 당신이 하나의 소유자가 될 것인지 아니면 룸펜이 될 것인지는 이 점 하나에 달려 있다! 에고이스트는 소유인임에 반하여 사회주의자는 룸펜이다. 그러나 룸펜성 또는 무소유성이란 봉건주의의 정신이며, 봉건제도는 지난 세기부터 신의 자리에 '인간'을 놓고, 이전에는 신의 은총에서 나오는 영지였던 것을, 인간으로부터의 영지로 받아들이면서 지난 세기부터 봉건 영주를 바꾸었을 뿐이다. 공산주의의 룸펜성이 인도적 원리에 의해 절대적 또는 가장 룸펜적인 룸펜성으로 이행된다는 것은 이미 앞에서 말했다. 그러나 동시에, 룸펜성이 어떻게 해서 고유성이 될 수 있는지도 말했다. 오래된 봉건 제도는 프랑스 대혁명에서 너무나 철저하게 짓밟혀서 그 이후로 모든 반동적 책동이 무익한 채로 끝났고, 영원히 무익한 상태로 남을 것이다. 두 말할 필요도 없이 죽은 자는 죽었기 때문이다. 그러나 부활 역시 기독교 역사에서 그 자체가 진리임을 입증해야 했고 그렇게 스스로를 증명했다. 왜냐하면 봉건제는 다른 세계에서 영화롭게 된 몸으로 다시 일어나서 '인간'이라고 하는 최고권 아래에 있는 새로운 봉건제가 되었기 때문이다.

기독교는 말살되지 않았다. 도리어 신자들이, 지금까지 기독교에 대한 모든 전투가 오로지 기독교의 정화와 확립에만 도움이 될 수 있다고 맹목적으로 믿어온 것이 정당했다. 왜냐하면 그것은 현실적으로 변용되었을 뿐이기 때문이다. 그리하여 "폭로된 기독교"[132]라는 것은 인간적인 기독교라는 것이다. 우리는 여전히 온전한 기독교 시대에 살고 있으며, 그 시대를 가장 안타까워하는 인간들이 그것을 완성하는 데 가장 열성적으로 기여하고 있다. 인간적이 될수록 봉건주의는 우리에게 더욱 좋은 것이 되었다. 왜냐하면 그것이 여전히 봉건주의라는 것을 덜 믿으면 덜 믿은 만큼 우리는 그것을 더 자신 있게 고유성이라고 해석하며, '인간적인 것'을 발견할 때 그것을 우리의 '가장 고유한 것'을 찾았다고 생각하기 때문이다.

••

132) 1843년 취리히에서 출판된 브루노 바우어의 맹렬한 무신론자 논쟁인 『폭로된 기독교(Das entdeckte Christentum)』에 대한 언급이다.

자유주의는 나에게 내 것을 준다고 말한다. 그러나 내 것이라는 이름으로가 아니라 '인간적이라는 것'의 이름으로 그것을 나에게 주는 것이다. 마치 그것이 이러한 가면 아래에서라면 달성할 수 있는 것처럼! 프랑스 대혁명의 귀중한 작물인 인간의 권리는 내 안의 인간이 나 자신에게 이러저러한 권리를 부여한다는 의미를 갖는다. 나는 개인으로서, 즉 사람으로서 권리가 없고, 권리를 가진 인간이 나에게 권리를 주는 것이다. 그러므로 나는 인간으로서 비로소 권리를 가질지 모르지만, 나는 인간보다 크고 그야말로 하나의 특별한 사람이기 때문에 바로 이 나, 특별한 나에게 거부될 수 있다. 반면에 만일 그렇게 하지 않고 당신의 천분의 가치를 고집하고, 그 값을 유지하고, 당신 자신을 가격 이하로 팔도록 강요당하지 않게 하고, 당신의 상품이 그 값을 하지 못한다는 생각에 속지 않고, '터무니없는 가격'으로 자신을 우스꽝스럽게 만들지 말고, 도리어 '나는 내 생명(소유)을 높은 값으로 팔겠다. 적게 싼 값에 팔지 않을 것이다'라고 절규하는 용감한 사람을 본받는다면, 당신은 공산주의와는 반대인 것을 옳은 것으로 인식한 것이다! 그리고 그때 해야 할 말은 '당신의 소유를 포기하라!'가 아니라 '당신의 소유를 가치화하라'고 말하는 것이다!

우리 시대의 문 위에는 아폴론의 '너 자신을 알라'가 아니라 '너 자신을 가치화하라!'는 말이 걸려 있다.

프루동은 재산(소유)을 '절도(le vol)'라고 부른다. 그러나 소원한 소유 ─ 그는 이것에 대해서만 이야기하고 있다 ─ 는 포기, 양도, 겸손에 의해 현존하고, 그것은 하나의 선물이다. 어리석고 비겁한 선물을 주는 인간일 뿐인데 절도의 불쌍한 희생자로서 왜 그렇게 감상적으로 동정심을 요구하는 것일까. 타자들이 우리를 강탈하는 것처럼 잘못을 타자들에게 전가하면서 우리 자신은 타자들을 강탈하지 않은 채로 남겨둔 잘못을 짊어지고 있는 이유가 무엇일까. 부자가 있는 것은 가난한 자의 책임이다.

　일반적으로 아무도 자신의 소유에 대해 화를 내지 않고, 소원한(타자의) 소유에 화를 낸다. 그들은 실제로 소유를 공격하는 것이 아니라 소유의 소외(소원화)를 공격한다. 그들은 더 적은 것이 아니라 더 많은 것을 자신의 것으로 부를 수 있기를 원한다. 그들은 모든 것을 자신의 것으로 부르고 싶어 한다. 그러므로 그들은 소원한 것(타자성, Fremdheit)에 대항해서가 아니라, 소유(Eigenthum)와 유사한 단어를 만들고자 타자의 것(Fremdentum)에 맞서 싸우고 있다. 그리고 그것이 어떤 도움이 될까? 소원한 것을 자신의 것으로 변환하는 대신 그들은 비당파성을 가장하고 모든 소유를 제3자(예를 들면 인간적 사회)에 맡기기만을 요구한다. 인간들은 이 소원한 것을 자신의 이름이 아닌 제3자의 이름으로 청구한다. 그리하여 '에고이스트적인' 색채가 지워지고 모든 것이 너무 깨끗하고 인간적인 것이 된다!

　무소유 또는 룸펜성은, 그것이 모든 종교성(즉 경신, 도덕, 인간성)의 본질인 것과 같이 또 '기독교의 본질'이라는 것이다. 또 그것은 오로지 '절대적 종교'에서 가장 분명하게 자신을 선언했을 뿐이며 기쁜 사자(使者)로 발전할 수 있는 복음이 되었다. 우리는 가장 눈에 띄는 발전을 소유에 대한 현재의 투쟁, 즉 '인간'을 승리로 이끌고 비소유를 완전하게 만드는 싸움에서 목격하고 있다. 승리한 인류는 바로 기독교이다. 그러나 '노출된 기독교'는 봉건주의가 완성된 것이고, 가장 포괄적인 봉건제도이다. 즉 완벽한 룸펜성이다.

　그렇다면 봉건제도에 반대하는 '혁명'이 다시 올까?

　혁명과 반역은 결코 동의어로 간주되어서는 안 된다. 전자(혁명)는 국가와 사회의 기존 조건 안에서의 단순한 지위의 전복이며, 정치적이거나 사회적인 행위이다. 반면 후자(반역)는 참으로 불가피한 결과로서 상황의 변화를 초래하지만, 이는 그것을 위한 목적이 아닌 개인의 불만에서 시작하는 것이다. 이것은 단지 무장봉기가 아니라 그것이 초래할 제도를 고려하지 않는 개인의 반역이다. 혁명은 새로운 제도를 목표로 하지만 반역은 우리를 더 이상 지배받지 않을 길로 이끌며, 단지 우리 자신과 약속하게 만든다. 또한 더 이상 제도에 의존하도록 만들지도 않는다. 반역은 확립된 것과의 싸움이 아니다. 왜냐하면 반역이 성공한다면 확립된 것은 스스로 무너지기 때문이다. 반역은 오직 확립된 것에서 나를 끌어내는 것일 뿐이다. 내가 기성적인 것을 떠나면 기성적인 것은 죽어 썩어질 것이다. 이제 나의 목적은 기성 질서의 전복이 아니라 그것을 뛰어넘어 자신을 고양하는 것이기 때문에, 나의 목적과 행위는 정치적이거나 사회적인 것이 아니라 나 자신과 나의 고유성만을 향한 에고이스트적인 목적과 행위라고 할 수 있다.

혁명은 정리와 제도화를 명령하지만, 반역은 그가 궐기하거나 항거하라고 명령한다. 어떤 헌법을 선택해야 하는지의 문제가 혁명 지도자들의 머리를 사로잡고, 전체 정치 기간은 헌법에 대한 투쟁과 헌법 심의로 거품을 일으킨다. 사회주의 지도자들도 사회적 제도(팔랑스테르[133] 등)에 매우 독창적이었다. 그러나 반역자는 헌법을 없애기 위해 노력했다.[134]

비교를 통해 이를 좀 더 명확하게 말하려고 하니 갑자기 기독교의 창설기가 머리에 떠오른다. 사람들은 최초의 기독교인들이 기존의 이교도 국가

- - -

133) 팔랑스테르(Phalansterien)는 샤를 푸리에가 창안하여 세계에 퍼뜨린 사회주의 정착지를 말한다.
134) (원주) 나는 범죄 혐의로부터 나 자신을 보호하기 위해 어원적 의미를 따져서 '반역 (Empörung)'이라는 단어를 선택했으며, 형법에서 허용하지 않는 제한된 의미로 사용하지 않는다는 것을 명시한다.

에 대한 복종을 설교하고 이교도 관헌의 인정을 명하며 '카이사르의 것은 카이사르에게 바치라'라고 냉정하게 명한 것에 대해 초기 기독교를 자유주의적 입장에서 곡해한다. 그러나 동시대에 로마의 지배에 대해 얼마나 많은 반란이 일어났던가. 유대인들과 심지어 로마인들도 자신들의 세속 정부에 대해 얼마나 선동적인 모습을 보였는가! 요컨대 '정치적 불만'이 얼마나 유행이었는가! 그 기독교인들은 그것에 대해 아무것도 알려고 하지 않았고 '자유주의적 경향'의 편에 서지도 않았다. 그 시대는 정치적으로 그렇게 격동기였기 때문에, 복음서에서 말하듯이 사람들은 기독교의 창시자를 '정치적 음모'로 고발하는 것보다 더 성공적으로 그를 비난할 수 없다고 생각했지만, 한편 동일한 복음서에서는 기독교 창설자가 그러한 정치적 행위에 전혀 가담하지 않았다고 보고한다. 그렇다면 유대인들이 기꺼이 그를 그렇게 보고자 한 것에 비해 창설자는 왜 혁명가도 선동가도 아니었을까? 그는 왜 자유주의자가 아니었을까? 그는 상황의 변화로부터 어떤 복음도 기대하지 않았고 이 모든 사업이 그와 무관했기 때문이다. 그는 율리우스 카이사르와 같이 결코 혁명가가 아니라 하나의 반역자였고, 국가 전복자가 아니라 스스로를 바로잡는 자였다. 그렇기 때문에 그에게는 '뱀과 같이 지혜로우라'는 안목만이 중요했다. 이것은 특별한 경우에 '카이사르의 것은 카이사르에게 바치라'는 것과 같은 의미를 나타냈다. 그는 기성의 관헌에 대항하여 자유주의적이거나 정치적인 싸움을 하지 않고, 이 관헌들에 의해 방해받지 않고, 자신의 고유한 길을 걷기를 원했기 때문이다. 정부 못지않게 그에게는 적도 무관했다. 왜냐하면 그 누구도 그가 원하는 것을 이해하지 못했기 때문이고, 그에게는 오로지 뱀의 지혜로 자신을 지키는 것이면 충분했기 때문이다. 그러나 설령 대중 반란의 선동가나 혁명가가 아니었다 해도 그, 그리고 고대 기독교인 모두는 반역자였다. 그들은 정부나 반대자들에게 마찬가지로 숭고해 보이는 모든 것보다 자신을 높이고, 그들이 묶인 채로 남아 있는 모든 것으로부터 스스로를 해방시켰고, 동시에 기성 국가는 당연히 시들어야 했다. 그는 기성적인 것의 멸망을 막았기 때문에 그것의 치명적인 적이자 현실의 전멸자였다. 왜냐하면 그는 기성적인 것을 벽으로 막고, 막힌 자들의 고통에 주의를 기울이지 않으며 그 위에 자신의 성전 건축을 담대하고 무모하게 들어올렸기 때문이다.

이제 이교도의 세계질서가 일어난 것처럼 기독교적 세계질서도 그렇게 될 것인가? 반역이 먼저 완결되지 않으면 혁명은 확실히 끝나지 않는다!

세계와 나의 교류, 그것은 무엇을 목표로 하는가? 나는 세계를 즐기고 싶다. 그러므로 그것은 나의 소유여야 하고, 따라서 나는 그것을 획득하고 싶다. 나는 인간의 자유와 평등을 원하지 않는다. 나는 오로지 세계에 대한 나의 힘만을 원하고 세계가 나의 소유가 되기를, 즉 세계를 향유하기를 원한다. 그리고 만약 내가 이에 성공하지 못한다면, 나는 또한 교회와 국가가 갖고 있는 삶과 죽음에 대한 결정권을 나의 힘이라고 부른다. 이런 이유로 나는 장교의 미망인이 자신의 아이를 죽인 것에 대한 비난을 여러 가지로 거부한다. 그 예는 다음과 같다. 장교의 미망인이라는 낙인이 찍힌 사람은 자신의 다리에 총상을 입고 다리를 잃은 후, 자신의 아이를 죽이고 시체 옆에서 피를 흘리며 죽어가고 있다. 그녀는 안다. 만약 이 아이가 살아 있는 상태였다면, 얼마나 '세계에 이로울 수 있었을까!' 어머니는 아이를 죽인다. 왜냐하면 그녀는 만족스럽고 평온한 죽음을 원하기 때문이다. 아마도 이 경우는 여전히 당신의 감성에 호소하고 당신은 더 이상 무엇을 읽어야 할지 모를 것이다. 그것도 무방하다. 나의 인간 관계를 결정하는 것은 나의 만족이라는 것, 심지어 나는 삶과 죽음에 대한 나의 힘까지도 포기하지 않는다는 것을 이에 대한 예로 사용한다.

일반적으로 '사회적 의무'에 관해서는 타자가 타자에 대한 나의 위치를 나에게 정해주지 않기 때문에 신도 인류도 인간에 대한 나의 관계를 나에게 규정하지 않고, 나는 나 자신에게 그 위치를 정해준다. 이것은 다음과 같이 말하면 더 분명해진다. 즉 내가 나에 대해서 의무가 있게 되는 것은 (가령 자기보존의 의무가 있으므로 자살해서는 안 된다는 의무) 오로지 내가 나를 자신에서 구별하는(나의 지상 존재로부터 나의 불멸의 영혼을 분리한다는 것과 같이) 때에만 생긴다는 것이다.

나는 더 이상 어떤 힘 앞에서도 자신을 낮추지 않으며, 모든 힘은 오직 나의 힘일 뿐이고, 그것들이 나에게 대립하고 또는 나를 넘는 힘이 될 우려가 있는 경우 나는 그것을 복종시켜야 한다는 것을 인식한다. 이러한 모든 힘은 나 자신을 관철하기 위한 나의 수단의 하나임을 허용받을 뿐이고, 그것은 이른바 사냥개가 사냥감에 대해서는 나의 힘이 되지만 그것이 우리를 습격할 때에는 우리의 손에 죽임을 당하는 것과 마찬가지이다. 나를 지배하는 모든 힘을 나는 끌어내려서 나를 섬기는 것으로 만든다. 모든 우상은 나를 통해 존재한다. 나는 오직 그것들을 새로 창조하면 된다. 그러면 그것들은 더 이상 존재하지 않는다. '더 높은 힘'은 오로지 내가 그들을 높이고 나를 낮추어야만 존재한다.

결과적으로 세계와 나의 관계는 다음과 같다. 즉 나는 더 이상 '신을 위해' 세계를 향하여 아무것도 하지 않고 '인간을 위해'서도 아무것도 하지 않으며, 내가 하는 것은 '나를 위해' 하는 것이다. 이와 같은 세계만이 나를 만족시킨다. 반면에 내가 도덕적이고 인간적이라고 생각하는 종교적 입장에서는 세계의 모든 것이 하나의 경건한 소망(pium desiderium), 즉 하나의 내세에는 달성될 수 없는 것으로 남아 있다는 것이다. 인간의 보편적 축복, 보편적 사랑의 도덕적 세계, 영원한 평화, 에고이즘의 소멸 등도 그렇다. '이 세계에 완전한 것은 없다'는 개탄스러운 구절과 함께 여러 선량한 자들은 이 세계를 떠나 신에게 바쳐진 그들의 벽장으로, 또는 그들의 교만한 '자기의식'으로 도주한다. 그러나 우리는 이 '불완전한' 세계에 남아 있다. 그렇다 하더라도 우리는 그것을 우리의 자기향유를 위해 사용할 수 있다.

내가 세계와 교류하는 것은 내가 세계를 향유하고, 그리하여 내 자신의 향유를 위해 그것을 소비하는 데서 성립한다. 이 교류는 세계를 향유하는 것이며, 나의 자기향유에 속하는 것이다.

3. 나의 자기향유

우리는 시대의 경계에 서 있다. 지금까지 세계는 생명의 획득 외에는 아무 것도 생각하지 않고 생명만을 돌보았다. 왜냐하면 모든 행위가 차안을 위해 행해지거나 내세를 위해 행해지는 것이고, 현세를 위해 퍼지거나 영원을 위해 퍼지는 것이고, '일용할 양식'('우리에게 일용할 양식을 주옵소서') 또는 '거룩한 빵'을 갈망하거나('하늘에서 내려온 참된 빵', '하늘에서 내려 세계에 생명을 주는 신의 빵', '생명의 빵'[135]), '사랑하는 생명'을 돌보거나 '생명에서 영원으로' 마음을 쓰는 것이기 때문이다. 이것은 긴장과 보살핌의 목적을 바꾸지 않으며, 그 목적이란 어떤 경우에도 생명 그 자체임을 분명하게 한다. 근대의 경향은 이와 다른 것을 고시하고 있을까? 인간들은 이제 생명의 가장 중요한 필수품에 대해 아무도 곤궁하지 않기를 원하는 반면 오

135) (원주) 「요한복음」, 6장 참조.

로지 현세에 대해 안전함을 느끼기를 원하고, 내세에 대한 헛된 걱정 없이 적응해야 할 현실 세계가 있다고 가르친다.

우리는 이와 같은 것을 다른 면에서 알아보도록 하자. 생활하는 것에만 마음을 쓰는 인간은 이러한 불안 속에서 쉽게 생의 향유를 잊는다. 그의 유일한 관심사가 생명에 대한 것이고 그가 오로지 '내 소중한 생명이 있다면'이라고 생각한다면 그는 삶의 이용에, 즉 삶의 향유에 온 힘을 다하지 않는다. 그렇다면 인간들은 생명을 어떻게 이용할까? 그것을 태울 때 이용하는 양초와 같이 삶을 소비함에 의해서이다. 인간은 생명을 소진하고, 결과적으로 자신을 소비함으로써 살아 있는 것을 이용한다. 삶의 향유는 생명의 소비이다.

이제 우리는 삶의 향유를 찾고 있다! 그런데 종교적 세계는 무엇을 했을까? 그것은 삶을 탐구했다. '그 안에 참된 삶, 성스러운 삶을 이루는 것은 무엇인가? 그것은 어떻게 성취될 것인가? 참으로 살아 있는 사람이 되려면 사람은 무엇을 해야 하고 무엇이 되어야 할까? 사람은 이 사명을 어떻게 실현할까?' 이러한 질문과 유사한 질문은 질문자가 여전히 자신을 찾고 있음을 나타낸다. 즉 진정한 의미에서의 자기, 진정한 삶의 의미에서 스스로를 탐구하는 것이다. '나는 거품과 그림자에 불과하다. 내가 이룰 것은 진정한 나 자신이다.' 그런 자아를 쫓고 그것을 생산하고 현실화하는 것은 죽을 수밖에 없는 인간의 중대한 과업이며, 그러한 사람이 죽는 것은 오직 부활 재생하기 위해서이고, 사는 것은 죽기 위해서이고, 오직 참된 삶을 찾기 위해서만 산다는 것이다.

그러나 내가 나 자신의 것이고 더 이상 나를 찾지 않을 때 나는 진정으로 나의 소유이다. 나는 나 자신을 갖는다. 그래야 나는 나를 사용하고 향유한다. 다른 한편으로 나는 여전히 나의 진정한 자아를 찾아야 한다. 내 속에 살아 있는 것은 내가 아니라 그리스도라거나 기타 다른 어떤 정신적인 것, 즉 유령 같은 자아(예를 들어 참된 인간, 인간의 본질 등)가 내 안에 살도록 해야 한다고 생각하는 동안 나는 절대로 나 자신을 즐긴다고 할 수 없다.

막대한 간격이 이 두 가지 견해를 분리한다. 과거의 견해에 의하면 나는 나 자신을 향해 가고, 새로운 견해에 의하면 나는 나 자신으로부터 나온다. 전자에서 나는 나 자신을 갈망하는 반면, 후자에서 나는 나 자신을 소유하고 다른 소유와 마찬가지로 나 자신을 다룬다. 나는 내가 좋아하는 대로 나 자신을 향유한다. 더 이상 내 삶을 두려워하지 않고 그것을 '탕진'한다.

이제부터는 어떻게 삶을 얻을 수 있는지가 아니라 어떻게 소비하고 향유할 수 있는지에 대한 질문이 이어진다. 또는 자신 안에서 진정한 자아를 생산하는 방법이 아니라 자신을 해체하고 자신을 살아내는 방법에 관한 질문이다.

항상 멀리 떨어져 찾게 되는 나 자신이 아니라면 무엇이 이상일까?인간은 자신을 추구하므로 아직 자신을 갖지 못한다. 인간은 자신이 되어야 할 것을 열망하지만, 결과적으로 인간은 그렇게 되지 않는다. 인간은 그리움 속에 살고 희망 속에서 수천 년을 살았다. 그것은 향유 속에 사는 것과 완전히 다른 것이다!

이는 소위 경건한 사람들에게만 적용될까? 아니다. 그것은 역사의 다른 시기에 속한 모든 인간에게, 심지어 쾌락의 인간들에게도 적용된다. 그들에게도 근무일이 끝나면 일요일이 되었고, 더 나은 세계의 꿈, 인류의 보편적인 행복에 대한 꿈, 즉 이상이 세속의 삶 뒤에 계속 이어졌다. 그러나 특히 경건한 사람들은 철학자들로 대치되었다. 과연 그들은 이상 외에 다른 것을 생각하였을까? 절대적 자아가 아닌 다른 것을 생각했을까? 어디에나 있는 그리움과 희망, 그리고 이것들 외에는 아무것도 없다. 나는 그것을 낭만적이라고 부른다.

삶의 향유가 삶에 대한 갈망이나 삶의 희망을 이기는 것이라면 실러가 그의 「이상과 삶(Das Ideal und das Leben)」에서 추측했듯이 이중적 의미에서 이것을 극복해야 한다. 즉 그것은 정신적이고 세속적인 두 개의 빈곤을 분쇄하고 이상을 근절하며 일용할 양식의 부족을 근절해야 한다는 것이다. 생명을 연장하기 위해 자신의 삶을 바쳐야 하는 인간은 삶을 향유할 수 없고, 여전히 자신의 생명을 구하는 인간은 그것을 가질 수 없으며, 마찬가지로 조금이라도 누릴 수 없다. 둘 다 가난하고, "가난한 사람은 복이 있다."[136]

그리하여 참된 삶을 갈망하는 자는 현생에 대한 힘이 없으나 그 참된 삶을 얻기 위해 그 삶을 이용해야 하며, 이 노력과 이 과업에 자기의 현재 삶을 온전히 희생해야 한다. 내세의 삶을 희망하고 현세의 삶을 오로지 내세의 삶을 위한 준비로 여기는 어떤 종교의 경우, 현세의 생존이 바람직한 천상의 삶에 대한 단순한 봉사에만 전적으로 바치는 것에 불과하다고 하는 그 예속성이 꽤 뚜렷하게 나타난다. 가장 이성적이고 계몽된 인간, 가장 개명된 인간들이 자기를 더 적게 희생한다고 해석한다면, 이는 크게 잘못된 것이다. 가령 '진정한 삶'에서는 '하늘'의 삶이 표현할 수 있는 것보다 훨씬 더 포괄적인 의의가 발견된다. 여기서 바로 그러한 '진정한 삶'을 자유주의적 개념으로 소개하자면, 참된 삶이란 '인간적인 삶'이나 '참으로 인간적인 삶'이 아닐까? 그리고 가령 모든 인간이 이미 태어나면서부터 이

••

136) 「마태복음」, 5장 3절.

참된 인간의 삶을 영위하고 있을까, 아니면 먼저 힘든 수고를 하고 그 삶을 살기 위해 자신을 높여야 할까? 그는 이미 그것을 자기의 현재의 삶으로 가지고 있을까, 아니면 미래의 삶을 위해 투쟁하고 '더 이상 에고이즘으로 더럽혀지지 않은' 때에만 비로소 그의 것이 되는 삶일까? 이러한 관점에서 삶은 오직 삶을 얻기 위해서만 존재하며, 인간은 오로지 자기 안에 있는 인간의 본질을 살리기 위해 살며, 인간이 산다는 것은 오로지 이 본질을 위해 산다는 것이 된다. 인간이 자신의 삶을 갖는다는 것은 오로지 이 삶을 중개하여 '진정한' 삶을, 특히 에고이즘에서 정화된 삶을 얻기 위해서라는 것이다. 그러므로 인간은 자신의 삶을 마음대로 사용하는 것을 두려워한다. 그것은 오로지 '올바른 사용'을 위해서만 봉사해야 하는 것이다.

한마디로 말하면 사람들은 어떤 삶의 사명(Lebensberuf), 어떤 삶의 과제를 가지고 있고, 그의 삶을 통해 어떤 것을 현실화해야만 하고 만들어내야만 하며, 그 어떤 것을 위해서 우리의 삶은 오로지 수단과 도구인데 그 어떤 것은 우리의 삶보다 더 가치가 있고, 그 어떤 것에 사람들은 삶을 빚지고 있는 것이다. 사람들은 살아 있는 희생(lebendiges Opfer)을 요구하는 어떤 신을 가지고 있다. 산 사람을 제물로 바치는 야만스러운 행위만이 시간이 흐름에 따라 점차 사라졌다. 인간의 희생 자체는 줄지 않고 남아 있고, 정의의 범죄자는 금방 희생에 빠지며, 우리는 '인간의 본질', '인류의 이념', '인간성'을 위하여 우리 스스로 '가난한 죄인'을 희생으로 학살하고 그 밖에 아직도 우상 또는 신과 같은 것을 말한다.

그러나 우리는 그 무언가에 우리의 삶을 빚지고 있기 때문에 — 이것이 요점이다 — 우리는 그것을 우리에게서 빼앗을 권리가 없다.

기독교의 보수주의적 경향은 죽음에 대한 독을 제거하며 멋지게 살려고 하는 목적 외에는 죽음을 생각하는 것을 허용하지 않는다. 기독교인 — 진짜 유대인 — 은 천국에 자신을 고가로 팔고 몰래 들어갈 수만 있다면 무슨 일이 일어나든 내버려둔다. 그는 자신을 죽이지 않아야 하며, 자신을 보존하고 '미래의 이사를 준비하기' 위해 오로지 일해야 한다. 그의 마음속에는 보수주의 또는 '죽음의 정복'이 있다. "마지막에 멸망할 원수는 죽음이다."[137] "그리스도께서 복음으로 죽음의 세력을 제거하고 복음으로 생명과 불멸의 본질을 드러내었다."[138] '불멸', 영원한 안정인가.

　도덕적인 인간은 선한 것, 정의로운 것을 원한다. 그러나 만일 그가 이 목표에 이르게 하는 수단을 취한다면, 그 수단은 더 이상 그의 수단이 아니라 선한 것, 정의로운 것 등 자체의 수단이 된다. 이러한 수단은 결코 비도덕적이지 않다. 왜냐하면 선하다는 목적 자체가 수단을 통해 중재하기 때문이다. 즉 목적이 수단을 신성화한다. 그들은 이 원칙을 예수회적이라고 부르지만 그것은 철저하게 '도덕적'인 것이다. 도덕적인 인간은 목적이나 이념을 위해 봉사로서 행동한다. 경건한 사람이 신의 도구나 자원이 되는 것을 자신의 영광으로 여기는 것처럼 그는 스스로를 선한 것이라는 이념의 도구로 만든다. 죽음을 기다리는 것은 도덕적 계명이 선이라고 명하는 것이다. 자신에게 죽음을 주는 것은 부도덕하고 나쁜 것이다. 자살은 도덕의 심판관 앞에서는 어떤 변명의 여지도 찾지 못한다. 종교가 자살을 금하는 것은 만일 그 종교인이 '네가 네 자신을 준 것이 아니요 오직 신만이 네게서 생명을 빼앗을 수 있는 것'(이 관념을 받아들이면, 내가 나 자신을 죽인 경우라도 지붕의 기와나 적의 총알이 나를 쓰러뜨리는 것처럼 신이 나의 생명을 거둔 것이 아니라는 것이 아닐까? 신은 나에게 자살의 결의를 불러일으

137)　(원주)「고린도전서」, 15장 26절.
138)　(원주)「디모데후서」, 1장 10절.

키는 것조차 불가능하기 때문이다!)이라고 한다면, 도덕적인 인간이 이를 금지하는 것은 나는 조국 등에 내 삶을 빚지고 있기 때문이고, '아직 내 목숨을 걸고 선을 이루지 못할지 모르기 때문이다.' 그렇다면 당연히 나의 자살에 의해 선은 하나의 도구를 잃고, 신은 하나의 자원을 잃게 된다. 내가 부도덕하다면 회개에 의해 나는 선하게 되고, 내가 '경건하지 아니한' 인간이라면 신은 나의 회개를 기뻐한다. 그러므로 자살은 불경건할 뿐만 아니라 사악하다. 신앙심이 있는 인간이 스스로 목숨을 끊으면 그것은 신을 잊어버리는 행동이다. 또 자살한 사람에 의한 관점이 도덕이라면, 그의 행동은 의무를 잊은 비도덕적인 것이 된다. 사람들은 에밀리아 갈로티[139]의 죽음이 도덕 앞에서 먼저 정당화될 수 있는지에 대해 많은 고민을 했다. 그녀가 순결이라는 도덕적 선에 너무 매료되어 그녀의 생명마저도 내던져버리는 것은 확실히 도덕적이기 때문이다. 그러나 그녀가 자신의 피보다 위에 있는 힘을 믿지 않은 것은 부도덕한 일이다. 그러한 모순은 이 도덕적 비극에서 비극적인 갈등 일반을 형성한다. 그리고 그것에 관심을 가질 수 있으려면 인간들은 도덕적으로 생각하고 느껴야 한다.[140]

∵

139) 레싱의 「에밀리아 갈로티」는 1772년에 초연되었다. 그녀는 자신을 유혹하려는 왕자의 '보호 아래' 있음을 알게 되자 아버지에게 자신을 죽여달라고 부탁한다. 그녀의 명예를 지키려고 그녀의 아버지는 그녀가 시키는 대로 한다.

140) 「에밀리아 갈로티」 마지막 5막 7장.

오도아르도: (중략) 사법 조사를 구실로 너를 우리 품안에서 빼앗아 그리말디에게로 데려간다는구나.(중략)
에밀리아: (중략) 그 단검을 저에게 주세요, 아버지, 저를!
오도아르도: (중략) 안 돼, 안 돼! 심사숙고해라. 너도 잃을 수 있는 목숨은 단 하나뿐이다.
에밀리아: 순결도 하나밖에 없어요!
오도아르도: 순결은 폭력도 미치지 못하는 것이다.
에밀리아: 하지만 모든 유혹에 초연한 것은 아니에요. 폭력! 폭력! 누가 폭력에 저항하지

경건과 도덕에 좋은 것은 필연적으로 인간성에도 적용될 것이다. 왜냐하면 인간은 자기의 삶을 인간, 인류 또는 유개념에 마찬가지로 빚지고 있기 때문이다. 내가 어떤 본질에도 빚지지 않고 있을 때만이 삶의 유지는 내 것이다. '이 다리에서 뛰어내리면 나는 자유로워진다!'

그러나 우리가 우리 자신 안에서 생명을 불어넣어야 하는 본질에 대해 우리의 생명을 유지해야 하는 책임이 있다면, 이 생명을 우리의 쾌락에 따라 인도하지 않고 그 본질에 맞게 형성하는 것이 우리의 의무이다. 나의 모든 느낌, 생각, 의지, 나의 행동과 기획은 모두 그 본질에 속해 있다.

그 본질과 일치하는 것은 그 본질의 개념에서 추론되어야 한다. 그리고 이 개념이 얼마나 다르게 생각되었는가! 또는 그것이 얼마나 다르게 상상되어왔는가! 최고 존재가 무슬림에게 요구하는 것은 무엇일까? 기독교인은 또 타자들이 최고 존재에게서 들었다고 믿는가? 그러므로 두 인간의 삶을 형성하는 방식이 얼마나 다른지 밝혀야 한다! 그러나 최고 존재가 우리의 삶을 심판한다는, 오직 이것만이 모든 것을 굳게 붙잡고 있다.

그러나 신 안에 심판관이 있어서 신의 말씀에서 인생의 지침을 보는 경

∴

않겠습니까? 폭력이라고 하는 것은 아무것도 아닙니다. 유혹이 진정한 폭력이에요. 저에게도 피가 있어요, 아버지. 누구보다 젊고 따뜻한 피. 제 감각도 감각입니다. 아무것도 보장할 수 없습니다. 저는 모든 면에서 선할 수는 없어요. 전 그리말디의 집을 압니다. 거긴 환락의 집입니다. 어머니의 눈 아래에서라도 그곳에 한 시간 동안만 있으면, 제 영혼에 큰 소란이 일어나서 아무리 엄격한 종교 훈련이라도 그 요동을 몇 주만에 진정시킬 수 없습니다. 종교! 무슨 종교였지요? 더 나쁜 것을 피하기 위해 수천 명이 물속으로 뛰어들어 성인이 되었습니다. 그 단검을 저에게 주십시오. (중략)

에밀리아: (중략) 한때 실제로 그런 아버지가 있었습니다. 그분은 딸을 수치에서 구하기 위해 그녀의 가슴에 칼을 꽂았습니다. 그래서 두 번째로 딸에게 생명을 불어넣었습니다. 그러나 그러한 모든 행위는 과거의 것입니다! 그런 아버지는 더 이상 없습니다.

오도아르도: 아니다, 아니야, 내 딸아! (그녀를 찌른다.)

건한 사람들은 내가 어디를 가든지 기억에 남을 뿐인데, 그들은 그들이 살아온 발전의 시기에 속해 있고 그 안에 화석으로 그들의 고정된 장소를 따라 남을 수 있기 때문이다. 우리 시대에는 더 이상 경건한 사람이 아닌 자유주의자들에게 바닥이 있고, 경건함 자체가 자유분방한 채색으로 창백한 얼굴을 붉히는 것을 막을 수 없다. 그러나 자유주의자들은 신 안에 있는 심판자를 숭배하지 않고 신성한 말씀의 지시에 따라 삶을 전개하지도 않고, 인간에 의해 자신을 규제한다. 즉 그들은 '신성한' 것이 아니라 '인간적인' 사람이 되어 그렇게 살기를 원한다.

인간은 자유주의의 최고 존재이며, 인간은 자신의 삶의 재판관이고, 인류는 그의 지시 또는 교리문답이다. 신은 정신이다. 하지만 인간은 '가장 완전한 정신'이며, 정신에 대한 오랜 추적이거나 '신성의 깊음, 즉 정신의 심오함'을 탐구한 최종 결과이다.

당신의 모든 표정은 인간적이다. 당신 자신은 머리에서부터 발끝까지, 안쪽도 바깥쪽에서와 같이 인간적으로 되어야 한다. 왜냐하면 인간성이야말로 당신의 사명이기 때문이다!

소명 — 숙명 — 책무!

인간은 그가 될 수 있는 것이 된다. 타고난 시인도 환경의 불리함으로 인해 자신의 시대에 정점에 서는 데 충분히 방해를 받을 수 있고, 필수적인 위대한 연구를 거친 후에만 완벽한 예술 작품을 창조하는 데 방해받을 수 있다. 그러나 그는 농가의 머슴이든, 운이 좋아서 바이마르 궁정에 살든 상관없이 시인이 될 수 있다. 타고난 음악가는 모든 악기로 연주하든 귀리로만 연주하든 상관없이 음악을 연주할 것이다. 타고난 철학자는 대학의 철학 교수든 마을 철학자든 자신을 증명할 수 있다. 마지막으로 순진한 여자로 타고난다면 항상 머리에 못이 박힌 채 살아갈 것이다. 동시에 빈둥빈둥 노는 자일 수도 있는, 아마도 학교를 다닌 적이 있는 모든 인간은 누구나 이런저런 동료의 많은 사례에 의해 떠올리듯이 항상 바보로 남아 있으며, 훈련을 받아 사무실의 바보 같은 우두머리를 섬기게 된다. 아니다, 태어나면서 천박한 사람들이 틀림없이 가장 많은 인간 부류를 형성한다. 모든 종류의 동물류에서 틀림없이 나타나는 동일한 구별이 인간 종에서도 왜 나타나지 않을까? 재능 있는 인간과 재능 없는 인간은 어디에서나 볼 수 있다.

그러나 너무 멍청해서 어떤 관념도 얻을 수 없는 어리석은 자도 소수에 그친다. 따라서 인간들은 일반적으로 모든 인간이 종교를 가질 수 있다고 생각한다. 어느 정도 그들은 다른 관념, 가령 어떤 음악적 소양, 심지어 어떤 철학까지도 교육을 받을 수 있다. 즉 여기서 종교, 도덕, 교양, 과학 등의 신권주의가 시작된다. 가령 공산주의자는 '공립학교'를 통해 모든 인간이 모든 것을 이용할 수 있도록 하고 싶어 한다. 이러한 '대중'은 종교 없이는 지낼 수 없다는 흔한 주장이 있다. 공산주의자들은 그것을 '대중'뿐만 아니라 절대적으로 모두가 모든 것에 부름을 받았다는 명제로 확장한다.

많은 대중이 종교에 대한 훈련을 받은 것만으로는 충분하지 않다. 이제 실제로 그들은 '인간적인 모든 것'을 다루어야 한다. 교육은 점점 더 일반적이고 포괄적으로 되어간다.

불쌍한 존재들이여, 당신들은 마음대로 건너뛰기만 하면 그토록 행복하게 살 수 있는 것을, 스스로는 절대 사용하지 않을 속임수를 쓰기 위해 지금 학교 교사와 곰 훈련사의 호각에 맞춰 춤을 추어야 할 것이다. 그리고 당신은 당신 자신에게 주고싶은 것보다 항상 다른 방식으로 취해지는 것에 대해 마침내 그것을 물리치지 않는다. 도리어 당신은 당신에게 기억되어야 하는 질문을 기계적으로 따라한다. '나는 무엇을 위해 부름을 받았을까? 내가 무엇을 해야 할까?' 당신이 해야 할 일을 스스로 말하고 그것을 하도록 명령을 받거나 당신의 사명이 당신을 위해 표시되도록 하거나, 아니면 스스로 명령하고 정신의 규칙에 따라 그것을 부과하기 위해 이렇게 요청하기만 하면 된다. 이를 의지에 연관시켜 말하면, 내가 해야 할 일을 나는 하고 싶다는 것이 된다.

식물이나 동물이 '소명'을 갖고 있지 않는 것처럼 인간은 무의미하게 '부름'을 받지 않고, '책무'도 '숙명'도 없다. 꽃은 자신을 완성하라는 부름을 받지 않는다. 단지 꽃은 가능한 한 자기의 모든 힘을 사용하여 가능한 세계를 향유하고 소비할 뿐이다. 즉 꽃은 가능한 한 많은 양분을 땅에서 흡수하고 하늘의 공기를 받으며, 닿고 머물 수 있는 만큼의 빛을 태양으로부터 받을 뿐이다. 새도 부름을 받지 않고 살면서 오로지 자기에게 가능한 힘을 사용하여 벌레를 잡아먹고 즐겁게 노래한다. 그러나 꽃과 새의 힘은 인간에 비하면 너무나 미미하고, 따라서 자신의 힘을 적용하는 인간은 꽃과 동물보다 훨씬 더 강력하게 세계에 영향을 미칠 것이다. 그는 어떤 사명도 갖고 있지 않지만, 그 존재는 오로지 자신의 현시에만 있기 때문에 존재하는 곳에서 스스로를 나타내는 힘을 가지고 있다. 왜냐하면 그 힘은 생명처럼 비활동성을 거의 견딜 수 없기 때문이다. 따라서 인간은 누군가에게 '힘을 쓰라'고 외칠 수 있다. 그러나 이 명령에는 그의 힘을 사용하는 것이 인간의 임무라는 의미가 담긴 것일지 모른다. 그러나 오히려 각자는 이것을 자신의 소명으로 먼저 생각하지 않고 자신의 힘을 실제로 사용한다. 요컨대 항상 모든 인간은 사신이 소유한 만큼의 힘을 사용할 뿐이다. 누군가는 패자에 대해 더 많은 힘을 쏟았어야 했다고 말할지 모른다. 그러나 굴복하는 순간에 자신의 힘(가령 육체적인 힘)을 발휘할 힘이 있었다면 실패하지 않았을 것이라는 사실을 잊는다. 설령 무기력 상태가 단 1분간이었다고 해도 그것 역시 무기력 상태인 것에는 변함이 없다. 분명히 힘은 적군의 저항이나 아군의 지원에 의해 강해지고 배가될 수 있다. 그러나 힘이 있었으면 좋았다라고 생각하는 경우도 있고, 힘이 없었던 것을 확인하는 경우도 있다. 돌을 부딪혀 불을 켤 수 있지만, 돌을 부딪히지 않고는 불이 생겨나지 않는다. 마찬가지로 인간에게도 '충격'이 필요하다.

이러한 이유로 힘은 항상 스스로 작동하는 것으로 나타나므로 힘을 사용하라는 명령은 불필요하고 무의미하다. 자신의 힘을 사용하는 것은 인간의 사명이나 과제가 아니다. 그것은 항상 실재하는 인간의 행위이다. 힘은 스스로 힘을 표출한다는 것을 단순화한 단어일 뿐이다.

이제 이 장미는 원래 진정한 장미인 것처럼, 이 나이팅게일은 항상 진정한 나이팅게일인 것처럼, 나도 내가 사명을 완수하고 내 사명에 부응할 때 나는 처음으로 진정한 사람이 되는 것이 아니라 나는 본래부터 '진정한 사람'인 것이다. 내 첫 번째 말은 '진정한 사람'의 살아 있음의 징표이며, 나의 마지막 숨은 '인간'의 마지막 힘이 발산되는 것이다.

참된 인간은 동경의 대상으로서 미래에 있는 것이 아니라 현재에 존재하고 실재하는 것이다. 내가 어떻게 있고 어떤 인간이든, 기쁠 때나 괴로워할 때나, 어린아이이거나 노인이거나, 신념이 있건 의심 속에 있건, 자고 있을 때나 깨어 있을 때나 나는 그 자체이며, 내가 진정한 사람이다.

그러나 내가 바로 그러한 사람이라면, 종교적 인류가 먼 목표로 지정한 그를 내 안에서 진정으로 발견했다면, '진정한 사람인 것'도 모두 나의 고유한 것이다. 인류의 이념에 귀속된 인간은 나에게 속한다. 가령 인류가 언젠가 도달해야 할 매혹적인 꿈처럼 인간들이 인류의 황금빛 미래에 두고 있는 저 교류의 자유는, 내가 이를 나의 소유로 삼고 밀수라는 형태로 그것을 행사하고 있다. 물론 자신의 행위에 대해 그렇게 설명할 만큼 충분한 이해력을 가진 밀수꾼은 실제로 극소수일지 모르지만, 에고이즘의 본능이 그 의식을 보완한다. 위에서 나는 이미 이와 같은 것을 언론 출판의 자유에 대해 보여주었다.

모든 것이 나에게 고유한 것이다. 따라서 나는 나에게서 벗어나고자 하는 것을 나 자신에게 되돌려놓는다. 그러나 무엇보다도 나는 내가 어떤 속박에 빠져 있을 때 항상 나 자신을 되찾는다. 그러나 이것 역시 나의 사명이 아니라 나의 타고난 자연적 행위에 불과하다.

요컨대 내가 스스로를 출발점으로 하느냐 목표로 삼느냐는 큰 차이가 있다. 후자로서 나는 나 자신을 갖지 못하고 결과적으로 여전히 나 자신에게 이질적이며, 그것은 나의 본질, 나의 '진정한 본질'이며, 나에게 이질적인 이 '진정한 본질'은 나를 수천 개의 다른 이름의 유령으로 조롱할 것이다. 나는 아직 내가 아니기 때문에 타자(신, 참된 인간, 진정으로 경건한 사람, 이성적인 인간, 자유인 등)가 나이고, 나의 자아이다.

나는 아직 나 자신과 거리가 멀기 때문에 스스로를 2분의 1로 나눈다. 그 하나는 아직 이르지 못한 현실 도상의 참된 부분이다. 또 하나는 진리가 아닌 것을 희생 제물로 가져와야 하는 비정신적인 것이다. 참된 반은 인간이 되어야 한다는 것, 즉 정신이 되어야 한다는 것이다. 그리하여 '정신은 인간의 고유한 본질이다.' 또는 '인간은 정신적으로만 인간으로 실존한다'고 한다. 이제 정신을 잡기 위해 탐욕스러운 서두름이 있다. 그래서 자기 자신을 쫓다가 자신이 누구인지를 잊어버리게 된다.

그리고 한 번도 도달하지 못한 자신의 자아를 맹렬히 추구하듯이, 인간을 있는 그대로 받아들이려는 슬기로운 인간들의 계율을 경멸하고 있는 그대로 받아들이기를 더 좋아한다. 이러한 이유로 모든 인간은 자신이 되어야 할 자신을 추구하며 "모든 인간이 동등한 권리를 갖고 존경받을 수 있도록, 동등하게 도덕적이거나 이성적인 인간으로 만들기 위해 노력한다."[141]

"인간들이 마땅히 있어야 할 모습이라면, 모든 인간들이 이성적이라면, 모두가 형제처럼 사랑할 수 있다면" 낙원 같은 삶이 될 것이다.[142] 그런데 인간들은 모두 마땅히 있어야 할 존재 그대로 있다. 그들은 무엇이어야 할까? 그러나 그들이 있을 수 있는 이상이 아니다! 그리고 그들은 무엇이 될 수 있을까? 그들이 있을 수 있는 자산(능력) 이상이 아니다. 이것이 실제로 있는 것이다. 왜냐하면 그들이 아닌 것은 존재할 수 없기 때문이다. 능력이 있다는 것은 정말로 이루어지는 것을 의미한다. 인간은 자신이 실제로 아닌 것을 할 수 없다. 인간은 실제로 하지 않는 일을 할 수 없다. 백내장으로 눈이 먼 인간이 세상을 볼 수 있을까? 물론 백내장을 성공적으로 제거했다면 가능하다. 그러나 지금 그는 보지 못하기 때문에 볼 수 없다. 가능성과 현실은 항상 일치한다. 할 수 없는 일을 하지 않는 것처럼, 하지 않는 일은 아무것도 할 수 없다.

이 주장의 특이성은 '그것이 가능하다'는 말이 '나는 그것을 상상할 수 있다' 이외의 다른 의미를 거의 포함하지 않을 때 사라진다. 가령 모든 인간이 이성적으로 사는 것이 가능하다는 것은, 누구나 그럴 수 있다고 내게는 생각된다는 것이다. 그런데 내 생각은 모든 인간이 이성적으로 살도록 할 수 없으며 따라서 그렇게 하지도 않기 때문에, 이것은 여전히 인간 자신에게 맡겨야 한다. 따라서 일반적인 이성이란 나에게만 생각될 수 있고, 생각할 수 있는 가능성에 불과하다. 그러나 그러한 것으로서의 그것(보편

∙∙

141) (원주) (anonym) *Der Kommunismus in der Schweiz*(Bern, 1843), p. 24.
142) (원주) 같은 책, 63쪽.

적 이성)은 사실상 하나의 현실성이고, 그러한 현실성이 오로지 내가 할 수 없는 것과 관련해서만, 즉 타자의 이성성과 관련되어서만 가능성이라고 하는 것에 불과하다. 당신에게 달려 있는 한, 모든 인간은 이성적일 수 있다. 당신은 그것에 대해 반대해야 할 것이 없기 때문이다. 당신의 생각이 도달하는 한, 당신은 아마도 어떤 장애도 발견할 수 없을 것이다. 따라서 당신의 생각에 있는 사물을 방해하는 것은 아무것도 없다. 그것은 당신이 생각할 수 있기 때문이다.

그러나 인간은 모두 이성적이지 않기 때문에 그럴 수는 없다.

쉽게 가능하다고 상상하는 일이 일어나지 않는다면, 무언가가 그 일을 가로막고 있으며 그것은 불가능하다고 확신할 수 있다. 우리 시대에는 나름의 예술, 과학 등이 있다. 예술은 모든 점에서 열악할 수 있다. 그러나 우리는 더 나은 것을 가질 자격이 있고 우리가 원하기만 하면 '할 수' 있다고 말할 수 있을까? 우리는 우리가 가질 수 있는 만큼의 예술을 가지고 있다. 오늘날 우리의 예술은 당대에 가능한 유일한 예술이며, 따라서 현실적인 예술이다.

설령 '가능성'이라는 단어를 마침내 축소할 수 있다는 의미에서나 '미래'를 의미해야 한다는 의미에서도 이 단어는 '현실적인 것'의 완전한 힘을 유지한다. 가령 누군가가 '해가 내일 뜰 가능성이 있다'고 말한다면, 이것은 오로지 '오늘에게는 내일이 현실적인 미래이기 때문에'를 의미하는 것에 불과하다. 왜냐하면 미래는 아직 나타나지 않았을 때에만 진정한 '미래'라고 시석할 필요가 없다고 생각하기 때문이다.

그럼에도 불구하고 이런 위엄 있는 말을 하는 이유는 무엇일까? 수천 년 동안 가장 많았던 오해가 그 뒤에 숨어 있지 않았다면, '가능한'이라는 작은 단어가 이 단일한 개념에 홀린 자들의 모든 유령에 의해 괴롭혀지지 않았다면, 그것에 대한 묵상은 여기서 우리를 거의 괴롭히지 않을 것이다.

방금 보여준 것처럼, 빙의된 세계를 생각이 지배하고 있다. 그렇다면 가능성이란 생각될 수 있음일 뿐이며 그 이상의 것이 아니고, 이 꺼림직한 '생각될 수 있음' 때문에 지금까지 수많은 희생이 있었다. 생각될 수 있는 것이란 가령 인간이 이성적이 될 수 있다는 것이며, 또 그들이 그리스도를 안다는 것도 이에 속하고, 그들이 도덕적이고 선을 위해 열성적으로 될 수 있다고 하는 것도 생각될 수 있는 것에 속하고, 또 그들이 국가를 위험하게 하는 일은 생각하지도 말하지도 행하지도 않는다는 것도 생각될 수 있는 것에 속하고, 그들이 순종하는 신하가 될 수 있다고 하는 것도 생각될 수 있는 것에 속한다. 그러나 그것들이 생각될 수 있는 것에 속하기 때문에 결론적으로 가능한 것이었다는 것에 그치고, 더 나아가 인간에게 가능했기 때문에(바로 여기에 기만적인 점이 있다. 내가 생각될 수 있기 때문에 인간에게도 가능하다는 것이다), 그러므로 인간은 그렇게 되어야 하고, 그것이 인간의 사명이라는 것이 되고, 그리고 마지막으로 오로지 그 사명에 따르는 것만, 오로지 소명된 자로서만 인간은 이해되어야 하고, '있는 그대로가 아니라 마땅히 있어야 하는 모습으로' 이해되어야 하는 것이다.

그리고 그 결론은 무엇인가? 인간은 개체가 아니며, 사상이자 이상이야말로 인간이다. 이러한 사람에 대한 개체의 관계는 결코 어른에 대한 아이의 관계가 아니라, 사유된 점에 대한 백묵으로 그려진 점과의 관계 같으며, 또는 최근의 견해에 따르면 유개념에 대한 표본의 관계 같은 것이다. 그리하여 여기에서 '영원한 불멸의' '인류'라는 더 큰 영광(in maiorem humanitatis gloriam)이 밝혀지며, 그 영광을 위해 개체는 자신을 바쳐야 하며 '인류의 정신'을 위해 무언가를 함으로써 자신의 '불멸의 명성'을 찾아야 한다는 것이다.'

이와 같이 사제나 교사의 시대가 지속되는 한, 생각하는 자가 세계를 지배한다. 그리고 그들이 생각하는 것은 가능하고, 가능한 것은 실현되어야 한다. 그들은 어떤 인간의 이상을 생각한다. 그것은 그들의 생각에서만 현실이 된다. 그러나 그들은 또한 그것을 실행할 가능성을 생각한다. 그 점에는 논쟁의 여지가 없다. 실행은 정말로 생각될 수 있는 것에 속한다. 그리하여 그것은 하나의 이념이다.

그러나 당신과 나, 우리는 아직 훌륭한 기독교인이 될 수 있다고 간주할 수 있는 인간들이라고 크룸마허 같은 자들에게는 생각될지 모른다. 그러나 그가 우리와 '함께 일하기'를 원했다면 우리는 곧, 우리의 기독교성이라는 것은 오로지 생각될 수 있는 것이라도, 그 밖에는 불가능하다는 것을 느끼게 될 것이다. 설령 그가 그의 눈에 거슬리는 사상, 그의 '선의의 신앙'으로 계속해서 우리에게 미소를 지었다면, 그는 우리가 되고 싶지 않은 인간이 될 필요가 전혀 없다는 것을 배워야 할 것이다.

그래서 그것은 가장 경건한 자, 가장 경건한 것을 훨씬 넘어 계속된다. '모든 인간이 이성적이라면 모든 인간이 옳은 일을 하고, 모든 인간이 박애주의의 인도를 받는다면 등등!' 이성, 권리(정의), 박애가 그들의 사명이자 노력의 목표로 인간들의 눈앞에 나타난다. 그런데 이성적이라는 것은 무엇을 의미할까? 자신에게 귀를 기울이는 것일까? 아니다. 이성이란 계율로 가득 찬 책이고, 그 계율은 모두 에고이즘에 반대하여 제정된 것들이다.

지금까지의 역사는 정신적 인간의 역사였다. 감각의 시대가 지나면 본래적인 의미의 역사가 시작된다. 즉 정신성(Geistigkeit), 종교성(Geistlichkeit), 무감각성(Unsinnlichkeit), 초감각(Übersinnlichkeit), 무감성(Unsinnigkeit)의 시대가 시작된다. 인간은 이제 무엇인가가 되고 싶어 하고, 되기 시작한다. 뭐라고? 진, 선, 미이다. 더 정확하게는 도덕적으로, 경건하게, 호감이 가게 등등이다. 그는 자신을 '옳은 인간', '옳은 것'으로 만들고 싶어 한다. 인간은 그의 이상이 된다. 그는 그 스스로 미래인, 내세인이라는 것이다. 그리고 무엇이 그를 '옳은 동료'로 만드는가? 참되다, 선하다, 도덕적이다 등등이다. 그리하여 그는 동일한 '무엇'을 인식하지 못하고 동일한 도덕성을 추구하지 못하고 동일한 신앙을 갖지 않는 자 모두를 의아해한다. 그는 '분리주의자, 이단자, 분파' 등을 추방한다. 그 어떤 양도 그 어떤 개도 '올바른 양, 올바른 개'가 되기 위해 노력하지 않는다. 어떤 동물도 자기의 본질을 과제로, 즉 자기가 실현해야 하는 개념으로 보지 않는다. 그것들은 스스로를 살아내고, 스스로를 해체하고 소멸함으로써 스스로를 현실화한다. 그것들은 있는 그대로 이상의 다른 어떤 것이거나 어떤 것이 되기를 요구하지 않는다. 나는 당신에게 동물처럼 되라고 권고하려는 것일까? 당신이 동물이 되어야 한다는 것은 내가 확실히 당신에게 줄 수 없는 것이다. 왜냐하면 그것은 또 하나의 과제이자 이상일 것이기 때문이다('부지런하려면 당신은 꿀벌을 모범으로 삼아라'). 그것은 인간이 동물로, 동물이 인간으로 되라고 원하는 것과 같다. 당신의 본성은 인간의 본성이다. 당신은 인간적 자연이다. 즉 인간이다. 그러나 당신이 이미 그렇게 되어 있기 때문에 당신은 그렇게 될 필요가 없다. 동물 역시 '훈련'되어 있으며 훈련된 동물은 많은 부자연스러운 일을 행한다. 그러나 훈련된 개는 자연적인 개보다 그 자체로 더 나을 것이 없으며, 설령 그것이 우리에게 더 잘 어울린다 해도 개는 그것으로부터 이익을 얻지 못한다.

　모든 인간을 도덕적이고 이성적이고 경건한 사람 등의 '존재로 형성(즉 훈련)' 시키려는 노력은 옛날부터 유행했다. 그러나 그것은 불굴의 자아성, 고유의 본성(자연), 에고이즘에 의해 무너져왔다. 훈련받은 인간은 이상을 얻지 못하고, 입으로 숭고한 원칙을 공언하거나 공언을 신앙 고백할 뿐이다. 이러한 고백 앞에서 그들은 삶에서 '자신을 완전히 죄인으로 인정'해야 하며, 이상에 이르지 못하는 '약한 사람'으로서 '인간의 나약함'을 자각한다.

만일 당신이 하나의 이상을 '운명'으로 쫓지 않고 시간이 모든 것을 녹이듯 자신을 녹이면 다르다. 해체는 당신의 현재 시간이기 때문에 당신의 '사명'이 아니다.

그러나 인간의 교육(Bildung)과 종교성은 확실히 그들을 자유롭게 만들었지만, 다른 주인에게 인도하는 한 주인에게서만 자유로워졌다. 나는 종교를 통해 식욕을 길들이는 법을 배웠다. 나는 배움으로써 손에 넣은 교활함으로 세계의 저항을 깨뜨렸다. 나는 인간을 섬기지 않는다. '나는 인간의 노예가 아니다.' 그러나 그다음에는 인간보다 신에게 순종해야 한다. 마찬가지로 나는 나의 여러 가지 충동에 의한 비이성적인 결단으로부터 정말로 자유로워졌다. 그러나 주인인 이성에 나는 순종한다. 나는 '정신적 자유', '정신의 자유'를 얻었다. 그러나 그것으로 나는 바로 그 정신에 종속되었다. 정신은 나에게 명령을 내리고, 이성은 나를 인도하며, 그것들은 나의 지도자이자 지휘관이다. '이성적인 인간', '정신의 종'이 통치한다. 그러나 내가 육체가 아니면 사실은 정신도 아니다. 정신의 자유는 나의 노예화이다. 왜냐하면 나는 정신이나 육체 그 이상이기 때문이다.

의심할 여지없이 교육은 나를 강력하게 만들었다. 교육은 나에게 모든 동기, 내 본성의 충동뿐만 아니라 세계의 강요와 폭력을 제어할 수 있는 힘을 수었다. 나는 나의 식욕, 쾌락, 격정 등에 의해 강요될 필요가 없다는 것을 알고 있으며 교육에 의해 힘을 얻었다. 나는 그것들의 주인이다. 마찬가지로 나는 학문과 예술을 통해 세계의 주인이 되고, 나에게는 바다와 땅이 복종해야 하고 심지어 별들도 그들 자신에 대해 설명해야 한다. 정신이 나를 주인으로 만들었다. 하지만 나는 정신 자체에 대해서는 어떤 힘도 없다. 종교(교양)로부터 나는 '세계를 제패'하는 방법을 배우지만, 내가 어떻게 신을 정복하고 그의 주인이 되는지는 모른다. 왜냐하면 신은 '정신'이기 때문이다. 그리고 내가 주인이 될 수 없는 이와 같은 정신은 가장 다양한 형태를 가질 수 있다. 그것은 신 또는 민족 정신(Volksgeist),[143] 국가, 가족, 이성 또는 자유, 인류, 인간이라고 부를 수 있다.

나는 수세기에 걸친 교육이 나를 위해 획득한 것을 감사하게 받는다. 나는 그것을 버리거나 포기하지 않는다. 나는 헛되이 살아오지 않았기 때문이다. 나는 내 본성을 지배할 힘이 있고 내 욕망의 노예가 될 필요가 없다는 경험을 잊어버려서는 안 된다. 내가 교육이라는 수단으로 세계를 정복할 수 있는 경험은 너무 소중해서 잊을 수 없다. 그러나 나는 더 많은 것을 원한다.

인간들은 묻는다. 인간이 무엇을 할 수 있고, 무엇을 성취할 수 있을까? 만물 중에 가장 높은 것을 사명으로 삼으라. 나에게 모든 것이 가능할 것처럼!

어떤 인간이 광기나 열정 등으로 파멸되는 것을 보면(예를 들어 사기꾼 정신, 질투심으로), 그를 이 소유에서 구출하고 그가 '자기극복'을 하도록 돕고 싶은 욕망이 생긴다. '우리는 그를 인간으로 만들고 싶다!' 다른 빙의 상태가 이전 것 대신 즉시 배치되지 않으면 매우 좋을 것이다. 그러나 돈의 노예인 인간을 돈에 대한 사랑에서 해방하는 것은 요컨대 그를 경건, 인간성 또는 다른 어떤 원칙에 넘겨주고 그를 어떤 고정된 관점으로 새롭게 이전

..

143) 헤겔은 각 민족의 생활 조건의 차이에서 발생하는 각 민족의 특유한 심리적 양상을 민족 정신 또는 시대 정신이라고 부른다.

할 뿐이다.

좁은 관점에서 숭고한 관점으로의 이러한 전환은, 마음은 그 의미가 썩어질 것이 아니라 썩지 않는 것으로만 향해야 한다는 말로 선언된다. 일시적인 것이 아니라 영원한 것, 절대적인 것, 신적인 것, 순수하게 인간적인 것 등등, 즉 정신적인 것으로만 향해야 한다는 것이다.

인간들은 자신의 마음을 어디에 두는지, 무엇에 몰두하는지가 중요하지 않은 것이 아님을 곧 깨달았다. 그들은 대상의 중요성을 인식했다. 사물의 개별성보다 높은 대상이 사물의 본질이다. 그야말로 본질은 여러 사물 안에서만 생각할 수 있고, 생각하는 인간을 위한 것이다. 그러므로 더 이상 감각을 사물로 향하게 하지 말고 사상을 본질로 향하게 하라. '보지 않고 믿는 자는 복이 있다', 즉 생각하는 자는 행복하다. 왜냐하면 그들은 보이지 않는 것을 상대로 하고, 그것을 믿기 때문이다. 그러나 수세기 동안 논쟁의 본질적인 쟁점을 구성했던 사유의 대상조차도 마침내 '더 이상 말할 가치가 없는' 지경에 이르게 된다. 즉 인간들은 그것을 통찰한다는 것이다. 그럼에도 불구하고 인간들은 여전히 대상 그 자체로 가치 있는 중요성, 절대 가치를 항상 다시 눈앞에 두고 있었다. 마치 인형이 어린아이에게 가장 중요한 것이 아니고 코란이 터키인에게 가장 중요한 것이 아닌 것처럼 말이다. 나 자신에게만 중요한 것이 아닌 한 내가 어떤 대상에 대하여 '대소동'을 벌여도 무관심하다. 오로지 조금이라도 가치가 있다고 하면, 그것은 대상에 내가 가하는 대소의 범죄(훼손)뿐이다. 나의 의존과 귀의의 정도는 나의 예속의 입상을 나타내고, 나의 모험의 정도는 나의 고유성의 척도를 나타낸다.

마지막으로, 그리고 일반적으로 '모든 것을 감각에서 지우는' 방법을 알아내야만 한다. 잠을 잘 수 있기 위해서이다. 우리가 몰두하지 않는 것은 아무것도 우리를 차지할 수 없다. 야심에 날뛰는 자는 자기 야심의 계획에서 벗어날 수 없고, 신을 두려워하는 자는 신에 대한 생각을 버릴 수 없다. 집착으로 정신을 잃는 것과 사로잡히는 것은 같다.

자신의 본질을 깨닫거나 자신의 개념에 따라 편안하게 살기를 원하는 것, 이는 신을 믿는 자의 경우에는 '경건'함을 의미하고 인간성을 믿는 자의 경우에는 '인간적으로' 사는 것을 의미하지만, 이러한 것들은 오직 감성적이고 죄 많은 인간만이, 즉 관능의 행복과 영혼의 평화 사이에서 불안한 선택을 하는 한에서 인간인 자, '슬픈 죄인'인 한에서 인간인 자만이 제안할 수 있는 것이다. 기독교인은 성스러운 것을 알고 자신이 그것을 위반하는 것을 의식하면서 자신 안에서 불쌍한 죄인을 보는 하나의 감성적인 인간에 불과하다. '죄업'으로 인식되는 감각은 기독교적인 의식이며 기독교인 자신이다. 그리고 '죄'와 '죄업'이 더 이상 근대인의 입으로 들어오지 않고 그 대신에 '에고이즘', '아욕', '이기심' 등이 개입된다면, 또 악마가 '인간이 아닌 인간' 또는 '에고이스트적인 인간'으로 치환된 경우, 그때 기독교인은 이전보다 없어질까? 선과 악의 오랜 불화, 우리를 다스리는 재판장이라는 것, 스스로 인간이 되라는 소명, 그런 것들은 여전히 떠나지 않고 남아 있는 것이 아닐까? 그들이 더 이상 사명이라고 부르지 않고 '과제' 또는 '의무'라고 명명한다면, '인간'은 신처럼 '부를' 수 있는 인격적 존재가 아니기 때문에 이름 변경은 아주 정확하다. 그러나 이름 밖에 있는 것은 옛날 그대로이다.

모든 인간은 객체와 관련이 있으며, 더 나아가 모든 인간은 각자 다르게 관련이 있다. 수백만 명의 인간들이 2천 년 동안 관계를 맺어온 책인 '성서'를 예로 들어보겠다. 성서란 각자에게 무엇이고, 무엇이었을까? 이는 그가 이것을 무엇으로 만들까라는 것일 뿐이다! 그것을 아무것도 아닌 것으로 만드는 인간에게 그것은 전혀 아무것도 아니다. 그것을 부적으로 사용하는 인간에게는 마법의 가치와 중요성만 있다. 어린아이처럼 가지고 노는 인간에게 그것은 장난감에 불과하다 등등.

기독교는 성서가 모든 인간에게 동일할 것을 요구한다. 즉 성스러운 책이나 '성스러운 문서'일 것을 요구한다. 이것은 기독교인의 견해가 타자들의 견해여야 한다는 것과 같고, 그 누구도 그 대상과 달리 관련될 수 없다는 것을 의미한다. 그리고 이것으로 태도의 고유성은 파괴되고 한 마음, 한 심정이 '참'의 마음, '유일한 참'의 마음으로 확정된다. 내가 원하는 대로 성서를 만들 자유가 제한되어 있기 때문에 일반적으로 만들 자유도 제한된다. 그리고 그 자리에 견해나 판단이 강요된다. 성서가 인류의 오랜 오류라는 판단을 통과시켜야 하는 인간은 범죄적으로 판단을 할 것이다.

성서를 찢거나 가지고 노는 아이, 그것에 귀를 기울이고 벙어리로 남아 있으면 경멸적으로 버리는 잉카의 아타우알파[144]는 성서에서 찬양하는 사제, 또는 그것을 인간의 손에 의한 졸작이라고 부르는 비평가와 마찬가지로 성서에 대해 올바르게 판단한다. 우리가 물건을 다루는 방법은 우리의 기호, 자의의 문제이기 때문이다. 우리는 그것을 마음에 따라 사용하거나 더 명확하게는 가능한 대로 사용한다. 헤겔과 사변적 신학자들이 성서의 내용을 사변적 사유로 만드는 것을 보고 사제들은 왜 비명을 지르는가? 바로 이것, 그들이 성서를 마음대로 다루거나 '임의로 처리'한다는 것이다.

그러나 우리는 모두 객체를 자의적으로 다루는 모습을 보이기 때문에,

..
144) 아타우알파(Atahualpa, 1497~1533)는 잉카 제국의 마지막 사파 잉카이다. 그의 형제인 우아스카르를 내쫓고 황제의 자리에 오른 아타우알파는, 스페인 군대가 잉카 제국을 침입하여 멸망시킬 때까지 제국을 다스렸다.

즉 우리가 가장 좋아하도록, 우리가 좋아하는 대로 처리하기 때문이다(철학자에게는 신만큼 모든 것에서 하나의 '관념'을 찾아낼 수 있는 것으로 좋은 것은 없다. 또 신을 두려워하는 자에게 만물을 통하여, 예를 들면 성서를 신성하게 지킴으로써 신을 그의 친구로 만들기를 좋아하기 때문이다). 우리는 우리의 바로 이 고유한 자의의 영역에서와 같이 그러한 고통스러운 자의, 그러한 무서운 폭력, 어리석은 강압을 어디에서도 만나지 못한다. 우리가 제멋대로 신성한 물건을 이렇게 저렇게 대우한다면, 자의적으로 행동하면서 사제의 유령들이 그 나름의 방식으로 우리를 제멋대로 대우하고 우리를 이단의 불이나 또 다른 처벌(가령 검열)에 합당한 존재로 여긴다면, 어떻게 우리가 그들을 나쁘게 여길 수 있을까?

어느 사람이 어떤지는 그가 사물을 다루는 방법으로 정해진다. '당신이 세계를 보는 것처럼 세계도 당신을 본다.' 그러면 현명한 충고가 단번에 다시 들린다. 당신은 그것을 일단 '올바르게, 편견 없이' 보기만 하면 된다는 것이다. 마치 아이가 성서를 장난감으로 대할 때 그것을 '올바르고 편견 없이' 보지 않는다고 하는 것처럼 말이다. 가령 포이어바흐는 우리에게 그러한 슬기로운 교훈을 준다.[145] 인간이 원하는 대로 사물을 다룰 때 사물을 올바르게 보고 있는 것이다(여기서 사물은 객체, 대상 일반, 예를 들어 신, 우리 동료, 연인, 책, 동물 등으로 이해된다). 그러므로 사물과 사물을 보는 방법이 먼저가 아니라 내가 먼저 있고 내 뜻이 먼저라는 것이다. 인간은 사물에서 사상을 끌어내려고 하고, 세계에서 이성을 발견하고자 하고, 그 안에 신성함을 가지려고 한다. 따라서 그것을 발견하게 된다. "구하라 그러면 찾을

••

145) Ludwig Feuerbach, *Grundsätze der philosophie der Zukunft*(Zürich & Winterthur, 1843), p. 70.

것이다."[146] 내가 구하고자 하는 것은 내가 결정한다. 나는 가령 성서를 통해 신앙심을 정립하고자 한다. 그러면 그것은 발견된다. 내가 성서를 철저히 읽고 그것을 검토하고자 한다. 그러면 철저한 지식과 비판이 내 능력의 범위 내에서 나에게 생긴다. 나는 내가 좋아하는 것을 스스로 선택하고, 선택하는 데 있어 내 자신을 자의적으로 보여준다.

이와 관련하여 내가 객체에 대해 내리는 모든 판단은 내 의지의 피조물이라는 통찰과 연관된다. 그리고 그 통찰은 내가 피조물인 심판관 안에서 나 자신을 잃지 않고, 항상 새롭게 창조하는 창조주인 심판관으로 남도록 이끈다. 당신에 관한 모든 술어는 나의 말, 나의 판단, 나의 피조물이다. 그것들이 나에게서 벗어나 스스로를 위한 무언가가 되기를 원하거나 실제로 나를 압도하고자 원한다면, 그들을 그들의 아무것도 아닌 창조주로 되돌리는 것보다 더 시급한 일은 나에게 없다. 신, 그리스도, 삼위일체, 도덕, 선 등은 그러한 피조물이며, 나는 그것들이 진리라고 말할 뿐만 아니라 속임수라고 말할 수밖에 없다. 내가 한때 그들의 존재를 원하고 선언한 것처럼, 나도 그들의 비존재에 대한 허가를 받고 싶다. 나는 그것들이 내 머리 위로 자라도록 내버려두어서는 안 되며, 그것들이 '절대적인' 무언가가 되도록 내버려두어서는 안 된다. 그렇게 함으로써 그것들이 영원화되고 내 힘과 규정화에서 물러나게 될 것이다. 그것과 함께 나는 '불가침의 성당', '영원한 진리', 즉 '신성화될 성소'를 만들어 당신의 것을 박탈하고자 하는 것과 관련된 종교의 고유한 생활 원리인 고정화 원리에 귀속하는 것이 된다.

객체는 신성하지 않은 자태로도 신성한 자태와 마찬가지로, 감각적인

⁂

146) 「마태복음」, 7장 7절.

객체로서도 초월적인 객체와 마찬가지로, 나를 홀린 인간으로 만든다. 욕구 또는 병적인 욕망은 둘 다와 관련되며, 천국에 대한 동경도 돈에 대한 탐욕도 같은 입장에 있다. 계몽주의자들이 인간들을 감각적 세계로 몰아넣고자 할 때 요한 카스파 라바터는 보이지 않는 것에 대한 갈망을 설교했다. 라바터는 감동(Rührung)을 불러일으킨 반면, 계몽주의자들은 활동(Rührigkeit)을 불러일으키기를 원했다.

　대상에 대한 해석은 참으로 다양하다. 가령 신, 그리스도, 세계 등은 가장 다양하게 해석되어왔다. 이 점에서 모든 인간은 '생각을 달리하는 인간'이며, 피비린내 나는 전투가 끝난 후 마침내 너무 많이 달성되어 하나의 동일한 대상에 대한 반대 견해가 더 이상 사형에 해당하는 이단으로 정죄되지 않는 것에까지 이르렀다. '생각을 달리하는 인간'들은 서로 화해한다. 그러나 왜 나는 한 가지에 대해서만 다르게 생각해야 할까? 그 다른 생각을 최후의 극단까지 밀어붙이지 않는 이유는 무엇일까? 즉 그것을 무의미하다고 생각하고 부숴버리기까지 한다. 그러면 더 이상 해석할 것이 없기 때문에 해석 자체가 끝난다. 나는 말한다. 가령 왜 신은 알라도, 브라흐마도, 여호와도 아니고 신이라고 불러야 하는가? 게다가 왜 신은 무(無)이고 하나의 속임수에 불과하다고 하면 안 될까? 내가 '무신론자'라고 왜 인간들은 나에게 낙인을 찍을까? 그것은 피조물을 창조물보다 위에 두기 때문이며("그들은 피조물을 창조주보다 더 존귀하게 여기고 섬기느니라"[147]), 주체가 허겁지겁 종속되어 섬기도록 어떤 지배하는 객체를 필요로 하기 때문이다.

　'사상의 왕국'에 의해 기독교는 스스로를 완성했다. 사상이란 그 안에서 세계의 모든 빛이 꺼지고, 모든 실존이 그 실존을 잃고, 내면적 인간(심장,

　••
147)　(원주)「로마서」, 1장 25절.

474　제2부 나

머리)이 모든 것의 모든 것이 된다는 것의 내면성이다. 사상의 왕국은 자신의 구제를 애타게 기다리다가 마침내 죽음으로 들어갈 수 있기 위해 오이디푸스의 수수께끼 키워드인 스핑크스처럼 있다. 나는 그러한 왕국을 파괴하는 자이다. 왜냐하면 창조자의 왕국 안에서는 더 이상 자신의 왕국을 형성하지 못하고, 국가 내의 국가를 만들지도 못하고, 나의 창조적인 무사상성의 창조물이 되기 때문이다. 마비된 사고의 세계와 함께 그리고 동시에 기독교인의 세계, 기독교와 종교 자체가 몰락할 수 있다. 생각이 다할 때만 더 이상 신자가 없게 된다. 사유하는 인간에게 그의 생각은 하나의 '숭고한 일, 신성한 활동'이다. 그것은 하나의 확고한 신앙, 곧 진리에 대한 신앙에 기초한다. 처음에는 기도가 신성한 활동이고, 이 신성한 '신심'은 이성적이고 논리적인 '사유'로 이어지지만, 그것도 마찬가지로 '신성한 진리' 안에서 자신의 불멸의 신앙의 기초를 유지하며, 요컨대 진리의 정신은 그 봉사를 위해 일어나는 멋진 기계에 불과하다. 자유로운 사상과 자유로운 학문은 나를 바쁘게 한다. 왜냐하면 나는 자유롭지 않고 바쁘지도 않지만, 사유는 자유롭고 나를 바쁘게 한다. 천국, 천상적인 것, 또는 '신적인 것'에, 또 본래적으로 말하면 이 세계와 이 세계의 것에, 즉 '다른' 세계에 몰두하게 한다. 이는 요컨대 세계를 뒤집고 혼란스럽게 하고, 세계의 본질에 몰두하게 하는 하나의 광기에 불과하다. 사유하는 자는 사물의 무매개성에 눈이 멀어 사물을 지배할 수 없다. 그는 먹지도 않고 마시지도 않고 즐기지 않는다. 먹고 마시는 인간은 결코 생각하는 인간이 아니기 때문이다. 그야말로 사유하는 자는 먹고 마시는 것을 잊는데, 자기 삶을 영위하는 것, 생활의 불안 등을 사유로 인하여 잊어버리기 때문이다. 그는 기도하는 인간이 그것을 잊듯이 그것을 잊는다. 따라서 그가 자연의 강인한 아들에게는 하나의 열등한 변태, 바보로 나타난다. 고대인에게 미치광이가 성자로 보였듯이 사유하는 자가 자연의 아들을 신성하게 여기더라도 말이다. 자유로운 사고는 광기이다. 왜냐하면 그것은 내면성의 순수한 움직임으로, 모든 내면적 인간이 나머지 인간 부분을 지도하고 규제하기 때문이다. 샤먼과 사변철학자는 내면적 인간인 몽골인의 사다리에 맨 아래와 맨 위를 표시한다. 샤먼과 철학자는 유령, 악마, 망령(정신), 신과 싸운다.

이 자유로운 생각과는 완전히 다른 것은 고유한 사유, 나의 사유로, 이는 나를 인도하는 것이 아니라 나에 의해 인도되거나 계속되거나 끊어지는 사유이다. 이 자신의 사고와 자유로운 사고의 구별은 내가 좋아하는 것에 만족하는 고유한 감성과, 내가 그것에 굴복하는 자유롭고 제멋대로인 감성의 구별과 유사하다.

포이어바흐는 『미래 철학의 원리』에서 항상 존재(das Sein)에 대해 고집하고 있다. 헤겔과 절대철학에 대한 그의 모든 적대감에도 불구하고 이 점에서 그는 추상 속에 푹 빠져 있는 셈이다. 왜냐하면 '존재'는 '자아(Das Ich)'와 마찬가지로 추상이기 때문이다. '나'만이 추상이 아니고, '나'가 만물 안의 모든 것이면, 그에 따라 추상이나 무이기 때문이다. 즉 나는 전부이고 무이다. 나는 단순한 관념적 사상이 아니라 동시에 완전한 사상이고, 사상으로 가득 찬 일종의 사고의 세계이다. 헤겔은 소유적인 것, 내 것, 내 '의견(Meinung)'을 비난한다. '절대적 사유'는 그것이 나의 생각이고, 내가 생각하고, 그것이 나를 통해서만 보인다는 것을 망각하는 것이다. 그러나 나는 나로서 내 것을 다시 삼키고 그 주인이 된다. 즉 내가 언제든지 변경할 수 있는 것은 내 의견일 뿐이다. 즉 말살할 수도 있고 내 속에 되돌릴 수도 있으며, 소진할 수도 있다. 포이어바흐는 헤겔의 '절대적 사유'를, 정복되지 않은 존재(das unüberwundene Sein)로 때려눕히고자 한다. 그러나 내 안에서 존재는 생각만큼 정복되었다. 사유가 나의 사유인 것처럼 존재는 나의 존재이다.

이 경우 포이어바흐는 당연히, 내가 모든 것에 감각을 필요로 한다거나 이 기관을 전적으로 결여할 수 없다고 하는, 그 자체로 진부한 증거 이상을 얻지 못했다. 물론 나는 내가 감각적으로 현존하지 않으면 사유할 수도 없다. 그러나 나는 사유하기 위한 것과 마찬가지로 감각하기 위해서도, 따라서 추상적이기 위해서와 마찬가지로 감각적인 것을 위해서도 무엇보다도 나 자신을 필요로 하고, 이러한 나 자신, 전적으로 규정된 것(특수한 것), 유일한 나 자신을 필요로 한다. 만일 내가 헤겔이 아니라면, 나는 내가 세계를 바라보는 대로 바라보지 말아야 하고, 헤겔처럼 철학적 체계를 이 세계로부터 선택하지도 않을 것이다. 나 역시 타자들이 갖는 것과 마찬가지로 감각을 가질 것이다. 그러나 이러한 나는 내가 그것을 하듯이 그것을 이용하지는 않을 것이다.

따라서 포이어바흐는 헤겔이 많은 단어로 자연적 의식이 필요로 하는 것과 다른 것을 이해하는 식으로 언어를 오용하고 있다고 비난한다.[148] 그러나 포이어바흐도 '감각적인 것'이라는 말에 보통은 포함되지 않는 무거운 의미를 부여할 때, 역시 마찬가지 잘못을 저질렀다. 즉 "감각적인 것은 속된 무사상의 것이 아니며 명백한 것, 그 자체로 이해되는 것이다"라고 한다.[149] 그러나 그것이 성스럽고 사상이 가득하고 은폐되고 오직 매개를 통해서만 이해할 수 있는 것이라면, 그것은 인간들이 더 이상 감각적이라고 부르는 것이 아니다. 감각적인 것은 오로지 감관에 존재하는 것일 뿐

••

148) (원주) Ludwig Feuerbach, *Grundsätze der Philosophie der Zukunft*(Zürich & Winterthur, 1843), p. 47.
149) 같은 책, 69쪽.

이다. 반면에 감관 이상의 것으로 즐기는 인간, 감각적 향유 또는 감각적 수용을 넘어선 인간만이 즐길 수 있는 것은 기껏해야 감각에 의해 매개되거나 도입된다. 즉 감각은 그것을 얻기 위한 하나의 조건을 구성하지만 더 이상 감각적인 것이 아니다. 감각적인 것이 무엇이든 내게 받아들여지면 감각적이지 않은 것이 되지만, 그 비감각적인 것은 가령 내 감정과 피의 동요에 의해 다시 감각적인 효과를 가질 수 있다.

포이어바흐가 감각을 존중하는 것은 당연하지만, 그가 할 수 있는 유일한 일은 그의 '새로운 철학'의 유물론에 지금까지 관념론의 속성이었던 '절대철학'을 입히는 것뿐이다. 인간들이 빵 없이 홀로 '정신적인 것'만으로만 살 수 있다는 이야기를 듣고 믿는 자는 많지 않다. 이와 마찬가지로 인간은 감각적 존재로서 이미 모든 것이고, 따라서 매우 정신적이며, 생각으로 가득 차 있다고 하는 포이어바흐의 말을 거의 믿지 않을 것이다.

존재에 의해 정당화되는 것은 전혀 없다. 생각되는 것은 생각되지 않는 것과 마찬가지로 존재한다. 거리의 돌이 있고, 그것에 대한 나의 관념도 있다. 둘은 다른 공간에 있을 뿐이다. 전자는 바람이 잘 통하는 공간에, 후자는 내 머리 속에, 나 자신 안에 있다. 왜냐하면 나는 거리와 마찬가지로 공간이기 때문이다.

길드 구성원이나 특권층은 사상의 자유를 참지 못한다. 즉 '모든 선의 수여자'에게서 나오지 않는 사상을 허용할 수 없다. 그 수여자의 이름이 신, 교황, 교회 등으로 불려도 마찬가지이다. 누구든지 그러한 부당한 생각을 가지고 있다면 그는 고해 신부의 귀에 속삭이고, 자유로운 생각을 참을 수 없게 될 때까지 노예의 채찍으로 자신을 꾸짖어야 한다. 다른 면에서도 길드의 정신은 자유로운 사상이 전혀 다가오지 않도록 우선적으로 현명한 교육을 통해 주의를 기울인다. 도덕의 원칙을 제대로 배운 인간은 다시는 도덕적 사고로부터 자유로워지지 않으며, 강도, 위증, 횡령 등은 사상의 자유가 그를 보호할 수 없는 고정된 관념으로 남아 있다. 그는 '위로부터' 자신의 생각을 가지며 그것을 고수한다.

인가 또는 특허의 보유자는 다르다. 모든 인간은 자신이 원하는 대로 사유하고 사유를 형성할 수 있어야 한다. 그가 사유 능력에 대한 특허나 인가를 가지고 있다면 그는 특정한 특권이 필요하지 않다. 그러나 '모든 인간은 이성적이기 때문에' 모든 인간은 자신의 머리에 어떤 생각이든 넣을 수 있고, 타고난 재능의 범위 내에서 더 많거나 적은 생각을 가질 수 있다. 이제 우리는 '모든 의견과 신념을 존중해야 한다', '신념을 가진 자는 모두 나름의 권리를 갖는다', '타자의 견해에 관대해야 한다' 등의 훈계를 듣는다.

그러나 '당신의 생각은 내 생각과 다르고 당신의 길은 내 길과 같지 아니하다.' 또는 오히려 그 반대를 말하고 싶다. '당신의 생각은 내 생각이며, 내가 원하는 대로 처리하고 무자비하게 짓밟는다'라고. 그것들은 내 소유며 나는 그것을 멋대로 소멸시킨다. 나는 당신의 생각을 해체하고 날려버리기 위해 먼저 당신이 그 권리를 부여하기를 기다리지 않는다. 당신이 이러한 생각을 당신의 생각이라고 부르는 것은 나에게 중요하지 않다. 그럼에도 불구하고 그것들은 내 것으로 남아 있으며, 내가 그것들을 어떻게 처리할 것인가는 내 문제이지 월권이 아니다. 당신의 생각이 나에게 기쁨을 줄 수 있으면 나는 가만히 있을 것이다. 생각이 새들처럼 자유롭게 날아다니고, 따라서 각자 자기 자신을 얻기 위해 자기 자신의 침해할 수 없는 소유라고 나에게 주장할 수도 있다고 당신은 믿을 수 있는가? 날아다니는 것은 모두 내 것이다.

당신은 스스로를 위하여 당신의 사상을 가지고 있고, 누구에게도 그 책임을 질 필요가 없다고 믿는가, 아니면 당신이 자주 말하는 대로 오직 신에게만 답을 드려야 한다고 믿는가? 아니다, 당신의 크고 작은 사상은 나에게 속해 있으며, 나는 내 마음대로 그것들을 처리한다.

내가 죽음의 순간에도 그 사상을 가지는 것에 대해 어떤 불안도 느끼지 않고, 사상의 상실을 나를 위한 상실, 즉 나의 상실로 여기면서 이것을 두려워하지 않을 때에만 그 사상은 나의 것이 된다. 내가 사상을 제압하는 것이 있어도, 사상이 결코 나를 정복하지 않고 결코 나를 광신화하지 않으며 나를 실현의 도구로 만들 때, 비로소 사상은 나의 고유한 것이다.

그래서 사상의 자유는 내가 가능한 모든 사상을 가질 수 있을 때 현존한다. 그러나 사상은 주인이 될 수 없어야 비로소 소유가 된다. 사상의 자유 시대에는 사상(이념)이 지배한다. 그러나 내가 사상으로 소유를 얻으면 그것들은 나의 피조물이 된다.

만약 위계질서가 인간의 가장 깊숙한 내면까지 침투하여 인간에게서 자유로운 사상을, 아마도 신을 불쾌하게 하는 사상을 추구할 모든 용기를 빼앗지 않는다면, 인간은 사상의 자유를 가령 소화의 자유와 마찬가지로 공허한 단어로 간주해야 할 것이다.

길드 조합원의 의견에 따르면 사상은 나에게 주어진다. 자유사상가들에 따르면 나는 사상을 탐구한다. 전자에서는 진리가 이미 발견되고 존재한다. 오직 나만이 그것을 수여자로부터 은혜로서 받아야 한다. 후자에서는 진리가 추구되어야 하고 나는 그것을 미래에 있는 나의 목표로서 쫓아 달려야 한다.

두 경우 모두 진리(진정한 사상)는 내 외부에 있으며, 나는 그것을 증여(은혜)로 얻거나 획득(나 자신의 공로)으로 얻고자 갈망한다. 그러므로 1) 진리는 하나의 특권이다. 2) 아니다, 진리에 이르는 길은 모든 인간에게 허용되어 있으며 성서나 교황이나 교회나 그 밖의 어느 누구도 진리를 소유하고 있지 않다. 그러나 그 점유를 사변할 수 있다.

둘 다 진리와 관련하여 비소유라는 것을 알 수 있다. 그들은 진리를 봉지로 소유하거나(왜냐하면 예를 들어 '성 교황'은 결코 유일자가 아니기 때문이다. 유일자로서 그는 이 식스투스, 이 클레멘스이지만 식스투스나 클레멘스로서 그는 진리를 갖지 않고 '성 교황', 즉 하나의 정신으로서 진리를 갖기 때문이다) 이상으로 갖는다. 봉토로서 진리는 오로지 소수(특권자)만을 위한 것이고 진리로서는 만인(특허권자)을 위한 것이다.

그러므로 사상의 자유가 갖는 의미는, 우리 모두가 실제로 어둠과 오류의 길을 걷고 있지만 이 길에서만 모든 인간은 진리에 접근할 수 있고 따라서 올바른 길 위에 있다는 것이다('모든 길은 로마로 통하고, 세계 끝에 통한다' 등). 그러므로 사상의 자유는, 진정한 사상이 나에게 고유한 것이 아니라는 것을 의미한다. 만일 참된 사상이 나에게 고유한 것이라면 인간들이 어떻게 나를 그것으로부터 차단하겠는가?

사유는 완전히 자유로워졌고, 내가 수용해야 하는 많은 진리를 제시했다. 사유는 스스로를 하나의 체계로 완성하고 하나의 절대적인 '상태'에 도달하려고 한다. 가령 국가에 대해 사유는 이념을 추구하며, 그중에서 나에게 적정한 '이성 국가'를 이끌어낼 때까지 간다. 그리고 인간(인간학)에 대해서는 '인간을 발견'할 때까지 간다.

사유하는 자가 신앙하는 자와 구별되는 것은, 전자가 후자보다 훨씬 더 많이 믿는다는 것이며, 신앙인은 자신의 신앙(신조)에 대해 생각하는 것이 훨씬 적다는 것에 의해서일 뿐이다. 신앙인이 소수의 신앙 원칙만을 가지는 데 반해, 사유자는 수천 가지 신앙의 신조를 가지고 있다. 그러나 사유자는 그의 신조들을 관련짓고, 다시금 그 관련을 그러한 원칙 평가의 척도로 삼는다. 그 원칙이 척도에 맞지 않으면 그는 그것을 버린다.

사유자들은 그들의 발언에서 신앙인들과 양립한다. '만일 신으로부터 나왔으면 당신은 그것을 뿌리 뽑지 마라'가 아니라 '진리에서 나온 것이면 참되다'라는 것이다. '신에게 영광을 돌리라' 대신에 '진리에 영광을 돌리라'라는 것이다. 그러나 신이 이기든 진리가 이기든 나에게는 모두 정말 똑같다. 무엇보다 내가 이기고 싶기 때문이다.

이와 별개로 국가나 사회 내부에서 '무한한 자유'라는 것은 어떻게 생각될 수 있는가? 국가는 서로를 잘 보호할 수 있지만 무한한 자유, 이른바 무절제(Zügellosigkeit)에 의해 스스로를 위험에 빠뜨리면 안 된다. 따라서 '교육의 자유'란 각자가 국가(또는 더 이해하기 쉽게 말해서 국가 권력)가 바라는 대로 교육을 받는 것이 국가에게 적정하다고 선언하는 것이다. 경쟁자들에게는 '국가가 원하는 대로'라는 것이 가장 중요하다. 가령 성직자라면 국가가 원하는 것처럼 하지 않으면 스스로 경쟁에서 배제된다(프랑스를 보라). 모든 경쟁에 대해 국가에서 반드시 설정해야 하는 한계를 '국가의 감시 및 감독'이라고 말한다. 교육의 자유가 정당한 범위 내에서 유지되도록 요구하면서 국가는 동시에 사상의 자유 범위를 설정한다. 왜냐하면 일반적으로 인간들은 교사가 사유하는 것 이상으로 사유하지 않기 때문이다.

기조[150] 수상은 "오늘날의 가장 큰 어려움은 정신을 지도하고 지배하는 것에 있다. 이전에는 교회가 이 사명을 완수했지만 지금은 교회에 맡기는 것으로 충분하지 않다. 이 중대한 사명을 실행할 것으로 기대되어야 하는 것은 대학이고, 대학은 이를 이행할 것이다. 우리 정부는 이 점에서 대학을 지원하고 보호할 의무가 있다. 이 헌장은 사상과 양심의 자유를 요구한

••
150) 프랑수아 기조(François Guizot, 1787~1874)는 프랑스 정치가이자 역사가이다.

다"[151]고 말했다. 따라서 사상과 양심의 자유를 위해 수상은 '정신을 지도하고 지배할' 것을 것을 요구한다.

천주교는 신청자를 교회 신앙의 포럼 앞에 데려오고, 개신교는 신청자를 성서에 의한 기독교 신앙이라는 포럼 앞에 데려왔다. 가령 루게[152]가 원하듯이 그를 이성의 포럼 앞에 데려오면 조금 나을 것이다. 교회, 성서 또는 이성(루터와 후스가 이미 호소한)이 신성한 권위인지의 여부는 본질적으로 아무런 차이가 없다.

'우리 시대의 문제'는 다음과 같이 말해도 해결되지 않는다. 즉 정당한 권리를 갖는 것은 어떤 보편적인 것인가, 아니면 개별적인 것인가? 권리를 갖는 것은 보편성(가령 국가, 법, 관습, 도덕성 등)인가, 아니면 개체성인가? 각자가 더 이상 '권리 부여'에 대해 요구하지 않고 '특권'에 대한 단순한 싸움을 계속하지 않을 때 처음으로 그 문제는 해결된다. 오로지 '이성의 양심만을 인정하는' '합리적인' 교육의 자유[153]가 우리를 목표에 이르게 하는 것은 아니다. 우리가 필요로 하는 것은 도리어 모든 고유성을 위한 하나의 에고이스트적인 교육의 자유이다. 그것에서 비로소 나는 들을 수 있는 자(Vernehmbaren)가 되고, 스스로 방해받지 않고 나 자신을 알릴 수 있다. 내가 나 자신의 생각을 '알아들을 수(vernehmbar)' 있게 만든다는 것, 이것만이 '이성(Vernunft)'이다. 내가 나 자신을 알아들을 수 있고, 내 자신에게 귀를 기울임으로써 타자도 나와 같이 나 자신을 향유하고 동시에 나를 소진

∙∙

151) (원주) 귀족원에서, 1844년 4월 25일.

152) Arnold Ruge, "Bruno Bauer und die Lenrfreiheit," *Anekdota zur neuesten deutschen Philosophie und Publizistik*, Bd.1(Zürich & Winterthur, 1843), p. 120. (옮긴이주) 아르놀트 루게(1802~1880)는 독일의 언론인이자 헤겔좌파의 일원이다.

153) (원주) 같은 책, 127쪽.

하게 된다.

예전에는 독실하고 충성스러운, 도덕적인 자유가 자유롭게 된 것과 같이, 이제는 이성적인 자아가 자유로워지면 그것으로 무엇을 얻을 수 있을까? 이것이 나의 자유이기도 한 것인가?

내가 '이성적인 자아'로서 자유롭다면, 자유로운 것은 내 안에 있는 이성적인 것 또는 이성이다. 그리고 이 이성의 자유 또는 사상의 자유는 고대부터 기독교 세계의 이상이었다. 그들은 사상을 자유롭게 하고 싶었다. 앞서 말했듯이 사유가 신앙인 것과 마찬가지로 신앙도 사유이지만, 인간들은 사유를 자유롭게 하고자 했다. 사유자, 즉 이성적인 인간뿐만 아니라 신앙인도 자유로워야 했고, 나머지에게는 자유가 불가능했다. 그러나 사유자의 자유는 '신의 자녀의 자유'이며 동시에 가장 무자비한 사상의 위계 또는 지배였다. 왜냐하면 내가 사상에 굴복하기 때문이다. 사상이 자유롭다면 나는 그들의 노예이다. 왜냐하면 나는 그것을 통제할 힘이 없고 그것에게 지배를 받기 때문이다. 하지만 나는 여러 사상을 갖고 싶고 사상으로 가득 차 있고 싶지만, 동시에 나는 사상이 없기를 바라고 사상의 자유 대신 무사상성을 유지한다.

나 자신을 이해하고 의사소통을 하는 것이 요점이라면, 내가 사용할 수 있는 것은 오로지 내가 동시에 인간이기 때문에 내가 통제할 수 있는 인간적 수단뿐이다. 그리고 정말로 나는 하나의 인간으로서만 사상을 갖는다. 동시에 나는 나로서는 사상이 없다. 사상을 지울 수 없는 인간은 지금까지 오직 인간일 뿐이며, 언어의 노예, 계율의 노예, 인간적 사상 보고의 노예이다. 언어 또는 '단어'는 우리를 가장 끔찍하게 억압한다. 왜냐하면 언어는 우리에게 고정관념의 군대를 불러일으키기 때문이다. 지금 바로 명상하면서 자신을 관찰하라. 그러면 매 순간 사상이 없고 말문이 막힐 때에만 더 나아가는 방법을 찾을 수 있다. 당신은 가령 잠을 자고 있을 때에만 사상이 없고 말문이 막힌 것이 아니라 깊은 명상 속에서도 그러하다. 그리고 오직 이 무사상성에 의해서만, 이 부인된 '사상의 자유' 또는 사상으로부터의 자유에 의해서만, 당신은 당신의 것이다. 그러한 무사상으로부터만 당신은 언어를 당신의 소유로 사용할 수 있게 된다.

사유가 내 사유가 아니라면, 그것은 그저 떠도는 사상일 뿐이다. 그것은 노예의 것, 또는 '말씀에 순종하는 종'의 것이다. 나의 사유에서는 사상이 아니라 나 자신이 내 사상의 시작이다. 따라서 사유의 전체 과정이 내 향유의 과정일 뿐인 것처럼 나도 사상의 목표이기도 하다. 반면에 절대적이거나 자유로운 사고의 경우 사고 자체가 시작이며, 이 시작을 가장 극단적인 '추상화'(가령 존재)로 설정하는 데 어려움을 겪는다. 바로 이 추상 또는 사상이 더 나아가 추구된다.

절대적 사유는 인간 정신의 일이며 그것은 성스러운 정신이다. 그러므로 이러한 사유는 '이에 대한 취미'가 있는, 즉 '인류의 최고 이익'을 위해, '정신'을 위해 즐겨 하는 사제의 일이다.

신앙인에게 진리는 하나의 확정된 일, 즉 하나의 사실이다. 자유로운 사유자에게는 아직 해결해야 할 문제이다. 절대적인 사유는 일단 무신앙이고, 그 무신앙에는 한계가 있다. 그리고 역시 진리에 대한 신앙, 정신에 대한 신앙, 이념과 그 최종 승리에 대한 신앙은 여전히 존재한다. 이러한 사상은 성령을 거스르는 죄를 짓지 않는다. 그러나 성령을 거슬리지 않는 모든 사유는 유령이나 망령을 믿는 것이다.

나는 감각만큼 사상을, 감각의 활동만큼 정신의 활동을 포기할 수 없다. 감각이 사물에 대한 감각인 것처럼 사상은 본질(사상)에 대한 감각이다. 본질은 감각적인 모든 것, 특히 단어에서 실재한다. 언어의 힘은 사물의 힘을 따른다. 첫째는 회초리로, 그다음은 확신으로 강제된다. 사물의 힘은 우리의 용기와 정신을 이긴다. 확신의 힘과 말의 힘에 대하여는 고문과 칼도 그 우위와 힘을 잃는다. 확신을 가진 인간들은 사탄의 모든 유혹에 저항하는 제사장적 인물들이다.

기독교는 이 세계의 것들에서 저항할 수 없는 것들만 제거하고 우리를 그것들로부터 독립시켰다. 같은 방식으로 나는 진리와 그 힘 위로 나를 높인다. 나는 초감각적임과 동시에 초진리적이 된다. 내 앞에는 진리가 사물처럼 평범하고 무관심한 것이다. 진리는 나를 매혹하지 않으며 감동을 불러일으키지 않는다. 어떤 진리라고 해도, 권리, 자유, 인간성이라고 해도 내 앞에 안정되어 있고, 나를 복종시키는 것은 단 한 가지도 없다. 그것들은 말일 뿐이며 기독교인에게는 '헛된 것'일 뿐이다. 말과 진리(헤겔이 거짓말을 할 수 없다고 주장하는 것처럼 모든 말은 진리이다)에 있어서, 기독교인에게 사물과 허무 속에 복음이 없는 것과 마찬가지로 나에게도 복음은 없다. 이 세계의 재물이 나를 행복하게 하지 못하듯이 세계의 진리도 나를 행복하게 하지 않는다. 유혹의 이야기를 하는 것은 더 이상 사탄이 아니라 정신이다. 그리고 그것은 이 세계의 사물을 갖지 않고 속세의 사상, '이념의 반짝임'으로 유혹한다.

세속적인 물건과 함께 모든 신성한 물건도 가치를 박탈해야 한다.

진리는 상투어이고, 엉뚱한 소리(Redensart)이며, 말(로고스)이다. 연결되거나 서열 또는 연관 속에 있고 논리학, 과학, 철학을 형성한다.

먹기 위해 음식을 필요로 하듯이 사유하고 말하기 위해 진리와 말을 필요로 한다, 그것들 없이는 사유하거나 말할 수 없다. 진리는 언어로 수렴되는 인간의 사상이고 따라서 다른 것들과 마찬가지로 존재한다. 그러나 그것은 오로지 정신이나 사유로서만 존재한다. 그것들은 인간의 제도이자 인간의 피조물이며, 비록 그것들이 신적 계시라고 자처한다 하더라도 나에게는 여전히 그들 안에 이질적인 특성이 남아 있다. 나의 피조물로서 그것들은 창조 행위 이후에 이미 나에게서 소외되어 있다.

기독교인은 사유에 대한 신앙을 가진 인간으로서 사상의 최고 지배력을 믿으며 소위 '원리'라고 불리는 사상을 지배하려는 인간이다. 많은 인간들이 실제로 사상을 검토하며, 그 어느 것도 비판 없이 그의 주인에게 선택되지 않는다. 그러나 바로 그 점에서 그는 '주인'의 냄새를 맡기 위해 인간들에게 코를 킁킁거리는 개와 같다. 즉 그는 항상 지배적인 사상을 목표로 하고 있다. 기독교인은 무한히 많은 것을 개혁하고 혁신하며, 수세기 동안 지배적인 개념을 무너뜨릴 수도 있다. 그리고 그는 항상 새로운 '원칙' 또는 새로운 주인을 다시 열망하고, 항상 더 높거나 '더 깊은' 진리를 다시 설정하고, 항상 다시 새로운 숭배를 불러일으키고, 항상 지배에 부름받은 정신을 선포하고, 모두를 위한 법을 제정한다.

인간이 자신의 삶과 능력을 바쳐야 하는 단 하나의 진리가 있다면, 그는 인간이기 때문에 규칙, 지배, 법에 복종하는 신하이다. 가령 인간, 인간성, 자유 등이 그러한 진리이다.

다른 한편으로 다음과 같이 말할 수 있다. 당신이 사유에 더 몰두할지 여부는 당신에게 달려 있다. 만일 당신의 사유에서 당신이 주목할 만한 것을 밝혀내고 싶다면 많은 어려운 문제가 해결되어야 하고, 그것을 극복하지 않으면 당신은 앞으로 나아갈 수 없다는 것을 알아두어야 한다. 그러므로 당신에게는 사상(이념, 진리)에 간섭하라는 의무와 소명이 없다. 그러나 당신이 그것을 바란다면 이 어려운 문제를 해결하기 위해 이미 타자들의 세력이 달성한 것을 잘 활용하게 될 것이다.

따라서 사유하려는 인간은 의식적으로든 무의식적으로든, 스스로 하고

자 하는 과제를 갖게 된다. 그러나 아무도 사유하거나 믿어야 할 임무를 가지고 있지는 않다. 전자(사유)의 경우 당신은 충분히 생각하지 않고 편협하고 편향된 이해관계를 가지고 있어서 사물의 바닥에까지 이르지 못하고, 한마디로 일을 완전히 장악하지 못한다. 다른 한편으로, 당신이 언제라도 아무리 멀리 이르러도 당신은 여전히 끝에 있고, 더 나아가야 할 사명이 없으며, 당신이 원하는 대로 또는 당신이 할 수 있는 대로 사유하면 된다. 다른 일의 경우와 마찬가지로 그것에 대한 기쁨이 줄어들면 그것을 포기하는 것이 좋다. 마찬가지로 당신이 더 이상 아무것도 믿을 수 없다고 하면, 억지로 신앙을 가지거나 마치 신학자나 철학자가 하는 것처럼 성서의 성스러운 진리를 안고 있는 것처럼 계속 바쁘게 살 필요가 없고, 당신은 조용히 관심을 끌 수 있고 그것을 실행시킬 수 있다. 물론 사제적 정신 아래에서는 당신에게 그러한 무관심을 '태만, 무사상, 완고, 자기기만' 등으로 주석하여 보여줄 것이다. 그러나 그러는 대로 내버려두는 것이 좋다. 아무것도, 소위 '인류의 최대 이익'도, '신성한 대의'도, 그것에 대해 당신이 봉사할 가치가 없고, 당신 자신을 차지할 가치가 없다. 당신을 위한 가치가 있는가 없는가라는 점에서만 그 가치를 찾을 수 있다. 어린아이와 같이 되라는 성서의 말은 우리를 훈계한다. 그러나 아이들은 신성한 관심 따위는 없고 '선한 명분'에 대해 아는 것도 없다. 그들은 자신이 무엇을 좋아하는지 더 정확하게 알고 있다. 그리고 그들은 최선을 다해 그것에 도달하는 방법을 성찰한다.

사유하는 것은 감각하는 것과 마찬가지로 멈추지 않는다. 그러나 사상과 사상의 힘, 이론과 원리의 지배, 정신의 주권, 간단히 말해서 위계질서는 사제, 즉 신학자, 철학자, 정치가, 속물, 자유주의자, 학교 교사, 하인, 부모, 자녀, 부부, 프루동, 조르주 상드[154], 블룬칠리[155]등이 발언하는 한 지속된다. 위계질서는 인간들이 원칙을 믿고 사유하고, 심지어 비판하는 한 지속된다. 왜냐하면 현재의 모든 원칙을 훼손하는 가장 냉혹한 비판조차도 마침내 그 원칙을 믿기 때문이다.

모두가 비판하지만 그 기준은 다르다. 인간들은 '올바른' 기준에 따라 움직인다. 올바른 기준은 첫 번째 전제이다. 비평가는 명제, 진리, 신앙에서 출발한다. 이것들은 비평가의 창조물이 아니라 독단가의 창조물이다. 그것들은 일반적으로 그 시대의 문화 중에서 무조작적으로 받아들여진 것, 가령 '자유', '인류' 등과 같은 것들이다. 비평가는 '인간'을 발견하지 않았지만 '인간'으로서 이 진리가 독단론자에 의해 확립되었으며 비평가(게다가 앞의 독단가와 동일 인물일 수 있으나)는 그 진리, 그 신앙 원칙을 믿는다. 이 신앙 안에서, 그리고 이 신앙에 사로잡혀서 그는 비판한다.

비판의 비밀은 어떤 '진리'가 된다. 이 진리가 여전히 비판의 힘을 주는 비밀이다.

그러나 나는 노예적 비판과 고유적 비판을 구별한다. 내가 최고의 존재를 전제로 비판한다면, 나의 비판은 그 본질에 봉사하고 비판은 그 본질을 위해 행해진다. 내가 가령 '자유 국가'에 대한 신앙에 사로잡혀 있다면, 나는 그것과 관련된 모든 것이 이 국가에 적합한지 여부의 관점에서 비판한다. 왜냐하면 나는 이 국가를 사랑하기 때문이다. 내가 경건한 사람으로 비판한다면, 나에게는 모든 것이 신적인 것과 악마적인 것으로 나뉘고, 내가 비판하기 전에 자연은 신의 흔적을 받은 것과 악마의 흔적을 받은 것

. .

154) 조르주 상드(George Sand, 1804~1876)는 프랑스의 여성 작가이다.

155) 요한 카스퍼 블룬칠리(Johann Caspar Bluntschli, 1808~1881)는 스위스의 우익 자유주의 법률가이자 정치가이다.

(가령 신의 선물, 신의 산, 악마의 족장과 같은 이름)으로 구성되고 사람은 신자와 불신자로 구성된다. 내가 인간을 '진정한 본질'로 믿으면서 비판하면, 나에게는 모든 것이 주로 인간과 비인간 등의 부류에 속한다.

비판은 오늘날까지도 사랑의 노동으로 남아 있다. 왜냐하면 나는 항상 어떤 본질에 대한 사랑을 위해 비판하기 때문이다. 모든 노예적 비판은 사랑의 소산이고 사로잡힌 것이며, "모든 것을 시험하고 선을 굳게 잡으라"[156]는 신약 성서의 계명에 따라 진행된다. '선'은 기준이 되는 시금석이다. 수천 개의 이름과 형태로 돌아오는 선은 항상 전제로 남아 있고, 이 비판에 대한 독단적인 고정점으로 남아 있으며, 고정관념으로 남아 있다.

비평가는 작업을 시작할 때 '진리'를 공정하게 전제하고 그것이 발견되어야 한다는 신앙으로 진리를 추구한다. 그는 참을 확인하기를 원하며 그 안에서 '선한 것'을 갖는다.

전제는 어떤 사상을 앞에 두는 것, 또는 다른 모든 것보다 먼저 사유하고 사유한 것의 출발점에서 나머지를 사유하는 것, 즉 이것으로 그것을 측정하고 비판하는 것 외에는 아무 의미가 없다. 다시 말해 사상이란 이미 사유한 것에서 시작하는 것과 같다. 존재가 시작되는 대신에 사유 일반이 시작했다면 사유는 하나의 주체이고, 식물이 그러하듯이 그 자체로 활동하는 인격이라면 사유는 그 자체로 시작되어야 한다는 원칙을 버리는 일은 없을 것이다. 그러나 그러한 수많은 오류를 전달하는 것은 사고의 의인화일 뿐이다. 헤겔의 체계에서 그것들은 항상 사유하는 것처럼 말하거나 '사유하는 정신(즉 의인화된 사유, 유령처럼 사유하는 것)'이 사유하고 활동한다. 비판적 자유주의에서는 항상 '비판'이 이런저런 일을 한다고 말하며,

∵

156) (원주) 「데살로니가 전서」, 5장 21절.

그렇지 않으면 '자아의식'이 이것저것을 찾는다고 한다. 그러나 사유가 인격적인 행위자라면 사유 자체가 전제되어야 한다. 비판이 그러한 것으로 간주된다면, 마찬가지로 어떤 사상이 전제되어야 한다. 사유도 비판도 그것들 자신으로부터 시작하고 능동적일 수 있어야 하며, 그 자체가 존재하지 않고는 능동적일 수 없는 것처럼 그것들 자신이 그들의 활동의 전제가 되어야 할 것이다. 그러나 전제된 것으로서의 사유는 고정된 사유, 도그마(독단)이다. 그러므로 사유와 비판은 독단에서만 출발할 수 있다. 즉 어떤 사상, 어떤 고정관념, 어떤 전제에서만 출발할 수 있다.

이것으로 우리는 위에서 언급한 바와 같이, 기독교가 사상 세계의 발전으로만 존립한다거나, 기독교가 본래의 '사상의 자유'이고, '자유로운 사상', '자유로운 정신'이라는 사실로 다시 돌아간다. 그러므로 내가 '노예적'이라고 부른 '진정한' 비평은 마찬가지로 나의 고유한 것이 아니기 때문에 '자유로운' 비평이 된다.

그러나 만일 당신의 것이 그 자체로 만들어지지 않고, 인격화되지도 않고, 하나의 독자적인 '정신'으로서 독립적이지 않은 경우에는 상황이 다르다. 당신의 사상은 '사상 그 자체'가 아니라 당신 자신을 전제로 한다. 그러나 결국 당신은 스스로를 전제할까? 그렇다, 하지만 나 자신을 위한 것이 아니라 내 사상을 위한 것이다. 그런데 나의 사상에 앞서 나는 현존한다. 이런 까닭에 나의 사유에 다른 사상이 선행하지 않는다, 또는 나의 사상에는 어떤 '전제'가 없다. 나의 사유에 대한 나의 전제는 사유에 의해 만들어지거나 하나의 사유된 것이 아니라, 정립된 사유 자체이며, 사유의 소유자이기 때문이다. 그 전제란 오로지 다음의 것, 즉 사유란 오로지 소유에 불과하다는 것을 증명하기 때문이다. 즉 '독립적인' 사고, '사고하는 정신'이라는 것들은 전혀 존재하지 않는다는 것을 증명하는 것에 불과하기 때문이다.

사물을 바라보는 일반적인 방식의 이러한 반전은, 추상을 가지고 노는 공허한 장난을 하는 것과 매우 흡사하여, 실질적인 결과가 관련되지 않는다면, 그 반전을 목표로 하는 인간들이라도 무해한 측면에서 묵인할 것이다.

이것을 간결하게 표현하자면, 인간이 만물의 척도가 아니라 내가 그 척도라는 주장이 된다. 비굴한 비평가는 그의 눈앞에 그가 봉사하려는 또 다른 존재, 즉 이념을 가지고 있다. 그러므로 그는 자기 신을 위하여 거짓 우상들을 죽일 뿐이다. 이 본질에 대한 사랑을 위해 무엇을 해야 할까? 사랑의 일 외에 다른 무엇을 해야 할까? 그러나 나는 비판할 때 내 자신도 내 앞에 두지 않고, 오로지 내 취향대로 내 자신을 즐겁게 하고 있을 뿐이다. 여러 가지 필요에 따라 나는 물건을 씹거나 냄새만 들이마신다.

사랑이 그를 인도하기 때문에 노예적 비평가가 자신이 사물(원인) 자체에 봉사하기를 원한다는 점을 반영하면, 두 가지 태도 사이의 구별이 훨씬 더 두드러질 것이다.

진리인 것, 또는 '진리 일반'은 포기하지 않고 추구해야 한다. 이는 최고의 존재(être suprême)인 '최상위 존재'가 아니면 무엇일까? '진정한 비판'이라도 진리에 대한 신앙을 잃으면 절망할 수밖에 없다. 그러나 진리는 하나의 사상일 뿐이다. 그러나 그것은 단순히 사상이 아니라 모든 사상을 능가하는 사상, 즉 해체할 수 없는 사상이다. 다른 모든 사상에게 첫 번째로 거룩함을 주는 사상 그 자체이고 사상의 성령이며, '절대적' 사상, '거룩한' 사상이다. 진리는 모든 신보다 오래간다. 왜냐하면 오직 진리에 대한 봉사와 진리에 대한 사랑 때문에 인간들이 신들을 갖기 때문이고, 마침내 신을 전복시키기 때문이다. 진리는 신들의 세계의 몰락보다 오래 지속된다. 왜냐하면 진리는 이 일시적인 신들의 세계의 불멸의 영혼이며, 신성 그 자체이기 때문이다.

진리란 무엇인가라는 빌라도의 질문에 나는 이렇게 대답하겠다. 진리는 자유로운 사상이고 자유로운 정신이다. 진리는 당신에게서 자유로운 것, 당신의 것이 아닌 것, 당신의 힘에 있지 않은 것이라고. 그러나 진리는 또한 완전히 독립적이고 비인격적이며 비현실적이며 비물질적이다. 진리는 당신처럼 앞으로 나아갈 수 없으며, 움직이고 변화하고 발전할 수 없다. 진리는 당신에게서 모든 것을 기대하고 받아들이며, 그 자체는 당신을 통해서만 있다. 왜냐하면 그것은 오로지 당신의 머릿속에만 존재하기 때문이다. 당신은 진리가 하나의 사상이라는 것을 인정하지만 모든 사상이 참된 것은 아니라고 말한다. 또는 당신이 표현했듯이 모든 사상이 참되고 현실적인 사상은 아니다. 그렇다면 당신은 그 참된 사상을 무엇으로 평가하고 인식할까? 당신의 무력함으로, 즉 당신이 더 이상 성공적인 공격을 할 수 없다는 것! 사상이 당신을 압도하고 영감을 주고 당신을 매료할 때, 당신은 그것을 진정한 사상으로 간주한다. 당신에 대한 사상의 지배는 당신에게 그것의 진리성을 증명한다. 그리고 사상이 당신을 점유하고 당신이 사상에 사로잡힐 때, 당신은 그것에 대해 행복을 느낀다. 왜냐하면 그때 당신은 당신의 주인이자 상사를 찾았기 때문이다. 당신이 진리를 추구할 때 당신의 마음은 무엇을 갈망했는가? 당신의 주인을 갈망했다! 당신은 당신의 능력을 사모하는 것이 아니라 전능한 것을 갈망하며 전능한 자를 높이고자 했다('우리 신을 숭배하라!'). 진리란 내가 사랑하는 빌라도 주인이다. 진리를 찾는 모든 인간은 주님을 찾고 찬양한다. 주님은 어디에 계시는가? 당신의 머리 말고 어디에 있는가? 주님은 하나의 정신일 뿐이며, 실제로 그를 볼 수 있다고 믿는 때마다 그것은 하나의 유령이다. 왜냐하면 주님이란 오로지 사유되는 어떤 것에 불과하며, 보이지 않는 것을 보이는 것으로 하고, 정신적인 것을 육체적인 것으로 보이게 하는 기독교인의 불안과 고민이 그 유령을 낳고 유령에 대한 신앙의 무서운 비참함을 낳은 것에 불과하기 때문이다.

당신이 진리를 믿는 한, 당신은 자신을 믿지 않는다. 당신은 하인이자 종교적인 인간이다. 당신만이 진리이다. 아니면 오히려 당신은 당신 앞에는 아무것도 아닌 진리 그 이상이다. 당신도 진리에 대해 확실히 묻고, 당신도 확실히 '비판'한다. 그러나 당신은 결코 '더 높은 진리'에 대해 묻지 않고, 즉 당신보다 더 높아야 할 진리에 대해 묻지도 않고 그러한 것을 기준으로 비판하지도 않는다. 당신이 사상과 관념에 접근하는 것은, 사물의 여러 가지 현상에 대해 접근하는 것처럼 그것들을 당신의 입맛에 맞게 하고 즐겁게 만들고자 하려는 것이요, 자기 것으로 하는 것, 오로지 그것만을 목적으로 한다. 당신은 그것들을 오로지 정복하고 그것들의 소유자가 되고자 한다. 그 속에 당신 자신을 위치시키고 그것들에 정통하고, 그것들이 더 이상 당신에게서 빠져나갈 수 없을 때, 더 이상 포착되지 않거나 이해되지 않는 곳이 없을 때, 또는 그것들이 당신에게 적합할 때, 그것들이 당신의 소유가 될 때. 당신이 그것들을 진리라고 인정할 때, 그것들을 진정한 빛으로 보는 것이다. 나중에 그것들이 다시 더 사나워져서 다시 당신의 힘에서 벗어나면, 이는 바로 그것들의 거짓말이 될 뿐이다. 즉 당신의 무력함이 된다. 당신의 무력함은 그것들의 힘이고 당신의 겸손은 그것들의 존엄이다. 그러므로 그것들의 진리성은 바로 당신이거나, 아니면 당신이 그것들을 위해 존재하는 아무것도 아니고 그 안에서 그것들이 용해되는 것이다. 즉 그것들의 진리성은 그것들의 무(Nichtigkeit)이다.

진리인 망령은 오직 나의 소유로 비로소 인식에 이르게 된다. 그 망령들은 그것들이 불쌍한 실존을 박탈당하고 내 소유가 되었을 때 비로소 현실적인 것이 된다. 진리는 스스로 발전하고, 지배하고, 관철하며, 역사(또는 개념)가 승리한다고 더 이상 말하지 않을 때 비로소 그것은 현실적인 것이 된다. 진리는 결코 승리를 쟁취한 적이 없고, 검('진리의 검')과 같이 항상 승리를 위한 나의 수단이었다. 진리는 죽은 것이고, 하나의 문자이고, 말이고, 내가 써먹을 수 있는 하나의 재료에 불과하다. 모든 진리는 그 자체로 죽은 것, 시체이다. 그것은 오로지 내 폐가 살아 있는 것과 같은 방식으로만 살아 있는 것이다. 즉 내 자신의 활력의 척도에서 말이다. 진리는 채소와 잡초 같은 소재이다. 그것이 채소인지 잡초인지 판단은 나에게 달려 있다.

나에게 여러 가지 대상이란 오로지 내가 소비하는 재료일 뿐이다. 내가 손을 대는 곳마다 나는 어떤 진리를 움켜쥐고, 그것을 내가 사용하기 좋도록 직접 다듬는다. 진리는 나에게 확보되어 있으며, 따라서 나는 그것을 동경하거나 추구할 필요가 전혀 없다. 진리에 봉사하는 것이 나의 의도는 결코 아니다. 그것은 나에게 감자가 소화와 위장을 위한 것이고, 친구가 내 사회적 마음을 위하는 것인 것처럼, 그것은 나에게 사유하는 머리를 위한 영양분일 뿐이다. 나에게 사유하는 즐거움과 힘이 있는 한 모든 진리는 내 능력에 따라 가공하는 데에만 도움이 된다. 현실이나 세속적인 것이 기독교인들에게 그러하듯이, 나에게 진리란 '헛되고 헛된 것'일 뿐이다. 기독교인이 이 세계의 것들이 무의미함을 증명했음에도 불구하고, 그것들이 계속 존속하는 것처럼 진리는 현존한다. 그러나 그것은 허무하다. 왜냐하면 진리는 그 가치를 그 자체에서 갖는 것이 아니라 내 속에서만 그 가치를 갖기 때문이다. 그 자체로서는 아무런 가치가 없다. 그것은 가치 없는 것이다. 진리는 하나의 피조물(Kreatur)이다.

당신이 당신의 활동을 통해 셀 수 없이 많은 것을 생산해내는 것과 같이, 지구 표면을 새롭게 만들고 모든 곳에 인간의 작품을 세우는 것처럼, 당신도 여전히 사유를 통해 셀 수 없는 진리를 발견하고자 하고 우리도 그것을 기뻐할 것이다. 그럼에도 불구하고 당신이 새로 발견한 기계에 기계적으로 제공하기 위해 나 자신을 넘겨주고 싶지 않고, 오로지 내 이익을 위해 작동시키는 것과 마찬가지로 당신의 진리를 오로지 사용할 것이지만, 그 기계의 요구에 응하여 나 자신을 사용할 생각은 추호도 없다.

내 밑에 있는 모든 진리는 내가 좋아하는 것이다. 그러나 내 위에 있는 진리, 내가 스스로 그것에 맞추어야 하는 진리 등을 나는 알지 못한다. 나에게 진리는 존재하지 않는다. 나보다 위에 있는 것은 없기 때문이다! 나의 본질이든 인간의 본질이든 내 위에 있지 않다! 어떤 것도 나보다, 이 '물통'보다, 이 '하찮은 인간'보다 위에 있지 않다!

당신은 모든 시대마다 고유한 진리가 있기 때문에 '절대적 진리'는 존재하지 않는다고 과감하게 주장할 때 최선을 다했다고 믿는다. 그럼에도 불구하고 이로써 당신은 여전히 각 시대에 그 나름의 진리를 허용하고, 그리하여 당신은 본원적으로 하나의 '절대적 진리'를 창출한다. 즉 그것이 어떤 것이든 간에, 각 시대가 그 나름의 진리를 갖기 때문에 어떤 시대에도 결핍되지 않은 진리이다.

그것은 인간들이 항상 사유하고 있었고 사상이나 진리를 가지고 있었다는 것, 그리고 이후에는 이전과 다른 진리가 있었다는 것을 의미할 뿐일까? 아니다, 그 말은 각 시대마다 '신앙의 진리'가 있었다는 것이다. 그리고 사실 인정되지 않았던 '더 높은 진리'는 '신앙의 진리'로 나타나지 않았고, 인간들이 '고상하고 위엄' 있는 진리로서 거기에 스스로를 복종시켜야 한다고 생각했던 진리는 '신앙의 진리'로 아직 나타나지 않았다.

한 시대의 진리란 모두 그 시대의 고정관념이고, 그 뒤 인간들이 하나의 진리를 발견한다면 그것은 언제나 요컨대 다른 진리를 찾았기 때문에 그렇게 된 것에 불과했다. 그들은 오로지 어리석음을 개혁하고 그것에 근대적인 옷을 입혔을 뿐이다. 그 이유는 그들이 원했기 때문이다. 누가 감히 이에 대한 정당한 권리를 의심하겠는가? 그들은 '하나의 이념에 의해 영감을 받기'를 원했다. 그들은 사상에 사로잡혀 지배받기를 원했다! 이런 종류의 가장 최신의 통치자는 '우리의 본질' 또는 '인간'이다.

모든 자유 비평에 어떤 사상이 기준이 된 것에 비해 고유적 비판에서는, 말할 수 없고 따라서 단순히 사유되는 것이 아닌 내가 기준이 된다. 왜냐하면 오로지 사유되는 것은, 말과 생각이 일치하기 때문에 항상 말할 수 있는 것이기 때문이다. 나의 것은 참된 것이고, 내가 그 소유가 되는 것은 참된 것이 아니다. 가령 연합은 참이지만 국가와 사회는 참이 아니다. '자유롭고 참된' 비평은 사상, 이념, 정신을 일관되게 지배하므로 마음을 파괴하지만, '고유적' 비판은 나의 자기향유만을 위한 것이므로 마음을 쓸 필요가 없다. 그러나 이 점에서 후자는 사실상 — 그리고 우리는 이 '오명'을 아끼지 않을 것이다! — 본능에 의한 동물적 비판과 같다. 나의 경우에, 비판하는 동물에서처럼 문제는 나 자신이지 '일'이 아니다. 나는 진리의 기준이지만, 결코 이념이 아니라 이념 그 이상의 것이다. 즉 말로 표현할 수 없는 것이다. 나의 비판은 '자유로운' 비판이 아니며 나로부터 자유롭지도 않고, '비굴한' 비판도 아니며 어떤 이념에 봉사하는 것도 아니다. 그것은 하나의 고유적 비판이다. 참된 비판이든 인간적 비판이든 어떤 것이 인간에게, 참된 인간에게 적합한지 여부만 결정하는 것에 불과하다. 그러나 고유적 비판을 통해 당신이 분명히 하는 것은 그것이 당신에게 적합한 것인지 아닌지 하는 것이다.

자유로운 비평은 오로지 여러 가지 이념에 관련되기 때문에 항상 이론적이다. 그 비판이 설령 이념에 대해 반발하여도 그 비판은 결코 이념과 결별하지 않는다. 자유로운 비판은 이런저런 유령들과 격투를 하지만, 이 비판이 그것을 할 수 있다고 하는 것도 요컨대 상대를 유령으로 보고 있을 때에만 가능하다. 자유로운 비판이 상대해야 할 여러 이념은 완전히 사라지지 않는다. 새로운 날의 아침 바람은 그들을 물리치지 않는다.

비평가는 실제로 이념에 대한 무관심에 이를 수 있을지 모르지만, 그는 결코 이념을 벗어나지 않는다. 즉 그는 육신 위에 더 높은 것(그의 인간성, 자유 등)이 실존하지 않는다는 것을 결코 이해하지 못할 것이다. 그에게는 항상 인간의 '사명', '인간성'이 여전히 남아 있다. 그러나 이러한 인간성의 이념 등은 현실화되지 않는다. 그것은 그 이념이 그야말로 '이념'이고, 이념으로 남아 있어야 하기 때문이다.

반면에 내가 이 이념을 내 이념으로 이해한다면 그것은 이미 실현된 것이다. 왜냐하면 내가 그 이념의 현실성이기 때문이다. 그것의 현실성은 육체를 갖는 나 자신이 그것을 가지고 있다는 사실에 있다.

자유의 이념은 세계의 역사에서 실현되었다고 말한다. 그러나 반대로, 그러한 이념은 어느 인간이 그것을 사유할 때 현실적인 것이며, 그것이 이념인 정도에 따라, 즉 내가 그것을 생각하거나 가지고 있는 정도에 따라 현실적이다. 스스로를 발전시키는 것은 자유의 이념이 아니라 인간이고, 인간이 스스로를 발전시키는 중에 자연스럽게 그 사유도 발전되어 간다.

요컨대 비판가는 아직 소유자가 아니다. 왜냐하면 비판가는 여전히 강력하게 낯선 이로서의 이념과 싸우기 때문이다. 그것은 이른바 기독교인이 자신의 여러 '나쁜 욕망'과 싸워야 하는 한 그의 '나쁜 욕망'의 소유자가 아닌 것과 마찬가지이다. 즉 악덕에 맞서 싸우는 자에게는 악덕이 현존하는 것과 같다.

비판은 '인식의 자유', 즉 정신의 자유에 단단히 고정되어 있으며, 정신이 순수하고 참된 이념으로 채워질 때 자신의 참된 자유를 얻는다. 이것은 사상 없이는 있을 수 없는 사유의 자유이다.

비판은 하나의 이념을 때리고 다른 이념을 갖는 것에 불과하다. 가령 특권의 이념을 때리고 인류의 이념을, 또는 에고이즘의 이념을 때리고 비자기성의 이념을 갖는 것이다.

일반적으로 기독교의 시작은 그 비판적 종말을 맞이하여 다시 무대에 오르고, 여기에서와 같이 에고이즘과 투쟁한다. 나는 나 자신(개인)을 중요하게 생각하는 것이 아니라 이념, 보편적인 것을 중요하게 생각한다.

에고이즘에 대한 사제주의의 투쟁, 세속적 심정을 가진 자에 대한 사제적 심정을 가진 자의 싸움이 모든 기독교 역사의 내용을 이루는 것이다. 최신 비평에서 이 투쟁은 모든 것을 포괄하는 완전한 광신주의가 될 뿐이다. 참으로, 생명과 분노가 다한 후가 아니면 끝날 수 없다.

내가 사유하고 행동하는 것이 기독교인이든 아니든 나와 무슨 상관이 있을까? 그것이 인간적이든 자유적이든 인도적이든, 아니면 비인간적이든 비자유적이든 비인도적이든 무엇을 묻겠는가? 그 목적이 내가 원하는 것을 성취하기만 하면, 내가 그것으로 만족한다면, 당신이 원하는 술어로 그것을 덮어라. 그것은 모두 나와 무관하다.

나 역시 바로 다음 순간에 이전의 사상에 맞서 나를 방어할 것이다. 나도 갑자기 행동 방식을 바꿀 가능성이 높다. 그러나 그것은 그것이 기독교와 일치하지 않기 때문이 아니요, 인간의 영원한 권리에 대한 반대 때문도 아니요, 인류, 인간성 및 인도주의 이념을 배반하기 때문도 아니다. 더 이상 내가 그것을 고집할 수 없기 때문이고, 그것은 더 이상 나에게 완전한 즐거움을 제공하지 못하기 때문이며, 나는 이전의 사상을 의심하거나 이제 막 실행한 행동 방식에서 더 이상 나 자신을 기쁘게 하지 않기 때문이다.

소유로서의 세계가 내가 하고자 하는 일을 수행하는 하나의 소재가 된 것처럼, 소유로서의 정신도 더 이상 신성한 두려움을 품지 않는 하나의 소재 속으로 전락해야 한다. 그런 다음, 첫째로, 나는 더 이상 어떤 사상 앞에서도 떨지 않을 것이다. 설령 그 사상이 나에게 너무 주제넘고 '악마적'으로 보인다고 해도 그렇다. 왜냐하면 그 사상이 나에게 불쾌하고 불만족스럽게 될 우려가 있다면 그것을 끝내는 것은 내 힘에 달려 있기 때문이다. 그러나 성 보니파티우스가 종교적 세심함을 통해 이교도들의 신성한 참나무를 베어내는 일을 기꺼이 거부했듯이, 그 어떤 행위에도 경건치 않음, 부도덕, 불의의 정신이 숨어 있기 때문에 나는 그 어떤 행위에서도 물러서지 않을 것이다. 일단 세계의 사물이 헛것이 되면 정신의 사상도 헛것이 되지 않을 수 없다.

어떤 사상도 신성하지 않다. 왜냐하면 어떤 사상도 '예배'로 평가되어서는 안 되기 때문이다. 어떤 감정도 신성하지 않으며(신성한 우정의 감정, 모성의 감정 등도 신성하지 않다), 어떤 신앙도 신성하지 않기 때문이다. 그것들은 모두 양도할 수 있는 것이고, 양도할 수 있는 나의 소유에 불과하며, 나에 의해 창조된 것처럼 나에 의해 소멸되는 것이다.

기독교인은 모든 사물 또는 대상을, 가장 사랑하는 인간을, 자신의 사랑의 '대상'을 잃을 수 있다. 그러나 그 자신을, 즉 기독교적 의미에서 자신의 정신을, 자신의 영혼을 잃을 수는 없다. 소유자는 자신의 마음에 소중하고 자신의 열정에 불을 붙인 생각을 버릴 수 있으며, 그가 그것의 창조자로 남기에, 마찬가지로 '천 배로 회복' 될 것이다.

무의식적으로 그리고 자의적으로가 아니라 우리 모두는 고유성을 위해 노력한다. 무엇인가 신성한 감정, 신성한 사상, 신성한 신앙을 포기하지 않는 인간은 거의 없을 것이다. 우리는 여전히 자신의 신성한 사상에서 벗어나지 못하는 인간을 만나지 못할 것이다. 신념에 대한 우리의 모든 투쟁은 아마도 우리가 적수를 그의 사상의 틀에서 벗어나게 할 수 있다는 생각에서 시작된다. 그러나 내가 무의식적으로 하는 것, 그것을 나는 반쯤 밖에 할 수 없다. 따라서 신앙에 대한 모든 승리 후에 나는 다시 다른 신앙의 포로가 된다. 그 신앙은 나의 모든 자아를 봉사하게 하고, 그리하여 성서에 대한 열광을 그만둔 뒤에는 이성에 대해 열광하거나, 기독교를 위해 충분히 오랫동안 싸운 후에는 인류의 이성에 대한 심취자가 되기도 했다.

의심할 여지없이 나는 사상의 소유자로서 내 소유를 방패로 삼아 지킬 것이다. 그러나 동시에 나는 웃는 얼굴로 투쟁의 귀추를 웃으면서 고대하고, 나의 사상과 신앙의 시체에 웃음으로 방패를 씌우고 패할 때 웃는 승리를 기대한다. 그것이 바로 유머이다. '숭고한 감정'을 가진 인간은 누구나 인간의 하찮은 것에 유머를 발산할 수 있다. 그러나 모든 '위대한 사상, 숭고한 감정, 고귀한 감동, 신성한 신앙'을 가지고 놀게 하려면 내가 모든 것의 소유자라는 것을 전제로 한다.

종교가 우리 모두 죄인이라는 명제를 설정했다면, 나는 그것에 반대하는 다른 명제, 우리는 모두 완벽하다는 것을 제시한다. 더 이상 말할 필요도 없이 우리는 매 순간 우리가 될 수 있는 전부이고, 결코 그 이상을 필요로 하지 않기 때문이다. 어떤 결점이 우리에게 붙어 있지 않기 때문에 죄도 의미가 없다. 아무도 더 이상 윗사람에게 자신을 정당화할 필요가 없을 때 세상에 아직 죄인이 있다면 그를 나에게 보여달라! 내가 나 자신에게만 정당한 일을 한다면, 설령 내가 나 자신에게 정당하지 않은 것이 있어도 나는 결코 죄인이 아니다. 두말할 필요도 없이 나는 내 안에서 어떤 '거룩한 자'에게 해를 끼치지 않기 때문이다. 반면에 내가 경건하려면 나는 신에게 나를 정당화해야 한다. 내가 인간적으로 행동하려면 인간의 본성, 인간 이념 등에 나 자신을 정당화해야 한다. 종교가 '죄인'이라고 부르는 것을 인도주의는 '에고이스트'라고 부른다. 그러나 다시 한 번 반복하지만, 내가 어떤 타자에게도 나를 정당화할 필요가 없다면 인도주의 스스로에게 새로운 악마를 품게 한 '에고이스트'는 무의미한 소리에 불과한가? 인도적인 것이 그 앞에서 전율하는 에고이스트는, 악마가 하나의 유령인 것만큼이나 하나의 유령이다. 그러한 에고이스트는 그들의 두뇌에서 보기와 환상으로만 존재한다. 그들이 고대 프랑크 풍의 선과 악의 대립에 '인간적'이라는 것과 '에고이스트적'이라는 근대적인 이름을 부여하고, 그 대립 사이를 정교하게 앞뒤로 표류하지 않았다면, 그들은 지독한 '죄인'을 '에고이스트'로 새롭게 만들지 않았을 것이다. 낡은 옷에 새 헝겊을 붙인 것이다.[157] 그러나 그들은 다른 일을 할 수 없었다. 왜냐하면 그들의 임무는 '인간'이기 때문이다. 그들은 좋은 인간을 제거했는데, 좋은 것은 남았다![158]

우리는 모두 완전하다. 온 세상에 죄인인 인간은 한 사람도 없다! 자신이 아버지인 신, 신의 아들 또는 달에 있는 인간이라고 망상하는 미친 인간들이 있으며, 마찬가지로 스스로를 죄인이라고 생각하는 어리석은 자들로 가득 차 있다. 그러나 전자가 달에 있는 인간이 아니듯이 후자는 결코 죄인이 아니다. 그들의 죄는 상상이다.

그러나 그들의 망상이나 빙의 상태는 적어도 그들의 죄라고 이의를 제

157) 「마태복음」, 9장 16절에 대한 언급.
158) 괴테의 『파우스트』 1부 2509행의 '마녀의 부엌'에 나오는 메피스토펠레스의 말을 패러디한 것이다.

기하는 자도 있을 것이다. 그들의 빙의 상태란 그들이 이룬 것 이상이 아니고, 그들의 발전 결과 이상도 아니다. 그야말로 성서에 대한 루터의 신앙이 그가 할 수 있었던 전부였던 것처럼, 발전의 결과일 뿐이다. 어떤 인간은 자신의 발전의 결과로 정신병원에 들어가고, 다른 인간은 마찬가지로 자신의 발전의 결과로 만신전으로 들어가 천당을 잃게 된다.

죄인도 없고 죄 많은 에고이즘도 없다!

당신의 '인간애'를 안고 나에게서 떨어져라! 당신, 인간의 친구여, '악덕의 지옥'으로 들어가 대도시의 군중 속에 잠시 머무르라. 당신은 모든 곳에서 죄와 죄, 그리고 다시 죄를 발견하지 않는가? 당신은 타락한 인류를 개탄하고, 괴물 같은 에고이즘을 한탄하지 않는가? 당신은 무자비하고 '에고이스트적'인 부자를 보지 않는가? 그렇다면 당신은 이미 스스로를 무신론자라고 부르고 있을지 모르지만, 당신은 여전히 부자가 '비인간'이 아니라는 것보다 낙타가 바늘귀를 통과할 가능성이 더 높다[159]는 기독교적 감정에 충실한 것이다. 당신은 어떤 자들을 '에고이스트적인 대중' 속에 던지고 볼 생각인가? 그렇다면 당신의 박애(인간에 대한 사랑)는 무엇을 찾았는가? 전혀 사랑스럽지 않은 인간들뿐이다! 그리고 그들은 모두 어디에서 왔는가? 당신에게서, 당신의 인간애에서 왔다! 당신은 죄인을 당신의 머릿속에 데리고 간다. 따라서 당신은 그 죄인을 발견하고, 따라서 그를 사방에 넣었다. 인간을 죄인이라고 부르지 마라. 그들은 그렇지 않다. 당신만이 죄인의 창조주이다. 스스로 인간을 사랑한다고 망상하는 당신이 바로 그들을 죄의 수렁에 던지는 바로 그 인간이며, 당신이 그들을 악덕과 덕이 있는 인간, 인간과 인간이 아닌 것으로 나누는 바로 그 인간이다. 당신은 당

159) 「마태복음」 19장 24절 참조.

신의 빙의 상태에 열중하여 인간을 더럽히고 있다. 두말할 필요도 없이 당신이 사랑하는 것은 이러한 인간이 아니라, 인간다운 것이기 때문이다. 그러나 나는 당신에게 말한다. 당신은 아직 죄인을 한 번도 본 적이 없고 다만 망상한 것에 불과하다고.

내가 타자에게 전해야 한다고 생각하는 것, 내가 스스로 그러한 타자에게 의무를 지고 있다고 생각하는 것, 내가 스스로를 '자기희생', '귀의', '열광' 등으로 부름을 받았다고 간주하는 것, 그것으로 인해 나는 자기향유를 싫어하게 된다. 그리하여 내가 더 이상 어떤 이념, 어떤 '고차적 존재'도 섬기지 않는다면, 나는 더 이상 그 누구에게도 봉사하지 않고 어떤 상황에서도 나 자신만을 섬긴다는 것이 자명해진다. 따라서 나는 행위나 존재 안에서뿐만 아니라 나의 자기의식에서도 유일자이다.

당신 자신에게 신적인 것, 인간적인 것 이상의 것이 있다. 유일한 것이 당신 자신에게 귀착하게 된다.

인간들이 당신에게 인정하는 것보다 더 강력한 자신을 바라보라. 그러면 당신은 더 많은 힘을 갖게 된다. 더 많은 것으로 자신을 보라. 그러면 더 많은 것을 갖게 된다.

그러면 당신은 신성한 모든 것에 소명되고, 인간적인 모든 것에 대한 권리를 가질 뿐만 아니라, 당신 것의 소유자, 즉 당신을 당신에게 고유한 것으로 하게 하는 힘을 가진 모든 것의 소유자가 된다. 즉 당신은 당신의 모든 것에 적합하게 되고 당신의 모든 것에 능력을 갖게 된다.

사람들은 항상 나의 외부에 있는 사명을 나에게 부여해야 한다고 생각했고, 결국 내가 인간이기 때문에 인간을 주장해야 한다고 나에게 요구했다. 이것이 기독교의 마법의 반지이다. 피히테가 말하는 자아도 나의 밖에 있는 그러한 본질이다. 왜냐하면 자아는 각자이고, 오로지 이 자아만이 옳은 것을 갖는다고 간주되는 이상 그것은 '자아'이고 내가 아니기 때문이다. 그러나 나는 다른 자아와 함께 하나의 자아가 아니라, 유일한 자아이다. 즉 나는 유일하다. 그러므로 나의 욕구도 유일하고 나의 행동도 유일하다. 요컨대 나에 관한 모든 것이 유일하다. 그리고 오로지 그러한 유일한 자아로서만 나는 모든 것을 나에게 고유한 것으로 삼으며, 마찬가지로 나는 그러한 나로서만 스스로를 활동시키고 발전시키는 것이다. 나는 인간으로서 나를 발전시키는 것이 아니라, 즉 인간을 발전시키는 것이 아니라 오히려 나는 나로서(als Ich) – 나를(mich) 발전시킨다.

이것이 유일자의 의미이다.

제3장
유일자

기독교 이전 시대와 기독교 시대는 서로 반대되는 목표를 추구했다. 즉 전자는 현실적인 것을 이상화하려고 하고, 후자는 이상적인 것을 현실화하기를 원한다. 전자는 '성스러운 정신'을 추구하고 후자는 '영화롭게 된 몸'을 추구한다. 그러므로 전자는 현실에 대한 둔감함으로, '세계에 대한 경멸'로 끝난다. 이에 반해 후자는 '정신에 대한 경멸'과 함께 이상적인 것을 버림으로써 끝날 것이다.

현실과 이상 사이의 대립은 화해할 수 없는 것이며, 하나는 결코 다른 것이 될 수 없다. 만약 이상이 현실이 되면 그것은 더 이상 이상이 아닐 것이다. 그리고 만약 현실이 이상이 된다면 이상만이 실재가 될 것이지만 전혀 실재는 아니다. 둘의 대립은 누군가가 둘 다를 멸망시키는 것 외에는 다른 방법으로 극복되지 않는다. 그러나 이 '누군가', 즉 제3자에게서만은 대립이 그 끝을 찾는다. 그렇지 않으면 사상과 현실이 일치하지 않을 것이다. 이념은 그것이 이념으로 남는 한 실현될 수 없고, 오로지 그것이 이념으로서 죽을 때에만 실현된다. 그리고 그것은 실제와 동일하다.

그리하여 지금 우리 앞에는 이념에 대한 고대 신봉자들, 현실에 대한 근대 신봉자들이 있다. 어느 쪽도 대립을 피할 수 없고, 쓸데없이 동경하고 있다. 즉 그 하나는 정신을 동경하고, 고대 세계의 충동이 충족되어 그러한 정신이 온 것처럼 보였을 때 나머지 타자들은 즉시 그러한 정신의 현실화를 동경하지만, 그러한 정신은 영원히 하나의 '경건한 소원'으로 남아 있어야 한다.

고대인의 경건한 소원은 신성함이었던 반면, 근대인의 경건한 소원은 유체성(Leibhaftigkeit)이었다. 그러나 그러한 고대의 갈망을 충족시키려면 고대는 몰락해야(왜냐하면 그것은 오로지 동경으로만 성립되었기 때문에) 했던 것과 마찬가지로, 기독교의 반지 내에서도 유체성은 결코 달성될 수 없다. 고대 세계를 일관하는 성화(聖化)나 정화(淨化)의 경향이 달리고 있는(몸을 씻음 등) 것과 마찬가지로, 구체화(Verleiblichung)의 경향이 기독교 세계를 일관하고 있다. 신은 이 세계에 뛰어내려 육신이 되고, 이 세계를 구제하고자 한다. 즉 세계를 신 자신으로 채우려고 한다. 그러나 신은 '이념' 또는 '정신'이기 때문에 인간들(가령 헤겔)은 결국 만물 속에, 세계 속에 이념을 도입하고, '이념이, 이성이 만물 안에 있음'을 증명했다. 이교도인 스토아학파가 '현자'로 지정한 것은 오늘날의 문화에서는 '인간'에 일치한다. 후자는 전자와 마찬가지로 육체가 없는 존재이다. 스토아학파가 말하는 비현실적인 '현자', 육체가 없는 '성자'는 육체가 된 신 안에서 하나의 현실적인 인격체, 육체적인 '성자'가 되었다. 그렇다면 비현실적인 '인간', 즉 육체가 없는 자는 내 안에 있는 육체의 자아에서 현실이 될 것이다.

기독교는 처음부터 끝까지 '신의 실재'에 대해 질문한다. 그 질문은 언제나 다시 시작되었다. 그 질문은 실재, 유효성, 인격성, 현실성을 찾는 충동이(그 충동이 결코 만족스러운 것을 찾지 못했기 때문에) 끝없이 마음을 어지럽혔음을 증명한다. 마침내 신의 현존(Dasein)을 묻는 물음은 사라지고, 그것은 오로지 인간이 '신적인' 현존을 가지고 있다는 명제로 나타난다(포이어바흐). 하지만 물론 이러한 신적인 현존도 갖고 있지 않다. 그리고 '순수한 인간적인 것'이 실현 가능하다는 최후의 피난처 또한 더 이상 보호를 제공하지 않게 되었다. 어떤 이념도 현존이 아니다. 왜냐하면 어떤 이념도 육체성일 수 없기 때문이다. 실재론과 유명론이라는 스콜라적 논쟁도 같은 내용을 가지고 있다. 요컨대 이 논쟁은 모든 기독교 역사를 통해 그 자체로 파생된 것이며, 그 역사 속에서 끝날 수 없다.

기독교 세계는 그 여러 이념을 개인적 관계에서, 교회와 국가의 제도와 법에서 실현하기 위해 노력하여왔다. 그러나 이념은 언제나 저항을 하고, 항상 구체화되지 않은(실현할 수 없는) 무엇인가를 남겼다. 그럼에도 불구하고 이 구현이 목표가 되었다. 설령 언제나 육체성이 지속적으로 결과를 가져오지 못하고 끝나게 되어도.

그러한 현실화를 목표로 하는 자에게 현실성은 거의 중요하지 않지만, 이념의 실현에서는 중요하다. 그러므로 그는 언제나 새롭게, 실현된 것에 참으로 이념, 그 핵심이 그 안에 존재하고 있는지 여부를 검토하고 있다. 그리고 현실적인 것을 시험하면서 동시에 그 이념이 그가 사유하는 대로 실현될 수 있는지 아니면 오로지 그가 잘못 생각했을 뿐인지, 그런 이유로 그것이 실현 불가능한지 여부를 음미한다.

기독교인은 더 이상 가족, 국가 등을 실존으로 여기지 않는다. 기독교인은 고대인과 달리 이러한 '신성한 것들'을 위해 자신을 희생해서는 안 되며, 오직 그것들 안에서 정신을 살리는 데 그것들을 활용해야 한다. 현실의 가족은 어떤 것이 되어도 무방한 것이 되고, 그로부터 하나의 이념적인 가족(그때에야 '참으로 현실적인 가족'이 된다는 것이다)이 생겨나야 된다. 신의 축복을 받은 신성한 가족, 또는 자유주의적 사고방식에 따르면 하나의 '이성적인' 가족이 될 것이다. 고대인에게는 가족, 국가, 조국 등은 현전하는 것(Vorhandenes)으로서 신성하다. 근대인의 경우 그것은 먼저 신성을 기다리고 있는 것이고, 현전하는 것으로서는 오로지 죄가 있고 세속적인 것에 불과하며 여전히 '구제'되어야 하기 때문이다. 즉 진정으로 현실적이야 한다는 것이다. 이것은 다음과 같은 의미를 갖는다. 즉 가족 등은 현존하거나 실재하는 것이 아니며, 현존하고 현실적인 것은 신적인 것, 즉 이념이라는 것이다. 이 가족이 진정한 현실인 이념을 받아들여 현실이 될지는 아직 미지수다. 가족을 신으로 섬기는 것이 개체의 과제가 아니고, 반대로 신적인 것을 섬기고 여전히 신적이지 않은 가족을 신적인 것으로 이끌어가는 것, 즉 이념의 이름으로 모든 것을 복종시키고 이념의 깃발을 도처에 세우고 이념을 현실적인 유효성으로 가져가는 것이 개체의 과제가 된다.

그러나 고대와 마찬가지로 기독교의 관심은 신에 대한 것이므로, 항상 반대 방향으로 다시 귀착한다. 이교가 끝나면 신적인 것은 외세계적인 것이 되고, 기독교가 끝나면 내세계적인 것이 된다. 고대는 신적인 것을 완전히 세계 밖에 두는 데 성공하지 못했다. 한편 기독교가 이 과업을 완수했을 때 신적인 것은 즉시 세계 내로 돌아가기를 갈망하고 세계를 '구제'하기를 원했다.

그러나 기독교 안에서는 내세계적인 것으로서의 신적인 것이 실제로 세속적인 것 그 자체가 되어야 하는 것은 아니며 그렇게 할 수도 없다. 즉 '나쁜 것,' 비이성적인 것, 우연적인 것, '에고이스트적인 것'으로서 나쁜 의미의 '세속적인' 것으로 무너지지 않은 채 스스로를 지키거나 지키지 않을 수 없는 것이 남아 있기 때문이다. 기독교는 신이 인간이 되는 것으로 시작하여 자신의 회심과 구제의 사업을 모든 시대를 통하여 진행하고, 모든 인간과 인간적인 것 안에 신의 수용을 준비하고 모든 것에 정신을 침투시켰다.

마침내 인간이나 인류에게 역점이 주어졌을 때, 그것은 다시 이념이 된다. 그 이념은 '영원하다고 선포된' 것이었다. 즉 '인간은 죽지 않는다!'라는 이념이었다. 그리하여 그들은 이제 이념의 현실성을 찾았다고 생각했다. 인간은 역사의 자아이고, 세계 역사의 자아이다. 이 이상적인 것은 그 자신을 현실적으로 발전시키는 것, 즉 현실화하는 것이다. 이것이야말로 현실에 실제하는 것이고, 몸이 있는 것이다. 왜냐하면 역사는 그의 몸이며, 그 몸에서 개인은 오로지 지체일 뿐이기 때문이다. 그리스도는 세계 역사의 자아, 심지어 기독교 이전 시대의 자아이다. 근대의 견해에서 그 자아는 인간이다. 즉 그리스도의 형상은 인간의 형상으로 발전했다. 그러한 것으로서의 인간 자체, 절대적으로 인간은 역사의 '중심점'이다. '인간'에서는 환상적인 시작이 다시 돌아온다. 왜냐하면 '인간'은 그리스도처럼 환상적이기 때문이다. '인간'은 세계 역사의 자아로서 기독교적 견해의 순환을 닫는다.

실존과 소명 사이의 긴장된 관계, 즉 있는 그대로의 나와 있어야 할 모습의 나 사이의 긴장이 중단될 때 기독교성의 저주의 반지는 사라진다. 그것은 기독교성의 구체화를 추구하는 이념에 대한 갈망으로서만 존립한 것으로, 대립하는 양자가 긴장을 풀면서 편안한 분리와 함께 사라진다. 인간이나 인류가 실제로 육체가 없는 이념인 것처럼, 이념이 오로지 이념으로서만 남아 있을 때에 기독교성은 여전히 존재할 것이다. 물질적 이념, 즉 물질적 또는 '완성된' 정신은 '말세' 또는 '역사의 목표'로서 기독교인의 눈앞에 떠 있다. 그러나 기독교인에게 그것은 현재 시간이 아니다.

개체는 신의 나라의 건설에만 참여할 수 있으며, 또는 근대적 개념에 따르면 인류의 발전과 역사에만 참여할 수 있다. 그리고 그가 거기에 참여하는 한, 기독교인은 그에게 기독교적 가치, 즉 현대적 표현으로는 인간적 가치를 부여한다. 그렇지 않으면 그는 먼지와 같고 구더기 주머니에 불과하다.

개인은 그 자신이 세계의 역사이며, 그가 나머지 세계의 역사에서 자신의 소유를 점유하고 있다는 사실은 기독교적인 것을 뛰어넘는 것이다. 기독교인에게 세계의 역사는 더 높은 것이다. 왜냐하면 세계사란 그리스도 또는 '인간'의 역사이기 때문이다. 에고이스트에게는 오로지 그의 역사만이 가치가 있다. 왜냐하면 에고이스트는 자기 자신만을 발전시키기를 원하고 인류라는 이념, 신의 계획, 섭리의 의도, 자유 등을 발전시키고자 하지 않기 때문이다. 에고이스트는 자신을 이념이나 신의 도구로 여기지 않는다. 에고이스트는 어떤 사명도 인정하지 않으며, 자신이 인류의 더 많은 발전을 위해 존재한다거나 그것을 위해 자신이 기여해야 한다고 생각하지 않는다. 오로지 그는 인류가 성공하거나 실패하는 것에 무관심하게 살아가고 있다. 자연적 상태가 찬미되고 있다고 오해하지도 않는다. 그러한 오해가 없었다면 레나우의 「세 집시」[1]를 떠올릴 수 있을 것이다. 내가 이념을 실현하기 위해서 이 세상에 있다고? 가령 '국가'라는 이념을 실현하기 위해 내가 부르주아로서 제 역할을 한다거나, 아니면 결혼을 통해 남편과 아버지로서 가족의 개념을 실현한다고? 그러한 사명이 내게 무슨 상관이 있을까! 꽃이 소명에 따라 자라서 향기를 주는 것이 아닌 것처럼 나는 소명을

..

1) 오스트리아 시인 니콜라우스 레나우(Nikolaus Lenau, 1802~1850)의 시.

위해서 살지 않는다.

　이상적인 '인간'은, 기독교적 견해가 전환되어 '이 유일한 내가 인간이다'라는 명제가 될 때 실현된다. 그때 '인간이란 무엇인가?'라는 개념적 질문은 '그 인간은 누구인가?'라는 개인적인 질문으로 바뀐다. '무엇'이라는 질문을 통해 개념을 실현하기 위해 노력했다. 그러나 '누구'라는 물음은 더 이상 질문이 아니라, 질문자에게 개인적으로 즉시 드러나는 대답이다.

　인간들은 신에 대해 '어떤 이름으로도 당신의 이름을 짓지 않는다'고 말한다. 그것은 나에게도 해당된다. 즉 어떤 개념도 나를 표현하지 못하며, 나의 본질로 지정된 어떤 것도 나를 지치게 하지 않는다. 즉 그것들은 오로지 이름일 뿐이다. 마찬가지로 그들은 신이 완전하며 완전함을 추구할 사명이 없다고 말한다. 그것도 오로지 나 자신에게만 해당된다.

　나는 내 힘의 소유자이다. 그리고 나 자신이 유일자라는 것을 알 때 나는 그렇게 된다. 유일자일 때 소유자 자신도 자신이 태어난 자신의 창조적인 무(無)로 되돌아간다. 신이건 인간이건 내 위에 있는 모든 상위의 본질은 나의 유일성을 약화시키고, 이러한 사실에 대한 나의 자각이라는 태양 앞에서만 퇴색한다. 나는 유일자인 나 자신에게만 관심을 둔다. 그때 나의 관심은 자신을 소비하며 일시적 숙명만 누리다가 죽게 되어 있는 창조자에게 놓여 있다. 그리고 나는 이렇게 말할 수 있다.

　나에게는 모든 것이 아무것도 아니다.

옮긴이 해제
슈티르너의 삶과 생각

1. 머리말 — '유일자로 살자!'

막스 슈티르너의 『유일자와 그의 소유』는 요컨대 사람은 본래 유일자이고 유일자로 살아야 한다는 주장을 담고 있다. '사람 사이'를 뜻한다는 '인간'이라는 말과 달리 '개인'이란 말은 '개개인'이나 '개별 인간'을 뜻하며 슈티르너가 '유일자'라고 부른 말과도 의미가 같다고 볼 수도 있으나, 개인은 반드시 '유일한 사람'을 뜻하지 않는다. 유일자란 그야말로 '유일한' 사람이라는 뜻이다. '천상천하유아독존(天上天下唯我獨尊)'이라는 말이 그것이다. 이 말은 하늘 위와 아래인 천신계와 인간계에서 나(붓다)가 가장 존귀하다는 의미의 불교 용어로, 붓다가 마야 부인의 옆구리에서 태어나자마자 북쪽으로 일곱 걸음을 걷고 나서 곧바로 그렇게 말했다고 한다. 그것이 사실인지 아닌지는 알 수 없지만, 불교에서는 모든 사람이 붓다가 될 수 있다

고 하므로 나는 그 말이 모든 사람에게 해당되는 것이라고 본다. 즉 유일
자란 모든 사람이 각각 서로 다른 '유일한' 사람이라는 의미이다.

유일자를 단독자나 단일자, 고독인이나 독생자(獨生子), 자아나 자기, 유
아(唯我)나 독아(獨我) 등으로도 번역할 수 있겠으나 어감상 '유일자'가 무
난하다. 여기서 '유일'이란 집단이나 단체(공동체)나 조직(특히 가족, 일족, 학
교, 기업, 교회, 국가, 세계 등) 속의 하나가 아니라 그런 집단과 별개인 독립
된 하나라는 뜻이기 때문이다. 따라서 모든 인간이 유일자일 수 있으니 유
일자의 수는 엄청나게 많을 수 있다. 그러나 우리 대부분은 실제로 유일자
가 아니다. 국민이거나 사원이거나 교인이거나 학생 등으로 자신을 의식하
고 그것에 주어진 바에 맞추어 하루하루를 살아가기 때문이다. 슈티르너
는 타인이나 제도 등에 의해 외부에서 주어진 그런 집단의 피동적인 구성
원 자격으로 사는 것이 아니라, 그런 집단에서 벗어나거나 저항하여 능동
적인 유일한 사람으로 사는 사람을 유일자라고 하고, 그러한 능동적인 삶
을 유일성 또는 소유라고 한다. 즉 내가 아닌 남들이 나에게 강요한 조직
의 틀에서 벗어나, 그런 조직이 요구하는 수동적이고 피동적인 삶을 벗어
나, 나만의 능동적이고 주체적인 삶을 살자고 말하는 책이 바로 『유일자와
그의 소유』이다.

그리고 책 제목에서 '그의 소유'란 '그 유일자의 것'이라는 뜻으로, 이를
슈티르너는 '고유성'이라고도 하는데 이를 '유일성'이라고 해도 좋다. 여기
서 소유란 말은 우리가 흔히 말하는 재산의 소유가 아니라 유일성과 같은
뜻으로 사용되기 때문이다.

대충 이런 내용인데 그것을 이렇게 두껍게, 게다가 난해하게 쓰다니 정
말 일 년 내내 어두운 독일의 철학자가 쓴 책답다는 생각이 든다. 아니 독
일 철학책으로도 최고로 난해하다고 해도 과언이 아니다. 내가 '난해하다'

고 하는 것은 반드시 그 내용이 고도로 심오해서 알기 어렵다는 의미가 아니다. 그렇게 볼 사람도 있을지 모르지만 나는 그렇게 생각하지는 않는다. 솔직히 말해 저자 자신도 자신이 무슨 소리를 하는지 모르고 썼을지 모른다는 생각이 들 정도로 그 내용은 어지럽다. 중복되는 문장도 많고 논리의 비약도 많다. 앞에서 보았듯이(가령 소유라는 말) 일반적인 말의 쓰임새와 달리 자기 멋대로 말을 사용하고 자기 멋대로 말을 새로 만들며, 말을 가지고 장난을 치는 문장도 적지 않다. 그러니 마르크스와 엥겔스를 비롯해 많은 사람들이 이 책을 혹평한 것이 충분히 이해된다. 여하튼『유일자와 그의 소유』의 원문이 대단히 난해하니 번역문도 난해할 수밖에 없다는 점을 솔직히 밝혀둔다. 우리말로 이해될 수 있도록 최대한 노력했으나 난해함을 어쩔 수 없다. 그래서 이 해설을 통해 조금이라도 이 책에 대한 독자들의 이해를 돕고자 한다.

2. 슈티르너의 삶과 시대

슈티르너의 전기를 쓴 존-헨리 멕케이(John-Henry Mackay, 1864~1933)는 슈티르너의 삶을 성장기(1806~1845), 절정기(1845~1846), 쇠퇴기(1846~1856)로 나누었지만, 나는 헤겔 철학의 영향을 받은 김나지움 상급반 정도 시절까지가 소년기, 그 뒤『유일자와 그의 소유』를 쓰는 1840년대 이전까지가 청년기, 그 이후가 장년기 내지 노년기에 해당한다고 본다.

슈티르너의 삶은 그의 생각이 대담한 것과 달리 너무나 소심했다. 슈티르너는 1806년 독일 남동부의 바이로이트(Bayreuth)에서 태어났다. 바이로이트는 매년 여름에 열리는 바이로이트 축제로 유명하다. 그 축제에서는 리하르트 바그너(Wilhelm Richard Wagner, 1813~1883)의 오페라 작품만이 공연된다. 그러니 바그너 축제라고 해도 과언이 아니다. 바그너는 슈티르너보다 7년 늦게 1813년 라이프치히에서 태어났다. 바그너가 바이로이트를 찾은 것은 1872년이고 슈티르너는 1856년에 베를린에서 죽었으니 두 사람이 만날 가능성은 전혀 없었다. 슈티르너가 죽기 전에 바그너는 오페라 작곡가로 유명했으나 슈티르너가 그것을 보았는지, 바그너에 대해 알았는지는 알 수 없다. 젊어서 미하일 바쿠닌(Mikhail Bakunin)과 친했던 바그너는 슈티르너를 알았을 가능성이 있지만, 실제로 알았다고 볼 만한 증거는 전혀 없다.

당시 독일은 여러 개의 소국으로 나뉘어 있다가 1871년에 통일되었으나, 다시 1949년에 동서로 분단되었다가 1990년에 다시 통일되었다. 그래서 우리는 동서독을 주로 기억한다. 그러나 독일은 우리처럼 남북으로 분단되지는 않았다 해도 남북의 차이도 크다. 바이로이트나 뮌헨 등이 속한 바이에른 주 등 독일 남부지방은 프랑스와 가깝고, 오래 전부터 라틴족과 피가 섞여서 명랑 쾌활한 성격과 자유주의적 기질을 보이는 사람들이 많이 사는 지역이다.

슈티르너가 태어난 1806년에 나폴레옹이 독일을 침공했다. 슈티르너는 그가 태어난 이듬해 플루트 제작자인 아버지가 결핵으로 죽어 1809년에 재혼한 어머니를 따라 간 독일 북부 프로이센의 시골인 쿨름에서 8년간 소년 시절을 보내다가 나폴레옹이 패배하고 빈 회의가 열린 1818년에 다시 바이로이트로 돌아왔다. 당시 바이로이트를 포함한 독일 남부 지방은 북부의 프로이센과 달리 자유주의 풍조가 강했다. 특히 바이로이트에서는 입헌군주제가 실시되었다. 당시 독일은 여러 개의 소국으로 나뉘어 각각 정치 체제를 달리했다. 지금 한반도처럼 남북 분단이 아니라 약 300개의 소국 분단이었다. 그러나 당시 독일은 20세기 후반의 한국처럼 인구와 산업 등이 비약적으로 발전한 시기이기도 했다. 특히 1815년부터 30년간 독일의 인구는 2,500만 명에서 3,500만 명으로 비약적으로 늘어났다. 그리고 산업이 발전하면서 전통적인 장인 계급과 농민 계급은 몰락했다.

나폴레옹의 점령 이후 지식인 계급에 급진적인 사상이 보급되는 동시에 외국 군대의 점령과 과세 등으로 인해 민중들의 고통은 커져갔다. 그런 위기 상황에서 우리에게도 유명한 「독일 국민에게 고함(Reden an die deutsche Nation)」이라는 피히테의 강연이 나왔다. 피히테는 독일 국민이 순수하다는 이유에서 '최초의 국민(das Urvolk)'이라고 주장하고, 자신들이 처한 시대적 상황을 극복해야 한다고 역설했다. 그러나 그 주장은 다분히 관념적이었다.

슈티르너는 바이로이트의 자유주의 분위기 속에서 중고등학교(김나지움)를 다녔다. 그러나 그 학교의 교장은 당시 프로이센 사상계를 지배한 헤겔 추종자여서 슈티르너도 사춘기에 헤겔 철학의 영향을 받았다고 볼 수 있다. 그래서 김나지움을 졸업한 뒤 헤겔 철학의 중심이었던 베를린대학교에 입학해서 강의를 들었다. 그러나 입학 후 2년 뒤 결핵에 걸려 대학을 중퇴하고 정신병 환자였던 어머니를 간호하면서 에를랑겐과 쾨니히스베르크 등의 여러 대학을 다니다가 1832년 베를린대학교로 돌아왔다. 그러나 다시 2년 뒤 중퇴를 하고[1] 교원 자격을 따기 위해 베를린 왕립학술위원회에 수험용 논문인 「학칙에 대하여(Über Schulgesetz)」를 제출했다. 지금 우리

..

1) 장 프레포지에(Jean Préposiet)는 『아나키즘의 역사(Histoire de L'Anarchisme)』(이소희 외 옮김, 이룸, 2004), 131쪽에서 "2년 반이 필요한 학위를 따는 데 8년이 걸림", "교수자격시험, 평균 이상의 성적으로 합격"이라고 하는데 무슨 소리인지 알 수 없다.

에게 남아 있는 그가 쓴 최초의 글인 이 논문은 헤겔 사상의 영향 아래에 쓰였지만, 그로부터 10년 뒤에 쓴『유일자와 그의 소유』에서는 헤겔을 철저히 비판하게 된다.

1835년 교원 자격을 딴 슈티르너는 베를린 왕립실업학교의 견습 교사로 채용되어 라틴어를 가르친다. 그리고 2년 뒤 9년 연하의 사생아 출신인 아그네스 클라라 쿠니군데 부츠(Agnes-Klara-Kuniggunde-Butz)와 결혼하지만 아내는 이듬해 출산 도중에 죽는다. 그의 염세주의와 에고이즘은 외로운 어린 시절과 성공적이지 못한 경력과 불운 탓으로 보지 않기란 어렵다. 그러나 불운만이 있었던 것은 아니었고, 대단하지는 않지만 작은 행운은 그에게도 있었다. 1839년 베를린에 있는 사립 여학교에 취직하여 독일어와 역사를 가르치면서『유일자와 그의 소유』를 쓰기 시작하고 자기 집 부근에 있는 맥주집에 모여 술을 마시며 토론하던 '헤겔좌파' 사람들과 어울렸다. 브루노 바우어와 에드가 바우어 형제는 그룹의 선두주자들이었고, 카를 마르크스와 프리드리히 엥겔스도 가끔 참석했다. 그룹 '자유인(die Freien)'은 독일의 위대한 형이상학자인 헤겔의 철학을 논의하기 위해 만났지만 헤겔 철학에 반대했기 때문에 헤겔좌파 또는 청년헤겔파로 알려졌다.

슈티르너는 1842년부터 청년헤겔파에 참가했는데 마르크스는 1841년에 베를린을 떠났기 때문에 두 사람은 만나지 못했지만 엥겔스는 그 모임에 참석해 청년헤겔주의자들의 시끄러운 논쟁을 바라보고 있는 고립된 인물로 슈티르너를 묘사한 스케치를 남겼고 슈티르너를 다음과 같이 묘사한 시「신앙의 승리(Der Triumph des Glaubens)」도 썼다.

슈티르너를 봐, 그를 봐, 모든 제약의 평화로운 적이야.
당분간 그는 여전히 맥주를 마시겠지만

곧 그는 물처럼 피를 마실 거야.

"왕을 타도하라"고 거칠게 외치는 소리가 들려오면

슈티르너는 곧 이를 그대로 받아들여

"법 또한 타도하라"고 외친다.

　슈티르너가 마르크스의 《라인 신문(Rheinische Zeitung)》에 1842년 4월 10일부터 19일 사이에 4회 연재한 「우리 교육의 잘못된 원리 또는 휴머니즘과 현실주의(Das unwahre Princip unserer Erziehung oder Humanismus und Realismus)」라는 제목의 논문을 실은 것을 보면 당시에는 마르크스나 엥겔스가 슈티르너의 생각에 공감했음을 보여준다. 그 논문에서 슈티르너는 당대 교육 사상인 휴머니즘과 현실주의를 각각 학자와 직업인 양성을 목적으로 하는 것이라고 보고, 둘 다 지식의 습득을 목표로 삼는다고 비판하면서 의지를 갖는 자유로운 개인인 에고이스트를 키우는 것이 교육의 참된 목적이어야 한다고 주장했다. 슈티르너는 '교육받은 사람'과 에고이스트를 구별하여, 전자에게 지식은 인격 형성에 이용되어 교육받은 사람을 교회, 국가 또는 인류가 소유하게 되는 반면, 후자의 경우에는 자유로운 선택을 용이하게 하는 데 이용된다고 주장했다. 이 글에 대해 고(故) 정문길 교수는 슈티르너가 휴머니즘과 현실주의의 화해를 추구했다고 보았으나,[2] 이는 오해였다.

　슈티르너는 같은 신문 6월 14일 자에 「예술과 종교(Kunst und Religion)」도 실었다. 그 글에서 슈티르너는 브루노 바우어가 1842년에 쓴 「신앙의 관점에서 판단된 헤겔의 종교와 예술에 대한 이론(Hegels Lehre von der

---

2) 정문길, 『에피고넨의 시대』, 문학과지성사, 1999, 83쪽.

Religion und Kunst von dem Standpunkte des Glaubens aus beurteilt)』을 다루면서, 바우어가 헤겔과 공통된 결정성과 명료성, 그리고 공통의 윤리적 근원을 바탕으로 예술이 종교보다 철학에 훨씬 더 밀접하게 연관되어 있다고 주장함으로써 헤겔이 주장한 예술과 종교의 관계를 뒤집었다고 보고, 예술이 오히려 종교의 목적을 창조했고 따라서 슈티르너가 고려했던 것, 즉 헤겔과 바우어와 반대로 철학이 될 수 없다고 주장함으로써 헤겔과 바우어의 비판을 모두 뛰어넘었다.

1843년에는 '자유인'의 멤버였던 마리 빌헬미네 댄하르트(Marie-Wilhelmine Dähnhardt, 1818~1902)와 재혼했다. 그리고 1845년에 『유일자와 그의 소유』를 출판하면서 슈티르너는 자신이 근무하는 학교 관계자를 놀라게 하지 않으려고 '슈티르너'라는 필명을 처음으로 사용했다. 독일어에서 'Stirn'은 이마를 뜻하는데, 이는 그의 이마가 두드러질 뿐만 아니라 고상하다는 의미도 지니므로 자기 이미지와 일치한다고 느꼈기 때문에 택해진 것이었다. 그러나 그는 학교에서 해고되었고 그 뒤로는 생계를 위해 거친 일들을 해야 했다. 낙농 계획이 실패한 후 그의 두 번째 아내는 그가 매우 이기적이고 교활한 사람임을 알고 3년 만에 그를 떠났다.

그 후 그는 여생을 가난 속에서 보냈고, 두 번이나 빚 때문에 감옥에 갇히기도 했다. 1856년에 자신의 쓸쓸한 종말처럼 따분하고 평범한 『반동의 역사(Geschichte der Reaktion)』(1852)를 썼고, J. B. 세(Jean-Baptiste Say)와 애덤 스미스(Adam Smith)의 책을 번역하기도 했다.

3. 『유일자와 그의 소유』의 구조와 특이한 개념들

『유일자와 그의 소유』의 차례를 살펴보면서 책의 전체 구조를 이해할 필요가 있다.

'나에게는 모든 것이 아무것도 아니다'라는 서문으로 시작하는 슈티르너는 본문의 제1부를 '인간', 제2부를 '나'로 나눈다. 이는 '인간'이 아닌 '나'로 나아가야 한다는 슈티르너 철학의 기본을 보여준다. 그리고 제1부 제1장 '인간의 삶'에서는 소년 – 청년 – 장년으로 나아가는 인간의 삶을 각각 현실주의자 – 이상주의자 – 자아주의자로 설명하고, 이를 제2장 '고대인과 근대인'에서 세계사 차원의 고대(기독교 이전) – 근대(기독교 시대) – 미래(기독교 이후)에 각각 대응시켜 설명한다. 이를 간단히 도표화하면 다음과 같다.

　　소년 – 현실주의자 – 기독교 이전 – 고대 – 흑인 – 무교양인(사물에 사로잡힘)

　　청년 – 이상주의자 – 기독교 시대 – 근대 – 아시아인 – 교양인(정신에 사로잡힘)

　　장년 – 자아주의자 – 기독교 이후 – 미래 – 자아주의자 – 유일자(아무것에도 사로잡히지 않음)

제2장의 마지막 절 '자유인'은 기독교 시대 마지막의 자유주의를 세 가지로 나누어 정치적 자유주의, 사회적 자유주의, 인도적 자유주의로 설명하고, 그 모두가 '나(자아)'를 무시한다고 비판한다.

이어 제2부는 슈티르너가 그리는 미래, 즉 '나'의 본질(소유)인 '고유성'을 제1장에서 설명한 뒤, 제2장 '소유자'에서는 앞의 세 가지 자유주의에 대응되는 슈티르너의 독자적인 세 가지 사상을 각각 '나의 힘', '나의 교류', '나의 자기향유'로 설명한 뒤, 제3장 '유일자'에서 나름의 결론을 내린다. 요컨 대 유일자가 되기 위해서는 나에게 힘이 있어야 하고(정치적 자유주의 비판), 교류하여 연합을 이루어야 하며(사회적 자유주의 비판), 스스로 향유할 수 있어야 한다(인도적 자유주의 비판)는 것이다. 제2부 제3장의 마지막 결론의 문장은 다음과 같다.

> 나는 내 힘의 소유자이다. 그리고 나 자신이 유일자라는 것을 알 때 나 는 그렇게 된다. 유일자일 때 소유자 자신도 자신이 태어난 자신의 창조 적인 무(無)로 되돌아간다. 신이건 인간이건 내 위에 있는 모든 상위의 본 질은 나의 유일성을 약화시키고, 이러한 사실에 대한 나의 자각이라는 태양 앞에서만 퇴색한다. 나는 유일자인 나 자신에게만 관심을 둔다. 그 때 나의 관심은 자신을 소비하며 일시적 숙명만 누리다가 죽게 되어 있는 창조자에게 놓여 있다. 그리고 나는 이렇게 말할 수 있다.
> 나에게는 모든 것이 아무것도 아니다(제2부, 제3장).

이상의 구조 분석에 따라 각 장의 상세한 내용은 아래에서 보겠지만, 그 전에 몇 가지 특이한 개념을 소개할 필요가 있다. 가령 제1부 제2장에서 흑인이나 아시아인(몽골인, 중국인, 일본인)에 대한 언급은 슈티르너 당대의 헤겔 식 세계사 인식에서 비롯되는 것으로서, 다분히 오리엔탈리즘적 요소 를 갖는다는 점에서 비판적으로 보아야 할 것이지만, 슈티르너 자신은 이 를 객관적인 세계사 분석으로 언급했다기보다도 당시의 엄격한 검열을 피 하기 위해 당시 자신이 비판한 독일에 빗대어서, 특히 아시아인에 대해 언 급했음을 주의할 필요가 있다.

또한 슈티르너가 독특한 의미를 부여한 여러 개념은 그의 사상을 이해하는 데 장애가 되는데, 특히 '정신'이라는 말은 슈티르너가 부정하는 것으로, 그가 긍정하는 '나'와는 대조적인 성격을 갖는 것임을 주의할 필요가 있다. 슈티르너는 '정신'을 유령, 망령, 진리, 신성물, 고정관념 등으로도 사용한다. 가령 "정신은 당신의 이상이고, 결코 도달할 수 없는 내세가 된다. 즉 정신은 당신의 신이 되는 것이다." "신은 정신이다." 등등.

4. '나에게는 모든 것이 아무것도 아니다.'

『유일자와 그의 소유』의 첫 문장과 끝 문장은 "나에게는 모든 것이 아무것도 아니다"로 동일하다. 이는 괴테의 시 제목인 "Vanitas! Vanitatum Vanitas!"에서 따온 것인데, 괴테는 그것을 구약 성서의 하나인 「솔로몬의 인생론」(『전도서』라고도 한다) 첫 부분에 나오는 말에서 빌려왔다. 즉 불가타 (라틴어로 번역된 성경)에서 "Vanitas vanitatum et omnia vanitas"라고 한 말에서 나온 것이다. 그것은 킹 제임스 성경에서 "Vanity of vanities; all is vanity(헛되고 헛되니 모든 것이 헛되도다)"로 번역되었고, 새 국제판 성경에서는 "Utterly meaningless! Everything is meaningless"로 번역되었다. 우리말 번역에서는 여러 가지로 번역되는데 그중 하나가 "모든 것이 헛되고 무가치하며 의미가 없으니 아무것도 소중한 것이 없구나"이다.

슈티르너는 『유일자와 그의 소유』에서 괴테의 경구를 인용하기도 하지만, 괴테를 다음과 같이 비판하기도 한다.

그럼에도 불구하고 이것이 부르주아적 정신이며, 그들의 시인인 괴테는 물론 그들의 철학자인 헤겔도 객체에 대한 주체의 종속, 객관적 세계에 대한 복종을 찬양했다(제1부, 제2장).

세계 최고의 지성인이라고 평가받은 괴테는 너무나 유명하니 여기서 상세히 말할 필요는 없지만, 슈티르너만큼 괴테에 비판적인 입장은 보기 어렵다(적어도 우리나라에서는)는 점만은 강조해두어야 하겠다. 나는 슈티르너의 괴테 비판이 타당한지에 대해 여기서 논의할 생각이 전혀 없으나, 만천하에 만인이 괴테를 천재라고 찬양해도 슈티르너처럼 비판하는 사람이 한 명이라도 있는 것이 좋다고 본다. 독일에서도 특히 제2차 세계대전 이후 독일 재건을 둘러싸고, 괴테를 비롯한 독일 전통과 단절해야 한다고 역설한 실존주의 철학자 야스퍼스를 비롯하여 괴테에 대해 비판적인 입장이 없었던 것은 아니지만, 그런 비판은 그야말로 소수에 그쳤다. 그러나 베토벤은 물론 괴테도 히틀러 나치에 의해 숭배된 것은 분명한 사실이고, 그런 점과도 관련되어 야스퍼스의 비판에는 일리가 있다.

야스퍼스는 괴테를 히틀러와 연관짓지 않았지만, 괴테가 과학기술이나 식민지 지배 등을 예찬하고 그 폐해를 무시한 점, 그리고 비극적 사태에 대해 저항하기는커녕 침묵 또는 체념하거나 '조화로운 세계'라는 추상적 가치로 도피하고, 특히 그 원인으로 칸트가 지적한 '근본 악'을 '허위에 찬 신성모독'이라고 매도한 점에 대한 비판은, 제2차 세계대전에 대한 책임이 히틀러나 나치만이 아니라 독일인 전체, 특히 괴테를 비롯한 지식인들에게 있다는 야스퍼스의 주장과 맞물려 있있음이 시실이다.

여하튼 슈티르너가 괴테의 시를 인용해『유일자와 그의 소유』의 서론이자 결론으로 삼은 것은 괴테가 독일에서 국민 시인으로 숭배되는 점을 의식한 탓이라고 할 수 있으나, 그가 괴테를 인용하면서도 동시에 비판한 점은 100여 년 뒤 야스퍼스의 괴테 비판과 무관하다고 할 수 없다. 즉 집단주의의 광풍에 휩쓸려 독일인 모두가 '나'를 잊고 복종한 것이 독일을 비극으로 몰아넣은 것이다. 지금 이 땅에서 우리가 슈티르너를 읽어야 하는 이유도 그 점에 있다고 할 수 있다. 즉 '머릿속의 수레바퀴'를 치워야 한다는 것이다.

『머릿속의 수레바퀴』라는 제목의 교육학 책은 슈티르너에 대해 가장 정확하게 서술한 책이라고 나는 평가한다. 이 책은 미국의 인디언 출신 교육학자인 조엘 스프링(Joel Spring, 1940~)이 1994년에 쓴 책으로, 1999년에 우리말로 번역되었다. 책의 원제는 "Wheels in the Head"이다. 이 말은 스프링이 그 책의 헌사로 밝혔듯이 막스 슈티르너의 『유일자와 그의 소유』 영역본에 나오는 말이다. 영역본은 스티븐 바잉턴(Steven T. Byington)이 1907년에 낸 것인데, 독일어 원저에는 그 말이 '광기'라는 뜻의 der Sparren으로 나온다. 이 말을 왜 영역자가 '머릿속의 수레바퀴'라는 뜻의 영어로 옮겼는지 알 수 없지만, 그 말이 광기를 뜻하는 것은 분명하다. 수레바퀴라는 말은 독일어에서 der Rad로 헤르만 헤세의 소설 『수레바퀴 밑에서(Unterm Rad)』에서도 사용된다. 그 소설에는 "그럼, 그래야지. 아무튼 지치지 않도록 해야 하네. 그렇지 않으면 수레바퀴 아래 깔리게 될지도 모르니까"(김이섭 옮김, 146쪽)라는 대사가 나온다. 여기서 수레바퀴란 '깔려서는 안 되는 위험물'로 나오는데, 슈티르너 책의 '광기'를 번역한 경우도 비슷한 예로 볼 수 있다. 2017년에 슈티르너의 책을 다시 영어로 번역한 월피 란트슈트라이허(Wolfi Landstreicher)는 그 말을 '종탑의 박쥐'로 바꾸었지만, 나는 '수레바퀴'라는 말을 더 좋아한다.

여하튼 스프링은 슈티르너 사상의 핵심을 '머릿속의 수레바퀴'로 본다. 500쪽 가까운 슈티르너 원저에 두 번 정도 나오는 말이고, '고정관념' 정도의 뜻임에도 그것을 핵심 개념으로 본다는 것은 슈티르너를 이기주의자

(egoist)나 개인주의적 아나키스트, 심지어 자본주의적 아나키스트로 보는 현재의 우익적 슈티르너관으로는 이해하기 쉽지 않다. 나는 그런 슈티르너관은 터무니없다고 생각하고, 슈티르너는 무엇보다도 고정관념의 파괴자, 교육만이 아니라 정치, 경제, 사회, 문화, 종교 등등의 모든 서양 문화의 고정관념을 철저히 파괴한 사람이라고 생각한다. 특히 그는 자유주의나 사회주의에 대한 근본적인 비판자이다. 그가 살았던 독일의 전제정이나 기독교는 물론이고, 당시 독일인들이 선진국으로 본 영국이나 프랑스의 정치나 종교도 철저히 부정했다. 그리고 오로지 개인인 자기만을 긍정했다. 그것이 그의 에고이즘이다. 따라서 우리가 흔히 말하는 이기주의는 그가 말하는 에고이즘과는 다르다. 그의 에고이즘은 사회나 국가와 대립한다. 사회나 국가는 개인을 그것들의 부분으로 파악할 뿐이고, 개인의 개성이나 자율을 철저히 무시하고, 나아가 개인을 착취하고 통제하기 때문이다. 슈티르너는 인간을 각자 개성을 갖는 유일자로 보는데, 국가나 사회는 유일자인 개인의 유일성을 철저히 짓밟고 유사성을 강조한다. 단적으로 모든 인간에게 똑같은 제복을 입히고 똑같은 사상을 강요하여 똑같은 인간으로 보려고 하는 것이다.

슈티르너가 말하는 에고이스트는 유일자를 말하는 것이지 타인을 무시하고 자기의 이익만을 도모하는 자가 아니다. 유일자란 타인과 다른, 아니 타인과 비교될 수 없는 유일한 존재라는 뜻이다. 나의 몸은 물론이고 나의 정신도 나의 것이지 내가 아닌 다른 누구의 것도 아니다. 누구도 나를 고정관념이라는 거대한 수레바퀴로 깔아뭉갤 수 없다. 국가나 사회는 나에게 그것들을 위해 봉사하는 것이 최고의 이상이고, 그것들의 이익이 공적인 이익(공익)으로 나의 사적인 이익(사익)보다 우월하며 국가의 관리가 되는 것이 최고의 명예라고 말하지만, 나는 그런 것을 더 이상 믿을 수 없다.

그것이 슈티르너의 고정관념 파괴로서의 에고이스트의 자각이고 출발이다. 아니 인간으로서의 자각이고 출발이다. 그런 개인들의 연합이야말로 종래의 국가나 사회를 대신하는 것이라고 슈티르너는 주장한다.

『머릿속의 수레바퀴』에서 스프링은 기존의 교육과 사회현상이 인간의 머릿속에 수레바퀴를 주입하고 있다고 비판하면서, 기존 교육의 문제점을 극복하는 방안으로 개인의 비판의식을 중시했다. 머릿속의 수레바퀴를 제거하는 것을 슈티르너는 '자기소유'라고 했다. 스프링은 슈티르너의 다음 말을 인용했다.

> 내가 죽음의 순간에도 그 사상을 가지는 것에 대해 어떤 불안도 느끼지 않고, 사상의 상실을 나를 위한 상실, 즉 나의 상실로 여기면서 이것을 두려워하지 않을 때에만 그 사상은 나의 것이 된다. 내가 사상을 제압하는 것이 있어도, 사상이 결코 나를 정복하지 않고 결코 나를 광신화하지 않으며 나를 실현의 도구로 만들 때, 비로소 사상은 나의 고유한 것이다 (제2부, 제2장).

5. 슈티르너의 철학 비판

슈티르너는 철학을 말하면서 서양철학만을 언급한다. 이는 슈티르너 당대에 이미 동양 사상이나 이슬람 사상이 상당히 소개되었고, 특히 쇼펜하우어와 같이 불교에도 깊은 관심을 가진 철학자들이 있었음에 비해 슈티르너의 시야가 몹시 좁았음을 말해준다. 또한 당시의 역사를 말하면서 플라톤과 아리스토텔레스에 대해서는 전혀 언급하지 않는 점도 특이하다. 이는 당시 그들에 대한 연구가 엄청났음에도 불구하고, 슈티르너의 '나'의 발견에는 그다지 유용하지 못했기 때문에 생략된 것으로 이해된다.

한편 슈티르너는 기독교를 종교가 아니라 도덕이나 철학과 관련하여 비판하는 점에서 특이하다. 『유일자와 그의 소유』는 전체적으로 기독교 비판이고, 기독교가 지배한 중세에 대한 비판이다. 특히 슈티르너는 "면죄부의 판매는 모든 죄와 범법을 허용한 것이고 모든 양심의 활동을 전부 침묵하게 만들었다. 요컨대 교회에서 구입한 것이면 모든 관능이 원하는 대로 허용되었다"(제1부, 제2장)고 비판한다.

슈티르너에 의하면 "루터는 인간이 진리를 이해하고자 하면, 즉 진리 그 자체인 것처럼 참이어야 한다면 인간 그 자체가 하나의 다른 모습이 되어야 한다는 사실을 이해한 최초의 인간이었다." 그리고 "루터와 데카르트학파는 그들의 '신을 믿는 자는 신이다(Wer glaubt, ist ein Gott)'라는 것과 '나는 생각한다, 고로 나는 존재한다(Cogito, ergo sum)'라는 것을 적절하게 결합했다"고 본다.

슈티르너는 데카르트의 사상이 감성과는 단절된 것으로 루터주의적인 신앙의 내면화와 융합을 보인다고 하는데, 이러한 견해는 일반적인 통념과는 다르다. 또 슈티르너는 르네상스에 대해서는 전혀 언급하지 않는다. 나아가 칸트나 헤겔은 물론 헤겔 이후의 철학까지 포함하여 근대철학도 순수한 기독교적 원리에 입각한 것으로 본다.

앞에서 보았듯이 슈티르너는 김나지움 시절부터 헤겔 철학에 빠져 1826년 김나지움 졸업 후 헤겔이 있는 베를린대학교에 가서 그의 강의를 들었고, 1831년 헤겔이 죽고난 뒤 그의 제자들은 좌우파로 갈라졌다. 헤겔을 그대로 계승한 '헤겔우파(Rechtshegelianer)'는 '노년 헤겔학파(Althegelianer)'라고도 하는데, 딜타이, 빈델반트, 크로체 등으로 대표된다. 반면 '헤겔좌파(Linkshegelianer)'는 '청년헤겔파(Junghegelianer)'라고도 하는데 이는 헤겔 사후 10여 년간 활동한 학파로, 20세기의 신헤겔학파로 이어지는 우파에 비하면 생명이 짧았다. 헤겔좌파에 대한 언급이 『유일자와 그의 소유』에 자주 등장하므로 여기서 그들에 대해 간단히 언급해둔다.

헤겔좌파는 프로이센 체제와 종교를 비판하고, 1840년 이후의 반동화에 대응해 공화제 달성을 위해 노력했다. 마르크스와 엥겔스도 그 일원이었던 헤겔좌파에는 많은 사람들이 참여했는데, 우리에게 알려진 인물로는 『기독교의 본질』을 쓴 루트비히 포이어바흐가 있다. 그러나 포이어바흐의 이 책 외에는 번역된 책이 거의 없어서 헤겔좌파에 대해 알기가 쉽지 않다.

『기독교의 본질』은 1841년에 나왔는데, 이는 1835년에 다비트 프리드리히 슈트라우스(David Friedrich Strauß)가 쓴 『비판적으로 조사된, 예수의 생애(Das Leben Jesu, kritisch bearbeitet)』와 같이 기독교의 기원을 검토하여 기독교의 신이라는 관념이 비합리성의 근원이라고 보고, 신의 위치에 인간이라고 하는 합리적 개념을 대치하여 기독교와 합법적으로 타협했다. 이러한 인간주의로 변신한 유신론은 괴테나 헤르더에 의해 이미 준비된 것이었다. 그리고 포이어바흐의 합리성을 더욱 철저히 밝힌 사람이 브루노 바우어였다.

슈티르너는 헤겔만이 아니라 헤겔이 철학적으로 지배한 프로이센에서 1840년에 새로 즉위한 프리드리히 빌헬름 4세에 의한 반동정치를 비판하고, 나아가 바이로이트를 비롯하여 남부에서 주류였던 자유주의 운동도 비판한다. 그러나 자유주의는 남부 독일인 모두에게 지지를 받은 것도 아니고 극히 일부 중산층에게 지지를 받은 것에 불과했다. 가령 대학교수, 상급공무원, 법률가, 의사, 언론인 등의 전문직 종사들의 지지를 받았다. 그들은 군주정과 교회와 귀족들에게 저항하여 독일보다 정치적으로 선진국이었던 영국의 입헌 군주정과 의회정치와 법치주의를 포함한 자유주의로 나아가는 근대화를 이룩하고자 했다. 그 자유주의에는 정치적 자유주의만이 아니라 빈민의 무기력을 도덕적으로 비판하는 인도적 자유주의, 그리고 더욱 적극적으로 사회적 평등을 주장하는 사회적 자유주의도 있었다. 사회적 자유주의는 지금 우리가 사회주의 내지 공산주의라고 부르는 것으로, 이는 당시 프랑스에서 비롯된 것이었다. 인도적 자유주의는 헤겔 좌파에 속한 브루노 바우어의 사상을 명명한 것으로, 오늘날에는 보기 어려우니 독자들은 크게 관심을 갖지 않아도 좋을 것이다.

이러한 당시의 사상적 경향에 대해 이의를 제기하는 비판적 견해를 거의 볼 수 없는 가운데 그 모두를 전면적으로 비판한 사람이 슈티르너였으니 그 충격은 대단했다. 그래서 위에서 보았듯이 엄청난 부피의 비판서를 쓴 마르크스와 엥겔스를 비롯하여 슈티르너에게 비판을 받은 사람들도 비판서를 썼다. 슈티르너가 정치적 자유주의, 사회적 자유주의, 인도적 자유주의를 각각 비판한 곳은 『유일자와 그의 소유』 제1부 제2장 3절 '자유인'에서이다. 따라서 독자들은 이 부분부터 먼저 읽어도 좋지만 그 설명도 쉽지는 않다.

먼저 독자들은 제1부의 제목인 '인간'과 제2장 3절의 제목인 '자유인'이라는 말을 오해하지 말아야 한다. 제1부의 제목인 '인간'은 제2부의 제목인 '나'에 대응하는 것으로 '인간'이란 '나'를 추상적(비현실적)으로 일컫는 것으로, 구체적(현실적)인 '나'에 대응하는 말이다. 슈티르너는 당대에 논의된 추상적인 '인간'이 아니라 구체적인 '나'를 찾아야 한다고 주장한다. 따라서 슈티르너에게 '인간'이란 상당히 부정적인 개념이다. 한편, 우리나라에서 '자유인'이란 절대적 자유를 추구하는 사람, 특히 아나키스트와 같은 의미로 받아들여지기도 하지만, 슈티르너는 그 말을 그가 비판의 대상으로 삼는 당대의 자유주의자라는 의미로 사용하기 때문에 우리나라에서의 일반적인 이해와는 다르다. 즉 그가 '인간'을 추상적인 것으로 비판하고 구체적인 것으로 '나'를 내세우듯이, '자유인'을 추상적인 것으로 비판하고 '유일자'를 구체적인 것으로 내세운다. '자유인'이란 슈티르너가 1842년부터 만났던 '헤겔좌파' 사람들을 일컫는 말이기도 했다.

슈티르너의 주장을 간단히 말하면, 그 세 가지 자유주의는 모두 현실의 인간이 아니라 관념화된 이상의 인간을 전제로 하여, 각각 자기 관념을 기준으로 현실의 인간을 재단한다고 비판하는 것이다. 침대를 미리 만들어 놓고 거기에 인간들을 눕혀서 키가 큰 사람은 아래위를 자르고, 키가 작은 사람은 아래위로 늘여 침대에 맞추는 식으로 한다는 것이다.

슈티르너는 자유주의가 요구하는 자유가 집합개념에 그치고 있고, 그 속에서 애매한 집합체와 개체 사이의 차이가 간과되었다고 비판하고, 개인의 자유에 관심을 기울인다. 그는 다음과 같이 문제점을 지적한다. 자유주의 시대에 와서 인류는 신의 계율이 아니라 이성의 법칙에 발판을 갖고 경신(敬神)에 대항하여 자립에 이르게 되었으나, 그 인류란 것이 '프로테스탄트적 합법성', 즉 자기 안의 법에 복종하는 것에 불과하다고 슈티르너는 본다.

가톨릭적 삶의 마지막 유쾌함의 흔적조차도 이러한 프로테스탄트적 합법성 안에서 사라져야 한다. 여기에 이르러 마침내 법의 지배가 처음으로 완성된다. '내가 살아 있다'는 것이 아니라 '법이 내 안에 살아 있다'는 것이다. 그래서 나는 정말로 그러한 법의 영광의 '그릇'에 불과하게 된다. "모든 프로이센인은 자신의 가슴속에 자신의 헌병을 품고 있다"라고 어느 프로이센 고위 장교가 말했다. (중략) 그리하여 당신의 도덕이라는 것은 형식적인 '충성'이자 그러한 법률 준수라는 위선으로까지 타락하지 않을 수 없고, 게다가 그 위선이라는 것이 과거의 위선보다도 더 폭력적이고 더 반역적이기도 하다. 왜냐하면 과거의 위선은 오로지 **행위**만을 필요로 했지만, 이제 당신은 **정신**까지도 요구당하기 때문이다(제1부, 제2장, 강조는 옮긴이).

위에서 슈티르너가 '프로테스탄트적 합법성'이라고 일컫는 것은 자유주의의 또 하나의 문제점, 즉 국가나 국법에 시민이 직접 지배되고 구속된다는 점의 근거가 된다. 슈티르너는 이것이 인신신앙을 벗어난 인간의 참된 완전 해방과 독립, 그리고 자율을 저해한다고 비판한다.

6. 에고이스트

조지 우드코크(George Woodcock)는 『아나키즘: 리버테어리언의 사상과 운동의 역사(*Anarchism: A History of Libertarian Ideas and Movements*)』에서 슈티르너에 대한 장의 제목을 '에고이스트'라고 하고, 슈티르너가 이상으로 삼는 에고이스트를 다음과 같이 설명했다.

집단 및 다른 개인과 투쟁하는 데서 자기를 실현하는 인간이고, '만인에 대한 만인의 투쟁'에 있어서 여하한 수단을 사용하는 데도 주저하지 않는 인간이고, 모든 것을 자기 자신의 행복이라는 입장에서 판단하는 인간이고, 그의 '소유'를 선언한 후 의견이 같은 사람과 함께 규칙이나 규제 없이 공통의 이익을 조정하기 위한 '에고이스트 동맹'에 가입하는 그러한

인간[3]

에고이스트를 이렇게 설명하면, 우리가 흔히 그 말의 번역어로 택하는 이기주의자라는 말에 적합한 것으로 보인다. 즉 '자기만의 이익을 꾀하려고 하는 사람'이라는 것이다. 그러나 나는 슈티르너가 말하는 에고이스트를 그런 의미의 이기주의자라고 번역하는 것에는 문제가 있다고 생각한다. 에고이즘이나 에고이스트는 '나'를 뜻하는 라틴어 '에고(ego)'에다가 흔히 '주의'라고 번역하는 '이즘(ism)', 또는 '주의자'라고 번역하는 '이스트(ist)'를 붙인 말이다. 따라서 그것을 번역하자면 '나주의'나 '나주의자'라고 하겠는데, 한글을 사랑하는 사람들에게도 어색한 표현이다. '나'를 한자로 '자아'나 '자기'라고 하니 자아주의나 자기주의라고 번역할 수도 있겠으나 역시 어색할지 모른다. 그러나 에고이즘을 우리나라에서 흔히 '이기주의'라고 번역하는 것은 적어도 슈티르너의 에고이즘과 관련되어서는 문제가 된다. 이 점에 대해서는 뒤에서 다시 설명하고, 여기서는 에고이즘에 대해 좀 더 설명하자.

에고이즘은 모든 사람이 에고, 즉 '나'를 가지고 있다는 전제에서 출발한다. 그것은 우리 모두가 나 자신을 중시하는 욕구가 있고, 인간은 누구나 나 자신의 이익을 위해 행동하는 유일한 존재라는 것을 뜻한다. 그것은 단순히 우리 모두 자신의 자아를 끌어안고 나 자신을 위해 살고, 동시에 우리들 서로의 자아, 독특함, 개성을 존중하는 것을 의미한다. 슈티르너는 이 책의 처음에 나오는 서설 격인 '나에게는 모든 것이 아무것도 아니다'의 마지막 문장에서 다음과 같이 말한다.

••

3) 조지 우드코크, 『아나키즘』, 형설출판사, 1981, 하기락 옮김, 107쪽.

신의 것은 신의 일이고, 인간의 것은 '인간의' 일이다. 나의 일은 신의 것도 아니고 인간의 것도 아니다. 그것은 참된 것, 선한 것, 옳은 것, 자유로운 것 등등이 아니라 오로지 나의 것이다. 그것은 일반적인 것이 아니라 내가 유일한 것처럼 유일한 것이다.

나에게는 나를 넘어서는 어떤 것도 없다!(제1부 도입부)

슈티르너는 이타주의 자체가 에고이즘의 한 형태라고 주장한다. 즉 이타주의와 협력, 심지어는 공동체가 형성되는 이유는 그것이 우리의 자아에 어떤 식으로든 봉사하기 때문이라고 한다. 왜 우리는 다른 사람들과 함께 일할까? 우리 자신의 이익을 위해서다. 에고이즘이란 사람을 죽이고 강간하거나 기타 여러 범죄로 남을 해쳐도 괜찮다는 뜻이 아니다. 에고이즘이야말로 타인을 사랑하는 것이다. 이에 대해 슈티르너는 이 책의 제2부 제2장 '2. 나의 교류'에서 다음과 같이 말한다.

나도 물론 인간을 사랑한다. 개인뿐만 아니라 모든 인간을 사랑한다. 그러나 나는 에고이즘의 의식으로 그들을 사랑한다. 나는 사랑이 나를 행복하게 하기 때문에 그들을 사랑한다. 내가 사랑하는 것은 사랑이 나에게 자연스럽고, 그것이 나를 기쁘게 하기 때문이다. 나는 '사랑의 계명' 따위는 모른다. 나는 내가 느낄 수 있는 모든 존재와 공감하는 감정을 가지고 있으며, 그들의 괴로움과 그들의 상쾌함은 나를 괴롭게 하고 상쾌하게 한다. 나는 그러한 것들을 죽일 수 있으나 비난할 수는 없다(제2부, 제2장).

이처럼 에고이즘은 이타주의나 집단주의나 사회주의를 거부하는 것이 아니다. 슈티르너는 에고이스트의 연합을 새로운 사회주의적 이상으로 추구한다. 이는 순수한 의지로 서로 연합하는 자발적인 사람들인 에고이스트들의 그룹을 말한다. 슈티르너는 『유일자와 그의 소유』가 나온 뒤이 책을 비평한 사람들에 대한 반론을 모은 『슈티르너의 비평가(Kritikus Stirner)』에서 비평가 중 한 사람인 헤스[4]에 대해 다음과 같이 에고이스트 연합을 설명한다.

헤스가 종이가 아니라 삶에서 에고이스트 연합을 보고 싶었다면 그것은 실제로 다른 일이 될 것이다. 파우스트가 이렇게 외쳤을 때 그러한 연합의 한가운데에 있는 자신을 발견한다. "여기서 나는 인간이고, 여기서 나는 인간이 될 수 있다." 괴테는 그것을 흑백으로 말한다. 헤스가 자신이 그토록 집착하는 실제 생활을 주의깊게 관찰한다면, 그는 사라지기도 하고 남아 있기도 한 수백 개의 그러한 에고이스트 연합을 보게 될 것이다. 아마도 바로 지금 이 순간에 몇몇 아이들이 창밖에 친선 게임을 하기 위해 모여 있을 것이다. 그가 그들을 보면, 그는 장난기 많은 에고이스트 연합을 보게 될 것이다. 아마도 그에게도 친구나 연인이 있을 것이다. 그러면 그는 두 마음이 이기적으로 결합하여 서로를 기쁘게(즐길 수 있게) 한 마음이 다른 마음을 찾는 방법과 이 일에 '부족하지 않은' 사람이 없음을 안다. 아마도 그는 거리에서 몇 명의 좋은 친구를 만나고 그들은 그에게 선술집에서 와인을 마시러 함께 가자고 요청할 것이다. 그는 그들에게 호의를 베풀기 위해 함께 가는가, 아니면 기쁨을 약속하기 때문에 그

4) 모제스 헤스(Moses Hess, 1812~1875)는 독일의 초기 사회주의자이다. 《라인신문》을 편집하면서 마르크스의 친구가 되었다.

들과 '결합'할까? 그들은 '희생'에 대해 진심으로 감사해야 할까, 아니면 잠시 동안 모두 함께 '에고이스트 연합'을 형성한다는 것을 알고 있을까?

그러나 에고이스트 연합은 국가와는 적대적인 것이라고 슈티르너는 『유일자와 그의 소유』 제2부 제2장 '소유자'에서 다음과 같이 말한다.

> 그러므로 우리 둘, 국가와 나는 적이다. 에고이스트인 나에게 이 '인간적 사회'의 행복 따위는 마음에 없다. 나는 그 사회를 위해 아무것도 희생하지 않고 오로지 그것을 이용할 뿐이다. 그러나 그 사회를 완벽하게 이용하기 위해 나는 그것을 오히려 나의 소유, 나의 창조물로 변형시킨다. 즉 나는 그것을 파괴하고 그 자리에 에고이스트 연합을 형성한다(제2부, 제2장).

마찬가지로 이 책에서 말하는 '소유'도 흔히 이기적인 '사적 소유'라고 하는 것이기는커녕 도리어 그것과 반대되는 것임을 주의해야 한다. 사유재산을 옹호하지 않는다는 것이다. 도리어 그 반대다. 이는 그가 이 책의 제1부 제2장, 3절 '(1) 정치적 자유주의' 마지막에서 다음과 같이 말하는 것에서 알 수 있다.

> 노동자들은 엄청난 힘을 손에 쥐고 있다. 그리고 일단 올바르게 자각하여 그것을 사용한다면, 그 무엇도 그들을 이거낼 수 없을 것이다. 그들은 오로지 노동을 멈추고, 노동의 산물을 그들의 것으로 간주하고, 그것을 누리기만 하면 된다. 바로 이것이 지금 여기저기서 타오르고 있는 노동자 반란의 핵심이다.
> 국가는 노예적 노동에 기초한다. 만일 노동이 자유로워지면, 국가가 없

어진다(제1부, 제2장).

슈티르너는 자본가가 아니며, 그가 분명하게 말하지는 않았지만 본질적으로 아나키스트이자 사회주의자다. 특히 그는 '사유재산'도, 정상적인 '재산'도 전혀 믿지 않는다. 그는 재산은 싸워 얻어야 하는 것이고, 가혹하게 소유해야 하는 것이며, 폭력 없이는 재산(개인이든 사적이든)을 소유할 수 없다고 말한다. '이것은 내 것이다!'라고 단순히 말함으로써 재산을 소유할 수는 없다. 따라서 그는 그 재산을 위해 폭력, 즉 국가의 폭력으로 부르주아 계급이 투쟁한다고 본다. 국가와 부르주아 계급의 폭력으로 사람들은 겁에 질려 '재산'이라는 그릇된 생각에 젖어 그 자체를 처리하고 나서 착취하고 착취하는 데 사용한다! 즉 '재산은 법의 은혜로 말미암아 있는 것이다. 사실이 아니라 법적 허구'라고 말한다. '(1) 정치적 자유주의'에서 그는 이에 대해 광범위하게 설명한다. 그는 자유주의자와 국가를 비판하고 프롤레타리아트에 대한 그들의 공포와 증오를 폭로한다.

7. 이 책에 대한 오해와 번역의 이유

이 책은 우리말로 번역되기도 전에 오해를 많이 받았다. 앞에서 소개한 우드코크도 그러한 오해를 낳은 사람이다. 그는 슈티르너를 "끊임없는 투쟁의 시인이고 범죄와 살인을 찬양"[5]했다고도 하는데, 나는 슈티르너가 범죄와 살인을 찬양하기는커녕 투쟁의 사람이라고 보기도 어렵다고 생각

..
5) 조지 우드코크, 앞의 책, 108쪽.

한다.

또 하나의 오해는 그를 자본주의자로 보는 것이다. 가령 2004년에 나온 김은석의 『개인주의적 아나키즘』에서 슈티르너의 "견해는 애덤 스미스나 오늘날 자유방임적 자본주의의 주창자인 로스바드와 다를 바 없다"고 평가되었다.[6] 머레이 뉴턴 로스바드(Murray Newton Rothbard, 1926~1995)는 신자유주의의 아버지라고 불리는 프리드리히 하이에크(Friedrich Hayek, 1899~1992)도 경악하면서 '치명적 자만'을 범했다고 비판한 극단적 시장주의자다. 1950년대부터 '사유재산 아나키스트(private property anarchist)'로 자처한 이후 '아나코-캐피탈리스트(anarcho-capiitalist)'라는 표현을 사용한 로스바드에 따르면 "자본주의는 아나키즘의 가장 완전한 표현이며, 아나키즘은 자본주의의 가장 완전한 표현이다." 당시 김은석의 책을 읽고 나는 그전부터 '이기주의자'로 경멸했던 슈티르너를 더욱더 확고하게 경멸하게 되었다. 그리고 슈티르너의 『유일자와 그의 소유』를 마치 재벌의 앞잡이가 쓴 '유일한 최고 재벌의 소유'를 긍정한 책으로까지 오해했다. 마치 '마누라와 자식 빼고는 다 바꾸라'고 말했다는 어느 재벌의 말이 아나키스트인 바쿠닌이 말한 창조적 파괴와 동의어로 오해되듯이 말이다.

그러다가 우연히 슈티르너의 『유일자와 그의 소유』를 읽고서는 슈티르너나 김은석이나 그들과 유사한 견해에는 문제가 있다는 생각이 들었다. 슈티르너는 『유일자와 그의 소유』에서 불가침의 재산권 보장이란 국가가 국민을 "자유로운 백성과 훌륭한 애국자"(제2부, 제2장)로 사육하기 위한 것이라고 비판하였기 때문이다. 게다가 그 재산권 보장의 실제는 극소수 대소유자의 독점과 대다수 소소유자 내지 무소유자의 일용노동자화로 나

6) 김은석, 『개인주의적 아나키즘』, 우물이깊은집, 2004, 158쪽.

타난다고 보았기 때문이다. 따라서 슈티르너는 사유재산권 보장이 인격적 자유 내지 정치적 자유의 기초로 기능하지 못하고, 도리어 재산권의 법적 보장에 의해 수탈이 횡행하며 본래적 의미의 인격적 자유는 더욱더 침해되어갈 뿐이라고 보았음을 다음 문장에서 확인할 수 있다.

> 부르주아적 자유주의자들이 이해하는 소유는 공산주의자나 프루동의 공격을 받을 만하다. 부르주아적 소유자는 사실상 소유가 없는 인간, 어디에서나 배제된 인간이기 때문에 참을 수 없다. 그는 세계를 소유하기는 커녕 자신이 돌아서는 하찮은 지점조차 소유하지 않는다(제2부, 제2장).

지금까지 설명했듯이 슈티르너가 오해를 받고 있다는 생각에 이 책을 번역하는 데까지 이르렀지만, 그것이 위에서 말한 정도의 오해 풀기에 그치는 것이라면 과연 번역까지 할 필요가 있을지 오랫동안 고민했다. 그러다가 이 책을 번역하기로 결심한 더 깊은 이유는 니체가 말한 엘리트적인 '초인'보다, 인간이면 '누구나' 유일자라고 보는 슈티르너의 인간상이 더욱 바람직하게 생각되었기 때문이다. 우리 모두 유사자(類似者)가 아니라 유일자라고 생각하고, 유사자가 아니라 유일자가 되기 위해 노력하며, 상대방도 그런 유일자로 인정하면서 자유롭고 평등한 유일자로서 연합하는 자치체를 만들어 자연 속에서 사는 것이 나의 꿈이 되었기 때문이기도 하다.

내가 이 책을 번역하게 된 또 하나의 계기는 수많은 아나키스트 가운데서도 슈티르너가 동양 사상과 유사하다는 점이다. 가령 슈티르너의 '유일자'라는 말은 불교에서 말하는 '천상천하유아독존'이라는 말을 연상시킨다. 그래서인지 슈티르너의 에고이즘은 붓다의 불교와 유사한 점이 많다는 생각을 갖게 된다. 그러나 나는 불교 신자가 아니고 불교를 연구한 적도 없기 때문에 그런 생각에 대한 확신을 가질 수 없었다. 국내외의 슈티르너 연구자들 중에서도 슈티르너 사상과 불교의 유사성을 말하는 사람은 거의 보지 못했다. 불교 연구자들이 슈티르너를 언급한 경우도 물론 없다.

그런데 '유일자(유일한 자아)'와 '고유성(독특한 개성)'에 초점을 맞춘 슈티르너의 에고이즘은, '천상천하유아독존'과는 반대로 보일 수도 있는 불교의 무아(無我) 사상과는 대립적인 것으로 보일 수도 있다. 그러나 팔리어나 산스크리트어에서 '나'를 부정하는 말을 중국에서 한자로 번역하면서 '참된 내가 아닌 것'이라는 뜻인 비아(非我)로 번역해야 하는 것을 무아(無我)로 번역한 것이 아닌가라는 의문이 들었다. '비아'란 세속적인 실체를 자기라고 잘못 생각하고 그것에 집착하는 것을 말한다. 그런 세속적 집착을 버리고 '참된 자기'를 깨닫는 법과 '법', 즉 있는 그대로의 진실에 따르는 도리를 스스로 체현하는 것이 불교이다. 이러한 불교 사상은 슈티르너의 사상과 너무나 흡사하다.

슈티르너의 에고이즘과 불교는 '통찰과 지혜를 바탕으로 한 개인의 변회만이 대인관계의 갈등을 끝내고 진정한 행복으로 이어진다'는 점에서 내면의 각성을 강조한다는 유사성을 갖는다. 그리고 그 둘은 '개인의 공감을 높이고 비폭력적인 사회적 행동을 통해 사회변화를 지향한다'는 점에서도 공통된다. 불교는 명시적으로 새로운 정치 제도를 만들거나 정치 체제를 확립하는 데 목표를 두지 않지만, 제도화된 폭력으로서의 정치를 거부하는 것은 아나키즘과 불교의 공통점이다. 물론 폭력을 긍정하는 아나키즘도 있지만 적어도 21세기의 아나키즘은 대부분 비폭력을 원칙으로 한다.

인간의 괴로움(또는 불안, 또는 일반적인 불만족)은 불교의 사성제(四聖諦, 네 가지 높은 깨우침) 중 하나이며, 불교도는 고통을 줄이고 개선하는 방법으로 비폭력을 특별히 강조한다. 실제로 일부 불교도들에게 비폭력은 불교의 본질이다. 달라이 라마는 "비폭력은 내면의 평화를 반영하는 것"이라고 말했다. 그 철학적 범위와 목표는 불교보다 좁지만 아나키즘도 폭력, 지배, 착취를 반대하며 그 모든 것이 피해와 고통을 유발한다고 비판한다. 아나키즘은 인간 사회에서 자의적이고 강압적인 권위와 위계질서를 없애고자 한다.

따라서 아나키즘은 차별을 인정하지 않는다. 그것은 모든 사람을 사랑과 존엄에 합당한 사람으로 대우하도록 권고한다는 점에서 근본적으로 평등주의이다. 붓다의 가르침도 근본적으로 평등주의적이어서 카스트를 부정하고, 지혜를 얻은 사람이면 누구에게나 고귀한 지위를 부여한다. 평등주의는 산업화와 현대 민족 국가에 대한 반대로 나타나기 때문에 아나키즘은 자본과 국가에 반대한다. 그러나 아나키스트의 주장과 통찰력은 확실히 이러한 제도에 국한되지 않으며, 아나키스트는 새로운 사회적 상황에 비추어 권력과 특권에 대한 우리의 비판을 계속 발전시키고 확장해왔다. 불교 아나키즘은 맥락을 강조하고 변증법적 접근을 사용하며, 정치적 행동이나 혁명보다는 개인의 깨달음과 올바른 행동을 선호한다. 불교도 아나키스트들은 모든 종류의 조직 형태가 서로 균형을 이루는 사회경제적 질서를 조성하려고 한다.

슈티르너는 고유성에 대한 그의 개념조차 근본적으로 실재에 대한 불완전한 설명이라고 한다. 고유한 것에 대해, 슈티르너는 '이름이 그것을 명명하지 않는다'고 본다. 그것은 언어로 환원될 수 없다는 것이다. 슈티르너는 『유일자와 그의 소유』 첫머리에서 "나는 공허함이라는 의미에서 아무것도 아닌 것이 아니라, 오히려 창조적인 무(無), 곧 아무것도 아님에서 나 자신은 창조자로서 모든 것을 창조한다"고 한다. 여기서 2천 년 이상 떨어져 있는 이 두 혁명적 사상가는 어떤 것의 밑에 또는 그 중심에 중재되지 않고 순수하고 참된 현실이 없다는 급진적이고 잠재적인 결론에 도달한다. 즉 우리가 하는 모든 것은 생각과 함께 일어난다. 우리의 생각으로 세상을 만든다.

불교는 모든 미신이나 도그마는 버려야 한다고 주장한다. 특히 세상을 창조한 신이 있다느니, 신을 믿으면 신이 우리를 구원한다느니 하는 것도 미신이나 도그마이니 버려야 한다고 주장한다. 붓다는 그것을 깨달음이라고 한다. 붓다라는 말이 사실은 깨달은 사람이라는 뜻이다. 슈티르너도 서양의 종교는 물론 철학이나 인문학 등의 각종 관념을 철저히 파괴한다.

8. 마르크스-엥겔스와 슈티르너

카를 마르크스가 1845~1846년에 프리드리히 엥겔스와 함께 쓴 『독일 이데올로기(*Die deutsche Ideologie*)』는 집필 당시 출판사를 찾지 못해 결국 그들의 생전에는 나오지 못하고, 1932년에 와서야 모스크바의 마르크스-엥겔스 연구소의 다비트 랴자노프(David Ryazanov)에 의해 처음으로 출판되었다. 한국에서는 1988년과 1989년에 각각 박재희(청년사)와 김대웅(두레)에 의해 일부(제1권 제1장 포이어바흐 장을 중심으로)가 번역되었다가, 2019년에 이병창에 의해 두 권(먼빛으로)으로 완역되었다. 저자들이 원고를 쓴 지 87년 만에 책의 형태로 출간되었고, 한국어로는 173년 만에 완전하게 소개된 셈이다. 그만큼 우리와 마르크스-엥겔스 사이에는 엄청난 시간의 격차가 있는 것일까?

『독일 이데올로기』는 1840년대 초 독일에서 마르크스와 엥겔스가 포이어바흐, 브루노 바우어, 슈티르너, 모제스 헤스 등이 속한 이른바 청년헤겔파 또는 헤겔좌파의 철학을 비판한 책이다.

슈티르너는 1843년에 『유일자와 그의 소유』를 썼고 1844년 4월에 완성한 뒤 11월에 출판했는데, 출판 직전에 엥겔스에게 교정본이 전해졌고 그때 엥겔스는 마르크스에게 편지를 써서, 그 책을 보내겠다고 약속하면서 다음과 같이 썼다. "그의 원칙에서 참된 것은 우리 역시 받아들여야 한다. 그리고 사실인 것은 우리가 어떤 대의에서든 활동할 수 있기 전에 그것을 우리 자신의 에고이즘이라는 대의명분으로 만들어야 한다는 것, 그리고 그런 의미에서 물질적인 기대와는 별개로 우리는 우리의 에고이즘 덕목에서 공산주의자가 되려는 것이고, 에고이즘에서 우리는 단지 개인이 아니라 인간이 되고자 한다는 것이다."

그러나 그 뒤 1846년에 마르크스와 엥겔스는 슈티르너를 비판하는 『독일 이데올로기』를 썼다. 『독일 이데올로기』의 무삭제 본문에서 마르크스와 엥겔스가 슈티르너를 공격하는 데 바친 페이지 수는 슈티르너의 저술 총계를 넘는다. 『독일 이데올로기』의 1권 1장은 포이어바흐, 2장은 바우어, 3장은 슈티르너, 2권은 헤스와 프루동 등의 철학을 비판하는데, 그중 가장 방대한 부분은 슈티르너의 『유일자와 그의 소유』에 대한 것으로 전체 약 1400쪽(한국어판 기준)의 반에 이른다. 그중에서 지금까지 중시되어온 것은 『포이어바흐 테제』가 두드러진 작품이라는 외관을 주는 1권 1장인데, 그것은 마르크스가 '역사 유물론'이라고 부르기 시작한 역사 이론을 다시 정리한 것이다. 슈티르너에 대한 마르크스의 장황하고 맹렬한 비판은 이후 마르크스의 지적 발달이 관념론에서 유물론으로 전환하는 계기가 되었다. 역사 유물론이야말로 도덕에 대한 슈티르너의 거부와 공산주의를 화해시키는 마르크스의 방법이라는 주장이 제기되어왔다.

『독일 이데올로기』의 첫 출판 이후, 마르크스주의 학자들은 이 작품이

마르크스의 역사 이론에 대한 가장 포괄적인 진술이기 때문에 특히 가치가 있다고 생각했다. 그러나 새로운 마르크스-엥겔스 전집(MEGA)에 대한 최근의 연구는 그 안에 있는 내용의 상당 부분이 1930년대 모스크바의 마르크스-엥겔스 연구소에 의해 만들어졌다는 것을 보여준다. 이 책의 서지학적 연구로는 한국에도 고 정문길 교수에 의한 훌륭한 업적이 있다. 그러나 그 책의 내용, 특히 슈티르너에 대한 마르크스의 비판을 분석한 내용을 찾기는 어렵다. 서지학적 연구가 불필요한 것은 아니지만 어떤 책 자체가 번역되지 않은 상태에서 그 책의 서지학에 대한 연구만이 나온다면 문제가 있다. 2019년에『독일 이데올로기』의 완역본이 나오기 전의 한국은 그런 문제적 상황이었다고 할 수 있다. 완역본 번역자인 이병창은 그 책의 번역이 너무 어려워서 한국에 마르크스주의가 도입되고 근 100년이 걸려 나왔다고 말한다. 그러나 솔직하게 말하면 마르크스주의 연구자들을 비롯한 관련자들의 게으름 때문이었다고 해야 한다. 원전 번역을 무시하고 해설이나 비평에만 급급한 것이다.

그런데 더 심각한 문제는『독일 이데올로기』에서 비판되는 책들의 우리말 번역이 거의 없어서, 비판되는 책의 내용을 충분히 알 수 없다는 점이다. 포이어바흐의 경우『기독교의 본질』과『종교의 본질에 대하여』가 번역되어 있으나 바우어, 헤스의 책은 번역되어 있지 않다.

먼저 마르크스와 엥겔스에 대한 기존의 책에서는 그들이 슈티르너를 참으로 하잖게 보았다는 식으로 서술되어 있다. 그러나 정말 그렇게 보았다면 마르크스와 엥겔스가 '성 막스', '산초', '별종'이라고 이름 붙인 슈티르너 비판에『독일 이데올로기』의 반을 바칠 필요가 있었을까? 도리어 그 정도로 슈티르너를 진지하게 다루었다고 보아야 하지 않을까? 사실 슈티르너는 마르크스-엥겔스와 많은 점들을 공유한다. 즉 그의 변증법적인 방법,

추상화와 '인간 본질'에 대한 비판, 노동에 대한 분석, 정적인 유물론의 거부, 그리고 사회변화 속의 인간의 의지에 대한 강조 등에서 그렇다. 엥겔스는 심지어 마르크스에게 그가 슈티르너의 책을 읽고 나서 에고이즘으로 전환되었음을 인정했고, 비록 일시적이었지만 그는 여전히 "우리가 공산주의자인 것은 똑같이 에고이즘에서 비롯된 것"이라고 주장했다. 물론 슈티르너는 공산주의자가 아니고, 그 점에서 그는 마르크스나 엥겔스와 다르다. 여기서 에고이즘이라는 말을 개인주의나 이기주의로 번역하지 않고 원어 그대로 표기하는 이유는 그 말의 번역이 그 말을 상당 부분 왜곡하고 있다고 생각하기 때문이다. 에고이즘을 개인주의, 특히 이기주의라고 번역하면 사회주의나 공산주의와 극단적으로 대립되는 의미로 오해되기 때문이다. 그렇게 오해해서는 마르크스나 엥겔스도 에고이스트였다는 점을 제대로 알 수 없다. 그래서 그런 번역어보다 자아주의라는 말이 적합하다고 생각하지만 그 말이 일반적이지 않다는 이유에서 역시 채택하지 않는다. 에고이스트라는 말도 마찬가지 이유에서 그대로 사용하였다.

9. 슈티르너에 대한 평가와 그의 영향

철학의 역사에서 슈티르너는 '나'를 제외한 모든 명제를 파괴하기 때문에 아나키스트라기보다는 니힐리스트나 실존주의자라고 보는 견해도 있다. 기존의 가치와 제도를 전면적으로 부정한 그는 키에르케고르처럼 개인을 찬양하고 헤겔 형이상학의 거대한 구조에서 개인을 해방시키려 했다. 그는 기독교 도덕에 대한 공격과 개인의 찬양이라는 점에서 니체와 무신론적인 실존주의를 예상하게 했다. 그러나 그가 모든 도덕적 사회적 가치를 파괴하려고 하지는 않기 때문에 단순한 허무주의자라고 할 수는 없다. 엄밀히 말하면, 그는 더 높거나 더 나은 개인을 만들려는 어떤 시도도 거부하기 때문에 원초적 실존주의자도 아니다.

슈티르너의 개인 자치에 대한 방어는 벤자민 터커(Benjamin Tucker)를 비롯한 미국의 개인주의자뿐만 아니라 20세기의 사회적 아나키스트인 엠마 골드만(Emma Goldman)과 허버트 리드(Herbert Read)에게도 영향을 미쳤다. 크로포트킨은 슈티르너의 반사회적 추진력과 도덕에 대한 부정을 비판했지만, 사회주의 시절의 초기 무솔리니는 '개인의 본질적 힘'을 다시 유행시키기를 원했다. 이처럼 슈티르너는 계속해서 좌익과 우익의 아나키스트들을 고무시키고 격앙시켜왔다.

20세기 후반기는 물론 21세기에 와서도 가장 현대적인 아나키스트들이 누구보다도 가장 고전적인 아나키스트인 막스 슈티르너에게서 주된 영감을 얻고 있음은 아이러니한 일이고 주목할 만한 일이다. 슈티르너에 이어 바쿠닌이나 크로포트킨이나 톨스토이 같은 러시아 아나키스트들이 19세기 후반부터 20세기 전반을 풍미한 것과 대조적이기 때문에 더욱 그렇다. 운동이나 사상의 차원만이 아니라 학문의 차원에서도 그렇다. 그래서 최근 우리나라를 비롯한 여러 나라에서 슈티르너에 대한 관심이 늘고 있다. 그러나 나는 슈티르너를 미국식 자본주의 아나키즘과 동일시하거나 그를 사회성이 없는 개인주의적 아나키스트로 보는 점에는 반대한다. 그를 프루동이나 바쿠닌이나 크로포드긴 같은 사회적 아나키스트로 보기는 어렵다고 해도, 그가 사회를 무시하기는커녕 새로운 사회를 대망했음을 유의해야 한다. 여기서 내가 새로운 사회라고 함은 전통적인 가족이나 고향과 같은 공동체, 제도에 의해 만들어진 국가나 회사 같은 것이 아니라, 자유롭고 평등한 개인들이 자발적으로 연대하여 만드는 노동조합이나 협동조합 또는 소비자조합과 같은 조합 사회를 말한다. 이러한 조합 사회는 전통적인 공동체나 제도를 변혁하는 모델이 될 수도 있다. 조합과 같은 국가나 회사, 조합과 같은 가족이나 고향으로 변화시키는 것이다. 이는 내가 자유로운 개인이 자치하는 사회를 만드는 것이 아나키즘이라고 주장하는 것과 같다. 다만 나는 이에 더해 자연과의 조화를 주장하지만, 19세기 초의 슈티르너에게는 자연이 그다지 문제되지 않았다.

슈티르너는 '이기주의자'라고 번역되는 '에고이스트(egoist)'라기보다는 '개인주의자(individualist)'라고 함이 더 적절하게 보이기도 하지만, 그의 개인주의는 최근 미국에서 트럼프를 최고의 개인주의자라고 부르는 경우와는 다를 뿐만 아니라 완전히 반대임을 주의할 필요가 있다. 슈티르너에게 국가는 개인의 저주 대상이다. 그러나 국가를 저주하는 것은 독특한 일이 아니다. 국가를 '자유 박탈', '계급적 압제', '신의 뜻이나 정의에 위반', '환경 파괴', '민족·인종 등의 억압' 등으로 비난하는 사례는 흔하다. 그런데 그러한 비난들은 이상적 차원에서 국가를 저주하는 것이다. 즉 어떤 이상의 전개를 국가가 방해한다는 것이다. 반면에 슈티르너는 국가가 개인의 자유로운 삶을 방해하기 때문에 저주한다.

슈티르너는 개인과 보편성이라는 두 가지 반대 방향을 구별한다. 한쪽에는 자신의 의지와 목표를 요구하는 개인이 있고, 다른 쪽에는 평등에 대해 암묵적으로 요구하는 보편성이 있다. 그렇다면 양측이 '자유'를 정의하는 방식은 얼마나 다를까? 개인은 자신을 지배하는 권력에서 벗어나려고 하고, 자기의 행동이 방해받지 않을 때 자유롭다. 반면에 보편성은 그것이 무한할 때 자유를 갖는다. 예를 들어 베트남은 제국주의자들로부터 해방되었지만 베트남의 개인들은 새롭고 더 엄격한 주인에게 지배당하고, 새로운 권력에 저항하면 제국주의 시절처럼 처벌당한다. 한반도의 경험도 마찬가지이다. 중동의 정치적 변화에도 불구하고 살만 루슈디(Salman Rushdie) 같은 개인은 목숨을 걸고 두려워해야 한다.

슈티르너는 '인간' 해방의 세 단계를 설명한다. 첫째는 1789년 프랑스 대혁명에서 나온 것이고, 다른 두 가지는 슈티르너와 동시대인 정치 비평에서 나온 것들이다. 1789년 혁명 중에 개인의 권력은 철저히 제거되어야 했다. 그 누구도 개인으로서 다른 누구보다 더 많은 권력을 가져서는 안 되었다. 모두가 국가의 시민이었다. 이를 정치적 자유주의라고 한다. 그것은 인간의 해방으로 찬양되었으나, 사실은 모든 개인적 이해관계를 가진 실제적이고 구체적인 존재(슈티르너가 말하는 에고이스트)의 해방이 아니었기 때문에 1789년 혁명은 완전한 해방이 아니라고 비판당한다. 특히 재산의 분배는, 극소수의 가진 자를 대다수의 가지지 못한 자들로부터 보호하는 국가에 의해 통제되어야 했다. 재산은 부정적 차원의 이기주의자라는 의미의 에고이스트들에게 맡겨지고, 보편성을 주장하는 인간이나 인류의 통제 아래 있지 않았다. 따라서 인간을 해방시키려면 이기주의자들이 재산에 대해 얻은 권력을 제거하고 인류가 그것을 사용할 수 있도록 해야 했다. 그것이 공산주의 또는 사회적 자유주의의 주장이다. 그러나 사회적 자유주의에서도 여가 시간이 여전히 사적인 이익을 위해, 즉 이기주의를 위해 남겨졌다. 따라서 사악한 이기주의자들의 손아귀에서 인간이 완전히 해방되기 위해서는 여가 시간도 '인간적'이 되어야 했다. 모든 것은 인간을 중심으로 조직되어야 하며, 모든 소유와 개인적인 이익은 제거되어야 했다.

대부분의 아나키스트들은 국가와 사회를 뚜렷이 구분하고, 후자의 평화롭고 생산적인 발전을 위해 전자를 거부하지만, 슈티르너는 기존 형태의 국가와 사회 모두를 거부한다. 그는 국가가 나의 충성과 숭배를 요구하는 '고정 사상'이 되었다고 주장한다. 실제로 그것은 나의 개성이나 관심과는 완전히 반대된다. 이것의 유일한 목적은 항상 '개인을 제한하고 길들이고 종속시키는 것 — 어떤 일반성이나 다른 것의 종복이 되게 하는 것'이다.

슈티르너는 루소가 중요시 생각했던 주권과 사회계약론에서 국가의 정당성을 찾지 못한다. 국가가 통치권과 법률을 제정할 정당한 권리를 가지고 있다고 주장하는 것은 그것이 주권자의 의지를 표현하기 때문이라고 하지만, 그것은 개인의 에고만이 주권에 대한 주장을 갖는다는 돌이킬 수 없는 사실을 간과하고 있다. 비록 모든 개인이 같은 의지를 표명했다는 것을 보여줄 수 있다고 해도, 국가가 시행하는 어떤 법도 과거가 미래를 지배하도록 하는 의지를 동결시킬 것이다. 다수결의 원칙에 입각한 민주주의에 대해서는, 절대군주제와 같은 입장에 있는 반대파 소수파를 남겨둔다. 주권은 필연적으로 지배와 굴종을 수반하기 때문에, 슈티르너는 '자유 국가'와 같은 것은 있을 수 없다고 결론짓는다. 사회계약 이론에 대한 이러한 비판은 의심할 여지없이 윌리엄 고드윈의 비판만큼이나 대단한 것이다.

그러나 슈티르너가 상호 관심에서 도출된 자발적인 연합인 새로운 사회를 대망했다는 점은 분명하다. 그것이 자본주의나 그것의 배후에 있는 개신교 윤리와는 무관하다고 본 점도 분명하다. 따라서 그를 자본주의자로 말하는 미국식 아나키스트들은 그를 오해하거나 오도하는 것이다. 지금 한국에도 그런 논자들이 있음은 우리의 아나키즘 이해가 얼마나 천박한 수준인지를 잘 보여준다.

스코틀랜드 출신의 독일 시인 멕케이는 슈티르너를 알리는 데 힘썼다. 그는 슈티르너를 개인주의적 아나키스트로 해석했다. 그러나 나는 그렇게 볼 수 없다고 생각한다. 슈티르너는 멕케이와 같은 개인주의적 아나키스트에게 영감을 주었지만, 바쿠닌과 같은 사회적 아나키스트도 슈티르너에게 빚지고 있다.

슈티르너는 20세기의 전환기에 두 번째 명성을 얻었다. 게오르크 브란데스(Georg Brandes)는 그를 발견했고, 니체의 팬들은 니체의 '선구자'를 슈티르너에서 찾았다. 헨리크 입센(Henrik Ibsen)은 브란데스와 자주 연락했고, 따라서 입센이 슈티르너의 영향을 받았을 것이라고 추측할 수 있다. '인간의 본질'에 대한 슈티르너의 공격은 페미니스트나 가부장주의자 모두가 가정하는 성역할에 대한 비판을 비롯하여 모든 현대적 인권 논의에도 적용될 수 있다. 나아가 21세기의 아나키즘은 막스 슈티르너의 아나키즘에 근거하는 점에서 그의 이론은 재검토할 가치가 있다.

첫째, 이데올로기 비판이다. 슈티르너에 의하면 모든 이데올로기는 본질적으로 인간의 유일성을 소외시키거나 불완전하게 만드는 개념 및 이미지를 주입한다. 즉 이데올로기는 사람들이 세계와 그들의 관계에서 더 이상 자신을 직접적인 주체로 파악하지 못하게 하는 허위의식의 체계이다. 그래서 그들은 세계에서 실제 주체나 행위자로 착각한 추상적인 실체의 유형에 종속된 것으로 자신을 생각하게 된다. 신, 국가, 정당, 조직, 기술, 가족, 인간성, 평화, 환경, 본성, 노동, 사랑, 심지어 자유를 비롯한 모든 형태가 그 자체의 존재를 가진 활동적인 주체인 것처럼 생각되고 제시된다면, 이는 이데올로기에 지배당하고 있음을 뜻한다.

둘째, 도덕주의의 부정이다. 슈티르너에 의하면 도덕은 가치의 구체화 체계다. 즉 추상적 가치는 어떤 맥락에서든 택해져 고정되고, 의심할 여지 없는 신념으로 변환되어 개인의 실제 욕망, 생각 또는 목표와 관계없이 적용되고, 인간이 자신을 찾는 상황에 관계없이 적용된다. 도덕주의는 살아 있는 가치를 구체화된 도덕으로 환원할 뿐만 아니라 도덕(독선)에 굴복했기 때문에, 자신을 다른 사람보다 낮게 여기고 사회변화의 도구로 도덕을 채택하도록 개종시키는 실천이다. 도덕에 따라 산다는 것은 미덕의 보상을 위해 특정한 욕망과 유혹(자신이 처한 실제 상황에 관계없이)을 희생하는 것을 의미한다. 따라서 도덕을 부정하는 것은 자신의 사회적 소외를 종식시키고자 하는 명확한 목표를 결코 구체화된 특정한 목표와 혼동하지 않고서 자신과 사회에 대한(항상 자기비판적이고, 임시적이고 총체적이지 않은) 비판적인 이론을 구성하는 것이다. 이것은 '정치적 올바름'이라는 도덕성의 삶을 추구하기 위해 사람들이 희생을 하거나 포기를 할 것이 아니라 급진적인 비판과 연대로 사람들이 얻어내야 함을 강조한다.

셋째, 조직을 거부하는 현대 아나키즘은 슈티르너의 에고이스트 연합이 보여주는 자유 발의, 자유 연합, 정치적 권위의 거부 등으로 개인과 집단의 자율성을 옹호하며, 작고 단순하며 비공식적이고 투명한 일시적 조직을 추구하며, 분산화된 연방적 조직과 소수를 존중하기 위한 직접적인 의사결정을 옹호한다.

10. 맺음말 — 슈티르너의 무덤에서

베를린의 가장 오래된 동네인 미테(Mitte) 지역의 페르가몬 미술관에서 걸어서 30분 정도면 소피엔 교회(Sophienkirche)와 프로테스탄트 공동묘지인 소피엔 공동체 제2묘지(Friedhof II der Sophiengemeinde)에 이른다. 묘지 북쪽에는 콜비츠 동상이 서 있는 콜비츠 광장이 있다. 화가 케테 콜비츠(Käthe Kollwitz, 1867~1945)는 그 주변에서 병원을 개업한 남편과 함께 1891년부터 1943년까지 그곳에서 살았지만 그들이 살았던 집은 제2차 세계대전 때 파괴되었다. 1961년 당시 그곳을 지배한 동독 정부가 세운 콜비츠 동상은 지금도 그대로 남아 있다.

과거 동독에 속했던 콜비츠키즈
(Kollwitzkiez)와 달리 소피엔 교회와 묘
지는 1961년에 베를린 장벽이 세워지면
서 두 지역으로 갈라져 묘지는 동독에,
교회 건물은 서독에 속하게 되었다. 28
년 뒤인 1989년에 장벽이 무너지면서
교회와 묘지는 다시 합쳐졌지만 장벽의
흔적은 여전히 남아 있다. 장벽이 세워
지면서 수백 개의 무덤이 없어졌다.

묘지 구석, 장벽이 있었던 곳에서 몇 미터 떨어진 곳에, 대부분의 다
른 묘비와는 달리 화려하고 상징적인 무늬가 아니라 단순한 석판에 "Max
Stirner"라고만 쓴 무덤이 있다. 그 단순함이 다른 묘지와 슈티르너의 묘지
를 확연히 구별하게 하여 '유일자'라는 그의 사상을 묘지에서도 느낄 수 있
게 한다. 카를 마르크스를 섬긴 동독은 마르크스가 생전에 극도로 비난했
고, 이미 1세기도 전에 동독과 같은 전제 국가를 미리 예상하고 경계했던
슈티르너의 묘를 없앨 수도 있었을 것이지만, 그래도 그런 짓만은 하지 않
았다. 사실 동서독을 분단시킨 사상이니 철학이니 이데올로기니 하는 것
들의 근본인 '정신'을 슈티르너는 거부하고 그 모든 것으로부터의 해방을
주장했다. 그 해방이 아무것도 쓰이지 않은 돌 하나로 남은 것이다.

일 년 내내 어두컴컴하여 철학이나 음악이 발전했다고 하는 독일은 칸
트니 헤겔이니 쇼펜하우어니 하는 난해한 철학자들의 조국으로 유명하지
만, 그런 '정신의 제국'을 철저히 부정하고 오로지 '나는 나일뿐이다'라고
주장하다가 당연히 무명으로, 가난 속에서 죽었던 슈티르너를, 석판 하나
로 기억하는 것만도 다행이라고 해야 할지 모른다. 아니다. 그 석판조차

슈티르너에게는 어울리지 않는다. 그는 "나는 모든 일을 아무것도 아닌 것 위에 놓았다(Ich hab' mein Sach auf Nichts gestellt)"고 하기 때문이다. '아무것도 아닌 것'이란 독일어 Nichts의 번역으로 간단히 '무(無)'라고도 할 수 있다.

그렇다. 슈티르너는 세상이 아무것도 아니라고 한다. 장벽 가까이에 있는 슈티르너의 묘를 보면서 그가 살아 있었더라면 그 '장벽'을 보고 '아무것도 아니야'라고 비웃었을 거라고 생각했고, 이어 38선을 떠올렸다.

슈티르너는 1845년에 『유일자와 그의 소유』를 썼다. 그러니 1945년에는 꼭 100주년이 되었고, 2023년에는 178주년이 되었다. 사상이니 하는 게 아무것도 아니라고 178년 전에 말했는데 여전히 그것 때문에 싸우고 있다니! 나는 슈티르너를 무엇보다도 그런 생각으로, 아니 '느낌'으로 읽었다. 그의 책은 그런 '느낌'으로 가득하다. 그런 '느낌'을 그냥 느끼지 않고 대단한 '사유'로 옮기려고 하면 당연히 문제가 생긴다. 그래서 이 책의 번역을 오랫동안 주저했다. 그러면서도 한국연구재단 번역 지원 대상 목록에 이 책이 오랫동안 남아 있는 것에 주목했다. 제발 누군가 빨리 해주기를 바라면서.

그러나 몇 년이 지나도록 번역자가 나서지 않아 내가 번역을 하게 되었다. 번역에 자신이 있어서가 아니다. 누군가가 해야 하는데 아무도 하지 않기 때문에 나선 것에 불과하다. 그의 사상이란 것은 '나는 유일하다', '나는 유일한 존재다'라는 말로 충분하다. 그런데 그의 생각에 대해 오해가 많다. 가령 슈티르너를 마치 자본주의를 용인하거나 편든 사람으로 보는 것이다. '개인주의적 아나키즘'이라는 이름 아래 그런 이야기들이 떠도는 것이 옳지 않기 때문에 이 책을 번역하게 되었다.

그가 유일자 사상을 주장한 이유는 19세기까지 독일인을 비롯한 서양인들이 모두 기독교, 그리고 그것을 기반으로 한 각종 도그마(가령 국가니 민족이니 하는 것)에 젖어, 인간 각자가 유일한 존재라는 점을 잊고 있었기 때문이다. 그런 점은 19세기까지 서양인 일반의 현상이었지만 특히 독일인의 경우 더 심했다. 앞에서 말한 기후 조건 외에 당시 독일이 후진국이었기 때문에 관념적이었던 탓이다. 조선이 관념적이었던 이유도 후진국이었던 탓이고, 조선 이후의 한반도 상황도 마찬가지다. 그런 점에서 이 책은 우리에게 중요한 정신적 지침이 될 수도 있다.

찾아보기

지은이

:: 막스 슈티르너 Max Stirner, 1806~1856

독일의 철학자로, 막스 슈티르너는 필명이고 본명은 요한 카스파어 슈미트(Johann Kaspar Schmidt)이다. 바이로이트에서 태어나 베를린대학교 등에서 철학을 공부한 뒤 베를린에 있는 여학교 등에서 가르쳤고, 번역가로 가난하게 살다가 베를린에서 죽었다. 1843년 초에 헤겔좌파로 시작하여 1844년 중반에 완성한 『유일자와 그의 소유』에서 슈티르너는 에고(자아) 외의 모든 것을 공허한 개념으로 거부하고, 에고가 스스로 갖는 힘에 의해 소유하는 에고이즘 철학을 전개했다. 슈티르너는 "나는 다른 것에 지배당하는 것이 아니라 나 자신을 지배할 때만 내 소유가 된다"라고 선언하면서 개인은 다른 사람에게 종속되거나 욕망의 노예가 되는 것을 피해야 한다고 주장했다. 슈티르너에게 국가는 본질적으로 억압적이고 침략적이기 때문에 개인의 자아와 대립하고, 자본주의와 그것을 뒷받침하는 노동윤리도 거부된다. 에고이즘은 우리말로 이기주의로 번역되고 부정적인 의미로 이해되지만, 슈티르너가 말하는 에고이즘은 개별 인간이 갖는 인격의 독자성과 자율성을 최대한 존중하는 사상으로, 그러한 에고이즘적 인간상인 유일자들이 연합하는 세계를 추구하면서 새로운 국가를 만들어내는 혁명이 아니라 반항을 주장했다. 슈티르너는 개인의 가치를 저해하는 국가권력을 비롯한 모든 권력을 거부한 점에서 개인주의적 아나키즘의 선구자이자 실존주의의 원천으로 여겨진다. 마르크스와 엥겔스는 『독일 이데올로기』에서 슈티르너를 비판했지만, 19세기 독일 철학자 프리드리히 니체와 20세기 미국 아나키즘 및 페미니즘을 주도한 엠마 골드만, 그리고 프랑스의 실존주의 문학인인 알베르 카뮈를 비롯하여 많은 사람들에게 영향을 주었다.

옮긴이

:: 박홍규

세계에 대한 폭넓은 이해를 바탕으로 글을 쓰는 저술가이자 노동법을 전공한 진보적인 법학자이다. 걷거나 자전거를 타고 시골에서 농사를 지으며 자유·자연·자치의 삶을 실천하고 있다. 오사카시립대학에서 법학박사 학위를 받았고 오사카대학 등에서 강의하고 하버드로스쿨, 노팅엄대학, 프랑크푸르트대학 등에서 연구했다. 1997년 『법은 무죄인가』로 백상출판문화상을 수상했고, 2015년 『독서독인』으로 한국출판평론상을 수상했다. 『밀레니얼을 위한 사회적 아나키스트 이야기』, 『카뮈와 함께 프란츠 파농 읽기』, 『표트르 크로포트킨 평전』, 『내 친구 톨스토이』, 『불편한 인권』, 『인문학의 거짓말』, 『놈 촘스키』, 『아나키즘 이야기』 외 다수의 책을 집필했으며, 『오리엔탈리즘』, 『간디 자서전』, 『유한계급론』, 『자유론』, 『존 스튜어트 밀 자서전』, 『법과 권리를 위한 투쟁』 등을 우리말로 옮겼다.

한국연구재단총서 학술명저번역 **648**

유일자와 그의 소유

1판 1쇄 적음 ┃ 2023년 8월 10일
1판 1쇄 펴냄 ┃ 2023년 8월 31일

지은이 ┃ 막스 슈티르너
옮긴이 ┃ 박홍규
펴낸이 ┃ 김정호

책임편집 ┃ 박수용
디자인 ┃ 이대웅

펴낸곳 ┃ 아카넷
출판등록 ┃ 2000년 1월 24일(제406-2000-000012호)
주소 ┃ 10881 경기도 파주시 회동길 445-3
전화 ┃ 031-955-9511(편집) · 031-955-9514(주문)
팩시밀리 ┃ 031-955-9519
www.acanet.co.kr

ⓒ 한국연구재단, 2023
Printed in Paju, Korea.

ISBN 978-89-5733-879-7 94160
ISBN 978-89-5733-214-6 (세트)

이 번역서는 2020년 대한민국 교육부와 한국연구재단의 지원을 받아 수행된 연구임.
(NRF-2020S1A5A7084766)

This work was supported by the Ministry of Education of the Republic of Korea
and the National Research Foundation of Korea.(NRF-2020S1A5A7084766)